LE TAROT ET VOTRE AVENIR

Maquette : Michel Méline graphiste

Didier Colin

LE TAROT ET VOTRE AVENIR

5000 réponses immédiates à vos questions

HACHETTE

« Si je savais comment un arbre se contracte en une graine, je pourrais aussi prédire comment l'arbre se développera à partir de cette graine.

Si nous connaissons le noyau central d'une situation, nous pouvons prédire ses conséquences. »

Marie-Louise Von Franz
La psychologie de la divination
ou le Hasard signifiant
éditions Poiesis-Payot

Préface

Le Tarot est un jeu divinatoire qui offre le reflet d'une situation. Et tout comme le miroir reflète l'image de celui qui le consulte, le Tarot renvoie l'image exacte de ce que nous sommes au moment où nous l'interrogeons.

☐ *En privilégiant et en fixant un instant unique de notre existence au cours duquel nous faisons appel à toutes nos ressources intérieures pour nous concentrer sur une question, sur un problème qui nous préoccupe, le jeu de Tarot est l'instrument par lequel nous pouvons nous « deviner » nous-mêmes. Mais ce qu'il nous révèle — ou ce que nous « devinons » — ne doit pas être considéré comme une fatalité.*

☐ *Il s'agit, en fait, d'une révélation ou d'un constat qui peut nous rendre plus conscient de la véritable nature de nos sentiments, de nos désirs, de nos pensées, de nos projections conscientes et inconscientes, de notre responsabilité, de notre présence active dans les mouvements incessants de la vie.*

☐ *Les images et les symboles des cartes du Tarot divinatoire sont autant de représentations d'un langage universel dont les figures, les signes, les principes se retrouvent sous des formes diverses dans toutes les civilisations.*

☐ *N'ayons pas la vanité de croire que notre époque soit la seule à confronter les hommes et les femmes à des difficultés psychologiques, morales, affectives ou encore relationnelles. De tout temps, sans doute avec des cultures différentes, sur des plans de conscience différents, les mêmes sentiments, les mêmes angoisses, les mêmes joies, les mêmes épreuves et les mêmes contradictions se sont manifestés, incitant les êtres à s'interroger sur eux-mêmes. Et de tout temps, nous avons cherché de l'aide en nous et autour de nous ; nous avons cherché, imaginé, trouvé des réponses, mais aussi des repères.*

☐ *Ces repères une fois trouvés, expérimentés, sont tout naturellement entrés dans nos coutumes, dans nos rites, dans notre interprétation de la vie ; puis, plus simplement, dans notre langage et dans nos mœurs. Nous les avons inscrits dans nos cœurs, dans nos mémoires, sur le sable, sur la terre, sur la pierre, sur les murs de nos maisons, de nos temples, de nos églises, sur le papier, dans les livres, et, aujourd'hui, dans les banques de données qui alimentent les logiciels de nos ordinateurs.*

☐ *Les lettres de l'alphabet sont elles-mêmes des représentations de ces symboles, de ces signes, de ces repères que nous utilisons chaque jour pour parler, écrire, communiquer.*

☐ *Ces repères, nous les avons créés ; ils sont faits à notre image. Ils contiennent tous nos défauts, toutes nos qualités. Nous pouvons les utiliser pour communiquer ou les consulter pour « communier ». Les interroger revient à se consulter soi-même.*

☐ *En cette fin de siècle qui coïncide avec la fin du deuxième millénaire, où tant de valeurs, de principes et de courants collectifs sont en pleine mutation, soulignant l'insécurité, la difficulté d'être, l'angoisse de l'individu qui craint d'être emporté dans des mouvements qu'il ne contrôle pas, je crois qu'il est important de prendre conscience du fait que chacun d'entre nous est capable d'appréhender les signes et de les déchiffrer pour y lire son avenir.*

☐ *Plus que jamais, méfions-nous de ceux qui prétendent savoir mieux que nous et à notre place. Nul ne peut ou ne doit décider pour nous de ce que nous sommes, de ce que nous voulons ou allons faire de nous-mêmes, de nos forces et de nos faiblesses, de notre évolution matérielle et spirituelle. Ainsi, je crois qu'il est parfaitement paradoxal de pouvoir prétendre donner une interprétation d'un tirage de lames du jeu de*

Tarot à une tierce personne connue ou inconnue, si l'on ne s'y est pas d'abord exercé pour soi-même.

☐ *Durant des années, chaque fois que je m'interrogeais sur une situation difficile, ou qu'une personne de mon entourage s'inquiétait d'un problème personnel, j'ai fait appel au Tarot divinatoire. A chaque interprétation que je faisais d'un tirage, je rédigeais le compte rendu de ladite interprétation. J'ai accumulé ainsi des milliers de notes relatives aux questions posées et aux interprétations que je m'étais risqué à en tirer en guise de réponses. C'est en m'inspirant de ces milliers de notes que j'ai rédigé les 4642 paragraphes contenus dans cet ouvrage qui sont autant de réponses adaptées à des situations pouvant préoccuper chacun d'entre nous, un jour ou l'autre. Tels qu'ils sont présentés dans ce livre, il suffit de les consulter et d'en tirer pour soi l'interprétation qui convient, laquelle devrait permettre au lecteur d'aborder son problème ou sa situation sous un meilleur éclairage.*

☐ *De plus, la richesse symbolique du Tarot est telle que chacun peut y puiser en fonction de sa sensibilité, et son intuition aidant, des réponses infiniment nuancées et précises.*

☐ *Ce langage du Tarot divinatoire appartient à tous. Il renferme des clefs qui ouvrent les portes de la com-*

préhension, de la générosité, de la bienveillance, de l'amour dont nous sommes tous capables. Il fait appel à l'imagination, à l'intuition, à l'inspiration, qui sont les principes mêmes de la vie et de l'évolution, et dont nous avons tant besoin aujourd'hui dans notre vie quotidienne.

☐ *Je ne saurais trop vous conseiller de faire connaissance avec cet art divinatoire et de pénétrer le sens de ses Arcanes. Mon ouvrage vous permet dès à présent d'obtenir des réponses immédiates qui, je l'espère, vous aideront à surmonter les périodes difficiles de votre existence et à trouver la voie la plus favorable de votre futur.*

Avant-propos

Cet ouvrage contient un jeu de 22 lames prédécoupées des Arcanes majeurs du Tarot divinatoire. Grâce à son format très pratique permettant de le transporter aisément, vous pourrez consulter l'oracle du Tarot en toute occasion. De plus, les pages suivantes vous offrent également 4642 réponses permettant d'interpréter rapidement les 4 lames du tirage en croix, plus la 5e lame dite de synthèse.

Ces *4642* réponses — dont chacune à une combinaison de cartes — sont réparties en cinq thèmes :
1 - *Santé,*
2 - *Amour,*
3 - *Famille,*
4 - *Travail,*
5 - *Argent,*
et se combinent de *351 120* façons différentes.

Pour chaque question posée, vous obtiendrez une réponse en trois parties :
1 - *Vous dans cette situation,*
2 - *Votre situation actuelle,*
3 - *L'évolution probable de cette situation.*

Ainsi, quand vous posez une question et que vous tirez 4 lames + 1 de votre jeu de *Tarot,* ce livre vous donne la possibilité de comprendre :
— comment vous appréhendez le problème qui vous préoccupe ;

— la nature de la situation en rapport avec votre problème au moment où vous tirez votre jeu ;
— la façon dont cette situation va évoluer selon toute probabilité.

Vous possédez ainsi les clés et les moyens d'être un véritable « voyant » pour vous-même, et pour vos proches si vous le désirez.

Pour ce faire, imprégnez-vous bien du processus à suivre (qui est exposé dans la première partie de ce livre) pour trouver immédiatement la réponse en trois parties à la question que vous posez.

Cette manipulation est très simple. Elle réclame juste de votre part un effort de concentration. Mais si un problème particulier ou une question personnelle vous préoccupe vraiment, que vous ressentiez le besoin de faire le point, de comprendre ce qui se passe ou ce qui va se passer, et que vous ayez, qui plus est, à portée de la main des réponses à vos questions, vous verrez qu'un effort de concentration n'est pas difficile à fournir.

Sachez enfin que plus vous pensez intensément à la question posée au moment du tirage, et plus vous obtiendrez de précisions quant à la réponse de l'oracle du Tarot.

Comment utiliser ce livre

Toutes les interprétations contenues dans cet ouvrage ont été faites d'après des combinaisons des 22 Arcanes Majeurs du Tarot divinatoire qui sont :

Arcane 1 - Le Bateleur
Arcane 2 - La Papesse
Arcane 3 - L'Impératrice
Arcane 4 - L'Empereur
Arcane 5 - Le Pape
Arcane 6 - L'Amoureux
Arcane 7 - Le Chariot
Arcane 8 - La Justice
Arcane 9 - L'Hermite
Arcane 10 - La Roue de fortune
Arcane 11 - La Force
Arcane 12 - Le Pendu
Arcane 13 - La Mort
Arcane 14 - Tempérance
Arcane 15 - Le Diable
Arcane 16 - La Maison-dieu
Arcane 17 - L'Étoile
Arcane 18 - La Lune
Arcane 19 - Le Soleil
Arcane 20 - Le Jugement
Arcane 21 - Le Monde
Arcane 22 - Le Mat

Pour pouvoir tirer des éléments de réflexion immédiats en rapport avec vos préoccupations du moment, il faut donc utiliser exclusivement ces 22 Arcanes Majeurs.
Procédez selon la méthode indiquée ci-après :

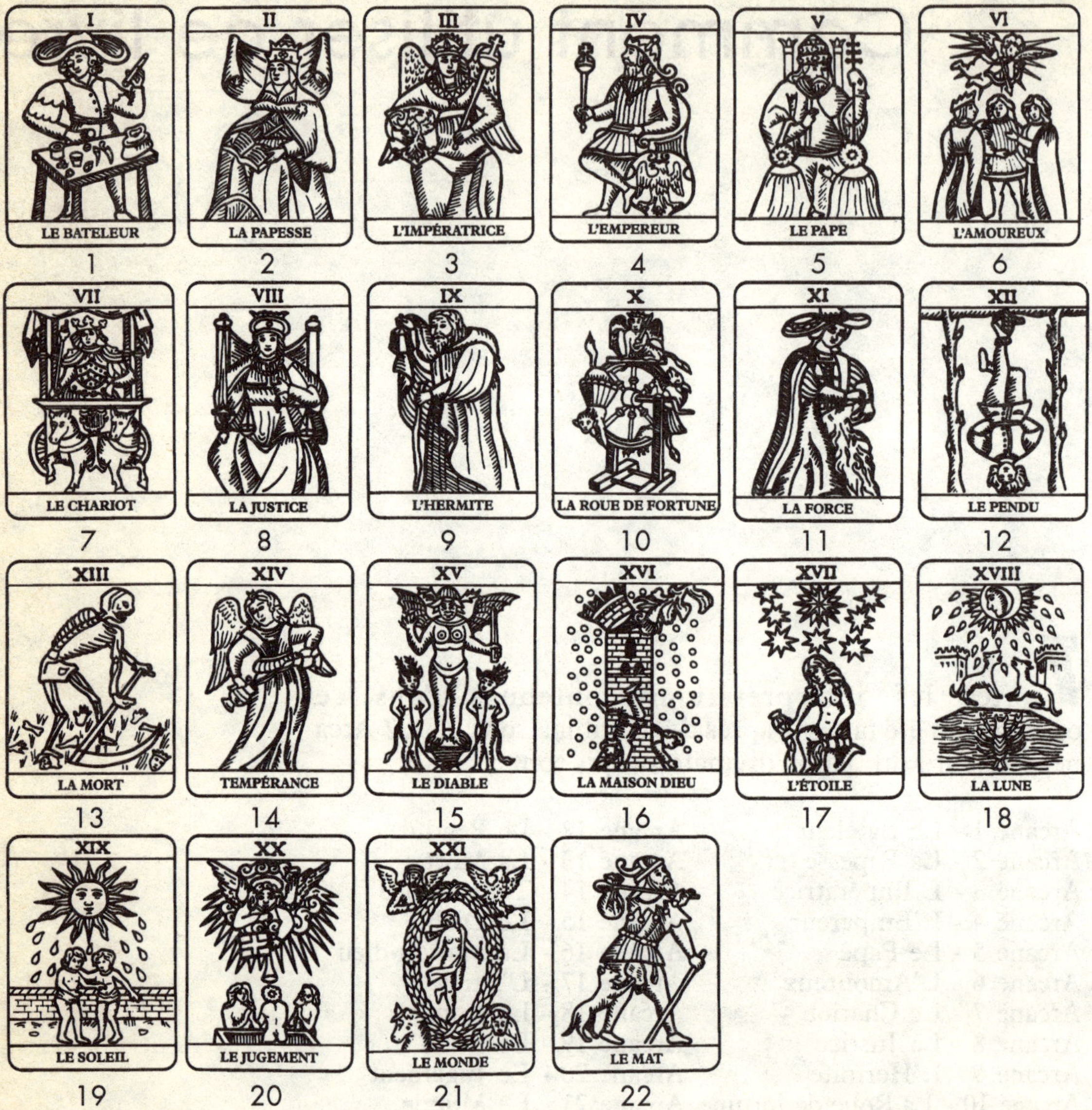

1. ● Réfléchissez bien au problème ou à la situation qui vous préoccupe et *choisissez le thème de votre question :*

1 - Santé
3 - Famille
5 - Argent
2 - Amour
4 - Travail

2. *Écrivez votre question sur une feuille de papier. (Voir page 491).*

3. En relisant l'énoncé de votre question et en vous concentrant bien, *battez ou mélangez les 22 lames* (Arcanes majeurs) de votre jeu, face cachée.

4. Après avoir battu ou mélangé les Arcanes, *coupez en deux tas distincts* que vous rassemblez ensuite *en un seul et même paquet.*

5. *Étalez les 22 lames devant vous,* toujours face cachée.

6. Relisez l'énoncé de votre question, et assurez-vous qu'il corresponde bien au problème qui vous préoccupe actuellement.
Si vous avez le moindre doute, n'hésitez pas à formuler votre question différemment. En effet, plus l'énoncé de votre question sera bien formulé, plus la réponse que vous trouverez dans cet ouvrage — et qui correspondra à votre tirage — sera claire !
Reprenez alors l'opération depuis le début :

I Choisissez le thème de votre question.
II Écrivez votre question.
III Battez ou mélangez les lames.
IV Coupez.
V Étalez les cartes.

7 ● *Choisissez 4 Arcanes* l'un après l'autre et au hasard parmi les 22 lames qui sont étalées devant vous, sans les retourner (donc, toujours face cachée) si possible sans cesser de penser à votre question.

Au fur et à mesure que vous choisissez vos 4 cartes, *alignez-les* devant vous *dans l'ordre du tirage.*

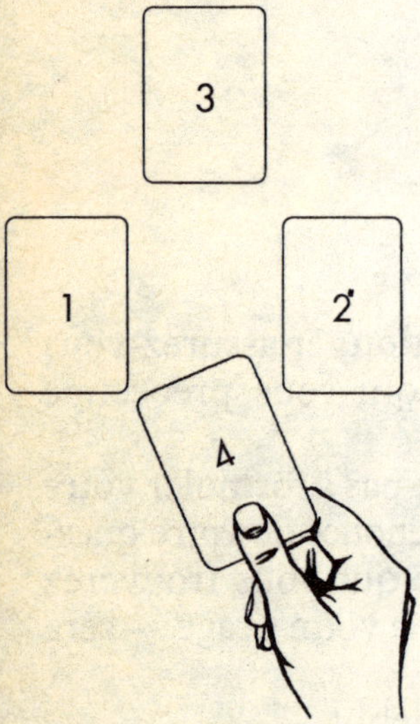

8 ● Toujours sans les retourner, *disposez* maintenant *vos 4 lames en croix,* de la façon suivante :

— placez la première lame que vous avez tirée, à gauche, devant vous ;
— placez la deuxième lame à droite, devant vous, en regard de la première ;
— placez la troisième lame au-dessus et au milieu des deux premières ;
— placez enfin la quatrième lame en dessous, et au milieu des deux premières.

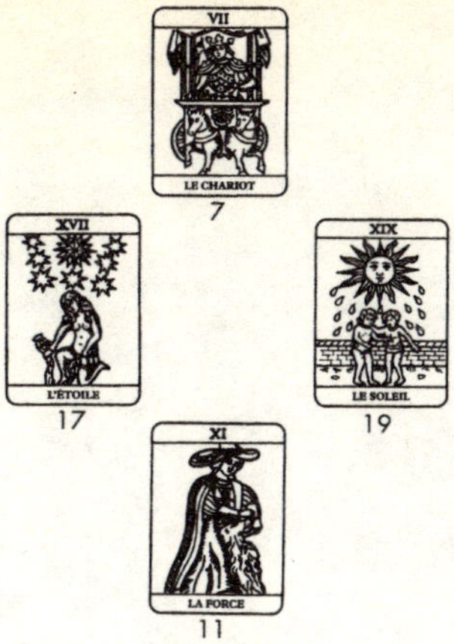

9. *Retournez* maintenant les Arcanes de votre tirage en respectant l'ordre dans lequel vous les avez tirés puis disposés en croix.

10. *Relevez et faites l'addition des 4 nombres* figurant en haut de chaque lame tirée que vous venez de retourner.

Exemple : — première lame tirée, *l'Étoile*, nombre 17,
— deuxième lame tirée, *le Soleil*, nombre 19,
— troisième lame tirée, *le Chariot*, nombre 7,
— quatrième lame tirée, *la Force*, nombre 11,
soit 17 + 19 + 7 + 11 = 54

Une remarque : sur les 22 Arcanes du Tarot, seul le Mat (également appelé le Fou) ne comporte pas de chiffre. Les ésotéristes lui accordent la valeur 22. Lors d'un tirage où figure le Mat, comptez donc le nombre 22.

11. *Additionnez* ensuite *les 2 chiffres de ce total. Cherchez* alors *et extrayez* parmi les 18 lames que vous n'avez pas utilisées, *celle qui correspond au nouveau nombre que vous avez trouvé par réduction.*

Exemple : total 54, donc 5 + 4 = 9
L'Arcane qui correspond au nombre 9 est *l'Hermite*. J'extrais *l'Hermite*, nombre 9, des lames restantes.

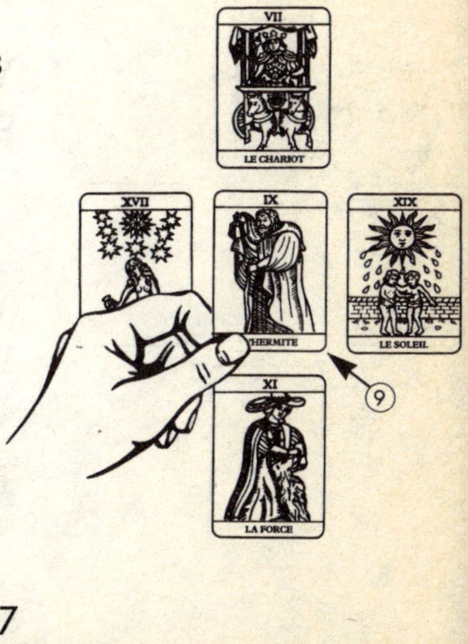

12. *Placez au centre de la croix formée par votre jeu la nouvelle carte* que vous venez d'extraire.

Attention !
1 - Dans le cas où le total serait égal ou inférieur à 22, il est inutile de faire la somme des deux chiffres composant ce nom-

bre. Le jeu de Tarot étant constitué de 22 Arcanes majeurs, tout nombre égal ou inférieur à 22 renvoie directement à l'une des lames sans qu'il soit nécessaire de faire une addition.

Exemple : — première carte tirée, *le Pape*, nombre 5,
— deuxième carte tirée, *l'Impératrice*, nombre 3,
— troisième carte tirée, *la Roue de Fortune*, nombre 10,
— quatrième carte tirée, *le Bateleur*, nombre 1,
soit : 5 + 3 + 10 + 1 = 19

Placez au centre de votre jeu la lame le Soleil, nombre 19 que vous venez d'extraire.
2 - Dans le cas où le total correspond à une lame qui a déjà été tirée, laissez-la en place mais considérez que cette carte se trouve aussi au centre du tirage et prenez-la en compte pour obtenir la première partie de la réponse (étape n° 13).
Si vous avez bien suivi ces douze premières étapes, vous allez pouvoir obtenir des réponses à votre question.

13. Pour ce faire, *relevez* d'abord *le nombre de la lame qui se trouve au centre* de votre tirage.

Reportez-vous au chapitre I de ce livre, intitulé : « *Vous dans cette situation* » et lisez la réponse correspondant à ce nombre.

Vous obtenez ainsi la première partie de la réponse à votre question.

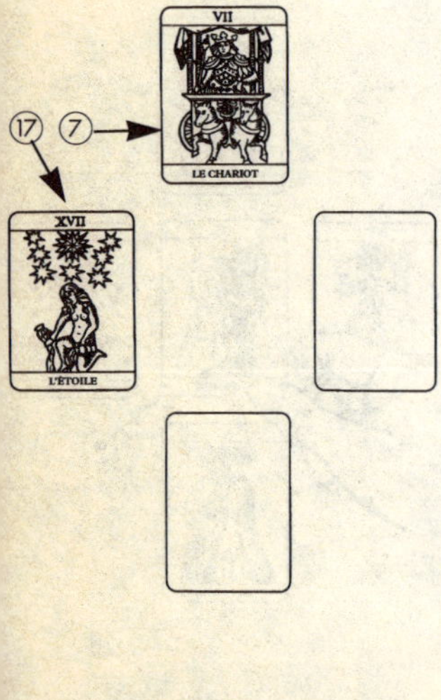

14. *Relevez* ensuite *les nombres de la première* (disposée à gauche) *et de la troisième* (disposée en haut) *cartes* de votre tirage.

Placez ces deux nombres l'un à côté de l'autre dans l'ordre où vous les avez relevés.

Exemple : — première lame tirée, disposée à gauche, nombre 17,
— deuxième lame tirée, disposée en haut, nombre 7,
je note : 17 – 7

Reportez-vous au chapitre II, intitulé : « *Situation actuelle* » et lisez votre réponse à la page où figurent les deux nombres correspondant aux vôtres, en sélectionnant le symbole désignant le thème de votre question.

Vous obtenez ainsi la deuxième partie de la réponse à votre question.

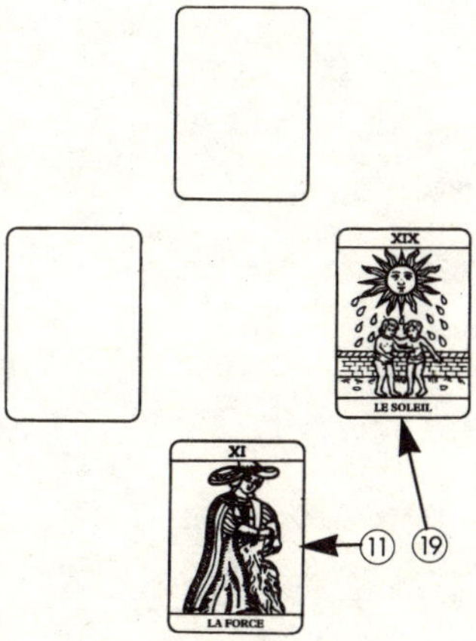

15 • Enfin, *relevez les nombres de la quatrième* (disposée en bas) *et de la deuxième* (disposée à droite) *lames* de votre tirage.

Placez ces deux nombres l'un à côté de l'autre, dans l'ordre où vous les avez relevés.

Exemple : — quatrième lame tirée, disposée en bas, nombre 11,
— deuxième lame tirée, disposée à droite, nombre 19,
— je note : 11 – 19

Reportez-vous au chapitre III, intitulé : « *Évolution probable* », et lisez votre réponse à la page où figurent les deux nombres correspondant aux vôtres, en sélectionnant le symbole qui désigne le thème de votre question.

Vous obtenez ainsi la troisième partie de la réponse à votre question.

5 000 réponses à vos questions

VOUS DANS CETTE SITUATION

1 LE BATELEUR

Dans cette situation, vous considérez que vous avez votre libre arbitre, qu'il faut être entreprenant et constructif, mais que tout est à faire.
Votre question peut avoir un rapport avec une personne jeune d'âge ou de caractère, ou une personne potentiellement riche en qualités et en possibilités mais qui manque d'expérience, ou encore concerner une situation nouvelle qui, si l'on fait preuve d'esprit d'initiative et d'imagination, peut offrir de belles perspectives.

1

2 LA PAPESSE

Dans cette situation, vous êtes prudent, réservé, dans l'expectative. Vous ne vous livrez pas facilement. Vous ne dites pas tout ce que vous savez, mais vous n'en pensez pas moins.
Votre question peut avoir un rapport avec une personne d'un certain âge ou d'expérience (une femme le plus souvent), ou une personne qui se consacre volontiers à l'étude, à la recherche et qui est capable d'une certaine sagesse, ou bien encore révéler une situation sérieuse mais pas très épanouissante puisqu'elle contient et retient plus ses possibilités qu'elle ne les manifeste.

2

3 L'IMPÉRATRICE

Dans cette situation, vous faites intervenir des sentiments généreux et positifs, mais vous demeurez réaliste et conscient de vos moyens, de ce que vous voulez et de ce que vous êtes.
Votre question peut avoir un rapport avec une personne ayant d'excellentes dispositions affectives et morales (une femme le plus souvent), pleine de bonne volonté et de bons sentiments, ou bien révéler une situation matériellement bonne dont on peut certainement tirer encore du profit.

3

4 L'EMPEREUR

Dans cette situation, vous faites preuve d'autorité d'une manière positive ou négative, selon la circonstance. Vous êtes sûr de vous, de vos prérogatives, vous prenez des initiatives et ne vous en laissez pas compter. Vous avez le pouvoir. À vous d'en faire bon usage.
Votre question peut avoir un rapport avec une personne décisionnaire, selon le cas sûre d'elle-même, intransigeante, concrète (un homme le plus souvent) qui peut vous soutenir ou s'opposer fermement à vous, ou bien révéler une situation solide et durable à la condition d'exercer sur elle une pression constante et un contrôle permanent des éléments qui la concernent.

4

5

5 LE PAPE

Dans cette situation, vous vous comportez avec sérieux, ténacité, sagesse, et vous aspirez ou vous veillez à ce que tous les éléments qui sont en cause se manifestent, évoluent et aboutissent harmonieusement.
Votre question peut avoir un rapport avec une personne d'âge mûr, d'expérience (un homme le plus souvent), capable d'apporter son soutien moral et (ou) matériel à l'occasion, ou bien une personne intelligente et cultivée ; ou encore révéler une situation stable, sérieuse, importante mais qui met toujours en avant les responsabilités morales, sociales et matérielles.

6

6 L'AMOUREUX

Dans cette situation vous êtes confronté à un choix ou alors il est tout simplement question de votre vie sentimentale.
Votre question peut avoir un rapport avec une personne qui a des dispositions certaines pour les échanges, la communication, les relations ou qui a quelque peine à s'orienter, à choisir, à se fixer, à se stabiliser surtout sur le plan affectif. Elle peut aussi révéler une situation qui nécessite de faire un choix, de prendre une décision, de trouver un accord.

7

7 LE CHARIOT

Dans cette situation, vous allez de l'avant et vous êtes absolument déterminé à faire tous les efforts qui pourraient s'avérer nécessaires pour aboutir le plus rapidement possible à vos fins.
Votre question peut avoir un rapport avec une personne volontaire, dynamique, audacieuse, qui ne recule devant aucun obstacle ; ou bien révéler une situation qui nécessite qu'on ne relâche ni sa tension, ni son attention si l'on veut réussir. Elle peut aussi tout simplement concerner un déplacement, un voyage, une aventure qui ne sera pas de tout repos.

8

8 LA JUSTICE

Dans cette situation, votre attitude est celle de la droiture, de la rigueur, de l'ordre et, si besoin est, vous êtes capable de trancher fermement ; mais vous pouvez aussi et plus simplement faire la preuve de votre bon équilibre matériel et moral.
Votre question peut avoir un rapport avec une personne liée de près ou de loin avec la Justice (avocat, juge, etc.) ou avec une personne équilibrée mais plus sensible aux normes, aux principes, aux formes qu'aux sentiments et au fondement de toute chose. Elle peut aussi révéler une situation qui fait intervenir des éléments de justice ou enfin une situation stable, juste, bonne, sans risque.

9 L'HERMITE

Dans cette situation, vous vous sentez sans nul doute seul ou isolé, vous ne comptez que sur vous-même ou vous cherchez sérieusement, consciencieusement la solution à vos problèmes, les réponses à vos questions. Votre question peut avoir un rapport avec une personne seule, âgée ou se consacrant à l'étude, à la recherche, ou une personne repliée sur elle-même, pas très généreuse, ou encore une personne prudente, concentrée, ambitieuse, secrète qui avance pas à pas vers le but qu'elle s'est fixé. Elle peut aussi révéler une situation austère, difficile, qui évolue lentement et en laquelle il faut agir avec la plus extrême prudence.

9

10 LA ROUE DE FORTUNE

Dans cette situation, vous vous laissez porter par les événements, passant sans doute par des hauts et des bas mais finalement confiant en vous-même et en votre avenir.
Votre question peut avoir un rapport avec une personne qui a une certaine chance — ou malchance, selon le cas — pour le moment, ou une personne qui ne maîtrise pas bien les éléments qui lui sont offerts par son destin, qui s'abandonne aux courants qui passent ; ou bien révéler une situation instable mais non dénuée de richesses qui est, à coup sûr, en voie d'évolution, — bonne ou mauvaise, selon le cas.

10

11 LA FORCE

Vous avez la situation bien en main. Vous maintenez votre pression en douceur et vous arrivez, quoi qu'il arrive, à obtenir ce que vous voulez grâce à la force tranquille de votre volonté.
Votre question peut avoir un rapport avec une personne volontaire, courageuse, compréhensive, déterminée, qui ne craint ni la peine ni les responsabilités et qui sait parfaitement maîtriser ou dominer sa situation. Elle peut aussi révéler une situation inébranlable qui, en toutes circonstances, peut être un appui fiable et concret.

11

12 LE PENDU

Dans cette situation, vous n'êtes certainement pas en pleine possession de vos moyens et vous devez accepter cet état de fait, car pour le moment, vous ne pouvez rien faire — ou ne faites rien — pour que cela change.
Votre question peut avoir un rapport avec une personne qui n'a pas son libre arbitre, qui vit dans une situation de dépendance ou qui paie les conséquences de ses erreurs passées, se retrouvant ainsi dans une situation bloquée, sans issue, à laquelle on ne peut rien changer pour le moment ou pour laquelle on ne peut pas faire grand chose de constructif et d'évolutif, ou enfin — et plus simplement — une situation dans laquelle il faut attendre et prendre son mal en patience.

12

13

13 LA MORT

Dans cette situation, vous êtes l'acteur — ou la victime selon le cas — d'un changement important, radical, sans appel qui, par la suite, amènera de toute façon quelque chose de neuf dans votre existence.
Votre question peut avoir un rapport avec une personne qui aspire au changement, qui va connaître ou qui connaît actuellement une transformation dans sa vie pouvant changer son mode d'existence, ses activités ou toute chose importante pour elle. Elle peut aussi révéler une situation en rapport avec la fin, le frein, l'arrêt brutal, fatal, d'un état de fait ou encore un profit matériel ou moral.

14

14 TEMPÉRANCE

Dans cette situation, vous pesez le pour et le contre, vous prenez la mesure de toute chose et de tous les éléments qui sont en cause avant de vous décider à agir, vous aspirez à ce que les courants circulent convenablement entre les personnes ou les parties concernées.
Votre question peut avoir un rapport avec une personne conciliante, douée pour les échanges, réceptive aux idées neuves et insolites, communicative et toujours prête à exercer son influence pour que règne une bonne entente. Elle peut aussi révéler une situation imprévisible, offrant des opportunités et des chances nouvelles, qu'il s'agisse d'échanges intellectuels, affectifs ou commerciaux.

15

15 LE DIABLE

Dans cette situation, vous vous comportez sans doute d'une manière un peu excessive, voire passionnelle, ou bien vous considérez tout simplement que tous les moyens sont bons pour arriver à vos fins.
Votre question peut avoir un rapport avec une personne qui est la proie de ses passions, de ses désirs ou qui est avide, intéressée, très attachée aux biens matériels et sans doute peu scrupuleuse. Elle peut aussi révéler une situation désordonnée, déconcertante, exaltante, intense, troublante et troublée qui peut cependant s'avérer très profitable quand elle concerne le monde matériel ou celui de vos finances.

16

16 LA MAISON-DIEU

Dans cette situation, vous vous sentez déstabilisé, vous êtes sous l'effet de la colère ou vous venez de subir un choc moral ou physique que vous ne pouviez éviter et qui, selon le cas, peut s'avérer être un méchant coup du sort ou au contraire une véritable libération.
Votre question peut avoir un rapport avec une personne qui, elle aussi, vient de subir un choc, qui provoque ou subit un bouleversement nécessaire dans son existence, qui se libère de toute contrainte. Elle peut également évoquer une situation déstabilisée, un bouleversement inévitable, un événement soudain, imprévisible qui remet tout en question ou que l'on peut considérer comme une délivrance, un soulagement.

17 L'ÉTOILE

Dans cette situation, vous vous sentez vraiment bien, en parfaite harmonie avec votre environnement, votre entourage confiant en vous-même et dans les perspectives qui s'offrent à vous.
Votre question peut avoir un rapport avec une personne attentive, réceptive, inspirée, sentimentale, créative, ou pleine d'espérance et de bonne volonté. Elle peut aussi révéler une situation simple, facile, de détente, de bonheur, de chance, de confiance, une situation qui concerne une création ou quelque chose de neuf, d'inédit, de positif.

17

18 LA LUNE

Dans cette situation, vous ne vous sentez pas bien, en décalage, angoissé, en proie à la plus totale confusion, à des troubles dus à des malentendus, à des différends, à des complications, à des malaises physiques ou moraux. Votre question peut avoir un rapport avec une personne qui n'est pas claire dans ses intentions ou dans son comportement, ou à une personne qui est malade moralement ou physiquement, ou avec une personne qui se trouve entraînée au centre d'un tourbillon de relations qui lui sont néfastes, ou encore avec une personne qui est trop dépendante de son milieu familial, qui se laisse étouffer par lui. Elle peut également révéler une situation difficile où il est urgent de mettre bon ordre.

18

19 LE SOLEIL

Dans cette situation, vous rayonnez d'aisance et de bonheur, vous êtes clair et en pleine possession de vos moyens, disponible et prêt à partager vos joies, vos idées, à vous abandonner à l'attraction des affinités.
Votre question peut avoir un rapport avec une personne claire, franche, chaleureuse, communicative, qui porte en elle une certaine réussite, qui vit une union heureuse ou qui aspire sincèrement à en vivre une. Elle peut aussi révéler une situation qui est, à coup sûr, source de succès, ou une clarification utile et nécessaire qui met en évidence un certain nombre d'éléments favorisant la réussite des projets et des entreprises.

19

20 LE JUGEMENT

Dans cette situation, on fait appel à vous, on vous fait une proposition ou vous vivez un changement, un renouveau dans votre existence.
Votre question peut avoir un rapport avec une personne qui est en pleine mutation, qui se rétablit ou qui se remet doucement mais sûrement d'une période mouvementée et troublée de sa vie ; ou bien encore révéler une situation qui se redresse, qui se régénère, qui prend un nouveau départ sur des bases saines et bonnes.

20

21

21 LE MONDE

Dans cette situation, pour vous, tout est possible. Vous avez beaucoup d'atouts et les circonstances vous sont favorables ; bref, vous êtes comblé.
Votre question peut avoir un rapport avec une personne qui est loin, à qui vous pensez ou qui pense à vous, ou avec une personne heureuse, épanouie, qui sait mettre à profit ses talents, ses dons, ses qualités, ou enfin avec une personne qui parvient au plein accomplissement de tous ses vœux. Elle peut aussi révéler une situation riche, en pleine expansion, ouverte sur des horizons nouveaux.

22

22 LE MAT

Dans cette situation, vous vous comportez de manière impulsive, irréfléchie, brusque mais rien ne semble pouvoir vous retenir ; inutile de tenter de vous faire entendre raison.
Votre question peut avoir un rapport avec une personne très agitée, en voyage ou en déplacement, qui va de l'avant sans jamais s'arrêter et sans tenir compte de ce qui se passe autour d'elle, qui abandonne définitivement son passé, qui tourne la page, qui arrive ou qui part subitement. Elle peut aussi révéler une situation en laquelle les événements se précipitent inéluctablement, sans que l'on puisse les freiner, que ceux-ci soient positifs ou négatifs.

VOTRE SITUATION ACTUELLE

SITUATION ACTUELLE

1 | 2

Vous bénéficiez d'une excellente énergie active, d'un bon instinct mais aussi de très bons conseils qui vous sont prodigués par votre entourage, et tout cela vous assure d'une vitalité saine et stable et d'un réel libre arbitre.

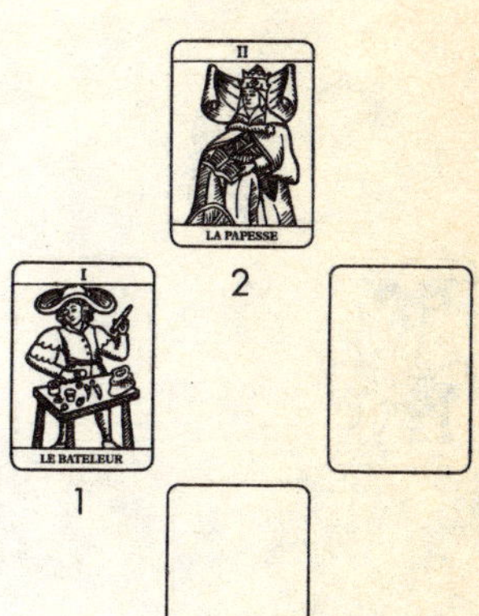

Votre comportement sentimental quoique empreint d'une certaine réserve est sincère et sans ambiguïté et les initiatives que vous prenez en ce domaine sont bonnes et constructives.

Vous pouvez exercer un ascendant sur votre milieu familial en faisant preuve d'initiatives enthousiastes et généreuses, en allant au-devant des désirs ou des vœux de vos proches.

Une initiative vous permet de matérialiser un projet élaboré avec soin, même s'il faut tenir vos actions secrètes et faire preuve ainsi d'une certaine réserve.

Vous pouvez prendre des initiatives constructives pour stabiliser votre situation et gérer habilement vos ressources et vos biens.

SITUATION ACTUELLE

1 | 3

Vous bénéficiez d'une très bonne énergie physique et intellectuelle qui vous assure d'un total libre arbitre et de pouvoir pleinement profiter de votre bien-être vital.

Vous pouvez prendre des initiatives constructives, intelligentes et concrètes dans votre vie sentimentale et agir ainsi en toute liberté en ayant la certitude de pouvoir réaliser vos désirs.

Vous pouvez agir d'une manière constructive et intelligente avec l'appui de vos proches pour imposer vos initiatives ou réaliser vos projets.

Vos initiatives vont vous permettre de concrétiser vos projets et d'agir d'une manière constructive et intelligente pour imposer votre volonté, votre habileté et votre énergie active.

Une situation saine et solide vous permettra de prendre des initiatives constructives et habiles qui vous assureront de la richesse et de la solidité de votre situation.

SITUATION ACTUELLE

1 4

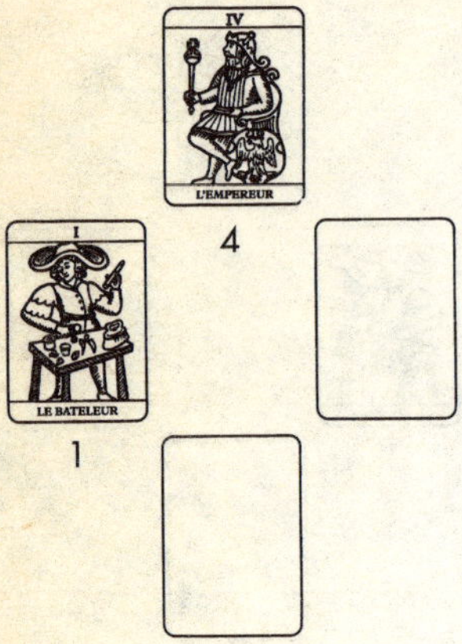

Vous prenez des initiatives très raisonnables ou vous suivrez les conseils avisés de personnes compétentes en la matière, et ainsi vous vous assurez d'une vitalité saine stable et énergique.

Vous avez la volonté d'agir ou de prendre des initiatives raisonnables pour concrétiser vos désirs ou affirmer vos sentiments et démontrer ainsi le sérieux de vos engagements.

Les initiatives sérieuses dont vous êtes pleinement responsable vont trouver dans votre milieu familial l'approbation ou les encouragements utiles à leur concrétisation.

Vos initiatives et vos projets concrets, raisonnables, sérieux, peuvent trouver crédit auprès de personnages influents ou des personnes compétentes qui seraient alors en mesure d'approuver et de soutenir leur réalisation.

Prenez des initiatives concrètes et faites des projets sérieux en restant toujours dans le cadre de vos obligations et de vos responsabilités.

SITUATION ACTUELLE

1 5

Vous devez faire un choix important ou prendre la décision d'aller consulter une personne compétente, d'avoir l'avis d'un médecin pour vous rassurer ou pour pouvoir mieux concentrer votre énergie.

Vous prenez une initiative ou vous faites un choix important dans votre vie sentimentale, qui aura sans doute pour conséquence une union ou la stabilisation d'une relation.

Vous allez trouver auprès des vôtres ou d'un membre de votre famille l'approbation, l'appui ou le conseil dont vous avez besoin pour faire un choix important ou prendre une initiative décisive.

Vous déployez toute votre habileté, toute votre énergie active et votre esprit d'initiative à la réalisation d'un accord ou à la conclusion d'un contrat qui a toutes chances d'aboutir.

Faites des choix importants et prenez des initiatives décisives qui vous sont dictées par votre devoir et qui seraient utiles à la stabilisation de votre situation.

SITUATION ACTUELLE

1 6

Vous êtes plein de vitalité, d'énergie et de bonne volonté. Vous avez donc tous les atouts en main pour parvenir à acquérir un bon équilibre.

Faites preuve d'esprit d'initiative, de résolution et de bonne volonté, et vous parviendrez à réaliser vos projets dans votre vie sentimentale.

Soyez résolu et déterminé à faire des choix dynamiques, à prendre des initiatives enthousiastes, à agir avec habileté et d'une manière positive dans votre vie familiale.

Sachez prendre l'initiative, déployer votre énergie active, votre habileté et votre bonne volonté pour faire les choix et aboutir aux accords utiles à votre situation.

$ Soyez résolu et déterminé à faire des choix dynamiques, à prendre d'habiles initiatives utiles à votre situation financière.

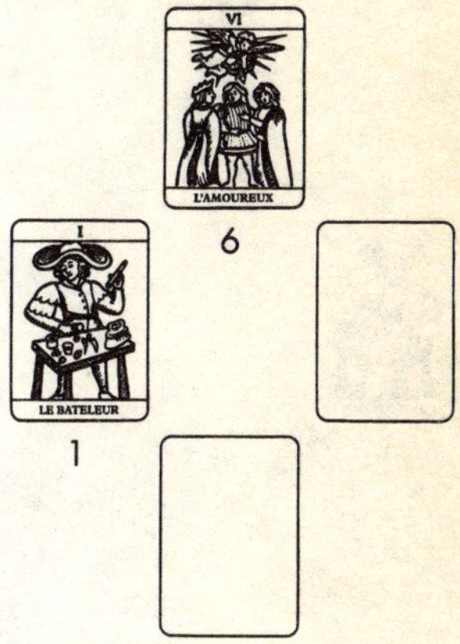

SITUATION ACTUELLE

1 7

Vous pouvez acquérir un bon équilibre vital et ainsi utiliser votre dynamisme, dépenser votre énergie et agir avec vigueur et détermination au mieux de vos possibilités.

Vous avez la volonté d'agir ou de vous comporter le plus honnêtement et le plus équitablement possible pour parvenir au but que vous vous êtes fixé dans votre vie sentimentale.

Soyez strict et rigoureux dans vos initiatives au sein de votre milieu familial. Vos efforts, votre franchise et votre honnêteté devraient vous permettre de réaliser vos projets.

Soyez rigoureux, discipliné, strict dans l'élaboration de vos projets ou dans vos initiatives ; ne relâchez pas vos efforts ni votre volonté d'aboutir et vous obtiendrez sans doute un franc succès.

$ Soyez rigoureux, discipliné, strict dans l'élaboration de vos projets ou de vos initiatives sur le plan financier et ne relâchez pas vos efforts pour acquérir un certain équilibre dans votre situation.

SITUATION ACTUELLE

1 8

Agissez avec prudence, et prenez de sages initiatives utiles à la recherche de votre équilibre et à la préservation de votre énergie vitale.

Vous êtes plein de bonne volonté, mais vous êtes aussi lucide et réaliste dans votre vie sentimentale. La recherche de votre propre équilibre risque toutefois de passer avant tout et de vous rendre sinon intransigeant du moins très exigeant.

Vous faites passer votre équilibre avant tout, et vous prenez ainsi des initiatives prudentes et réfléchies en ayant toujours le souci et la volonté d'être juste et équitable.

Les projets à long terme que vous étudiez, que vous élaborez actuellement avec toute la rigueur et le sérieux qui s'imposent, serviront sans doute l'équilibre de votre situation.

Sachez prendre des initiatives prudentes et réfléchies ou faire des projets à long terme pour parvenir à une situation financière équilibrée.

SITUATION ACTUELLE

1 9

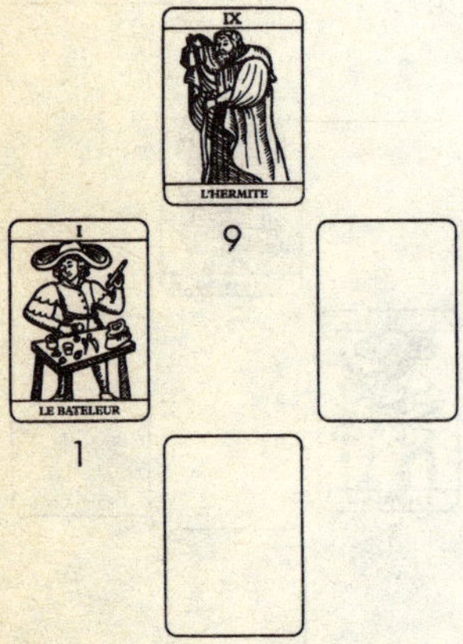

Vous bénéficiez d'une belle vitalité et d'un excellent dynamisme et vous avez, qui plus est, la volonté de poursuivre votre cheminement en vous appuyant sur le temps et sur l'expérience comme facteurs d'évolution.

Vous pouvez agir librement ou prendre des initiatives pour faire évoluer votre situation dans un but bien précis dont vous mesurez l'importance avec réalisme et lucidité.

Vous pourrez très vite vous rendre compte à quel point vos initiatives et vos projets en cours de réalisation sont utiles et nécessaires à l'évolution de votre situation familiale.

Vos initiatives et vos projets dynamiques font rapidement évoluer votre situation et vous mesurez ainsi les conséquences à long terme qu'ils pourraient avoir, à condition cependant de ne rien laisser au hasard.

Prenez des initiatives qui seraient susceptibles de faire évoluer rapidement votre situation en restant réaliste, prudent et en ne laissant rien au hasard.

SITUATION ACTUELLE

1 | 10

Vous bénéficiez d'une excellente énergie, d'un très bon dynamisme vital et moral, et vous vous sentez ainsi maître et responsable de votre évolution.

Vous avez un total libre arbitre et vous pouvez ainsi faire évoluer votre vie sentimentale comme vous le voulez, en étant sûr de parvenir à une belle réussite.

Votre bonne volonté active, votre esprit d'initiative, votre habileté et votre courage vous permettront d'exercer un certain ascendant sur votre situation familiale et ainsi de la faire évoluer comme vous le voulez.

Vous prenez des initiatives constructives et audacieuses qui vous permettent de favoriser et de contrôler pleinement l'évolution de votre situation et qui ont toutes chances d'aboutir.

$ Vous avez tous les atouts en main pour faire évoluer votre situation financière d'une manière constructive et stable. Vous pouvez donc agir en toute confiance.

SITUATION ACTUELLE

1 | 11

Votre état de santé est stationnaire. Un peu de repos ne vous ferait pas de mal. Prenez des initiatives dans ce sens.

Vous allez être contraint à prendre une initiative ou à agir d'une manière désintéressée ou bien, malgré votre bonne volonté, vous ne parviendrez pas à obtenir ce que vous voulez dans votre vie sentimentale.

Vous vous sentez un peu contraint ou trop dépendant de votre milieu familial, mais il ne tient qu'à vous d'agir ou de prendre des initiatives désintéressées et courageuses pour pouvoir reprendre votre situation en main.

Vous n'êtes peut-être pas en mesure de pouvoir réaliser un projet ou d'agir de votre propre initiative, mais en vous attelant à votre tâche, en faisant preuve d'habileté et de bonne volonté, vous devriez pouvoir redresser la situation.

$ Il ne vous est pas aisé d'acquérir votre indépendance financière, mais en faisant preuve d'esprit d'initiative et de bonne volonté, vous devriez pouvoir y parvenir.

SITUATION ACTUELLE

1 | 12

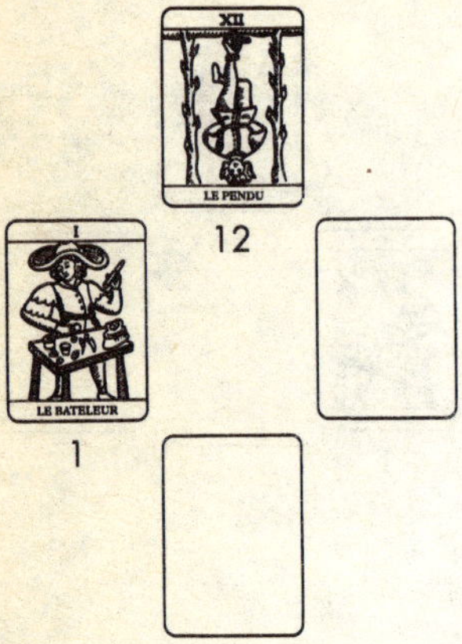

Agissez et prenez des initiatives radicales pour mettre fin à un état de fatigue physique et morale qui ne vous laisse pas libre de vos actes et de votre volonté.

Agissez ou prenez des initiatives radicales pour mettre un terme à une situation contraignante, insatisfaisante ou sans issue.

Agissez ou prenez des initiatives radicales pour rétablir votre situation, éliminer les contraintes ou les obstacles qui l'empêchent d'évoluer ou tout simplement pour acquérir votre propre indépendance.

Vous allez agir ou prendre des initiatives radicales qui vous permettront de trouver ou de retrouver une plus grande liberté d'action et qui occasionneront sans doute un changement important dans votre situation.

$ Agissez et prenez des initiatives radicales et profitables pour mettre fin à une situation figée, contraignante ou sans issue.

SITUATION ACTUELLE

1 | 13

Estimez habilement votre potentiel vital, prenez des initiatives et des dispositions opportunes, trouvez de justes compromis et éliminez ainsi tout ce qui serait susceptible de nuire à votre santé en assainissant votre organisme.

Prenez des initiatives opportunes et habiles. Faites preuve de diplomatie et de compréhension, mais n'hésitez pas à opérer un changement radical dans votre vie sentimentale si besoin est.

Prenez des initiatives opportunes, trouvez des arrangements et des compromis intelligents, faites preuve d'habileté et de souplesse pour opérer un changement radical dans votre situation familiale.

Sachez faire preuve de souplesse, de diplomatie. Trouvez des arrangements opportuns, des compromis intelligents pour réaliser vos projets de changement, imposer habilement votre volonté de mettre fin à une situation ou de conclure une affaire.

$ Vous avez l'initiative d'une négociation ou d'une transaction profitable et utile à la réalisation d'un changement important ou à la conclusion d'une affaire.

SITUATION ACTUELLE

1 | 14

Vous bénéficiez d'une énergie et d'une vitalité très intenses que vous dépensez sans compter et d'une manière peut-être un peu désordonnée ou excessive. Faites preuve de modération.

Vous ne faites des compromis que pour mieux arriver à vos fins, pour imposer votre volonté ou satisfaire vos désirs. Mais vous restez au fond très indépendant et non-conformiste dans le vécu de vos sentiments.

Vous prenez des initiatives ou vous profitez de certaines occasions ou des circonstances pour satisfaire vos désirs, ou faire ce qu'il vous plaît.

Vous prenez énergiquement l'initiative de négociations ou de tractations et vous imposez d'emblée des compromis et des arrangements opportuns pour avoir toutes les chances de satisfaire vos désirs, vos ambitions et de faire aboutir vos projets.

Sachez faire preuve d'esprit d'initiative, et profitez des occasions ou des circonstances pour faire aboutir vos projets et vos ambitions sur le plan financier.

SITUATION ACTUELLE

1 | 15

Vous semblez être dans un état de surexcitation extrême et vous risquez ainsi de vous mettre en danger par maladresse ou précipitation, à moins que vous ne preniez l'initiative d'utiliser les grands moyens et de provoquer une crise de santé salutaire.

Vos initiatives brusques et impulsives ou votre volonté de satisfaire vos désirs à tout prix, d'arriver à vos fins par n'importe quel moyen risquent de vous jouer des mauvais tours, d'entraîner des bouleversements dans votre vie sentimentale.

Vous allez sans doute prendre de brusques initiatives pour pouvoir arriver à vos fins et satisfaire vos désirs le plus rapidement possible et par n'importe quel moyen.

Vous allez prendre des initiatives bouleversantes qui vous permettront d'obtenir très rapidement ce que vous désirez ou de faire aboutir vos projets, quels que soient les risques à prendre ou les moyens à employer pour ce faire.

Vous voulez satisfaire vos désirs et vos ambitions à tout prix sur le plan financier. Mais prenez garde tout de même aux moyens que vous employez pour ce faire, car vous récolterez très rapidement les fruits bons ou mauvais de vos actes.

SITUATION ACTUELLE

1 | 16

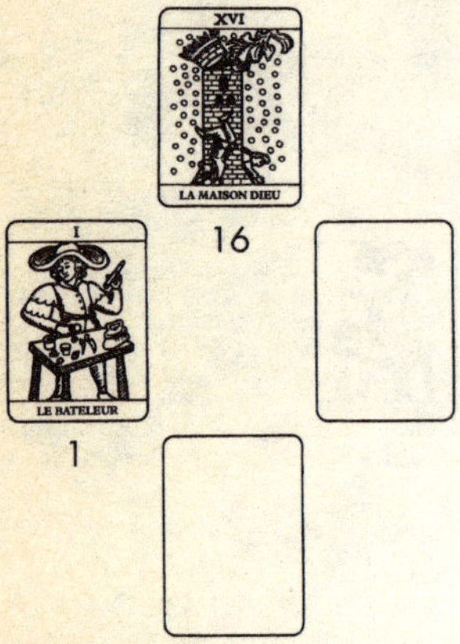

Vous pouvez agir ou prendre des initiatives salutaires pour assainir votre organisme, relâcher vos tensions et vous libérer de ce qui pourrait nuire à votre dynamisme et à votre réceptivité naturelle.

Vous prenez des initiatives salutaires et inspirées pour déclarer vos sentiments ou produire un bouleversement heureux et inévitable dans votre vie affective.

Vous allez prendre d'heureuses et nouvelles initiatives qui auront sans doute pour conséquence immédiate un bouleversement salutaire et libérateur dans votre situation familiale.

Vous allez prendre des initiatives inspirées, novatrices qui bouleverseront votre situation, ou agir en vue d'une remise en question originale et salutaire.

Votre habileté et votre flair sur le plan financier vous permettent d'agir en vue d'une remise en question de votre situation et de vos ressources et de prendre ainsi des initiatives originales et heureuses.

SITUATION ACTUELLE

1 | 17

Un problème de santé, de la fatigue ou un état de faiblesse générale ne vous permet pas d'utiliser au mieux vos ressources vitales et rend ainsi votre dynamisme trouble et incertain.

Vous ne parvenez pas vraiment à affirmer ou à exprimer vos sentiments, ou bien vous craignez que vos espoirs et vos projets sur le plan affectif ne se réalisent pas et ainsi, avec ou sans raison, vous ne vous sentez pas en sécurité et déçu.

Vos initiatives et vos projets auront du mal à aboutir, mais si vous êtes persévérant et que vous faites preuve d'habileté, vous parviendrez finalement à rendre les circonstances favorables à vos entreprises.

Pour parvenir à réaliser quelque chose de neuf, à rendre les circonstances favorables à vos entreprises ou à vos projets, il vous faut faire preuve d'esprit d'initiative et démontrer toute votre habileté.

C'est par votre travail et votre esprit d'initiative que vous acquerrez laborieusement mais honnêtement des ressources.

SITUATION ACTUELLE

1 | 18

Vous pouvez prendre des initiatives dynamiques et positives pour clarifier votre état de santé, et dominer ainsi tous vos doutes et toutes vos inquiétudes en ce domaine.

Prenez l'initiative de clarifier tous les points troubles, confus, nébuleux, tous les malentendus, tous les faux-semblants qui seraient susceptibles d'apparaître dans votre vie sentimentale.

Prenez l'initiative de clarifier votre situation familiale, ou d'éclairer par votre comportement dynamique et enthousiaste tous les points troubles ou délicats qui seraient susceptibles d'apparaître ou de créer un quelconque malaise.

Malgré les retards ou les obstacles à surmonter, vous allez pouvoir réaliser vos projets d'association ou trouver des échos favorables à vos initiatives et à vos entreprises.

$ Vous pouvez agir ou prendre des initiatives dynamiques pour clarifier votre situation et réaliser vos projets sur le plan financier, même s'il y a des problèmes à résoudre et des obstacles à surmonter.

SITUATION ACTUELLE

1 | 19

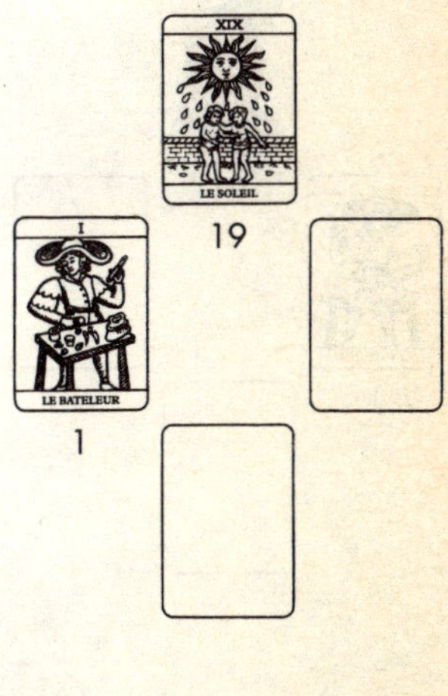

Votre dynamisme et votre bonne volonté vous permettront de vous rétablir, de retrouver votre vitalité et d'utiliser au maximum votre énergie vitale.

Vous faites preuve d'initiative et de bonne volonté, vous changez ainsi d'attitude ou d'appréciation, et votre situation s'en trouve clarifiée, transformée et pleinement heureuse.

Agissez, prenez des initiatives. Faites preuve de bonne volonté et d'habileté en vue de créer un renouveau, d'apporter une saine clarification ou de réaliser vos projets de changement dans votre situation familiale.

Vous allez prendre des initiatives qui vous permettront d'éclairer vos projets ou vos activités sous un jour nouveau, ou de reconsidérer d'une manière habile et positive une éventuelle association.

$ Vous allez prendre des initiatives en vue de renflouer avec succès votre situation financière.

SITUATION ACTUELLE

1 | 20

Vous pouvez prendre des initiatives ou agir en vue de produire un changement dans votre comportement ou dans votre existence qui favoriserait votre épanouissement.

Vos initiatives ou vos actions en vue de renouveler ou de rassembler tous les éléments dont vous disposez vont produire une réelle transformation dans votre comportement affectif et un profond changement dans votre vie sentimentale.

Vous pouvez prendre des initiatives ou agir dans l'intention de réaliser des changements importants dans votre situation familiale ou concevoir de vastes projets qui seraient susceptibles de la renouveler.

Vous faites de vastes projets qui seraient susceptibles de renouveler votre situation ou d'occasionner un changement important dans votre travail ou dans vos activités professionnelles.

$ Vous faites de vastes projets ou vous rassemblez tous les moyens dont vous disposez pour réaliser un changement ou produire un renouvellement dans votre situation financière.

SITUATION ACTUELLE

1 | 21

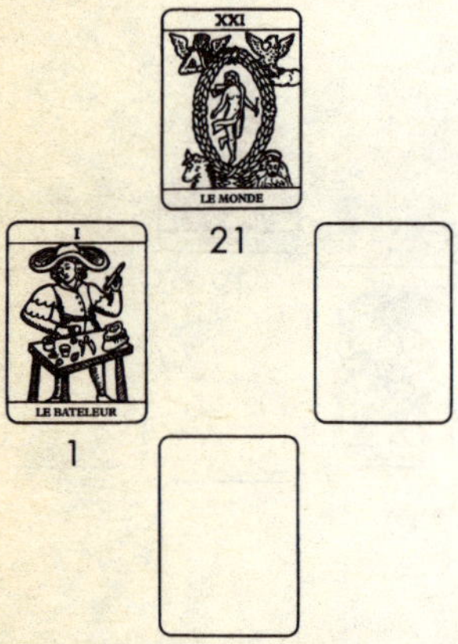

Vous faites le projet ou vous prenez l'initiative de partir en voyage et rien ni personne ne vous en empêchera ou bien votre dynamisme et votre esprit d'initiative vous autorisent à disposer d'un total libre arbitre.

Vous voulez tout et tout de suite, et il n'est pas question de contrarier vos élans du cœur. Toutefois et quand bien même vos intentions seraient pures, méfiez-vous des erreurs que pourraient vous faire commettre vos impulsions et vos extravagances.

Vous faites le projet ou vous prenez l'initiative d'un voyage ou d'un déménagement qui comblera tous vos vœux.

Vous prenez l'initiative d'un brusque départ qui vous conduirait à trouver une situation plus intéressante à tous points de vue ou bien vous vous mettez en quête des éléments dont vous avez besoin pour réaliser un projet important.

$ Si vous avez besoin d'aide ou d'appui sur le plan financier pour réaliser un projet ; mettez-vous en quête et vous devriez obtenir très rapidement satisfaction.

1 | 22

Vous bénéficiez d'une excellente vitalité et d'un très bon dynamisme, mais vous avez sans doute tendance à disperser votre énergie. Partez vous reposer quelque temps si vous en avez l'occasion.

Vous êtes entreprenant, brusque, impulsif et vous ne savez ni contrôler, ni refréner vos élans. Il n'y a, bien sûr, pas de mal à cela, sauf si vous prenez vos rêves pour des réalités.

Vous allez prendre la brusque initiative de partir en voyage, de déménager ou de vous détacher de votre milieu familial pour trouver votre indépendance.

Vous êtes entreprenant, plein de bonne volonté et d'esprit d'initiative, et fort de ces qualités, vous vous mettez en quête pour réaliser vos projets ou trouver une situation.

Mettez-vous en quête d'une aide ou d'un appui pour réaliser vos projets, mais ne comptez que sur vous-même pour assurer vos besoins.

22

1

2 | 1

La réserve et la prudence dont vous faites preuve vous permettent d'utiliser votre dynamisme et votre énergie vitale avec générosité mais sans excès.

Vous exprimez et vous vivez vos sentiments avec une certaine réserve, une certaine pudeur, voire une certaine timidité, mais cela ne vous empêche pas d'élaborer en secret des projets sur le plan affectif.

Vous faites preuve de bienveillance, de générosité à l'égard de vos proches, mais vous ne vous livrez pas pleinement pour autant ou vous agissez discrètement sans rien révéler de vos projets ni dévoiler les initiatives que vous prenez.

Faites preuve de prudence, de discrétion et de patience pour concevoir et réaliser un projet dont vous avez l'initiative et qui pourrait s'avérer très profitable.

Soyez économe, prudent et prévoyant dans votre gestion, et vous pourrez alors prendre des initiatives généreuses ou vous assurer de pouvoir réaliser vos projets.

1

2

SITUATION ACTUELLE

2 | 3

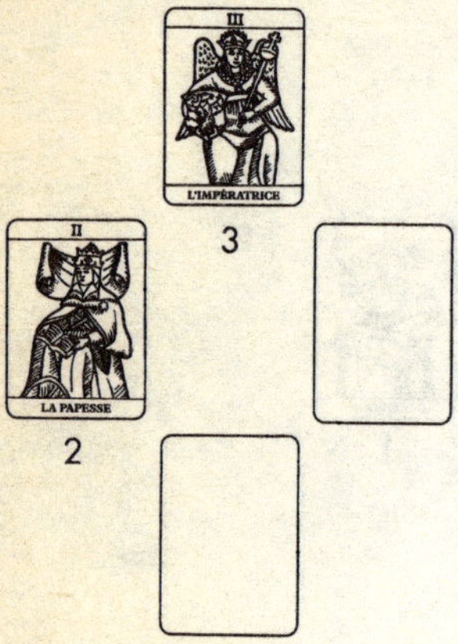

Votre prudence, votre sérieux et votre sens des responsabilités vous assurent d'une vitalité stable, généreuse mais mesurée.

Vos sentiments sont profonds, sérieux, discrets dans leur manifestation, mais authentiques. Tous vos efforts en vue de stabiliser votre situation affective seront pleinement récompensés.

Votre discrétion, votre sérieux et votre sens des responsabilités vous autoriseront à agir en ayant l'assurance d'avoir l'appui ou le soutien moral et matériel de votre entourage ou de votre milieu familial.

Votre comportement prudent, sérieux, responsable dans le travail vous assure d'obtenir l'appui ou les soutiens dont vous aurez besoin pour agir, produire ou réaliser.

Étudiez votre situation méthodiquement en tenant compte de vos responsabilités, de vos obligations et agissez à la fois avec prudence et générosité.

SITUATION ACTUELLE

2 | 4

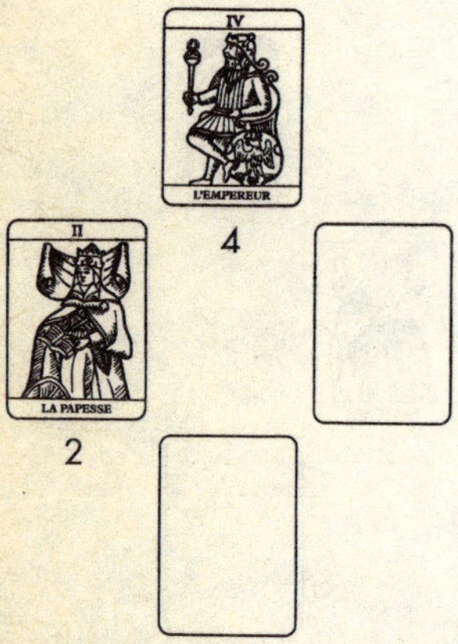

Votre réserve et votre prudence vous rendent sûr de votre équilibre vital et des choix que vous faites ou des décisions que vous prenez en ce qui concerne votre santé.

Malgré votre réserve ou votre tendance à ne pas révéler vos sentiments, vous en mesurerez bientôt toute l'importance, toute la valeur profonde et vous serez ainsi amené à faire un choix décisif sur le plan affectif.

Un choix décisif se présente à vous, mais vous devez faire preuve de prudence et de discrétion avant de vous résoudre à le révéler et à l'imposer.

Vous faites preuve de prudence et de réserve pour pouvoir vous assurer de faire discrètement ou secrètement le meilleur choix ou de trouver le meilleur accord possible.

Faites des choix prudents et sélectifs pour vous rendre sûr de la stabilité ou de la solidité de votre situation financière.

2 5

Votre dynamisme sans excès et votre énergie vitale contenue vous assurent d'une santé stable et d'une maturation tranquille mais certaine, tant sur le plan physique que sur le plan moral.

Votre réserve et votre prudence sentimentales vous permettront d'obtenir ce que vous souhaitez et désirez secrètement, ce que vous attendez de votre vie affective.

Votre situation familiale est basée sur des valeurs stables, authentiques dont un couple est sans doute le ciment. Sinon vous agirez avec prudence et discrétion pour réaliser vos desseins et stabiliser peu à peu votre situation.

Abordez vos desseins ou vos projets avec prudence et discrétion, mais ne relâchez pas vos efforts pour trouver et obtenir les appuis, les soutiens dont vous avez besoin pour aboutir.

Quelles que soient les obligations ou les responsabilités qu'il vous faut assumer, vous n'en faites pas moins secrètement des efforts pour stabiliser et améliorer progressivement votre situation financière.

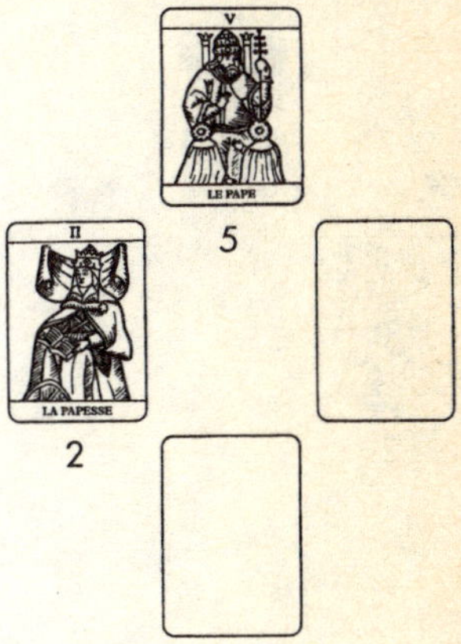

SITUATION ACTUELLE

2 6

Votre réserve et votre prudence de nature reposent en fait sur votre souci constant de préserver votre équilibre coûte que coûte et de savoir toujours faire le meilleur choix.

Vous faites preuve d'un droiture, d'une loyauté et d'une honnêteté sentimentale indéniables. Mais cela vous rend aussi très exigeant, parfois intolérant et en tout cas très sélectif dans le choix du cœur.

Soyez prudent, sélectif, rigoureux dans vos choix, dans vos décisions mais ne soyez quand même pas trop pointilleux ni trop intransigeant à l'égard de vos proches.

Vous faites un choix, vous prenez vos décisions ou vous trouvez des accords avec prudence, discrétion, rigueur et vous optez pour la solution que vous considérez comme étant absolument la meilleure et la plus équitable.

Soyez prudent, discret et faites peser la sagesse dans la balance pour faire des choix judicieux ou prendre de justes décisions en rapport avec votre situation financière.

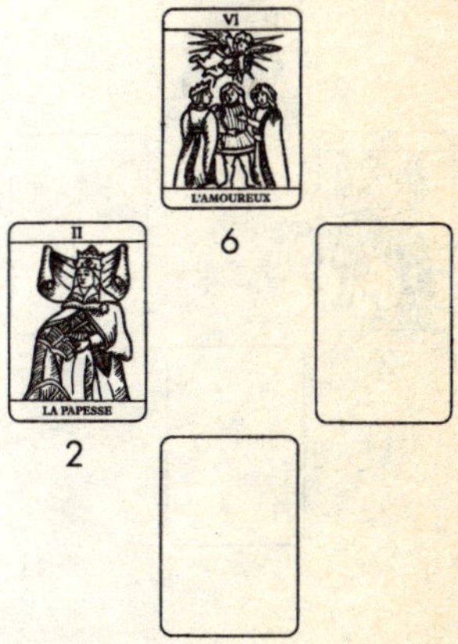

SITUATION ACTUELLE

2 7

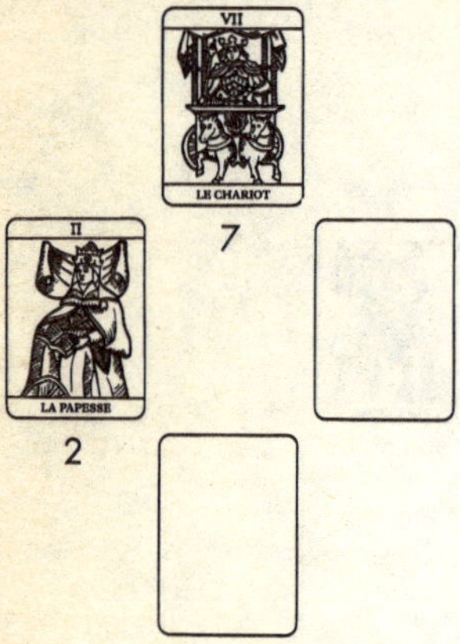

Soyez prudent, prévoyant, raisonnable et vous parviendrez à coordonner et à contrôler votre énergie vitale et votre dynamisme pour vous en servir pratiquement et progressivement au mieux de vos besoins.

Vous aurez un pressentiment qui se révèlera très juste, ou bien une prise de conscience personnelle, ou une découverte vous poussera à sortir de votre réserve et à agir pour obtenir ce que vous désirez.

Vous allez découvrir ou divulguer un fait ou un point qui, jusqu'à présent, avait été tenu secret ou était resté obscur et cela vous permettra sans doute d'agir pour obtenir ce que vous voulez.

Vous recherchez, vous étudiez précisément et méthodiquement les plus sûrs moyens pour atteindre vos objectifs ou pour aboutir dans vos desseins que, jusqu'à présent, vous avez tenus secrets mais qu'il vous faut bien dévoiler.

Soyez économe, prudent, réaliste et vous parviendrez avec le temps à améliorer votre situation financière.

SITUATION ACTUELLE

2 8

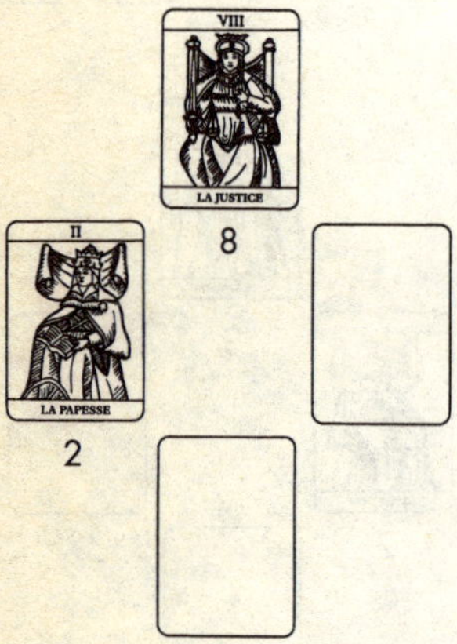

Vous êtes prudent, stable, réservé quant à votre évolution personnelle ou aux changements que vous pourriez connaître et ainsi vous ne faites rien qui serait susceptible de perturber votre équilibre.

Votre réserve et votre prudence sentimentale ne semblent pas empêcher l'évolution de votre situation mais contraignent quand même celle-ci à ne se faire que dans les limites de l'équilibre et de la sécurité dont vous avez besoin dans votre vie affective.

Malgré une inertie apparente ou un souci constant de préserver sa stabilité et son équilibre, votre situation familiale poursuit son petit bonhomme de chemin mais évolue, change doucement mais sûrement.

Votre situation ne peut évoluer que si elle reste dans le cadre et dans les limites qui lui sont imposés, et qui sont nécessaires à son équilibre et à sa stabilité.

Soyez prudent, économe et sachez attendre le bon moment ou les circonstances favorables pour faire évoluer votre situation dans les limites de son équilibre et de vos moyens.

SITUATION ACTUELLE

2 **9**

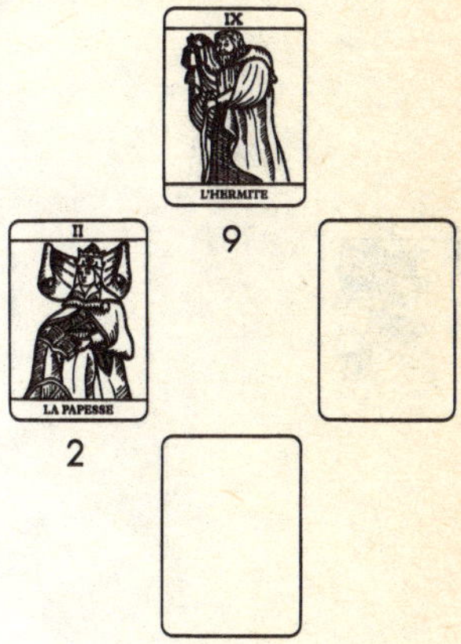

Vous bénéficiez d'une énergie vitale intense, contenue, concentrée qui vous rend prudent, résistant et vous savez, qui plus est, prendre toutes les précautions nécessaires à la préservation de votre stabilité.

Vous êtes discret, confiant et lucide dans le vécu de vos sentiments et vous savez que, le temps aidant, vos relations et vos liens sont de plus en plus stables, profonds, authentiques.

Votre discrétion, votre sagesse et votre force d'âme vous permettent, avec le temps, d'acquérir une situation familiale stable et d'obtenir ce que vous voulez.

Vous faites preuve d'un pouvoir de conviction discret mais efficace, d'un pouvoir de concentration intense mais perspicace, qui vous aident à trouver des solutions pratiques et réalistes pour obtenir ce que vous voulez.

Vous évaluez avec prudence et réalisme vos moyens actuels et cela vous permet d'avoir des vues à long terme en ce qui concerne votre situation financière.

SITUATION ACTUELLE

2 **10**

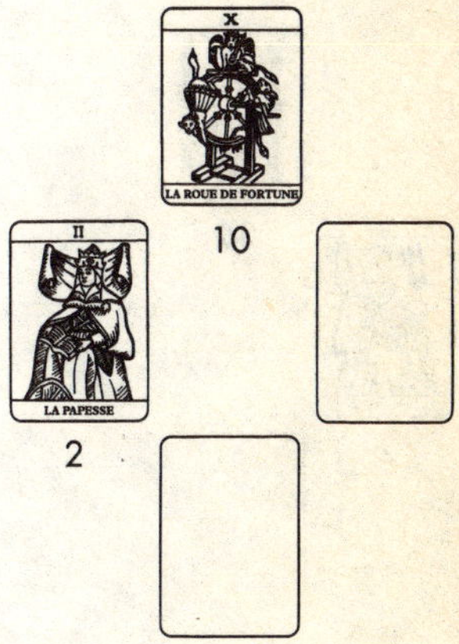

Vous vous abandonnez à un état de faiblesse physique et morale qui ressemble plus à du laisser-aller qu'à de la sagesse et, de fait, pour le moment, il est difficile de savoir comment votre état de santé va évoluer.

Est-ce de dévouement ou d'abnégation dont vous faites preuve ou bien avez-vous tendance à vous laisser entraîner et influencer par les circonstances ? Quoi qu'il en soit, et même si vous n'êtes pas dupe, vous ne faites pas ce que vous voulez dans votre vie sentimentale.

Vous êtes très dévoué à vos proches, mais votre situation familiale vous laisse bien peu de libre arbitre. Vous pouvez toutefois vous attendre à ce que des changements se produisent.

Vous manquez de libre arbitre dans l'exercice de votre profession ou bien votre situation est figée, freinée, arrêtée dans son évolution, mais peut-être savez-vous sans le révéler que des changements vont bientôt se produire.

Bien que vous n'en soyez pas dupe, vous êtes contraint pour le moment à une certaine inertie et il vous faut ainsi compter sur l'évolution des circonstances pour qu'un revirement puisse se produire dans votre situation financière.

SITUATION ACTUELLE

2 11

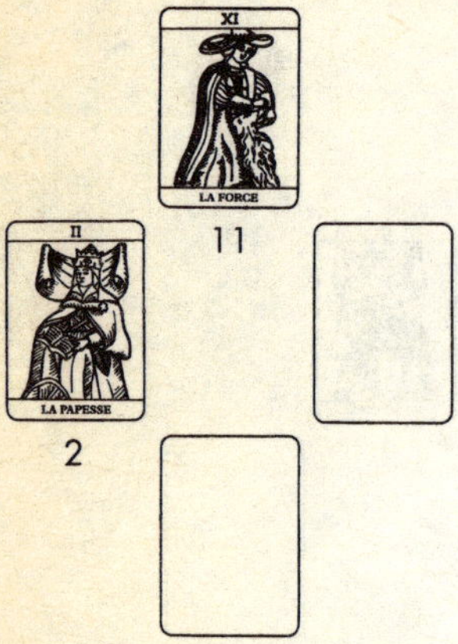

La prudence et l'inertie passagère vous permettent d'opérer un changement radical dans votre comportement ou dans votre existence et de profiter ainsi au mieux de votre bien-être vital.

Avec prudence et discrétion vous opérez un changement radical dans votre comportement affectif ou dans votre vie sentimentale et cela vous permet d'avoir votre situation bien en main ou d'obtenir ce que vous désirez.

Une attitude discrète, confiante et perspicace vous aide à tirer profit de tous les avantages offerts par votre situation familiale ou à opérer un changement important, utile et nécessaire.

Vous savez que vous pouvez tirer le meilleur profit d'une situation que vous avez bien en main et que vous pouvez discrètement mais sûrement opérer un changement radical et courageux qui affirmera sans doute votre position.

La prudence, le calcul et l'économie ne peuvent que vous être profitables et vous donner l'assurance d'avoir la main-mise sur votre situation financière.

SITUATION ACTUELLE

2 12

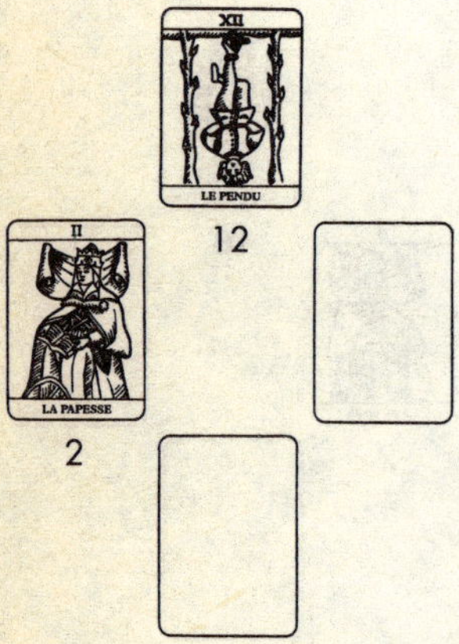

Estimez bien vos moyens et vos limites sur le plan vital et sachez prendre les dispositions opportunes, trouver les accomodements dont vous avez besoin pour vous détendre, vous reposer et vous rétablir sereinement.

Vous prenez secrètement des dispositions pour trouver des compromis ou des arrangements opportuns, mais cela ne fait pourtant pas beaucoup évoluer votre situation.

Vous n'êtes pas dans une situation facile et pourtant, même si vous n'en dites rien, vous faites de réels efforts pour comprendre, pour trouver des compromis intelligents et opportuns, pour arranger les choses.

Soyez discret, diplomate, accommodant si vous souhaiter arranger une situation, résoudre un problème ou vous rendre plus autonome et n'hésitez pas, si besoin est, à faire des révélations opportunes.

Une juste et opportune estimation de vos moyens peut vous aider à mieux faire face à vos contraintes, à vos obligations financières et à faire ainsi des efforts discrets mais efficaces.

2 | 13

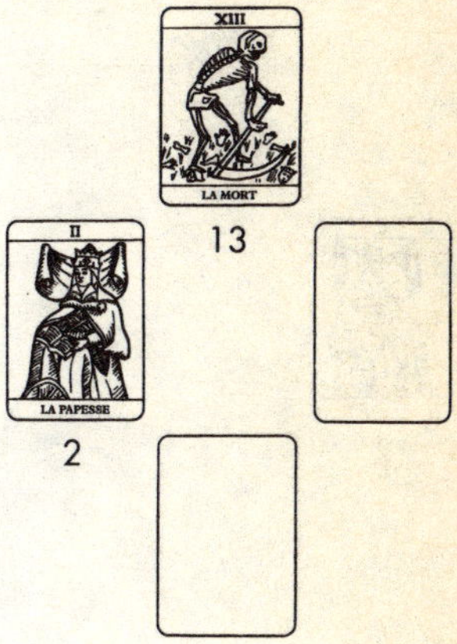

Votre inertie, votre passivité ou votre laisser-aller vous conduit à une crise aiguë de santé ou vous confronte à un problème majeur auquel il faut remédier énergiquement et d'une manière radicale.

C'est sans doute votre comportement passionnel dissimulé ou inavoué qui est responsable de ce changement radical qui va se produire dans votre vie affective et dont vous savez qu'il est fatal.

La sagesse et la passion, la stabilité et le désordre se mêlent et se confondent en ce moment chez vous et vous ne parvenez pas à refréner le désir que vous avez d'opérer un changement radical.

Malgré votre stabilité et votre sagesse apparentes, vous êtes en réalité très impatient de tirer profit le plus rapidement possible d'une situation ou d'un changement radical et avantageux pour vous.

Vous étudiez l'éventualité d'un changement radical ou le profit important que vous pourriez tirer de la conclusion d'une affaire, vous êtes très impatient que cela se produise et vous en accélérez secrètement le processus.

SITUATION ACTUELLE

2 | 14

Vous avez tendance à encaisser les coups, les chocs sans rien laisser paraître, et vos réflexes, votre caractère accommodant et souple vous aident à vous adapter aux circonstances les plus bouleversantes et ainsi à les minimiser.

Vous faites tout votre possible pour arranger une situation difficile qui ne tient qu'à un fil ou prévenir les risques de bouleversement, de rupture, de crise dans votre vie sentimentale auxquels vous vous attendez sans rien en dire.

Vous faites tout votre possible pour arranger une situation difficile ou pour prévenir, contenir ou minimiser les chocs, les bouleversements qui menacent de se manifester et de remettre en cause l'ordre et la stabilité de votre vie familiale.

Après une période d'attente et d'élaboration, vos négociations vont se débloquer brusquement et vous allez pouvoir trouver les arrangements ou les compromis auxquels vous vous prépariez, ou que vous aviez prévus.

Une issue ou une solution brusque et opportune s'imposera à vous sur le plan financier et elle bouleversera sans aucun doute vos projets et vos prévisions.

SITUATION ACTUELLE

2 | 15

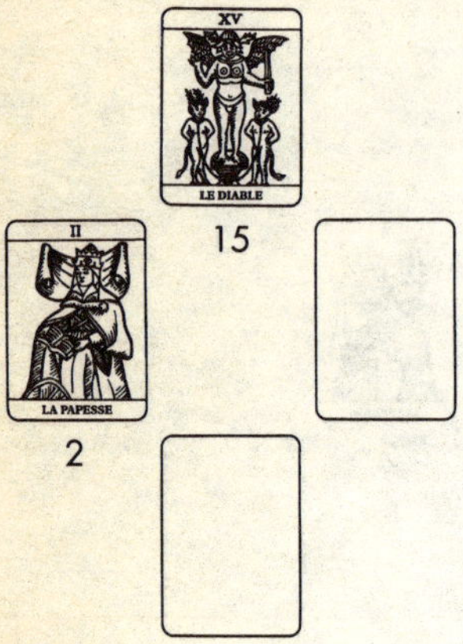

Vous bénéficiez d'excellents réflexes vitaux et d'un bon pouvoir de récupération et vous savez puiser dans vos réserves d'une manière stable et mesurée.

Malgré votre réserve, votre stabilité et votre sagesse apparente, vous éprouvez des sentiments profonds, ardents et vous suscitez ainsi malgré vous la passion.

Votre attitude calme et réservée, dissimule un tempérament exigeant et passionné. Vous faites ainsi des rêves ambitieux et, au fond, vous n'aurez de cesse qu'ils ne se réalisent.

Ce que vous concevez ou élaborez de neuf ou d'original va très rapidement porter ses fruits, et vos vœux et vos désirs secrets seront alors comblés.

$ Soyez prudent et calculateur, imaginatif et faites fructifier votre avoir.

SITUATION ACTUELLE

2 | 16

Vous avez des problèmes de santé chroniques ou indéfinis qui couvent et menacent d'évoluer jusqu'à un état critique et une crise de santé salutaire qui fera sortir le mal.

Vous allez connaître ou subir un choc, un bouleversement, une crise dans votre vie affective qui vous libèrera toutefois des problèmes, des non-dits, des déceptions et des rancœurs accumulés depuis déjà trop longtemps.

Les non-dits, les malentendus, l'hypocrisie et les rancœurs font régner un mauvais climat dans votre situation familiale qui traversera ainsi sans doute une période de crise bouleversante mais salutaire.

Même si vous ne vous l'avouez pas ou que vous n'en dites rien, vous n'en pensez pas moins qu'un bouleversement ou une crise est inévitable pour éliminer les problèmes, les conflits et l'insécurité qui règnent dans votre situation.

$ Vous êtes sans doute en train de faire de mauvais calculs ou vous ne vous sentez pas sécurisé par votre situation, et vous vous attendez ainsi à raison à ce qu'un bouleversement ou une crise inévitable se produise.

2 | 17

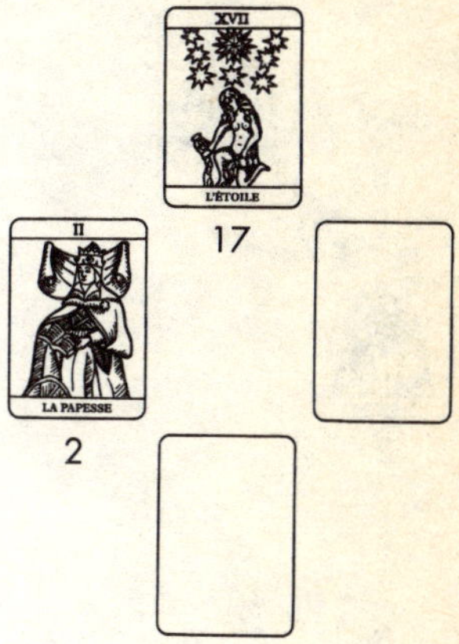

Vous bénéficiez d'une richesse intérieure qui rayonne, d'une brillante stabilité sur le plan physique et moral qui ne vous laisse jamais à court de ressources.

Malgré votre réserve, votre pudeur sentimentale, vous ne doutez pas un seul instant de l'authenticité, de la profondeur et de la plénitude de vos relations affectives.

Vous attendez, vous espérez ou vous vous préparez à connaître ou à vivre un événement heureux qui suscitera beaucoup de joie et de bonheur dans votre famille.

En faisant preuve de discrétion, de prudence et de sagesse vous pouvez créer une nouvelle association ou réussir pleinement dans vos entreprises originales ou novatrices.

Votre prudence et votre sagesse sur le plan financier sont pleinement récompensées et vous pouvez ainsi jouir sereinement de vos ressources.

2 | 18

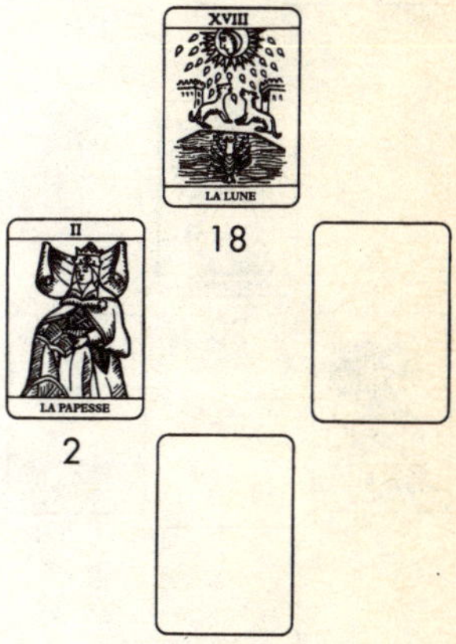

Reconsidérez votre comportement, car vous avez sans doute trop tendance à vous laisser aller ou à laisser faire les choses sans réagir et votre état de santé risque de se dégrader. Mais vous pouvez l'éviter en reprenant sérieusement les choses en main.

En théorie, vous tentez de modifier votre comportement et vous essayez discrètement de reconsidérer et d'arranger vos problèmes, mais pratiquement votre situation se dégrade et, si vous laissez faire, rien ne se résoudra de cette façon.

Malgré les reconsidérations qui se révèlent ou les perspectives de renouveau dont vous avez pris discrètement connaissance, vous ne pouvez empêcher qu'une situation ne se dégrade mais, du moins, n'êtes vous dupe de rien.

Attendez-vous à avoir des difficultés pour renflouer une affaire, remettre une situation sur pied ou arranger un problème, d'autant plus que vous n'avez pas tous les éléments en main ou bien que tout ne vous a pas été révélé.

Si vous ne vous avouez pas à vous-même ou que vous ne parlez pas des vrais problèmes, vous ne parviendrez pas à vous renflouer, et votre situation financière risque alors de se dégrader.

SITUATION ACTUELLE

2 | 19

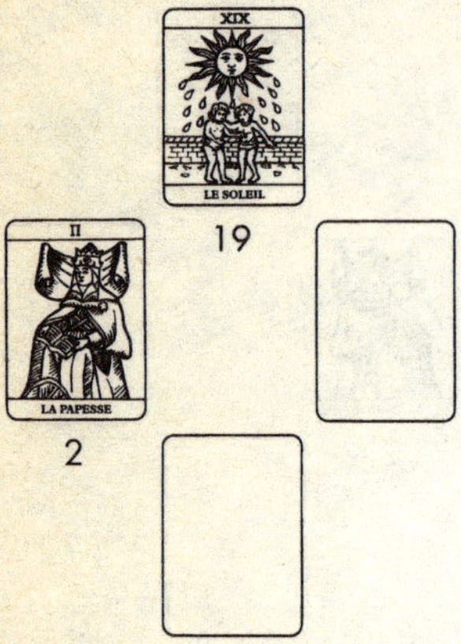

Votre caractère stable et serein et votre nature discrète et réservée vous font vivre en complète harmonie et vous assurent d'une vitalité riche et prudente à la fois.

Vous connaissez ou vous allez éprouver beaucoup de joie et de bonheur sur le plan sentimental et vos vœux, même les plus inavoués, seront comblés.

Vous allez éprouver beaucoup de joie et de bonheur auprès de vos proches ; ou bien la concorde qui règne dans votre famille est surtout due à une personne de votre entourage qui fait preuve d'une sagesse et d'une générosité incomparables.

Vous avez le souci de rassembler tous les éléments utiles et nécessaires au fondement d'une association, d'une société ou d'une réalisation personnelle et professionnelle, et non seulement vous vous y consacrez pleinement mais vous y réussissez parfaitement.

Votre situation financière est stable et claire. Elle vous permet donc de réunir tous les moyens dont vous disposez, de les utiliser et d'en profiter heureusement et raisonnablement.

SITUATION ACTUELLE

2 | 20

Vous pouvez raisonnablement tendre vers un certain retour à la normale en ce qui concerne votre état de santé ou votre vitalité, à condition toutefois d'éviter les actes irréfléchis et prématurés.

En faisant preuve d'un comportement sage et avisé, en évitant les actes irréfléchis ou prématurés mais en allant tout de même de l'avant, vous trouverez sans doute la solution, le renouveau, le changement dont votre vie affective a besoin.

Vous étudiez secrètement ou vous prenez discrètement connaissance de la perspective ou de l'éventualité d'un changement, d'un déménagement ou d'un renouveau quelconque qui s'impose à votre situation familiale.

Vous étudiez sérieusement une proposition qui vous est faite avant d'y répondre et de vous engager dans le processus d'un renouveau, d'une reconsidération, d'un changement dans votre situation.

Un mélange de prudence et d'audace, d'inertie et de mouvement de votre argent vous permettra de renflouer votre situation financière.

2 | 21

Votre caractère stable et prudent vous permet d'assurer aisément vos obligations et vos responsabilités avec une conscience claire de vos possibilités physiques et morales.

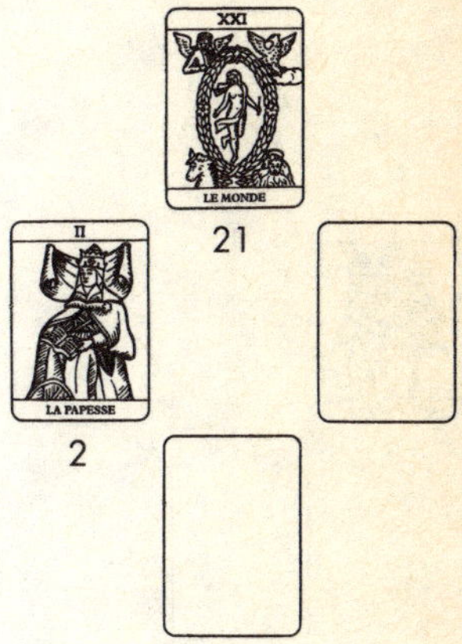

Une union fondée sur des bases solides ou une relatiòn sentimentale sérieuse et stable a toute chance de pouvoir s'accomplir et s'épanouir pleinement.

Votre caractère stable et prudent vous permet d'assumer vos obligations et vos responsabilités sans contrainte et d'avoir ainsi une situation familiale solide et épanouie.

L'approbation ou le soutien discret mais réel d'un personnage influent vous donne la possibilité d'obtenir ou de réaliser pleinement l'expansion sur laquelle vous comptiez.

En demeurant prudent et conscient de vos responsabilités matérielles et morales, vous parviendrez à réunir tous vos moyens et à accomplir l'expansion sur laquelle vous comptez.

SITUATION ACTUELLE

2 | 22

Un mélange de prudence et d'impatience, d'impulsivité à contretemps rend votre vitalité instable. La sagesse serait sans doute de partir vous reposer un peu et vous n'en êtes d'ailleurs certainement pas dupe.

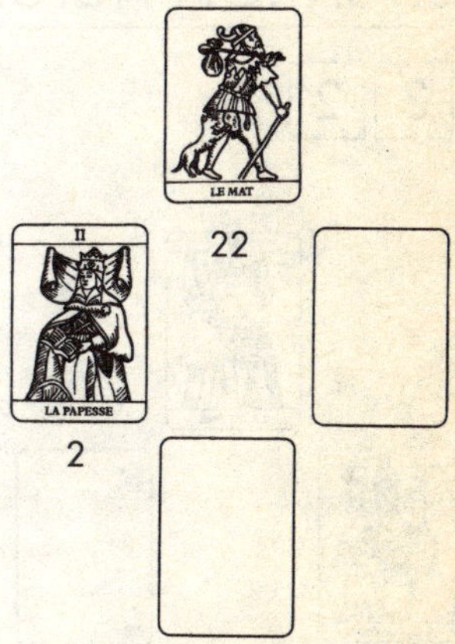

Vous refrénez vos élans, vous les dissimulez, ou vous faites preuve d'une prudence ou d'une réserve sentimentale qui risque cependant d'être bouleversée par l'arrivée d'une personne qui vous est chère ou par une rencontre inattendue.

Votre caractère stable vous rend apte à considérer avec prudence les perspectives de changement, de déménagement ou de voyage qui se présentent dans votre vie familiale.

L'arrivée d'une personne ou d'un événement auquel vous vous attendez pourrait avoir une importance capitale pour votre situation.

Soyez prudent dans les mouvements d'argent que vous opérez ou faites des économies pour pouvoir réaliser un voyage ou un changement quelconque.

SITUATION ACTUELLE

3 | 1

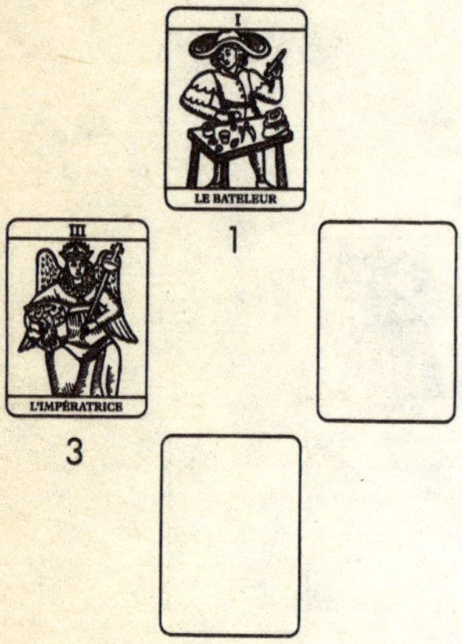

Votre énergie vitale est excellente, elle vous rend sûr de vous et elle vous permet d'agir librement.

Vous êtes sûr de vous et de vos sentiments. Vous pouvez donc agir en toute confiance. Fiez-vous à votre bon instinct.

Si vous faites preuve de compréhension, de générosité et de détermination vous obtiendrez ce que vous voulez.

Vous pouvez produire, réaliser ou matérialiser ce que vous voulez. Soyez actif, entreprenant et déterminé, et vous concrétiserez facilement vos projets.

Votre situation est bonne. Vous pouvez agir comme bon vous semble.

SITUATION ACTUELLE

3 | 2

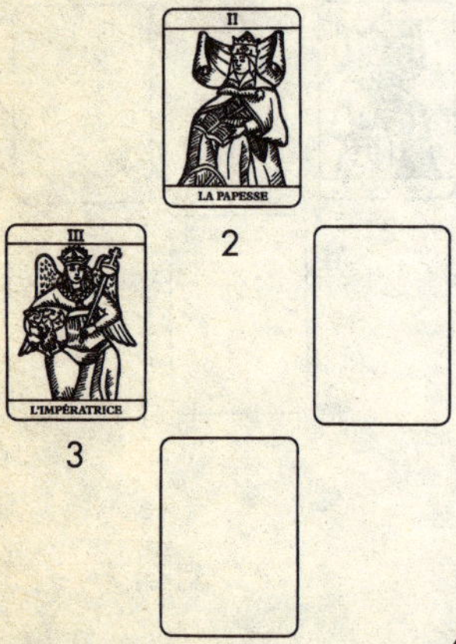

Vous avez sans doute pas mal de responsabilités à assumer et cela risque de vous fatiguer. Écoutez les bons conseils, fiez-vous à votre instinct et tout ira bien.

Vous êtes sûr de vos sentiments et fidèle à vos engagements mais il y a peut-être une chose que vous ne savez pas, un secret dans votre vie qui vous empêche d'agir librement.

Vous agissez en étant conscient de vos responsabilités et de votre devoir.

Concrétisation d'un projet ou stabilisation d'une situation profitable sur des bases sérieuses et fiables.

Votre situation est bonne, mais vous devez compter avec vos obligations matérielles et morales.

SITUATION ACTUELLE

3 | 4

Votre énergie vitale et votre dynamisme sont excellents ; agissez, entreprenez, allez de l'avant.

Agissez selon vos sentiments et votre instinct ; vous êtes en mesure d'obtenir ce que vous voulez.

Vous semblez actif, sûr de vous et de vos sentiments, et vous avez raison de l'être. Tout va bien, votre situation familiale évolue bien.

L'effort et le courage n'ont jamais nui à personne. Alors allez de l'avant et vous triompherez certainement.

Votre situation est bonne mais vous pouvez encore la faire progresser.

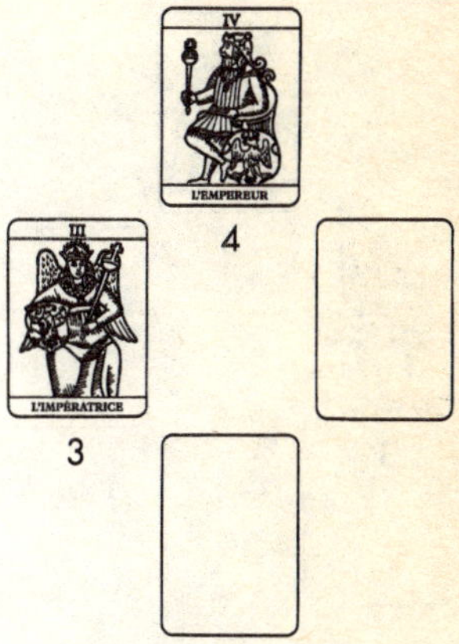

SITUATION ACTUELLE

3 | 5

Votre vitalité est saine et équilibrée, et c'est ce qui vous permet de faire face à vos responsabilités.

Vous êtes dans une situation stable et équilibrée ou bien agissez pour stabiliser et équilibrer votre vie affective.

Situation familiale équilibrée. Ne soyez pas trop sévère à l'égard de ceux qui vous entourent.

La matérialisation d'une situation et sa stabilité impliquent que vous soyez strict et rigoureux en tout.

Votre situation financière est bonne, mais elle est soumise à des contraintes et à des obligations.

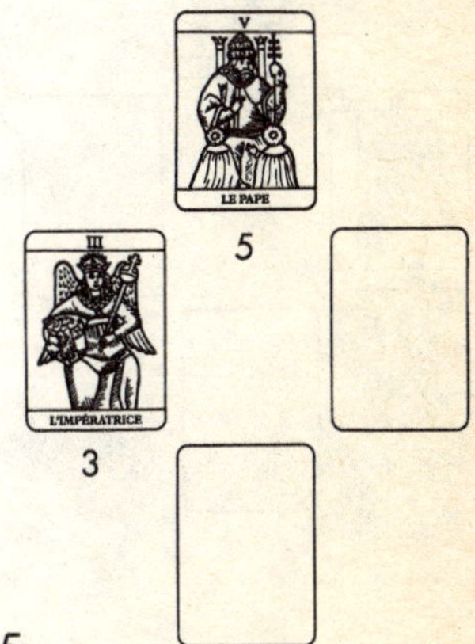

SITUATION ACTUELLE

3 6

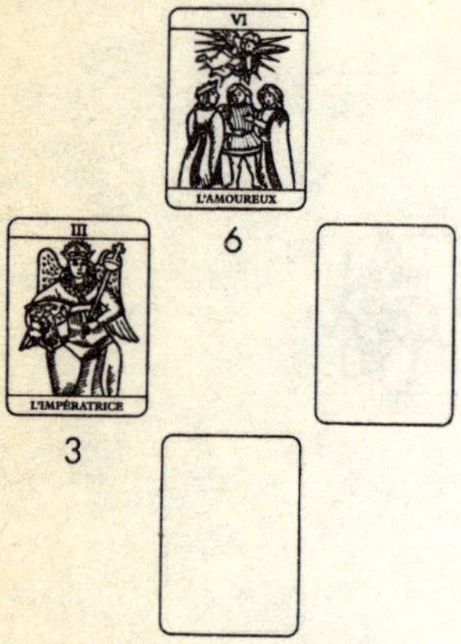

Vous avez une bonne vitalité mais vous êtes toujours en quête de votre équilibre. Soyez vigilant.

Vous vous interrogez sur vous-même, vous doutez de vos sentiments ou bien vous êtes trop permissif pour décider de ce qu'il faut ou ne faut pas faire. Fiez-vous à votre instinct et agissez comme vous le sentez.

Vous vous sentez peut-être un peu seul, et pourtant on vous aime et on vous apprécie à juste raison. Ne laissez pas la lucidité étouffer votre spontanéité.

Situation intéressante dont vous vous demandez toutefois quelle direction elle doit prendre. Une alternative va sans doute s'offrir à vous. Réfléchissez bien avant d'agir.

Vous avez à prendre des options ou à faire des choix importants. Soyez judicieux.

SITUATION ACTUELLE

3 7

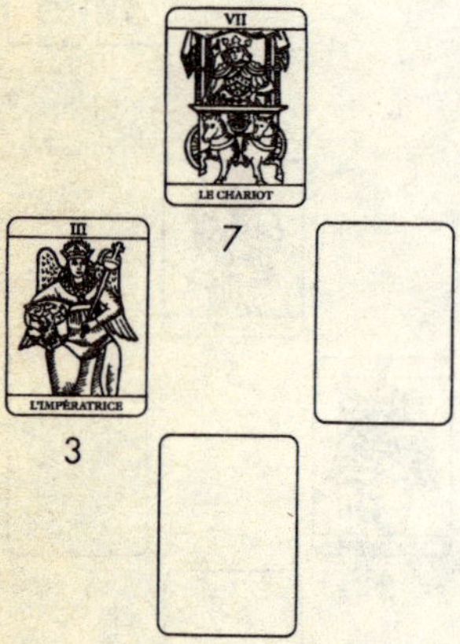

Votre vitalité évolue vers un plus. Vous vous régénérez bien. Donc tout va bien.

Votre situation actuelle évolue rapidement et vous êtes en mesure de réaliser ce que vous souhaitez.

Vous avez tous les atouts entre les mains pour faire bouger votre situation comme vous l'entendez.

Votre situation actuelle évolue rapidement dans un sens des plus profitables. Vous avez tous les atouts entre les mains pour aboutir.

Votre situation financière est en progrès. Ayez confiance.

3 8

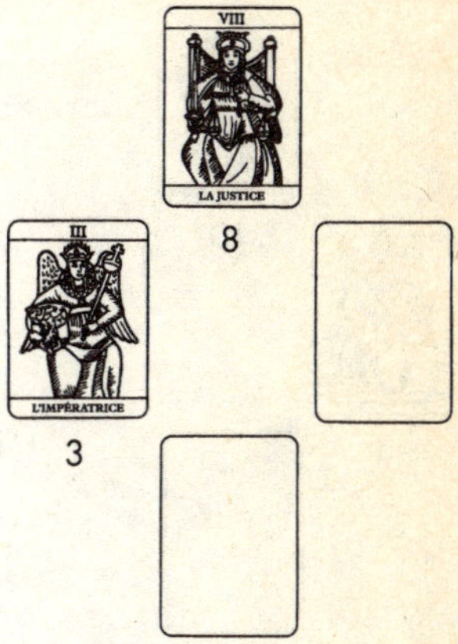

Vous êtes pourvu d'un excellent tonus vital et d'une très bonne énergie active. Que pouvez-vous demander de plus ?

Vous êtes sûr de l'authenticité des sentiments que vous éprouvez comme vous êtes sûr de vous-même. C'est ce qui fait votre force.

Vous maîtrisez parfaitement votre situation actuelle, ce qui vous permet d'agir selon votre volonté.

En l'état actuel des choses, votre situation ne peut tendre que vers un plus d'expansion et d'équilibre qui renforcera votre position s'il en est encore besoin.

L'expansion de vos finances ne dépend que de vous, de votre travail et de la façon dont vous pouvez agir dans les circonstances actuelles.

SITUATION ACTUELLE

3 9

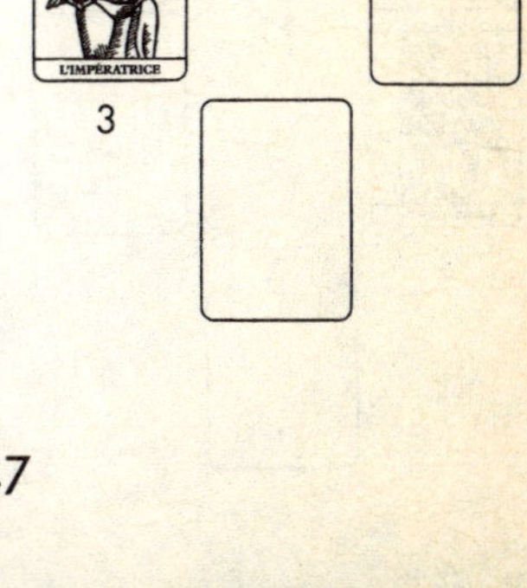

Vous n'êtes sans doute pas au mieux de votre forme. Reposez-vous si vous sentez que vous en avez besoin et agissez en vue de retrouver votre tonus naturel.

Vous êtes sans doute dans une situation inconfortable. Vous êtes insatisfait. Vous doutez de vous et de tout. Réagissez en vous fiant à votre instinct. Vous en êtes capable.

Votre situation actuelle n'est pas pleinement satisfaisante mais vous n'avez pour le moment d'autre solution que celle d'attendre et d'approfondir le problème.

Vous devriez étudier votre situation avec un soin tout particulier. Il semble en effet qu'elle ne tienne pas ses promesses et pourtant elle est sans doute potentiellement très avantageuse.

Des contraintes ou des circonstances hasardeuses limitent peut-être vos finances actuellement. Mais en réfléchissant bien vous devriez pouvoir rectifier le tir.

SITUATION ACTUELLE

3 | 10

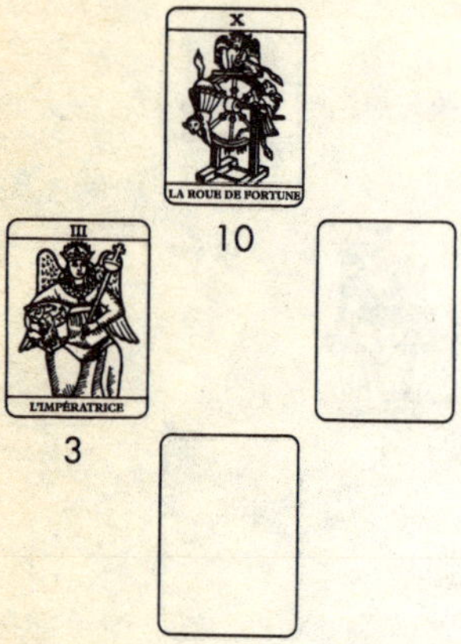

Votre bonne santé dépend uniquement de vous, de votre compréhension, de votre instinct de votre autodéfense naturelle.

Vous pouvez agir dès maintenant et obtenir ce que vous désirez.

Votre situation évolue dans le sens que vous avez souhaité et vous pouvez pleinement profiter de ce changement puisque vous en êtes sans doute l'instigateur.

Votre situation devrait rapidement connaître une évolution des plus profitables ou un changement très avantageux pour vous.

Vous allez récolter ce que vous avez semé. Vous pouvez donc compter sur un excellent profit qui suit une courbe ascensionnelle.

SITUATION ACTUELLE

3 | 11

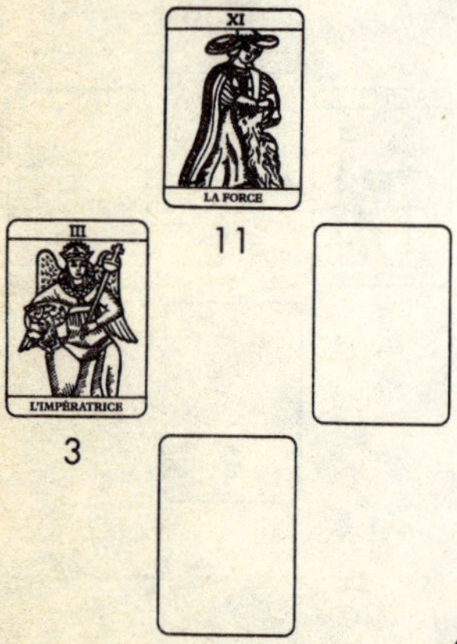

Tant de dynamisme tempéré, de bons réflexes d'autodéfense, de nature calme, pondérée et intelligente vous garantissent d'une santé sans ombre ni nuage.

Vous trouvez un compromis, un arrangement ou une opportunité qui vous permet d'obtenir ce que vous désirez ou de maîtriser votre situation actuelle.

Soyez compréhensif. Faites des compromis et vous parviendrez à vos fins quasiment sans effort.

Si vous êtes diplomate, vous devriez pouvoir trouver des arrangements qui favorisent et renforcent votre position.

Vous pouvez faire de très bonnes affaires ou bien vous devez faire des compromis pour vous maintenir dans votre situation actuelle.

SITUATION ACTUELLE

3 **12**

Votre vitalité est intense mais désordonnée. Vous semblez excitable, nerveux, impatient. Calmez-vous un peu au risque de connaître tôt ou tard le contrecoup fâcheux de tous vos excès.

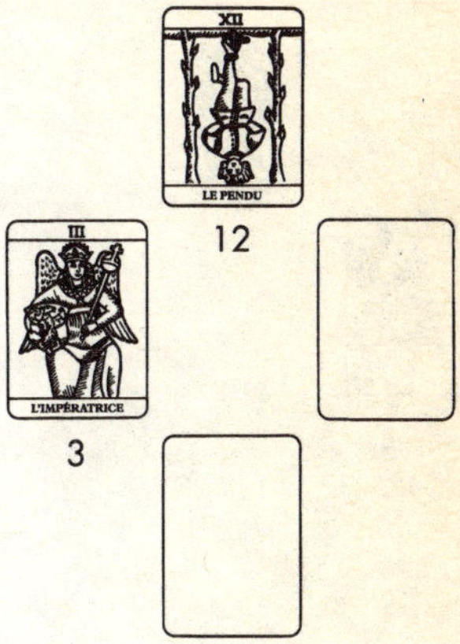

Vous semblez être un peu victime de vos sentiments et de vos désirs. Vous vous comportez d'une manière plus instinctive que réfléchie. A vous de savoir si c'est à tort ou à raison puisque cela dépend après tout des circonstances.

Vous semblez trop dépendant des contingences matérielles et de vos désirs pour acquérir une réelle autonomie que vous revendiquez pourtant avec plus de velléité que d'efficacité.

Vous êtes dans une situation qui présente des avantages financiers indéniables, mais qui ne vous laisse pas libre de vos actes.

Vous avez peut-être des ambitions qui sont au-dessus de vos moyens ; soyez prudent, refrénez-vous. Ou bien vous allez acquérir votre autonomie financière.

SITUATION ACTUELLE

3 **13**

Vous êtes en état de choc. Votre situation actuelle connaît sans doute des bouleversements importants. Ménagez-vous pour y faire face.

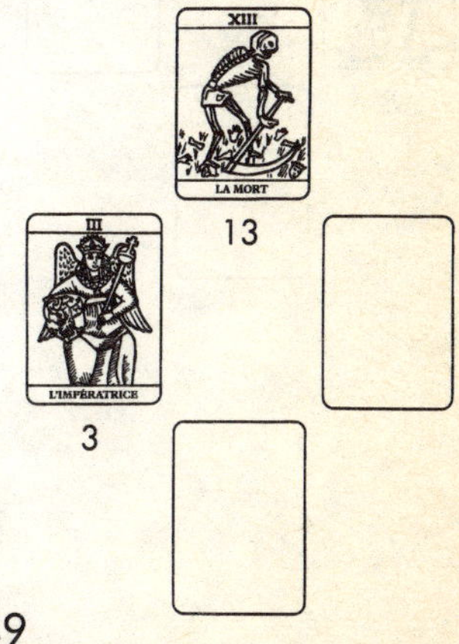

Vous venez de subir un choc. Votre situation actuelle est en train de se transformer radicalement.

Vous pouvez agir pour réaliser un changement important, une transformation radicale ou vous libérer de vos contraintes.

Vous devriez pouvoir agir et provoquer un bouleversement important dans votre situation, qui aurait pour conséquence un changement salutaire et profitable.

Vous avez le pouvoir de débloquer votre situation actuelle et de réaliser un changement profitable.

SITUATION ACTUELLE

3 14

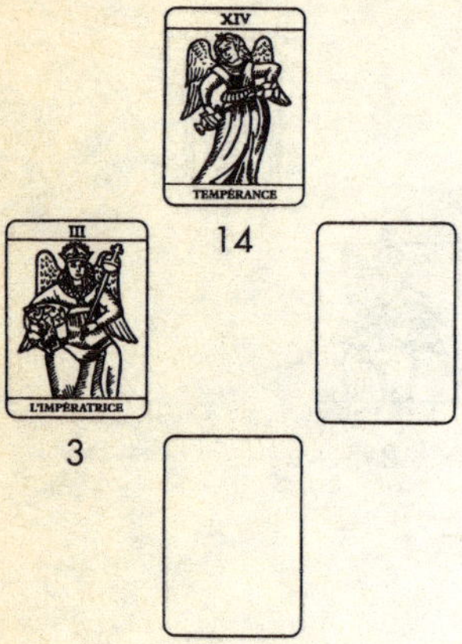

Vous êtes physiquement sain et normalement serein. Donc tout va bien et vous pouvez réaliser vos projets sans crainte.

Vous êtes romantique, inspiré, amoureux peut-être ? Vous vivez en tout cas une période pleine d'espérance et de promesses.

Votre situation familiale actuelle semble fertile en événements heureux. Vous auriez bien tort de ne pas vous y abandonner.

Vous êtes en mesure de créer une situation nouvelle ou d'apporter des innovations qui s'avèreront très profitables.

Tous les espoirs sont permis. Vous êtes en période de chance et d'opportunités.

SITUATION ACTUELLE

3 15

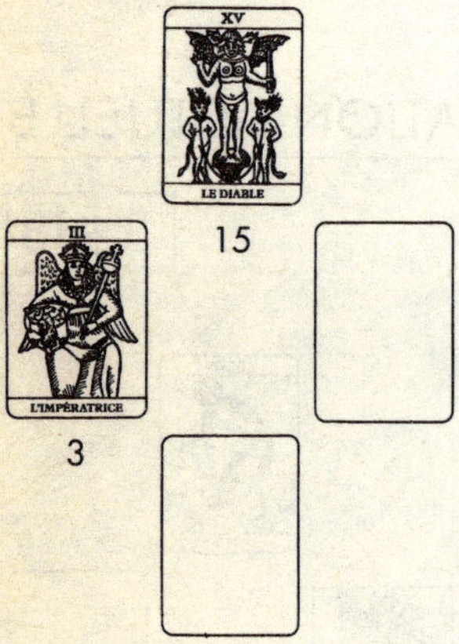

De sérieux problèmes sont à prévoir. Ne jouez pas avec votre santé. Ne considérez pas votre problème à la légère. Mais ne dramatisez pas pour autant. Vous savez bien que le moral est aussi très important.

Vous êtes en pleine crise sentimentale ou bien vous êtes victime d'une situation intolérable et passionnelle. Méfiez-vous des réactions violentes, des désirs et des sentiments égoïstes qui risquent de fausser votre jugement.

Votre vie familiale actuelle ne semble pas très harmonieuse. Quels que soient vos problèmes (maladie, conflits relationnels, déceptions, retards, vicissitudes de toute sorte) réagissez avec vigueur pour éviter une crise.

Votre situation actuelle n'est pas vraiment satisfaisante mais vous pouvez agir de telle sorte qu'elle devienne avantageuse pour vous. Attendez-vous quand même à subir des retards, à être confronté à toute sorte de problèmes. A moins qu'il y ait tout simplement une erreur à la base de vos réalisations actuelles.

Retards, erreurs, déceptions sont le lot de votre situation actuelle. Acceptez-en l'augure mais ne dramatisez pas et ne vous rendez pas malade pour autant.

3 | 16

Vous êtes parfaitement en mesure de résoudre vos problèmes si vous en avez, ou de faire face aux changements ou aux bouleversements dans votre existence. Ou bien vous allez être soulagé d'un grand poids.

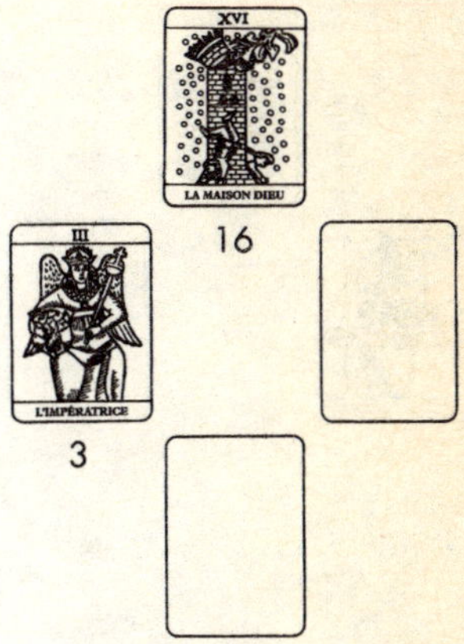

Vos sentiments sont clairs, votre comportement lumineux, et vos relations saines. C'est donc vous qui, volontairement ou non, êtes à l'origine de ce bouleversement un peu déroutant mais qui vous comble de joie.

Vous pouvez clarifier votre situation actuelle de telle sorte que vous ne serez pas surpris par les éventuels bouleversements qu'elle pourrait connaître.

C'est une situation à ce point lumineuse que vous ne devez pas craindre les bouleversements, les brusques remises en question qu'elle nécessite ou qu'elle occasionne mais vous saurez toujours tirer votre épingle du jeu.

Vous avez sans doute les moyens de débloquer une situation ou de trouver une bonne solution à vos problèmes. Alors n'hésitez pas.

SITUATION ACTUELLE

3 | 17

Vous êtes en train de vous régénérer, de récupérer, de vous retrouver. En cas de maladie, soyez assuré d'une totale guérison.

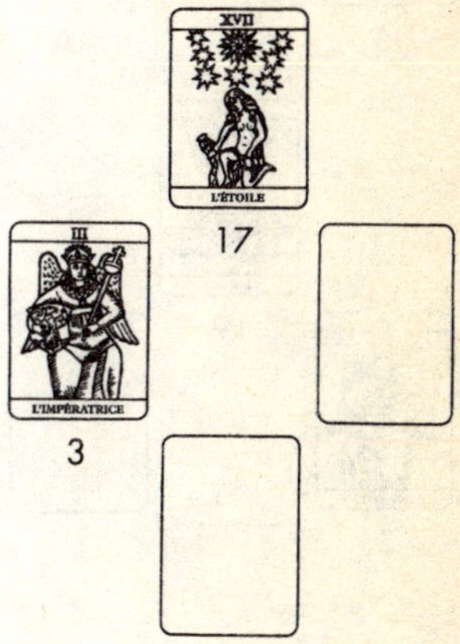

Les circonstances devraient favoriser votre action ou la réalisation de vos vœux ou vous pourriez bien connaître un véritable renouveau dans votre vie affective.

Vous pouvez être à l'origine d'un renouveau. N'hésitez pas à demander ce dont vous avez besoin. Votre honnêteté, votre spontanéité et votre générosité vous permettent de l'obtenir.

Votre énergie constructive et votre intelligence devraient vous permettre d'obtenir ce que vous voulez. Faites des propositions. Agissez ; les circonstances vous sont favorables.

Vous êtes en mesure de vous sortir de vos difficultés si vous en avez eues ou, en tout cas, de vous renflouer.

SITUATION ACTUELLE

3 | 18

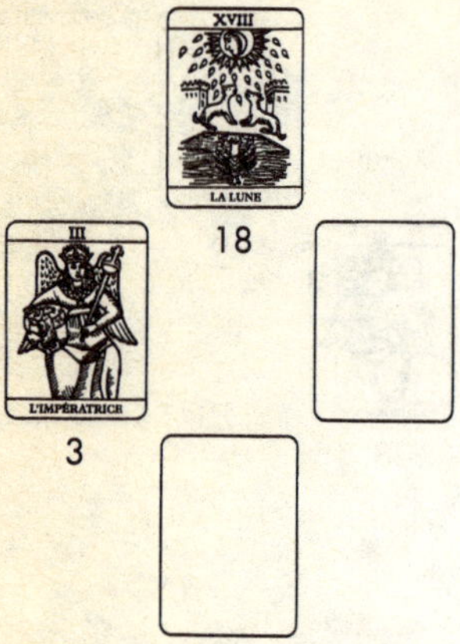

Vous êtes peut-être fatigué, inquiet, fébrile, mais vous n'avez pas vraiment à craindre pour votre santé. Vous vous rendez malade mais votre corps est sain.

Il y aura sans doute quelques obtacles ou quelques retards à la réalisation de vos désirs, mais ne doutez pas de pouvoir obtenir pleinement ce que vous souhaitez.

Les circonstances ne semblent pas très favorables à ce que vous souhaitez réaliser pour vous ou pour votre famille actuellement. Mais cela ne durera pas.

Malgré quelques problèmes ou quelques retards dont vous n'êtes pas responsable, vous allez être pleinement récompensé de tous vos efforts et obtenir ce que vous voulez.

Malgré quelques obstacles, problèmes ou retards de dernière heure vous allez obtenir ce que vous voulez.

SITUATION ACTUELLE

3 | 19

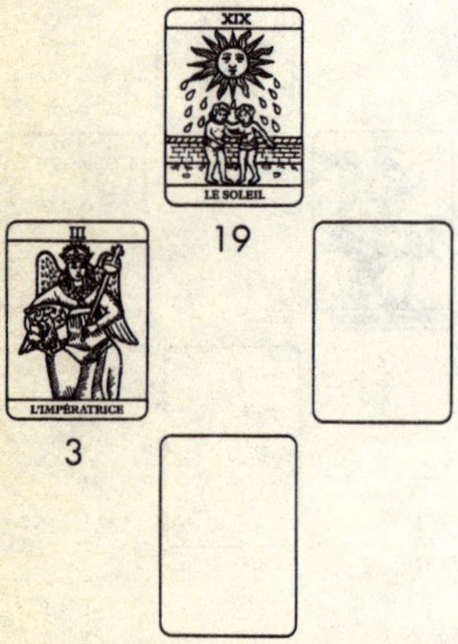

Vous êtes en pleine forme. Faites comme bon vous semble. Agissez, entreprenez, voyagez et fiez-vous toujours à votre bon instinct.

Exprimez vos sentiments. Abandonnez-vous à vos élans. Celui ou celle à qui vous pensez a les mêmes intentions et les mêmes sentiments que vous. Et si vous ne l'avez pas encore rencontré, cela ne saurait tarder.

Faites ce que vous avez envie de faire. Vous allez connaître beaucoup de joies et de satisfactions, dans tout ce que entreprendrez et qui concerne votre situation familiale.

Vous pouvez produire, matérialiser, réaliser et donner libre cours à votre esprit d'entreprise. Profitez de cette période favorable pour agir. Vous devriez remporter un franc succès.

Vous allez réaliser une opération profitable à tout point de vue. N'hésitez pas.

3 | 20

Vous êtes suffisamment conscient de votre devoir et de vos responsabilités pour ne pas vous laisser aller et donc ne rien craindre de fâcheux pour votre santé.

Votre situation actuelle quoique stable et sérieuse devrait connaître un renouveau appréciable.

Soyez ouvert et disponible à toutes les possibilités qui vous sont offertes. Si vous restez compréhensif et bienveillant vous pourrez tout arranger et répondre à toutes les sollicitations.

Vous devriez être en mesure de réaliser un contrat avantageux ou de matérialiser une situation profitable, ce qui revaloriserait sans aucun doute votre situation actuelle.

Votre situation financière est bonne même si elle est soumise à des obligations et qu'il vous faut assumer certaines responsabilités.

3 | 21

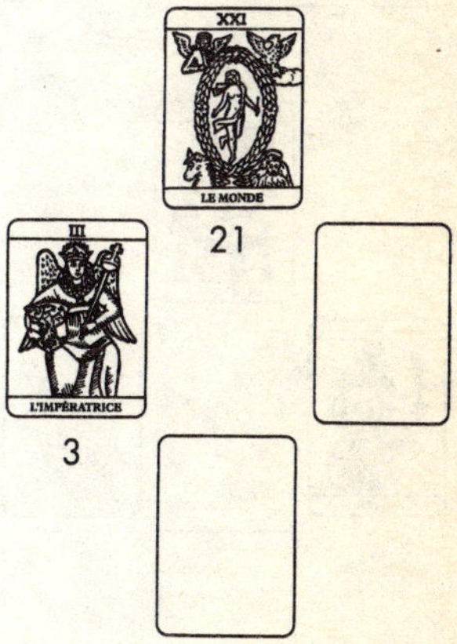

Vous avez semble-t-il une nature émotive et sentimentale. Votre équilibre affectif et moral est donc la clé de voûte de votre santé et de votre vitalité. Tant que votre cœur va, tout va.

Vous êtes dans de si belles dispositions, vos sentiments sont si clairs, si évidents et ce que vous faites est en si parfait accord avec ce que vous pensez ou éprouvez qu'il n'y a aucune raison pour que vous ne soyez pas comblé.

Vous pouvez agir pour que tous ceux que vous aimez soient unis et rassemblés autour de vous. Vous y parviendrez sans peine. Votre attitude généreuse, sincère et spontanée vous donne tous les droits.

Si vous devez vous associer avec des amis ou des proches, n'hésitez pas : en effet, un accord probable se présente sous les meilleurs auspices.

Vous êtes dans une bonne situation matérielle et apparemment disponible à toutes les éventualités. Tout ceci ne peut vous être que profitable.

SITUATION ACTUELLE

3 | 22

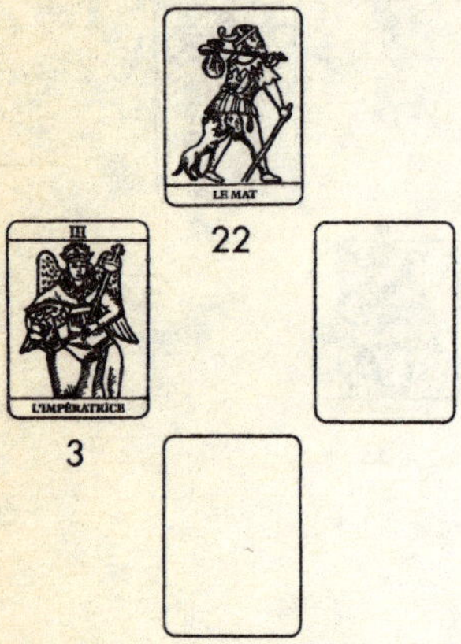

Évitez l'agitation et la précipitation et tout ira bien.

Vous agissez spontanément, en suivant vos impulsions et votre instinct. A vous de savoir si vous avez tort ou raison de partir, de vous précipiter ou d'agir ainsi.

Vous allez peut-être devoir agir précipitamment, partir brusquement ou être confronté à un événement soudain.

Votre situation actuelle connaît du mouvement et, semble-t-il, c'est une bonne chose. Agissez promptement. Allez de l'avant. Mais restez conscient des atouts que vous avez en main.

Vous êtes en mesure d'obtenir ce dont vous avez besoin actuellement. Alors allez le chercher.

SITUATION ACTUELLE

4 | 1

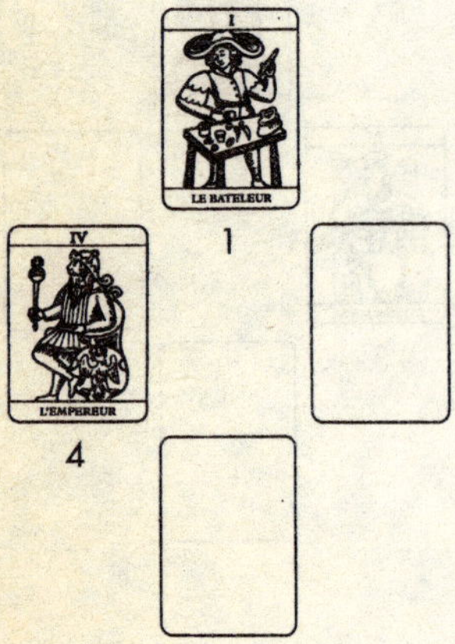

Vous avez une belle énergie et vous avez un tel sens de vos responsabilités que vous n'avez pas à craindre pour votre santé. Évitez quand même le surmenage.

Vous êtes déterminé et sûr de vos prérogatives. Vous pouvez donc agir avec assurance et imposer votre volonté.

Vous imposez votre loi, votre volonté et vos initiatives à votre milieu familial. Soyez ferme, mais restez compréhensif.

Vous avez tout pouvoir et la certitude de pouvoir compter sur une situation stable et des appuis fiables. Vous êtes donc en mesure de prendre toutes les initiatives ou les décisions qui s'imposent.

Vous tenez votre situation actuelle bien en main et il n'y a pas de risque pour que vous relâchiez votre emprise.

4 2

Vous avez une nature ambivalente mais vous n'en êtes pas dupe ; ainsi vous vous maintenez dans un équilibre vital, discret mais réel.

Vous êtes plus sentimental que le laisseraient croire votre apparente assurance et votre pouvoir de conviction, et vous avez certainement un désir ou un projet qui vous tient à cœur.

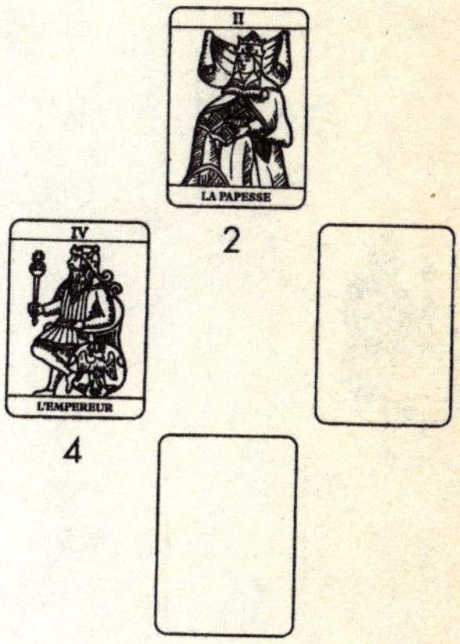

On attend de vous que vous soyez déterminé et que vous assumiez les choix, les décisions et les options en rapport avec la situation actuelle. Ne décevez pas votre entourage.

Vous allez devoir prendre une décision, faire un choix important en vue de concrétiser un projet ou de réaliser une situation. Votre rôle est déterminant dans cette affaire.

Soyez ferme dans vos choix, sûr de vos décisions et vous maintiendrez votre équilibre.

SITUATION ACTUELLE

4 3

Vous ne manquez ni de volonté, ni d'énergie, ni d'intelligence. Pour le moment tout va bien pour vous et vous n'avez pas d'inquiétude à avoir.

Vous construisez, vous réalisez et vous allez de pair avec une personne qui abonde dans votre sens. Donc tout va comme vous voulez. Alors allez de l'avant en confiance.

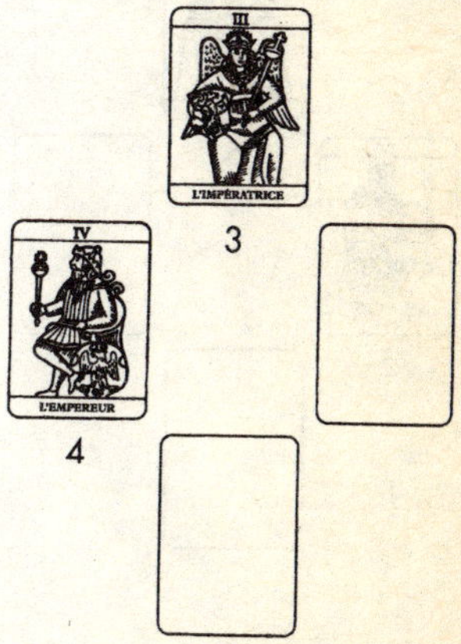

Vous êtes sans doute dans la situation du chef de famille, et votre entourage évolue et profite selon votre volonté. Quoi qu'il en soit on peut compter sur vous.

Vous avez le courage, la volonté et la détermination nécessaires à l'évolution de votre situation actuelle. Agissez avec fermeté, dirigez bien votre action et vous obiendrez sûrement ce que vous voulez.

Vous tenez ferme les rênes de votre situation et vous avez la volonté de la faire progresser. Rien ne vous en empêche, semble-t-il.

SITUATION ACTUELLE

4 5

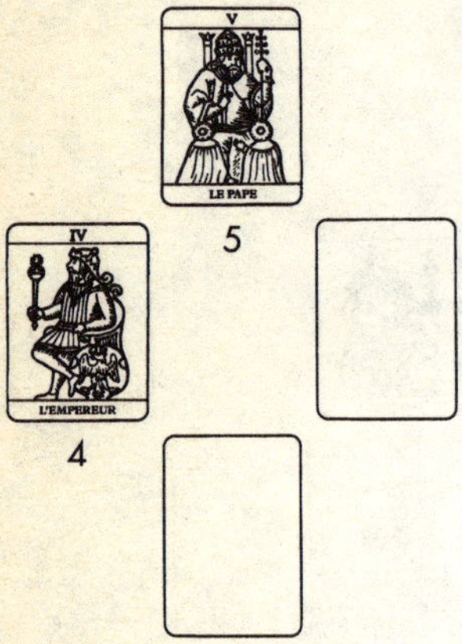

Soyez vigilant, ne commettez pas d'imprudence en ce qui concerne votre santé. Vos responsabilités actuelles ne vous le permettent pas.

Sans doute êtes-vous en train de mûrir, de vous référer à votre expérience. Quoi qu'il en soit votre comportement est réfléchi, vos actes sont précis et vous ne vous engagez pas au hasard.

Vous avez sans doute beaucoup d'obligations et de responsabilités morales à assumer, mais vous en portez le poids avec confiance et réalisme.

Soyez concret, réaliste et voyez loin sans vous presser. Moyennant quoi votre situation s'établira et ne sera sans doute plus remise en cause avant longtemps. Mais vous ne devez compter que sur vous-même et suivre votre petit bonhomme de chemin avec ténacité et détermination.

Vous êtes concret, réaliste, vigilant et lucide. Votre situation ne risque pas d'être l'objet du hasard.

SITUATION ACTUELLE

4 6

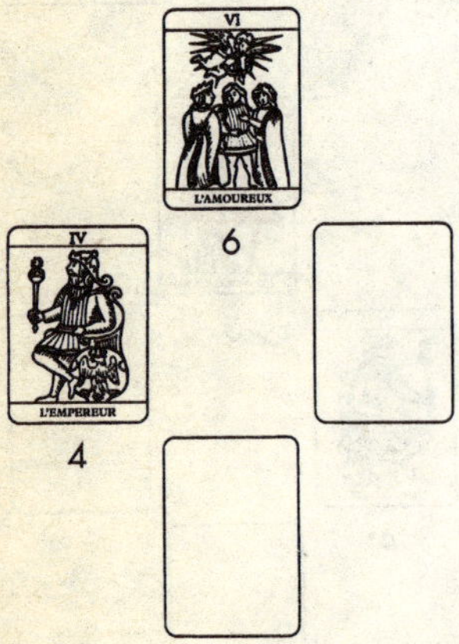

Votre volonté et votre intelligence pratique vous préservent de l'instabilité et des incertitudes, de subir ces hauts et ces bas que nous connaissons tous. Donc, tout va bien.

Vous êtes tout à fait en mesure de faire évoluer votre situation actuelle dans le sens où vous le désirez, mais tôt ou tard vous allez devoir faire un choix important.

Quelles que soient les décisions que vous devriez prendre ou les choix que vous seriez susceptible de faire, maintenez votre cap, soyez réaliste et constructif. Vous avez le pouvoir de faire évoluer les choses dans votre sens.

La situation évolue comme vous le souhaitiez et vous avez suffisamment de détermination, de pouvoir de conviction et d'intelligence pratique pour prendre la décision qui s'impose, réaliser l'accord ou l'association dont vous aurez peut-être besoin.

Vous êtes en ce moment le seul capable de juger si un changement est possible ou non. Soyez réaliste, mais ne laissez pas non plus passer la chance, si chance il y a.

4 7

Vous êtes énergique, sûr de vous, actif et maître de vos moyens. Que voulez-vous de plus ?

Vos relations actuelles semblent tout à fait stables. Quels que soient vos désirs, vos aspirations, vous parviendrez à les réaliser en dominant intelligemment mais énergiquement la situation. Vous cultivez l'adage selon lequel : « qui m'aime, me suive ! »

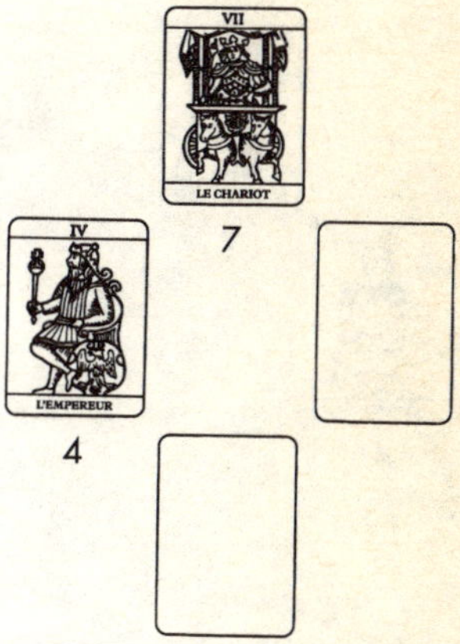

Vous avez le pouvoir de diriger, de faire évoluer votre situation familiale comme vous l'entendez. Vous êtes sûr de vous, ferme dans vos décisions, mais n'abusez pas de vos prérogatives et de votre autorité. Bref, soyez un bon chef de famille.

Vous avez tout pouvoir pour construire, réaliser, donner de l'expansion à vos affaires ou faire progresser votre situation actuelle. Votre détermination et votre force de caractère vous permettent de diriger les opérations et de dominer les événements.

Votre situation financière est fiable. D'autant plus que vous la contrôlez parfaitement, et que vous ne reculez pas devant l'effort et le travail pour progresser.

4 8

Vous devez faire preuve de discipline et de fermeté si vous voulez maintenir votre équilibre vital. Soyez donc vigilant, évitez les faiblesses et ne vous laissez pas aller.

Vous êtes peut-être un peu trop sûr de vous et de votre capacité à tout régenter. Méfiez-vous de vos faiblesses et des contraintes que vous pourriez subir. Soyez inflexible, surtout avec vous-même.

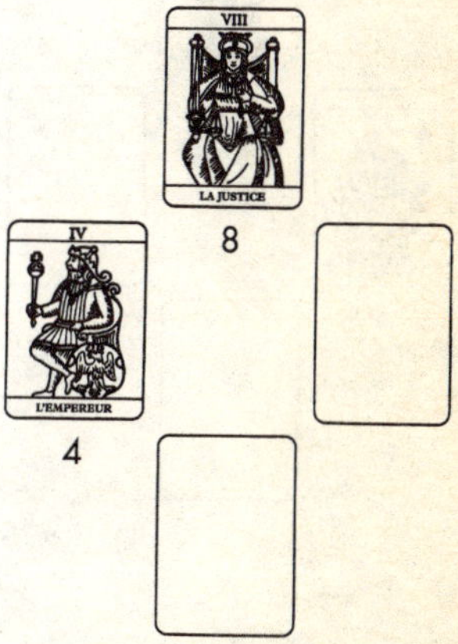

Vous tenez les rênes de votre situation familiale, mais vous vous sentez un peu contraint et forcé, dirait-on. Quoi qu'il en soit, son équilibre et le vôtre ne semblent pas remis en question. Gardez la tête froide.

Vous avez la volonté de maintenir votre situation équilibrée ou vous êtes contraint à demeurer dans la plus stricte normalité. Soyez concret, réaliste et adoptez une attitude politique. C'est ainsi que vous parviendrez à vos fins.

Vous ne pouvez pas vous permettre de vous laissez aller à vos faiblesses. Maintenez votre situation actuelle. Pour le moment, vous ne pouvez espérer plus.

SITUATION ACTUELLE

4 9

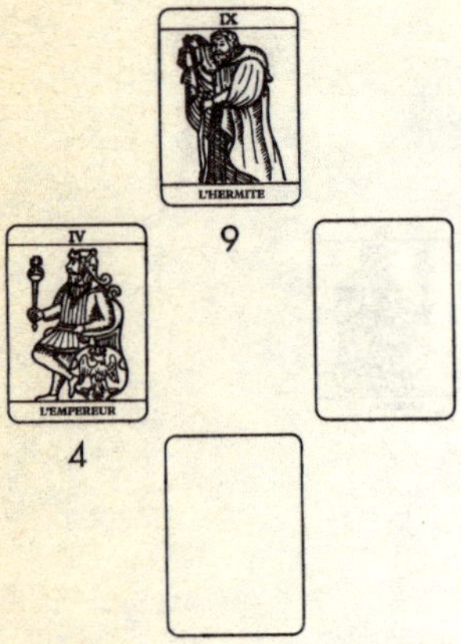

Ne croyez pas que vous soyez à l'abri des précautions à prendre ou d'une certaine vigilance à adopter en ce qui concerne votre santé. Pour le moment vous pouvez peut-être vous permettre d'avoir une certaine confiance en vous et en vos moyens, mais êtes-vous sûr qu'il en sera toujours ainsi ?

Il faut parfois savoir éliminer les doutes et faire fi des précautions à prendre avec détermination. Si vous devez tourner une page de votre vie ou être à l'origine d'un changement important dans votre existence, assumez-en pleinement la responsabilité.

Vous avez raison de laisser planer un doute, pourvu que vous ne doutiez pas vous-même de vos décisions. On se rendra compte alors que vous êtes catégorique et tout à fait déterminé même quand il s'agit de rompre, de trancher ou de réaliser un changement important.

Le changement que vous avez en vue ne pourra sans doute se réaliser qu'à long terme. Soyez donc patient, précis et faites preuve de ténacité. Vous parviendrez alors à vos fins et vous récolterez pleinement ce que vous avez semé.

Réfléchissez bien et ne lâchez pas prise. Vous pourrez alors diriger votre situation en étant assuré d'un réel profit.

SITUATION ACTUELLE

4 10

Vous menez votre barque avec un mélange de souplesse et de fermeté, ce qui vous donne un grand sens de l'adaptation, mais vous permet aussi d'agir avec certitude et discipline lorsque cela est nécessaire. Un tel comportement vous met bien sûr à l'abri de tout risque en ce qui concerne votre santé.

Pesez le pour et le contre. Estimez bien vos chances. Vous êtes libre de faire évoluer votre situation comme vous le désirez. C'est une chance mais c'est aussi une responsabilité.

Vous êtes en situation d'agir comme il vous plaira. Soyez ferme, concret et diplomate et tout s'arrangera au mieux.

C'est à vous de confirmer votre position et votre capacité à diriger les opérations en sachant saisir ou susciter des opportunités, en trouvant des arrangements ou des compromis intéressants, en négociant avec souplesse et assurance.

Estimez bien vos chances et agissez comme bon vous semble. Vous avez la situation bien en main.

SITUATION ACTUELLE

4 | 11

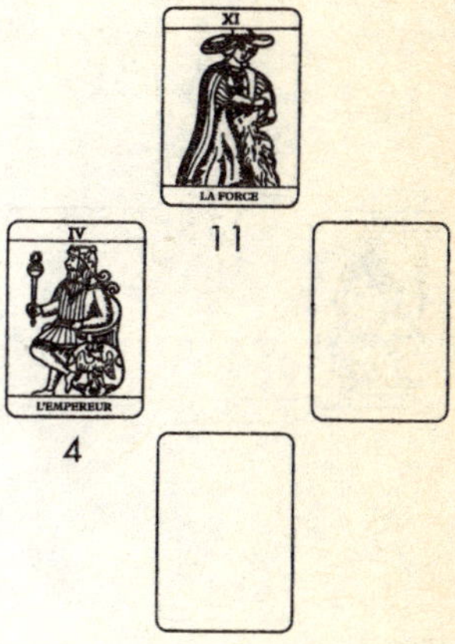

Vous avez l'air comme ça d'en faire trop, d'abuser de vos forces, mais en réalité, malgré votre nature énergique et un peu excessive, vous connaissez vos limites et vous savez jusqu'où aller ; restez prudent quand même.

Vous avez un caractère énergique et vous êtes discipliné. Cela vous permet sans aucun doute de très bien maîtriser votre situation actuelle quelle qu'elle soit. Mais au fond, vous ne pouvez plus vous dissimuler votre tempérament passionnel et exigeant.

Vous semblez tout dominer, tout régenter à votre convenance. C'est vrai que vous maîtrisez bien la situation. Mais êtes-vous sûr de ne pas être un peu trop exigeant, un peu trop autoritaire voire un peu trop égoïste ?

Vous êtes ambitieux, réaliste et sûr de vous. Vous avez sans doute raison de l'être puisque votre position est assurée et qu'en ce moment vous semblez pouvoir obtenir ce que vous voulez. Si c'est une situation qui vous préoccupe, vous pouvez avoir la certitude qu'elle se concrétisera et qu'elle sera très profitable.

La volonté d'aboutir, de construire de diriger, bref, l'ambition n'a jamais nui à personne pourvu qu'elle se manifeste concrètement avec réalisme et sans excès. Puisque vous semblez avoir cette qualité, profitez-en !

SITUATION ACTUELLE

4 | 12

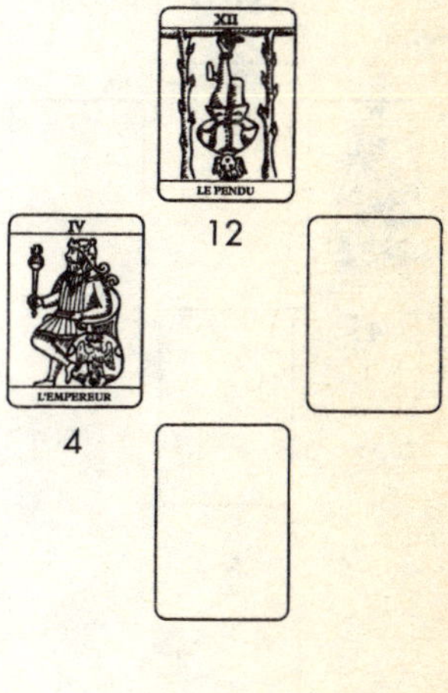

Même si vous vous sentez sûr de vous, dites-vous bien que nul n'est à l'abri des événements imprévisibles ou des accidents de santé. Soyez donc un peu moins présomptueux, et plus attentif à ce qui se passe en vous et autour de vous. Vous éviterez ainsi de vous retrouver dans une situation fâcheuse.

Si vous avez décidé de provoquer un bouleversement dans votre existence, assurez-vous qu'il s'avère absolument nécessaire et qu'il ne risque pas de vous plonger dans une situation hasardeuse. Il est des circonstances où considérer intellectuellement les problèmes ne suffit pas.

Vous avez sans doute l'intention de provoquer un bouleversement ou un changement important. Assurez-vous quand même d'être parfaitement en mesure de l'assumer et de ne pas imposer cette remise en question d'une façon un peu arbitraire à votre entourage.

Vous êtes l'instigateur d'une crise, d'un bouleversement ou d'une remise en question fondamentale qui semble bien être la seule solution à vos problèmes actuels. Vous agissez donc avec conviction et, souhaitons-le, avec raison.

Vous allez sans doute prendre la brusque décision de déstabiliser votre situation, de la remettre en question ou de vous éloigner définitivement d'entreprises hasardeuses.

SITUATION ACTUELLE

4 | 13

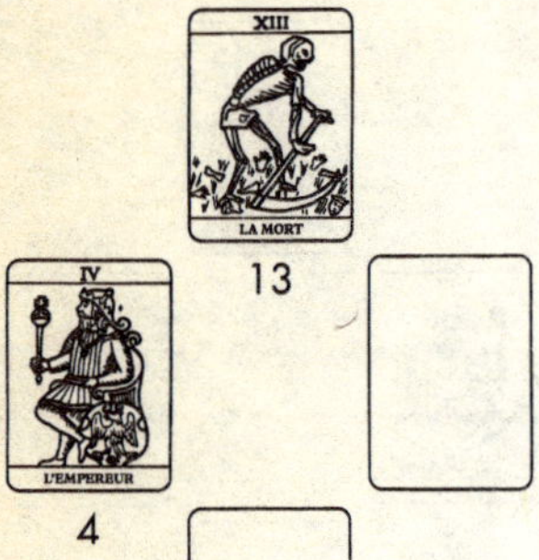

Puisque vous avez l'intelligence de savoir faire un retour sur vous-même quand vous sentez que cela est nécessaire, vous savez, de fait, parfaitement bien vous régénérer.

Quand on a confiance en soi, quand les circonstances sont favorables, quand on est sûr des sentiments que l'on éprouve, que l'on est plein d'espérance mais que pour autant on demeure réaliste et concret, on se sent comme neuf et prêt à vivre tous les changements.

Vous pouvez opérer tous les changements ou toutes les transformations que vous avez en vue puisque si vous ne manquez pas d'imagination, vous n'en êtes pas moins réaliste et concret.

Vous pouvez concrètement réaliser vos aspirations ou vos espérances, et ceci aura pour conséquence un changement de situation radical et sans doute très avantageux pour vous.

$ Vous avez de bonnes idées et vous semblez parfaitement en mesure de les concrétiser et de les exploiter au mieux de vos moyens ; qui plus est, il y a de grandes chances pour qu'elles soient réellement profitables.

SITUATION ACTUELLE

4 | 14

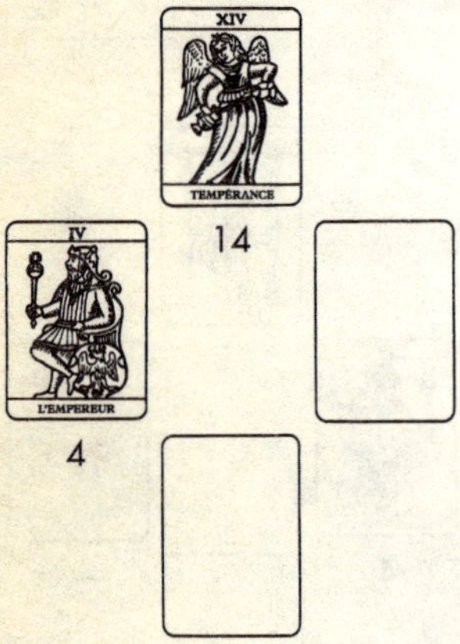

Vous vous accommodez sans doute d'une fatigue constante ou d'un état de santé non satisfaisant. Prenez garde tout de même à ne pas laisser votre état se dégrader, sous prétexte de ne pas avoir le temps de vous en préoccuper.

Vous connaissez ou vous allez connaître une déception, ou bien votre situation est actuellement pleine de malentendus et de non-dits, d'interférences confuses et négatives. Modérez votre attitude peut-être un peu trop rigide si vous souhaitez trouver un terrain d'entente.

Vos relations avec votre entourage ne semblent pas au mieux pour le moment ou bien tout ne va pas comme vous le voulez. Mais si vous faites preuve d'intelligence, de souplesse et de compréhension tout pourra peut-être s'arranger.

Il semble que pour être constructif il va vous falloir faire des concessions ou trouver des compromis intelligents et opportuns. Sans doute a priori votre attitude n'était pas bonne ou votre position moins fiable, moins sûre qu'elle ne semblait l'être. Quoi qu'il en soit, vous pouvez aisément rectifier le tir.

$ En ce moment, méfiez-vous de vos certitudes et de votre capacité à bien tenir les cordons de votre bourse, à bien gérer vos finances. Des compromis s'imposent.

SITUATION ACTUELLE

4 | 15

Vous éclairez par votre pouvoir d'action et votre énergie tout ce qui va ou ne va pas en vous. Vous avez une nature expansive que rien ne semble freiner ou contrarier pour le moment. Évitez quand même d'en faire trop.

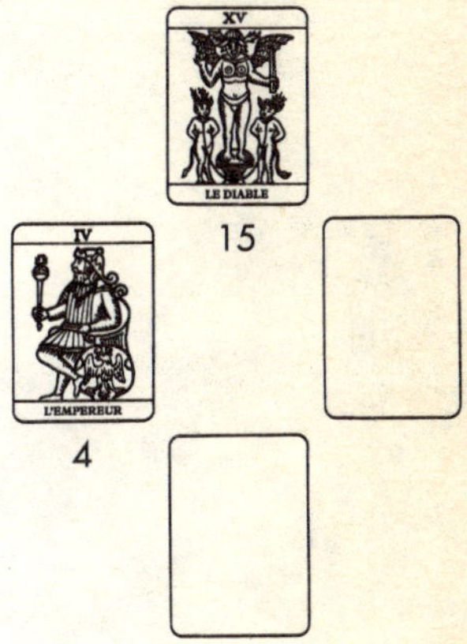

Vous savez ce que vous voulez et ce que vous faites semble pleinement en accord avec ce que vous dites, pensez ou éprouvez. Il n'y a donc aucune raison pour que vous ne soyez pas comblé.

Vous régnez sur une situation qui semble réellement harmonieuse. Persistez dans cette attitude pleine d'assurance, de générosité et de détermination et vous obtiendrez entière satisfaction.

Vous semblez concentrer toute votre énergie sur la volonté de construire. Vous avez l'étoffe, l'assurance et l'énergie d'un réalisateur. Vous êtes dans une position enviable et privilégiée pour concrétiser vos ambitions. Bref, quelle que soit votre situation ou votre activité actuelle votre succès est assuré.

Vous savez clairement quels sont vos moyens et vous avez l'art d'en tirer profit. Votre situation actuelle semble à la fois très concrète et tout à fait privilégiée.

SITUATION ACTUELLE

4 | 16

Bien que vous soyez convaincu d'avoir une vitalité saine et que vous vous sentiez maître de votre santé, vous devriez peut-être revoir votre jugement avant que des circonstances bouleversantes et éprouvantes ne vous y forcent. Si vous avez actuellement des problèmes de santé, vous êtes sur le point d'en voir la fin. Courage !

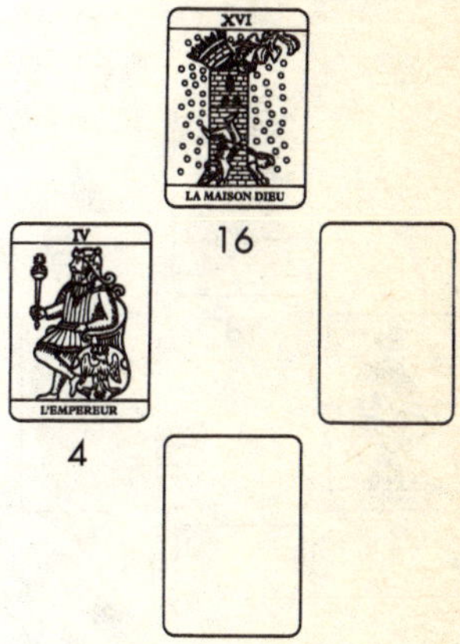

Si pour quelque raison que ce soit votre comportement n'était pas très juste depuis quelque temps, il est toujours possible de changer d'attitude, de faire amende honorable ou de pardonner ; cela allégera considérablement votre climat affectif actuel, n'en doutez pas.

Il y a deux éventualités : soit vous faites une proposition concrète qui serait susceptible de modifier considérablement votre situation actuelle, soit vous faites amende honorable, vous révisez votre jugement, vous vous réhabilitez en quelque sorte, et vous avez raison de le faire car ainsi vous détendez l'atmosphère.

Vous allez sans doute devoir reconsidérer votre situation actuelle avec beaucoup de fermeté à cause d'un bouleversement, d'une remise en question dont vous êtes l'instigateur ou la victime. A moins que votre position actuelle nécessite que vous fassiez des propositions concrètes pour débloquer une situation, une affaire en cours.

N'hésitez pas à reconnaître et, si possible, à rectifier vos erreurs si vous en avez faites, cela ne pourra que vous être salutaire ; ou bien faites une proposition qui soulagera ou débloquera votre situation actuelle.

SITUATION ACTUELLE

4 | 17

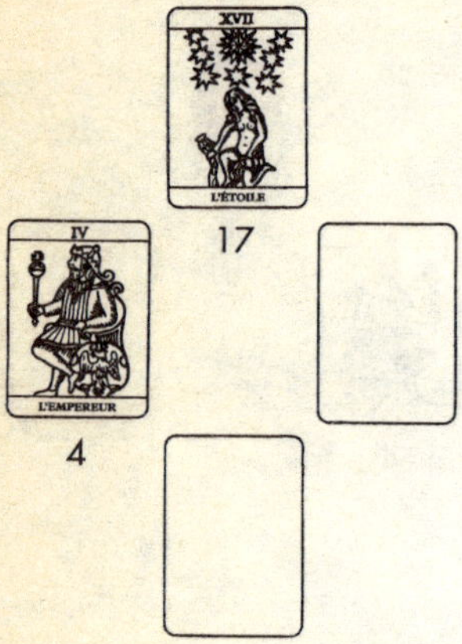

Vous semblez parfaitement équilibré et en pleine possession de vos moyens. Tout va bien.

Il semble que vous soyez pleinement en mesure de combler vos vœux et vos espoirs les plus chers, de concrétiser vos aspirations, de réaliser un rêve, de connaître en tout cas une certaine plénitude affective.

Votre volonté de rassembler, de réunir et votre sens de la communauté vous mettent dans une position priviligiée au sein de votre milieu familial qui vous comble. Agissez en vue d'une expansion que vous devriez pouvoir réaliser aisément.

Votre esprit de synthèse, votre pouvoir d'expansion, votre intelligence inspirée et pratique vous permettent d'obtenir ce que vous voulez, de réaliser une vocation ou de concrétiser une situation nouvelle et pleine de promesses.

Votre situation semble à son plein et vous donne la possibilité d'envisager toutes sortes de perspectives nouvelles. Mais soyez réaliste et restez concret.

SITUATION ACTUELLE

4 | 18

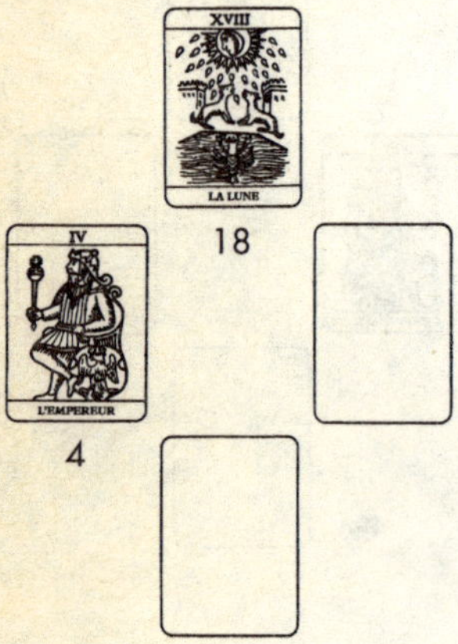

Attention! Si vous persistez dans une telle attitude vous vous précipitez tête baissée et à coup sûr vers les ennuis et les problèmes de santé. Vous devez réagir fermement et vous convaincre de votre comportement erroné.

Vous semblez très sûr de vous et vous êtes sûr de pouvoir obtenir ce que vous voulez ; mais si votre conviction repose sur des fausses bases ou des raisonnements erronés vous allez certainement connaître des déceptions. Vous devriez réfléchir un peu plus à ce que vous faites et à ce que vous pouvez faire.

Si vous avez l'intention de partir, vous allez être « déçu du voyage. » Sinon, des ennuis ou des difficultés vont vous retenir. Quoi qu'il en soit, méfiez-vous des coups de tête, des actes irréfléchis et des mauvaises impulsions.

Vous risquez de commettre une erreur et vous allez connaître des déceptions si vous vous jetez trop vite dans l'action ou si vous faites tout pour concrétiser trop rapidement une situation. Attendez-vous à des retards, à des difficultés, à des problèmes de toutes sortes. Réfléchissez bien.

Vous êtes en train de commettre une erreur ou vous ne parvenez pas à trouver l'aide dont vous avez besoin. Soyez réaliste, ne vous précipitez pas et ne persistez pas dans l'erreur.

SITUATION ACTUELLE

4 | 19

Vous êtes trop conscient de vos responsabilités pour prendre quelque risque que ce soit en ce qui concerne votre santé. Ainsi vous menez votre barque intelligemment et tout va bien pour vous.

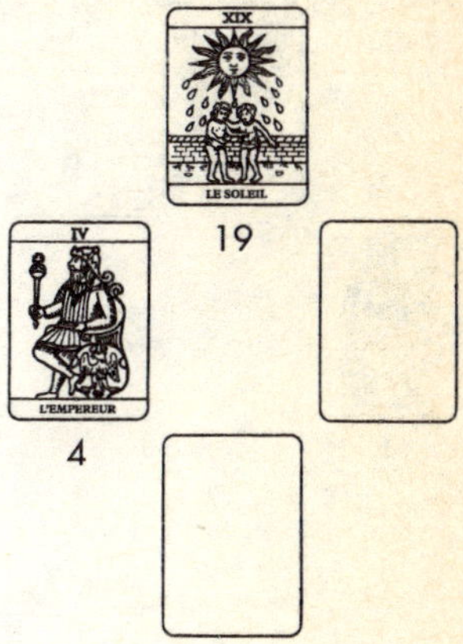

Quelles que soient vos volontés en ce qui concerne votre vie affective, elles sont assurées du succès. Vous pouvez donc agir en toute confiance.

Vous assumez pleinement vos responsabilités. Vous êtes le maître chez vous au meilleur sens de cette formule et cela vous apporte beaucoup de joies, de satisfactions et de reconnaissance. Si vous souhaitez réaliser quelque chose de concret en ce qui concerne votre milieu familial, vous avez toute chance d'aboutir.

Vous avez l'assurance d'obtenir un réel succès dans vos entreprises ou dans votre situation, succès auquel un personnage important ou influent contribuera sans doute. Sinon vous pouvez réaliser l'accord ou l'association que vous souhaitez dans les meilleures conditions possibles.

$ Si vous avez un contrat en vue ou que vous deviez prochainement réaliser un accord, vous pouvez être assuré qu'il se réalisera dans les meilleures conditions possibles.

SITUATION ACTUELLE

4 | 20

Vous êtes libre d'agir ou de vous porter comme vous le désirez mais, malgré les tentations, vous semblez plutôt opter pour un comportement raisonnable et c'est ce qui vous protège.

Vous êtes libre d'orienter votre vie affective comme vous l'entendez. Mais peut-être attendez-vous un renouveau, ressentez-vous le besoin ou la nécessité de faire de nouvelles rencontres, de reconsidérer vos sentiments, de vivre autrement. Quoi qu'il en soit, vous savez très bien ce que vous faites et vous avez le choix.

Sachez faire le choix ou prendre la décision qui s'impose. Cela suscitera sans doute un renouvellement souhaitable, une reconsidération avantageuse de votre situation actuelle et mettra fin aux difficultés ou aux incertitudes si vous en avez eues.

Répondez fermement aux propositions qui vous sont faites, ou faites vous-même des propositions concrètes qui seraient susceptibles de renflouer une affaire ou de renouveler une situation. Quoi qu'il en soit, c'est à vous de décider.

$ Soyez ferme et concret dans vos décisions si vous devez répondre à des propositions ou agir pour renflouer votre situation actuelle.

SITUATION ACTUELLE

4 | 21

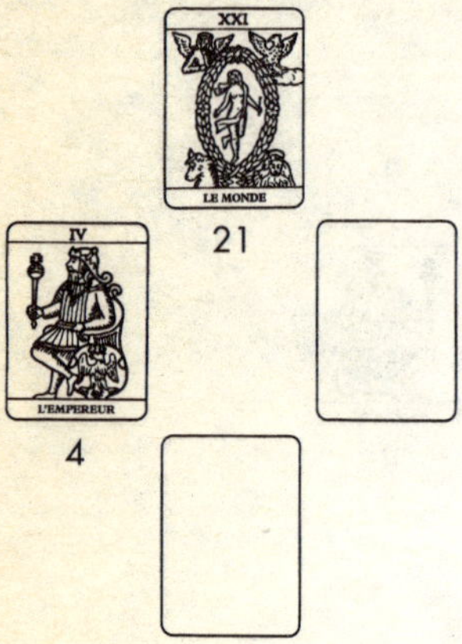

Vous êtes plein de bonnes intentions et de bonnes résolutions, et vous êtes sans doute capable de les tenir. Ce faisant, que pourrait-il vous arriver de fâcheux. Allez de l'avant en toute confiance. Actuellement, rien ne semble pouvoir vous arrêter dans votre évolution.

Rien ne semble pouvoir vous retenir dans vos élans ou vous empêcher de réaliser vos vœux et vos désirs les plus chers. Vous allez sans doute connaître un grand bonheur.

Vous avez plein pouvoir pour agir, construire, réaliser, décider de tout ce qui concerne votre milieu familial ou votre foyer. Si vous projetez un voyage, ou un déménagement, soyez assuré qu'il se réalisera au mieux de vos espérances.

Vous êtes actif, combatif, résolu à vaincre, à aboutir et vous devriez concrétiser pleinement vos projets, ou votre volonté de réaliser une situation ou une opération importante. N'hésitez pas à aller de l'avant. Vous avez le vent en poupe et vous serez sans doute gagnant.

Étonnez-vous ou étonnez votre monde. Vous avez les capacités, les qualités requises et l'énergie nécessaire à l'obtention d'une réelle progression de votre situation financière, d'une élévation de votre niveau de vie.

SITUATION ACTUELLE

4 | 22

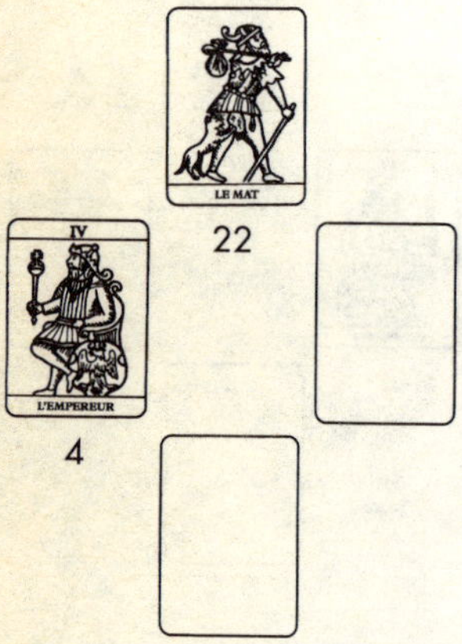

Vous exercez une certaine emprise sur vous-même ce qui vous garantit des impulsions irréfléchies, des erreurs et des extravagances, et c'est aussi ce qui vous permet de bouger et d'agir à votre convenance.

Vous allez au devant d'une personne, sûr de vous et de votre succès ; vous avez la volonté de faire une rencontre ou vous vous êtes décidé à partir, à tourner une page, à vous arracher au passé. Quoi qu'il en soit et concrètement, c'est à vous d'agir.

Ce n'est pas toujours facile de s'arracher au passé, de prendre la résolution de partir. Mais vous semblez réellement déterminé et rien ne pourra vous empêcher de bouger ou d'agir rapidement avec fermeté.

Vous êtes sans doute dans une situation transitoire, mais vous avez la volonté et les capacités nécessaires pour la faire bouger ou évoluer rapidement, pour passer ce cap. Il vous faudra peut-être compter sur l'intervention d'une personne extérieure ou faire des démarches.

Vous avez une certaine retenue, un certain bon sens qui vous mettent à l'abri des extravagances ou des actes irréfléchis. C'est mieux ainsi.

5 1

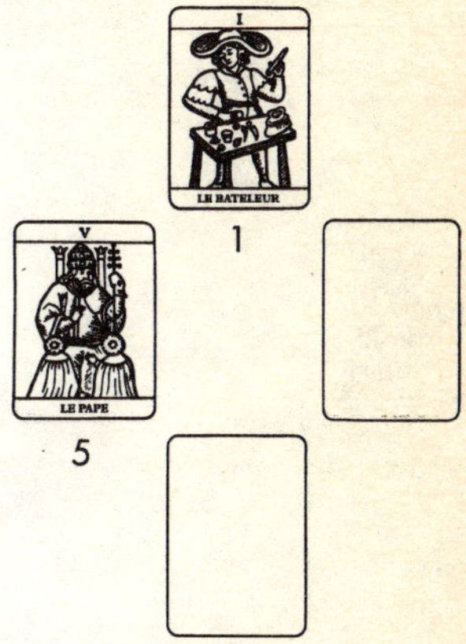

Votre sens des responsabilités et votre pouvoir moral vous rendent vigilant et attentif quant à votre équilibre vital, et vous permettent ainsi de faire bon usage de votre dynamisme.

Quels que soient les choix que vous auriez à faire, les décisions que vous auriez à prendre ou les conseils que vous pourriez prodiguer, vous avez, semble-t-il, une moralité irréprochable et vous ne vous engagez pas à la légère.

Vous avez l'art de joindre l'utile à l'agréable. Ainsi, vous prenez les initiatives ou les décisions qui s'imposent en étant à la fois raisonnable et ouvert aux projets, aux perspectives nouvelles, aux suggestions de ceux qui vous entourent.

Quels que soient les choix que vous auriez à faire, les initiatives que vous auriez à prendre, les projets ou les accords que vous auriez en vue, vous aurez le pouvoir et les moyens d'agir et de conclure rapidement.

$ Votre situation actuelle semble stable, sérieuse et fiable. C'est donc à vous de voir si les alternatives ou les perspectives qui s'offrent à vous sont intéressantes et de prendre alors les initiatives qui s'imposent.

SITUATION ACTUELLE

5 2

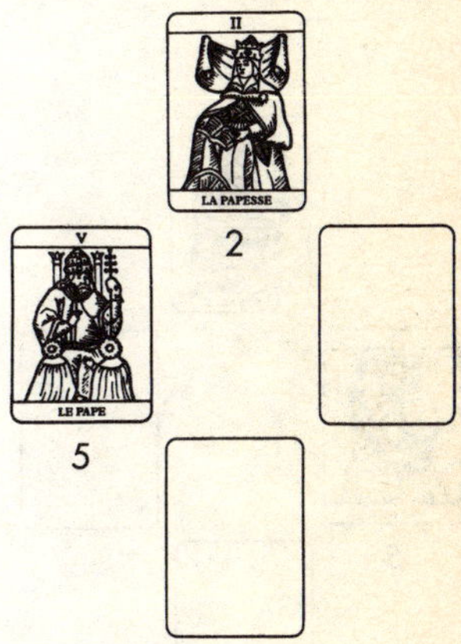

Un comportement discipliné, responsable et volontaire devrait vous mettre totalement à l'abri de tout risque sur le plan santé.

Vous êtes raisonnablement déterminé à sortir de votre réserve, à bousculer l'inertie d'une situation, ou bien vous formez, vous et la personne qui vous est chère, un couple très uni.

En cas de force majeure, vous n'êtes jamais pris au dépourvu pour agir avec raison et efficacité. Ainsi, vous assurez la stabilité de votre situation familiale.

Vous êtes en mesure d'imposer vos directives, vos volontés, vos exigences, de lever les doutes, de forcer les événements et de faire évoluer ainsi la situation.

$ Votre situation financière actuelle quoique fiable, et d'une certaine manière, établie, aurait sans doute intérêt à sortir d'une certaine inertie. N'hésitez pas à aller de l'avant.

SITUATION ACTUELLE

5 | 3

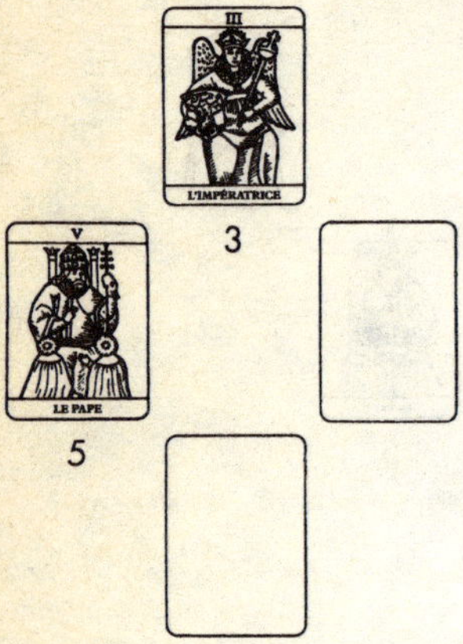

Soit vous avez un comportement raisonnable, équilibré qui vous assure d'une vitalité saine et sereine ; soit il faut nécessairement vous soumettre à une discipline, à une hygiène de vie très rigoureuse pour préserver votre bien-être vital.

Votre vie sentimentale semble très équilibrée même si, peut-être, vous ne vous y abandonnez pas totalement ou si vous ne vous y consacrez pas autant que vous le désirez.

Votre situation familiale semble tout à fait stable et équilibrée. Si vous avez la responsabilité ou le devoir de prendre des décisions graves ou importantes, soyez inflexible mais juste.

Votre situation est actuellement soumise à des éléments stricts et rigoureux qui devraient la rendre plus productive et plus avantageuse.

Votre situation financière est tenue, encadrée, rigoureuse, ou bien elle dépend d'une décision de justice. Quoi qu'il en soit, pour le moment, tenez-vous en à votre devoir et à vos responsabilités.

SITUATION ACTUELLE

5 | 4

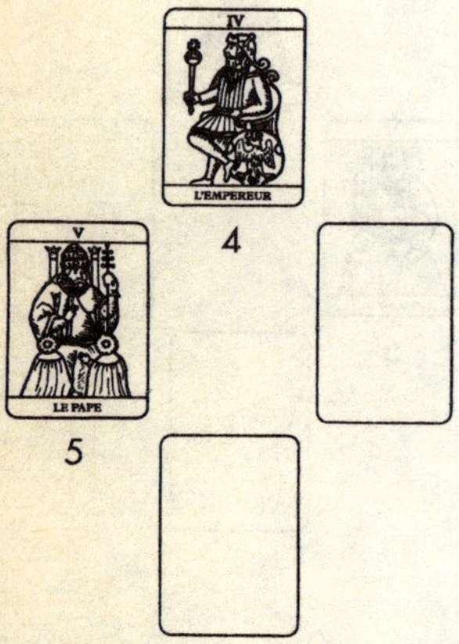

En restant toujours prudent, attentif, conscient de vos responsabilités et de votre pouvoir moral, vous devriez pouvoir bénéficier d'un excellent bien-être vital.

Votre comportement est celui d'un solitaire, d'un célibataire, voire d'un misanthrope. Et vos sentiments, dans tout cela, qu'en faites-vous ?

Votre sens des responsabilités et votre pouvoir moral vous font assumer vos obligations familiales avec sagesse et perspicacité et vous aident à trouver des solutions concrètes.

Vous avez les compétences et les qualités requises pour assumer pleinement vos responsabilités, tenir vos engagements, et faire progresser doucement mais surement votre position ou votre situation en l'affermissant.

Votre situation financière est en progrès constant, même si celui-ci se fait très lentement.

5 | 6

Vous avez une force de caractère, une confiance en vous et en vos moyens, une emprise sur vous-même qui vous permettent de maintenir un excellent équilibre vital.

Vous entretenez des relations affectives fortes et sérieuses qui vous assurent d'une vie sentimentale stable et heureuse.

Si vous avez un choix à faire ou une décision à prendre en ce qui concerne votre situation familiale, vous êtes en position et en mesure d'agir comme vous le devez, en confiance et en conscience.

Considérez les alternatives qui s'offrent à vous avec sérieux et détermination : faites des choix judicieux, trouvez des accords profitables, réalisez des associations avantageuses, prenez des décisions audacieuses, expansives. Vous avez tout pouvoir pour le faire.

$ Une situation financière fiable vous autorise à réaliser des accords ou des associations profitables, des contrats avantageux ou à faire des choix judicieux.

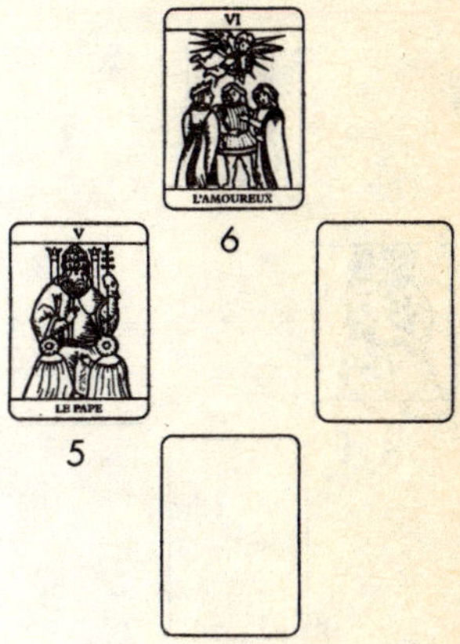

5 | 7

Vous êtes sans doute victime de vos charges, de vos responsabilités et cela, bien sûr, ne vous met pas au mieux de votre forme physique et morale. Mais vous avez tous les atouts pour réagir.

Vous ne vous sentez sans doute pas très à l'aise dans votre vie sentimentale actuellement, mais vous avez les moyens de tout arranger et de vous sortir de ce malaise passager.

Votre situation familiale est lourde de contraintes et d'obligations pour vous ou bien elle ne vous donne pas entière satisfaction. Vous n'avez rien à vous reprocher, mais vous devriez peut-être imposer votre volonté avec plus de fermeté.

Il ne s'agit plus d'attendre, de laisser les choses se faire mais d'aller de l'avant, de lutter, de sortir de l'ornière pour faire progresser votre situation et triompher de vos contraintes, de vos obstacles.

$ Votre situation financière est fiable, mais elle est freinée par les obligations et les charges qu'il vous faut assumer. Malgré tout, vous devriez parvenir à triompher de ces contraintes.

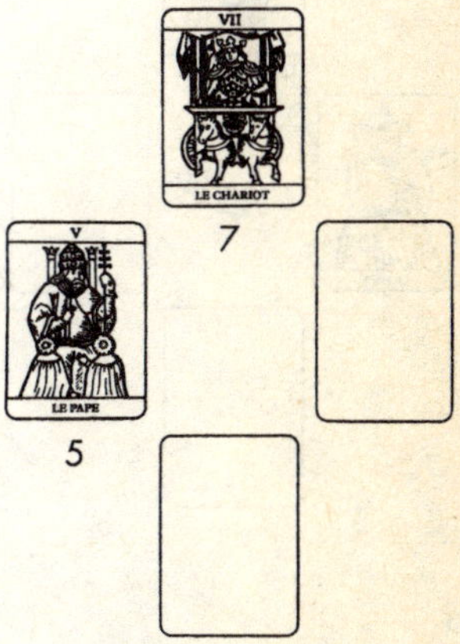

SITUATION ACTUELLE

5 8

A priori, votre bon sens vous préserve de tout risque grave concernant votre santé. Cependant, si besoin est, n'hésitez pas à vous imposer une sérieuse discipline pour pallier une éventuelle rupture de votre équilibre.

Sans doute êtes-vous contraint de trancher, de mettre un terme à une situation difficile ou d'opérer un changement radical dans votre vie sentimentale. Il semble que ce soit absolument nécessaire.

Si l'équilibre de votre situation familiale en dépend, n'hésitez pas à vous comporter avec rigueur, discipline et fermeté, à opérer un changement radical ou à rejeter tout ce qui lui serait nuisible.

Votre position actuelle vous donne le pouvoir, le droit, la responsabilité d'agir en vue d'un changement rigoureux, d'une transformation radicale et profonde de votre situation.

Une situation financière fiable et sérieuse vous autorise à en tirer le meilleur profit pourvu que vous restiez dans les limites de la légalité et des avantages qui sont les vôtres.

SITUATION ACTUELLE

5 9

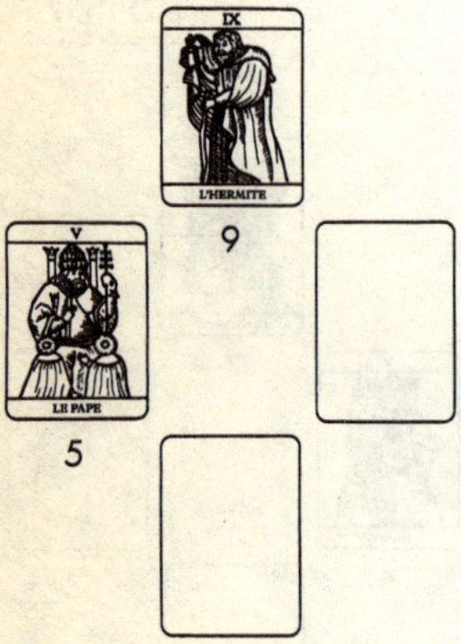

Pour le moment, calmez-vous, soyez prudent et "faites-avec" comme on dit. Si vous restez vigilant, il ne peut rien vous arriver de fâcheux.

Votre comportement intègre, arrangeant, votre pouvoir moral et votre expérience vous dictent l'attitude à adopter, et vous permettent d'agir opportunément et d'une manière accommodante dans votre vie sentimentale.

Votre position ou votre situation familiale actuelle vous autorise à trouver les arrangements, les accommodements ou les compromis utiles et opportuns.

Un débat sérieux et approfondi s'impose en ce qui concerne votre situation. Pesez bien le pour et le contre mais, en tout état de cause, restez prudent, réaliste, responsable. Sachez ainsi vous plier aux circonstances et faire les bonnes concessions.

Il est toujours bon de faire le point sur sa situation, de peser avec prudence le pour et le contre d'éventuelles opportunités, d'estimer ses chances au mieux de ses possibilités et de ses moyens. Si c'est ce que vous faites, vous faites bien.

SITUATION ACTUELLE

5 **10**

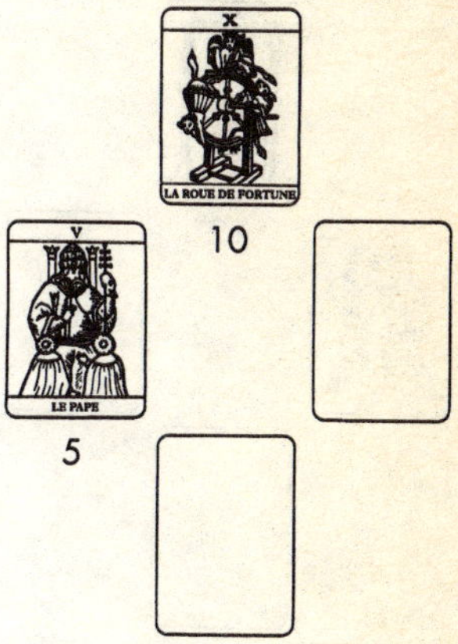

Vous êtes responsable de vos actes et de leurs conséquences, au positif comme au négatif. Si actuellement vous avez des problèmes de santé, vous allez devoir prendre des décisions énergiques pour les résoudre.

Vous êtes sans doute très conscient de votre comportement passionnel, excessif, exigeant, et c'est sans doute là la cause d'une vie affective instable qui connaît des hauts et des bas.

Vous semblez très exigeant et ambitieux en ce qui concerne l'évolution de votre situation familiale et vous avez certainement raison de l'être, car les circonstances lui sont favorables !

Les circonstances semblent évoluer de telle sorte qu'il vous soit permis de réaliser et de satisfaire très rapidement vos exigences et vos ambitions.

Vous êtes en mesure de réaliser vos ambitions financières, si ce n'est déja fait. Mais n'abusez pas de vos moyens et profitez d'une situation privilégiée pour la faire évoluer.

SITUATION ACTUELLE

5 **11**

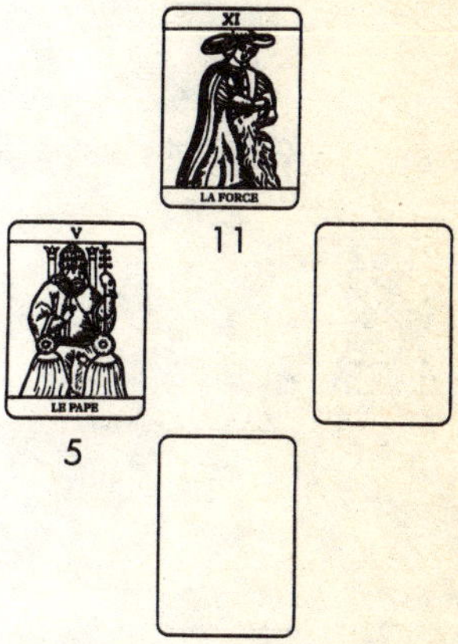

Il est bon, de temps en temps, de se secouer, de se sentir quelque peu déstabilisé, remis en cause, bousculé dans ce que l'on croyait tout à fait fiable en soi et autour de soi. Cela permet justement de tester sa résistance, son énergie physique et morale.

Si vous aviez des intentions aventureuses ou téméraires, votre force morale et votre sens du devoir vous en détourneraient sans doute et ce serait mieux ainsi.

Vous allez devoir prendre la responsabilité d'un bouleversement, d'un brusque changement dans votre situation familiale actuelle, mais cela ne lui en donnera que plus de force, d'expansion et de réussite.

Votre responsabilité, en la circonstance, c'est de provoquer un bouleversement ou d'approuver une remise en cause souhaitable qui renforcera votre position et ne vous donnera que plus d'assurance quant à votre situation.

Éloignez-vous des entreprises aventureuses ou téméraires qui seraient susceptibles de déstabiliser votre situation financière. Si vous traversez une crise, elle ne sera que passagère et vous parviendrez à redresser la situation.

SITUATION ACTUELLE

5 | 12

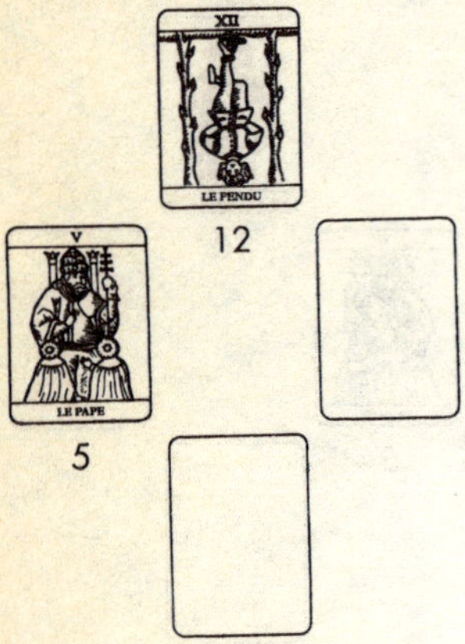

Si vous ressentez un certain bien-être, vous auriez bien tort de ne pas vous y abandonner, d'autant plus que cela ne vous empêche pas d'assumer vos responsabilités ni de faire ce que vous avez à faire. Alors détendez-vous.

S'il règne une certaine paix, une certaine plénitude dans votre vie sentimentale, ne pensez pas que ce soit un signe de faiblesse ou d'inconscience que de vous y abandonner, d'espérer ou d'avoir confiance en l'avenir.

Vous êtes conscient des réalités et très réceptif à ceux qui vous entourent. Sans doute souhaitez-vous d'autre part réaliser quelque chose de neuf dans votre situation familiale, mais le moment n'est pas encore venu pour que cela se fasse. Attendez, espérez, ayez confiance.

Faites preuve d'imagination et soyez réceptif à ce qui se passe autour de vous. Vous pourriez bien innover, faire intervenir une création ou des éléments nouveaux pour renouveler une situation quelque peu figée.

$ Vous avez envie de neuf, mais pour le moment contentez-vous de revenir à une saine réalité qui est celle de vos véritables ressources. Pour le reste, attendez.

SITUATION ACTUELLE

5 | 13

Vous avez des problèmes de santé qu'il faut prendre au sérieux et qui risquent de vous arrêter un temps dans vos activités. Prenez les choses en main sérieusement sans dramatiser outremesure pour les résoudre.

Tout ne va pas pour le mieux dans votre vie sentimentale et il faudra de toute façon qu'un changement radical se produise.

Un changement radical s'impose dans votre situation familiale, et ce ne sont pas le fatalisme et le découragement qui vous permettront de faire face. Reprenez-vous et soyez conscient de vos responsabilités.

Il y a des problèmes et des difficultés actuellement dans votre situation. Un changement radical vous sera imposé et c'est, n'en doutez pas, la meilleure solution.

$ Vous avez sans doute fait des erreurs, de mauvais calculs ou bien vous avez compté sur des éléments peu fiables. Ainsi, un changement radical s'impose dans votre situation financière.

SITUATION ACTUELLE

5 | 14

Vous semblez bien en accord avec vous-même et particulièrement bien adapté à votre milieu et à votre environnement. Vous profitez donc sainement et raisonnablement de votre bien-être vital.

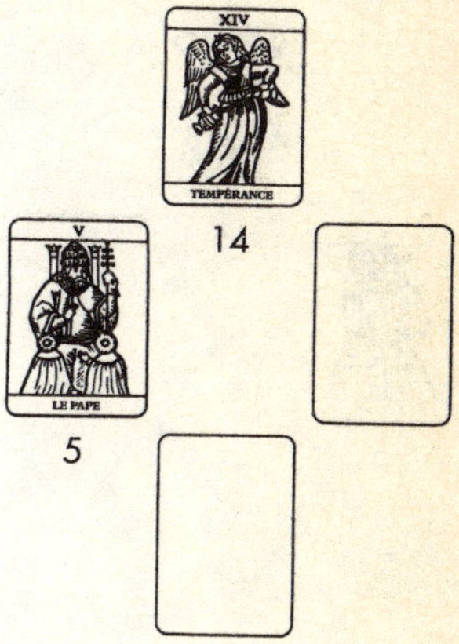

Une attitude sérieuse, raisonnable, claire, accommodante ne peut avoir que des effets positifs sur votre vie sentimentale et vous permettre ainsi d'obtenir de grandes satisfactions, d'éprouver de grandes joies affectives.

L'influence bénéfique et le pouvoir moral et affectif que vous exercez sur votre milieu familial vous autorisent à trouver les arrangements ou les accommodements qui s'imposeraient en la circonstance.

Votre position actuelle vous autorise ou vous impose de trouver clairement des arrangements et des compromis opportuns et favorables à la réalisation d'un accord, d'une association dont vous avez l'initiative ou la clé.

Votre situation financière est fiable et claire. Vous bénéficiez qui plus est actuellement d'une réussite qui vous autorise à réaliser des affaires, des contrats ou des transactions opportunes et avantageuses.

SITUATION ACTUELLE

5 | 15

Si vous êtes enclin à changer de comportement, à adopter une attitude plus raisonnable, plus posée, vous avez bien raison, car c'est à cette condition que vous vous sentirez physiquement et moralement d'attaque, et que vous pourrez profiter de votre intense énergie vitale.

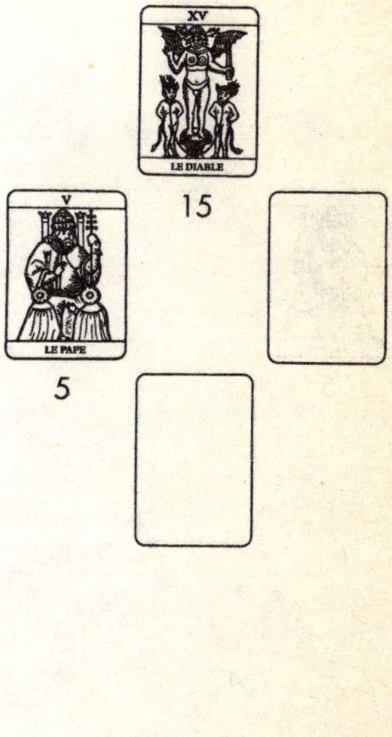

Reconsidérez sérieusement ou raisonnablement votre situation actuelle, ou votre comportement affectif, pour éviter les pièges de la passion ou résister aux influences fâcheuses qui pourraient bien perturber votre vie sentimentale.

Vous allez devoir approuver, soutenir ou favoriser un changement, un renouveau, une reconsidération de votre situation familiale actuelle qui mettrait fin ou préviendrait un certain désordre relationnel, matériel ou moral.

Vous pouvez susciter ou favoriser un renouveau, un changement de situation bénéfique qui vous permettrait sans doute de satisfaire vos ambitions.

Votre situation financière revient à une certaine normalité ou connaît un renouveau, un changement avantageux qui vous permet d'en jouir plus raisonnablement.

SITUATION ACTUELLE

5 | 16

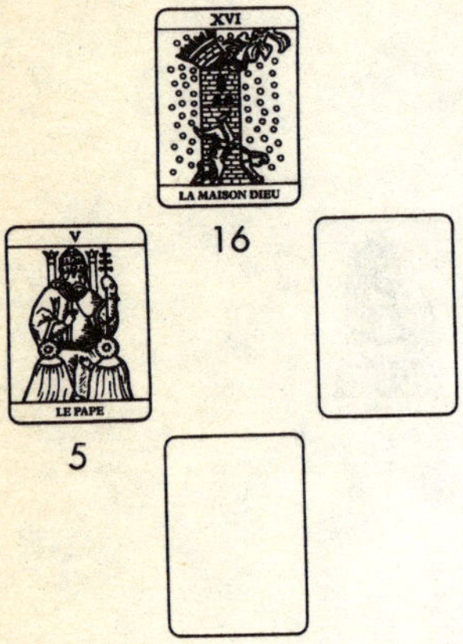

Vous avez une vue suffisamment large des choses pour savoir vous prévenir de tout risque concernant votre santé ou pour vous garder de tout ce qui pourrait la mettre en péril. En cas de crise, elle ne sera que passagère et salutaire, rassurez-vous.

Si ce n'est déja fait, vous allez connaître une certaine plénitude dans votre vie affective qui aura sans doute pour conséquence un bouleversement, une remise en question dans votre existence. Quoi qu'il en soit, tout cela est de très bon augure.

Vous pouvez favoriser l'épanouissement ou l'expansion de votre situation familiale, même si cela implique que des bouleversements importants ou de brusques remises en question se produisent.

Vous êtes sur le point de réaliser de grandes choses, de voir vos vœux et vos ambitions s'accomplir pleinement, et cela va vous conduire à connaître des bouleversements, de brusques remises en question dans votre situation.

Une situation financière stable et avantageuse vous autorise à opérer ou à provoquer des bouleversements, des remises en question salutaires.

SITUATION ACTUELLE

5 | 17

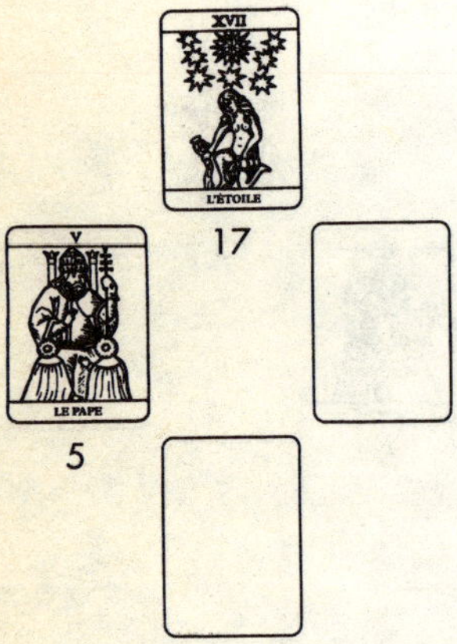

Vous avez besoin de vous ressourcer. Dites-vous bien qu'on assume d'autant mieux ses responsabilités qu'on sait de temps à autre lâcher prise. Faites donc un voyage d'agrément ou prenez un peu de repos. Cela vous fera le plus grand bien.

Vous allez de l'avant en étant conscient de votre devoir et de vos responsabilités mais en restant réceptif à ce qui se passe autour de vous. C'est votre manière à vous de forcer le destin, et cette attitude positive pourrait bien occasionner quelque événement heureux dans votre vie sentimentale.

Si vous avez l'intention de réaliser quelque chose de neuf en ce qui concerne votre situation familiale, n'hésitez pas puisque vous en avez le pouvoir et les moyens.

Allez de l'avant. Innovez. Forcez les circonstances. N'hésitez pas à faire preuve d'imagination, d'originalité. L'audace sera payante ; elle vous permettra de faire évoluer votre situation. Vous avez le champ libre pour réaliser une vocation ou une idée personnelle.

Peut-être êtes-vous en quête de nouvelles options qui seraient susceptibles de faire avancer votre situation financière et de vous procurer ainsi des ressources intéressantes.

5 | 18

Vous semblez avoir beaucoup de charges et de responsabilités à assumer. Elles ne sont pas au-dessus de vos forces, mais elles ne vous mettent pas à l'abri de certains problèmes de santé, d'une fatigue usante pour vos nerfs et votre organisme. Ménagez-vous et consultez un médecin si besoin est.

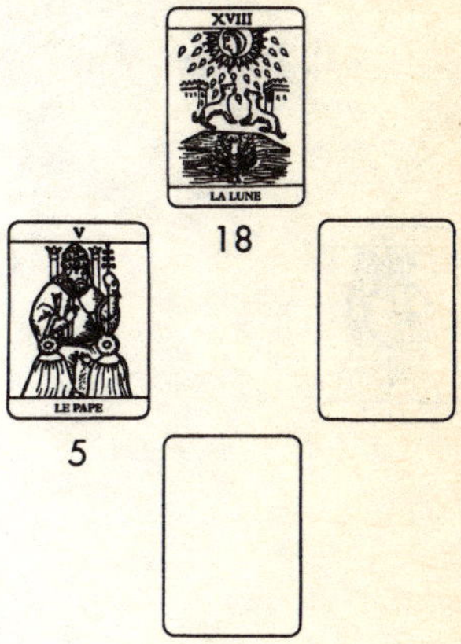

Une attitude sérieuse et responsable vous rend capable de précéder, ou d'endiguer les problèmes ou les difficultés que vous pourriez rencontrer dans votre vie sentimentale.

Malgré une apparente stabilité, il règne une certaine confusion dans votre milieu familial actuellement. Mais votre pouvoir moral et votre comportement intègre vous permettront sinon de l'éloigner, du moins de l'aplanir.

Vous avez, semble-t-il, beaucoup de charges et de responsabilités à assumer actuellement, et cela ne vous satisfait pas vraiment. Mais vous avez le pouvoir moral et les moyens nécessaires pour faire face et surmonter vos difficultés.

Vos obligations, vos responsabilités et vos charges ne vous laissent pas beaucoup de marge financière. Mais vous êtes en mesure de les supporter et c'est déjà bien !

SITUATION ACTUELLE

5 | 19

Vous bénéficiez d'un excellent bien-être vital dont vous savez profiter agréablement et raisonnablement.

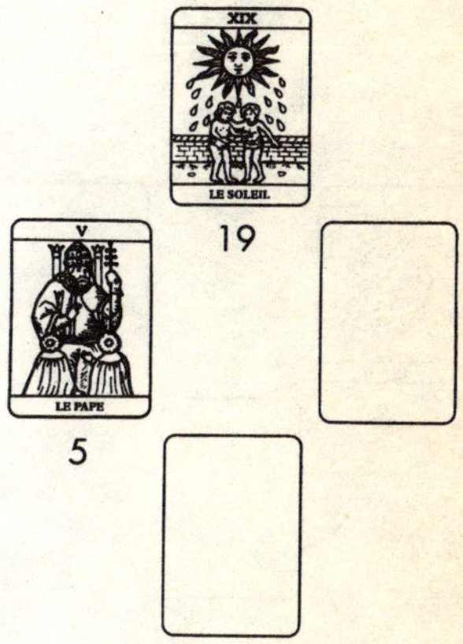

Tous les éléments sont réunis pour que, si ce n'est déja fait, vous puissiez fonder une union profonde et heureuse ; sinon vous faites des choix, vous prenez des décisions raisonnables qui suscitent joie et bonheur dans votre vie sentimentale.

Il règne dans votre milieu familial ou dans votre foyer un climat affectif, heureux, une certaine félicité propice aux choix judicieux, aux décisions raisonnables dont tout le monde se sentira concerné. Bref votre famille est unie et tout ira bien.

Si vous avez en vue un accord, un contrat, ou bien si vous avez l'intention de vous associer ou de prendre une décision importante concernant votre situation, vous avez l'assurance d'une totale réussite. Alors n'hésitez pas.

Votre situation financière actuelle vous autorise à conclure un accord ou un contrat, à faire les choix ou à prendre les décisions qui s'imposent avec un total libre arbitre et l'assurance du succès.

SITUATION ACTUELLE

5 | 20

Une telle bonne volonté alliée à un sens profond et courageux de votre devoir devrait vous mettre à l'abri de tout risque, ou du moins, de connaître sous peu une totale guérison si vous avez traversé une période éprouvante sur le plan santé.

Vous pouvez agir en vue d'un changement, d'un renouveau ou d'une réconciliation dans votre vie sentimentale, ou tout simplement pour obtenir concrètement et rapidement ce que vous désirez et qui ne dépend que de vous.

Vous pouvez agir, donner votre approbation ou apporter votre soutien dynamique dans l'éventualité d'un changement de situation, ou dans la perspective de la résolution d'un problème qui se serait posé dans votre vie familiale dernièrement.

Vous pouvez agir avec succès et efficacité pour faire progresser votre situation, lui apporter un véritable renouveau, susciter ou répondre à des propositions intéressantes et par là même, forcer l'estime de votre entourage ou obtenir une promotion.

$ Vous avez les qualités requises, les arguments et les moyens nécessaires pour faire progresser votre situation financière, lui apporter un renouveau ou répondre activement à une proposition intéressante qui vous sera faite.

SITUATION ACTUELLE

5 | 21

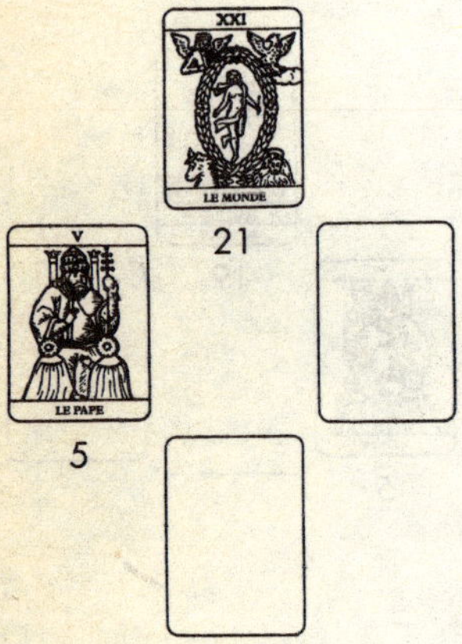

Vous bénéficiez d'un excellent équilibre physique et moral. Ce ne sont donc pas les problèmes de santé qui pourraient nuire à votre épanouissement.

Votre comportement stable, rigoureux, exigeant mais avisé, favorise l'épanouissement de votre vie sentimentale et vous autorise à vivre vos relations dans la plus saine normalité. Et c'est là, sans doute, la base de votre équilibre.

Votre vie familiale est la base de votre équilibre personnel ; c'est elle qui vous permet d'assurer sereinement vos responsabilités et de vous épanouir. C'est sans doute la raison pour laquelle vous êtes si exigeant en ce qui la concerne.

Votre situation est solide, établie, équilibrée. Elle est donc sur la voie d'un total épanouissement ou d'une expansion importante. Si vous comptez sur une décision de justice, vous pouvez avoir l'assurance qu'elle sera prise à votre avantage.

$ Votre situation financière est solide et équilibrée. Appuyez-vous sur un homme de loi ou respectez les règles du jeu pour réaliser une éventuelle expansion ou satisfaire vos ambitions.

5 22

Le sens de votre devoir et de vos responsabilités vous incite sans doute à rester dans une saine normalité, à ne pas faire d'excès. Mais en cas de force majeure, n'hésitez pas à faire appel à un médecin.

Votre sens moral et votre conscience vous dictent de ne pas succomber à vos élans irréfléchis, à vos impulsions irraisonnées. Mais un peu de folie de temps en temps ne peut pas faire de mal, surtout quand elle vient du cœur.

Votre situation familiale, quoique stable et sérieuse, va connaître une période de transition, de changement que vous semblez d'ailleurs approuver ou appuyer pleinement.

Votre situation est solide et fiable. Elle connaît, ou va connaître cependant une période de transition ou elle va vous contraindre à vous déplacer, à prendre un tournant ou, tout simplement, à en changer.

Votre situation financière est solide et fiable. Vous n'avez simplement qu'à vous méfier de vos coups de tête et des erreurs que vous seriez tenté de commettre par impatience ou par manque de réflexion ; sinon tout va bien.

SITUATION ACTUELLE

6 1

Vous devez faire des efforts pour trouver votre équilibre, utiliser au mieux votre potentiel d'énergie active, vous rendre disponible et entreprenant. Prenez garde à ne pas vous disperser !

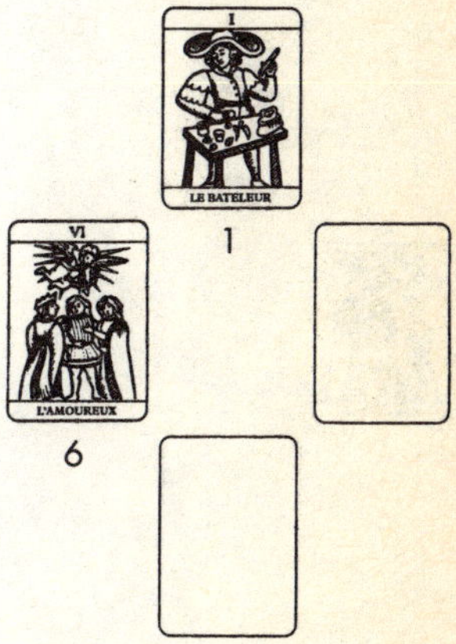

Vous avez un choix à faire, une décision à prendre dans votre vie affective et vous êtes libre d'agir comme bon vous semble. Prenez l'initiative. Soyez entreprenant et vos doutes seront levés.

Vous entretenez des relations très affectueuses avec votre milieu familial. Vous allez sans doute recevoir une bonne nouvelle, ou faire un choix heureux, ou agir pour qu'un projet ou une initiative puisse se concrétiser, un voyage d'agrément en famille, par exemple.

Après quelques hésitations, vous allez faire un choix important, triompher de votre indécision et prendre l'initiative qui s'impose à votre situation actuelle. Ou alors vous avez la perspective de réaliser un accord qui vous rendrait plus libre dans vos choix et favoriserait votre esprit d'entreprise.

Vous êtes toujours plus ou moins dans l'incertitude en ce qui concerne votre situation financière et vous vous demandez quel choix faire, quelles options prendre pour profiter au mieux de vos moyens et de vos qualités. Faites preuve de détermination et vous serez alors en mesure d'exercer votre habilité.

SITUATION ACTUELLE

6 2

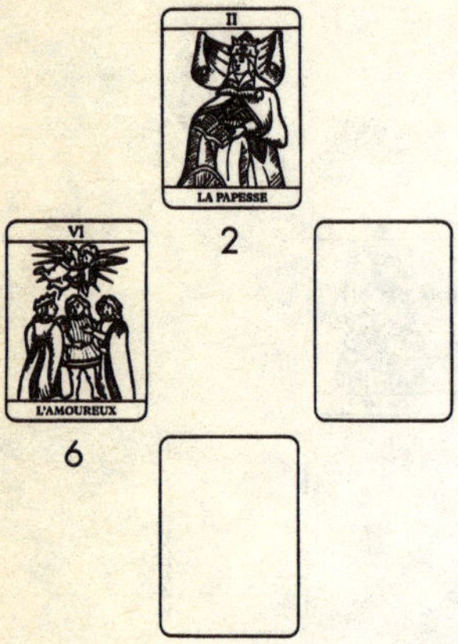

Vous avez une énergie vitale quelque peu incertaine que vous compensez par votre comportement stable, raisonnable équilibré. Vous connaissez donc vos limites et vous savez vous préserver pour sauvegarder votre équilibre.

Vous allez faire un choix affectif, décisif, précis et réfléchi que vous tiendrez peut-être secret un temps ; ou vous recherchez votre équilibre dans votre vie privée : tantôt vous êtes trop indécis, tantôt vous êtes trop inflexible. Trouvez un juste milieu ou acceptez les conseils d'une personne plus expérimentée que vous.

Vous êtes confronté à un choix judicieux qui met en cause votre milieu familial ou une personne de votre entourage. Or ce choix implique que vous considériez avec une égale attention vos sentiments et votre équilibre. Pourtant vous allez devoir vous résoudre à prendre une décision, car on vous attend au tournant.

On attend de vous que vous fassiez un choix décisif ou que vous trouviez un accord juste et irréprochable qui serait susceptible de rendre votre situation plus stable, plus équilibrée. Alors montrez-vous déterminé.

$ Si vous avez un choix à faire ou une décision à prendre en rapport avec vos finances prenez l'option la plus raisonnable, la plus prudente, la plus sûre. Sinon, prenez patience et vous trouverez votre équilibre financier.

SITUATION ACTUELLE

6 3

Si un choix s'impose à vous, c'est celui du bons sens qu'il faut faire et ainsi rechercher avec prudence et vigilance votre équilibre, retrouver votre comportement instinctif, celui qui n'a pas besoin de balance de précision pour savoir ce qu'il a à faire.

Vous êtes seul, en la circonstance, à pouvoir faire le choix qui s'impose à vous, ou bien vous recherchez avec prudence et réalisme une union affective, intelligente et féconde, ou vos sentiments actuels vous incitent à vous interroger sur une personne qui vous est chère et sur l'éventualité d'une relation avec elle.

Si vous avez une décision à prendre ou un choix à faire, vous opterez évidement pour la solution la plus réaliste et la plus profitable à votre milieu familial. Sinon vous vous obstinerez à trouver un accord ou un équilibre et vous avez raison, car vous finirez par l'obtenir.

Vous avez un choix sérieux à faire, un accord précis à trouver, une décision réfléchie à prendre pour rendre votre situation matériellement plus profitable, ou bien plusieurs alternatives s'offrent à vous en ce moment et vous avez besoin de réfléchir pour prendre l'option la plus rentable pour vous à tout point de vue.

$ Faites des choix judicieux et prudents ; trouvez des accords réalistes et profitables, prenez toutes les précautions qui s'imposent, faites appel, enfin, à votre bon sens et votre situation financière sera saine.

SITUATION ACTUELLE

6 | 4

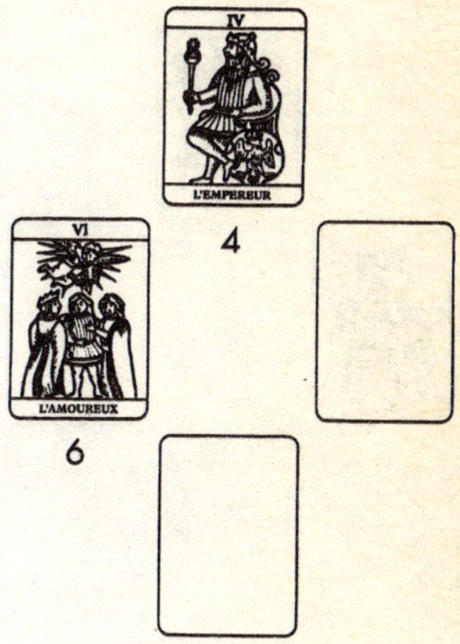

Vous êtes libre de vos décisions et de vos actes, mais soyez sûr que vous serez toujours responsable de ce qui vous arrive de bon ou de mauvais. Évitez donc l'irrésolution, le comportement ambivalent. Laissez-vous plutôt porter par les courants de votre énergie vitale et vivez à votre rythme. Vous n'en aurez que plus d'assurance.

Si vous avez la chance de pouvoir faire le bon choix en ce qui concerne votre vie sentimentale ou de réaliser une union sérieuse et solide, n'hésitez pas trop longtemps. Tout passe! Par contre, si vous êtes dans l'incertitude, dans le flou total sur le plan affectif, soyez sûr que cela va changer dans très peu de temps.

Après quelques hésitations, vous allez faire un choix ou prendre une décision qui favorisera une évolution plus concrète, plus sûre de votre situation familiale et vous obtiendrez très rapidement la confirmation de votre bon choix.

Si un accord, un contrat, une association s'offrent à vous, saisissez-les sans hésiter. En effet, ils feront évoluer votre situation concrètement et la rendront plus solide à tout point de vue. Soyez ferme et déterminé dans vos choix. Les circonstances vous sont favorables. Profitez-en avant que cela ne change.

Si plusieurs alternatives s'offrent à vous actuellement, saisissez-les au vol, vous n'en rendrez votre situation financière que plus solide. Sinon attendez-vous à subir encore quelques fluctuations dans vos finances.

SITUATION ACTUELLE

6 | 5

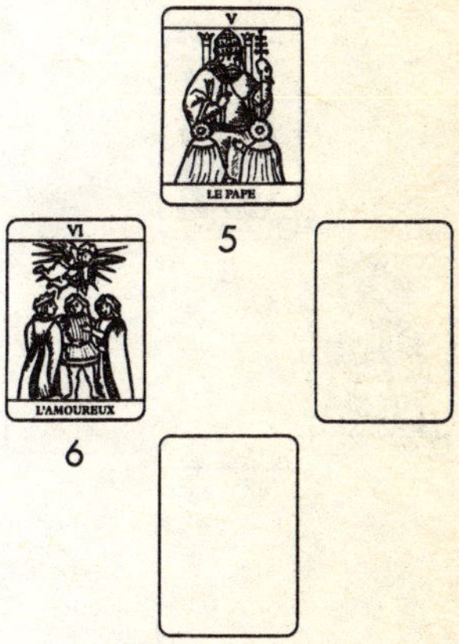

Vous êtes sûr de vos choix et vous maîtrisez très bien vos ambivalences qui penchent tantôt pour la lutte et l'action, tantôt pour la tranquillité et la stabilité. Ainsi, confiant dans vos moyens, vous faites preuve d'un bel équilibre qui vous rend sociable et disponible.

Sûr de vos choix, de vos décisions et de vos sentiments, vous maîtrisez avec aisance et bonheur votre vie affective. Sinon vous pouvez agir librement et en toute confiance pour réaliser une union.

Des sentiments partagés et des liens affectifs indéfectibles vous assurent d'une situation familiale stable, solide et heureuse. Quels que soient vos choix, vos décisions concernant votre milieu familial ou en rapport avec lui, vous avez un total libre arbitre et la complète approbation de votre entourage.

Vous pouvez en confiance faire des choix importants, prendre sereinement des décisions constructives, réaliser à coup sûr des accords ou des associations solides en rapport avec l'expansion et la stabilité de votre situation et vous trouver ainsi confirmé et affermi dans vos positions.

Des choix, des accords ou des contrats éventuels ne pourraient que confirmer ou affermir votre situation financière. Vous êtes libre de vos choix et vous pouvez obtenir les appuis ou les conseils dont vous auriez éventuellement besoin.

SITUATION ACTUELLE

6 | 7

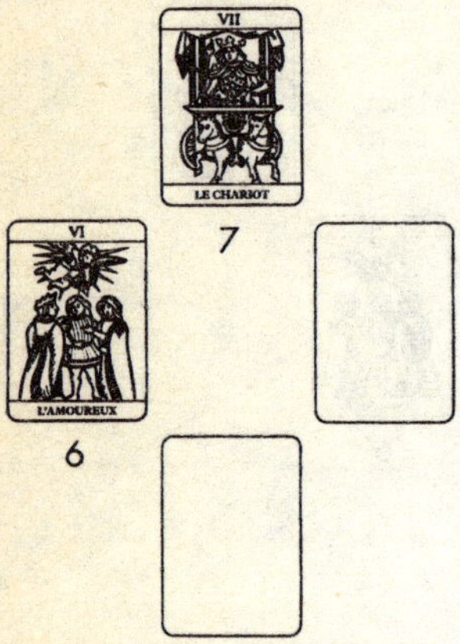

Faites le bon choix, prenez des décisions fermes et radicales, soyez résolu à changer d'attitude ou de comportement et vous triompherez de vos problèmes de santé, si vous en avez. Sinon vous serez du moins maître de votre équilibre vital.

Mettez un terme à votre irrésolution et faites le bon choix qui vous permettra d'aboutir et d'obtenir tout ce que vous souhaitez dans votre vie affective. Il ne tient qu'à vous d'aller de l'avant, de triompher de votre indécision et de vos problèmes, si vous en avez.

Vous avez un choix à faire, une décision importante à prendre qui vous permettrait d'obtenir un succès personnel au sein de votre milieu familial ou de triompher des incertitudes. Soyez ferme et résolu, et vous réaliserez les changements que vous souhaitez.

Vous allez trouver un accord profitable, faire un choix avantageux ou prendre une décision déterminante pour l'évolution de votre situation, laquelle connaîtra alors une certaine progression et vous permettra de triompher de vos problèmes, si vous en avez ou, du moins, de vos incertitudes.

Soyez résolu, déterminé à faire des choix décisifs qui seraient susceptibles de faire évoluer votre situation financière. Si vous avez en vue un accord ou une association, soyez sûr qu'il ou elle s'avérera très profitable.

SITUATION ACTUELLE

6 | 8

Vous avez un grand pouvoir d'adaptation, un caractère souple et accommodant, et c'est là la base de votre équilibre. En cas d'incertitude ou d'indécision, optez pour la solution la plus normale, la plus logique, la plus simple.

En cas d'indécision, de sentiments ambivalents, changeants, incertains, imposez-vous une discipline, sinon vous continuerez à vous laisser emporter par les courants sans pouvoir résister ni savoir où vous en êtes. Une attitude compréhensive et souple n'est pas incompatible avec une certaine rigueur.

Les échanges et les relations au sein de votre cercle familial semblent sereins et équilibrés ; ce qui lui permet de s'adapter à toutes les circonstances, d'être ouvert à toutes les éventualités. En cas d'indécision, choisissez la solution la plus juste pour tous.

Sachez vous adapter aux circonstances, préserver vos relations, mais ne vous laissez pas guider par les événements sans réagir. Pour se maintenir dans une situation équilibrée, il faut savoir prendre des résolutions, trouver des compromis, faire preuve de souplesse sans perdre de vue le droit et la discipline.

Sachez vous adapter aux circonstances, faites preuve de souplesse et de compréhension, mais soyez résolu et ferme dans vos choix et dans vos décisions. Vous équilibrerez ainsi aisément votre situation financière.

6 | 9

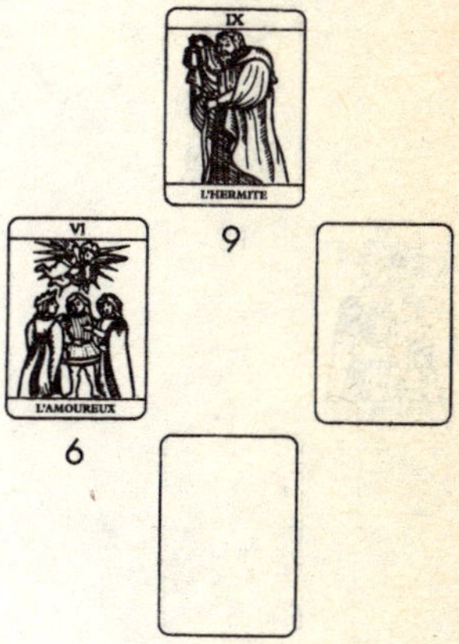

Si vous prenez conscience de votre comportement par trop irrésolu, de votre ambivalence excessive, de votre fâcheuse tendance à ne pas savoir résister aux tentations dangereuses pour votre équilibre, tant mieux. Sinon il serait temps d'y penser et de réagir en conséquence.

Vous prenez conscience, ou vous allez réaliser à quel point vos sentiments sont passionnés, votre comportement excessif, vos désirs désordonnés et absolus. En la circonstance, c'est à vous de juger de l'opportunité d'une telle attitude. Si vous êtes ainsi, il ne s'agit pas de vous changer mais, au moins, ne soyez pas dupe.

Vous allez sans doute découvrir qu'il règne des sentiments troubles, des influences fâcheuses, des relations passionnelles au sein de votre milieu familial. Sinon vous allez vous interroger sur l'opportunité ou le fondement d'un choix peut-être excessif que vous avez fait, ou d'une décision hâtive et abusive que vous avez prise.

Vous vous rendez compte qu'il est nécessaire, ou vous réalisez qu'il est possible de prendre des résolutions pressantes qui seraient très profitables à votre situation. Sinon vous allez trouver un accord intéressant ou réaliser un contrat avantageux en rapport avec une situation à long terme.

Il semble que vous ne soyez pas dupe de votre goût du risque, de votre tendance à ne pas savoir résister aux tentations et de votre comportement désordonné, instable en matière d'argent. A vous de prendre conscience de vos limites et d'éviter de vivre au-dessus de vos moyens.

SITUATION ACTUELLE

6 | 10

Prenez des résolutions pour vous libérer de vos problèmes de santé si vous en avez, ou pour vous détourner catégoriquement des risques, des entreprises téméraires, qui seraient susceptibles de vous déstabiliser, de bouleverser votre équilibre.

L'évolution immédiate de vos relations affectives dépend de vous, de vos choix, de votre résolution à brusquer les choses, à provoquer un bouleversement décisif, une crise salutaire, une brusque remise en question qui vous délivrerait de vos incertitudes. Prenez garde au "coup de foudre" et sachez résister aux aventures hasardeuses.

Les circonstances risquent de vous prendre de court et vous n'aurez alors pas besoin de choisir ou de vous décider. Sinon vous allez prendre des résolutions qui vont bouleverser votre milieu familial ou qui vous permettront de vous débarrasser brusquement d'un problème et qui, de ce fait, feront évoluer votre situation.

Qu'il soit question d'un accord ou d'un désaccord, il sera de toute façon bénéfique à l'évolution ponctuelle de votre situation. Soyez donc résolu et déterminé dans vos choix et dans vos décisions.

Prenez des résolutions ponctuelles pour faire évoluer votre situation financière dans le bon sens et gardez-vous des tentations dangereuses, des incertitudes et de l'indécision qui risqueraient de vous faire perdre vos moyens.

SITUATION ACTUELLE

6 | 11

Vous semblez très bien contrôler vos émotions et votre réceptivité, lesquelles, d'ailleurs, favorisent votre libre arbitre, votre équilibre naturel, et votre vitalité saine et sereine.

Que vos sentiments se soient révélés depuis peu ou bien qu'ils soient le fruit d'une relation établie, vous baignez de toute façon dans un climat affectif heureux. Qui plus est, vous n'avez pas à douter de ce que vous éprouvez. Si vous faites un choix ou que vous prenez une décision, il ou elle comblera vos espoirs et vos voeux.

Des relations affectives privilégiées font baigner votre milieu familial dans un climat serein et heureux. Cette bonne ambiance fait qu'il est évidemment aisé de prendre des décisions nouvelles, de faire des choix inspirés si besoin est, ou de concrétiser doucement mais sûrement vos espoirs et vos vœux.

Vous pouvez faire des choix inspirés en ce qui concerne votre situation, prendre des décisions, réaliser un accord en vue d'une création, de la naissance d'une entreprise ou de la concrétisation d'une idée originale qui vous tient à cœur. Vous pouvez vous fier aux relations privilégiées que vous entretenez avec votre entourage.

Vous êtes bien inspiré dans vos choix et dans vos décisions. Cela vous permet de contrôler parfaitement l'expansion et la fiabilité de votre situation financière.

SITUATION ACTUELLE

6 | 12

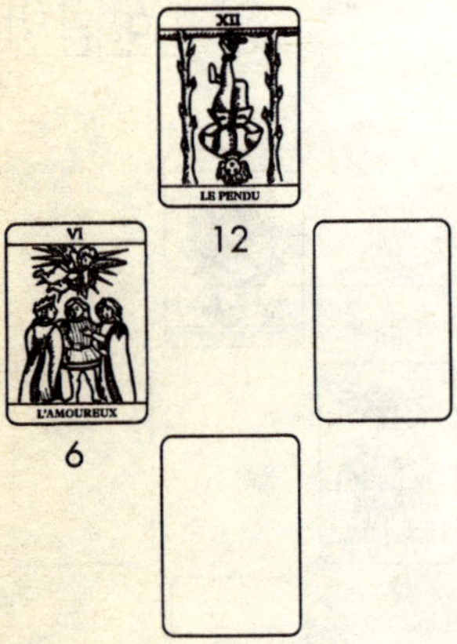

Vous vous sentez en état de faiblesse, ou bien votre état de santé nécessite un repos. Mais vous devriez vous demander si cette situation n'est pas le fait de votre irrésolution, de votre laisser-aller, de votre angoisse face à la maladie et plutôt que de dramatiser, tirez les leçons de cette épreuve et réagissez en conséquence.

Vos sentiments sont confus, incertains, ou bien vous venez de connaître une déception ou de commettre une erreur qui paralyse votre situation affective. Même si vous pensez qu'il n'y a plus rien à faire ou à espérer, ressaisissez-vous, ne vous laissez pas influencer dans vos choix et dans vos décisions, et surtout évitez de dramatiser.

Vos sentiments angoissés, confus et votre irrésolution vous rendent trop dépendant de votre situation familiale, laquelle, d'ailleurs, ne baigne pas dans un bon climat. Faites contre mauvaise fortune bon cœur et, malgré vos déceptions ou les problèmes qui se posent à vous, apprenez à être plus ferme dans vos décisions et dans vos choix.

Vous avez commis une erreur, vous n'avez pas su faire le bon choix au bon moment, ou bien, vous venez de connaître une désillusion, d'essuyer un échec. Quoi qu'il en soit, ne vous laissez pas aller, ne vous découragez pas, tirez les leçons de cette expérience décevante et éprouvante, et surtout ne persistez pas dans votre erreur.

Vous n'avez pas su faire le bon choix ou vous avez commis une erreur dans vos finances et, pour le moment, votre situation est bloquée, contraignante ou sans issue. Ne persistez pas dans une telle attitude et tirez les leçons de cette expérience difficile pour l'avenir.

SITUATION ACTUELLE

6 | 13

Vous êtes en accord avec votre nature et vous êtes en harmonie avec votre environnement. Même si cela tient à votre bonne entente affective, une telle attitude favorise, bien sûr, une clarification constante et l'élimination pure et simple de ce qui pourrait nuire à votre santé.

Les sentiments que vous éprouvez, les relations affectives qui sont les vôtres actuellement, l'union que vous souhaitez ou que vous avez réalisée sont les dénominateurs communs d'un changement radical et heureux dans votre existence dont vous pouvez vous réjouir pleinement.

Un choix clair, une décision lumineuse va provoquer un changement radical, profitable et heureux dans votre situation familiale dont les relations affectives baignent, par ailleurs, dans la plus totale félicité.

Vous allez faire un choix, prendre une décision positive, réaliser un accord parfait, ou une association idéale, qui sera très profitable à votre situation, lui apportera un changement radical et avantageux, l'expansion et le succès.

Votre situation financière est dans une période faste et pourrait connaître un changement radical et avantageux. Prenez des résolutions positives et expansives, réalisez des associations ou des contrats avantageux, ou, tout simplement, profitez-en pour réaliser vos projets dans quelque domaine que ce soit.

SITUATION ACTUELLE

6 | 14

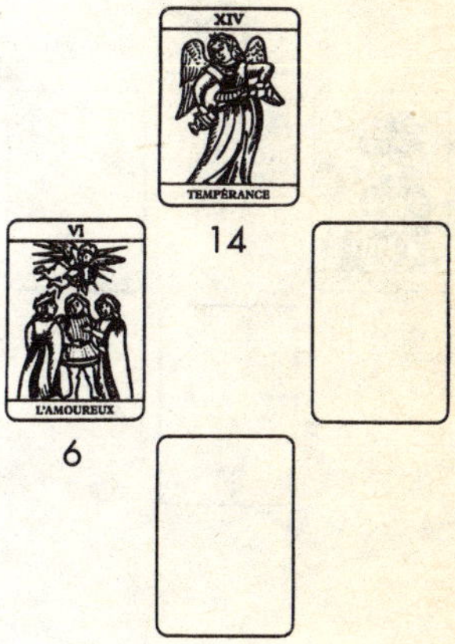

Reconsidérez vos choix et vos décisions. Sachez vous remettre en question au bon moment. Revenez à des résolutions plus souples, mieux adaptées aux circonstances, à votre cas, à votre situation. Moyennant quoi vous retrouverez votre équilibre vital.

Revenez sur vos choix et sur vos décisions. Faites amende honorable, si cela est nécessaire. Soyez plus souple, plus compréhensif dans le vécu de vos relations affectives. Si besoin est, reconsidérez la nature de vos sentiments qui sont, en quelque sorte, en train de renaître. Soyez donc résolu à ne pas manquer ce renouveau.

Révisez vos choix et vos décisions. Soyez ouvert à tous les échanges, à toutes les discussions qui vous permettraient de trouver un accord, d'agir dans le sens d'un renouveau dans votre situation familiale ou de percevoir la solution d'un problème qui se pose à vous actuellement.

Les choix que vous allez faire, les décisions, les résolutions que vous allez prendre, ou les accords que vous allez réaliser le seront dans le but de renouveler votre situation, de la réhabiliter ou de la renflouer. Mais pour ce faire, restez ouvert aux propositions et aux discussions opportunes.

Vous allez faire des choix, prendre des décisions, des résolutions, trouver des accords qui seraient susceptibles d'arranger vos affaires, de mieux vous adapter aux circonstances actuelles ou de renflouer votre situation financière.

SITUATION ACTUELLE

6 | 15

15

6

Vous êtes dans une période d'épanouissement physique et moral. Cela vous donne envie de profiter au mieux de vos moyens et de vos possibilités. Toutefois n'abusez pas trop de votre énergie et ne sombrez pas dans l'excès.

Si ce n'est déjà fait, vous allez vivre une grande passion, vous épanouir pleinement sur le plan affectif, vous sentir libre d'exprimer et de vivre vos sentiments comme vous l'entendez.

Vos relations affectives, au sein de votre cercle familial, sont intenses. Vous pouvez par ailleurs prendre des résolutions expansives en rapport avec votre famille ou votre foyer, et vous obtiendrez certainement entière satisfaction.

Vous pouvez prendre des résolutions, réaliser un accord ou une association qui favorisera l'expansion de votre situation, ce qui vous donnera la possibilité de concrétiser vos motivations, vos désirs ou vos ambitions tant sur le plan professionnel que sur le plan financier.

Votre situation financière connaît une période d'expansion qui implique que vous sachiez promptement faire les choix qui s'imposent, prendre les décisions nécessaires, trouver les accords dont vous auriez besoin. Soyez ambitieux et résolu dans vos choix.

SITUATION ACTUELLE

6 | 16

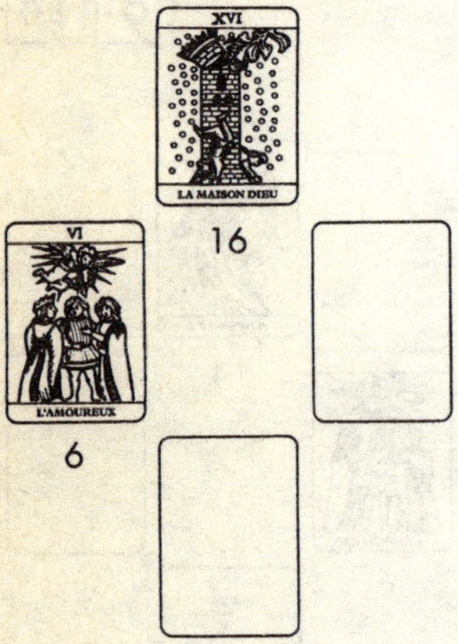

16

6

Vous êtes tantôt irrésolu, indécis, tantôt impulsif, extravagant dans vos actes. Vous avez donc un tempérament émotif et cela perturbe votre équilibre. Alors prenez garde à ce que vos actions précipitées, vos décisions instinctives et incontrôlées ne vous fassent pas commettre d'imprudence.

Une rencontre, ou une décision brusque, bouleverse votre vie affective. A vous de savoir si le bouleversement en question est positif et salutaire, s'il vous délivre et vous libère ou, au contraire, s'il remet en cause votre vie sentimentale actuelle, et vous fait donc perdre pied. Quoi qu'il en soit, évitez les décisions prématurées.

Les décisions prématurées, les actes irréfléchis, les résolutions impulsives sont incompatibles avec l'équilibre de votre situation familiale et seraient plutôt des facteurs de discorde que d'harmonie. Sauf si vous avez l'intention de partir ou de provoquer un bouleversement nécessaire, soyez prudent dans vos choix et dans vos décisions.

A moins que vous n'ayez l'intention de provoquer un bouleversement inévitable et salutaire, une crise libératrice, de débloquer ou de brusquer positivement une situation, évitez les décisions prématurées, les choix irréfléchis, les actions précipitées, les accords hâtifs ou les entreprises extravagantes.

Refrénez vos impulsions irréfléchies, vos décisions extravagantes et vos résolutions inconsidérées sous peine de voir votre situation s'effondrer. Sinon faites rapidement des choix, prenez résolument et promptement des décisions pour débloquer votre situation financière.

6 | 17

Faites des choix judicieux et sérieux en ce qui concerne votre santé, prenez de sages décisions et vous n'aurez aucun mal à vous regénérer, à puiser dans vos ressources, à faire peau neuve.

La stabilité de vos relations affectives favorise une naissance, une création ou l'accomplissement de vos espérances, de vos aspirations, de vos motivations profondes.

Vous prenez des décisions, vous faites des choix en vue de réaliser quelque chose de neuf dans votre milieu familial ou dans votre foyer, vous obtenez l'approbation ou les consentements dont vous avez besoin, et vous vous rendez compte que les circonstances vous sont pleinement favorables. Bref tout va comme vous voulez.

Vous allez réaliser un accord, créer une association ou prendre des résolutions très sûres en vue de réaliser quelque chose de neuf et de stable dans votre situation, une idée originale, une création, une entreprise nouvelle ou novatrice qui correspondrait à vos aspirations ou à une vocation.

Faites des choix judicieux, sérieux et concrets pour affermir votre situation financière ou utiliser au mieux vos ressources.

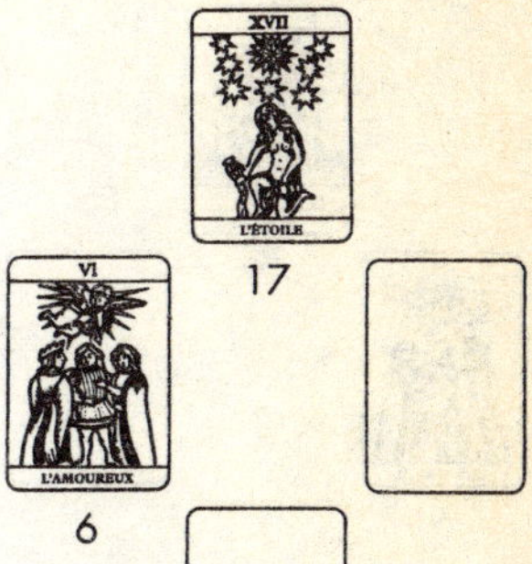

SITUATION ACTUELLE

6 | 18

Il y a trop d'irrésolution, trop d'instabilité émotionnelle ou d'influençabilité dans votre comportement. Cela risque de vous causer des ennuis ou de vous inciter à commettre des erreurs en ce qui concerne votre santé. Soyez donc prudent dans vos choix et dans vos décisions.

Votre situation affective paraît confuse : soit vous faites fausse route dans le choix de vos relations, soit vous avez une nature inquiète et vulnérable dans le vécu de vos sentiments, vous ne prenez pas de décision et ainsi, vous laissez la situation se dégrader. Il vous faut réagir et apprendre à vous maîtriser.

Une situation confuse, incertaine ne favorise pas la réalisation de vos choix ou de vos décisions, ou bien vous devez faire face à des relations troubles, conflictuelles au sein de votre milieu familial, mais vous êtes trop irrésolu ou trop influensable affectivement parlant pour pouvoir agir avec détermination. Si c'est le cas, ressaisissez-vous !

Vous semblez avoir des difficultés à prendre les bonnes décisions, à faire les choix utiles à votre situation ; ou bien vous ne parvenez pas à trouver un accord qui soit fiable et ainsi vous risquez d'être confronté à des problèmes, à des retards ou de connaître des déceptions dans votre vie professionnelle.

Sans doute ne parvenez-vous pas à vous décider sur la bonne attitude à adopter en ce qui concerne votre situation financière. Quels que soient vos problèmes ou vos difficultés à l'heure actuelle, soyez ferme dans vos choix et dans vos résolutions.

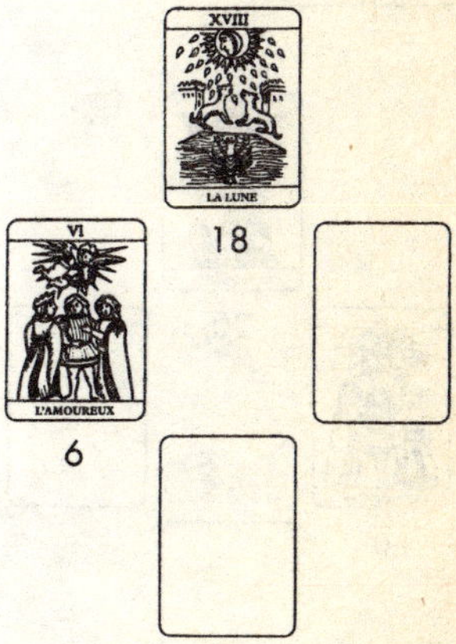

SITUATION ACTUELLE

6 | 19

Soyez déterminé ; faites des efforts ; surmontez votre indécision et votre ambivalence de nature, et vous parviendrez au succès en vous appuyant sur un équilibre vital, affectif, émotionnel très fiable.

Vous pouvez agir comme vous l'entendez pour réaliser une union, vivre pleinement vos sentiments ou obtenir entière satisfaction sur le plan affectif. Il n'y a pas une ombre à votre tableau. Vous avez tous les atouts en main. C'est donc à vous de faire.

Vous êtes libre de faire vos choix, de prendre vos décisions, d'agir pour nouer des relations affectives sincères, pour faire progresser votre situation ou, tout simplement, pour voir votre famille unie, heureuse, épanouie. Si vous décidez de faire un voyage, il vous procurera entière satisfaction.

Faites des choix expansifs, prenez des résolutions audacieuses, trouvez des accords, agissez avec courage et détermination, et vous constaterez rapidement que vos efforts et vos décisions seront payants puisqu'au bout du compte, un franc succès, une réelle réussite vous attend ainsi qu'une clarification totale de votre situation.

Agissez avec courage et détermination en faisant des choix, en prenant des décisions susceptibles de clarifier votre situation financière, capables de vous faire triompher de vos incertitudes, utiles à votre réussite et à votre expansion.

SITUATION ACTUELLE

6 | 20

Prenez de bonnes résolutions ; imposez-vous une discipline et vous trouverez aisément votre équilibre, lequel vous permettra alors de renouveler, de reconsidérer votre situation, ou d'obtenir une prompte guérison si vous êtes malade.

Une situation affective équilibrée ou des relations saines et stables favorisent une reconsidération, un renouvellement ou une réconciliation, ou bien vous prenez des résolutions sévères mais justes pour retrouver un certain équilibre dans votre vie sentimentale.

Vous devez trancher, prendre des résolutions sévères mais justes, des décisions catégoriques, vous imposer une discipline et une règle dans vos choix et dans vos relations. Ainsi votre situation familiale pourra se renouveler ou bien tout pourra rentrer dans l'ordre.

Imposez-vous une discipline si vous voulez prendre des résolutions nécessaires. N'hésitez-pas à trancher en vous assurant que vous êtes dans votre bon droit. Enfin si l'issue d'un accord dépend d'une décision de justice, sachez qu'elle ira dans le sens d'un renflouement de votre situation.

Vous devez nécessairement vous imposer une discipline et une règle avant de faire les choix ou de prendre les décisions qui seraient susceptibles de renflouer vos finances, sinon vous aurez à rendre des comptes. Il faut parfois se soumettre aux résolutions catégoriques, sévères, restrictives mais justes et bonnes.

6 | 21

Vous réfléchissez avec prudence et circonspection à la meilleure façon de trouver votre équilibre et, doucement mais sûrement, vous parvenez à vous épanouir au mieux de vos moyens et de vos capacités.

Vos sentiments sont empreints de sérieux et de sagesse, et vous recherchez une certaine plénitude sur le plan sentimental. Exigez ce qu'il y a de mieux, mais ne gâchez pas vos chances sous prétexte d'une vision idéaliste de l'amour.

Vous faites des choix précis, vous prenez des décisions judicieuses, des résolutions mûries et réalistes pour pouvoir rassembler tout votre monde autour de vous et pour que votre situation familiale puisse s'épanouir pleinement.

Vous avez des choix précis à faire, des décisions réalistes à prendre ou bien vous recherchez un accord, à créer des liens, une association qui seraient susceptibles d'apporter un plus à votre situation, qui lui permettraient d'élargir son horizon, le champ de ses possibilités ou de se réaliser pleinement.

Faites des choix précis, prenez des décisions réalistes, trouvez des accords tangibles pour pouvoir atteindre doucement mais sûrement les objectifs financiers que vous vous êtes fixés.

21

6

SITUATION ACTUELLE

6 | 22

Dans l'ensemble, vous êtes plutôt irrésolu et indécis, mais on doit vous reconnaître une certaine bonne volonté dans la recherche de votre équilibre, même si celui-ci dépend en grande partie de votre tempérament émotif, et même si, ainsi, vous vous comportez parfois d'une manière impulsive et irréfléchie.

Malgré votre indécision ou votre timidité, vous avez du mal à refréner vos élans et vous auriez d'ailleurs tort de les refouler, surtout s'ils s'inspirent de sentiments sincères. Ou bien, si ce n'est déjà fait, vous allez sans doute faire très prochainement une rencontre.

Peut-être vous demandez-vous si vous devez, ou non, entreprendre un voyage ou une démarche d'ordre familial. Alors n'hésitez-plus, puisque cette décision dépend entièrement et uniquement de vous.

Vous aurez besoin de vous déplacer, de faire un voyage ou une démarche pour pouvoir trouver un accord, faire des choix ou prendre des décisions importantes en rapport avec votre situation. A moins que l'arrivée ou le départ d'une personne ne favorise lesdits choix ou lesdits accords.

Il va falloir vous résoudre à vous déplacer, à faire une démarche pour trouver un accord, faire des choix importants ou prendre des mesures utiles à votre situation financière. Si vous vous demandez si vous avez, ou si vous aurez, les moyens de faire un voyage qui vous tient à cœur, n'en doutez pas.

22

6

SITUATION ACTUELLE

7 1

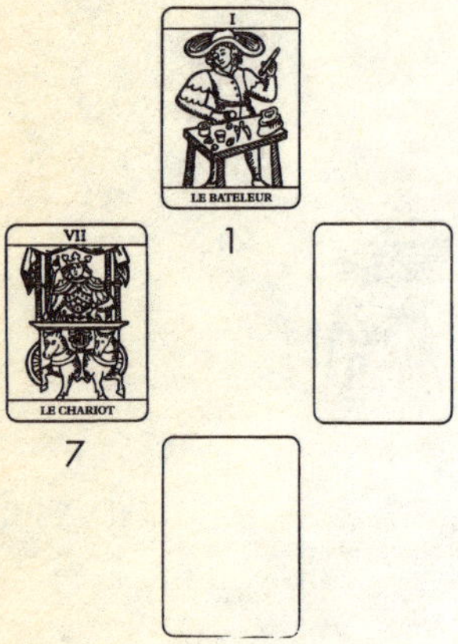

C'est grâce à votre courage et à votre volonté que vous acquérez votre équilibre, en vous imposant une discipline et des règles qui vous permettent de progresser, de vous rendre disponible et de faire preuve d'esprit d'initiative.

Dans un souci de justice et d'équilibre vous faites preuve de bonne volonté, vous déployez vos efforts et votre énergie pour triompher d'une situation affective incertaine ou pour pouvoir réaliser vos désirs, à savoir vivre vos sentiments dans la plus saine normalité.

Faites des efforts, soyez juste et rigoureux dans vos actes et dans votre attitude, et vous triompherez des difficultés qui pourraient se présenter à vous, vous parviendrez à prendre les initiatives que vous souhaitez, à imposer vos décisions, à maîtriser énergiquement toutes les possibilités qui pourraient s'offrir à votre situation.

Vous faites preuve de détermination et de discipline, vous agissez avec rigueur et efficacité, vous n'hésitez pas à prendre des initiatives courageuses et progressistes, et ainsi vous allez parvenir à atteindre vos objectifs, à imposer vos volontés, à réaliser vos projets.

$ Faites des efforts, maintenez-vous à tout prix sur la voie que vous vous êtes tracée, et vous pourrez aisément imposer vos décisions et vos volontés en ce qui concerne votre situation financière.

SITUATION ACTUELLE

7 2

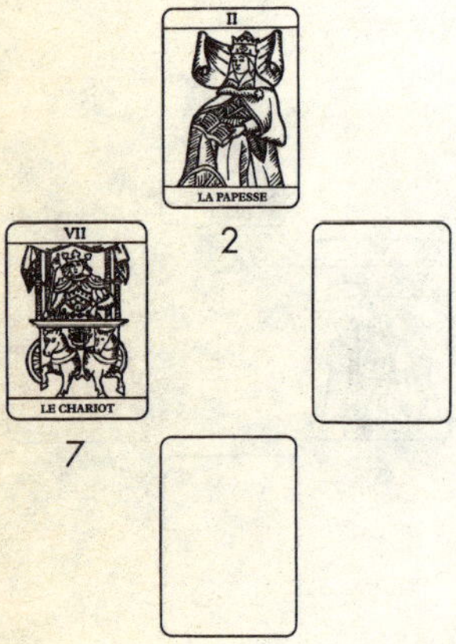

Vous allez recevoir une nouvelle concernant votre santé, vous soumettre à un examen ou obtenir des résultats encourageants qui, il est vrai, sont dus à vos efforts et à votre volonté. Mais il vous faut encore rester prudent et patient.

Grâce à vos efforts et à votre volonté vous allez apprendre ou découvrir des secrets, lever des doutes, des incertitudes en ce qui concerne votre situation affective ou agir pour mettre fin à votre solitude, à votre réserve ou à votre mutisme.

Vous allez apprendre une nouvelle ou entreprendre une action qui vous permettra de connaître le fin mot d'une histoire qui vous préoccupe, de faire aboutir un projet auquel vous pensez depuis longtemps, ou de découvrir un secret en rapport avec votre situation familiale.

Vos efforts vont vous permettre de lever tous les doutes et de chasser toutes les incertitudes qui vous assaillaient depuis un certain temps et ainsi d'agir avec prudence et tenacité pour faire aboutir un projet, entreprendre une action personnelle ou obtenir quelque chose que vous attendiez depuis longtemps.

$ Vous allez apprendre une nouvelle concernant votre situation financière qui lèvera les doutes, chassera les incertitudes que vous aviez depuis un certain temps, et vous confirmera que vous avez eu raison d'être prudent discret et tenace dans votre volonté d'attendre et de vous en tenir à vos objectifs.

SITUATION ACTUELLE

7 3

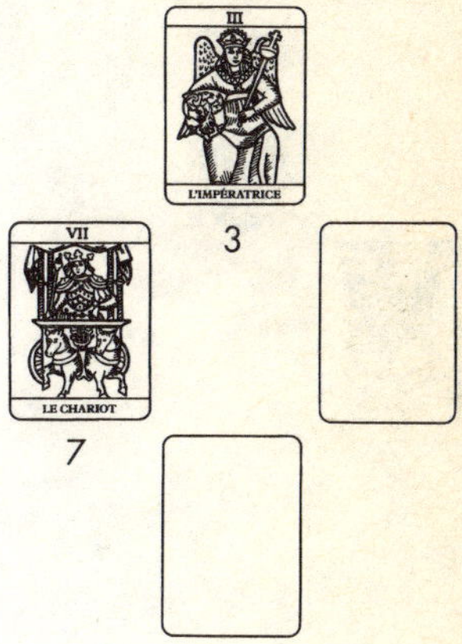

Vous êtes entreprenant, actif, dynamique, courageux, et vos efforts vous permettent de faire pencher la balance en votre faveur, ce qui vous rend ainsi disponible, compréhensif et ouvert à toutes les possibilités.

Vous pouvez agir ou exercer votre volonté pour faire évoluer votre situation dans le même sens que celui d'une personne de vos pensées, ou bien vous êtes assuré de réussir dans votre vie affective, si vous faites des efforts et si vous faites preuve de bonne volonté, de compréhension, de générosité.

Vous pouvez agir ou entreprendre tout ce que vous voulez dans votre milieu familial et puisque vos actions sont courageuses et généreuses et que la chance est avec vous, vous réussirez certainement.

Vous pouvez agir ou exercer votre volonté pour faire évoluer votre situation dans le sens d'une plus forte productivité, d'une matérialisation ou d'une réalisation profitable. Quelles que soient vos actions ou vos entreprises à l'heure actuelle, vous avez toutes chances d'aboutir rapidement.

Vous avez raison de concentrer tous vos efforts pour acquérir un plus dans votre situation financière. Si vous faites toujours preuve d'une égale bonne volonté dans l'action. vous parviendrez sans doute très rapidement à vos fins.

SITUATION ACTUELLE

7 4

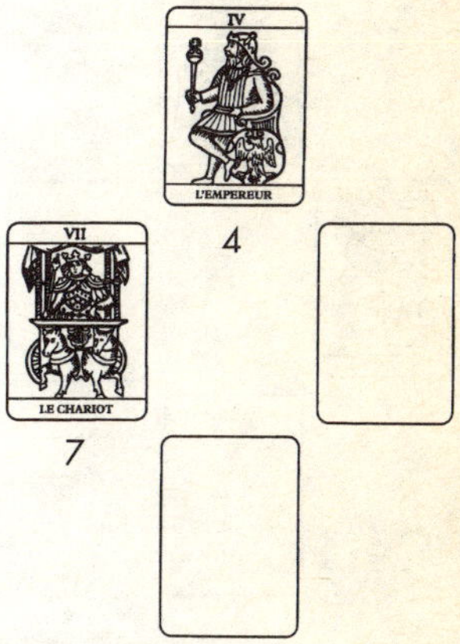

Vous êtes dynamique, enthousiaste, plein de bonne volonté. Vous avez confiance en vous, en vos moyens, et vous pouvez donc voyager, vous dépenser, entreprendre, agir comme vous l'entendez.

Vous affirmez votre volonté avec un mélange de fermeté et de douceur dans vos actes comme dans vos sentiments, et vous imposez une telle confiance en vous que l'on peut vous attribuer l'adage selon lequel « qui m'aime me suive ! »

C'est vous qui tenez les rênes de votre situation familiale et vous pouvez agir comme vous l'entendez, sûr de vos moyens et de vos possibilités, pour entreprendre ou réussir ce que vous voulez.

Vous êtes battant, entreprenant, sûr de vous et de vos moyens, déterminé à atteindre vos objectifs coûte que coûte, et vous pourriez bien réussir là où d'autres ont échoué. Alors n'hésitez pas : imposez votre volonté !

Vous semblez sûr de vous et de vos moyens, et apparemment rien ne saurait vous arrêter dans votre volonté d'atteindre vos objectifs financiers. Devant autant d'assurance il n'y a qu'une chose à dire : « c'est comme vous voulez ! »

SITUATION ACTUELLE

7 5

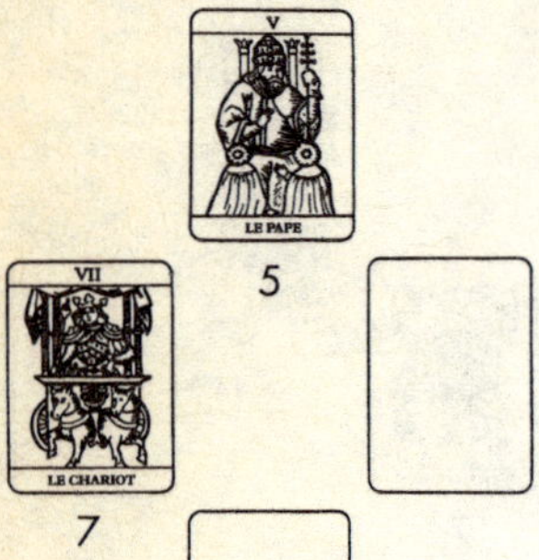

Si vous faites des efforts, si vous faites preuve de courage et de bonne volonté, vous parviendrez à triompher de vos difficultés, ou, tout simplement, à retrouver votre tonus et votre stabilité.

Agissez avec allant et détermination pour faire évoluer une situation quelque peu figée, contraignante, insatisfaisante sur le plan affectif et moral.

Vos obligations et votre devoir vous dicteront d'agir, de faire des efforts, ou de faire preuve de bonne volonté pour vous libérer d'une situation contraignante ou pouvoir à nouveau exprimer librement votre volonté.

Si vous manifestez votre volonté d'aboutir, votre pouvoir d'action et de conviction, vous devriez aisément triompher de vos difficultés, réussir dans vos entreprises et ainsi voir votre situation progresser et se stabiliser.

Vous êtes dans une situation contraignante ou figée, et vous devez faire des efforts pour assumer vos obligations, surmonter vos difficultés ou faire progresser l'état de vos finances.

SITUATION ACTUELLE

7 6

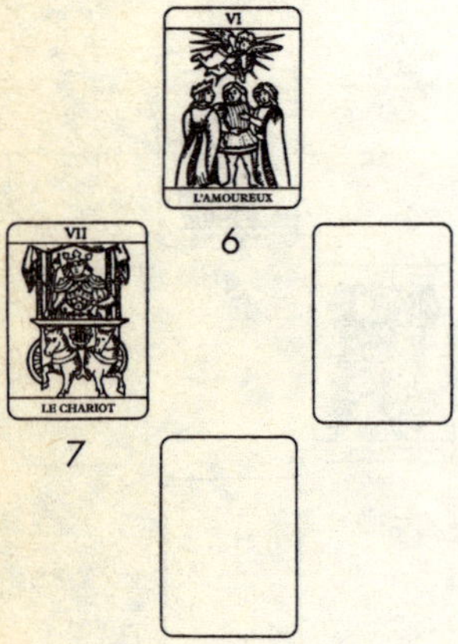

Agissez avec détermination pour mettre un terme à vos incertitudes, à votre indécision, pour éliminer radicalement toutes les tentations qui seraient susceptibles de nuire à votre état de santé et à votre équilibre.

Vous allez sans doute prendre une résolution radicale et arbitraire, faire un choix affectif définif, agir pour triompher de votre irrésolution, pour chasser les tentations et éliminer les relations qui seraient susceptibles de nuire à votre situation sentimentale.

Agissez avec enthousiasme et détermination pour chasser l'irrésolution, éliminer les relations incertaines, les désaccords qui seraient susceptibles de nuire à votre situation, et qui devront d'ailleurs nécessairement l'être si vous voulez récolter les fruits de vos efforts et réaliser votre volonté.

Agissez pour obtenir rapidement un accord, faire un choix ou pour mettre un terme à un désaccord, à une situation incertaine, à un problème irrésolu et vous récolterez très vite le fruit de vos efforts.

Quels que soient la nature et les objectifs de vos efforts actuels, ils seront rapidement récompensés et vous saurez alors faire les choix utiles, prendre les décisions radicales et profitables à votre situation.

7 8

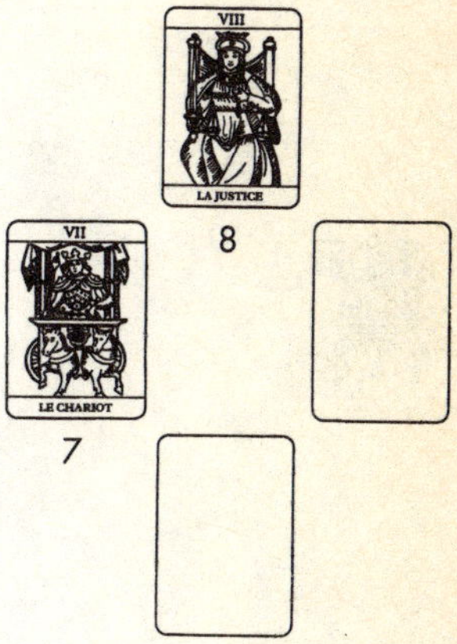

Vous voulez à tout prix acquérir votre équilibre et imposer votre volonté ; c'est très bien. Mais prenez garde tout de même à ce que cette volonté d'aboutir quoi qu'il arrive ne vous fasse pas dépasser la mesure et prendre des risques inutiles. Vous avez de l'énergie à revendre, mais n'en abusez pas.

Vous souhaitez parvenir à vos fins le plus vite possible. Vous savez que vous avez les moyens d'obtenir ce que vous désirez, mais vous devez vous soumettre à une certaine discipline pour ne pas être victime de votre impatience, de votre surexcitation, de vos actions intempestives.

Vous parvenez quoiqu'il vous en coûte à contenir votre violence, votre colère, votre impatience ou votre surexcitation, mais vous avez raison de le faire. C'est en effet et à coup sûr la bonne méthode à adopter pour arriver à vos fins, pour obtenir ce que vous désirez.

Il faut parfois savoir imposer sa loi, ses volontés avec une certaine dureté, une certaine intransigeance si cela est nécessaire, surtout lorsque l'équilibre ou le bénéfice de la situation est en jeu, ou qu'il faut se soumettre à la rigueur de la loi.

Mettez activement et rapidement de l'ordre dans vos affaires si vous voulez voir votre situation progresser, et restez dans la stricte légalité quoi qu'il arrive pour parvenir à vos fins.

SITUATION ACTUELLE

7 9

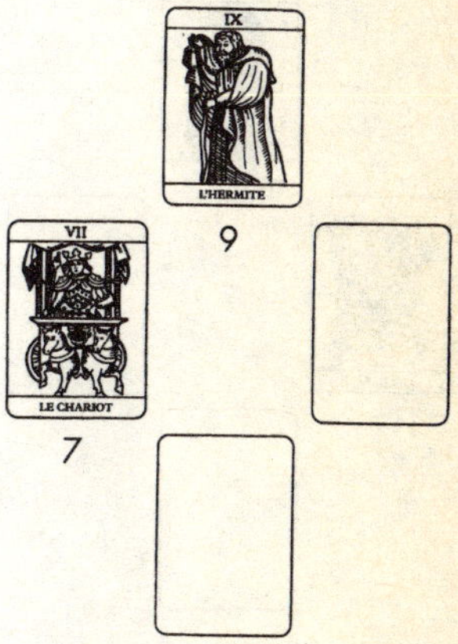

Vos efforts vous permettront d'éviter les risques, de vous détourner des entreprises périlleuses et ainsi de faire des progrès très rapides. Sinon vous pouvez être victime d'une crise de santé salutaire ou d'un petit accident qui tirera la sonnette d'alarme de la prudence et des précautions qu'il faudra prendre à l'avenir.

Vous agissez de telle sorte que votre situation va s'en trouver libérée, remise en question, et vous vous rendez bien compte que c'est la seule attitude à adopter en la circonstance. C'est pourquoi vous continuez sur votre lancée.

Vous agissez dans l'intention de provoquer un bouleversement, une remise en question salutaire dont vous avez perçu qu'elle s'avérait nécessaire à l'évolution lente mais sûre de votre situation. Prenez garde tout de même à ne pas pousser le bouchon trop loin et à ne pas perdre pied.

Vos efforts vont vous permettre de débloquer brusquement une situation et, malgré ce bouleversement et cette déconcertante remise en question, vous vous rendrez compte à long terme que cette action était nécessaire à la bonne progression de vos affaires et de votre travail.

Après avoir entrepris une action téméraire ou opéré une remise en question brutale mais salutaire, vous allez pouvoir tirer les leçons de cette expérience bouleversante et prendre les précautions nécessaires à la bonne continuité de votre situation.

SITUATION ACTUELLE

7 | 10

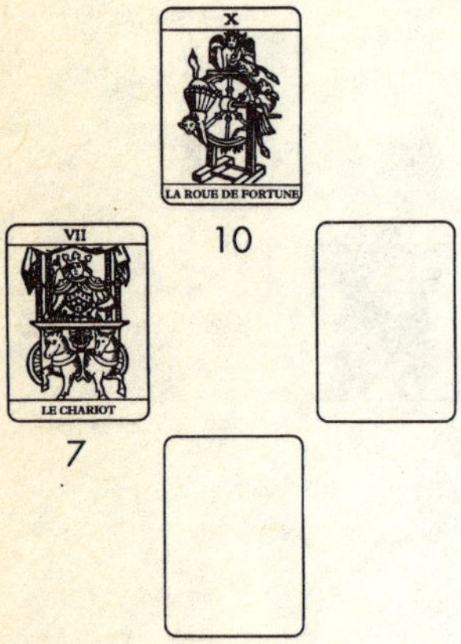

Vous savez puiser dans vos ressources pour vous régénérer, pour exercer votre volonté en restant cependant réceptif à tout ce qui se passe autour de vous, et ainsi, vous pouvez aller de l'avant, toujours de l'avant.

Vous pouvez agir pour apporter du neuf dans votre situation. Vous avez de toute façon l'assurance de la voir évoluer dans un sens tout à fait favorable et de pouvoir réussir votre vie sentimentale.

Vous avez la volonté d'agir pour réaliser quelque chose de neuf qui serait susceptible de faire évoluer votre situation familiale et les circonstances vous sont pleinement favorables.

Vous êtes actif et inspiré, et cela vous autorise à imposer quelque chose de neuf, à mettre tout en œuvre pour réaliser une innovation ou une idée originale qui fera progresser votre situation et vous permettra très vite d'aboutir.

$ Les circonstances sont tout à fait favorables aux actions en cours, à la réalisation de vos espérances ou de vos aspirations, à l'aboutissement naturel de vos efforts.

SITUATION ACTUELLE

7 | 11

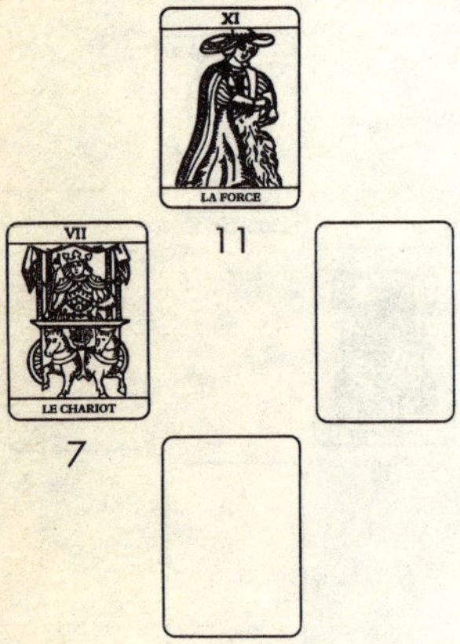

Quelles que soient vos angoisses, vos faiblesses ou vos réels ennuis de santé actuels, vos efforts seront toujours payants, et vous parviendrez à surmonter vos épreuves, à résoudre vos problèmes et à remonter la pente.

Vous avez la force d'âme et le courage nécessaires à la résolution active et définitive de vos angoisses, de vos problèmes ou de vos conflits d'ordre affectif, ou pour surmonter vos déceptions, vos désillusions et comprendre ainsi vos erreurs.

Vous êtes plein de courage et de bonne volonté active, et ceci vous permet de faire face aux problèmes qui se posent à vous et d'aplanir comme il se doit les difficultés que vous rencontrez. Ainsi malgré les retards et les vicissitudes, vous parvenez néanmoins à ce que vous voulez.

Sans doute rencontrez-vous actuellement des difficultés, des retards, des vicissitudes de toutes sortes dans votre situation ou dans votre travail, mais vous avez le courage et la volonté nécessaires pour surmonter les obstacles et résoudre les problèmes qui se posent à vous, et pour atteindre votre but à coup sûr.

$ Déceptions, retards, erreurs sont le lot de vos finances à l'heure actuelle, mais vous avez suffisamment de courage et de volonté pour surmonter vos difficultés, et redresser la situation.

SITUATION ACTUELLE

7 | 12

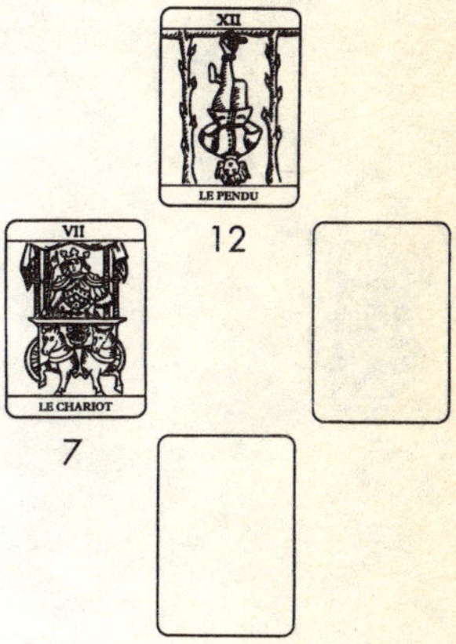

Votre bonne volonté vous permet d'être en accord avec votre nature, de vous abandonner tout simplement à vos élans, à la maîtrise active de votre vitalité et de votre énergie.

Vous pouvez vous abandonner pleinement à vos relations, être assuré que vos actes et votre volonté sont clairs, et qu'ainsi tout ce que vous ferez sera source de joie et de réussite.

Vous pouvez agir librement, ou entreprendre tout ce que vous voulez et qui serait susceptible de rendre votre situation plus autonome, en ayant l'assurance d'obtenir entière satisfaction.

Votre volonté et vos efforts sont logiquement et naturellement récompensés. Vous pouvez avoir l'assurance de réussir purement et simplement dans vos entreprises, dans vos affaires ou d'obtenir entière satisfaction dans votre travail.

Si besoin est, vous pouvez agir pour clarifier votre situation, pour la faire progresser, pour la libérer de ses contraintes ou pour aboutir à un accord qui lui serait profitable.

SITUATION ACTUELLE

7 | 13

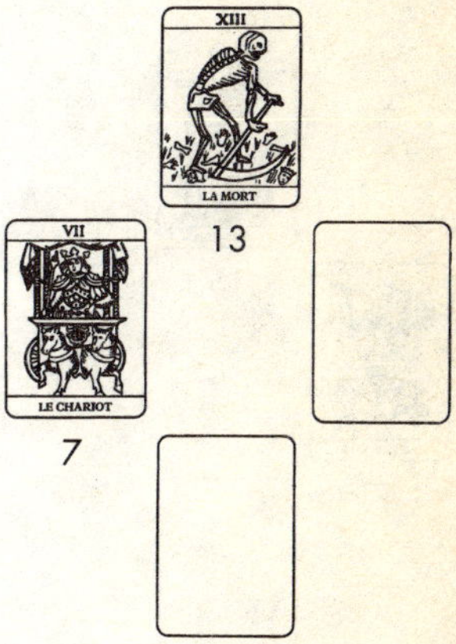

Vous pouvez agir pour vous régénérer, pour obtenir une prompte et totale guérison, ou pour vous imposer à vous-même un changement complet dans votre comportement ou dans votre situation, qui vous permettrait de connaître un véritable renouveau.

Vos efforts et votre bonne volonté active vous permettent de modifier votre comportement, de renouveler votre situation, de rectifier vos erreurs et ainsi de tout changer positivement.

Vous pouvez agir pour renouveler intégralement votre situation ou vous avez la volonté de mettre fin à une situation en opérant une transformation, en changeant d'attitude ou en reconsidérant la nature de vos efforts et l'utilité de vos actes.

Vous pouvez répondre activement à des propositions très profitables qui vous sont faites et qui occasionneraient un changement total dans votre situation ou bien vous pouvez agir et susciter par vous-même un renouveau intégral et avantageux dans votre travail.

Vous faites des efforts dans le but de rendre votre situation à nouveau plus avantageuse, plus prospère, ou dans l'intention d'opérer des transformations profondes et radicales qui pourraient renouveler vos ressources et renflouer vos affaires.

SITUATION ACTUELLE

7 | 14

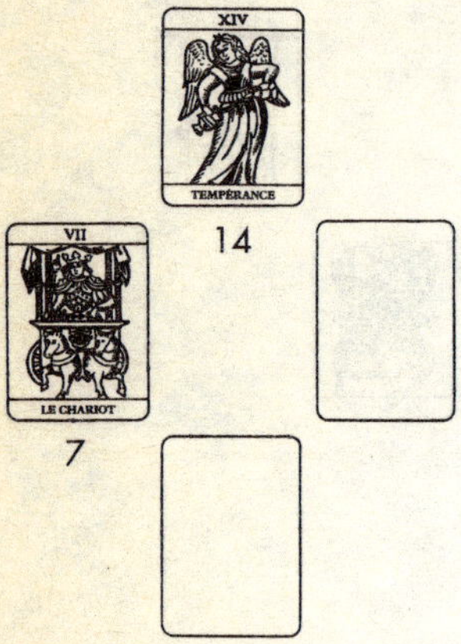

Vos efforts et votre volonté vous permettent de vous épanouir pleinement et de vous adapter avec souplesse aux circonstances, aux situations et aux opportunités qui s'offrent à vous. Si vous souhaitez faire un voyage, n'hésitez pas. Il vous donnera entière satisfaction.

Vos efforts et votre bonne volonté favorisent l'épanouissement de votre vie affective. Vous savez, quoi qu'il arrive, vous adapter avec souplesse et intelligence aux circonstances et aux situations les plus diverses.

Vos efforts et votre volonté d'aboutir sont pleinement récompensés, et votre situation familiale épanouie, équilibrée vous autorise à établir des échanges heureux et opportuns, à trouver des arrangements ou des compromis intelligents, à vous adapter avec souplesse et compréhension aux circonstances.

Vous pouvez agir en toute confiance pour imposer et satisfaire vos volontés, réaliser une expansion conséquente de votre situation, obtenir entière satisfaction dans vos tractations, dans vos négociations et ainsi voir tous vos efforts largement récompensés.

Faites des efforts pour favoriser l'expansion de vos affaires, pour trouver les accords, les arrangements, les compromis nécessaires à la progression et à l'épanouissement de votre situation financière.

SITUATION ACTUELLE

7 | 15

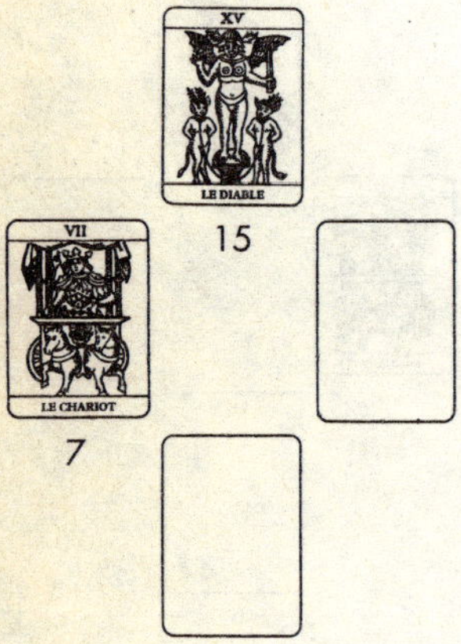

Vous débordez d'énergie et vous avez besoin de toujours plus d'action, de mouvement, de lutte. Il n'y a pas de mal à ça, à moins, bien sûr, que vous ne dépassiez la mesure.

Vous avez une telle volonté, et vous déployez tant d'efforts et d'énergie pour satisfaire vos désirs et obtenir à tout prix ce que vous voulez que rien ni personne ne semblent pouvoir vous arrêter. A vous de savoir si c'est à tort ou à raison.

Vous allez partir brusquement, vous allez imposer brutalement votre volonté,ou bien vous allez tout faire pour satisfaire vos désirs et rien ni personne ne pourront vous en empêcher. A vous de savoir, en la circonstance, si un tel comportement est ou non justifié.

Vous pouvez agir ou partir pour réaliser un progrès immédiat dans votre situation ; mais quels que soient vos désirs ou les avantages séduisants qui seront la cause de votre départ ou de votre action, gardez le contrôle des événements et ne perdez pas de vue vos objectifs. C'est votre volonté qui vous fera triompher.

Méfiez-vous des actes irréfléchis, de votre volonté de satisfaire vos désirs à tout prix, même et surtout si vous en avez les moyens ; en dehors de quoi vous pouvez agir rapidement pour imposer votre volonté ou faire progresser votre situation financière.

7 | 16

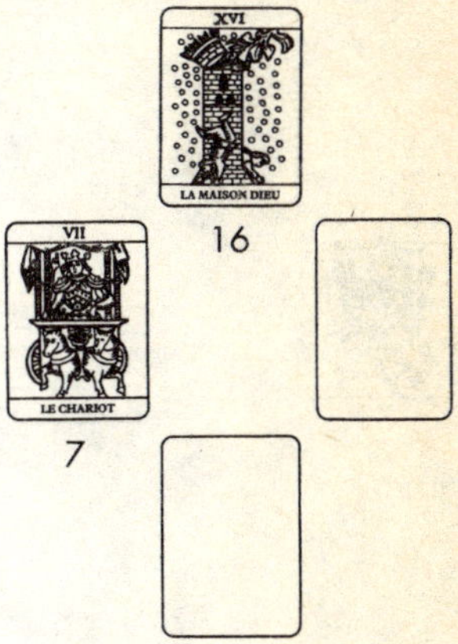

Vous avez la volonté de vous préserver de tout risque, ou d'agir d'une manière responsable et courageuse, pour pouvoir triompher de vos difficultés et vous délivrer de vos problèmes.

Malgré vos efforts et votre bonne volonté, il n'est pas sûr que vous puissiez parvenir aux accords ou aux conciliations vers lesquels vous tendez. Attendez-vous à connaître un bouleversement, une crise salutaire dans votre situation affective.

En cas de force majeure, n'hésitez pas à agir pour provoquer une crise salutaire, un bouleversement souhaitable qui servira votre situation et lui permettra de réaliser un réel progrès.

Faites des efforts, luttez pour débloquer une situation dans le respect des règles, en ne perdant jamais de vue votre devoir et vos responsabilités. Moyennant quoi, vous êtes assuré de pouvoir triompher de vos difficultés et, si besoin est, de renverser la situation à votre profit.

Prévenez-vous contre une éventuelle et inévitable déstabilisation de votre situation financière ou faites des efforts pour débloquer une situation, sans perdre de vue ce que votre sens du devoir et des responsabilités vous dicte de faire.

SITUATION ACTUELLE

7 | 17

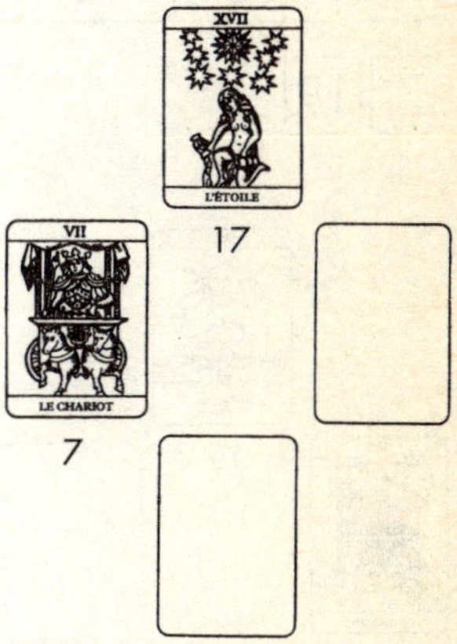

Vous triomphez aisément de votre nature ambivalente en adaptant vos choix, vos décisions aux circonstances, en mêlant l'utile à l'agréable, en sachant faire preuve de réceptivité dans vos actions, en trouvant ainsi toujours, et quoi qu'il arrive, le juste milieu.

Par vos efforts et une bonne volonté active vous parvenez à vous créer de nouvelles relations, des liens profonds et sincères qui se nouent spontanément et naturellement, et qui sont basés sur de réelles affinités.

C'est à vous de décider ou d'agir pour réussir à créer, ou à obtenir quelque chose de neuf en rapport avec votre situation ou avec vos relations familiales. N'hésitez pas, vous avez toutes chances d'aboutir.

Vous pouvez agir pour trouver un accord, faire des choix ou imposer des décisions en vue de réaliser quelque chose de neuf ou tout simplement parce qu'un heureux concours de circonstances fait le jeu de la progression de votre situation et de l'évolution de vos relations professionnelles.

Agissez dans le but de brusquer les décisions ou les choix favorables à votre situation financière. Vos espoirs ne seront pas déçus et vos efforts seront récompensés.

SITUATION ACTUELLE

7 | 18

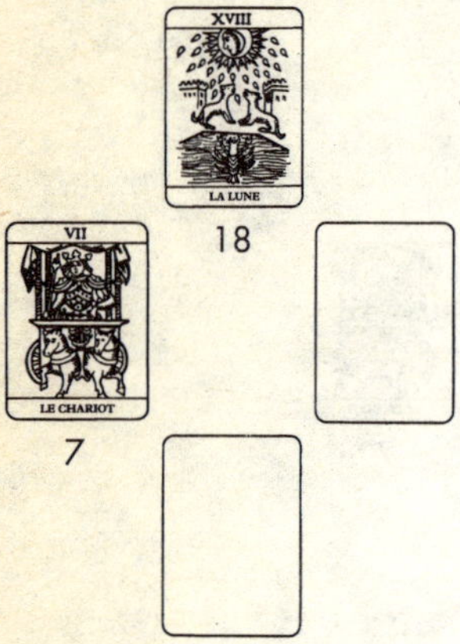

Faites des efforts, ayez du courage et de la volonté, et vous triompherez de vos angoisses, de vos faiblesses ou de vos problèmes de santé.

Malgré vos efforts et votre bonne volonté active, vous ne parvenez pas à surmonter vos angoisses ou à résoudre les problèmes, les déceptions, les conflits qui président actuellement à votre vie affective. Mais ne relâchez pas vos efforts pour autant et ne vous découragez pas.

Vous allez sans doute vous déplacer ou faire un voyage pour résoudre un problème d'ordre familial, ou bien vous faites preuve de courage et de bonne volonté pour triompher de vos difficultés actuelles et vos efforts seront sans doute récompensés.

Par votre courage, par votre volonté d'aboutir et de réussir ce que vous entreprenez, vous savez faire face aux problèmes, pallier les difficultés et vaincre les obstacles qui se dressent sur votre route. Ainsi, vos efforts ne sont pas vains.

$ Pour pallier les retards probables, les difficultés éventuelles ou les obtacles possibles que vous pourriez rencontrer, vous prenez les devants et ainsi vous parvenez malgré tout à atteindre vos objectifs.

SITUATION ACTUELLE

7 | 19

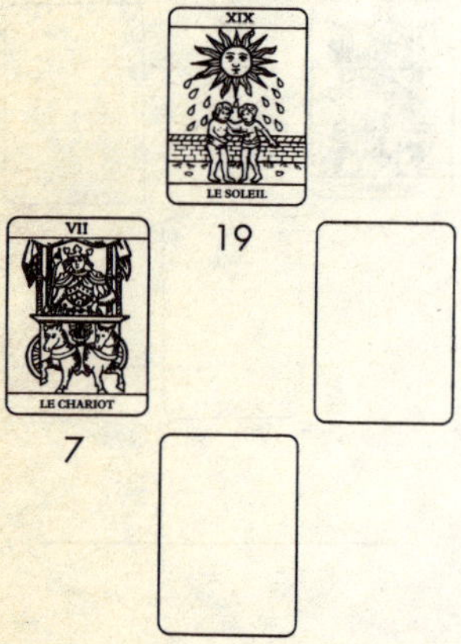

Vous êtes courageux, discipliné, plein de bonne volonté. Votre dynamisme vous permet donc de briller, et de vous sentir en accord avec votre milieu et votre entourage.

Si ce n'est déjà fait, vous allez réussir à réaliser une union sincère, claire, équilibrée dont vous ne pourrez que vous féliciter.

Vous pouvez agir avec rigueur et impartialité pour clarifier votre situation si besoin est, ou bien toutes les actions qui vont dans le sens de l'équilibre et de l'harmonie de votre vie familiale vous sont naturellement permises et recommandées.

Vous savez que vous êtes dans votre droit, mais vous n'en abusez pas. Ainsi vos efforts pour aboutir à une situation claire, équilibrée sont largement récompensés et vous réussissez à conclure les accords, à réaliser les progrès que vous souhaitez.

$ Agissez et avancez dans la rigueur et la plus stricte légalité pour clarifier, faire progresser votre situation ou réaliser des accords qui seraient profitables.

SITUATION ACTUELLE

7 | 20

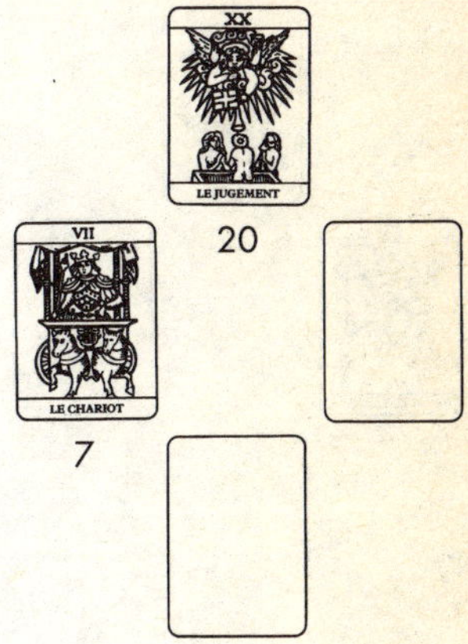

Vous allez recevoir une bonne nouvelle à propos de votre santé ou bien votre volonté, vos efforts tenaces et patients vont vous permettre de guérir si vous êtes malade ou sinon de retrouver votre forme.

Vous apprenez une nouvelle qui vous incite ou vous invite à reconsidérer votre situation affective, ou bien vous agissez avec prudence et efficacité pour faire intervenir un renouveau dans votre vie sentimentale.

Vous recevez une invitation ou bien vous agissez avec prudence, précision, réalisme pour faire aboutir les projets ou les actions en cours qui seraient susceptibles d'apporter un changement, un renouveau dans votre situation.

Vous recevez une nouvelle ou on vous fait une proposition qui vous permet de reconsidérer votre situation ou d'étudier sérieusement la perspective d'un changement, d'un renouveau lequel, d'ailleurs, répond à votre attente.

Vous recevez une nouvelle ou l'on vous fait une proposition qui vous permet d'agir avec plus de précision et d'efficacité dans le but d'aboutir à un changement, à une reconsidération progressive de votre situation.

SITUATION ACTUELLE

7 | 21

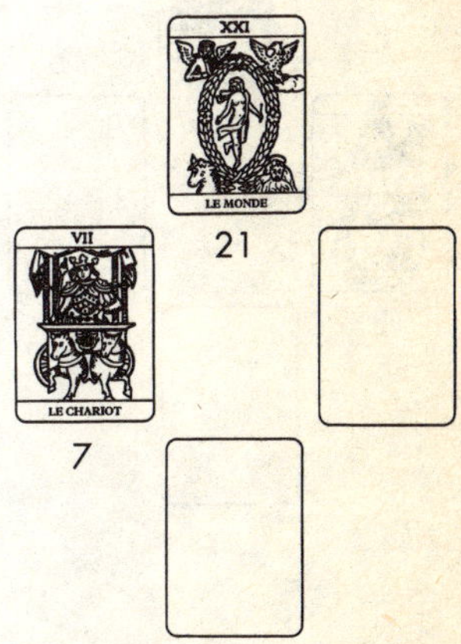

Votre goût de l'effort et de la lutte vous autorise à entreprendre ce que vous voulez, à agir comme bon vous semble et à tout obtenir par votre seule volonté.

Vous avez le champ libre et tous les atouts en main pour obtenir par votre seule volonté tout ce que vous voulez ou pour faire évoluer votre situation affective.

Agissez, déployez vos efforts et votre énergie, et vous verrez votre situation familiale s'épanouir naturellement, vos vœux s'accomplir par la seule manifestation de votre volonté active et progressiste.

Quels que soient vos efforts, vos luttes, vos actions en cours actuellement, ne doutez pas d'avoir la volonté et les moyens d'aboutir pleinement et de réussir tout ce que vous entreprenez. Devant une conjoncture aussi favorable, il n'y a pas à hésiter : foncez!

Par vos efforts et votre volonté vous parviendrez à faire évoluer votre situation. Forcez les événements et suscitez la chance par vos actions.

SITUATION ACTUELLE

7 | 22

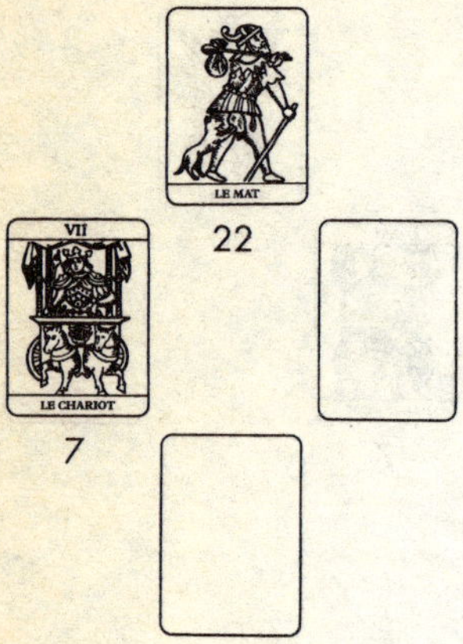

Vous êtes dynamique, énergique, entreprenant et rien, pour le moment, ne semble pouvoir vous arrêter dans votre élan. De toute façon, vous n'en faites qu'à votre tête !

Vous allez de l'avant et vous avez la volonté absolue d'aboutir dans votre vie affective, mais, quoi qu'il arrive, soyez maître de vos impulsions, de vos élans, de votre volonté.

Vous avez la volonté de partir ou de brusquer les événements pour accélérer l'évolution d'une situation de transition, de changement, et vous avez toutes chances de pouvoir effectivement agir en ce sens.

Vous avez la volonté d'aboutir le plus rapidement possible à faire progresser votre situation et rien ne semble pouvoir vous arrêter dans votre élan. Faites donc toutes les démarches, tous les déplacements, tous les efforts nécessaires à une telle évolution ; votre réussite ne dépend que de vous.

$ Vous passerez haut la main une période de transition, de changement qui favorisera l'évolution rapide de votre situation. Mais ne relâchez pas vos efforts et évitez la précipitation.

SITUATION ACTUELLE

8 | 1

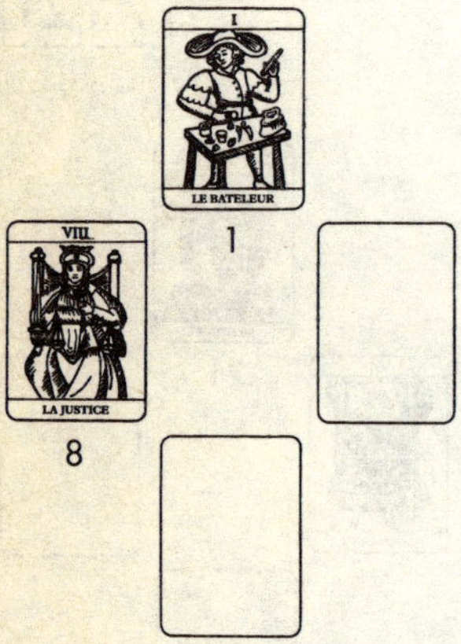

Vous êtes équilibré et vous dépensez votre énergie avec parcimonie. C'est ce qui vous rend prudent dans vos décisions, dans vos initiatives, dans l'expression de votre volonté.

Vous avez toujours le souci d'être juste dans l'expression de votre volonté et de vos désirs, et cela vous rend sans doute pointilleux, sélectif, exigeant mais peut-être aussi un peu froid, distant et sévère dans votre comportement affectif.

L'équilibre de votre situation repose sur votre prudence, sur votre expérience et sur le fait indéniable que vous avez le don de savoir prendre des décisions sérieuses, des initiatives réalistes. Ne soyez pas cependant trop sévère dans votre jugement.

Si vous prenez une décision de justice vous aurez sans doute, au préalable, étudié sérieusement la question et vous vous appuierez sur votre expérience, sur votre équité, sur votre réalisme pour trancher. Sinon votre situation équilibrée vous permet de prendre ou d'accueillir de nouvelles initiatives qui ne sont pas hasardeuses.

$ Votre équilibre et votre méfiance naturels vous incitent à ne compter que sur vous-même en ce qui concerne vos finances et, ainsi, à aborder les projets ou les initiatives avec une extrême prudence.

SITUATION ACTUELLE

8 | 2

Vous êtes équilibré, discipliné et vous contrôlez ainsi les éléments qui vous sont offerts en poursuivant sereinement, attentivement votre évolution, en étudiant avec réserve et prudence le déroulement logique des choses de votre vie.

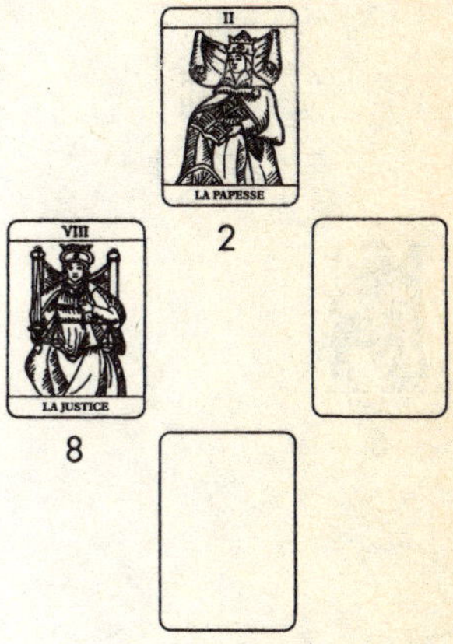

Votre nature équilibrée vous permet de vous abandonner à l'évolution simple, naturelle de votre situation. Prenez garde tout de même à ne pas confondre attente, abandon et inertie, et ainsi, à ne pas adopter un comportement par trop exigeant, sélectif, restrictif lorsque vos sentiments sont en cause.

Votre sens de l'observation et la stabilité dont vous faites preuve vous autorisent à mesurer et à contrôler sereinement et avec réserve l'évolution tranquille, équilibrée de votre situation.

Si vous attendez qu'un jugement soit rendu et si votre situation en dépend, sachez qu'il le sera à votre avantage et que, même si pour le moment vous n'y pouvez rien, il fera évoluer les choses. Sinon votre situation équilibrée évolue normalement et vous assure de plus en plus de stabilité.

$ Votre sens de l'économie et de l'équilibre vous incite à un comportement prudent, réservé, attentif à l'évolution naturelle de votre situation financière.

SITUATION ACTUELLE

8 | 3

Vous avez une totale maîtrise de vous-même et de votre situation. Votre équilibre repose sur votre énergie, sur votre bon instinct, sur votre compréhension, sur votre intelligence. Que pouvez-vous demander de plus ?

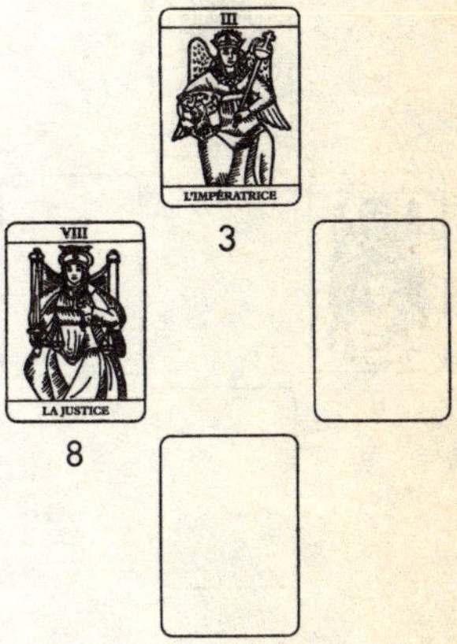

Votre équilibre naturel, votre force morale et votre clarté de jugement vous permettront d'avoir le contrôle de vous-même et ainsi d'être toujours sûr de vos sentiments et de vos actes.

Votre situation familiale apparaît comme solide, équilibrée et parfaitement contrôlée par le comportement stable, compréhensif et généreux d'une femme de votre entourage, si ce n'est par vous-même.

Vous êtes dans une situation stable, solide, équilibrée que rien pour le moment ne semble pouvoir remettre en question et dont vous contrôlez les tenants et les aboutissants par votre puissance de travail et votre intelligence.

$ L'équilibre et la stabilité de votre situation favorisent bien sûr le bon contrôle de vos ressources et de vos biens, et vous autorisent même à acquérir intelligemment et tranquillement d'autres moyens.

SITUATION ACTUELLE

8 **4**

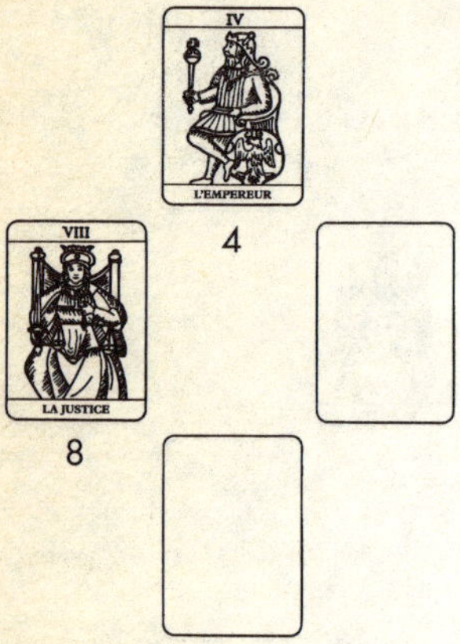

Votre équilibre repose sur la nécessité absolue de vous imposer une discipline et de vous y tenir sans défaillance aucune.

Soyez certain que vous n'avez d'autre choix que celui de faire preuve de rigueur et de discipline dans votre situation actuellement. Sinon vous êtes dans une situation stable et équilibrée, mais vous manquez de libre arbitre.

Votre situation familiale est plutôt contrainte à un équilibre ; elle ne s'y abandonne pas spontanément. A vous de savoir si le contrôle autoritaire et sans concession d'une telle situation est ou non dans l'ordre des choses.

Votre situation vous contraint à des jugements rigoureux, catégoriques, à imposer un ordre et une discipline à la bonne marche de vos affaires, à faire preuve d'autorité et de détermination devant vos obligations et dans l'exercice de vos fonctions.

Votre situation actuelle vous contraint à maintenir un équilibre précaire ou inconfortable, à porter des jugements rigoureux, sévères, restrictifs, et à vous soumettre avec discipline et autorité à vos obligations.

SITUATION ACTUELLE

8 **5**

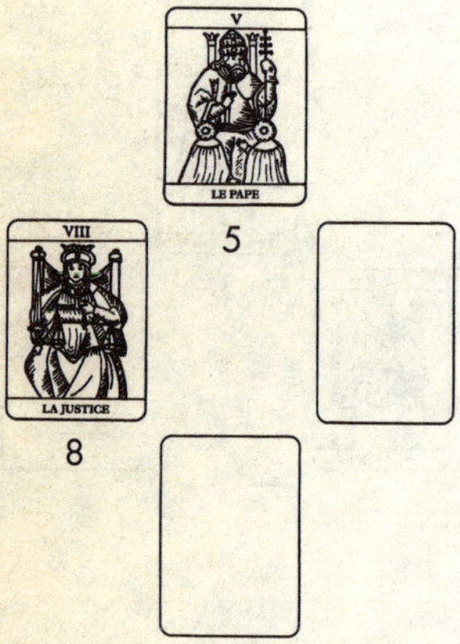

Vous devez absolument, rigoureusement et obligatoirement éliminer tout ce qui serait susceptible de nuire à votre équilibre.

Une situation est tranchée définitivement et catégoriquement. Il n'est plus temps maintenant d'y revenir. Il faut donc tourner la page et vous soumettre à ce que vous dicte de faire votre conscience et votre devoir.

Votre devoir et votre conscience vous dictent de mettre fin catégoriquement à une situation, d'être impartial et inflexible dans votre décision et dans vos jugements. La stabilité de votre situation en dépend. Sinon c'est vous qui serez jugé de la sorte.

Vous êtes en situation de rupture ou bien une décision de justice met fin à une situation établie, et vous permet de trouver un accord ou d'avoir l'approbation d'un personnage influent dont votre situation dépend.

Une décision de justice rigoureuse ou un équilibre très strict ne peut être que profitable à la stabilité de votre situation.

SITUATION ACTUELLE

8 6

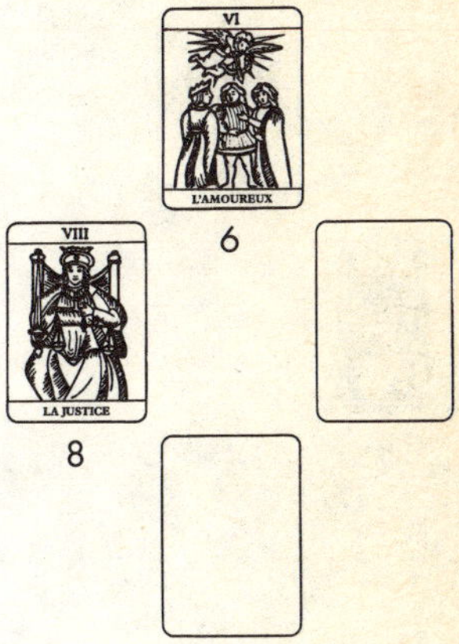

Votre caractère accommodant et votre faculté d'adaptation aux circonstances et aux relations les plus diverses reposent sur votre équilibre, sur votre autodiscipline naturelle.

Adoptez une attitude équilibrée, disciplinée pour prendre des décisions ou faire les choix qui s'imposent à vous, en considérant tous les éléments qui sont en cause, en trouvant les meilleurs arrangements possibles, en profitant au mieux de vos relations priviligiées.

Soyez accommodant, équitable, juste dans vos choix, dans vos décisions et dans vos jugements. Des arrangements opportuns, des discussions franches et ouvertes avantageront vos relations et serviront l'équilibre de votre situation.

L'équilibre de votre situation vous autorise à faire usage des opportunités qui s'offrent à vous et, ainsi, à prendre de bonnes décisions, à faire des choix et de justes compromis, à trouver les arrangements, les accords dont tout le monde se félicitera.

L'équilibre de votre situation vous rend disponible aux opportunités qui vous sont offertes et vous permet ainsi de faire les choix, de prendre les décisions, de trouver les accords qui s'imposent.

SITUATION ACTUELLE

8 7

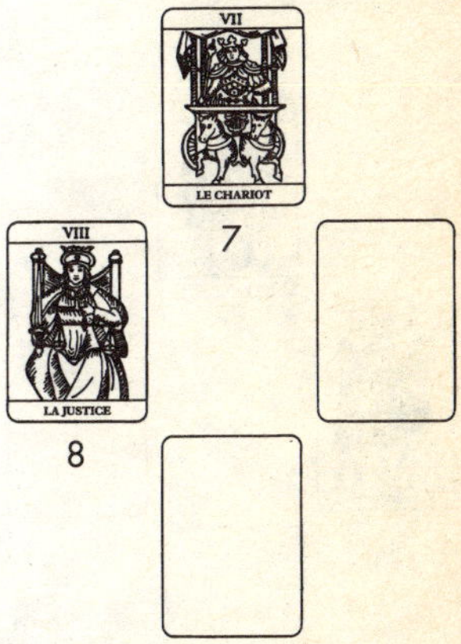

Imposez-vous une sérieuse discipline pour pouvoir contrôler votre énergie intense, canaliser votre tendance à la surexcitation et ainsi utiliser au mieux votre dynamisme et votre goût de l'effort et de la lutte.

Imposez-vous une ligne de conduite si vous ne voulez pas succomber à la tentation d'assouvir vos désirs à tout prix, ni devenir la proie d'influences dangereuses pour l'équilibre de votre situation. Ne soyez pas trop dur, pas trop rigide dans vos jugements.

Vous êtes inflexible dans votre volonté d'imposer ou de maintenir à tout prix l'équilibre de votre situation, dans vos jugements, dans votre souci de suivre quoi qu'il arrive votre ligne de conduite.

Soyez rigoureux dans vos jugements et poursuivez vos efforts pour faire progresser votre situation d'une manière très profitable en vous reposant sur un équilibre inflexible et des bases très solides, ce sont elles qui accélèreront le processus qui vous permettra d'aboutir.

Faites progresser votre situation en vous appuyant sur des bases solides, rigoureuses, sûres. Soyez audacieux, mais demeurez quoi qu'il arrive dans la plus stricte légalité, même et surtout si vous avez hâte d'aboutir.

SITUATION ACTUELLE

8 9

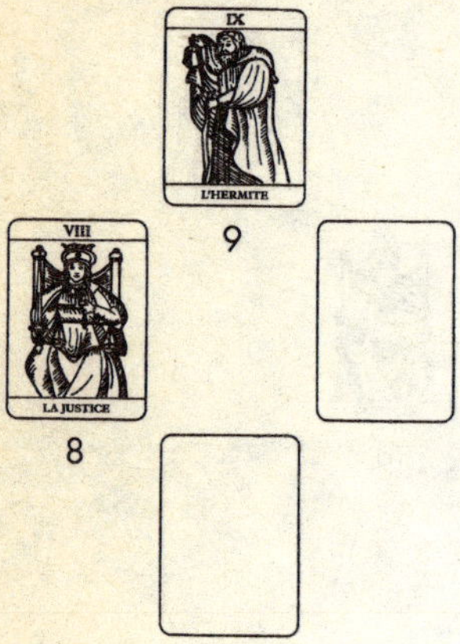

Vous êtes équilibré, attentif, réceptif. Vous pouvez donc poursuivre sans encombre votre petit bonhomme de chemin avec toujours la même prudence et la même ténacité.

Vous semblez toujours prudent dans vos jugements et le souci que vous avez de préserver l'équilibre de votre situation affective vous rend très réceptif, très attentif à la profondeur, à la justesse de vos sentiments.

Vous semblez très exigeant, très pointilleux dans le souci que vous avez de préserver l'équilibre de votre situation, mais vous réalisez aussi que la stabilité n'est pas incompatible avec l'intégration d'éléments nouveaux. Il s'agit donc là d'un habile dosage à réaliser.

Une situation équilibrée, saine et fiable vous autorise à vous mettre en quête de courants novateurs, d'idées originales, d'entreprises créatrices à longue échéance et, dans ce sens, à faire des découvertes intéressantes.

Vous semblez attentif à l'équilibre de vos ressources. Vous ne risquez donc pas d'avoir de mauvaises surprises en ce domaine.

SITUATION ACTUELLE

8 10

En vous imposant une discipline, une hygiène de vie ou un traitement rigoureux vous parviendrez à vous protéger, à maîtriser ou à éliminer tous les problèmes de santé.

Soyez strict et rigoureux dans votre comportement, de façon que votre situation évolue en se débarrassant de tout ce qui l'entrave, la contrarie, la rend difficile ou pénible. Mais ne soyez pas injuste !

Vos angoisses, vos craintes ou des éléments confus troublent l'équilibre de votre situation. Mais vous verrez que tous ces petits problèmes n'ont pas beaucoup d'importance et qu'ils se résoudront d'eux-mêmes.

Votre équilibre ou la stabilité de votre situation vous permet de maîtriser les problèmes, les retards, les vicissitudes qui se présentent à vous actuellement et qui disparaîtront aussi vite qu'ils sont apparus.

Vous auriez intérêt à mettre de l'ordre dans vos affaires ou dans vos finances et tous les problèmes qui sont les vôtres actuellement se résoudront alors d'eux-mêmes.

SITUATION ACTUELLE

8 | 11

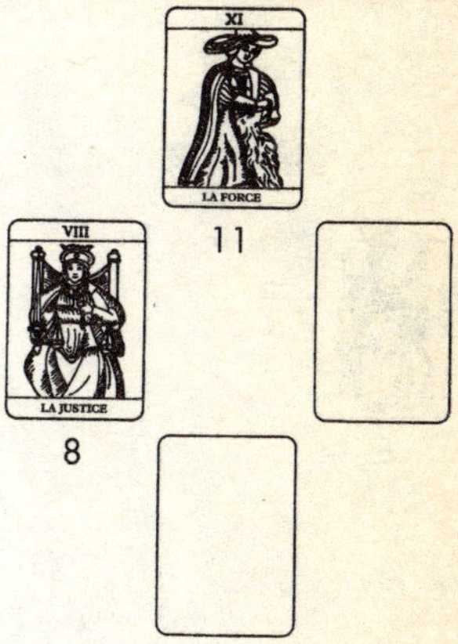

Un équilibre clair favorise la pleine maîtrise de votre situation et de vos moyens.

Votre situation semble parfaitement saine, heureuse et équilibrée. Elle vous autorise donc à une entière liberté d'action dans le vécu de vos sentiments et à une excellente clarté de jugement qui vous permettra peut-être de trouver l'accord parfait.

Votre situation semble parfaitement saine, heureuse, équilibrée. Elle peut donc trouver son expansion naturelle.

Vous réalisez là l'accord parfait qui sert l'expansion et la stabilité de votre situation ou bien votre clarté de jugement et l'équilibre sain et clair de votre situation vous permettront d'affermir votre position.

Votre situation financière est claire, saine, équilibrée. Elle rend votre position solide et vous autorise à réaliser avec succès une certaine expansion.

SITUATION ACTUELLE

8 | 12

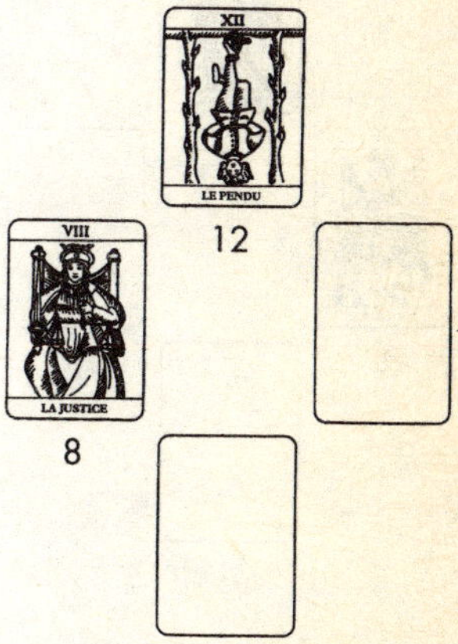

Vous devez absolument vous imposer des contraintes et une discipline. C'est la condition de votre guérison si vous êtes malade ou sinon le retour de votre équilibre.

Pour se renouveler ou trouver une issue favorable, votre situation doit être contrainte et soumise à un jugement sévère mais important, à un équilibre restrictif mais fondamental.

Un jugement rendu ou votre attitude stricte, équilibrée vous délivre de certaines contraintes et vous permet de voir votre situation se renouveler naturellement, même si vous ne vous sentez pas encore dans un total libre arbitre.

Un jugement vient sans doute d'être prononcé, et il vous rend à nouveau plus libre de vos actes et de vos décisions. Il vous permet de voir votre situation se renouveler et de vous sentir libéré de certaines de vos contraintes.

Portez des jugements justes et impartiaux à l'égard de votre situation si vous souhaitez la voir se renouveler et se libérer naturellement de ses contraintes.

SITUATION ACTUELLE

8 | 13

Votre équilibre vous permet d'accéder à un certain épanouissement et de connaître une évolution importante dans votre vie.

Vous parvenez au total épanouissement de l'équilibre de votre situation et cela vous permet de connaître un changement important ou une transformation radicale dans votre vie affective.

Ne craignez pas d'être trop exigeant ni de voir trop grand en voulant trancher une situation ou produire un changement rigoureux, une transformation radicale dans votre contexte familial. Vous en avez le pouvoir et l'équilibre moral.

Quels que soient le ou les jugements qui seraient rendus à l'encontre ou en rapport avec votre situation, vous avez l'assurance qu'ils vous sont en tout point favorables et profitables dans les changements et les transformations qu'ils occasionnent.

Une situation équilibrée et riche en possibilités devrait vous donner les moyens de faire un profit important ou de réaliser un changement radical, une transformation radicale.

SITUATION ACTUELLE

8 | 14

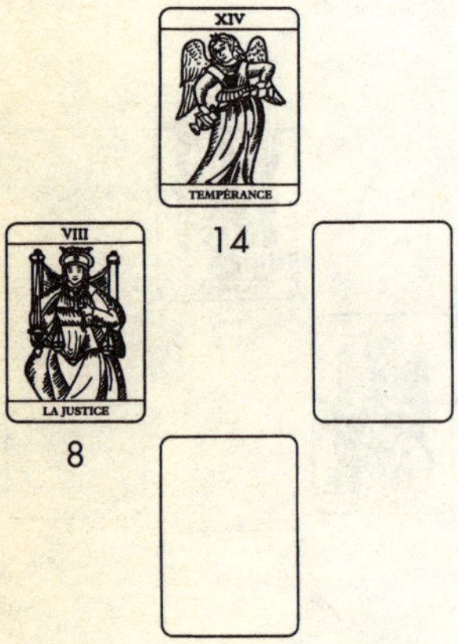

Votre équilibre vous évite de succomber aux impulsions irraisonnées qui vous tentent et vous autorise à répondre activement aux opportunités qui vous sont offertes, de partir, de vous régénérer ou de pouvoir vous adapter avec souplesse aux circonstances.

Si vous décidez brusquement d'aller rendre votre justice, soyez équitable,compréhensif et tolérant. Sachez vous adapter aux circonstances. Soyez accommodant et, s'il ne s'est rien passé de grave, pardonnez !

N'hésitez pas à passer d'une attitude un peu sévère, un peu rigide, trop brusque et impartiale à un comportement plus diplomate, plus accommodant, plus souple. En la circonstance, il faut que vous sachiez faire habilement cette transition.

Même si vous êtes sûr de vos droits et de vos prérogatives, sachez vous adapter aux circonstances, vous accommoder d'échanges de vues et trouvez, si nécessaire, les arrangements opportuns, les compromis utiles à votre situation.

Même si vous êtes sûr de vos droits et de vos décisions, soyez moins rigide et plus souple dans le maniement de votre avoir, plus disponible aux transactions, aux échanges, aux opportunités.

8 15

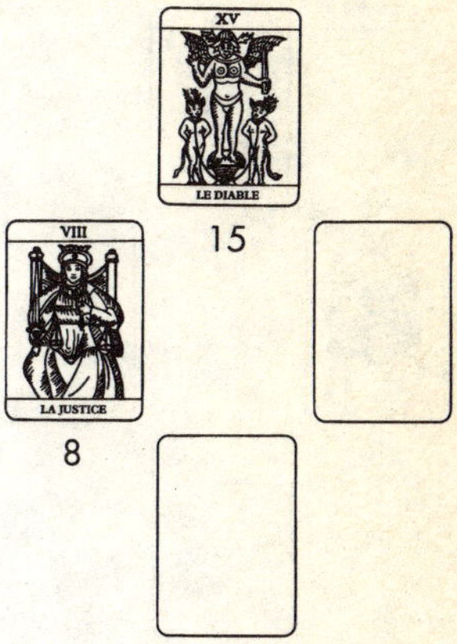

Il faut vous imposer une sévère discipline pour éviter les excès et les risques qu'ils entraînent. En cas de maladie, vous allez sans doute utiliser les grands moyens : traitement très rigoureux, régime strict, intervention chirurgicale.

Vous faites peut-être preuve d'une certaine sévérité morale dans vos relations affectives : mais êtes-vous vous même aussi pur dans vos intentions et dur dans votre comportement que vous voulez bien le laisser paraître ? Si oui, alors faites clairement ce que votre conscience vous dicte de faire.

Si vous pensez faire preuve d'une trop grande sévérité morale, dites-vous bien que c'est finalement cela actuellement qui maintient l'équilibre de votre situation. L'exercice du pouvoir, même au sein de sa famille, repose toujours sur des règles et sur des principes.

Soyez juste mais impartial dans l'exercice de vos responsabilités et soyez scrupuleusement honnête si vous souhaitez réaliser un accord, ou un contrat qui servirait vos ambitions et pourrait s'avérer très profitable.

Toutes vos affaires d'argent dépendent actuellement de structures légales, de milieux officiels ou d'hommes de loi, peut-être parce que vous réalisez un contrat important et avantageux. Mais peut-être aussi parce que vous vous êtes mis dans votre tort et que vous êtes en train de le payer.

SITUATION ACTUELLE

8 16

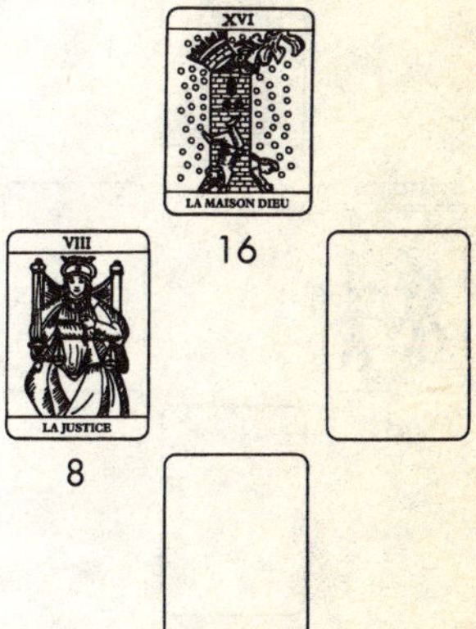

Soyez résolu à écarter tout ce qui serait susceptible de vous destabiliser, de remettre en cause votre équilibre et vous parviendrez ainsi, quoi qu'il arrive, à préserver votre bien-être vital.

Soyez résolu à trancher, à prendre des décisions bouleversantes mais salutaires, à remettre rigoureusement en cause ce qui doit l'être, à rompre si vous n'avez plus d'autre choix possible.

Prenez de sages résolutions, faites des choix judicieux, soyez sélectif et inflexible dans vos décisions, et vous saurez alors faire face aux éventuels bouleversements qui pourraient intervenir dans votre situation ou aller jusqu'au point de rupture si besoin est.

Soyez exigeant et intransigeant dans vos résolutions, dans les choix difficiles et judicieux que vous faites. Vous pourrez ainsi débloquer ou libérer votre situation de ce qui l'entrave ou, sinon éviter une crise, du moins la contrôler et la contenir.

Préservez l'équilibre de votre situation en vous appliquant à faire des choix judicieux et libérateurs, à prendre des décisions restrictives mais salutaires.

SITUATION ACTUELLE

8 | 17

Vous avez un excellent équilibre vital, vous êtes plein de ressources et vous ne restez pas les deux pieds dans le même sabot. Vous pouvez donc agir ou réaliser ce que vous espérez.

En faisant preuve d'équité, d'honnêteté et d'une attitude en tout point équilibrée, vous pouvez, par votre seule volonté, obtenir ce que vous espérez, voir vos désirs et vos aspirations devenir réalité.

Votre volonté, vos efforts pour réaliser ce à quoi vous aspirez ou ce que vous espérez reposent sur votre équilibre naturel ou sur une situation fiable, stable, sérieuse. Toutes vos actions ont donc toutes les chances d'aboutir à leur juste conclusion.

Soyez ferme et rigoureux dans vos efforts pour réussir à réaliser quelque chose de neuf qui corresponde à vos aspirations, qui réponde à vos espérances. C'est à cette condition formelle que, les circonstances aidant, vous aboutirez.

Imposez-vous une ligne de conduite et tenez-vous y fermement. C'est à cette condition formelle que, les circonstances aidant, vous réussirez à concrétiser vos espérances.

SITUATION ACTUELLE

8 | 18

Votre équilibre, votre sérieux et votre discipline peuvent vous permettre de résoudre tous les problèmes de santé que vous pourriez rencontrer.

Si vous devez faire face à une situation confuse, conflictuelle, comportez-vous avec la plus extrême rigueur et posez-vous alors comme justiciable pour éliminer tous les problèmes qui se feraient jour et se poseraient à vous.

Quels que soient les problèmes, les conflits, les ennuis qui président à l'heure actuelle à votre situation familiale, vous avez suffisamment d'équilibre et de rigueur pour y faire face, et les résoudre comme il se doit.

Si vous n'avez d'autre choix, faites intervenir les éléments justiciables qui sauront résoudre vos problèmes, défendre votre cause et vos droits. Sinon votre droiture et votre scrupuleuse intégrité vous autorisent à faire front au trouble, à la confusion de votre situation.

Soyez scrupuleusement honnête, rigoureux et strict en ce qui concerne votre situation et, si vous avez quelque problème que ce soit, vous parviendrez alors à y faire face et à le résoudre.

8 **19**

Votre équilibre naturel vous rend prudent et juste dans votre comportement et vous permet ainsi de vous trouver en accord avec vous-même, avec votre entourage et de profiter sérieusement de votre bien-être vital.

En vous appuyant sur votre équilibre et votre prudence naturels, vous trouvez, avec le temps, l'harmonie relationnelle et affective, l'union sincère à laquelle vous aspirez.

Vos jugements sont justes, précis, prudents. Ils éclairent ainsi votre situation dans un sens positif et favorisent l'épanouissement de vos liens familiaux.

En vous appliquant à demeurer scrupuleusement honnête, rigoureusement fidèle à vos engagements, cohérent dans vos jugements et dans votre comportement, vous trouvez l'accord que vous recherchez et vous obtenez le succès que vous méritez.

Soyez prudent, juste et précis, cohérent dans vos jugements et vous obtiendrez toutes les clarifications, tous les accords utiles à l'équilibre et au succès de votre situation.

SITUATION ACTUELLE

8 **20**

Votre équilibre naturel favorise votre évolution et vous permet de connaître un renouveau ou d'obtenir un prompt rétablissement en cas de maladie.

Votre droiture, votre honnêteté et votre fidélité favorisent l'évolution de votre situation et vous permettent de connaître un véritable renouveau, une véritable renaissance dans votre vie affective.

Votre situation évolue d'une manière stable et équilibrée, et favorise l'avènement d'un renouveau, d'un changement positif, d'une réhabilitation ou d'une reconsidération totalement justifiée.

Une décision juste, rigoureuse, équitable permet à votre situation d'évoluer rapidement vers un renouveau, de connaître une réhabilitation ou un changement très positif.

Votre situation semble stable, rigoureuse et équilibrée et cela favorise son évolution dans le sens du renouveau ou vous permet de répondre favorablement aux propositions qui vous sont faites en vue d'un changement profitable.

SITUATION ACTUELLE

8 21

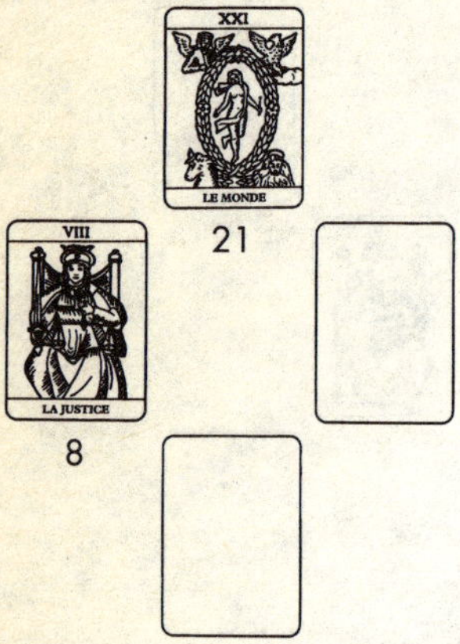

Vous faites preuve d'une excellente maîtrise de vous-même et de votre équilibre. Cela vous permet de vous épanouir pleinement en vous ouvrant toutes sortes d'horizons.

Votre loyauté fondamentale, votre force morale et l'authenticité de vos sentiments vous assurent de connaître un total accomplissement dans votre vie affective.

Votre loyauté, votre intégrité et votre probité vous permettent de dominer en douceur mais avec assurance votre situation familiale, et de connaître ainsi une certaine plénitude, un indéniable épanouissement en ce domaine.

Votre probité, votre intégrité, votre force morale et votre confiance tranquille en votre situation, en vous-même et en vos moyens vous permettent de réaliser une expansion importante, d'étendre le secteur de vos activités ou d'élargir votre champ d'actions.

Votre situation a priori saine et stable, vous incite à rassembler tous vos moyens et tous vos efforts, et vous autorise à agir concrètement et rigoureusement dans la perspective d'une expansion.

SITUATION ACTUELLE

8 22

Votre bon équilibre vous autorise à partir ou à vous mettre en quête d'aventures sans que vous risquiez de sombrer dans l'égarement ou dans l'agitation.

Votre raison vous dicte d'éviter de vous comporter d'une manière impulsive et irréfléchie : en fonction des circonstances, demandez-vous si vous avez tort ou raison de vous protéger avec autant de rigueur, d'autant plus qu'une intervention extérieure risque de perturber subitement votre situation.

Sûr de vos droits, de votre bonne foi, vous partez ou vous êtes tenté de partir sur un coup de tête, sans transition pour rendre justice ou trouver ailleurs votre équilibre, ou bien l'arrivée ou le départ d'une personne de votre entourage perturbe l'équilibre de votre situation sans la remettre en cause.

L'équilibre de votre situation favorise un départ, un déplacement, une démarche pour faire valoir vos droits, obtenir ou réaliser un arbitrage, ou vous permet de changer de lieu de travail ou de secteur d'activités.

Sûr de l'équilibre de votre situation, de votre honnêteté, n'hésitez pas à faire valoir vos droits ou à réaliser une transition souhaitable et rapide.

SITUATION ACTUELLE

9 1

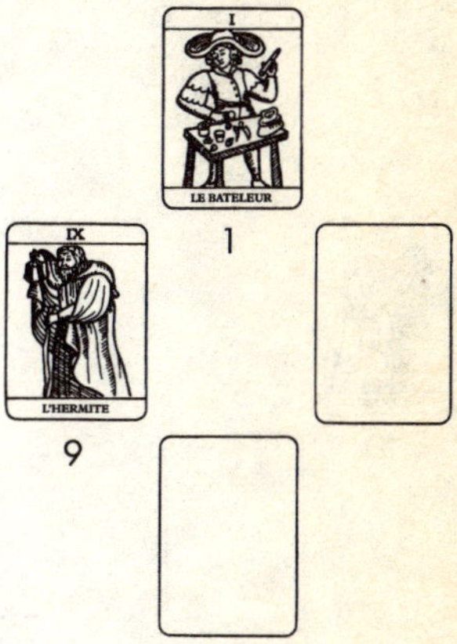

Votre prudence, votre ténacité et votre sérieux vous permettent d'évoluer tranquillement, et de faire preuve d'initiative et d'habileté au bon moment si besoin est.

Une prise de conscience ou un repli sur vous-même vous permet de faire évoluer votre situation et de pouvoir prendre d'heureuses initiatives.

Vous découvrez ou vous prenez conscience d'un fait nouveau qui apporte un plus à votre situation et lui permet d'évoluer doucement mais sûrement vers de nouvelles initiatives et de nouveaux projets.

Patience et longueur de temps, prudence et ténacité vous permettent de faire avancer vos projets, de découvrir la meilleure façon d'utiliser vos talents, de bien réfléchir à l'art et à la manière de savoir imposer vos initiatives et vos ambitions.

$ Soyez prudent et réaliste en ce qui concerne vos finances, et même si des possibilités nouvelles s'offrent à vous, ne prenez pas d'initiatives à la légère.

SITUATION ACTUELLE

9 2

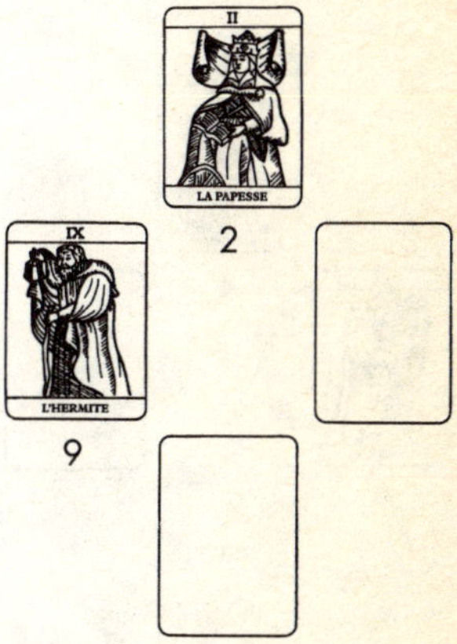

Vous êtes prudent, confiant en vous-même et en vos moyens : vous savez aller de l'avant quand c'est possible et attendre, réfléchir quand il le faut. Une telle sagesse dans votre comportement ne peut être que positive et vous assure de la préservation de votre équilibre et de votre santé.

Il s'agit pour vous d'agir avec prudence pour révéler en douceur mais avec fermeté tout ce qui doit l'être, pour lever le voile ou savoir très précisément de quoi il retourne, et vous seul pouvez le savoir.

Vos investigations et vos recherches sont récompensées, mais soyez prudent quant à l'usage que vous faites de vos découvertes si vous voulez préserver la stabilité de votre situation.

Vous prenez beaucoup de précautions et vous étudiez avec prudence, méthode et réalisme la question qui vous intéresse. Vous êtes donc au stade de l'étude et pas encore à celui du passage à l'action, mais vous avez sans doute raison en la circonstance d'approfondir et de prendre votre temps.

$ Étudiez à fond et avec réalisme votre situation et sachez la maintenir prudemment au stade où elle en est, en travaillant patiemment et sérieusement pour qu'elle progresse.

SITUATION ACTUELLE

9 3

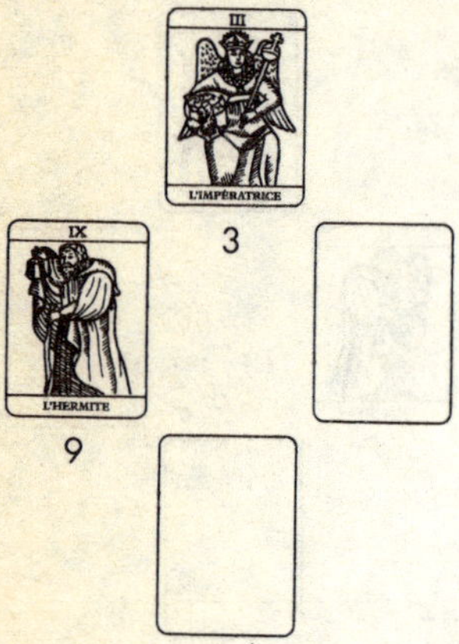

Vous êtes seul à pouvoir comprendre et faire ce qui doit être fait pour sortir de cette situation contraignante, isolante et pénible.

Vous êtes contraint à réfléchir vraiment à ce que sont vos sentiments, à ce qu'est votre situation ; à prendre conscience de vos faiblesses, de votre attachement à une personne qui vous est chère.

Vous cherchez les moyens de vous sortir de votre situation ou d'agir d'une manière plus autonome, mais vous vous sentez isolé, sans aide, sans appui. Ne comptez donc que sur vous-même.

Vous êtes contraint à l'étude, à la réflexion, au travail précis et patient mais c'est de cette manière un peu restrictive, il est vrai, que vous parvenez à produire ou à matérialiser ce qui vous tient à cœur.

Quoique votre situation soit bonne, vous êtes encore contraint à prendre certaines précautions pour pouvoir assumer avec prudence et circonspection vos obligations.

SITUATION ACTUELLE

9 4

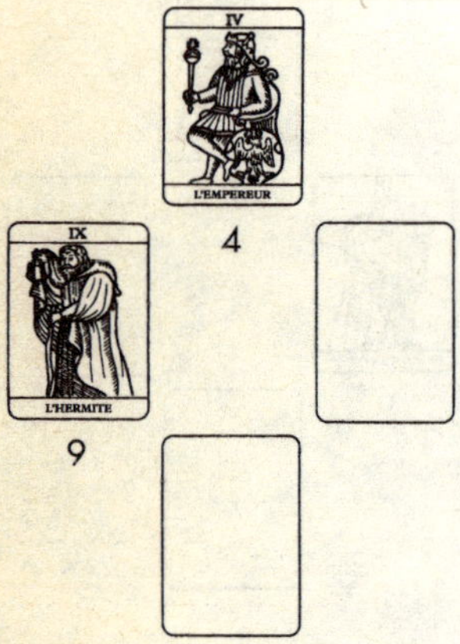

Vous vous rendez compte qu'il est vital d'agir, de chasser vos doutes, et d'adopter une attitude ferme et constructive pour éliminer ce qui doit l'être ou opérer un changement important.

Vous prenez conscience du fait qu'il faut mettre fin à une situation, qu'il faut vous éloigner d'une personne ou qu'il faut opérer un changement nécessaire et radical dans votre vie affective.

Vous ne prenez pas vos décisions à la légère, vous prenez, au contraire, votre temps et des précautions pour y réfléchir, mais lorsque vous vous êtes déterminé, vous n'y revenez pas.

Vous réalisez qu'un changement est nécessaire et indispensable à l'évolution lente mais constructive de votre situation et que, bien que difficile, celui-ci est en fait très profitable.

Après une phase de doute, et de réflexion, vous aurez la certitude qu'il est nécessaire d'opérer un changement dans votre situation actuelle, si vous voulez voir un peu plus loin que votre horizon habituel.

SITUATION ACTUELLE

9 5

C'est après mûre réflexion et de multiples précautions que vous faites ce que votre devoir vous dicte de faire. Alors que voulez-vous qu'il vous arrive, si vous faites preuve d'une telle sagesse ?

Vous agissez avec prudence, souplesse et discrétion pour trouver les arrangements, les compromis utiles à la stabilité de votre situation affective.

Vous prenez toutes les précautions d'usage, vous réfléchissez largement à la question avant de trouver les arrangements qui vous permettraient d'obtenir l'accord ou l'approbation dont vous avez besoin.

Vous recherchez prudemment et sans relâche les arrangements opportuns, les compromis nécessaires à la réalisation d'un accord ou à l'obtention d'une autorisation dont vous auriez besoin pour pouvoir atteindre un objectif à long terme utile à votre situation.

Sachez vous arranger de votre situation actuelle, et trouvez les solutions opportunes qui assureront sa fiabilité et sa stabilité à plus long terme.

SITUATION ACTUELLE

9 6

Même si vous êtes très conscient de vos excès, de votre état de surexcitation, vous avez du mal à résister aux tentations, à vous contenir. Vous êtes au bout du compte, seul à pouvoir décider de ce qui peut être ou non la bonne attitude à adopter en la circonstance.

Vous vous découvrez une passion ou vous prenez conscience de votre situation passionnelle, mais, malgré votre lucidité, vous ne pouvez pas réfréner vos élans impulsifs, vos relations excessives, votre comportement exclusif.

Vous vous appliquez à faire des choix ambitieux, à prendre des décisions audacieuses et malgré votre expérience ou votre maturité, vous ne pouvez vous empêcher de vous comporter avec passion.

Vous travaillez avec un mélange de prudence, de ténacité et d'ardeur pour faire des choix importants, faire aboutir un ou des accords importants, prendre des décisions essentielles ou pour pouvoir atteindre des objectifs ambitieux.

Vous concentrez tous vos efforts, toute votre énergie physique et mentale à la recherche concrète de l'équilibre de votre situation, laquelle, il est vrai, est actuellement un peu désordonnée mais riche en possibilités.

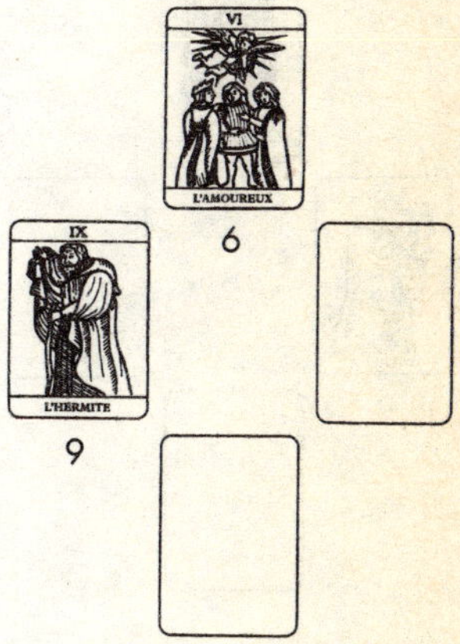

SITUATION ACTUELLE

9 | 7

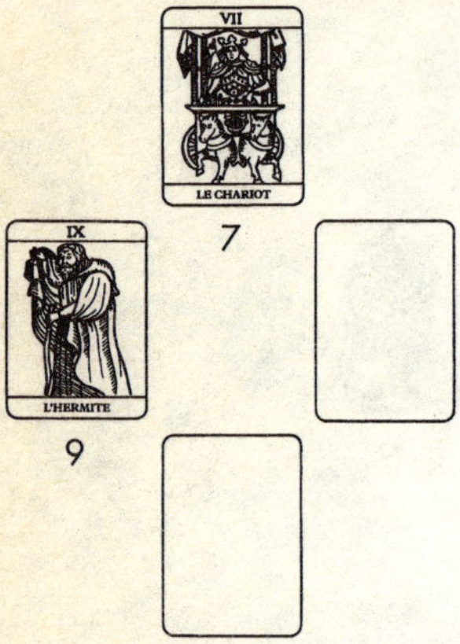

Votre prudence et votre expérience personnelle vous mettent à l'abri des risques, ou bien une soudaine prise de conscience vous assure de pouvoir agir de manière efficace et salutaire.

Vous prenez conscience de la nécessité, ou vous recherchez les moyens de provoquer une brusque et salutaire remise en question de votre situation, ou bien malgré votre vigilance, vous ne pourrez éviter un bouleversement ou une crise qui, de toute façon, vous fera progresser.

Vous apprenez ou vous découvrez une nouvelle bouleversante ; soyez donc vigilant et faites des efforts pour contenir ses répercussions, si elle est plutôt négative. Sinon elle vous donnera les moyens de libérer et de faire progresser votre situation. Dans les deux cas, de toute façon, elle aura un effet salutaire.

Vos investigations, vos recherches, vos découvertes personnelles vont vous permettre de faire un brusque bond en avant, de déclencher une crise salutaire, de provoquer un bouleversement qui sera le facteur d'un réel progrès : vous pourrez ainsi atteindre votre objectif !

$ Vous prenez beaucoup de précautions, vous êtes réaliste et prudent, et puis, soudain, vous allez avoir la bonne inspiration qui vous permettra de faire progresser à coup sûr votre situation.

SITUATION ACTUELLE

9 | 8

Vous faites un retour aux sources ou en vous-même, vous prenez conscience de beaucoup de choses nouvelles et importantes pour vous, et cela vous permet de renouveler les bases profondes de votre équilibre physique et moral.

Vous vous révélez à vous-même la nature authentique de vos sentiments ou bien vous êtes à la recherche de sentiments nouveaux, vrais, sincères, mais vos exigences, votre sévérité morale, votre distanciation vous empêchent sans doute d'être pleinement satisfait en ce domaine.

Vous recherchez tous les éléments nouveaux qui pourraient servir ou favoriser l'équilibre de votre situation et vous ne manquez pas d'inspiration pour ce faire.

Soyez prudent et réaliste dans vos recherches, dans vos investigations, dans vos découvertes, dans vos trouvailles, et dans l'application que vous seriez tenté de faire d'idées originales ou novatrices et qui pourraient servir ou renouveler l'équilibre de votre situation.

$ Vous recherchez prudemment et patiemment les éléments nouveaux, les bonnes idées qui peuvent servir l'évolution lente mais sûre de vos ressources et l'équilibre de votre situation.

SITUATION ACTUELLE

9 | 10

Vous agissez avec prudence et sagesse pour clarifier votre situation, pour faire en sorte de savoir tout ce que vous avez à savoir et pour qu'ainsi vous puissiez vous sentir toujours bien dans votre peau et dans votre environnement.

Vous prenez conscience de la valeur réelle de vos sentiments et du bonheur de votre situation, et cette heureuse révélation fait positivement évoluer votre situation. Si vous êtes seul, vous n'allez pas le rester longtemps.

Les révélations qui sont faites au sein de votre milieu familial apportent des clarifications et une évolution très positive. N'hésitez donc pas à mettre en lumière tout ce qui nécessite de l'être.

La prudence, l'expérience, le réalisme sont mis au service d'un accord parfait, d'une association idéale qui favorise l'évolution constante de votre situation, ou bien c'est vous seul, par votre ténacité et votre clarté de jugement qui avez pouvoir sur l'évolution positive de votre situation.

En étant conscient de vos moyens, de vos possibilités, en ne laissant rien au hasard et en ne perdant jamais de vue vos objectifs à long terme, vous pourrez prudemment et précisement faire évoluer votre situation.

SITUATION ACTUELLE

9 | 11

Vous vous appliquez très consciencieusement, très précisement à retrouver votre forme, votre énergie physique et morale, et vous allez sans aucun doute y parvenir.

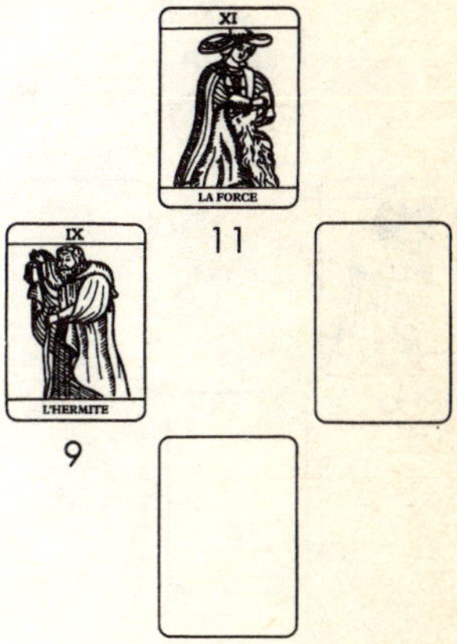

Vous ressentez la nécessité d'un renouveau dans votre vie affective qui serait soit de ne plus vous sentir seul, soit de retrouver une certaine pureté, une certaine innocence dans le vécu de vos sentiments, soit encore de pardonner ou de vous faire pardonner en cas de conflit affectif.

Votre situation semble entièrement reposer sur vous, sur votre sagesse, sur votre expérience. Si vous avez des révélations à faire ou des questions à approfondir dans la perspective d'un renouveau ou d'une reconsidération, vous pouvez agir en toute confiance.

Doucement mais sûrement votre travail devient constructif, et votre situation s'établit même si vous agissez ou si vous vous comportez en solitaire. Et pourtant il est indéniable que vous êtes en quête d'un renouveau, d'un changement positif.

Ne craignez pas de prendre trop de précautions quand il s'agit de renflouer vos affaires ou de remettre en cause d'une manière positive votre situation. Cela ne vous en donnera que plus d'assurance et de certitudes pour l'avenir.

SITUATION ACTUELLE

9 12

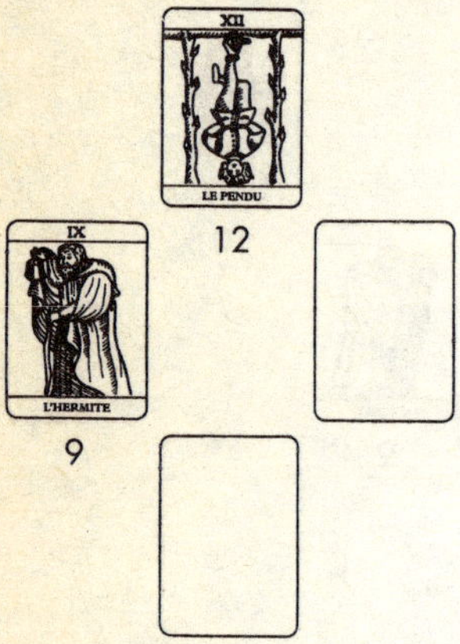

Cherchez et vous trouverez sans doute les moyens ou les solutions qui vous permettront de vous délivrer de certaines contraintes, d'une situation figée ou d'un état de faiblesse physique et morale.

Cherchez à rassembler tous vos moyens, toutes vos qualités, toutes vos richesses intérieures, bref, tout ce qui peut être un facteur de libération et d'épanouissement de vos sentiments et qui peut vous permettre de vous abandonner totalement à votre réceptivité, à votre idéal.

Trouvez des solutions idéales, n'hésitez pas à voir loin, à élargir votre horizon habituel ; vous parviendrez ainsi peu à peu à satisfaire vos aspirations élevées, à accomplir vos vœux.

Vous avez des vues très vastes et des objectifs ambitieux à longue échéance en ce qui concerne votre situation. Vous pouvez effectivement les atteindre à la condition de trouver des solutions très précises, très réalistes pour la rendre plus solide et moins dépendante.

Vous devez savoir très précisément ce qui bloque votre situation à l'heure actuelle et faire une habile synthèse des éléments qui sont en cause pour trouver des solutions réalistes.

SITUATION ACTUELLE

9 13

Vous passez très rapidement de la pensée à l'acte pour mettre fin à une situation, opérer un changement, une transformation essentielle et vitale pour vous.

Vous prenez conscience de la nécessité ou de la fatalité d'un changement essentiel et radical dans votre vie affective, et vous trouvez les moyens d'agir vite en ce sens.

Vous apprenez, vous découvrez ou vous comprenez qu'un changement radical est nécessaire dans votre situation actuelle. Alors faites tout ce qu'il faut pour qu'il se produise le plus tôt possible.

Il est fatal qu'un changement radical, qu'une transformation profonde se produisent dans votre situation actuelle, et vous en êtes d'autant moins dupe que vous étudiez sérieusement et stoïquement les solutions les mieux adaptées et les plus efficaces pour ce faire.

Le changement qui se produit actuellement dans votre situation peut avoir deux causes : l'une positive, à savoir celle d'un profit que vous faites et que vous aviez prémédité depuis longtemps ; l'autre négative, à savoir celle d'une perte, d'un arrêt de vos ressources ou de vos gains.

SITUATION ACTUELLE

9 | 14

Quoique très prudent et très conscient de vos responsabilités et de votre devoir, vous n'en bénéficiez pas moins d'un grand pouvoir d'adaptation, d'une certaine souplesse physique et morale peu apparente, mais réelle.

Appliquez-vous consciencieusement à trouver un arrangement, à adopter une attitude plus souple et mieux adaptée aux circonstances, en vous inspirant de ce que votre devoir vous dicte de faire.

Conscient de votre devoir et de vos responsabilités, sachez faire les bonnes concessions, trouvez les compromis et les arrangements qui rendent votre situation fiable, sereine et mieux adaptée aux circonstances.

Appliquez-vous consciencieusement et méthodiquement à trouver les arrangements opportuns, les compromis intelligents qui seraient utiles à votre situation et qui vous permettraient ainsi de mieux savoir vous adapter aux circonstances.

Restez conscient de votre devoir et de vos responsabilités quoi qu'il arrive, mais soyez ouvert aux opportunités, aux arrangements qui vous seraient proposés et qui vous permettraient de mieux adapter votre situation aux circonstances actuelles.

SITUATION ACTUELLE

9 | 15

Vous ne pouvez pas être dupe de vous-même et, malgré votre volonté de prudence et de sagesse, vous savez que vous avez bien du mal à résister aux tentations, aux excès, aux débordements : vous êtes donc totalement libre et responsable de vos choix et de vos actes.

La tentation est grande pour vous de vous laisser aller à vivre une situation trouble et passionnelle. C'est de toute façon à vous seul de savoir et de décider si elle correspond vraiment à ce que vous recherchez.

Malgré votre prudence et votre circonspection, vous ne parvenez pas à vous abstraire du climat de trouble et de surexcitation qui régne dans votre milieu familial. Il est sûr que ce n'est pas le climat idéal pour faire les choix ou prendre les décisions qui s'imposent à vous actuellement.

Ne vous laissez pas déborder par le climat trouble, agité, désordonné qui régnerait autour de vous actuellement et appliquez-vous à trouver des solutions, des accords, à faire des choix, à prendre des décisions mûrement réfléchies, prudentes et réalistes qui rendraient votre situation plus avantageuse.

Soyez précis, vigilant et réaliste dans vos choix et dans vos décisions, et ne vous laissez pas tenter par des solutions excessives ou au-dessus de vos moyens.

SITUATION ACTUELLE

9 | 16

Vous savez très exactement ce que vous avez à faire pour vous détourner ou vous débarrasser résolument de ce qui vous gêne, vous retient ou vous rend mal à l'aise, ou bien, malgré votre prudence, prenez garde aux risques d'accident ou de brusque déstabilisation de votre équilibre vital.

Vous réalisez qu'il est inévitable et indispensable de provoquer un bouleversement dans votre situation affective, et vous déployez actuellement vos efforts et votre volonté pour qu'il en soit ainsi.

Vous découvrez un fait ou vous apprenez une nouvelle qui débloque, bouleverse ou libère votre situation, à moins que vous ne soyez vous-même l'instigateur de cette remise en question à cause des révélations que vous faites ou d'une prise de conscience personnelle.

Trouvez des solutions précises, réalistes et déployez vos efforts pour débloquer positivement votre situation, provoquer un bouleversement salutaire et vous verrez que cette brusque remise en question dont vous avez su prendre conscience, sera, au bout du compte, un facteur de progrès.

Ne soyez pas dupe des remises en question qui pourraient être utiles à l'évolution à long terme de votre situation, ou bien, détournez-vous avec prudence et réalisme des entreprises périlleuses.

SITUATION ACTUELLE

9 | 17

C'est votre réceptivité qui vous permet de trouver votre équilibre et c'est grâce à elle que vous savez être prudent, attentif, et très conscient de vos possibilités et de vos limites.

Curieusement, votre comportement prudent, sélectif et exigeant, s'il vous rend au fond assez solitaire, ne vous en permet pas moins d'être réceptif à ce qui se passe autour de vous et très attentif à la nature réelle et profonde de vos sentiments.

Votre prudence et votre sagesse naturelles vous permettent avec le temps de trouver l'équilibre auquel vous aspirez, et de vous abandonner à une situation harmonieuse en laquelle, cependant, vous n'êtes pas très démonstratif.

Vous faites une découverte intéressante ou bien vous concentrez toute votre attention, toute votre rigueur, toutes vos recherches à l'étude ou à la conception de quelque chose de neuf, d'une idée originale ou d'une création.

Vous prenez beaucoup de précautions et vous avez le souci constant de ne rien laisser au hasard. Cela vous permet de bien gérer vos ressources, d'être très conscient de vos moyens, mais limite peut-être votre situation.

SITUATION ACTUELLE

9 | 18

Vous savez très bien ce qui ne va pas, mais il ne suffit pas de le savoir. Encore faut-il agir ou réagir en conséquence. Vous savez donc maintenant ce qu'il vous reste à faire si vous voulez résoudre vos problèmes.

Soit vous êtes seul et cette solitude dont vous ne voyez pas la fin vous angoisse, soit vous vous rendez compte de tout ce qui ne va pas dans votre vie affective. Mais dans les deux cas, un constat ne suffit pas. Il serait temps pour vous de vous imposer une réelle prise de conscience.

Vous êtes très conscient des problèmes qu'il y a chez vous actuellement, et vous tentez de trouver des solutions prudentes et réalistes. Mais devant une situation aussi confuse, vous devriez peut-être agir ou réagir plus activement et plus fermement au risque de vous retrouver submergé.

Vous risquez de connaître une déception dans votre travail, de découvrir des choses qui vont vous déplaire ou qui ne vont pas vous faire plaisir. Ne comptez que sur vous-même pour arriver à vos fins et trouver des solutions à vos problèmes.

Vous êtes sans doute en ce moment confronté à des difficultés, mais vous êtes seul à pouvoir trouver les solutions pour en sortir. Il ne faut donc compter que sur vous-même !

SITUATION ACTUELLE

9 | 19

Vous évoluerez doucement mais sûrement vers un réel épanouissement, vers une clarification pleine et entière de votre bien-être vital.

Vous savez discrètement mais obstinément faire évoluer votre situation et vous mesurez la valeur réelle et profonde d'une union sincère, d'une relation privilégiée que tout favorise et qui illumine votre vie affective.

Vous cherchez à obtenir une clarification totale de votre situation, et vos investigations, vos recherches solitaires et obstinées sont pleinement récompensées puisque vous arrivez assez aisément à vos fins.

Étudiez de près des solutions pour trouver un très bon accord ou réaliser prudemment et discrètement une évolution réussie, un changement remarquable dans votre situation.

Vous parvenez à une clarification pleine et entière de votre situation en trouvant des solutions qui favorisent son évolution.

SITUATION ACTUELLE

9 | 20

Vous êtes maître de vous même, pragmatique et prudent, et vous pouvez ainsi, sereinement, discrètement mais réellement, vous épanouir ou retrouver votre bien-être vital.

Vous recherchez et vous trouvez peu à peu les plus sûrs moyens de renouveler votre situation. Votre force tranquille, votre ténacité et vos convictions profondes vous assurent de parvenir à vos fins.

Vous prenez conscience d'un fait, vous découvrez quelque chose qui apportera sans aucun doute un renouveau, un changement dans votre situation qu'il vous suffira alors de contrôler prudemment et stoïquement.

Vous découvrez quelque chose d'essentiel ou vous trouvez des solutions qui répondent très exactement à vos problèmes, à vos recherches, à vos études, lesquelles susciteront sans aucun doute un renouveau, un changement, un développement dans votre situation.

Vous recherchez, sans doute, les plus sûrs moyens de répondre avec précision et réalisme aux propositions qui vous sont faites ou bien de vous rendre maître des changements appréciables et utiles au développement de votre situation.

SITUATION ACTUELLE

9 | 21

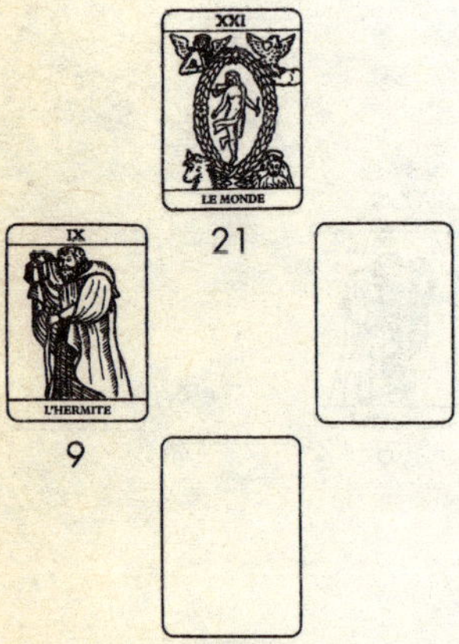

Vous êtes très réceptif, et vous bénéficiez d'un excellent instinct d'auto-défense qui rend votre vitalité saine et favorise votre épanouissement.

Vous réalisez à quel point une personne est proche de vous, si ce n'est physiquement du moins par la pensée et par le cœur ou bien vous êtes très conscient de la plénitude affective dont vous bénéficiez en ce moment.

Vous trouvez les solutions ou les éléments dont vous avez besoin pour obtenir, matérialiser, réaliser pleinement ce que vous recherchez depuis longtemps.

Vos recherches ou vos investigations dans le but de matérialiser ou de réaliser une situation profitable vont, sans aucun doute, aboutir au-delà de vos espérances ou de vos prévisions, et vous allez connaître une expansion, un élargissement de votre horizon professionnel.

Vous êtes pleinement conscient de vos moyens et de vos possibilités mais cela ne vous empêche pas d'être prudent, discret, de vous appuyer sur la vigilance et le réalisme pour atteindre vos objectifs à long terme.

SITUATION ACTUELLE

9 | 22

Peut-être vous demandez-vous à juste raison, si vous êtes en forme ou non pour partir ? Ce qu'il faut répondre à cela, c'est qu'un peu de mouvement ne vous ferait pas de mal. Sinon recherchez activement et rapidement des solutions à vos problèmes.

Une révélation, une prise de conscience ou un fait que vous découvrez vous incite à partir subitement, sans doute pour en parler à qui de droit, mais aussi pour ne plus être seul à savoir et à avoir compris.

Vous y mettez le temps, mais vous finirez par trouver les moyens de partir, de faire une transition, de déménager peut-être ou de révéler tout ce que vous savez, tout ce que vous avez compris ou découvert, et de vous libérer ainsi de ce qui vous pèse depuis un certain temps.

Vous savez très précisément ce que vous voulez ou vous allez faire des démarches pour l'obtenir ou bien, vous allez pouvoir communiquer vos révélations, transmettre vos connaissances ou votre expérience, à moins que ne s'impose à vous la nécessité et l'urgence d'une démarche ou d'un voyage en rapport avec votre travail.

$ Vous êtes très conscient de l'état actuel de votre situation et vous savez très exactement, grâce à votre expérience en la matière, ce que vous êtes en mesure d'acquérir. Vous vous appliquez donc à ne commettre aucune erreur.

SITUATION ACTUELLE

10 | 1

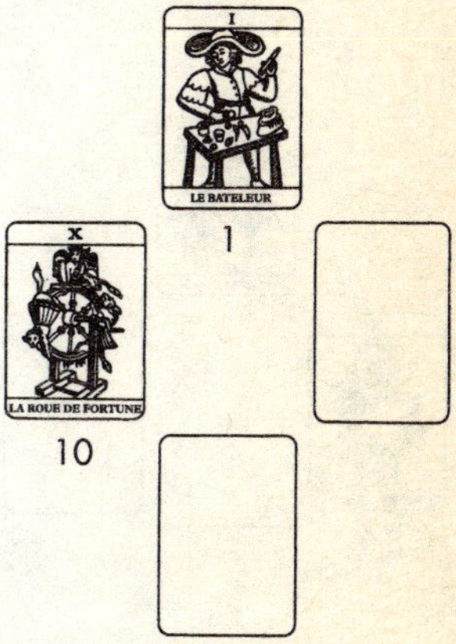

Vous évoluez vers une période très positive où vous serez en pleine possession de vos moyens et vous pourrez ainsi entreprendre, agir, dépenser votre énergie, exercer votre esprit d'initiative comme il vous plaira.

Votre situation actuelle est en voie d'évolution, et vous pouvez donc agir comme vous l'entendez pour réaliser vos projets et vos désirs, sans vous laisser emporter par le déroulement des événements.

Une domination tranquille et heureuse des événements et des circonstances qui président à votre situation, favorise les projets, les initiatives, les décisions qui seraient utiles à son évolution.

Vous avez toutes les chances de voir votre situation évoluer et se développer rapidement, et cela ne sera pas le fait du hasard. Vous pourrez donc exercer vos talents, prendre des initiatives originales et de promptes décisions.

$ Votre situation financière est en voie d'évolution et vous avez toutes les chances de pouvoir exercer votre habileté et votre esprit d'initiative pour profiter pleinement de ces circonstances très favorables. Alors n'hésitez pas à agir avec promptitude et efficacité.

SITUATION ACTUELLE

10 **2**

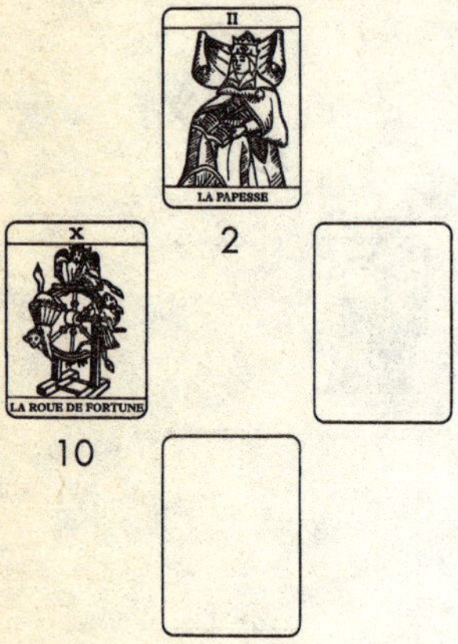

Donnez-vous les moyens de sortir naturellement de votre état de faiblesse, de laisser-aller ou d'inertie et prenez les sages précautions, les sages décisions qui s'imposent à vous.

Votre réserve, ou l'inertie d'une personne qui vous est proche bloque ou retient l'évolution normale de votre situation, et vous vous trouvez ainsi en état de faiblesse et de dépendance.

Pour que votre situation puisse suivre le cours de son évolution, il semble qu'il faille d'abord trouver les moyens de la libérer de ce qui la retient, de ce qui l'empêche de se développer naturellement.

Profitez d'un arrêt dans l'évolution de votre situation pour ana lyser les raisons de ce frein, de cet empêchement et étudiez secrètement la bonne méthode à appliquer pour vous sortir de ce regrettable état d'inertie.

Pour le moment votre situation est bloquée dans son évolution naturelle. Mais profitez-en donc pour analyser les causes de cet arrêt et sachez en tirer les conclusions qui s'imposent.

SITUATION ACTUELLE

10 **3**

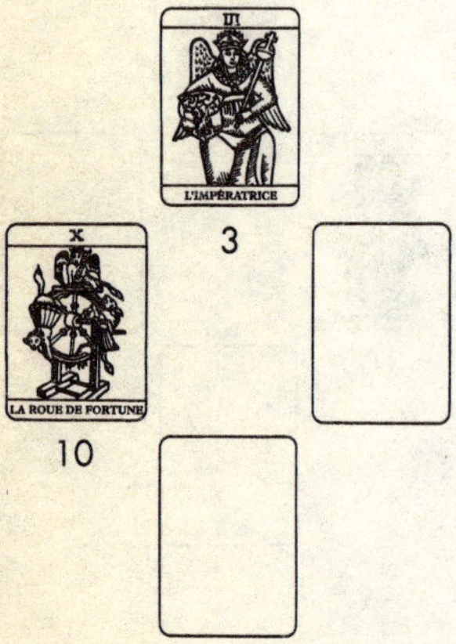

Les choses évoluent de telle sorte pour vous que vous allez connaître un changement radical et trouver ou retrouver un réel bien être vital.

Vous risquez de perdre l'affection d'une personne proche ou de connaître un changement rapide et radical dans votre vie sentimentale à cause d'une tierce personne ou grâce à elle.

Les circonstances et les événements en cours vont vous permettre de réaliser un changement radical, de mettre fin à une situation ou d'agir d'une manière très positive au sein de votre milieu familial.

Votre situation ou les événements en cours évoluent d'une manière très profitable et vous donnent ainsi l'occasion de bénéficier ou d'opérer un changement radical, fécond, riche en possibilités et en réalisations avantageuses.

L'évolution de votre situation promet d'être tout à fait avantageuse, même si pour cela elle doit connaître un quelconque changement.

SITUATION ACTUELLE

10 | 4

Vous bénéficiez d'une réelle faculté d'adaptation qui provient sans doute d'un caractère souple et d'une énergie qui sait se renouveler naturellement sans pour autant se laisser aller. Vous êtes donc maître de votre vitalité et cela vous donne un total libre arbitre.

Les circonstances et les événements en cours vous rendront plus souple, plus accommodant et vous permettront ainsi d'acquérir des certitudes quant à l'évolution réelle de votre situation.

Soyez assuré de trouver tous les accommodements, tous les arrangements qui favoriseraient l'évolution de votre situation à court ou à long terme.

L'évolution de votre situation nécessite que vous sachiez vous adapter aux circonstances, que vous trouviez des compromis intelligents et opportuns sans pour autant entamer vos prérogatives. Une telle attitude renforcera votre position.

$ Les circonstances actuelles impliquent que vous sachiez trouver des arrangements et des accommodements, lesquels vous permettront d'obtenir des certitudes quant à l'évolution de votre situation.

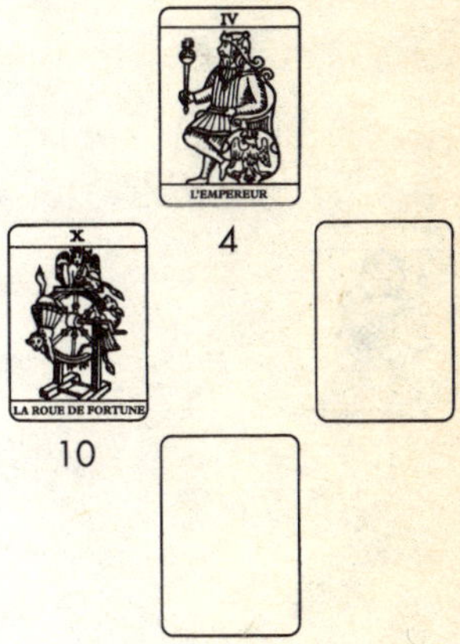

SITUATION ACTUELLE

10 | 5

Si vous continuez à laisser votre état évoluer d'une manière aussi anarchique, il faudra vous rendre à l'avis d'un médecin ou vous soumettre très rapidement à des règles plus strictes.

Vous souhaitez voir votre situation évoluer très vite, selon vos désirs, mais il n'est pas sûr que vos obligations ou vos responsabilités vous le permettent.

Attendez-vous à ce que votre situation évolue très rapidement d'une manière un peu excessive mais tout à fait avantageuse.

L'évolution rapide et avantageuse de votre situation vous permettra d'assurer votre position ou de bénéficier du soutien d'un personnage important.

$ En restant fidèle aux règles et aux obligations qui sont les vôtres ou qu'il convient de respecter, vous pourrez réaliser vos ambitions financières et faire évoluer très rapidement votre situation.

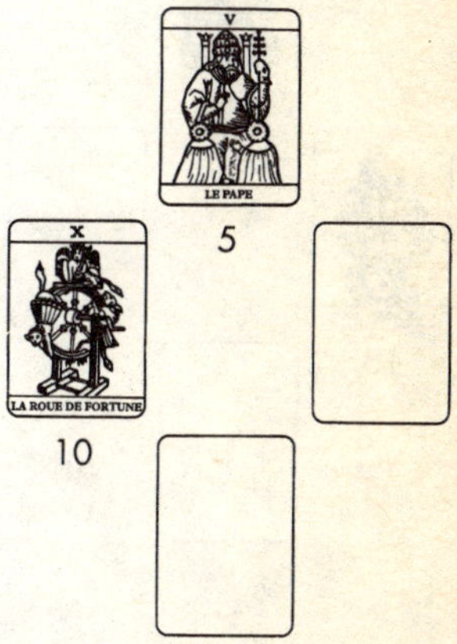

SITUATION ACTUELLE

10 | 6

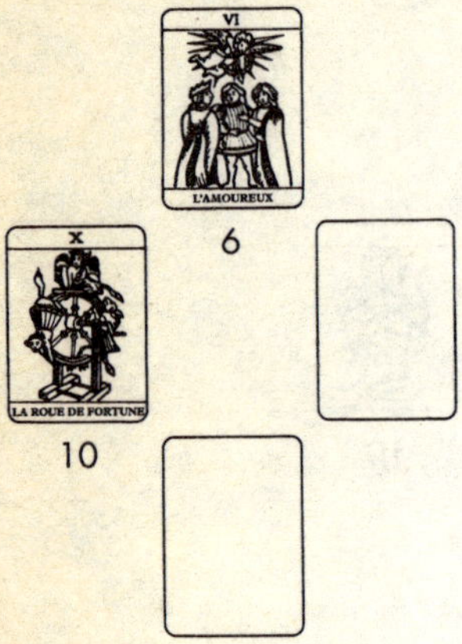

Vous pourriez bien connaître ou subir très rapidement un bouleversement, un choc qui risquerait de remettre en cause votre équilibre.

Vous allez être victime d'un bouleversement dans votre vie affective qui sera soit un coup de foudre, soit une rupture.

Vous allez connaître un brusque bouleversement dans votre situation familiale qui remettra en cause vos choix et vos décisions, qui chassera définitivement les irrésolutions et les incertitudes qui y régnaient.

Votre situation évolue inexorablement vers un point de rupture, vers une remise en question, vers un bouleversement rapide, salutaire, mais déconcertant par les choix ou les décisions qu'il vous impose de faire ou de prendre au plus vite.

Imposez-vous très rapidement des choix ou des décisions qui seraient susceptibles de débloquer ponctuellement l'évolution de votre situation.

SITUATION ACTUELLE

10 | 7

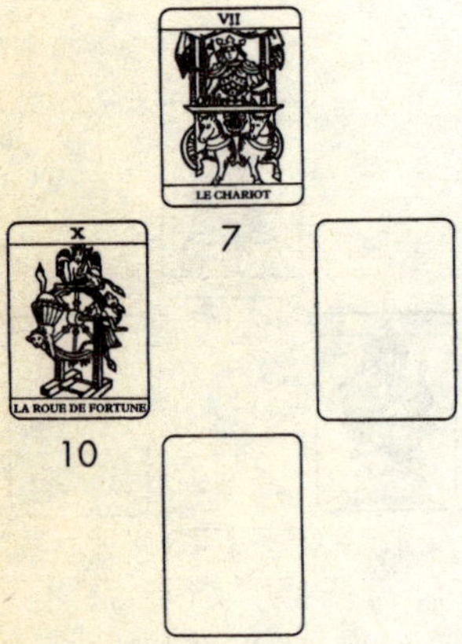

Vous êtes en pleine évolution et, qui plus est, les circonstances vous favorisent, et vous encouragent dans l'expression de votre énergie active et dans les manifestations de votre volonté.

Votre situation affective évolue sûrement vers une certaine plénitude et vous n'avez rien d'autre à faire que de vous y abandonner, si ce n'est profiter de ces circonstances heureuses pour réaliser tout ce que vous souhaitez.

Votre situation évolue de telle sorte que vous pouvez agir librement pour obtenir tout ce qui répondrait à vos espérances et à vos aspirations. Profitez donc de ces circonstances tout à fait favorables.

Profitez des circonstances tout à fait favorables qui vous sont offertes pour entreprendre, innover, créer, donner un élan neuf et généreux à votre situation, réussir dans votre travail, et aboutir dans vos efforts et dans vos progrès.

La chance, si chance il y a, est avec vous. En tout cas, les circonstances vous sont pleinement favorables et pour peu que vous sachiez en profiter et les aider, vous devriez pouvoir obtenir assez facilement ce que vous souhaitez.

SITUATION ACTUELLE

10 8

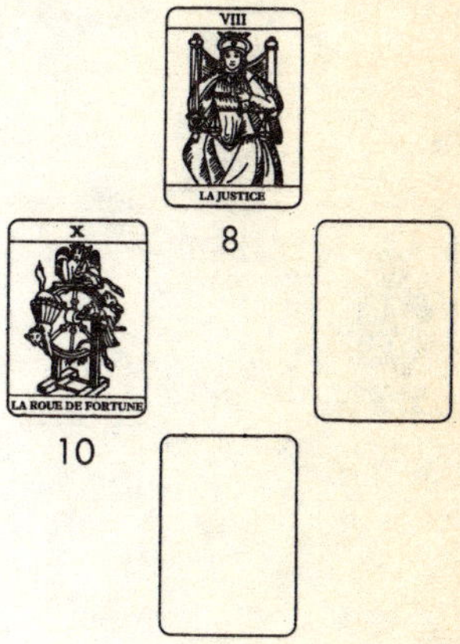

Sachez vous imposer rigueur et discipline pour éviter que votre état de santé ne dégénère, pour éviter la maladie ou les écueils de votre vitalité trouble et instable.

Une situation qui risque d'évoluer malencontreusement va vous contraindre à une certaine rigueur, à une certaine sévérité pour éviter les écueils, les déceptions ou les conflits.

Pour éviter les conflits, la confusion et les désillusions, imposez un ordre, une discipline, une rigueur à votre situation familiale et ne vous laissez pas aller à commettre quelque injustice ou à porter des jugements erronés.

Pour éviter que votre situation n'évolue d'une manière confuse, ou qu'elle ne soit victime d'illusions, de pièges ou de conflits, il faut dès à présent lui imposer une règle, un ordre, une discipline ou tout simplement la soumettre à la rigueur de la loi.

Pour éviter que votre situation n'évolue dans la confusion, sachez vous imposer dès à présent rigueur et discipline. Si vous avez commis une erreur, vous devrez en payer les conséquences.

SITUATION ACTUELLE

10 9

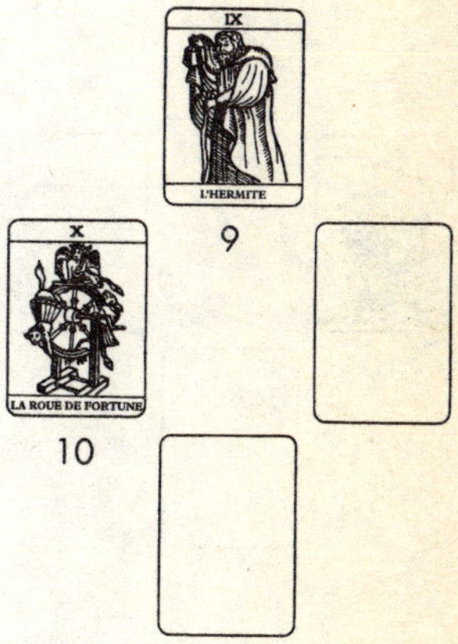

Vous obtiendrez une totale clarification de votre état de santé et vous découvrirez que tout va bien, que vous pouvez vous abandonner pleinement à votre vitalité.

Votre situation va connaître la clarification que vous recherchiez ou que vous attendiez, et vous allez pouvoir vous abandonner en confiance mais en connaissance de cause aux relations amoureuses et privilégiées qui sont les vôtres.

Vous allez pouvoir mettre fin à vos recherches et trouver exactement ce que vous recherchiez depuis longtemps. Ceci se manifestera à vous d'une manière lumineuse, mais le fait de le trouver ne sera évidemment pas dû au hasard !

Vous allez connaître une joie ou un succès personnel que vous avez bien mérité, ou obtenir pleine et entière satisfaction dans vos recherches, vos investigations ou votre activité solitaire.

Votre situation évolue d'une manière très positive, mais vous resterez très prudent, très réservé devant ce qui vous semblera a priori trop beau pour être vrai. Et pourtant...

SITUATION ACTUELLE

10 11

Vous avez la maîtrise totale de votre énergie vitale et de vos moyens. Vous pouvez donc vous épanouir et manifester votre bien-être tranquillement mais sûrement.

Votre situation évolue naturellement vers une certaine plénitude et vers ce moment privilégié où vous pourrez avoir une absolue confiance en son présent comme en son avenir.

Votre situation familiale se développe et s'épanouit dans un sens très positif.

Vous pouvez activement faire évoluer votre situation dans le sens d'une expansion, d'un élargissement de votre champ d'activités ou de votre horizon social, sans craindre de ne pouvoir dominer les circonstances.

$ Vous pouvez très bien contrôler toutes les possibilités qui vous sont offertes par votre situation et profiter au mieux de vos moyens.

SITUATION ACTUELLE

10 12

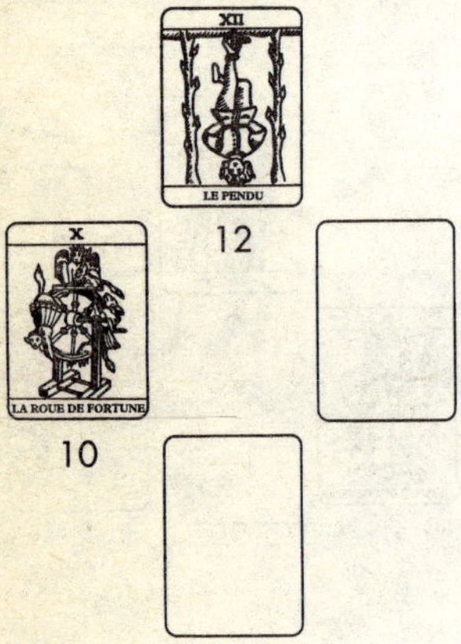

Vous êtes trop influençable, trop instable, et cela vous met en état de faiblesse physique et morale, ou bien vous souhaitez vous sortir rapidement de cet état de faiblesse mais vous êtes trop impulsif, trop dispersé pour pouvoir vous en sortir vraiment.

Vous avez envie de bouger, d'agir, de partir précipitamment, mais vous en êtes empêché par une situation figée, contraignante, et c'est d'ailleurs cette dernière qui suscite sans doute en vous ces envies de révolte et ces coups de folie !

Votre situation va se trouver freinée ou arrêtée dans son évolution naturelle malgré votre volonté de vous en sortir. Alors évitez de vous agiter inutilement. Pour le moment, il vaut mieux laisser faire. D'autre part, vous risquez de ne pas pouvoir partir comme vous l'aviez prévu.

Vous allez être brusquement arrêté dans votre élan ou bien une action irréfléchie, inopportune, erronée va finalement bloquer l'évolution de votre situation. Evitez donc les coups de tête, les actes prématurés et raisonnez-vous avant d'agir.

$ Evitez les actions irréfléchies et prématurées, les coups de tête ou la précipitation en rapport avec vos finances, sous peine de commettre des erreurs et de vous retrouver dans une situation sans issue.

SITUATION ACTUELLE

10 13

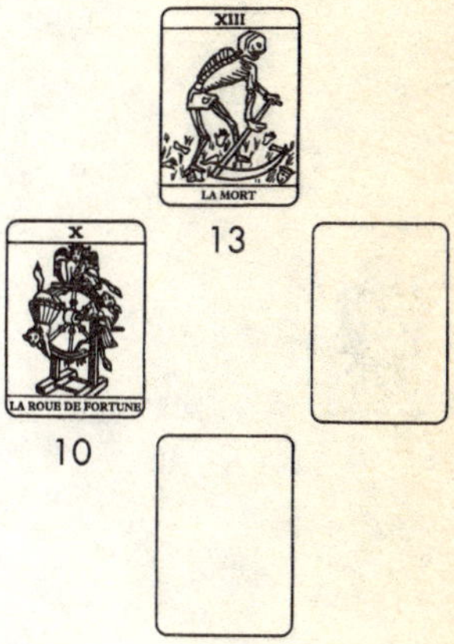

Vous vous orientez vers une plus grande stabilité, mais pour y parvenir, il faudra opérer un changement dans votre existence ou éliminer radicalement tout ce qui serait susceptible de nuire à votre équilibre vital.

Votre situation évolue de façon extrêmement logique. Cela signifie donc que tout ce qui doit être changé, résolu ou encore éliminé le sera fatalement.

Il vous faut bien admettre ou approuver la nécessité d'un changement radical utile à votre situation puisque, de toute façon, celui-ci entrera dans le déroulement logique des événements en cours.

Vous obtenez l'accord, l'autorisation ou l'appui utile à l'évolution profitable de votre situation, laquelle doit franchir l'étape d'un changement radical, d'une transformation profonde et avantageuse, ou du rejet pur et simple de tout ce qui n'entre pas dans son parcours.

Vous pouvez tirer profit d'un changement, de l'arrêt ou de la fin d'une situation, à condition de rester conscient de votre devoir et de vos obligations.

SITUATION ACTUELLE

10 14

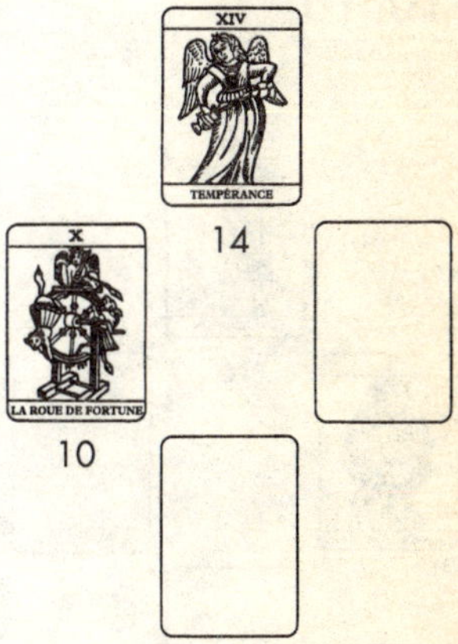

Vous pouvez vous abandonner à votre libre arbitre, à votre souplesse naturelle, et ainsi vous adapter aisément aux circonstances et aux situations les plus diverses. Mais ne confondez pas abandon et laisser-aller, adaptation et instabilité.

Vous avez tendance à vous abandonner aux circonstances, à laisser faire les choses en vous accommodant de vos relations plus qu'à vous en rendre maître, vous devez donc vous interroger quant à l'authenticité de vos sentiments, sur l'importance de vos choix et de vos décisions.

Les choses évoluent de telle sorte que vous trouverez aisément tous les accommodements et tous les arrangements utiles à l'évolution de votre situation.

Vous pouvez trouver très facilement l'accord utile à l'évolution de votre situation ou faire les choix, prendre les décisions qui s'imposent en restant ouvert aux discussions en sachant quoi qu'il arrive vous adapter aux circonstances.

A l'heure actuelle, vos choix doivent être guidés par l'évolution rapide des événements auxquels vous saurez tout simplement vous adapter.

SITUATION ACTUELLE

10 15

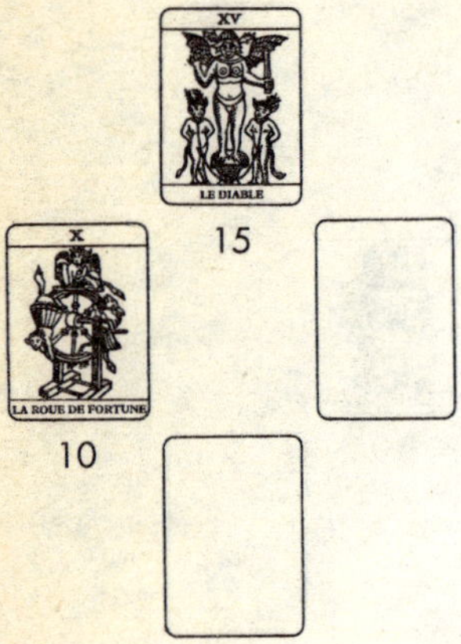

Vous êtes en pleine possession de vos moyens, et cela vous permet d'obtenir physiquement et concrètement ce que vous voulez.

Vous pouvez agir pour obtenir très rapidement ce que vous désirez, imposer votre volonté et vous rendre maître de la situation, même s'il y règne un climat passionnel.

Vous pouvez exercer votre ascendant sur les événements en cours pour réaliser très rapidement et concrètement ce que vous désirez.

Vous pouvez obtenir tous les avantages que vous désirez, forcer les circonstances et les événements en cours à évoluer dans votre sens pour aboutir dans vos entreprises et trouver une récompense rapide et remarquable à vos efforts.

Vous avez le vent en poupe et vos efforts sont largement récompensés. N'hésitez donc pas à aller de l'avant mais ne relâchez ni vos efforts ni votre emprise sur les événements.

SITUATION ACTUELLE

10 16

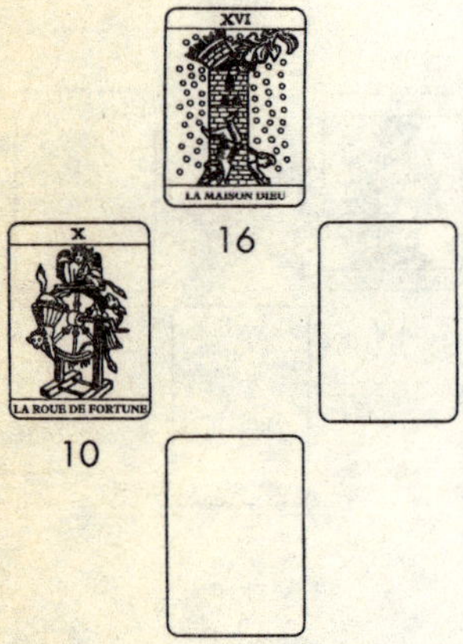

Votre équilibre et votre discipline devraient vous permettre d'éviter ou de vous préserver des risques d'accident de santé ou autres. Soyez prudent tout de même !

Vous connaissez sans doute une situation de rupture qui est déjà tranchée et sur laquelle il est donc inutile de revenir.

Votre situation connaît un bouleversement, une brusque remise en question qui était sans doute prévisible puisqu'il ou elle s'inscrit dans le déroulement logique des événements en cours depuis un certain temps. Quoi qu'il en soit, faites face avec discipline et rigueur.

Votre situation connaît un brusque revirement ou une totale remise en cause sur laquelle il est désormais inutile de revenir puisqu'elle est, semble-t-il, sans recours possible.

Vous êtes pris dans un engrenage de brusque et fatale remise en cause de votre situation, et vous êtes mis devant le fait accompli.

10 17

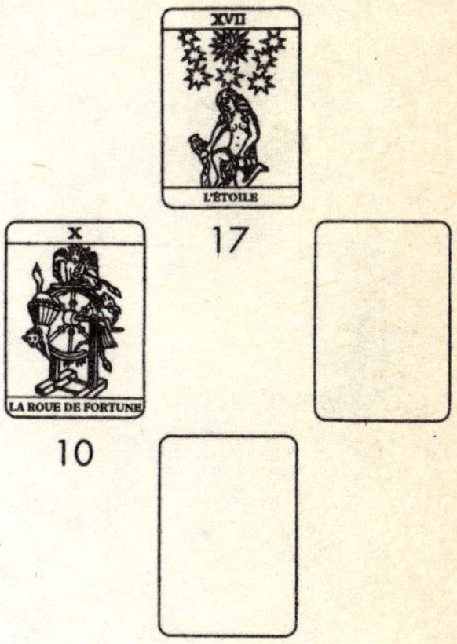

Vous entrez dans une période de calme et de tranquillité tant sur le plan moral que physique, et vous pouvez alors vous abandonner à votre réceptivité, à votre inspiration féconde.

Vous êtes en train doucement mais sûrement de prendre conscience de la valeur réelle de vos sentiments et du fait que vous allez pouvoir trouver ce que vous recherchez ou ce que vous espérez depuis longtemps.

Votre situation évolue de telle sorte que vous allez découvrir des éléments nouveaux ou connaître des circonstances bénéfiques à la réalisation de vos espérances ou de vos aspirations.

Votre patience, votre ténacité et votre réalisme permettront à votre situation d'évoluer en harmonie avec les circonstances dont vous savez discrètement mais concrètement tirer avantage.

Pour peu que vous restiez vigilant et réaliste, vous pouvez totalement profiter des circonstances nouvelles et bénéfiques à l'évolution de votre situation.

SITUATION ACTUELLE

10 18

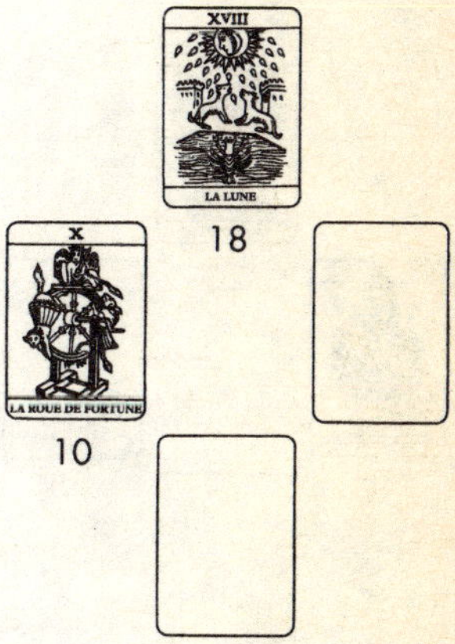

Si vous ne réagissez pas fermement, attendez-vous à connaître de sérieux problèmes de santé, à vous retrouver en état de faiblesse physique et morale.

Vous ne parvenez pas à faire évoluer votre situation parce que des problèmes non résolus se posent à vous, que les circonstances ne sont pas claires et que vous ne parvenez pas à surmonter vos difficultés, vos erreurs ou vos déceptions.

Vous allez avoir du mal à éviter les conflits, les problèmes, les déceptions dans votre situation familiale puisque, de toute façon, tout vous y conduit fatalement.

Vous ne pouvez éviter de vous heurter à des problèmes, des vicissitudes, des retards, des déceptions qui freinent l'évolution de votre situation ou qui vous entraînent dans un engrenage difficile et décevant.

Votre situation risque d'être freinée dans son évolution ou de subir des revirements à cause de certaines désillusions que vous allez connaître, des erreurs que vous avez commises ou du laxisme dont vous avez fait preuve.

SITUATION ACTUELLE

10 19

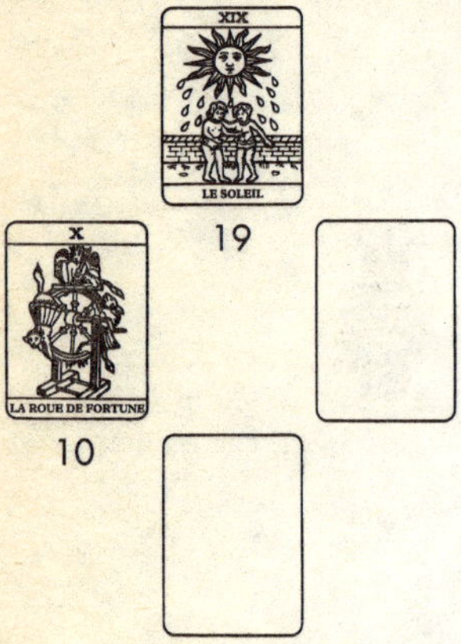

Votre force morale et votre énergie physique vous permettent de rayonner et d'être parfaitement en accord avec vous-même et avec votre environnement. Ainsi vous maîtrisez parfaitement votre évolution.

Une union sincère, des relations authentiques et privilégiées président à l'évolution bénéfique de votre situation que vous favoriserez par votre confiance en vous-même et votre force morale.

Votre force et votre pureté morales vous permettent d'obtenir tout ce que vous voulez et de dominer les circonstances favorables en tout à l'évolution heureuse de votre situation.

Votre situation évolue de telle sorte qu'un accord, (ou une association), est trouvé ou confirmé et que celui-ci est porteur de succès, de joie et de réussite.

Votre situation évolue d'une manière très positive. Il vous suffit donc de conquérir ou de maintenir vos accords ou vos succès.

SITUATION ACTUELLE

10 20

Abandonnez-vous à votre bonne intelligence, à votre compréhension instinctive et vous trouverez une prompte guérison si vous êtes malade, sinon vous saurez adopter un changement de comportement très sain et très positif.

Vous comprenez instinctivement que votre situation est en train de se diriger à coup sûr vers un renouveau et il est vrai que votre compréhension naturelle et sentimentale des choses peut l'y aider.

Vous pouvez agir avec compréhension et intelligence pour favoriser l'avènement d'un renouveau, d'une reconsidération, d'une réhabilitation ou d'un retour à la normale dans votre situation.

Procédez intelligemment et concrètement pour faire évoluer votre situation vers un renouveau intéressant ou répondre ponctuellement aux propositions de changement qui vous sont faites.

Sachez répondre ponctuellement aux propositions de changement ou de renouveau qui vous sont faites et qui peuvent être utiles à l'évolution de votre situation et s'avérer matériellement très profitables.

10 21

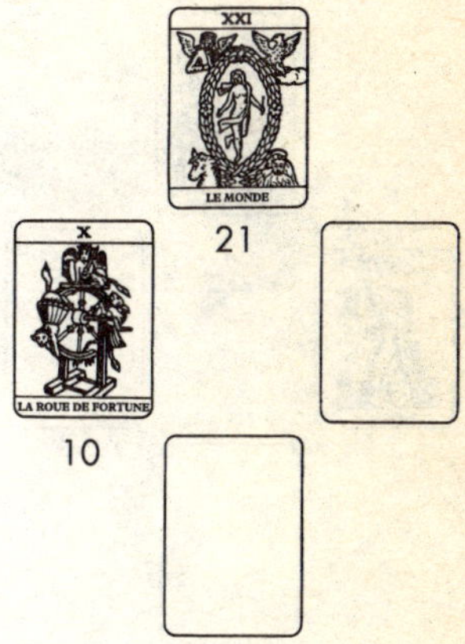

Vous connaissez certainement une période d'évolution et d'épanouissement remarquable à laquelle vous pouvez vous abandonner pleinement.

Vous pouvez avoir l'assurance que votre situation évolue d'une manière très positive et qu'ainsi votre vie affective va connaître une certaine plénitude.

Votre intelligence constructive et votre comportement protecteur favorisent l'évolution de votre situation familiale, qui est promise à un total épanouissement.

Votre travail intelligent et constructif et votre autorité vous assurent l'évolution constante de votre situation et vous permettent d'obtenir les récompenses, le succès ou la réussite que vous méritez.

$ Vous dirigez très intelligemment et très concrètement l'évolution de votre situation, vous pouvez donc avoir l'assurance d'obtenir tout ce que vous voulez.

SITUATION ACTUELLE

10 22

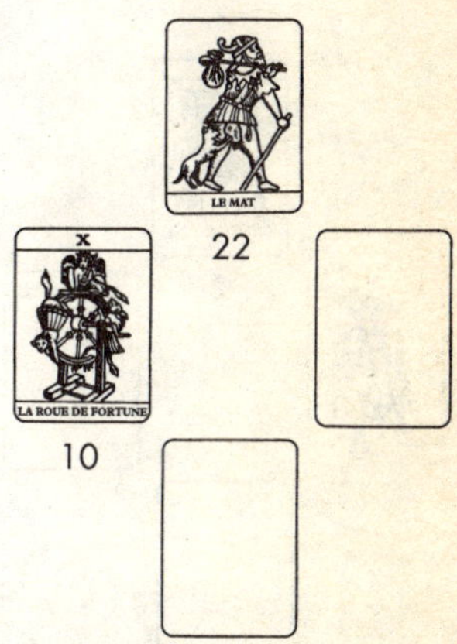

Il semble que vous soyez d'une nature plutôt instable, inconstante et impulsive, passant par des hauts et des bas et toujours en mouvement. Calmez-vous un peu et recherchez votre équilibre.

Votre situation évolue très vite mais c'est peut-être uniquement parce qu'elle est instable. Ce qui est sûr en tout cas c'est que, de gré ou de force, vous allez partir.

En ce moment, votre situation est en perpétuelle transformation et vous n'êtes sûr de rien. C'est un jour bien et un jour mal. Et puis, subitement, sur un coup de tête, vous décidez de partir ou de passer outre.

Tout va très vite dans votre situation actuellement et c'est quelque peu insécurisant. Vous allez sans doute vous décider subitement à partir, à changer de situation ou à saisir l'occasion d'un revirement pour vous arracher à l'emprise de ces éléments inconstants.

$ Votre situation est sans aucun doute chanceuse mais plutôt instable. Attention aux erreurs, aux coups de tête ou aux coups de folie que vous seriez tenté de commettre.

SITUATION ACTUELLE

11 1

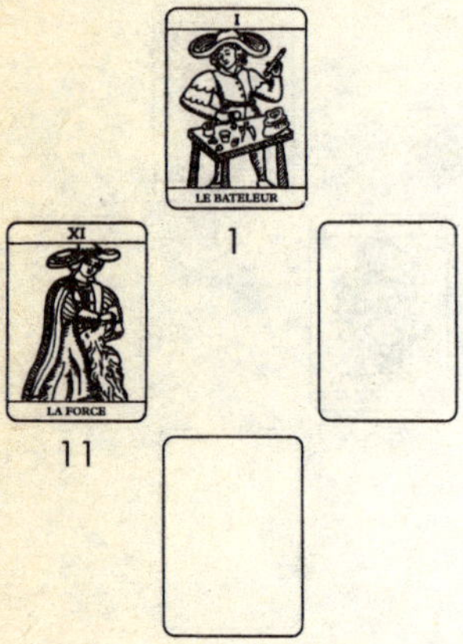

Même si, pour le moment, vous vous sentez un peu limité dans l'expression de votre énergie, vous êtes tout de même en pleine possession de vos moyens et vous pourrez tôt ou tard prendre des initiatives pour être plus libre de vos mouvements.

Ayez confiance en vous et foi en les circonstances, et vous parviendrez alors à acquérir plus d'autonomie et à prendre l'initiative dans votre vie affective.

Votre force morale et votre domination tranquille des circonstances vous aident à prendre des initiatives qui s'imposent à vous en vue de vous rendre plus autonome ou de soulager une personne de votre entourage.

Vous allez pouvoir acquérir plus d'autonomie dans votre travail, à condition toutefois que dans un premier temps vous sachiez maintenir votre position et vous rendre maître de votre situation actuelle.

Contentez-vous pour le moment d'être maître de votre situation et vous pourrez peut-être par la suite faire des projets ou prendre de nouvelles initiatives.

SITUATION ACTUELLE

11 2

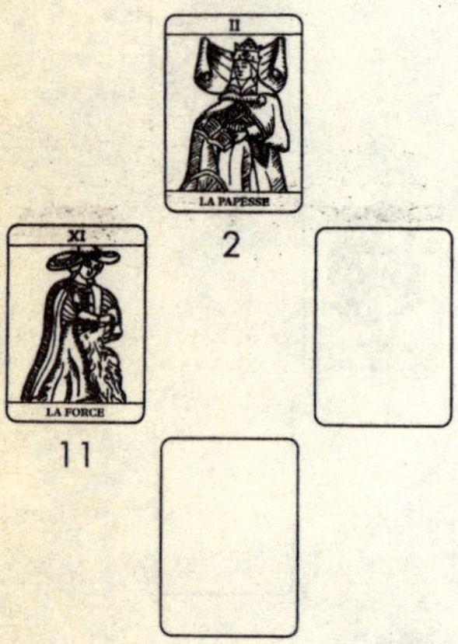

Votre force morale et physique, votre confiance en vous-même, et en vos moyens vous rendent conscient et responsable des changements utiles au maintien de votre stabilité.

Vous savez qu'un changement est nécessaire dans votre vie affective, mais vous vous donnez le temps et les moyens d'en être maître et de décider du moment où il sera nécessaire de le réaliser.

Quoique vous sembliez maître de votre situation à l'heure actuelle, un changement radical risque tout de même de remettre en cause sa stabilité et de vous faire sortir de votre réserve.

Soyez maître de votre situation et des changements qui seraient susceptibles de la faire sortir de son inertie, de sa réserve, de sa difficulté à se réaliser pleinement ou qui répondraient tout simplement à votre attente.

Si vous vous rendez maître de votre situation et que vous savez l'analyser en détail, vous chasserez tous vos doutes et vous pourrez même réaliser une certaine expansion qui la fera sortir de son inertie.

11 3

Vous bénéficiez d'une excellente énergie physique et morale, d'un très bon instinct et d'un réel pouvoir d'adaptation. Que pouvez-vous demander de mieux ?

En douceur et en confiance, vous vous rendez maître de votre situation affective et vous faites preuve ainsi de compréhension, de générosité et d'intelligence amoureuse.

Ce sont des qualités féminines faites de douceur, de compréhension, d'intelligence instinctive, de richesse matérielle, de relations profondes, sensibles et sincères qui président à votre situation familiale et qui lui permettent de s'épanouir pleinement.

Votre situation professionnelle est en pleine expansion et vous trouvez aisément les arrangements opportuns, les compromis utiles à la matérialisation de vos projets et de vos ambitions.

Vous maîtrisez parfaitement votre situation et vous pouvez donc en confiance réaliser des transactions opportunes ou des opérations avantageuses.

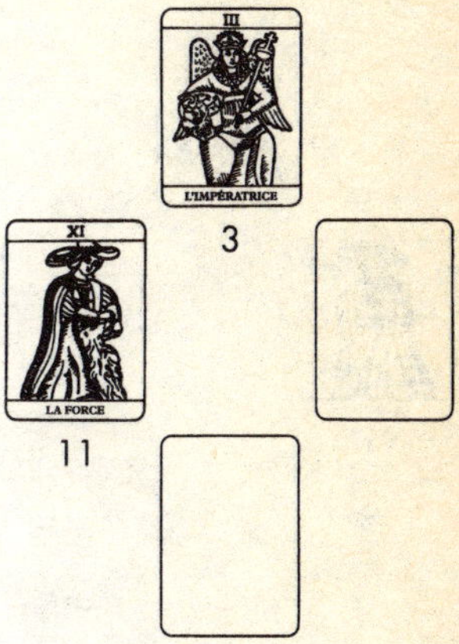

SITUATION ACTUELLE

11 4

Vous bénéficiez d'une énergie et d'une vitalité très intenses que vous savez extérioriser et utiliser avec assurance et efficacité.

Une certaine innocence et une certaine pureté morale vous préservent des débordements passionnels sans que, pour autant, vous puissiez éviter un comportement possessif, exclusif en amour.

C'est par la douceur, la force morale et une détermination tranquille mais inébranlable que vous pourrez obtenir et concrétiser ce que vous désirez.

Vous êtes en mesure de conquérir une position ou une situation enviable à condition que vos intentions soient pures et que votre détermination soit inébranlable. Pour réussir, sachez faire preuve d'une intelligence constructive et de stratégie.

Vous exercez une emprise intelligente et constructive sur votre situation qui vous assure de sa solidité et de son expansion.

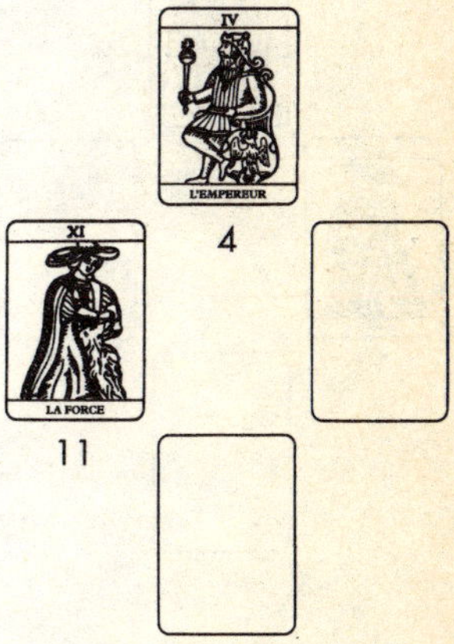

SITUATION ACTUELLE

11 **5**

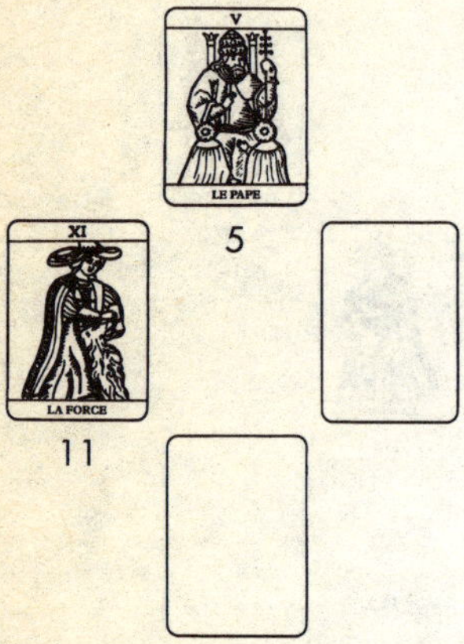

Votre force tranquille et votre confiance vous préservent et vous incitent naturellement à vous détourner des risques, et à vous fier ainsi aux suggestions de votre conscience et de votre bon instinct.

Votre force morale vous permet de contenir ou de minimiser les chocs ou les bouleversements qui interviennent dans votre vie affective, et d'en tirer ainsi des leçons salutaires et constructives.

Les bouleversements qui interviennent dans votre situation s'inscrivent dans la logique de son évolution et de son expansion, et ne peuvent donc servir qu'à confirmer sa fiabilité et sa stabilité.

Vous maintenez fermement votre position et ainsi votre situation se débloque ou se libère subitement de ce qui l'entravait dans son expansion. Les événements vous prouvent donc que vous avez raison de vous comporter ainsi.

En maintenant tranquillement mais fermement votre position, vous éviterez les risques de déstabilisation de votre situation et vous vous féliciterez alors d'avoir su résister aux tentations.

SITUATION ACTUELLE

11 **6**

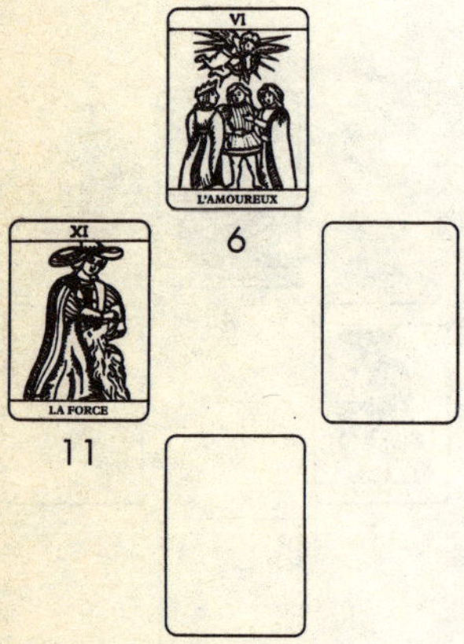

Votre vitalité pleine de ressources et votre nature réceptive et généreuse vous assurent de vous maintenir dans un bon équilibre.

Votre situation affective et vos relations amoureuses sont tout à fait priviligiées. Vos espérances et vos aspirations vont ainsi pouvoir s'accomplir.

Vous exercez une emprise douce et bonne sur votre situation qui favorise la réalisation de vos espoirs, vous permet d'entretenir avec vos proches des relations privilégiées et de prendre des décisions nouvelles répondant à vos aspirations.

Votre force tranquille et la confiance que vous avez en vous-même, en les événements vous permettent d'acquérir plus d'autonomie, d'exercer une réelle emprise sur votre situation, de réaliser une expansion en faisant intervenir des éléments nouveaux ou novateurs dans votre situation.

Vous avez votre situation bien en main et vous pouvez donc vous abandonner en confiance aux circonstances très favorables qui s'offrent à vous et qui vous permettent de réaliser vos souhaits et vos désirs.

11 | 7

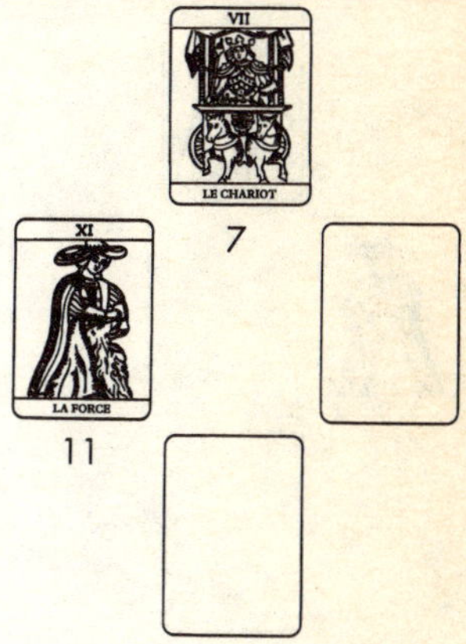

Quels que soient vos angoisses ou vos problèmes, vos efforts et votre bonne énergie physique et morale vous permettent de les résoudre et de les surmonter aisément.

Quels que soient les inquiétudes, les problèmes ou les obstacles qui se manifestent dans votre situation à l'heure actuelle, vous pouvez agir en toute confiance pour les surmonter et en triompher totalement.

Vous pouvez sans trop de difficultés résoudre, contenir ou éliminer les problèmes auxquels vous êtes confronté actuellement. Ayez confiance en vous, en votre situation et ne relâchez pas vos efforts.

En gardant votre situation bien en main et en poursuivant sans relâche vos efforts pour aboutir à vos fins, vous surmonterez les difficultés et les obstacles qui se dressent devant vous, et vous parviendrez à imposer votre volonté de progrès.

Malgré les retards, les difficultés, les obstacles qui se présentent à vous, votre situation est quand même sur la voie du progrès. Ne relâchez donc pas vos efforts.

SITUATION ACTUELLE

11 | 8

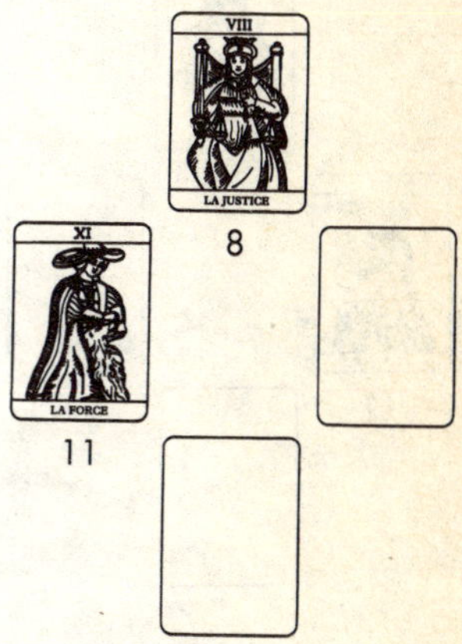

Votre énergie physique et morale rayonnantes, vous assure d'un équilibre vital très satisfaisant et très solide.

Vous avez toutes les raisons d'être confiant et satisfait de votre situation affective où règne une union sincère et équilibrée.

Votre situation familiale connaît une expansion heureuse et équilibrée. Elle vous donne donc entière satisfaction.

Vous pouvez réaliser une expansion remarquable, une association idéale ou réussir pleinement à équilibrer votre situation en respectant toutefois certaines règles et en vous conformant à des normes très strictes. S'il est question d'une décision de justice, elle est évidemment prise à votre avantage.

Vous avez votre situation financière bien en main, et, malgré une réussite indéniable en ce domaine, vous savez vous plier à une certaine rigueur et ainsi préserver votre avoir.

SITUATION ACTUELLE

11 9

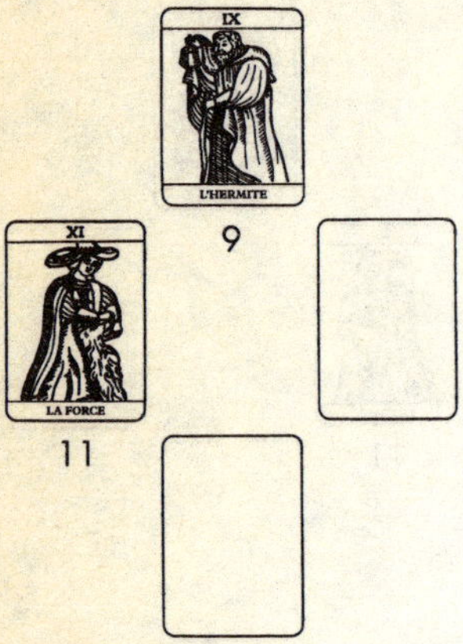

Votre emprise sur vous-même, votre constance et votre expérience vous permettent de vous renouveler, et de vous remettre en question lorsque cela est nécessaire et vital.

Vous prenez conscience de la nécessité d'opérer un changement ou un renouvellement dans votre vie sentimentale, et vous pouvez agir avec prudence et fermeté dans ce sens.

Vous pouvez vous rendre compte qu'il est sage et nécessaire de faire quelques changements dans votre situation et vous êtes libre d'agir en ce sens en prenant les précautions qui s'imposent.

Vous étudiez sans doute une proposition ou la perspective d'un changement, d'un renouveau dans votre situation, mais vous prenez tout votre temps et toutes les précautions qui s'imposent avant de vous déterminer. Vous avez tout à fait raison de vous comporter et d'agir ainsi en la circonstance.

Vous attendez d'être sûr de pouvoir opérer un changement, de renouveler votre situation ou bien vous reconsidérez prudemment votre situation afin de vous sentir plus libre et maître de vos moyens.

SITUATION ACTUELLE

11 10

Vous êtes en pleine possession de vos moyens, vous évoluez et vous vous épanouissez bien. Vous pouvez donc profiter au mieux de votre bien-être vital et de votre énergie.

Votre situation affective est très positive à tout point de vue et, qui plus est, elle connaît en ce moment une période d'évolution heureuse et épanouissante.

Vous avez votre situation familiale bien en main et vous pouvez ainsi lui donner les moyens d'évoluer et de s'épanouir pleinement.

Vous avez les mains libres et tout pouvoir pour faire évoluer votre situation, réaliser une expansion importante, élargir votre champ d'activités et votre horizon social et professionnel.

Vous êtes en pleine possession de vos moyens et de vos possibilités financières, et ainsi vous pouvez faire évoluer votre situation comme vous l'entendez.

SITUATION ACTUELLE

11 12

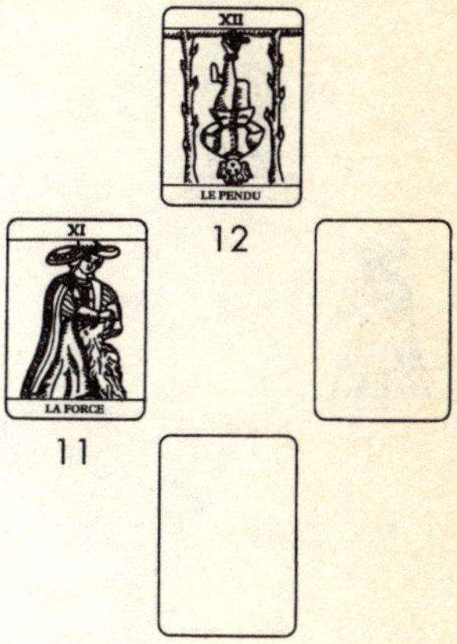

Vous bénéficiez d'une bonne énergie physique et morale, mais vous ne pouvez la dépenser que dans le cadre de votre devoir et de vos obligations, ou bien, si vous voulez vous maintenir en bonne forme, il faudra vous rendre aux bons conseils d'un médecin.

Vous vous maintenez ou vous exercez votre emprise sur une situation qui n'est sans doute pas idéale parce qu'elle implique trop de retenue, d'entraves ou de sacrifices pour être réellement épanouissante.

Vous avez sans doute beaucoup d'obligations et de responsabilités à assumer dans votre milieu familial, mais vous dominez très bien la situation.

Vous exercez une bonne emprise sur votre situation, même si celle-ci ne vous laisse que peu de libre arbitre ou ne vous apporte pas suffisamment d'ouvertures. Vous avez donc intérêt, pour le moment, à maintenir votre position sans être dupe des contraintes ou des limites qui vous sont imposées.

Vos obligations morales et matérielles vous contraignent à vous maintenir dans une situation stable sans pouvoir, pour le moment, espérer plus.

SITUATION ACTUELLE

11 13

Vous exercez une excellente emprise sur vous-même qui vous rend sûr de vos choix, de vos décisions et vous rend apte à éliminer tout ce qui serait susceptible de nuire à votre équilibre et à votre bien-être vital.

La pureté et la sincérité de vos sentiments sont récompensées puisqu'un changement radical se produit dans votre vie sentimentale et qu'il vous permet ainsi de triompher de vos épreuves en ce domaine.

Vous avez à faire un choix judicieux et difficile ou à prendre une décision éprouvante mais nécessaire dont l'un ou l'autre aura pour conséquence immédiate un changement radical. Ayez confiance et soyez courageux !

Ne doutez pas de vos choix, de vos décisions ou de vos accords puisque ceux-ci susciteront sans doute un changement important et avantageux dans votre situation.

Vous avez votre situation bien en main et vous pouvez donc faire face aux changements positifs ou non, en tout cas profitables, qui s'imposent à vous en prenant les décisions et les résolutions nécessaires.

SITUATION ACTUELLE

11 | 14

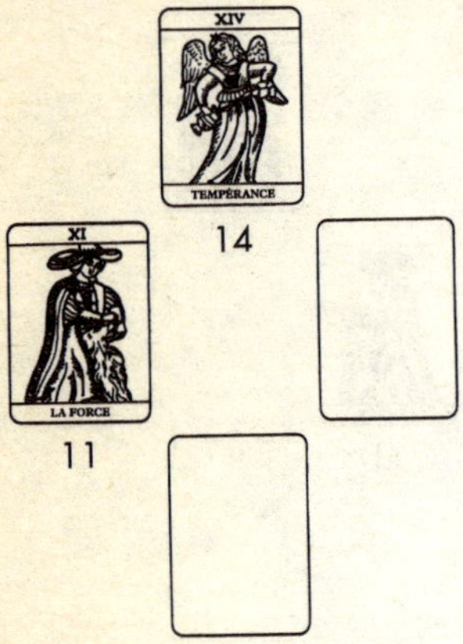

Vous êtes doué d'une très belle énergie active et d'une bonne faculté d'adaptation qui vous assurent de votre bien-être vital.

Vous savez vous adapter aux circonstances, vous restez ouvert, disponible, compréhensif sans renier votre volonté et sans relâcher vos efforts. Vous dominez ainsi votre situation sans en avoir l'air et vous pouvez obtenir tout ce que vous voulez.

Vous savez adapter vos efforts et l'emprise que vous avez sur votre situation aux circonstances, et ainsi trouver les compromis et les arrangements qui vous permettront de réussir et d'arriver à vos fins.

Vous avez la volonté d'aboutir dans vos entreprises et, pour ce faire, vous réussissez au bon moment à trouver les compromis et les arrangements utiles à l'expansion de votre situation.

Faites progresser votre situation financière en sachant vous adapter aux circonstances ou en trouvant, si besoin est, des arrangements, des compromis ou en faisant des transactions utiles à son expansion.

SITUATION ACTUELLE

11 | 15

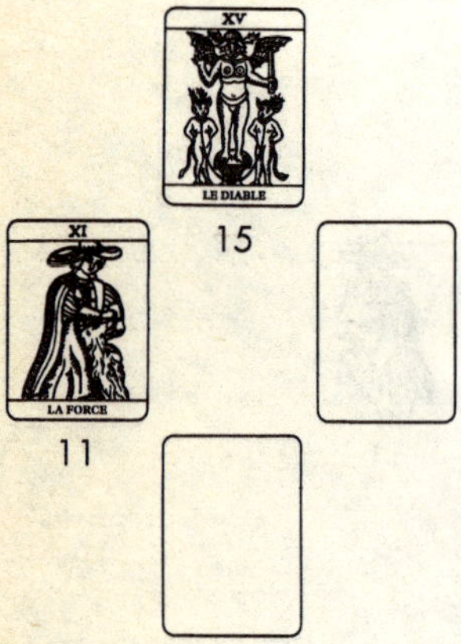

Vous êtes doté d'un tempérament énergique, déterminé et d'une volonté inébranlable. Vous exercez ainsi un excellent contrôle sur vous-même et vous ne vous faites pas de cadeau.

Sous une douceur apparente, vous tenez beaucoup à vos prérogatives et vous êtes donc très exigeant, très sélectif très critique et même parfois intransigeant quand il s'agit de vos sentiments. Mais êtes-vous sûr que cela suffise à vous préserver du climat passionnel qui règne dans votre situation actuellement ?

Votre rigueur et votre autodiscipline naturelle n'excluent pas que vous soyez plongé ou entraîné dans une situation excessive ou désordonnée. Maintenez donc fermement vos positions, mais ne succombez pas à la tentation de l'arbitraire !

Vous pouvez réaliser vos désirs d'expansion ou réussir à concrétiser vos ambitions à condition d'agir dans les règles, et de vous imposer rigueur et discipline dans votre volonté d'action et de conquête.

Votre situation financière apparaît comme solide et équilibrée. Elle vous autorise donc à avoir des ambitions ou à une expansion justifiée.

SITUATION ACTUELLE

11 | 16

Votre assurance, votre force tranquille et votre détermination à ne rien laisser au hasard ou dans l'ombre vous rendent sage et prudent, quelles que soient les circonstances.

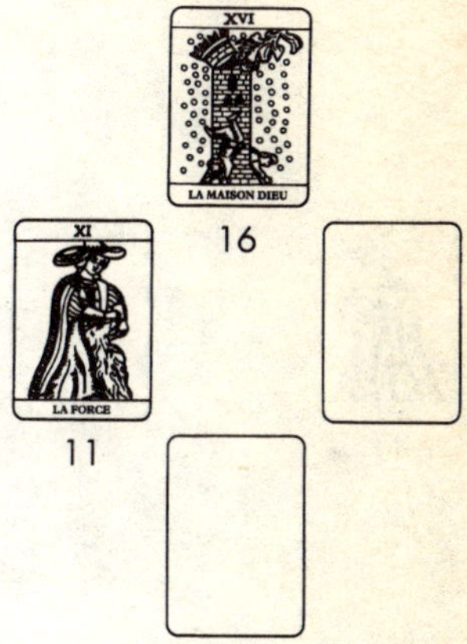

Malgré votre ténacité et la domination confiante que vous exercez sur votre situation, vous réalisez qu'un bouleversement est inévitable et que c'est la sagesse même que de s'y plier.

Vous exercez une domination confiante, calme et heureuse sur votre situation, et cela vous permet d'être conscient des bouleversements nécessaires à son expansion naturelle ou de les prévoir et ainsi de la préserver des soubresauts susceptibles de la déstabiliser.

Vous êtes sûr de vous, de votre position, et votre expérience vous autorise à prévoir, à vous prémunir contre les bouleversements inévitables ou à trouver des solutions brusques, déconcertantes mais libératrices.

En vous appuyant sur votre expérience et vos vues à longue échéance, sachez prévoir et endiguer les bouleversements que pourrait connaître votre situation ou trouver des solutions salvatrices.

SITUATION ACTUELLE

11 | 17

Vous bénéficiez d'une excellente énergie physique et morale, vous êtes plein de ressources, vous avez, qui plus est, confiance en vous et ainsi vous évoluez et vous vous épanouissez sereinement.

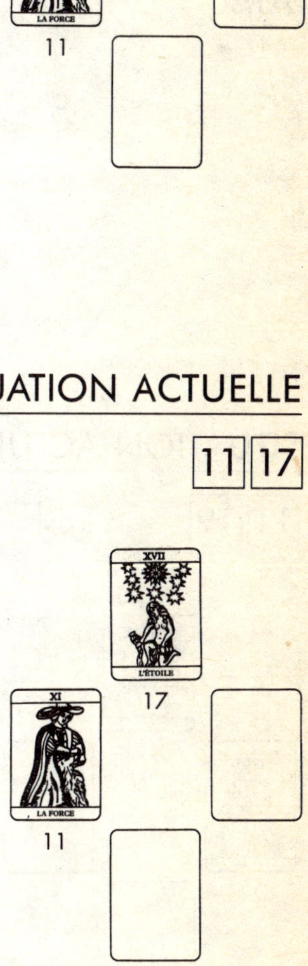

Vous exercez une emprise douce mais réelle sur votre situation que vous pouvez ainsi faire évoluer comme vous le souhaitez. C'est-à-dire dans le sens de vos espérances affectives et de vos aspirations profondes.

Vous pouvez en toute confiance et en toute quiétude vous abandonner à l'évolution de votre situation puisque vous avez tous les atouts en main pour que celle-ci soit heureuse, pour qu'elle tende vers des réalisations nouvelles et positives.

C'est à vous de forcer le destin, comme on dit, en ayant confiance en vous et en vous abandonnant en toute quiétude à un heureux concours de circonstances, qui favorise l'évolution ou l'expansion de votre situation mais aussi les créations, les innovations, les idées neuves et originales.

Sachez profiter de la chance dont vous bénéficiez actuellement en dominant avec bonheur les circonstances favorables à l'évolution naturelle de votre situation financière.

SITUATION ACTUELLE

11 18

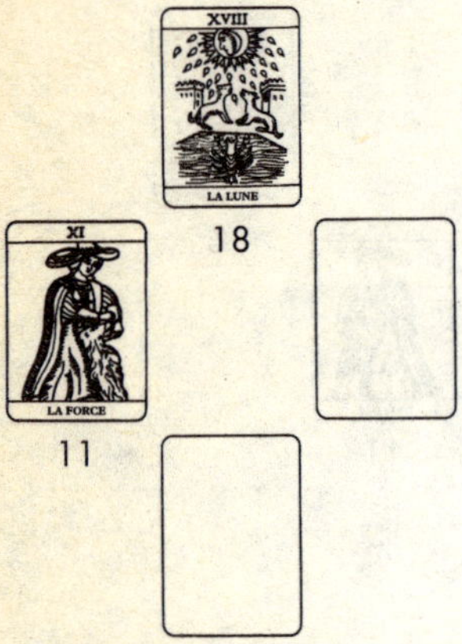

Vous parvenez finalement à surmonter vos angoisses, vos inquiétudes en ce qui concerne votre santé ou à résoudre vos problèmes, grâce à votre force morale et à votre énergie pleine de ressources.

Soyez courageux, inébranlable et restez moralement pur et ferme. Ainsi, les problèmes et les conflits d'ordre affectif ne vous atteindront pas vraiment et vous n'aurez pas à les résoudre puisqu'ils disparaîtront d'eux-mêmes.

Votre force morale et l'emprise douce mais réelle que vous exercez sur votre milieu familial vous autorisent à résoudre et à surmonter assez facilement les problèmes qui se posent à vous ou les difficultés que vous rencontrez.

Restez fermement sur vos positions et malgré les retards, les conflits, les obstacles ou les déceptions qui pourraient apparaître ou se manifester, vous réussirez à demeurer maître de la situation.

$ Restez maître de la situation. Ne vous laissez pas gagner par la confusion, les retards, les inquiétudes, les déceptions que vous pourriez connaître et tout ira bien.

SITUATION ACTUELLE

11 19

Vous bénéficiez d'une vitalité et d'une énergie rayonnantes. Votre confiance en vous-même, en vos moyens et en votre situation vous réussit parfaitement. Profitez de votre bien-être !

Vous êtes dans une situation affective tout à fait privilégiée, vos relations sont sincères, profondes, stables et rayonnantes. Vous pouvez donc agir en toute confiance et en toute liberté pour obtenir ce que vous voulez dans votre vie sentimentale.

Votre situation familiale est tout à fait stable et heureuse. Elle vous donne beaucoup de satisfaction et elle favorise la réussite de vos actions généreuses et de vos réalisations concrètes.

Vous avez tout pouvoir pour réussir dans vos actions et dans vos entreprises concrètes et expansives ; vous pouvez réaliser une association avantageuse, conclure un accord profitable à votre situation qui sera pour vous un réel facteur de succès.

$ Vous êtes dans une situation financière priviligiée dont vous connaissez d'ailleurs la stabilité et qui vous autorise à une totale liberté d'action.

11 | 20

Vous êtes sûr de vous, confiant en vos moyens et en vos possibilités et vous savez ainsi vous renouveler, rectifier vos erreurs et revenir sur vos convictions lorsque cela est nécessaire : ainsi vous faites preuve d'un caractère à la fois souple et solide, et c'est votre meilleure protection !

Vous pouvez agir avec beaucoup d'assurance et de conviction mais aussi de souplesse et de compréhension, en vue d'un renouvellement ou d'un changement appréciable dans votre vie sentimentale.

Vous êtes totalement libre d'agir en vue d'un renouvellement ou d'un changement appréciable dans votre situation familiale, et pour réussir dans cette optique, faites preuve d'un mélange de souplesse et de fermeté.

Vous pouvez agir d'une manière constructive et intelligente, librement et concrètement, pour susciter un changement appréciable ou produire un renouvellement dans votre situation.

$ Vous pouvez agir en confiance et en toute liberté pour réaliser un changement appréciable ou renouveler votre situation d'une manière constructive et intelligente.

SITUATION ACTUELLE

11 | 21

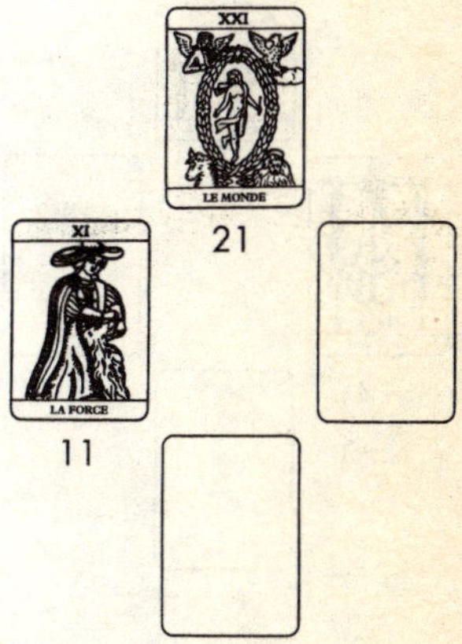

Vous êtes en pleine possession de vos moyens et de votre énergie, et vous pouvez raisonnablement vous épanouir et vous abandonner à votre bien-être vital.

Vous pouvez agir librement en toute confiance et en toute conscience pour obtenir et réaliser pleinement tout ce que vous souhaitez d'heureux dans votre vie sentimentale.

Vous pouvez agir en toute confiance et en toute intégrité pour que votre situation familiale puisse s'épanouir pleinement.

Vous pouvez agir en toute confiance et en toute liberté pour rassembler tous les éléments qui sont actuellement à votre disposition, compter sur des appuis importants, élargir votre horizon social ou professionnel, et voir ainsi vos vœux s'accomplir pleinement.

$ Vous avez de grandes possibilités financières à votre disposition ou à votre portée actuellement, vous pouvez donc agir en toute confiance et en toute intégrité pour que votre situation trouve son expansion naturelle.

SITUATION ACTUELLE

11 22

Vous pouvez en toute liberté, sûr de vous-même et confiant en vos moyens, aller de l'avant, partir, voyager et profiter pleinement de votre bien-être vital.

Vous exercez une emprise douce et bonne sur votre situation qui vous autorise à agir comme vous l'entendez, et qui vous assure de la justesse de vos élans et de vos actes. Si vous êtes seul, vous allez faire une rencontre importante et inattendue.

Vous aurez votre situation bien en main et vous pouvez ainsi réussir tous les changements (voyage, déménagement, etc.) que vous entreprenez actuellement.

Vous avez tout pouvoir pour réussir dans vos entreprises de changement ou de déplacement de vos valeurs acquises, dans vos démarches en vue de renforcer votre position ou de susciter une transition utile à l'expansion de votre situation.

L'excellente mainmise que vous avez sur votre situation vous autorise à faire des démarches utiles à son expansion ou à faire circuler vos biens ou votre avoir dans un sens utilitaire et profitable.

SITUATION ACTUELLE

12 1

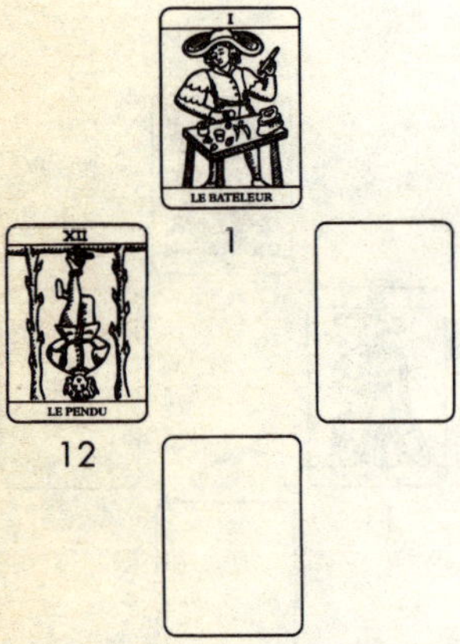

Vous pouvez vous sortir de votre état de faiblesse, de fatigue physique et morale ou des contraintes, des limites que vous impose votre état de santé insatisfaisant et vous sentir alors comme neuf, libre et prêt à partir sur de nouvelles bases.

Vous êtes dans une situation contraignante, insatisfaisante, sans issue si ce n'est celle de se terminer ou de se transformer fatalement pour vous permettre de repartir à zéro et de prendre de nouvelles dispositions.

Vous êtes dans une situation qui vous contraint ou ne vous laisse pas le champ libre. Vous recherchez donc habilement l'issue qui vous permettrait de pouvoir mettre fin à cet état de choses et de reprendre l'initiative.

Vous n'avez pas votre libre arbitre dans votre situation à l'heure actuelle. Donc, si vous souhaitez prendre ou reprendre l'initiative, vous devez soit faire un sacrifice, soit changer carrément de situation ou d'activité.

Des initiatives heureuses peuvent débloquer votre situation financière et vous permettre de repartir sur de nouvelles bases encore imprécises mais en tout cas profitables.

12 2

Vous n'êtes pas au mieux de votre forme. Mais peut-être avez-vous tendance à vous laisser aller, à vous complaire dans une certaine inertie, dans un certain attentisme qui ne peut se justifier que dans le souci d'économiser ses moyens pour préserver sa stabilité.

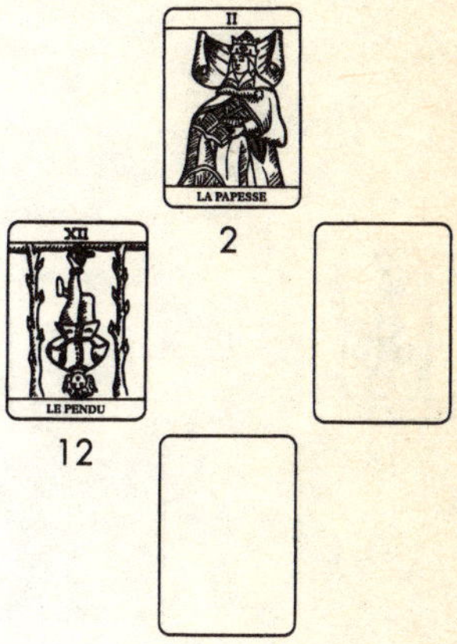

Vous faites preuve de souplesse. Vous vous adaptez aux circonstances et vous trouvez tous les accommodements possibles pour préserver votre tranquillité et la stabilité de votre situation affective en laquelle vous vous sentez pourtant insatisfait et contraint...

Vous tentez de trouver les arrangements ou les compromis qui peuvent préserver la stabilité de votre situation, mais comme vous ne pouvez pas agir librement et que vous ne parvenez pas à sortir de votre réserve, rien ne bouge ou n'évolue vraiment chez vous.

Il est sage, en l'état actuel des choses, de savoir vous adapter aux circonstances et ainsi de vous contraindre à trouver des arrangements opportuns pour préserver la stabilité de votre situation. Mais ne confondez pas compromis intelligents et concessions nuisibles !

Vous n'êtes pas dans une situation satisfaisante et vos moyens sont restreints. Sachez vous accommoder de vos possibilités et trouver les arrangements nécessaires, les compromis utiles à la stabilité de votre situation.

SITUATION ACTUELLE

12 3

Faites attention à ne pas devenir la proie d'un état de surexcitation, d'hyperactivité désordonnée qui pourrait vous rendre responsable et victime d'une crise aiguë de santé.

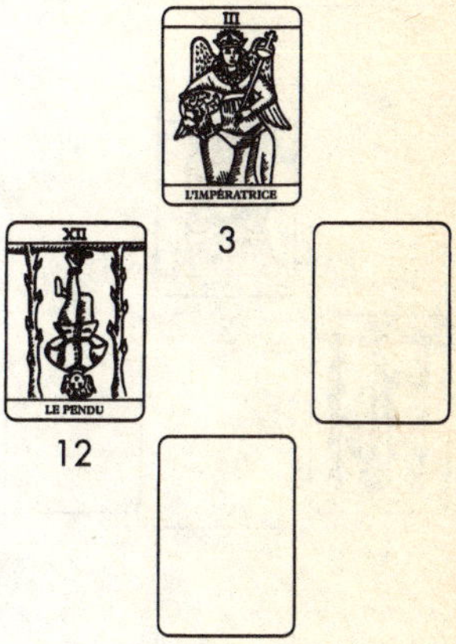

Vous êtes l'esclave de vos sentiments passionnels et d'une volonté instinctive de satisfaire et d'assouvir à tout prix vos désirs irrépressibles. Tout cela révèle une vie affective intense mais désordonnée et insatisfaisante.

Vous voulez à tout prix vous sortir d'une situation pénible et contraignante, et vous ne pouvez contenir plus longtemps votre colère, votre sentiment de révolte. Restez quand même dans les limites d'une certaine compréhension, voire d'une certaine générosité.

Vous voulez coûte que coûte réaliser des désirs et des ambitions qui vous permettraient de vous sortir d'une situation contraignante ou limitée dans ses possibilités, et vous pouvez y parvenir à condition d'agir avec intelligence et générosité.

Soit vous pouvez vous abandonner à la richesse de votre situation, soit vous êtes très insatisfait et vous avez envie de vivre audessus de vos moyens.

SITUATION ACTUELLE

12 | 4

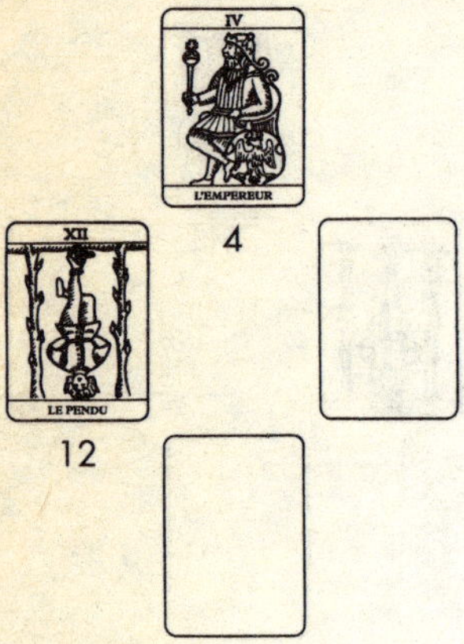

Attendez-vous à subir un choc qui, soit vous libérera à coup sûr d'un état de faiblesse physique et morale, soit vous rendra victime d'un accident ou d'une crise de santé. Soyez donc sur vos gardes, et sachez vous protéger et vous prémunir contre de tels risques.

Attendez-vous à subir un choc dans votre vie sentimentale, à être confronté à une situation de crise et de rupture, contre laquelle vous ne pourrez pas faire grand-chose...

Vous êtes contraint à imposer un bouleversement ou un choc salutaire à votre milieu familial, ou à vous libérer brusquement et catégoriquement d'une situation figée et insatisfaisante.

Vous pouvez rapidement, brusquement et catégoriquement vous libérer de tout ce qui vous contraint, vous retient ou vous fige dans votre situation actuellement, et ainsi assurer votre empire et votre domination sur les événements.

$ Libérez-vous catégoriquement de vos dettes, de vos contraintes, de vos obligations et de vos dépendances financières, vous assainirez ainsi votre situation et vous vous en rendrez maître.

SITUATION ACTUELLE

12 | 5

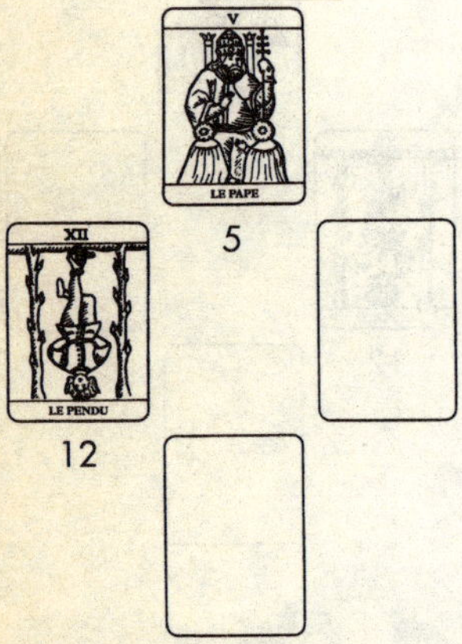

Vous traversez une période sans histoire durant laquelle vous pouvez vous abandonner à votre réceptivité et votre bien-être, confiant en vos ressources naturelles mais en restant malgré tout conscient de vos responsabilités.

Même si vous vous sentez trop réceptif, trop vulnérable pour agir comme il se doit et même si votre situation actuelle vous donne l'impression de ne pas évoluer, tout conspire pourtant à la réalisation simple et naturelle de vos espoirs.

Soyez dévoué et confiant en votre situation, et vos espoirs se réaliseront naturellement.

Un certain désintéressement ou peut-être un sacrifice peut, paradoxalement, vous permettre d'obtenir ou de réaliser quelque chose de neuf et peut ainsi vous donner les moyens de redresser ou de faire progresser votre situation.

$ Votre situation financière n'est pas mauvaise, mais vos obligations morales et matérielles ne vous laissent pas beaucoup de marge pour agir à votre guise.

SITUATION ACTUELLE

12 | 6

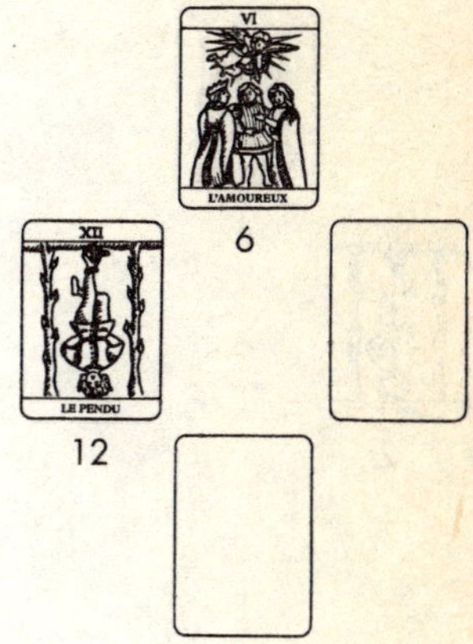

Vous passez une période difficile aussi bien au plan physique que moral. Efforcez-vous tout de même de faire des choix, de prendre des résolutions qui vous permettront de sortir rapidement de cette situation pénible et frustrante.

Vous êtes dans une situation confuse, difficile, décevante et vous ne parvenez pas à faire les choix ou à prendre les résolutions qui s'imposent à vous ; sans doute n'en êtes-vous pas arrivé là par hasard, car vous payez aujourd'hui les conséquences des erreurs que vous avez commises.

Il règne des relations troubles, conflictuelles, malsaines au sein de votre famille et cela, bien sûr, ne vous satisfait pas, d'autant plus que vous n'êtes pas en état de lutter ou de faire face à de tels problèmes et qu'ainsi vous en subissez les conséquences.

Vous ne parvenez pas à trouver un accord, à faire un choix ou à prendre une résolution qui vous permettrait de vous sortir d'une situation difficile, insécurisante et paralysée. Ne vous laissez pas influencer sous peine de voir ladite situation s'enliser.

Vous avez sans doute commis des erreurs et vous en payez aujourd'hui les conséquences. Il n'y a hélas pour le moment rien d'autre à faire et sachez qu'il ne sera pas facile de vous sortir d'une telle situation, mais pas impossible pour autant !

SITUATION ACTUELLE

12 | 7

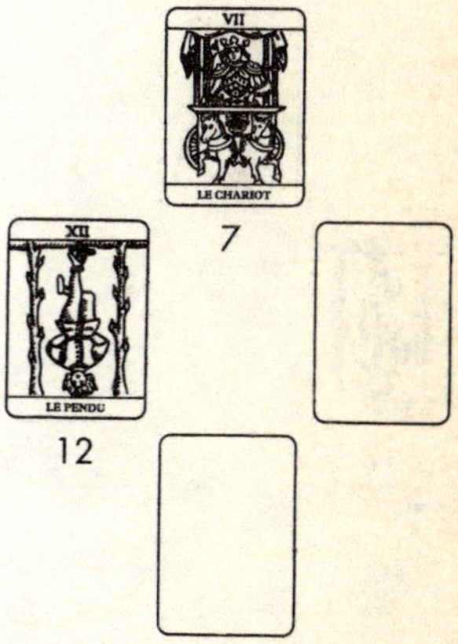

Vos efforts sont couronnés de succès, et vous retrouvez ainsi pleinement votre énergie et votre bien-être vital.

Après une période d'expectative, vous allez enfin pouvoir agir pour obtenir ce que vous désirez dans votre vie sentimentale, et connaître une période de réussite et de bonheur.

Vous serez sans doute contraint à faire des efforts pour éclaircir une situation, ou pour lui donner les moyens d'être parfaitement claire, heureuse, épanouie.

Vous luttez ardemment pour vous sortir de l'emprise ou des limites d'une situation, pour triompher de vos contraintes et réussir malgré les concessions que vous faites ou les obstacles qui se trouvent sur votre route.

Vous êtes en mesure de pouvoir améliorer votre situation financière même si, pour le moment, celle-ci n'est pas encore représentative des moyens qui sont à votre portée.

SITUATION ACTUELLE

12 8

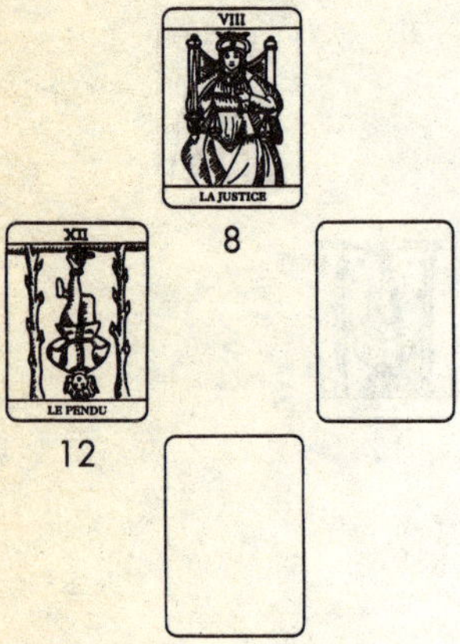

Si vous voulez guérir rapidement, retrouver votre libre arbitre et votre équilibre vital ou vous sortir d'un état de faiblesse physique et morale, il faut vous soumettre à une sérieuse discipline.

Il s'agit pour vous de retrouver votre équilibre et donc pour ce faire de vous soumettre à un jugement rigoureux, logique et nécessaire, qui vous permettra alors de vous repositionner d'une manière plus juste et plus normale dans votre vie affective.

Vous pouvez retrouver votre libre arbitre ou connaître un certain retour à la normale dans votre situation familiale, à condition de vous soumettre à des règles et à une discipline très strictes.

Une décision de justice vous réhabilite ou vous permet de faire amende honorable et ainsi de vous sortir d'une situation figée et sans issue.

Vous allez devoir à toutes fins utiles reconsidérer votre situation et vous imposer une discipline, des règles plus strictes qui la limiteront sans doute, mais qui vous permettront ainsi de retrouver un certain équilibre.

SITUATION ACTUELLE

12 9

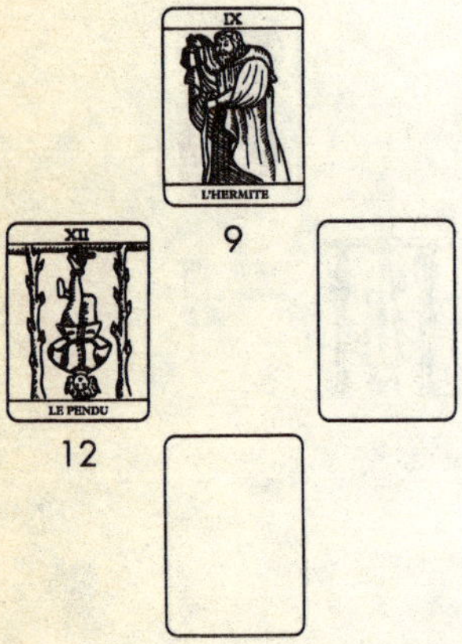

Il est plus sage au point où vous en êtes d'accepter de faire quelques sacrifices, de prendre certaines mesures, certaines précautions pour pouvoir concentrer et rassembler tous vos moyens en vue de votre épanouissement.

Oubliez un temps vos contraintes, vos insatisfactions et abandonnez-vous à ce qui est à votre portée, à ce que vous possédez sans peut-être vous en rendre compte et vous trouverez alors ce que vous recherchez.

Ayez confiance, détendez-vous, soyez patient et vigilant, et vous trouverez finalement tout ce que vous recherchez !

Ce que vous perdez, c'est autant de gagné. En effet, en la circonstance, vous avez tout intérêt à lâcher prise, à laisser faire, car ce que vous trouvez est mille fois mieux à tout point de vue que ce que vous aviez.

Si vous acceptez de faire certains sacrifices, et si vous restez prudent et vigilant en toute circonstance, vous n'aurez pas de problèmes financiers.

12 10

Vous allez pouvoir très rapidement vous sortir de votre état de faiblesse physique et morale, et vous libérer ainsi de vos contraintes.

Vous allez pouvoir vous sortir d'une situation insatisfaisante et sans issue : mais si vous partez précipitamment, soyez sûr de vous et prenez garde par la suite à ne pas reproduire les mêmes erreurs.

Si vous vous décidez à partir sur un coup de tête, assurez-vous que ce départ est absolument nécessaire à l'évolution de votre situation et qu'il n'y a donc pas d'autre solution, car, sinon, ce serait une erreur.

Les circonstances vont vous contraindre à partir, à vous arracher brusquement, peut-être sur un coup de tête, à une situation contraignante, insatisfaisante, sans issue.

Évitez les initiatives prématurées, les coups de tête, les impulsions irréfléchies dans votre situation actuelle, même si celle-ci vous contraint et vous limite dans vos possibilités financières.

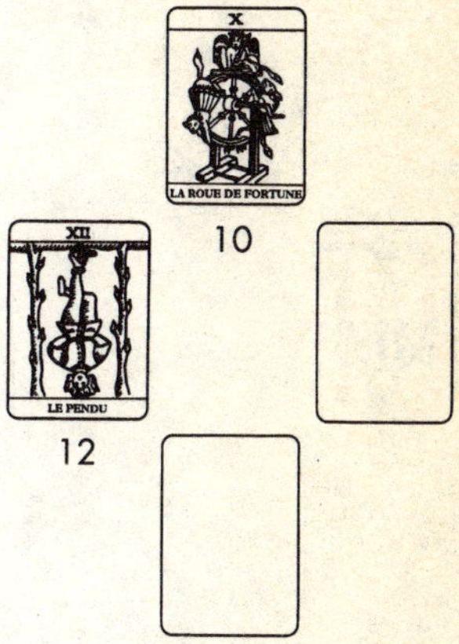

12 11

Vous êtes tenu par des règles, par des principes ou par des responsabilités, qui vous incitent à doser et à maîtriser votre énergie vitale, à vous rendre fort et maître de vous-même, y compris dans des situations contraignantes ou inconfortables.

Vous êtes tenu par des obligations et des engagements qui sont quelque peu contraignants, mais qui vous permettent cependant d'exercer une certaine emprise sur votre situation affective.

Le fait d'assumer vos responsabilités et vos obligations vous permet d'exercer une certaine emprise douce et bonne sur votre situation familiale.

C'est en assumant vos responsabilités et vos obligations professionnelles, en vous dévouant à une cause importante que vous parvenez à dominer votre situation et à conquérir un certain ascendant, un certain pouvoir moral.

Vous devez assumer des charges et des obligations financières qui vous forcent à une certaine tenue pour respecter vos engagements. Mais vous dominez très bien la situation.

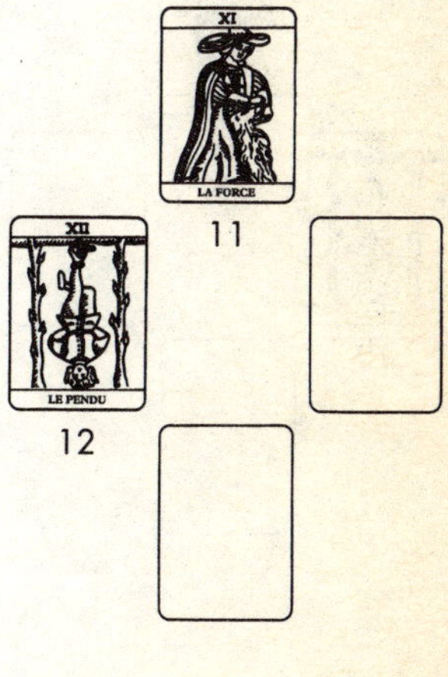

SITUATION ACTUELLE

12 13

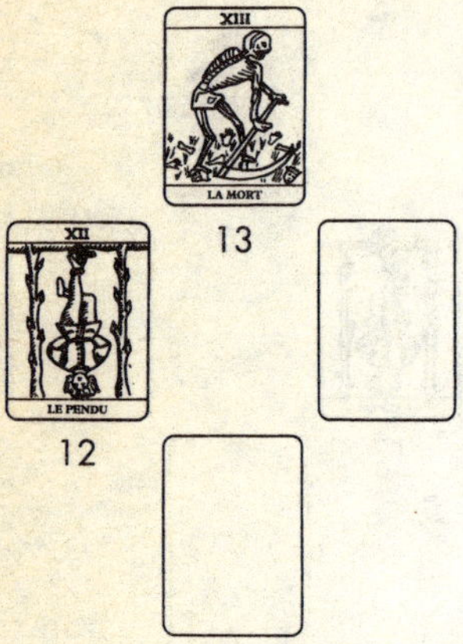

Pour vous sortir d'un état de faiblesse physique et morale, d'une situation contraignante ou de la sensation de stagner, il n'est qu'un remède : agir avec détermination, faire les efforts nécessaires pour que tout cela cesse une fois pour toutes.

Agissez avec détermination et faites les efforts nécessaires pour mettre fin à une situation contraignante et sans issue dans votre vie sentimentale dont vous pouvez sortir libre et triomphant.

Agissez avec détermination et faites les efforts nécessaires pour vous libérer de vos contraintes, retrouver votre autonomie ou aboutir à un changement radical dans votre situation familiale.

La seule façon de parvenir à vos fins, de triompher de vos contraintes ou de vous sortir d'une situation figée, c'est d'y mettre un terme, d'agir pour vaincre et éliminer les obstacles, pour provoquer un changement radical et profitable.

$ Vos efforts s'avèrent payants, mais il ne faut surtout pas les relâcher quels que soient les obstacles que vous rencontrerez, puisque vous êtes sur le point de connaître un changement radical et profitable dans votre situation financière

SITUATION ACTUELLE

12 14

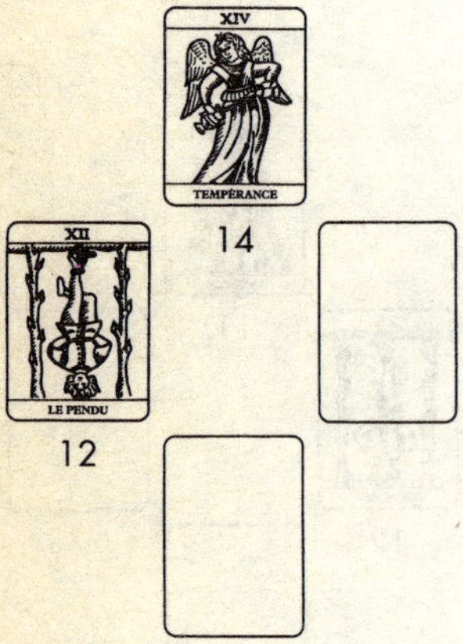

Malgré votre état de faiblesse ou vos contraintes physiques et morales actuelles, votre équilibre vital n'est pas en danger. Il faut simplement vous montrer plus souple et savoir vous adapter aux circonstances.

Soyez moins rigide, moins inflexible. C'est en adoptant une certaine souplesse, en trouvant de justes compromis et des arrangements opportuns que vous décrisperez votre situation et que vous vous sentirez plus libre, plus tranquille, plus sûr de votre vie sentimentale.

Même si vous n'êtes pas dans une situation confortable, et même si vous n'êtes pas libre d'agir comme vous le voulez, adoptez malgré tout un comportement souple, conciliateur, accommodant et juste.

Vous ne pouvez pas faire autrement dans l'état actuel des choses, que de trouver des arrangements opportuns ou de justes compromis lesquels vous permettront de décrisper et de libérer votre situation de ce qui l'entrave, la retient, la freine ou l'empêche d'évoluer.

$ Quelles que soient les contraintes, les obligations ou les limites financières qui vous sont imposées actuellement, restez souple, accommodant et sachez vous plier aux circonstances.

SITUATION ACTUELLE

12 15

Vous vous sentez en état de faiblesse ou vous vous limitez vous-même en prenant des précautions excessives ou des mesures disproportionnées à vos besoins ou à vos problèmes réels.

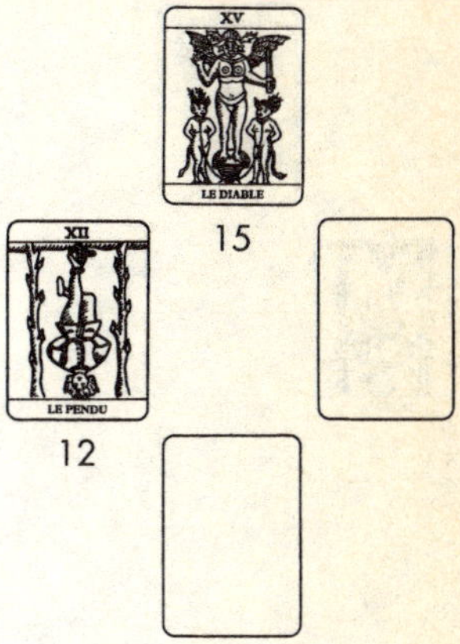

Même si vous n'êtes pas dupe, vous n'en êtes pas moins l'esclave de vos sentiments excessifs et exclusifs ou la victime d'une situation passionnelle qui, au fond, vous isole et ne vous satisfait pas.

Vous savez très exactement ce qui ne va pas, ce qui paralyse votre situation ou vous enlève tout libre arbitre, mais vous ne pouvez rien faire sans tomber dans l'excès inverse et c'est pourquoi, malgré votre lucidité ou votre vigilance, vous risquez de ne pas pouvoir éviter le pire.

Vous recherchez ardemment à vous sortir d'une situation contraignante, figée ou qui vous empêche d'agir comme vous le désirez, mais prenez garde à ne pas succomber à la tentation de vouloir à tout prix arriver à vos fins sans être vraiment sûr du résultat que vous recherchez.

$ Vous recherchez ou vous trouvez des solutions qui sont au-dessus de vos moyens ou vous prenez des mesures disproportionnées à vos besoins et à vos problèmes réels, mais il est encore temps d'en prendre conscience et d'y renoncer.

SITUATION ACTUELLE

12 16

Soit vous allez sortir très rapidement de votre état de faiblesse morale et physique, soit votre laisser-aller, votre irresponsabilité, votre fatalisme risquent de vous conduire à un accident de santé ou autre, contre lequel vous ne pourrez rien faire. A bon entendeur...

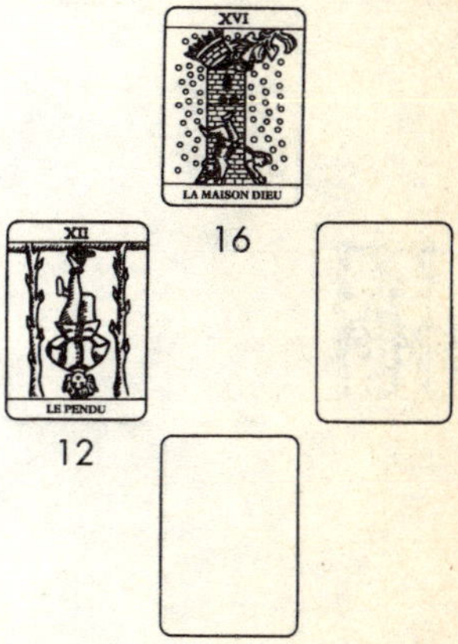

Soit vous allez pouvoir très rapidement vous libérer de vos contraintes, de ce qui empêche votre situation d'évoluer normalement, soit votre fâcheuse tendance à laisser faire vous conduit tout droit à une remise en question, à une rupture dans votre vie sentimentale.

Une situation figée depuis quelque temps va se débloquer brusquement d'une manière salutaire, ou bien, si vous laissez faire les choses sans réagir, attendez-vous à connaître une crise, un bouleversement, une totale remise en question dans votre vie familiale.

Une situation qui ne parvenait pas à suivre son cours normal va se résoudre brusquement ou bien vous entraîne malgré vous dans une crise qui remet votre situation actuelle en question.

$ Soit votre situation va se résoudre brutalement et vous pousserez alors un « ouf » de soulagement, soit votre irresponsabilité et votre laisser-aller vous conduisent tout droit au désastre financier.

SITUATION ACTUELLE

12 | 17

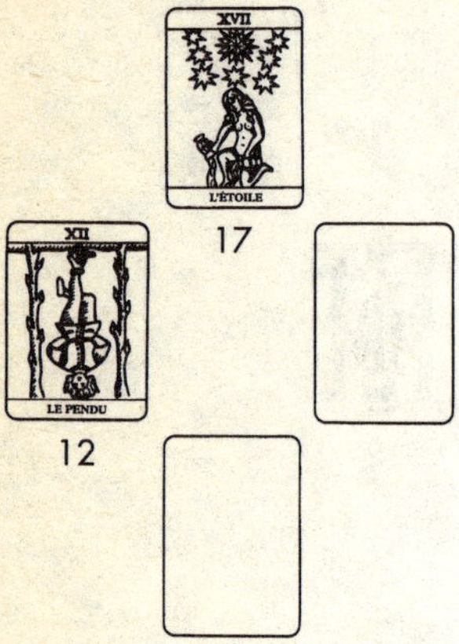

Vous pouvez en toute confiance vous abandonner à votre réceptivité, à votre énergie pleine de ressources et à votre bien-être vital.

Vous pouvez en toute confiance vous abandonner à la pureté, à la sincérité de vos sentiments ainsi qu'à une situation affective qui répond à vos espoirs et qui vous comble.

Vous vous dévouez à une situation familiale qui en vaut la peine et ainsi, en douceur mais sûr de vous et confiant en vos moyens, vous dominez avec bonheur les circonstances nouvelles et heureuses qui apparaissent actuellement.

Même si apparemment vous renoncez à certaines choses ou que vous vous dévouez à une cause, vous n'en êtes pas moins sûr de vos prérogatives et, dominant les circonstances actuelles avec subtilité mais confiance, vous ne doutez pas d'une forte probabilité de réussite.

$ Bien que votre situation financière soit actuellement limitée, vous n'en avez pas moins le courage, la force et le pouvoir de conquérir de nouvelles ressources et, ainsi, de vous en rendre maître.

SITUATION ACTUELLE

12 | 18

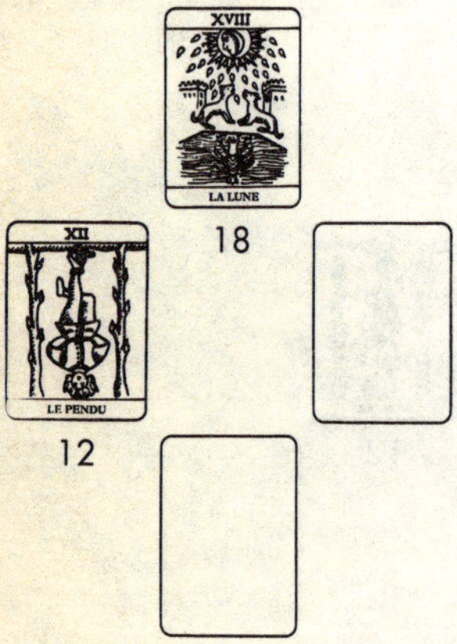

Vous êtes dans une situation difficile, dans un état de santé précaire et vous ne parvenez pas à vous en sortir ou bien c'est votre laisser-aller, votre manque d'attention qui risquent de déterminer votre santé physique et morale.

Vous faites fausse route : vous allez tomber dans un piège ou connaître une déception sentimentale. Fiez-vous donc à votre instinct qui vous conseille de renoncer à cette fausse relation ou à cette situation trompeuse.

Il y a sans doute dans votre entourage une personne dont l'influence est nuisible à l'harmonie familiale ou qui est malade. Quoi qu'il en soit votre situation actuelle n'est pas bonne et vous ne pouvez pas faire grand-chose pour que ça change.

Vous ne parvenez pas à rendre votre situation matériellement aussi féconde et productive que vous le souhaitez, car des retards, des conflits, des problèmes et des obstacles de toutes sortes se dressent devant vous et vous en empêchent.

$ Si vous comptez sur certains biens, sur certains apports, vous allez être déçu, car vous serez sans doute amené à y renoncer. Sinon, malgré l'assainissement nécessaire de votre situation financière, vous n'avez pas encore résolu tous vos problèmes.

12 | 19

Si vous avez eu des problèmes de santé ou que vous éprouviez encore quelques faiblesses, vous allez très bientôt reprendre le dessus et vous retrouver en pleine possession de vos moyens

Une relation basée sur des sentiments partagés ou une union sincère, c'est pour vous le plus sûr moyen de triompher de tout ce qui vous contraint, vous freine et vous empêche de dominer votre situation.

C'est en vous dévouant à votre famille d'ailleurs unie, heureuse et qui vous le rend bien, que vous dominez votre situation, et que vous exercez votre autorité et votre pouvoir sur votre entourage.

Vous avez l'autorité, le pouvoir ou les appuis et les protections nécessaires pour libérer votre situation de ses freins, de ses entraves et réaliser ainsi concrètement une association, un accord ou une totale clarification.

Si vous souhaitez vous libérer de vos contraintes, il ne faut pas hésiter à vous astreindre à une clarification de votre situation financière, trouver des conseils, des appuis, des accords sérieux et solides.

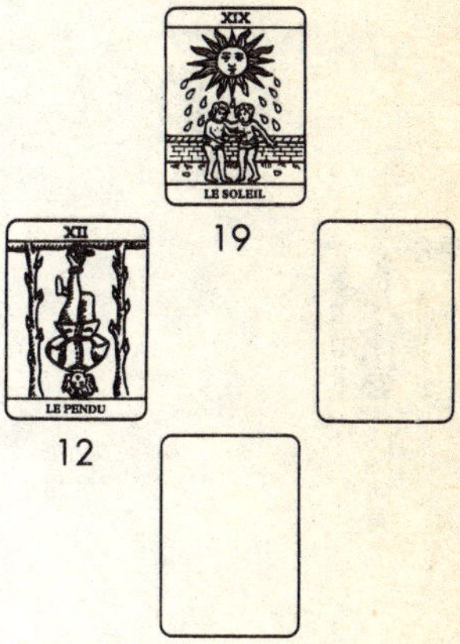

SITUATION ACTUELLE

12 | 20

En vous soumettant à l'application très stricte d'un traitement ou des conseils qui vous auront été prodigués à propos de votre santé, vous pouvez trouver une prompte guérison, vous rétablir rapidement, retrouver votre liberté d'action.

Un élément nouveau, un changement ou un renoncement dans votre vie sentimentale vous libère de certaines contraintes et responsabilités ou renouvelle totalement votre situation.

Vous avez sans doute beaucoup d'obligations à assumer au sein de votre milieu familial, mais vous avez aussi la perspective d'un changement ou d'un renouvellement de votre situation qui vous délivrerait sans doute de certaines contraintes.

Une proposition ou un changement va vous donner les moyens de renouveler votre situation et d'assumer vos responsabilités avec moins de contraintes.

Vous êtes contraint à reconsidérer votre situation financière ou bien un changement vous libère de certaines obligations.

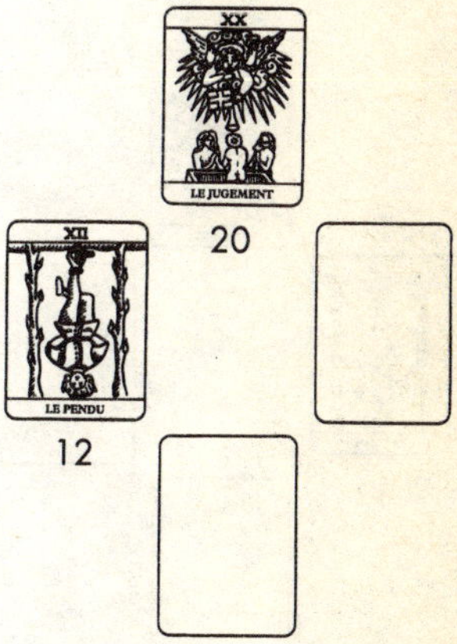

SITUATION ACTUELLE

12 21

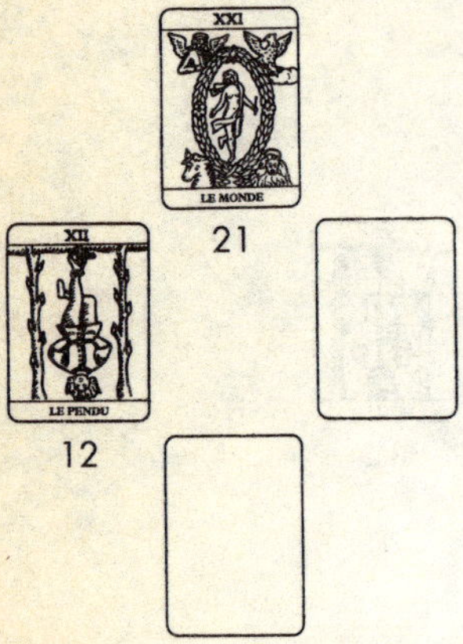

En acceptant de faire certains choix ou de prendre certaines résolutions utiles à votre bien-être, vous vous sentirez plus libre, plus disponible, plus épanoui.

L'épanouissement de votre situation affective ne se fera que si vous vous résignez à faire des choix ou à prendre des résolutions importantes et si, bien sûr, vous acceptez de vous abandonner totalement et librement à vos sentiments.

En vous dévouant totalement à la cause de votre famille et en vous imposant certains choix, vous parviendrez au total épanouissement, à une complète harmonie dans votre situation.

Si vous voulez voir votre situation se réaliser pleinement ou élargir votre horizon social et professionnel, vous devez d'abord vous plier à la nécessité de trouver un accord ou de faire un choix essentiel et déterminant.

Ne renoncez pas à vos choix ou à vos accords avant de les avoir trouvés, car vous pouvez être sûr qu'ils sont générateurs de progrès et d'expansion financière.

SITUATION ACTUELLE

12 22

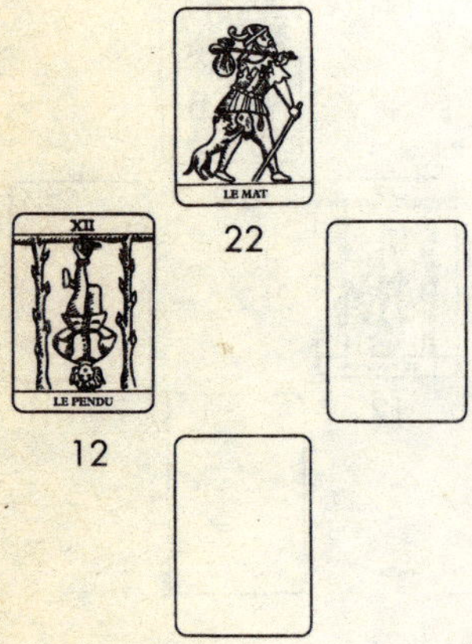

Vous n'êtes pas au mieux de votre forme, loin s'en faut, et la seule issue pour vous à l'heure actuelle c'est de partir vous reposer, de vous mettre au vert pour quelque temps.

Vous n'aurez d'autre choix que celui de renoncer ou de partir puisque, actuellement, votre situation est sans issue.

Vous ne pouvez pas, à l'heure actuelle, changer quoi que ce soit à votre situation ou partir comme vous en avez envie, ou alors sur un coup de tête et ce serait sans aucun doute une erreur.

Vous souhaitez vous libérer rapidement et brusquement d'une situation contraignante et figée ou bien, vous êtes obligé de partir, de renoncer à une situation, de tout quitter sans savoir ce que vous allez trouver et ce qui vous attend.

Vous n'avez actuellement aucun libre arbitre financièrement parlant sinon celui de rechercher des aides, de nouvelles solutions ou d'autres ressources pour vous en sortir.

13 | 1

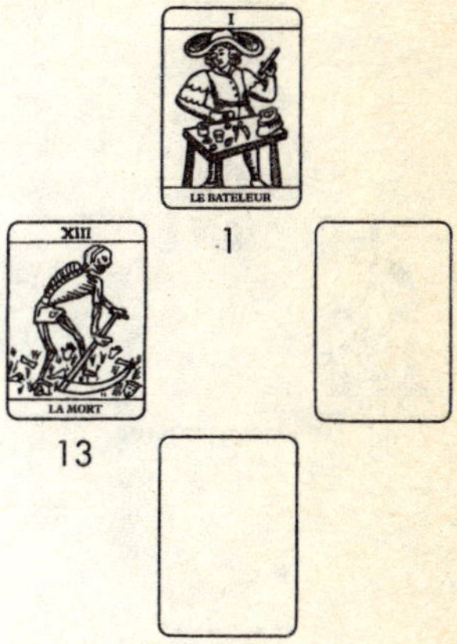

Vous êtes en pleine évolution, en pleine transformation, et vous allez pouvoir exercer librement et opportunément votre énergie active et votre esprit d'initiative.

Vous allez mettre fin à une situation ou connaître une transformation qui vous donnera l'occasion de prendre l'initiative et d'agir opportunément et concrètement pour que tout s'arrange.

La fin ou la résolution d'une situation vous permet de prendre l'initiative et de déployer votre habileté et votre caractère accommodant à trouver des compromis et des arrangements opportuns.

La résolution d'une situation ou un changement radical dans votre travail vous permet de prendre de nouvelles initiatives, mieux adaptées aux circonstances, ou de déployer votre énergie et votre habileté à trouver des arrangements ou des compromis opportuns.

Vous pouvez tirer profit de transactions ou de décisions mieux adaptées aux circonstances qui vous permettent d'avoir tous vos moyens à votre disposition et d'avoir ainsi l'initiative dans votre situation financière.

13 | 2

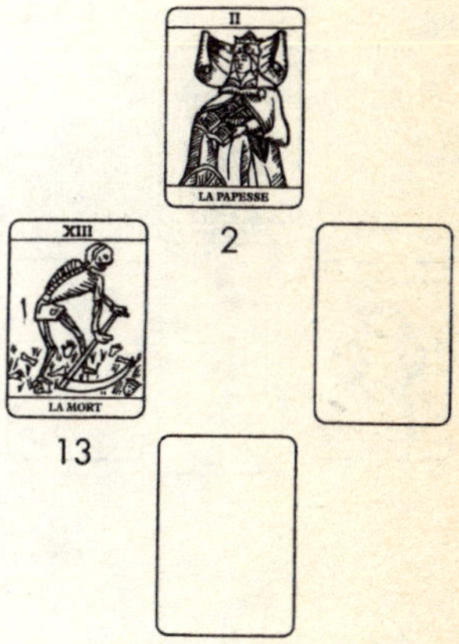

Pour préserver ou retrouver votre stabilité, il faut sans attendre éliminer tous les excès et tous les éléments nuisibles, changer radicalement d'attitude, voire ne pas hésiter à utiliser des moyens extrêmes pour ce faire.

Vous savez sans le dire, ou sans vous l'avouer vraiment, qu'un changement radical est inévitable dans votre vie sentimentale, que cela ne peut pas durer ainsi et qu'il faut mettre fin aux abus, aux excès, au désordre et aux mauvaises influences qui règnent actuellement.

Un changement radical se prépare ou une situation touche à sa fin et vous n'y pouvez rien, si ce n'est vous rendre à l'évidence et reconnaître, malgré votre réserve, que c'est mieux ainsi.

Un changement radical se produit dans votre travail ou une situation trouve sa conclusion logique et fatale, et si vous savez vous y préparer et l'accepter avec une certaine sagesse, vous pouvez sans doute en tirer profit.

Si vous savez prendre votre temps et faire preuve d'une certaine discrétion vous pourrez opérer un changement radical dans votre situation ou tirer un profit conséquent de la conclusion d'une transaction, d'une vente ou d'une affaire quelconque.

SITUATION ACTUELLE

13 | 3

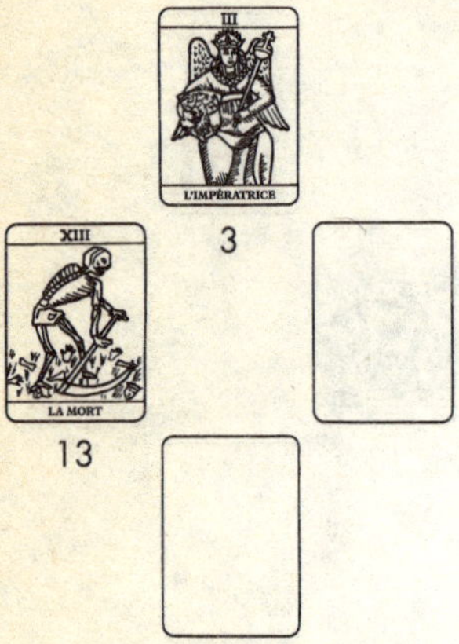

Un changement brusque va sans doute vous mettre en état de choc, vous déstabiliser et perturber considérablement votre bien-être vital, tout en l'assainissant pourtant d'une manière radicale.

Vous allez connaître un changement radical dans votre vie sentimentale, qui va tout remettre en question mais qui sera aussi libérateur, même s'il risque fort de vous perturber et de vous faire perdre pied.

Vous allez connaître un changement radical et bouleversant dans votre situation familiale, et vous ne pourrez pas faire grand-chose pour l'éviter puisque c'est une page de votre vie qui se tourne.

Vous risquez de perdre votre situation ou de connaître un changement radical et bouleversant qui va remettre beaucoup de choses en question pour vous et qui sera à la fois déconcertant et libérateur.

Si vous n'y prenez garde, vous risquez de perdre votre acquis parce qu'un changement radical et bouleversant, ou la conclusion logique et fatale d'une situation mauvaise et instable vous guette ou vous menace.

SITUATION ACTUELLE

13 | 4

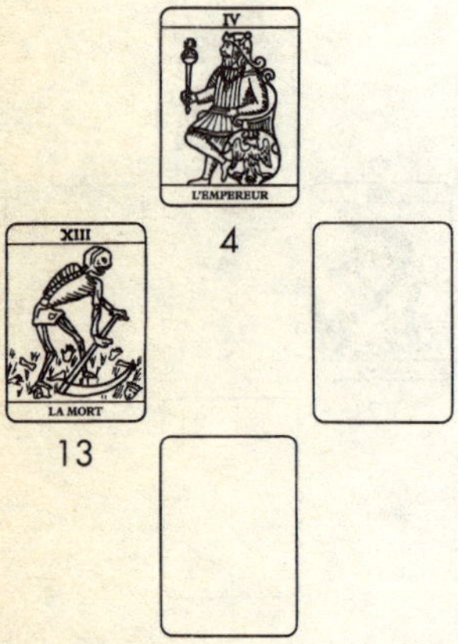

Un changement radical ou un tournant dans votre vie va vous permettre de vous rendre maître de votre bien-être vital et d'être plus sûr de vos ressources naturelles.

Un changement radical ou l'évolution de votre situation vous permettra d'être beaucoup plus sûr de vos sentiments et d'agir d'une manière constructive et intelligente pour réaliser vos espoirs.

Vous pouvez profiter d'un changement radical ou de la fin d'une situation pour assurer votre position, réaliser quelque chose de neuf, faire des innovations concrètes et constructives au sein de votre milieu familial.

Un changement radical, ou la conclusion logique d'une situation, va vous donner l'occasion et les moyens de réaliser quelque chose de neuf, de faire des innovations concrètes et constructives ou de pouvoir imposer avec succès vos idées originales.

Un changement radical ou la conclusion d'une affaire, d'une transaction ou d'une vente vous rend plus sûr de vos ressources et vous donne concrètement les moyens de réaliser quelque chose de neuf et d'original.

13 | 5

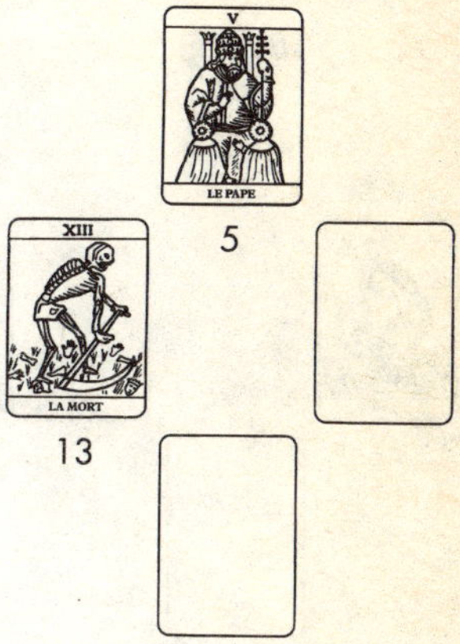

Il faut mettre fin à vos problèmes de santé ou autres, éliminer radicalement tout ce qui nuit ou trouble votre équilibre vital, et vous ranger donc aux conseils avisés d'un médecin ou d'un spécialiste.

Fiez-vous à ce que vous dicte de faire votre conscience et votre devoir et rejetez radicalement tout ce qui ne va pas ou tout ce qui serait susceptible de nuire à la stabilité de votre vie sentimentale.

Un changement va fatalement se produire dans votre vie familiale, et tous les troubles, tous les problèmes, tous les conflits seront radicalement éliminés et résolus comme il se doit.

Une situation va se résoudre fatalement et procéder à l'élimination de tout ce qui nuit à son accomplissement ou bien vous perdrez une situation, mais n'ayez pas de regrets car le climat qui y régnait était vraiment mauvais.

Vous devez absolument assainir votre situation, éliminer radicalement tout ce qui pourrait lui nuire ou remettre en cause sa fiabilité.

13 | 6

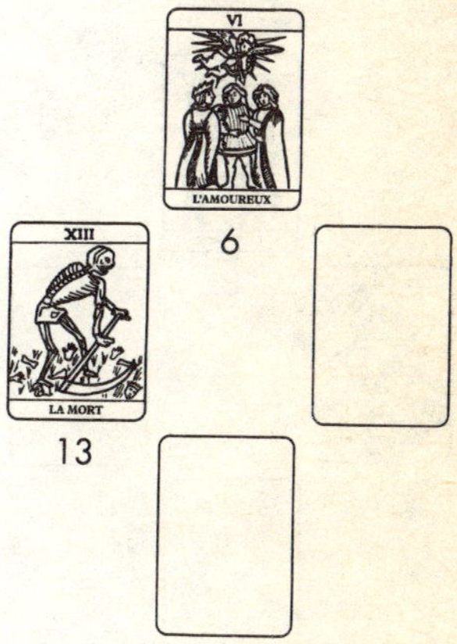

Vous allez connaître un changement radical ou une évolution importante qui va vous permettre de profiter pleinement de votre bien-être vital et de pouvoir faire preuve d'un équilibre rayonnant.

Vous allez sans aucun doute conclure un accord très harmonieux, faire un choix affectif très heureux ou tout simplement, réaliser une union qui va, bien sûr, susciter un changement important dans votre existence.

Un changement radical, important et heureux va se produire dans votre vie familiale, et il aura sans doute pour conséquence la conclusion heureuse d'un accord ou d'une union.

Vous allez pouvoir conclure, dans les meilleures conditions possibles, un accord très positif ou réaliser une association très profitable à tout point de vue.

Vous pouvez sans aucun doute tirer profit d'un accord ou d'une association qui est susceptible de produire pour vous un réel changement de situation.

SITUATION ACTUELLE

13 7

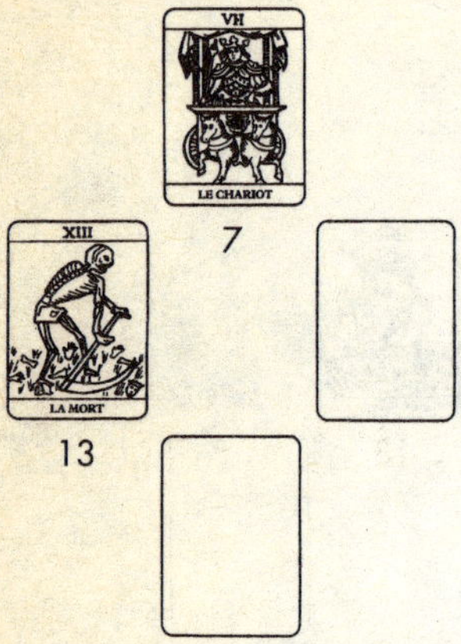

Un changement radical va vous permettre de vous rétablir, promptement et radicalement, de retrouver votre dynamisme et votre énergie active, et de pouvoir à nouveau aller de l'avant sans crainte.

Un changement radical ou la résolution d'un problème vont renouveler intégralement votre situation affective dans un sens positif.

Un changement radical ou la résolution d'une situation va vous permettre d'agir pour arriver à vos fins et pour parvenir à réaliser un renouvellement important dans votre vie familiale ou dans votre foyer.

Un changement radical, la conclusion logique d'une affaire ou la résolution d'une situation va vous permettre de faire des propositions dynamiques et de réaliser des renouvellements importants.

Un changement radical, ou la conclusion d'une affaire ou d'une transaction va vous permettre de faire évoluer progressivement mais avec dynamisme votre situation financière.

SITUATION ACTUELLE

13 8

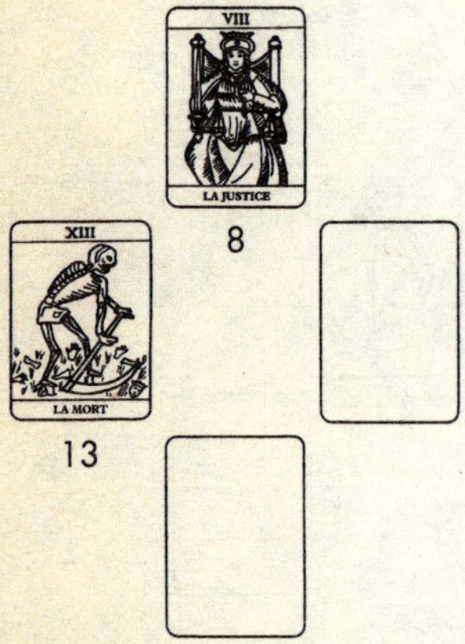

Vous allez connaître un changement radical et intégral dans votre existence qui vous assurera d'un équilibre plus serein et plus harmonieux.

Vous allez connaître un changement intégral ou une évolution importante dans votre vie sentimentale, sur lequel il sera inutile de revenir dès le moment où il aura été jugé indispensable et décidé d'une manière catégorique.

Un changement important et intégral vous permet d'équilibrer votre situation familiale d'une manière plus harmonieuse et plus juste à tout point de vue.

Un changement important et d'une certaine ampleur vous permet d'équilibrer plus justement votre situation ou un jugement met fin à une situation mais vous permet par ailleurs d'avoir de nombreuses possibilités à votre disposition.

Vous allez pouvoir réaliser des changements importants et profitables dans votre situation, qui vous permettront de trouver ainsi un équilibre plus sage et plus serein.

SITUATION ACTUELLE

13 | 9

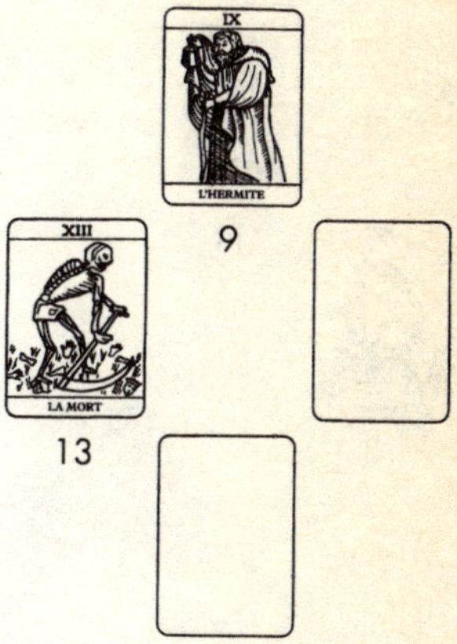

Un changement radical va vous faire l'effet d'une véritable prise de conscience et va vous inciter à renoncer à certaines extravagances ou à un comportement trop impulsif pour adopter finalement une attitude plus sage, plus réfléchie, plus mesurée.

Un changement radical dans votre vie sentimentale va vous inciter à refréner vos élans inconsidérés, à retenir vos impulsions irraisonnées, et à adopter ainsi une attitude plus prudente, plus lucide et plus réaliste.

Un changement radical ou la fin d'une situation vous incite à renoncer à un départ ou à un déménagement, ou du moins à le considérer avec prudence et réalisme.

La conclusion logique et fatale d'une situation ou un changement radical vous rend perplexe et vigilant, et vous incite à rechercher et à trouver activement des solutions réalistes et concrètes.

Un changement radical ou la conclusion d'une affaire vous incite à la prudence et à prendre des dispositions prudentes pour l'avenir.

SITUATION ACTUELLE

13 | 10

Un changement radical dans votre comportement ou dans votre existence vous permettra d'évoluer d'une manière plus stable et plus équilibrée, en étant ainsi plus conscient de votre devoir et de vos responsabilités.

Un changement radical dans votre vie sentimentale ou la fin d'une situation vous fera évoluer certainement en étant plus conscient de votre devoir et de vos responsabilités.

Vous allez connaître un changement radical dans votre vie familiale, qui fera évoluer votre situation dans un sens qui est celui de votre devoir et de vos responsabilités.

Un changement radical va se produire et votre pouvoir moral, votre sens des responsabilités vous permettront alors d'en tirer profit pour faire évoluer votre situation dans un souci de progrès.

Un changement radical ou la conclusion d'une affaire vous permettra de faire évoluer votre situation d'une manière progressive, raisonnable et avantageuse.

SITUATION ACTUELLE

13 | 11

Un changement radical et important va vous permettre de faire des choix essentiels, et de prendre de grandes résolutions pour vous sentir en pleine possession de vos moyens et de votre bien-être vital.

Il vous faut faire des choix essentiels et définitifs, et opérer un changement radical si vous voulez avoir votre situation affective bien en main et pour ce faire vous assurer de la pureté et de l'authenticité de vos sentiments.

Ce que vous voulez réaliser ou obtenir par vous-même implique que vous sachiez faire des choix essentiels, prendre des décisions importantes et sans doute opérer un changement radical dans votre situation familiale.

Un changement radical va vous permettre de faire des choix importants, de trouver des accords solides, de fonder des associations très sûres qui vous assureront de la fiabilité de votre situation, de son expansion et de votre réussite.

$ La conclusion heureuse d'une affaire ou d'une transaction vous permettra d'avoir la mainmise sur votre situation et de vous rendre sûr de vos accords, de vos choix, de vos décisions.

SITUATION ACTUELLE

13 | 12

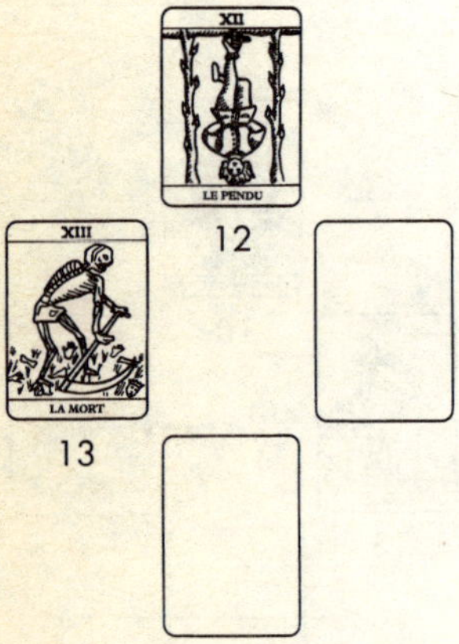

Un changement radical ne vous apportera sans doute pas les soulagements que vous en attendiez et, malgré vos efforts et votre volonté de vous en sortir, il vous faudra lutter encore davantage si vous voulez vraiment vous libérer de ce qui retient et freine votre vitalité.

Un changement radical va se produire dans votre vie sentimentale. Vous serez contraint à en accepter l'augure et à en subir les conséquences en considérant tout de même qu'il vous permettra de vous libérer de vos contraintes et de surmonter vos obstacles.

Un changement radical dans votre vie familiale va vous permettre d'agir pour réussir à vous sortir d'une situation figée, sans issue, et faire progresser activement et résolument votre situation.

Un changement radical va se produire dans votre situation professionnelle qui devrait vous donner les moyens d'agir positivement pour résoudre vos problèmes, surmonter vos obstacles, triompher de vos difficultés et aller résolument de l'avant.

$ Un changement radical, la conclusion d'une affaire ou d'une transaction, devrait vous donner les moyens d'agir pour vous libérer de vos contraintes financières et faire progresser votre situation.

SITUATION ACTUELLE

13 14

Un changement radical va vous faire l'effet d'une véritable prise de conscience et vous permettre ainsi, sagement et prudemment, de savoir mieux vous adapter aux circonstances et de pouvoir profiter de vos ressources naturelles avec plus de souplesse.

Un changement radical dans votre vie sentimentale va vous inciter à réfléchir sur la nécessité qu'il y aurait pour vous à faire preuve de plus de souplesse, de compréhension et d'esprit d'adaptation.

Un changement radical va vous permettre de trouver une opportunité ou des solutions mieux adaptées aux circonstances et rendre ainsi votre situation plus sereine, plus harmonieuse.

Un changement radical va vous donner l'occasion de réfléchir sur votre situation, de trouver des solutions mieux adaptées aux circonstances, et de faire des compromis intelligents, réalistes et utiles à la réalisation de vos objectifs.

Un changement radical ou la conclusion d'une affaire vous permettra d'étudier intelligemment et prudemment les transactions que vous pourriez faire ou les arrangements, les compromis que vous auriez intérêt à trouver.

SITUATION ACTUELLE

13 15

Ça évolue très vite pour vous en ce moment, et même si des moyens extrêmes sont employés pour ce faire, ne doutez pas qu'un changement radical et libérateur ne se produise.

Un changement rapide et radical risque d'entraîner votre vie affective dans un certain désordre ou de la plonger dans un climat passionnel où vous n'aurez alors qu'une préoccupation, celle d'assouvir vos désirs à tout prix.

Il va y avoir un changement radical dans votre situation familiale, qui la fera évoluer très rapidement d'une manière incertaine mais absolue.

Des transformations profondes et radicales sont en cours dans votre situation et, comme en ce moment tout va très vite et que des moyens extrêmes sont employés, il est encore trop tôt pour dire si les résultats seront profitables ou incertains.

Un changement radical, ou la conclusion d'une affaire ou d'une transaction devrait vous être très profitable et rendre votre situation plus avantageuse.

SITUATION ACTUELLE

13 | 16

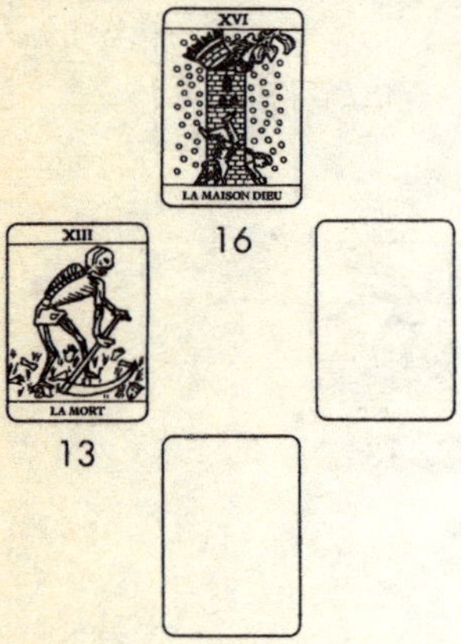

Un changement radical vous permettra de vous rendre plus sûr de vous, de votre force physique et morale, et ainsi de ne pas craindre les chocs, les bouleversements, les épreuves que vous pourriez connaître.

Vous allez connaître un changement radical et éprouvant dans votre vie sentimentale. Vous ne pourrez sans doute pas éviter les conséquences fatales qu'il entraînera, mais vous ne perdrez pas votre contrôle et vous saurez préserver votre force morale qui sera pourtant bien ébranlée.

Il vous faudra beaucoup de courage, et du sang-froid pour ne pas perdre votre contrôle sur vous-même et sur les événements bouleversants qui ne vont pas manquer de se manifester dans votre vie familiale.

Sachez faire preuve de sang-froid et de force de caractère si vous ne voulez pas perdre le contrôle des événements bouleversants, déconcertants et des changements radicaux et inévitables qui ne vont pas manquer de se produire dans votre situation.

$ Des changements radicaux et des bouleversements inévitables vont se produire dans votre situation et il vous faudra beaucoup de courage et de force de caractère pour ne pas perdre la face et le contrôle des événements.

SITUATION ACTUELLE

13 | 17

Un changement radical va vous permettre de vous sentir en pleine possession de vos ressources naturelles et de profiter pleinement de votre réceptivité et de votre bien-être vital.

Un changement radical dans votre vie sentimentale va sans doute vous donner l'occasion de connaître et d'éprouver des sentiments nouveaux.

Un changement radical va vous donner la possibilité de réaliser vos espoirs et vos aspirations, de faire des innovations ou de faire bénéficier votre situation familiale de circonstances très favorables.

Un changement radical ou une transformation profonde et profitable va favoriser la réalisation de vos espoirs, de vos aspirations, de vos idées originales, de vos innovations ou de vos créations.

$ Un changement radical ou la conclusion d'une affaire va rendre votre situation très avantageuse et vous donnera le loisir de réaliser vos espérances et vos aspirations.

13 18

Vous allez pouvoir mettre un terme à vos problèmes de santé ou réaliser un changement radical qui vous permettra de mieux vous protéger.

Un changement radical dans votre vie sentimentale ou la fin d'une situation vous plongera certainement dans l'angoisse, va sûrement vous décevoir et vous permettre de comprendre que vous avez fait fausse route.

Il ne faut pas hésiter à faire preuve d'autorité, et à éliminer ainsi tout ce qu'il pourrait y avoir de fâcheux et de négatif dans votre situation familiale, voire à lui imposer un changement radical.

Agissez avec autorité et fermeté contre tout ce qui pourrait apparaître comme contraire et néfaste à votre situation professionnelle, et n'hésitez pas, si besoin est, à opérer un changement radical.

Malgré le changement que vous vous serez imposé, ou la conclusion d'une affaire ou d'une situation que vous aurez obtenue à la force du poignet, vous ne pourrez éviter certains retards ou certains problèmes financiers.

SITUATION ACTUELLE

13 19

Un changement radical qu'il est de votre devoir d'accomplir, va vous apporter une clarification totale de votre état de santé et vous permettre ainsi de vous trouver en parfait accord avec vous-même et avec votre environnement.

Un changement important dans votre vie affective occasionnera sans doute la réalisation d'une union ou l'avènement d'une relation heureuse.

Un changement important, ou une transformation profonde de votre situation, que votre devoir vous dictera d'accomplir procurera beaucoup de joie et de satisfaction à votre famille qui s'en trouvera ainsi plus unie.

Un changement capital dans votre situation va vous permettre de réaliser un accord, de fonder une association très bénéfique, ou d'obtenir l'appui ou l'approbation d'un personnage important pour réaliser des transformations profondes.

Un changement important ou la conclusion heureuse d'une affaire va vous permettre de récolter pleinement les fruits de votre travail, et de vous assurer ainsi d'une situation financière claire et stable.

SITUATION ACTUELLE

13 | 20

Un changement radical ou une complète guérison va vous amener à reconsidérer vos choix, votre comportement et, en tout cas, occasionnera un renouvellement important pour vous.

Un changement radical va transformer votre vie sentimentale en profondeur, vous forcer à reconsidérer les choix affectifs, à les rendre plus définitifs, à revenir à une situation plus saine et plus normale.

Votre situation familiale va connaître de profondes transformations qui seront comme une espèce de renouvellement intégral pour elle, et qui vous forceront à prendre des décisions radicales et à faire des choix décisifs.

Un changement important dans votre situation va vous conduire à considérer avec intérêt des alternatives et des propositions, toutes plus séduisantes et plus avantageuses les unes que les autres, dont il faudra évidemment savoir extraire celle qui devrait être la plus profitable...

$ Un changement radical, ou la conclusion d'une affaire ou d'un accord va vous amener à faire des choix essentiels pour renouveler votre situation ou pour répondre aux propositions qui vous seraient faites.

SITUATION ACTUELLE

13 | 21

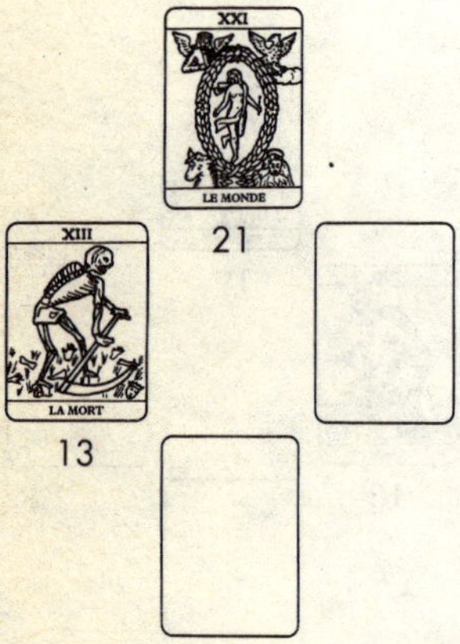

Un changement radical dans votre comportement ou dans votre existence va vous permettre d'agir librement, de vous épanouir pleinement et, si vous en avez le projet de partir en villégiature.

Un changement radical dans votre vie sentimentale va vous donner les moyens d'agir librement pour obtenir pleinement ce que vous désirez.

Un changement important fait évoluer considérablement votre situation familiale, et vous permet d'agir librement pour accomplir tous vos vœux d'expansion et de plein épanouissement en ce domaine.

Vous aboutissez, en conclusion, au changement que vous souhaitiez et vous parvenez ainsi au succès et à réaliser un progrès important, une expansion conséquente dans votre situation professionnelle.

$ Un changement important ou la conclusion d'une affaire fait bénéficier votre situation d'une évolution ou d'une expansion conséquente. Mais il n'y a pas de hasard ; vous récoltez là, en effet, le fruit de vos efforts.

13 22

Un changement radical va se produire très rapidement et vous permettre ainsi de partir ou de connaître un tournant important dans votre existence. Mais ne commettez pas d'imprudences !

Un changement radical va se produire très rapidement dans votre vie sentimentale et il aura pour conséquence immédiate le départ définitif ou l'arrivée brusque d'une personne.

A la suite d'un changement radical, d'une transformation profonde dans votre situation familiale, une personne de votre entourage va partir ou revenir, ou bien peut-être déménagerez-vous ?

Un changement radical ou la fin d'une situation provoquera l'arrivée ou le brusque départ d'une personne, ou vous contraindra à vous mettre en quête de nouvelles options ou de nouveaux horizons professionnels.

Soit le brusque arrêt de vos ressources va vous contraindre à vous mettre en quête de nouvelles possibilités financières, soit la conclusion logique et profitable d'une affaire ou d'une transaction va changer radicalement votre situation.

SITUATION ACTUELLE

14 1

Vous bénéficiez d'une belle faculté d'adaptation qui vous permet de déployer aisément votre énergie active. Mais ne vous laissez pas aller à la tentation d'abuser de vos moyens et ne vous laissez pas trop influencer par les circonstances.

Vous allez sans doute trouver des compromis et des arrangements qui ne vous préserveront pas de votre volonté d'arriver à satisfaire vos désirs à tout prix ou du comportement passionnel et déraisonnable d'une personne qui vous est proche.

Vous allez devoir trouver des compromis ou des arrangements difficiles mais nécessaires, pour pouvoir arriver à vos fins ou réaliser vos projets au sein de votre milieu familial.

Il va falloir débattre, argumenter et négocier ardemment, déployer tout votre potentiel d'énergie active et votre pouvoir de conviction si vous voulez arriver à vos fins, faire aboutir vos projets et prendre l'initiative.

Après d'ardentes négociations ou des transactions difficiles mais nécessaires, vous allez trouver des arrangements qui favoriseront l'aboutissement d'un projet ou qui seront utiles à une initiative originale sur le plan financier.

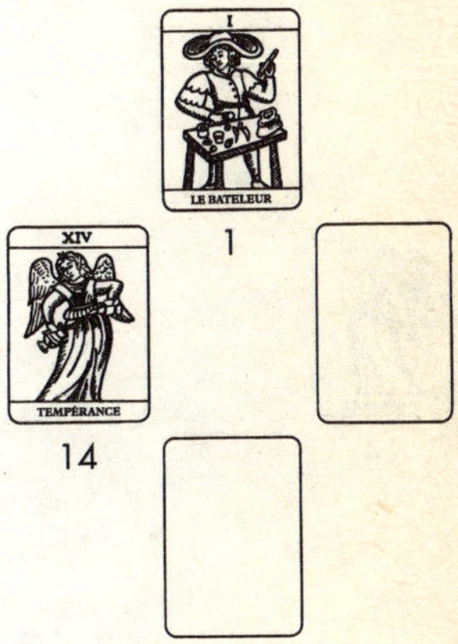

SITUATION ACTUELLE

14 | 2

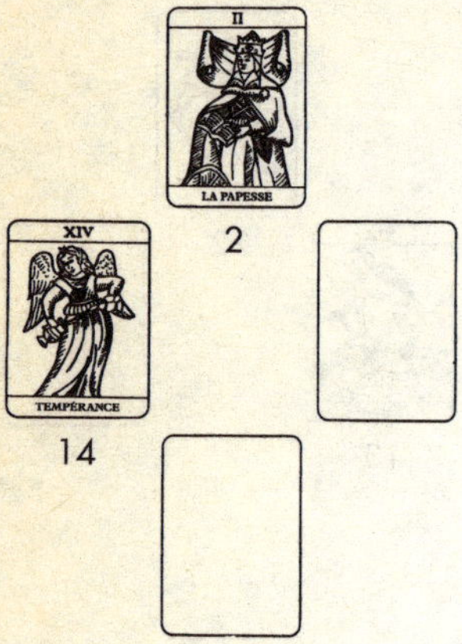

Votre souplesse et votre faculté d'adaptation vous permettent de savoir vous préserver de tous les risques d'accident et de savoir opportunément vous détourner des entreprises dangereuses pour votre stabilité. C'est la sagesse même.

Les arrangements et les compromis qui seront trouvés n'empêcheront pas qu'une crise, une rupture ou un bouleversement salutaire se manifeste dans votre vie sentimentale et vous savez bien, au fond, que c'est inévitable !

Malgré les discussions, les arrangements ou les compromis, vous savez bien au fond qu'un bouleversement est inévitable dans votre situation familiale, et qu'il est d'ailleurs souhaitable et salutaire qu'il se manifeste même s'il remet en cause sa stabilité !

Des négociations, des arrangements opportuns et des compromis intelligents débloqueront une situation ou occasionneront un bouleversement libérateur auquel vous vous attendiez, mais qu'il vous semblait sans doute prématuré de révéler.

$ La circulation de votre avoir, une transaction ou un mouvement d'argent bouleversera votre situation financière, mais ne remettra pas en cause sa stabilité ni votre sens de l'économie.

SITUATION ACTUELLE

14 | 3

Votre souplesse de caractère, votre compréhension instinctive des choses et votre grande faculté d'adaptation vous assurent d'une vitalité saine et d'une santé sans problème.

Vos relations affectives sont tout à fait privilégiées, et vous pouvez être sûr que tous les arrangements seront trouvés pour que vous puissiez réaliser vos espoirs ou quelque chose de neuf et d'heureux dans votre vie sentimentale.

Votre compréhension, votre faculté d'adaptation et votre générosité active vous autorisent à trouver des arrangements et des compromis intelligents, et ainsi à pouvoir réaliser quelque chose de neuf dans votre situation familiale.

Vous allez connaître une période créative et productive dans votre travail, et ainsi pouvoir trouver des arrangements opportuns qui favoriseront la matérialisation de vos espoirs et de vos aspirations, ou la concrétisation d'une idée originale ou d'une situation nouvelle.

$ Vous pouvez réaliser de nouvelles transactions ou de nouvelles opérations ou bien trouver des arrangements opportuns qui rendront votre situation encore plus avantageuse et qui vous permettront ainsi d'améliorer vos ressources.

SITUATION ACTUELLE

14 | 4

Vous vous laissez trop aller ou vous êtes trop influençable là où vous devriez agir ou réagir avec assurance et fermeté pour résoudre vos problèmes de santé, ou combattre énergiquement un état de faiblesse trouble et maladif.

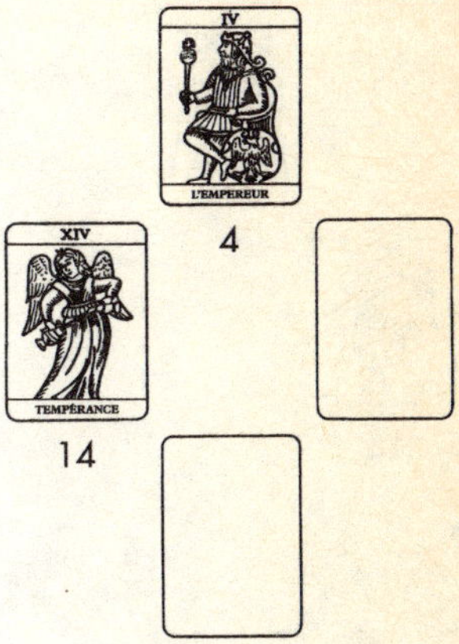

Vous trouvez des compromis qui ressemblent plutôt à de mauvaises concessions ou bien vos relations actuelles sont empreintes de polémiques et d'incompréhension ; attendez-vous donc à connaître des déceptions et à traverser une période difficile dans votre vie sentimentale.

Des polémiques, des discussions stériles, des conflits relationnels bref, un mauvais climat règne dans votre vie familiale actuellement et il n'y a qu'un moyen d'en sortir : faire preuve d'autorité.

Vous ne parviendrez pas à trouver d'arrangements ou vous risquez alors de faire de mauvaises concessions puisque vous êtes de toute façon confronté à des éléments rigides, tenaces et qui ne font pas de cadeau.

Vous ne parviendrez sans doute pas à trouver des arrangements ou des compromis satisfaisants et vous serez alors obligé de faire certaines concessions dans votre situation financière.

SITUATION ACTUELLE

14 | 5

Vous bénéficiez d'une telle faculté d'adaptation que vous n'avez aucun mal à vous trouver en parfait accord avec vous-même et en harmonie avec votre environnement, et ainsi à vous assurer d'une vitalité claire, mesurée mais généreuse.

Vous pouvez trouver les arrangements utiles à la réalisation d'une union sincère, entretenir des relations qui vous procureront beaucoup de joie et de bonheur, exprimer purement et simplement vos sentiments clairs, profonds et partagés.

Des arrangements opportuns, clairs et utiles à l'unification de votre famille, aux relations priviligiées qui règnent vous permettront d'obtenir l'accord ou l'appui dont vous avez besoin.

Vos négociations et vos tractations obtiendront un franc succès, et vous parviendrez à réaliser vos accords ou à trouver l'appui ou l'approbation d'un personnage important qui favorisera l'évolution de votre situation.

Des opérations ou des transactions vont clarifier votre situation, et vous assurer avec bonheur de sa stabilité, de sa fiabilité et de son expansion probable.

SITUATION ACTUELLE

14 | 6

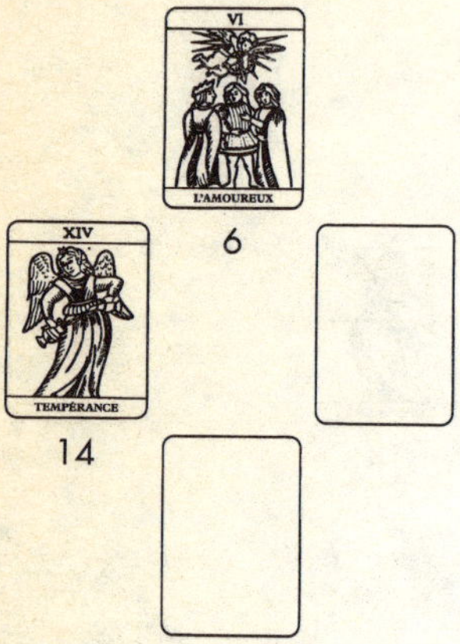

Votre caractère accommodant et votre faculté d'adaptation vous permettent de revenir opportunément sur vos choix lorsque cela s'avère nécessaire, et de vous assurer ainsi d'un équilibre sain et d'une vitalité souple.

Des arrangements renouvelleront opportunément et positivement votre situation affective ou bien votre caractère accommodant vous incite à reconsidérer vos choix, vos décisions et à trouver ainsi des compromis utiles à vos bonnes relations.

Des arrangements opportuns vont pouvoir renouveler votre situation familiale et vous allez ainsi reconsidérer les choix, les décisions ou les accords en vue sous un jour nouveau.

Des négociations, des arrangements et des compromis intelligents vous permettent de renouveler votre situation en réalisant des accords opportuns ou en faisant des choix circonstanciés.

$ Certaines transactions ou négociations vous permettront sans doute de renouveler votre situation, de reconsidérer vos choix et vos accords sous un jour nouveau et avec beaucoup d'intérêts.

SITUATION ACTUELLE

14 | 7

Votre nature souple et sereine favorise le complet épanouissement de votre vitalité, et vous permet ainsi de déployer votre énergie pour obtenir avec succès ce que vous voulez.

Votre caractère accommodant, votre réceptivité et votre souplesse naturelles vous autorisent à obtenir avec succès tout ce que vous souhaitez d'heureux et de positif dans votre vie sentimentale.

Ne doutez pas de pouvoir trouver tous les arrangements opportuns, tous les accommodements souhaitables pour pouvoir réaliser et obtenir avec succès tout ce que vous souhaitez d'heureux dans votre situation familiale.

Des négociations, des arrangements, et des compromis opportuns et intelligents vous permettent de triompher et d'obtenir de haute lutte, par votre énergie et votre volonté, et avec succès ce que vous vouliez.

$ La souplesse et les accommodements sont de rigueur. Ils favorisent en effet l'accomplissement de vos vœux et vous permettent d'agir librement pour obtenir avec succès tout ce que vous désirez.

SITUATION ACTUELLE

14 8

Vous savez refréner vos impulsions irraisonnées et trouver tous les accommodements qui vous font tendre vers un équilibre essentiel et primordial pour vous.

Des arrangements et des compromis sont rapidement trouvés, et ils permettent ainsi de rendre votre situation affective plus juste et plus équilibrée.

Vous allez trouver très rapidement des arrangements et des compromis qui serviront l'équilibre de votre situation familiale et qui permettront ainsi que tout rentre dans l'ordre.

Après avoir très rapidement trouvé des arrangements opportuns et des compromis salutaires, l'ordre et la discipline reprendront leurs droits et règneront à nouveau dans votre situation professionnelle.

Sachez bien estimer vos chances et les moyens dont vous disposez avant de vous lancer dans des aventures et adaptez-vous sagement et opportunément aux lois de l'économie.

SITUATION ACTUELLE

14 9

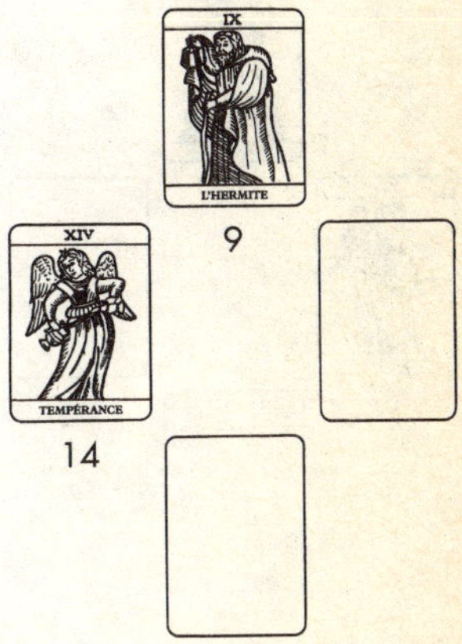

Vous saurez raisonnablement vous arranger au mieux de vos possibilités, faire avec, comme on dit, pour que tout aille bien, et ainsi vous saurez écouter les conseils de sagesse et de prudence qui vous seront prodigués.

Vous trouverez aisément les arrangements que vous recherchez et vous obtiendrez aussi l'accord, l'appui ou le soutien dont vous avez besoin actuellement dans votre vie affective.

Tous les arrangements utiles et nécessaires à la stabilité de votre situation familiale seront finalement trouvés, et vous comprendrez que vous avez eu raison de laisser faire la personne compétente en la matière.

De sérieuses négociations et de longues tractations ressortiront finalement des arrangements et des compromis utiles et opportuns, et vous découvrirez, qui plus est, qu'un personnage influent vous accorde sa confiance.

Vous allez comprendre qu'il est de votre devoir de réaliser certaines transactions ou de trouver des arrangements et des compromis, utiles à la stabilité et à la fiabilité de votre situation.

14 10

Malgré votre irrésolution apparente, vous êtes capable de trouver les compromis utiles à votre évolution, ou de savoir au bon moment faire les choix ou prendre les dispositions qui s'imposent à vous.

Vous trouvez des compromis et des arrangements pour préserver l'évolution de votre situation affective, et pour ce faire, vous vous laissez influencer et guider par vos sentiments.

Vous vous accommodez très bien des choix qui sont faits, des décisions qui sont prises ou des accords qui sont trouvés et qui favorisent l'évolution de votre situation familiale.

Des négociations, des arrangements et des compromis vous aideront à trouver des accords ou à faire des choix lesquels favoriseront l'évolution de votre situation.

Si vous avez du mal à prendre des décisions, laissez-vous guider par les choix et les accords que vous imposera l'évolution de votre situation.

SITUATION ACTUELLE

14 11

Vos efforts et votre faculté d'adaptation vous permettent de vous assurer d'une vitalité saine, énergique, généreuse, et vous autorisent à une totale liberté d'action.

Les efforts que vous déployez pour affirmer votre volonté de trouver des arrangements et des compromis seront payants, et vous pourrez alors exercer une emprise douce et bonne sur votre situation affective.

Des efforts sont faits pour trouver des arrangements et des compromis opportuns, qui vous assureront de l'emprise douce et de la bonne influence que vous exercez sur votre milieu familial.

Vos efforts et votre volonté d'aboutir à des arrangements et à des compromis seront payants. Vous réussirez ainsi à triompher dans vos négociations, en restant pourtant fermement et résolument sur vos positions.

Des transactions, des négociations, des arrangements, et des compromis opportuns et dynamiques favoriseront l'expansion de votre situation, et vous assureront de votre emprise sur les événements en cours.

14 | 12

Vous devez absolument vous accommoder d'une certaine discipline, suivre un traitement sérieux ou accepter de faire un régime, si vous voulez retrouver votre équilibre vital, votre forme ou tout simplement vous rétablir.

Un peu contraint et forcé, et pour préserver votre équilibre, vous accepterez de trouver des compromis ou vous vous accommoderez d'une situation qui ne vous satisfait pas vraiment et qui ne vous laisse pas beaucoup de libre arbitre.

De justes compromis et des arrangements équitables seront trouvés ou vous seront imposés, mais vous ne serez pas plus libre pour autant de vos actes ou de vos décisions.

Il faut bien vous accommoder de certaines règles et d'une discipline, même si elles ne vous satisfont pas vraiment et qu'elles ne vous laissent pas beaucoup de libre arbitre. Acceptez donc de trouver des compromis, car, pour le moment, vous n'avez pas le choix.

Acceptez de faire des économies et pliez-vous aux restrictions financières qui vous sont imposées en vous en accommodant le mieux possible puisque, pour le moment, vous n'avez pas le choix.

14 | 13

Vous allez prendre des dispositions raisonnables et trouver des solutions opportunes pour mettre fin à une situation incertaine, ou opérer un changement radical dans votre comportement ou dans votre existence.

Les arrangements, les compromis, et les solutions opportunes et accommodantes qui vous sont dictés par la sagesse ne vous préserveront pas d'un changement radical dans votre vie sentimentale et vous feront prendre conscience que celui-ci est absolument nécessaire.

Malgré les arrangements ou les compromis qui sont trouvés, vous acceptez finalement de chercher et de trouver une solution radicale, et vous comprenez qu'un changement, qu'une transformation est nécessaire.

Les arrangements, les compromis et les solutions opportunes qui sont trouvés, favorisent ou n'excluent pas un changement radical dans votre situation, dont il est sage et prudent d'accepter la nécessité.

Vous pouvez trouver des arrangements, des compromis raisonnables et des solutions opportunes pour opérer un changement radical ou tirer le meilleur profit de votre situation.

SITUATION ACTUELLE

14 15

Votre souplesse et votre faculté d'adaptation vous permettent de maîtriser et d'utiliser au mieux votre énergie intense, et de profiter ainsi de votre bien-être vital.

Votre esprit accommodant, votre faculté d'adaptation et votre sens de l'opportunité vous permettent de contrôler vos désirs et vos instincts ou votre vie affective sinon passionnelle et dissolue du moins instable et intense.

Tous les arrangements et les compromis opportuns seront trouvés pour que vous puissiez obtenir ce que vous voulez, réaliser vos désirs ou imposer votre volonté avec souplesse et assurance dans votre situation familiale.

Ne doutez pas de pouvoir aboutir dans vos négociations à trouver des arrangements et des compromis qui vous permettront de réaliser vos ambitions, d'atteindre vos objectifs et de dominer ainsi votre situation avec souplesse et fermeté.

Vous allez trouver les arrangements et les compromis opportuns qui vous permettront de réaliser vos désirs et de satisfaire vos ambitions sur le plan financier.

SITUATION ACTUELLE

14 16

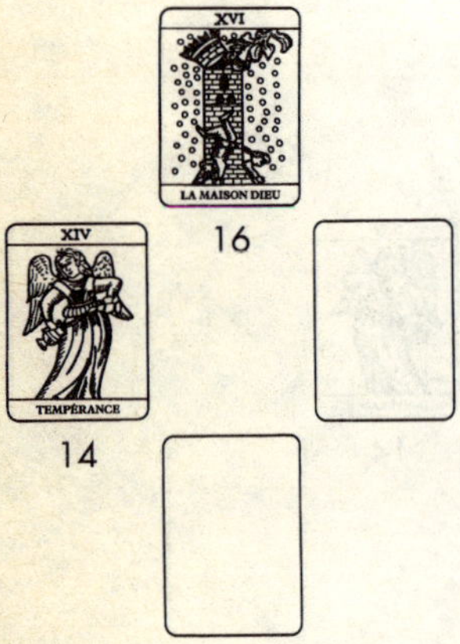

Votre souplesse et votre intelligence instinctives vous permettront de vous libérer ou de vous préserver de tout ce qui serait susceptible de perturber ou de déstabiliser votre équilibre naturel et votre bien-être vital.

Vous allez trouver des compromis opportuns et intelligents qui apporteront sans doute un certain soulagement dans votre vie affective, mais qui auront tout de même des conséquences bouleversantes.

Malgré votre esprit accommodant et votre souci de préserver la tranquillité de votre vie familiale, vous ne pourrez éviter qu'une remise en question salutaire mais bouleversante ne se produise.

Les compromis intelligents et opportuns qui ont été trouvés dans votre situation auront pour conséquence une remise en question bouleversante, fondamentale mais sans doute salutaire. Ne vous en inquiétez donc pas outre mesure.

Malgré les dispositions accommodantes, opportunes et intelligentes que vous aurez su prendre, vous ne pourrez éviter qu'une remise en question ne se produise laquelle sera positive ou non selon l'état de vos finances actuelles.

14 17

Votre caractère souple, indépendant, solide vous assure d'un réel bien-être, d'une vitalité saine et d'une santé sans problème.

Malgré votre caractère indépendant, vous n'en êtes pas moins sûr de vos sentiments : soit vous êtes soumis à la personne que vous aimez, soit c'est elle qui en ce moment vous assure de son affection sincère et profonde.

Des arrangements et des compromis constructifs et intelligents sont trouvés et imposés avec autorité pour que votre situation familiale puisse mieux s'adapter aux circonstances ou qu'elle puisse réaliser quelque chose de neuf.

Vous pouvez négocier avec fermeté une situation ou une affaire nouvelle en ayant l'assurance de pouvoir trouver des compromis constructifs et intelligents, mais sans rien céder de vos prérogatives !

Une situation financière saine vous rend indépendant, sûr de vos ressources et de vos prérogatives, et vous permet ainsi d'agir d'une manière constructive et intelligente.

SITUATION ACTUELLE

14 18

Plutôt que de vous laisser aller ou de laisser votre état de santé se dégrader, il serait plus raisonnable en ce moment, de vous ranger à l'avis d'un médecin.

Les compromis et les arrangements qui sont trouvés actuellement dans votre vie affective n'arrangeront pas grand chose et, si vous n'y prenez garde, votre situation risque de se dégrader.

Malgré votre esprit accommodant et votre volonté d'arranger les choses, vous ne pourrez éviter qu'une situation ne se dégrade, et vous auriez sans doute tort en la circonstance de trouver des compromis ou de faire des concessions.

Malgré votre volonté de trouver des arrangements et des compromis raisonnables, vous n'aboutirez sans doute pas dans vos négociations et vous risquez de connaître une déception ou de voir votre situation se dégrader.

Vos obligations et vos responsabilités vous poussent à prendre des dispositions opportunes ou à trouver des arrangements et des compromis raisonnables pour résoudre ou résorber vos difficultés financières.

SITUATION ACTUELLE

14 19

Votre esprit accommodant et votre faculté d'adaptation vous rendent serein, et vous mettent en parfait accord avec ceux qui vous entourent et avec vous-même. Vous bénéficiez, qui plus est, d'une vitalité rayonnante.

Vous trouvez les arrangements ou les accommodements utiles à la préservation ou à la réussite d'une relation amoureuse ou d'une union sincère à laquelle vous pouvez vous abandonner pleinement.

Des relations sereines, intelligentes, compréhensives, aimantes règnent autour de vous et vous assurent ainsi d'une réussite totale dans votre situation familiale, quels que soient les arrangements ou les compromis qu'il serait utile de trouver.

Vous obtenez une brillante réussite dans vos négociations et vous trouvez ainsi les arrangements utiles à la réalisation d'un accord ou au fondement d'une association qui présente de nombreux avantages.

Vous êtes en mesure de trouver des arrangements ou des compromis pour réaliser des accords ou faire des choix opportuns et qu'ainsi votre situation puisse vous donner entière satisfaction.

SITUATION ACTUELLE

14 20

Faites des efforts, et trouvez les arrangements et les compromis utiles à votre rétablissement. Ne doutez pas de pouvoir retrouver ainsi votre dynamisme et votre énergie vitale.

Faites des efforts, trouvez des arrangements et des compromis dynamiques et opportuns, pour que votre situation affective puisse évoluer, se renouveler qu'elle redevienne comme avant ou qu'elle change bénéfiquement.

Faites des efforts, trouvez des arrangements et des compromis dynamiques et opportuns, et ainsi votre situation familiale pourra évoluer, se renouveler ou retrouver une certaine tranquillité.

Des efforts sont faits, des arrangements, des compromis dynamiques et opportuns sont trouvés pour faire évoluer votre situation, aboutir à un changement appréciable ou à un renouvellement bénéfique.

Faites des efforts, trouvez des arrangements, des compromis dynamiques et opportuns pour aboutir à un changement ou à un renouvellement dans votre situation financière.

14 21

Vous pouvez trouver les accommodements utiles à la préservation de votre équilibre et vous assurer ainsi du réel épanouissement de votre bien-être vital.

Vous avez toutes sortes de bonnes raisons pour faire preuve de clémence, de tolérance et de compréhension, et ainsi trouver les accommodements utiles à l'équilibre et à l'épanouissement de votre vie sentimentale.

Les justes compromis et les arrangements équitables qui sont trouvés servent l'équilibre et l'épanouissement de votre situation familiale.

De vos négociations très sérieuses et très rigoureuses ressortiront des arrangements équitables et de justes compromis, qui vous satisferont pleinement et apporteront une certaine expansion à votre situation.

Vous devez trouver de justes compromis ou des arrangements équitables si vous voulez pouvoir profiter pleinement et d'une manière équilibrée de vos moyens.

SITUATION ACTUELLE

14 22

Si vous avez l'intention de partir, de faire un voyage, c'est le moment ! Sinon, malgré votre caractère accommodant et votre souplesse, vous ne pourrez pas vous empêcher d'avoir des réactions impulsives et un comportement instable.

Malgré votre souci de trouver des arrangements ou des compromis, vous ne pourrez refréner vos élans, vos coups de cœur, ni contenir vos réactions impulsives ou vos actes irréfléchis.

Des arrangements opportuns vous permettront de partir ou de déménager ou bien, malgré les compromis qui auront été trouvés pour la retenir, vous ne pourrez empêcher le départ d'une personne de votre entourage familial.

Des arrangements et des compromis opportuns favorisent le départ ou l'arrivée d'une personne de votre entourage professionnel ou vous donnent le feu vert pour entreprendre un voyage, un déplacement ou pour vous délivrer vivement de certaines retenues.

C'est le moment de faire des transactions ou des mouvements d'argent, mais ne vous laissez pas aller à des actes irréfléchis ou à des extravagances financières.

SITUATION ACTUELLE

15 | 1

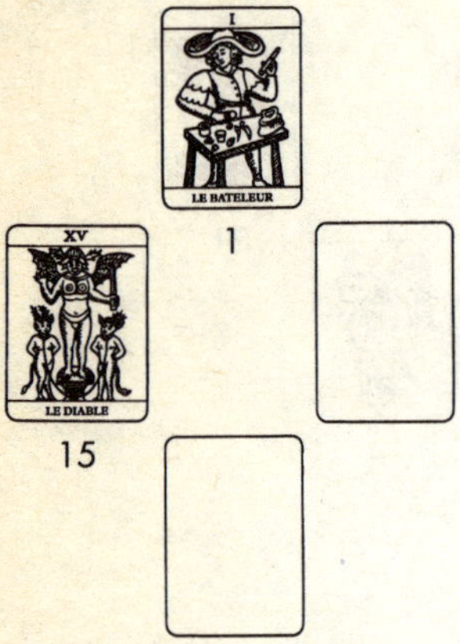

Votre état de surexcitation peut rapidement vous causer des problèmes, vous pousser à prendre des risques dangereux ou à commettre de graves erreurs ; attention donc ! Si vous êtes malade, vous allez devoir employer les grands moyens pour vous en sortir.

Le trouble et la passion qui règnent dans votre vie sentimentale, des attitudes excessives, une volonté d'assouvir vos désirs à tout prix risquent de vous faire commettre de graves erreurs et de vous jouer de mauvais tours.

Il règne un certain désordre dans votre situation familiale, et si vous voulez arriver à tout prix à vos fins, vous le pouvez mais c'est à vos risques et périls. Quoi qu'il en soit, tout cela n'ira pas sans quelques bouleversements brusques et inévitables.

L'impatience et la surexcitation, les initiatives prématurées ou trop ambitieuses risquent de nuire à votre situation et de tout vous faire perdre.

Si vous vivez au-dessus de vos moyens, que vous avez des désirs trop ambitieux ou que vous n'êtes pas d'une honnêteté à toute épreuve, vous risquez d'en subir les conséquences très vite.

SITUATION ACTUELLE

15 | 2

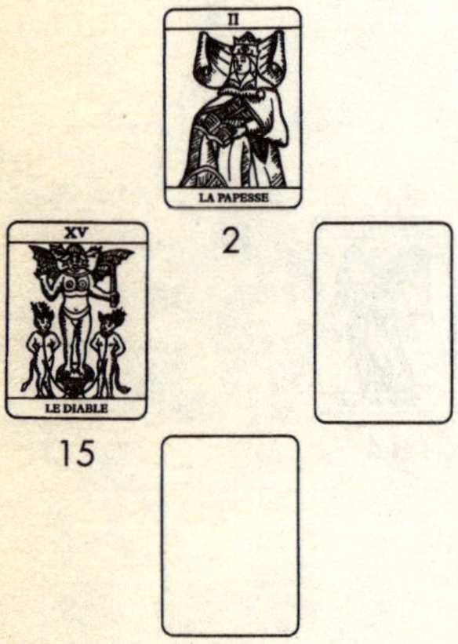

Vous bénéficiez d'une réserve de ressources énergétiques très intense, mais vous n'en abusez pas sauf quand vous jugez nécessaire de faire peau neuve, de vous fortifier ou de réaliser quelque chose qui vous tient à cœur.

Malgré une certaine réserve ou l'apparente stabilité de votre situation affective, vous êtes en réalité d'une nature très passionnée et rien ne vous arrête dès que vos sentiments sont en cause.

Les désirs de neuf ou de nouveauté que vous souhaitez secrètement voir se réaliser s'accompliront sans doute et ils répondront ainsi à votre attente et à vos espoirs.

Vous devriez pouvoir réaliser vos désirs, vos idées originales et ambitieuses, tirer profit d'une création, d'une invention ou d'une innovation même si pour le moment tout cela reste encore secret ou en attente.

Vos espérances et vos ambitions financières vont très certainement être satisfaites et vous pourrez alors faire des économies, stabiliser votre situation sans pour autant vous sentir limité dans vos dépenses.

15 | 3

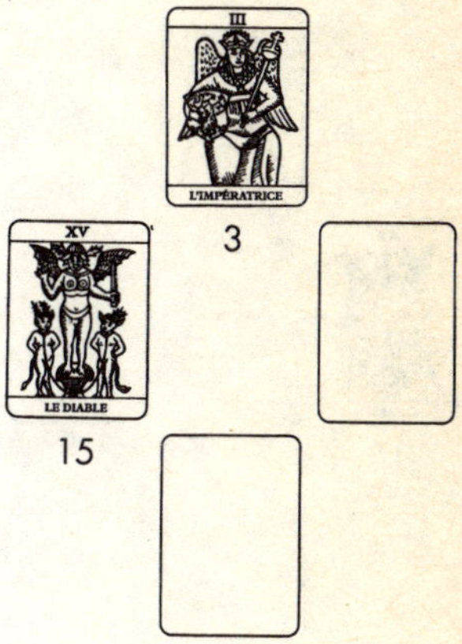

Vous pourriez bien être victime d'une crise aiguë de santé qui serait due à vos excès, à vos abus, à vos tensions, à votre surexcitation ou à la vie dissolue et malsaine que vous menez.

Des conflits d'ordre passionnel pourraient bien apparaître dans votre vie affective, entraînant ainsi de graves déceptions ou d'amères désillusions.

Des conflits, des déceptions, des problèmes de santé ou autres vont se manifester dans votre vie familiale, et vous devrez faire appel à toute votre autorité généreuse et compréhensive pour pouvoir faire front.

Malgré les retards ou les problèmes que vous allez rencontrer, vous devriez pouvoir matérialiser vos désirs, réaliser vos ambitions et parvenir à atteindre un niveau de production tout à fait remarquable.

Malgré les retards, les problèmes que vous allez sans doute rencontrer, vous devriez parvenir à réaliser vos ambitions et vos désirs sur le plan financier.

SITUATION ACTUELLE

15 | 4

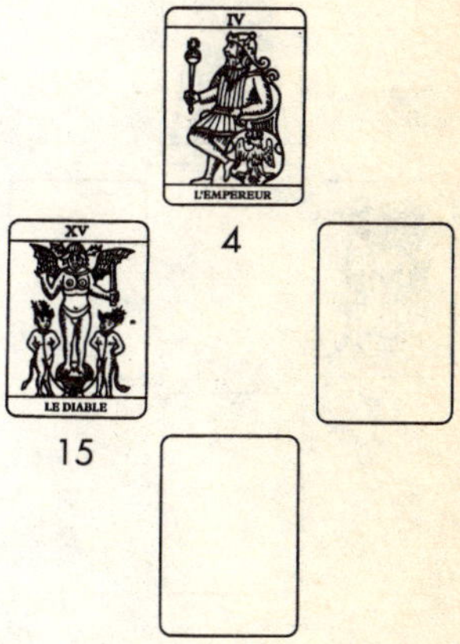

Vous bénéficiez d'une énergie très intense dont vous semblez faire usage avec une certaine intelligence même si vous n'êtes pas à l'abri des tentations et des excès.

Rien, semble-t-il, ne peut contrarier votre volonté absolue de parvenir à vos fins sur le plan sentimental, et vous dominez ainsi très clairement et très concrètement votre vie affective.

En cas de situation trouble, excessive, fâcheuse dans votre vie familiale, vous saurez faire une clarification qui vous permettra d'avoir les choses en main. Sinon vous dominez très clairement et très concrètement votre situation familiale.

En réalisant vos désirs et vos ambitions, vous parvenez à mettre votre pouvoir, votre autorité, votre intelligence constructive au service de la réussite de vos entreprises ou de votre situation professionnelle.

Vous pouvez satisfaire vos désirs et vos ambitions sur le plan financier et ainsi clarifier, dominer votre situation avec succès.

SITUATION ACTUELLE

15 | 5

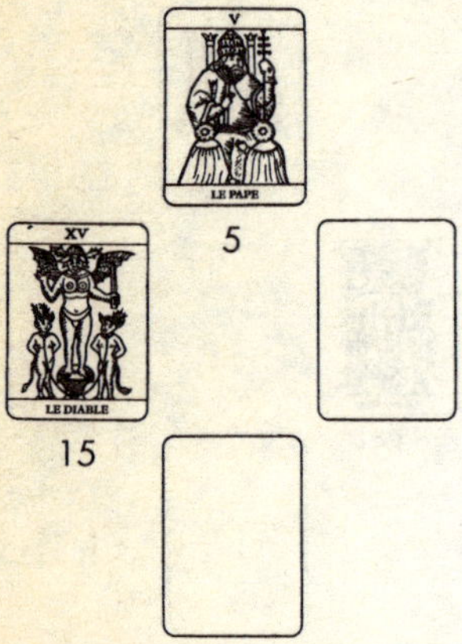

Il est sans doute nécessaire de remédier à votre trouble ou à votre état de surexcitation en utilisant les grands moyens ou, du moins, de tout faire pour tenter de vous rétablir, de retrouver votre état normal le plus rapidement possible.

Malgré votre comportement passionnel et votre nature excessive, vous êtes amené, par la force des choses, à changer de comportement, à reconsidérer plus raisonnablement votre vie affective, à revenir à des relations plus normales.

Vous ferez tout pour satisfaire vos désirs de renouveau, de reconsidération, de changement ou de retour à une situation familiale plus normale, plus sérieuse, plus fiable.

Pour parvenir à vos fins, satisfaire vos désirs et vos ambitions, il faut vous rendre juridiquement irréprochable ou savoir reconsidérer, changer votre situation ou vos appréciations la concernant, comme il se doit.

Vous obtenez des résultats financiers appréciables qui vous permettront de renflouer avantageusement une affaire ou de reconsidérer habilement votre situation sur le plan juridique.

SITUATION ACTUELLE

15 | 6

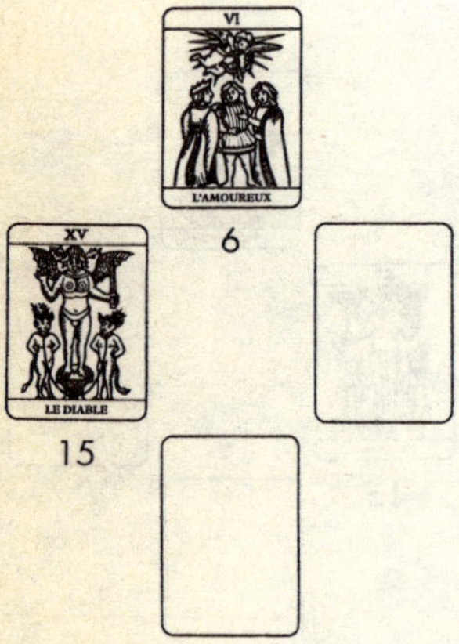

Vous bénéficiez d'une énergie vitale intense et harmonieuse qui rend vos choix instinctifs et favorise l'épanouissement de votre bien-être, à condition toutefois de ne pas commettre d'excès ou d'imprudences.

Vous souhaitez à tout prix assouvir vos passions, satisfaire vos désirs sur le plan affectif, et tous les éléments semblent réunis pour que vous soyez comblé. A vous donc de mesurer la profondeur et l'importance de vos choix.

Vous avez de grandes ambitions en ce qui concerne votre situation familiale, mais, pour les réaliser, sachez faire des choix importants et demandez-vous si ce que vous désirez n'est pas au-dessus de vos moyens. Si ce n'est pas le cas, tout ira bien.

Vos ambitions, vos désirs et vos vastes projets d'expansion ou d'association à un haut niveau ont toutes les chances de pouvoir pleinement s'accomplir.

Votre situation financière se présente globalement avantageuse. Elle vous autorise donc à faire des choix judicieux, à prendre des décisions opportunes, à trouver des accords fructueux qui favorisent son expansion.

15 | 7

Prenez garde à vos impulsions irraisonnées, à vos actes irréfléchis, à votre nature excessive et instable, impatiente et désordonnée. Faites donc des efforts pour vous contrôler, pour maîtriser vos instincts et éviter les erreurs.

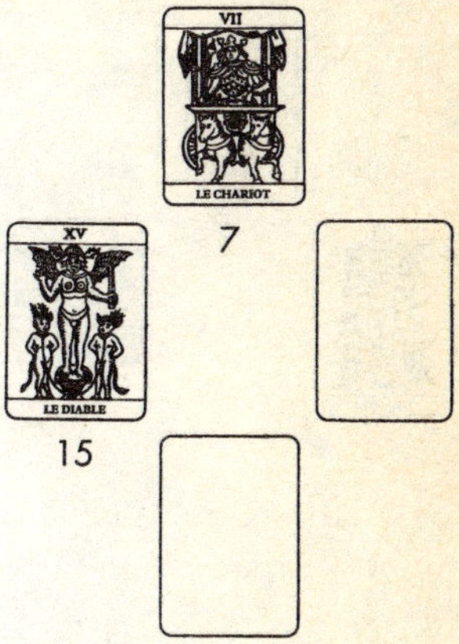

Votre désir d'arriver à tout prix à vos fins vous aveugle, vous rend impatient, impulsif et imprudent. Ainsi, rien ne semble pouvoir contrarier vos élans. Sachez cependant jusqu'où aller trop loin.

Vous avez sans doute le désir de partir précipitamment sans vous retourner et sans vous demander si une telle attitude est ou non justifiée. Quoiqu'impulsive et peut-être imprudente, cette action devrait toutefois s'avérer positive.

Vous allez très rapidement pouvoir agir pour parvenir à vos fins, atteindre vos objectifs, imposer votre volonté ou partir, et triompher d'une situation par l'action et la lutte.

Vous allez entreprendre des actions peut-être hâtives ou prématurées en ce qui concerne votre situation financière, mais qui s'avèreront finalement très positives.

15 | 8

Vous surmontez vos faiblesses en ayant recours à des moyens très stricts, ou vous mettez fin à vos excès en vous imposant une discipline. Cela vous rend ainsi plus conscient et plus responsable de votre équilibre vital.

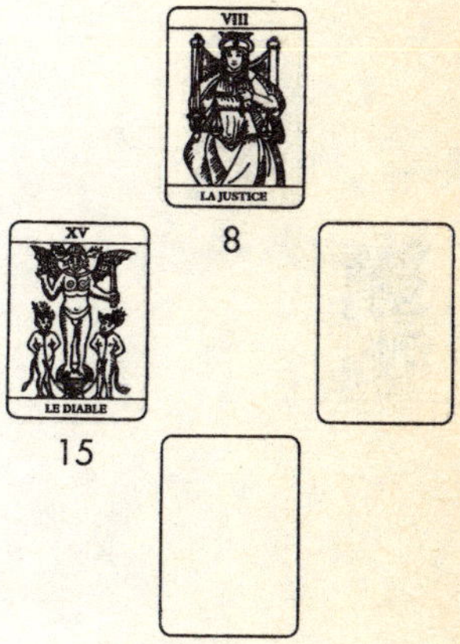

Si vous traversez une période troublée sur le plan affectif ou bien si vous êtes victime de vos faiblesses, de vos passions, sachez que, d'une manière ou d'une autre, l'ordre et la morale seront triomphants.

Quels que soient vos désirs ou vos ambitions concernant votre situation familiale, ou le trouble ou le désordre qui y règne, c'est finalement l'ordre, l'équilibre ou la morale qui auront le dernier mot.

Vos désirs ou vos ambitions ne peuvent aboutir qu'en se soumettant à des règles, à des lois, à des normes très strictes, ou bien, pour mettre fin au désordre, aux troubles d'une situation, il faut impérativement avoir recours à la loi.

Imposez-vous des règles et une discipline très strictes pour rendre votre situation financière plus stable, plus fiable, plus équilibrée.

SITUATION ACTUELLE

15 9

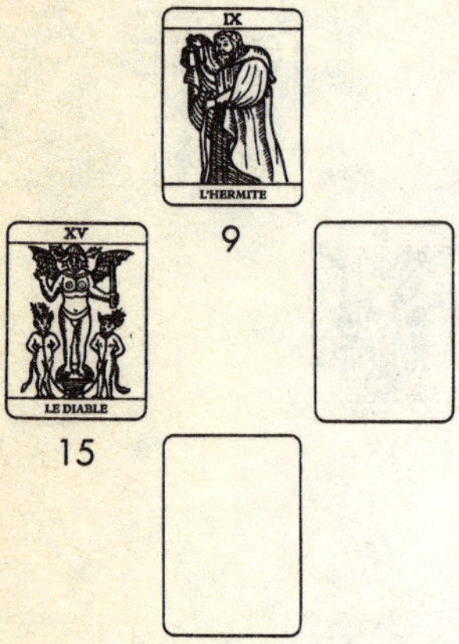

Malgré votre vitalité intense et une tendance à disperser votre énergie, il est probable que vous aurez à faire preuve de prudence dans vos décisions, dans vos choix concernant votre santé.

Vous vivez vos relations affectives sur un mode plutôt passionnel et, quoi qu'il arrive, vous ne pouvez plus être dupe de la nature réelle de vos sentiments.

Si vous voulez vraiment et à tout prix réaliser vos désirs, il vous est nécessaire de faire des choix judicieux, de prendre de sages décisions, d'agir après mûre réflexion pour éviter les excès ou les imprudences.

Vous prenez conscience du fait que l'objectif essentiel sur lequel vous concentrez votre énergie actuellement est bien de trouver un accord à tout prix. Toutefois, sachez pour y parvenir, faire preuve de mesure et de prudence dans vos choix.

Malgré une situation très avantageuse, soyez prudent, méthodique et mesuré dans les accords que vous passez, dans les choix que vous faites, dans les décisions que vous prenez.

SITUATION ACTUELLE

15 10

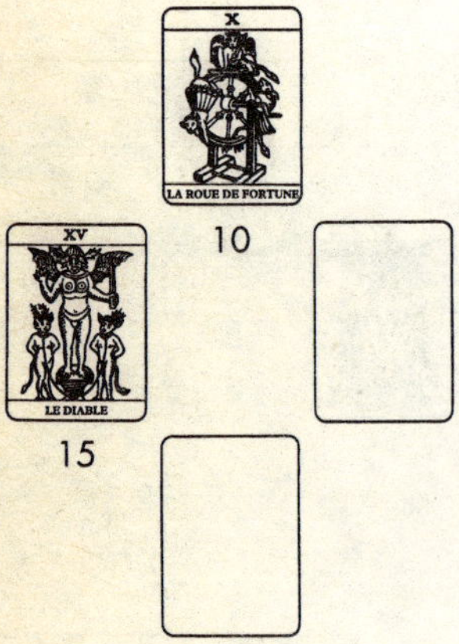

Vous bénéficiez d'une énergie vitale intense, d'un punch incontestable qui vous autorisent à aller de l'avant en vous imposant physiquement et moralement.

Vous pouvez satisfaire vos désirs, imposer votre volonté, obtenir tout ce que vous voulez ; mais faites quand même des efforts pour éviter les débordements de la passion ou les impulsions irréfléchies dont les conséquences seraient douteuses.

Votre situation familiale peut évoluer très rapidement dans le sens de vos désirs ou de votre volonté à condition de savoir faire les efforts ou de savoir entreprendre les actions utiles à cet effet.

Votre détermination, vos efforts et votre volonté de succès sont tels que rien ne semble pouvoir freiner, arrêter ou empêcher l'évolution rapide et avantageuse de votre situation.

Tous les éléments sont réunis pour que vous puissiez atteindre vos objectifs financiers dans de brefs délais et pour que vous soyez ainsi en mesure de faire évoluer très avantageusement votre situation.

SITUATION ACTUELLE

15 | 11

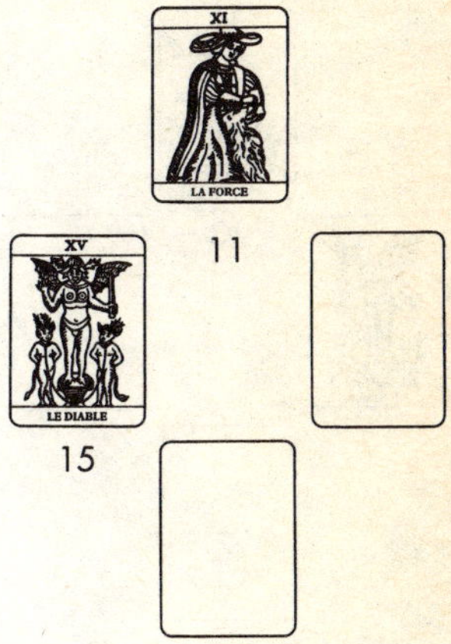

Malgré une vitalité intense et sujette aux débordements, vous ne manquez ni de discipline ni de courage, et vous vous rendez ainsi maître de vous-même et sûr de votre équilibre.

Vous maîtrisez vos passions, vous contrôlez vos impulsions et vous équilibrez ainsi votre vie sentimentale en vous appuyant sur votre force morale.

Les troubles, les excès ou les dissensions qui règnent sans doute dans votre situation familiale peuvent être annihilés par des actions concrètes, courageuses et rigoureuses.

Pour satisfaire vos désirs ou vos ambitions sur le plan professionnel, soyez rigoureux, discipliné et sachez imposer votre volonté de réussir.

Vous avez tous les atouts pour réussir à satisfaire vos ambitions et vos désirs sur le plan financier et vous assurer ainsi une situation solide et équilibrée.

SITUATION ACTUELLE

15 | 12

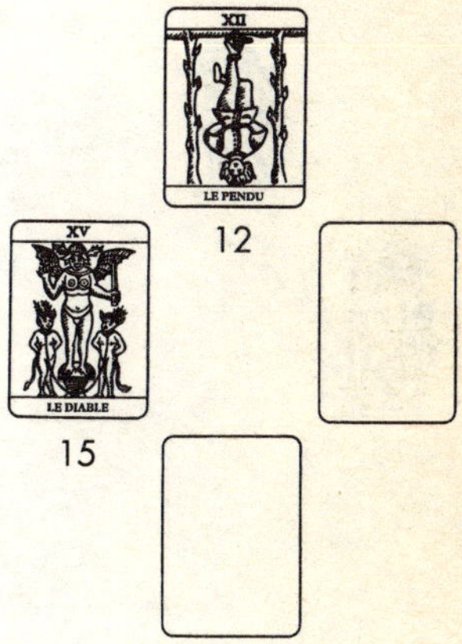

Vous prenez conscience de vos excès, de vos faiblesses ou des tentations auxquelles vous n'avez pas su résister et qui vous ont mis dans une situation difficile dont vous ne pouvez sortir qu'en faisant preuve de prudence et de modération.

Vous prenez conscience de votre comportement passionnel, excessif, de votre vie dissolue et vous souhaitez à tout prix vous en sortir ; mais ce n'est possible que si vous réalisez pleinement à quel point vous êtes victime de vos impulsions et de vos désirs.

Vous allez vous rendre compte que c'est en voulant en faire trop, en voulant aller trop vite ou trop loin que vous vous êtes mis dans une situation difficile, figée, ambiguë dont il faut maintenant trouver l'issue.

En utilisant des moyens extrêmes, illicites ou douteux vous risquez de vous retrouver dans une situation figée, ambiguë sans issue ; mais heureusement vous avez les moyens de vous en rendre compte à temps et de bien réfléchir avant d'agir ou de renoncer.

Considérez qu'en cédant à la tentation d'un certain désordre financier vous risquez fort de vous retrouver dans une situation difficile et sans issue. Sachez donc rester prudent.

SITUATION ACTUELLE

15 13

Vos excès, vos faiblesses vous conduiront très rapidement à un changement radical dans votre comportement, ou bien, l'utilisation de moyens extrêmes vous permettra d'éliminer définitivement tout ce qui pourrait nuire à votre santé.

Vous voulez à tout prix opérer un changement radical dans votre vie sentimentale et vous êtes prêt à y arriver par n'importe quels moyens. Vous récolterez donc les fruits, bons ou mauvais, que vous aurez semés.

Vous désirez ardemment opérer un changement radical dans votre situation familiale et vous y parviendrez sans doute très rapidement quels que soient les moyens employés pour ce faire. Si vous avez raison d'agir ainsi, c'est très bien ; sinon, gare aux conséquences !

Vous désirez et vous pouvez très rapidement opérer un changement radical dans votre situation ou tirer profit d'une transformation, d'une évolution profonde et profitable, même si cela vous semble un peu confus et excessif a priori.

$ Soit vous allez opérer un changement radical pour mettre fin à vos dépenses abusives ou à vos ambitions démesurées, soit vous allez très rapidement obtenir des résultats positifs et avantageux sur le plan financier.

SITUATION ACTUELLE

15 14

Vous maîtrisez très bien votre intense vitalité parfois un peu trouble, parfois un peu excessive et vous trouvez ainsi le juste milieu qui vous convient, qui vous rend serein et sûr de vous.

Vous dominez vos passions, vous contrôlez vos impulsions, vous tempérez vos désirs et vous trouvez ainsi les arrangements et les accommodements utiles à des relations sereines, profondes et généreuses.

Vous avez la situation bien en main et vous êtes donc en mesure de trouver les arrangements, les compromis ou les accommodements souhaitables et utiles au calme et à la sérénité de votre vie familiale.

Vous avez la situation bien en main, vous êtes sûr de vos prérogatives et de vos ambitions, et vous pouvez ainsi vous rendre maître des négociations utiles à la réalisation de vos désirs et à votre réussite.

$ Vous avez votre situation financière bien en main et vous pouvez donc entreprendre des négociations profitables ou réaliser des transactions avantageuses.

15 16

Si vous abusez d'une énergie vitale intense, que vous faites trop d'excès ou que vous vous conduisez d'une manière dissolue, un brusque bouleversement ne se fera pas attendre, sous forme de crise ou d'accident de santé.

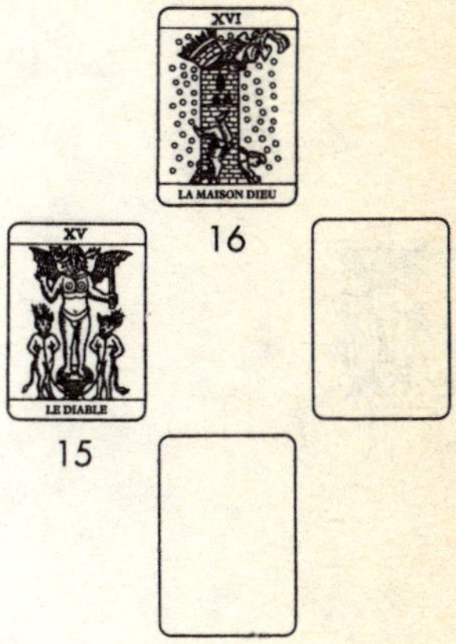

Une attitude excessive, un comportement passionnel, une volonté aveugle et absolue de satisfaire à tout prix vos désirs ne peuvent vous conduire qu'à une situation de crise qui s'avérera catastrophique ou salutaire selon les circonstances.

Vous voulez tellement arriver à vos fins, imposer votre autorité, vos désirs, vos volontés que le résultat ne se fera pas attendre pour le meilleur ou pour le pire selon les cas ou les circonstances.

Il y a là une telle volonté de remise en question salutaire ou de destruction que, selon les cas ou les circonstances, rien ni personne ne pourra empêcher qu'un bouleversement libérateur ou une catastrophe ne se produise.

Soit un profit conséquent va bouleverser votre situation financière d'une manière salutaire, soit vos dépenses dispendieuses ou vos ambitions démesurées vous conduiront à subir des pertes graves.

SITUATION ACTUELLE

15 17

Vous bénéficiez d'une énergie vitale très intense mais vous n'en abusez pas. Vous vous en servez plutôt comme d'un atout pour assumer vos responsabilités et faire preuve d'une nature réceptive, pleine de ressources et d'imagination.

Vous saurez sans aucun doute refréner vos désirs aveugles, vos relations passionnelles, vos élans impulsifs et adopter ainsi une attitude réfléchie, un comportement responsable qui vous permettront alors de vous abandonner à la plénitude de vos sentiments.

Vous pouvez obtenir les appuis, les soutiens ou l'approbation dont vous avez besoin pour réaliser vos désirs, satisfaire vos espérances et vos aspirations, ou faire quelque chose de neuf dans votre situation familiale.

Vous allez sans aucun doute obtenir l'approbation ou le soutien d'un personnage influent pour réaliser vos désirs, vos espoirs accomplir vos aspirations, ou faire intervenir un élément nouveau ou novateur dans votre situation.

Si vous restez dans les limites que vous imposent votre devoir et vos responsabilités, vous pourrez profiter au mieux de vos ressources pour satisfaire vos désirs et vos ambitions.

SITUATION ACTUELLE

15 18

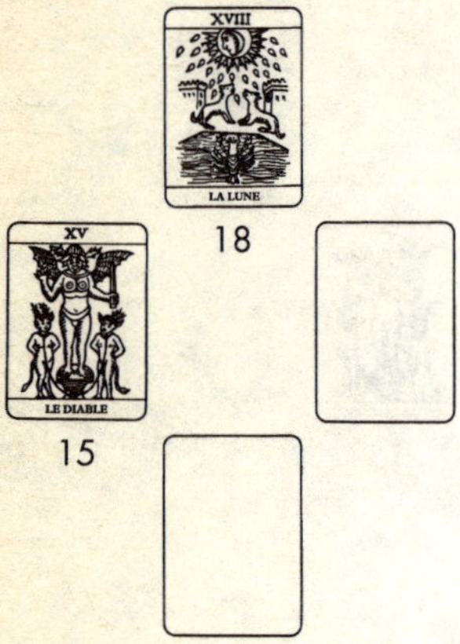

Vos faiblesses, vos excès, vos abus et vos irrésolutions risquent de dégrader votre état de santé, d'user votre vitalité, bref, de vous rendre malade.

Des relations passionnelles, une vie sentimentale dissolue, des désirs aveugles, avides de satisfactions ne peuvent vous conduire qu'à commettre des erreurs ou à connaître des déceptions d'ordre affectif.

Si vous n'y prenez garde, vous risquez de vous laisser guider par vos désirs ou de subir de fâcheuses influences qui pourraient vous conduire à connaître des déceptions ou à commettre de regrettables erreurs, sources de désillusions.

Malgré votre volonté ardente, absolue de trouver un accord, vous risquez fort de commettre une erreur, d'être déçu par les personnes en cause, de faire de mauvais choix ou de connaître des désillusions.

$ L'impatience, la précipitation et l'avidité ne peuvent que nuire à vos accords, à vos décisions, à vos choix éventuels concernant votre situation financière et vous faire commettre de graves erreurs.

SITUATION ACTUELLE

15 19

Vous dépensez sans compter votre intense énergie vitale, et vous vous imposez ainsi physiquement et moralement avec bonheur et générosité.

Vous pouvez agir en toute liberté et avec confiance pour satisfaire vos désirs, parvenir à vos fins et réaliser ce que vous voulez dans votre vie affective en ayant l'assurance d'obtenir entière satisfaction.

Vous allez pouvoir obtenir tout ce que vous désirez, satisfaire votre volonté de voir votre famille unie et heureuse, ou réussir dans vos entreprises en rapport avec votre foyer ou votre milieu familial.

Vous pouvez vous imposer, agir et entreprendre ce que vous désirez en ayant l'assurance de triompher de tous les obstacles et d'obtenir entière satisfaction.

$ Vous avez les moyens d'agir, selon vos désirs, d'imposer votre volonté et de satisfaire vos ambitions sur le plan financier.

SITUATION ACTUELLE

15 20

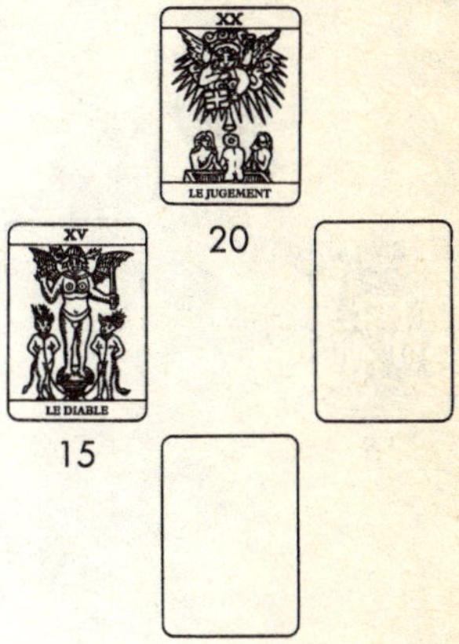

Une discipline, une rigueur, voire une certaine sévérité vis-à-vis de vous-même peut vous permettre de rééquilibrer votre état de santé, de refréner votre excitabilité, de mieux contrôler votre intense énergie vitale.

Vous jugez sévèrement votre comportement passionnel ou dissolu, ou bien celui-ci risque d'être blâmé. Quoi qu'il en soit, cela vous incite à reconsidérer votre vie sentimentale, à faire amende honorable et à adopter une attitude plus juste, plus normale, plus équilibrée.

En se soumettant à des règles strictes nécessaires à son équilibre, votre situation familiale peut se renouveler, retrouver une certaine normalité en s'éloignant ainsi des troubles, du désordre, des dissensions qui la perturbent actuellement.

Les divisions, les désaccords, les fautes commises et dénoncées ne peuvent se résoudre qu'en ayant recours à un arbitrage, lequel sera porteur d'un renouveau, d'une réhabilitation, d'un changement souhaitable et salutaire.

Refrénez vos dépenses, soumettez-vous à certaines règles strictes et rigoureuses, et vous parviendrez ainsi à renflouer votre situation financière.

SITUATION ACTUELLE

15 21

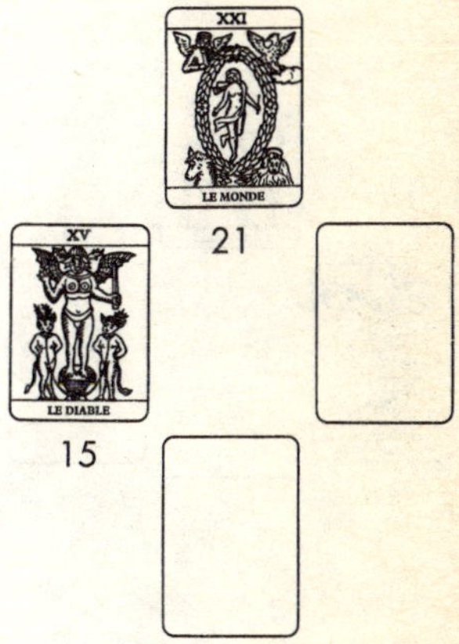

Vous êtes pleinement conscient de l'énergie vitale dont vous disposez et cela vous incite à la prudence, à rechercher un plus ample épanouissement sans céder à la tentation de la dispersion ou des excès.

Vous êtes pleinement conscient de votre comportement excessif ou des relations passionnelles qui sont les vôtres, et c'est cette lucidité qui vous promet finalement une vie sentimentale très épanouissante et de trouver ce à quoi vous aspirez.

Vous êtes pleinement conscient de tout ce qu'il y a d'excessif, de troublant, de désordonné dans votre vie familiale mais c'est précisément dans cette situation incohérente et déréglée que vous trouverez pourtant des facteurs d'épanouissement.

Vous êtes pleinement conscient de la richesse potentielle de votre situation et quand bien même elle serait incohérente, désordonnée, c'est précisément dans ce chaos que vous allez trouver des motifs et des facteurs d'expansion.

Vous êtes pleinement conscient des moyens dont vous disposez, et vous savez qu'en faisant preuve de prudence et de circonspection vous pourrez atteindre les perspectives d'expansion qui sont à votre portée.

15 | 22

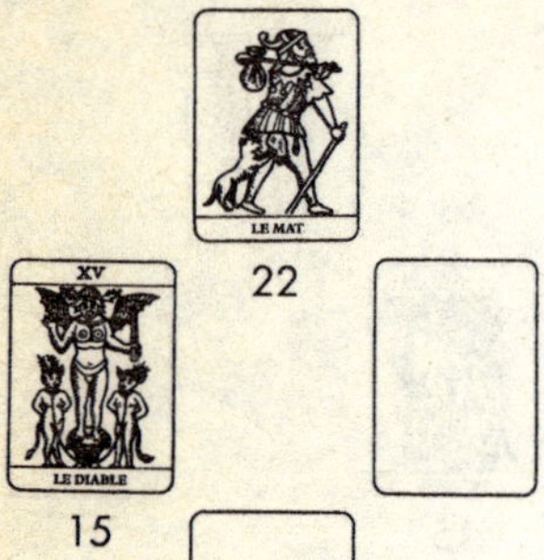

Trop de surexcitation, d'impulsivité, de dispersion d'une énergie vitale intense mais galvaudée ne peut conduire qu'à commettre de graves erreurs dont vous aurez, tôt ou tard, à subir les conséquences.

Ce sont vos désirs plus que vos sentiments qui dictent vos élans irrépréssibles et vous êtes prêt à tout pour les satisfaire. Or cette attitude risque de vous faire commettre quelques erreurs.

Vous n'avez qu'un désir, semble-t-il, c'est celui de partir, de déménager, de vous arracher à votre milieu familial sous l'emprise d'une impulsion que rien ne semble pouvoir arrêter. Mais êtes-vous sûr de ce que vous faites ?

Vous n'avez de cesse d'arriver à vos fins, de satisfaire vos désirs et vos ambitions. Cela vous rend impatient, impulsif, et risque de vous conduire à commettre des erreurs et des extravagances regrettables.

Vous voulez à tout prix satisfaire vos désirs et vos ambitions sur le plan financier et vous en avez les moyens, mais cela risque de vous conduire à commettre des erreurs ou des actes irréfléchis, prématurés aux conséquences incertaines.

SITUATION ACTUELLE

16 | 1

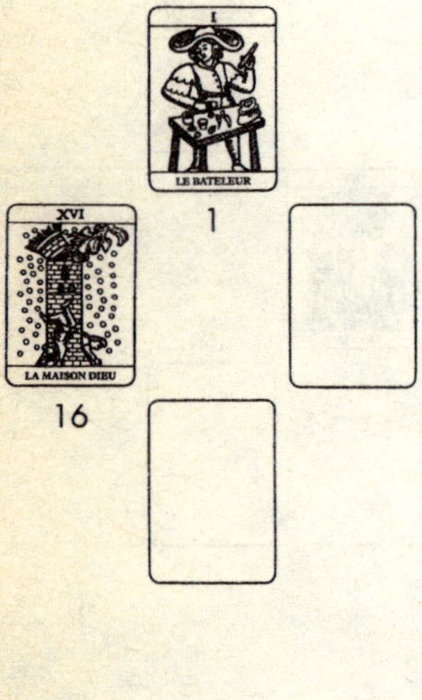

Une crise de santé salutaire, libératrice vous incite à déployer votre habileté et votre esprit d'initiative, à puiser dans vos ressources vitales pour faire peau neuve.

Vous êtes sous l'empire d'un coup de foudre, d'un bouleversement émotionnel ou d'une crise sentimentale que vous ne parvenez pas bien à maîtriser malgré votre bonne volonté.

Une crise salutaire ou un bouleversement libérateur se produit dans votre vie familiale et cela vous permet sans doute de prendre des initiatives originales ou d'agir pour entreprendre quelque chose de neuf.

Un bouleversement, une crise salutaire ou une brusque remise en question se produit dans votre situation professionnelle, mais cela vous permet de prendre des initiatives originales, d'innover, d'agir pour réaliser vos aspirations ou vos idées.

Une crise financière risque de vous couper brusquememt de vos ressources, mais vous n'êtes pas à court d'idées, vous ne manquez pas d'initiative et vous agissez ainsi de telle sorte que vous pouvez finalement tirer avantage de ce bouleversement.

16 | 2

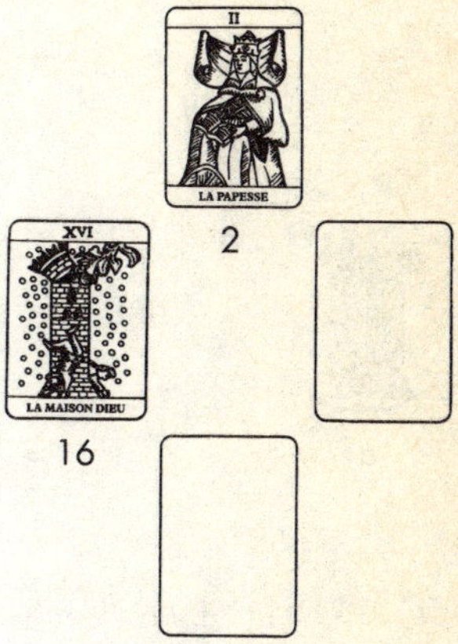

Une crise salutaire ou une brusque aggravation de votre état va vous permettre de vous délivrer d'une maladie, d'un malaise ou d'un problème de santé chronique.

Un bouleversement inévitable, une brusque remise en question ou une crise inévitable dans votre vie sentimentale vous contraint à sortir de votre réserve, mais vous soulage aussi d'un grand poids de non-dits, de rancœurs ou d'angoisses dont, jusqu'alors, vous ne laissiez rien paraître.

Un dénouement brutal, inévitable, se produit dans votre vie familiale, mais vous vous y attendiez et parce que vous le savez salutaire et libérateur vous l'accueillez avec sang-froid et vous le considérez avec sagesse.

Une brusque remise en cause ou une crise salutaire vous fait sortir de votre réserve, assainit votre situation en bouleversant ce qui lui nuit, ce qui la fige, ce qui la rend insécurisante, ce qui l'empêche de manifester sa richesse potentielle.

Une brusque remise en cause ou une crise salutaire dans votre situation va vous permettre d'épurer vos comptes, d'assainir vos finances, de rectifier vos erreurs, d'éliminer le superflu.

16 | 3

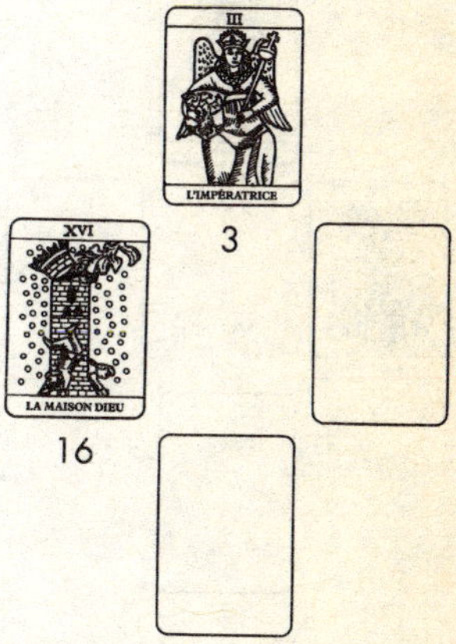

Un bouleversement ou une alerte vous incite très justement à clarifier votre état de santé de manière à pouvoir profiter sereinement et intelligement de votre bien-être vital.

Un bouleversement ou un renversement de situation vous permet d'agir d'une manière intelligente et féconde pour exprimer clairement vos sentiments, et construire ainsi une relation profonde et sincère.

Un bouleversement ou un revirement soudain vous procure beaucoup de joie et vous permet d'agir d'une manière intelligente, féconde et constructive dans votre situation familiale.

Un bouleversement ou un revirement soudain vous permet de savoir très clairement comment vous y prendre pour fonder une association profitable, pour agir d'une manière intelligente et constructive ou pour profiter pleinement de la richesse de votre situation.

Un bouleversement ou un revirement soudain vous permet d'agir clairement et concrètement pour profiter au mieux de votre situation financière.

SITUATION ACTUELLE

16 | 4

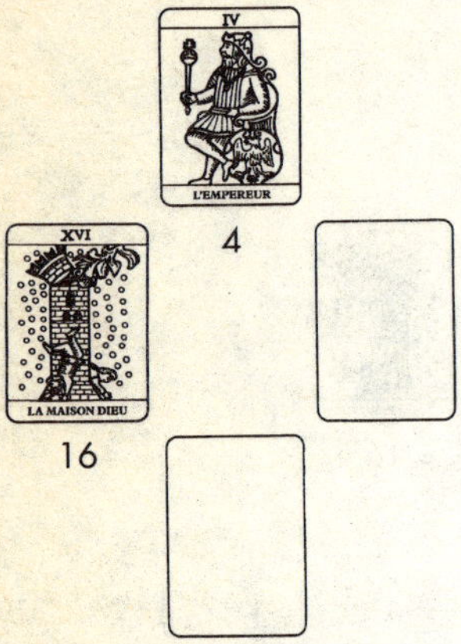

Si vous êtes malade, attendez-vous à connaître un rétablissement spectaculaire. Mais de toute façon, il vous est nécessaire de reconsidérer votre état de santé, de vous remettre en question, à tout point de vue.

Un bouleversement ou une crise dans votre vie sentimentale vous incite à reconsidérer votre situation d'une manière intelligente et constuctive, à revenir sur vos positions, à pardonner ou à vous faire pardonner si besoin est.

En vous comportant d'une manière intelligente et constuctive, en dominant la situation avec autorité, vous pouvez transformer un bouleversement, une crise dans votre vie familiale en l'orientant vers une réhabilitation ou vers un renouveau.

Sachez prendre en compte ou en charge avec intelligence et autorité le bouleversement qui se produit dans votre situation de manière à vous en servir comme d'un renouveau souhaitable, d'un changement nécessaire et salutaire.

Des bouleversements ou des remises en question sont inévitables, mais sachez en tirer profit pour clarifier, renflouer ou renouveler vos finances, et vous assurer ainsi une situation plus solide.

SITUATION ACTUELLE

16 | 5

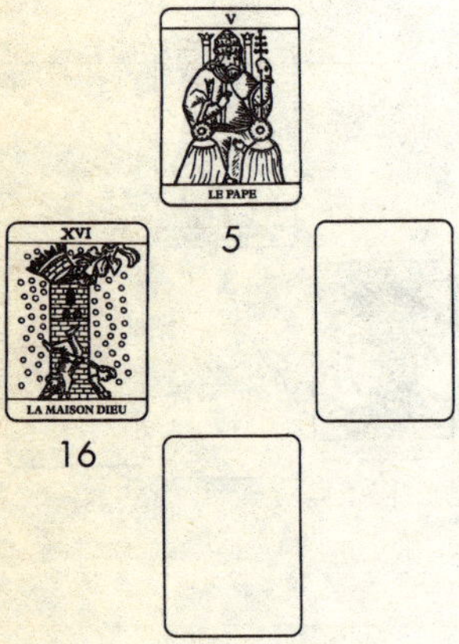

Vous êtes en état de choc, sous le coup d'une émotion violente dont un bouleversement dans votre existence est sans doute la cause ; mais vous êtes plein de ressources et vous pouvez donc tirer parti de cette brusque dépression pour progresser.

Un bouleversement important ou un revirement intégral et soudain vous permet d'accomplir pleinement vos vœux sur le plan affectif avec l'appui ou l'approbation d'une personne influente en la circonstance.

Votre situation familiale va connaître des bouleversements importants qui lui permettront de s'épanouir, de se réaliser pleinement.

Votre situation professionnelle est dans une période de bouleversements importants, de changements vastes et salutaires qui sont favorisés par un personnage influent et qui vous promettent de parvenir à une réelle expansion.

Vous pourriez bien avoir subitement à votre disposition ou à votre portée de grandes possibilités sur le plan financier mais cela impliquerait un bouleversement total, un revirement intégral dans votre situation financière.

16 | 6

Une crise de santé ou un événement brusque et bouleversant vous pousse à prendre très rapidement des résolutions importantes, à faire des choix décisifs et salutaires.

Soit vous allez faire une rencontre, soit vous êtes sous l'empire d'un coup de foudre, soit encore vous êtes en période de rupture, de crise dans votre vie sentimentale. Mais quoi qu'il en soit et dans tous les cas, vous avez du mal à contenir vos émotions.

Un bouleversement ou une remise en question dans votre vie familiale vous force à partir brusquement, à prendre rapidement des résolutions importantes, à faire des choix décisifs et salutaires.

Un bouleversement ou une brusque remise en question dans votre situation vous force à partir brutalement, à prendre rapidement des résolutions importantes, à faire des choix décisifs et salutaires ou vous permet d'accélérer le processus de la réalisation d'un accord.

Un bouleversement ou une totale remise en question de votre situation financière vous force à partir brusquement, à prendre rapidement des résolutions importantes, à faire des choix décisifs et salutaires pour tenter de rétablir un certain équilibre.

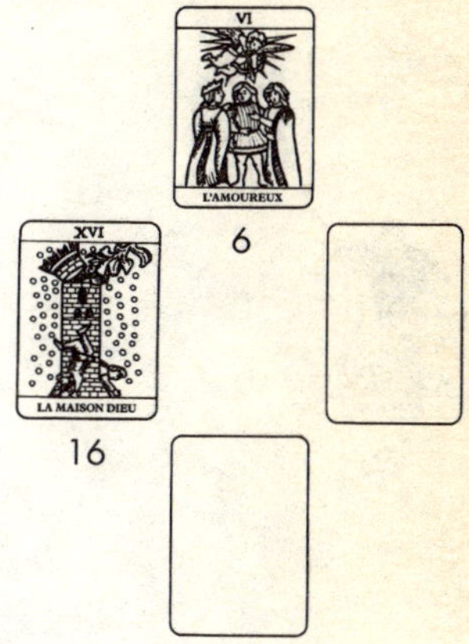

SITUATION ACTUELLE

16 | 7

En cas de crise de santé, de bouleversement dans votre existence ou de choc moral, n'hésitez pas à demander l'aide, les conseils ou les appuis dont vous auriez besoin. Sinon vous allez être très rapidement délivré d'un problème qui vous fera progresser moralement.

Un bouleversement dans votre vie sentimentale vous fait l'effet d'un choc moral, mais vous éclaire aussi sur votre situation, de telle sorte que vous êtes en mesure d'agir pour triompher de vos problèmes ou pour résoudre vos conflits.

Un bouleversement ou un revirement soudain vous permet de résoudre un conflit, de triompher d'un problème familial et d'aller de l'avant pour parvenir à vos fins dans les meilleures conditions possibles.

Un bouleversement ou un revirement soudain vous permet d'obtenir l'appui moral et matériel d'un personnage important, de triompher de vos problèmes, d'agir plus librement pour faire progresser votre situation et pour aboutir dans vos entreprises.

Un bouleversement ou une brusque remise en question vous décharge de certaines obligations matérielles et morales, et vous permet d'agir plus librement pour faire progresser votre situation financière.

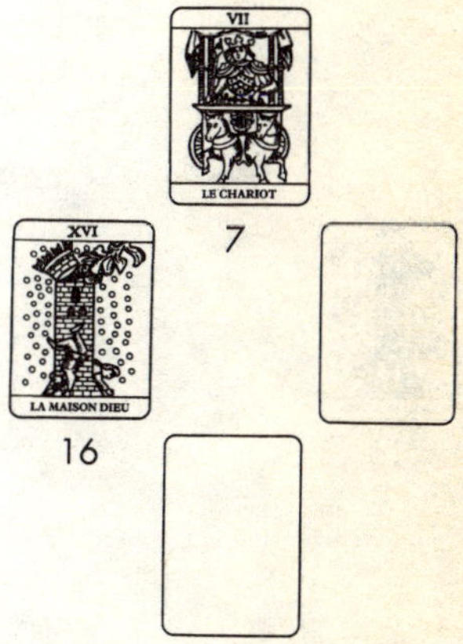

SITUATION ACTUELLE

16 | 8

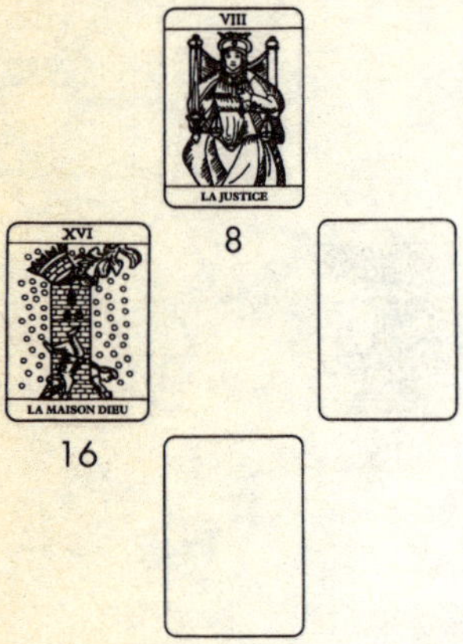

Un choc moral, une crise ou un accident de santé bouleversant, imprévisible, inévitable, vous incite à faire des choix décisifs et salutaires, à prendre de sérieuses résolutions de manière à vous assurer un équilibre vital plus sûr.

Un bouleversement, une brusque remise en question dans votre vie sentimentale met fin à vos doutes, à vos irrésolutions et vous confronte à la réalité d'un désaccord, d'un conflit, d'une situation de rupture qui sera jugée et tranchée comme telle.

Les désaccords, ou les conflits qui bouleversent votre vie familiale actuellement doivent être tranchés et jugés d'une manière impartiale, sévère mais salutaire.

Les désaccords, les conflits bouleversants qui apparaissent dans votre situation actuelle doivent être tranchés d'une manière impartiale, radicale et salutaire de façon à ce que l'ordre, la justice et l'équilibre reprennent leurs droits.

$ Un bouleversement ou une brusque remise en question dans votre situation financière vous incitera à faire des choix stricts, décisifs et salutaires, à prendre des résolutions importantes, sévères mais nécessaires.

SITUATION ACTUELLE

16 | 9

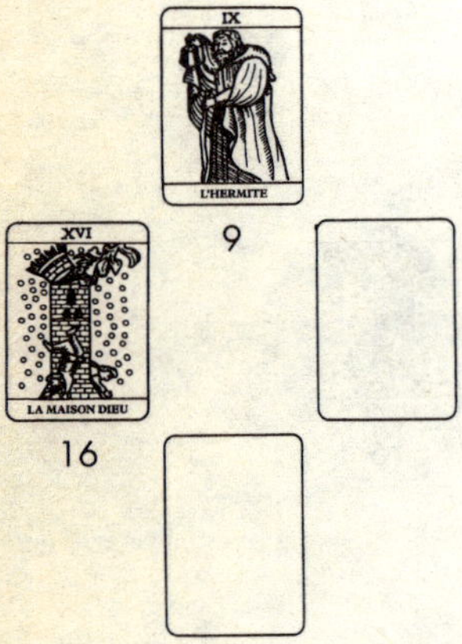

Vous allez apprendre une nouvelle bouleversante, prendre conscience d'un fait ou d'un élément troublant qui vous fera l'effet d'un choc moral salutaire dans le sens où il vous incitera à la prudence et qu'ainsi il vous servira de leçon.

Vous allez apprendre une nouvelle bouleversante, découvrir un fait ou un élément troublant qui remettra en cause certaines choses dans votre vie sentimentale et vous incitera à la prudence et à la réflexion.

Vous allez apprendre une nouvelle bouleversante en rapport avec votre vie familiale ou considérer avec circonspection, avec prudence un bouleversement, une brusque remise en question qui est en train de se produire dans votre situation.

Vous allez apprendre une nouvelle bouleversante mais, pour vous, salutaire ou découvrir que des remises en question, des transformations importantes sont en cours de réalisation et qu'elles peuvent avoir des conséquences à long terme pour votre situation.

$ Vous allez sans doute apprendre une nouvelle bouleversante qui vous soulagera, qui répondra à vos questions, à vos recherches, qui dissipera vos doutes mais qui ne vous en laissera pas moins prudent et circonspect.

16 | 10

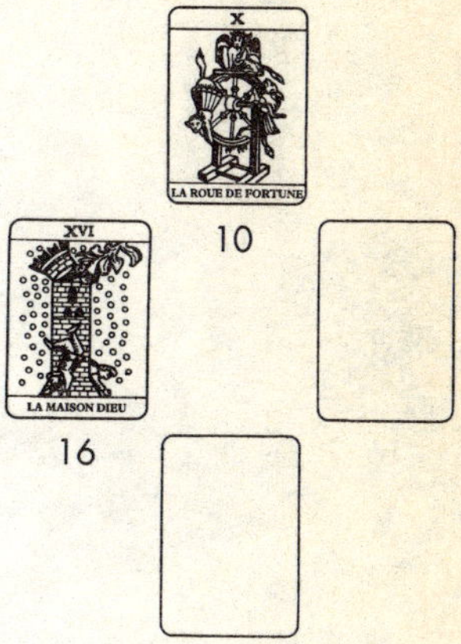

Une crise de santé salutaire ou un bouleversement dans votre existence ou dans votre comportement vous permet d'évoluer d'une manière plus équilibrée, plus stable et plus juste.

Un bouleversement déconcertant mais salutaire vous perturbe moralement, vous émeut, vous trouble, mais vous permet aussi d'y voir clair et d'évoluer d'une manière plus équilibrée, plus juste sur le plan affectif.

Un bouleversement salutaire ou une remise en question salvatrice, juste et utile favorise l'évolution stable, équilibrée de votre situation familiale.

Un bouleversement salutaire ou une remise en question salvatrice, juste et utile favorise l'évolution stable, équilibrée de votre situation et vous permet de vous garantir de vos droits.

$ Un bouleversement salutaire ou une remise en question salvatrice, juste et utile favorise l'évolution stable, équilibrée de votre situation financière et vous permet de vous garantir de vos droits et de votre avoir.

SITUATION ACTUELLE

16 | 11

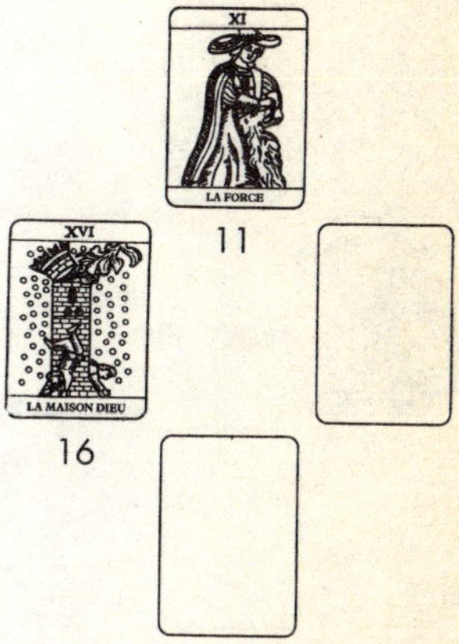

Vous êtes dans une période de prise de conscience bouleversante et quelque peu déroutante, qui vous éclaire sur vous-même et qui vous rend plus prudent, plus confiant et plus énergique.

Vous traversez une période de remise en question profonde, essentielle, bouleversante qui vous éclaire sur vous-même et sur votre vie affective, et vous rend plus sûr de vous, plus confiant en votre situation.

Vous êtes très conscient des bouleversements, des remises en question qui se produisent dans votre situation familiale, mais vous ne perdez pas votre sang-froid, vous restez maître de vous-même et vous affrontez la réalité avec circonspection et réalisme.

Vous n'êtes pas dupe de la nécessité et des avantages que vous pouvez tirer des bouleversements qui se produisent dans votre situation et qui sont utiles à votre réussite puisqu'ils vous permettent de mieux dominer les éléments qui sont en cause.

$ Des bouleversements ou des remises en question salutaires peuvent vous permettre de mieux contrôler votre situation financière et vous rendre plus sûr de vos prérogatives.

SITUATION ACTUELLE

16 12

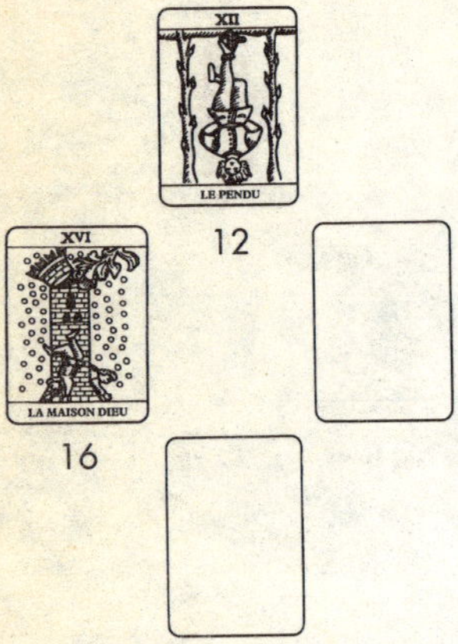

Un accident, un choc moral ou une crise de santé risque de vous contraindre au repos ou bien vous allez pouvoir vous rétablir d'une manière spectaculaire.

Un bouleversement, une brusque remise en question qui vous fait l'effet d'un choc moral, vous sert aussi de prise de conscience salutaire et vous permet donc de vous libérer peu à peu de ce qui vous entrave ou vous contrarie dans votre vie affective.

Votre situation familiale connaît des bouleversements spectaculaires et inévitables contre lesquels vous ne pouvez pas faire grand-chose si ce n'est considérer que, peu à peu, ils vous libéreront de vos entraves ou de vos contraintes.

Une situation figée, bloquée, contrainte se résout d'une façon spectaculaire et libératrice, et vous permet ainsi de retrouver peu à peu votre autonomie ou votre libre arbitre.

Votre situation se résout brusquement d'elle-même d'une manière spectaculaire et déconcertante, et vous permet d'acquérir ainsi plus d'autonomie et de libre arbitre sur le plan financier.

SITUATION ACTUELLE

16 13

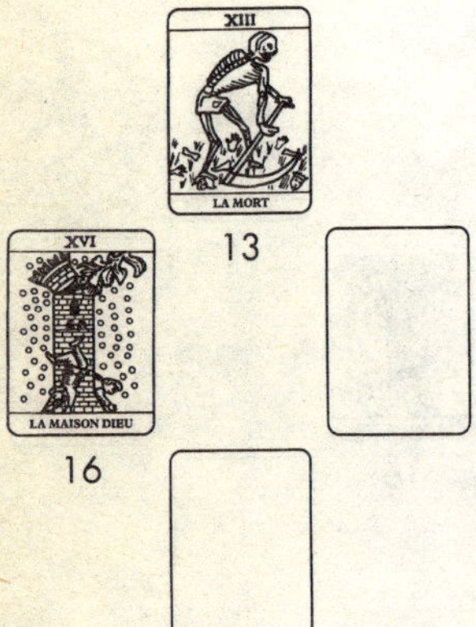

Des circonstances bouleversantes vous donnent l'occasion d'opérer avec force, courage et ténacité, un changement important et radical dans votre existence, dans votre comportement ou sur le plan santé.

Vous pouvez dominer les circonstances bouleversantes qui se produisent dans votre vie sentimentale, et opérer ainsi avec confiance et courage un changement important radical ou tourner une page de votre vie.

Les bouleversements qui se produisent dans votre vie familiale révèlent votre force morale et votre courage, et vous permettent ainsi de vous rendre maître du changement radical qu'il serait nécessaire d'opérer.

Vous avez la force morale, le courage et le pouvoir nécessaires pour tirer profit des bouleversements qui se produisent dans votre situation professionnelle, et ainsi opérer un changement radical et avantageux.

Des bouleversements importants et salutaires vous permettent de faire face avec confiance et courage aux changements radicaux, utiles et profitables qui s'ensuivent.

SITUATION ACTUELLE

16 14

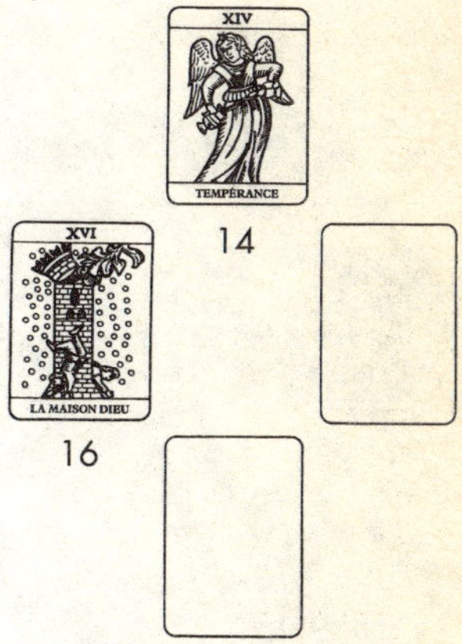

Une alerte ou une brève mais violente crise de santé vous incite à plus de prudence, à plus de souplesse, à lâcher du lest, à agir ou à vous comporter d'une manière plus saine et plus sereine.

En faisant preuve de souplesse et d'accommodement, vous ne pouvez trouver que des avantages aux remises en question qui se produisent en ce moment dans votre vie sentimentale.

Tout peut s'arranger d'une manière intelligente et salutaire, pour peu que vous sachiez faire preuve de souplesse et de compréhension, et tirer le meilleur profit des bouleversements qui se produisent actuellement dans votre situation familiale.

Les bouleversements qui se produisent actuellement dans votre situation vous donnent l'occasion d'entreprendre des négociations fécondes, de trouver des compromis intelligents et opportuns, et de n'y trouver ainsi que des avantages.

Des bouleversements ou de brusques remises en question vous donnent l'occasion d'entreprendre des négociations fécondes ou de réaliser des transactions avantageuses.

SITUATION ACTUELLE

16 15

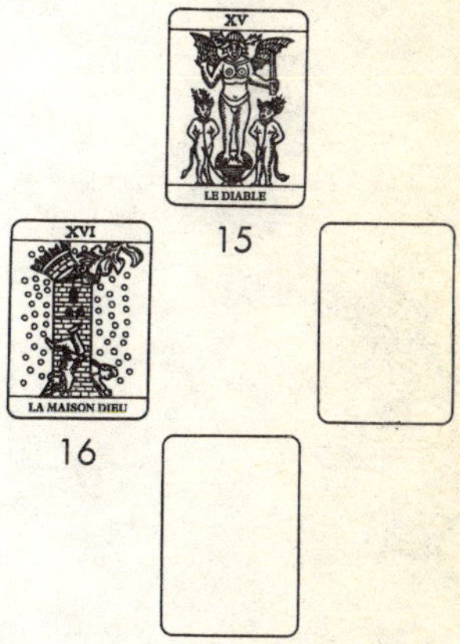

Une crise ou un accident de santé vous contraint sans doute à utiliser les grands moyens pour vous en sortir ou pour vous rétablir le plus rapidement possible.

Un bouleversement auquel vous ne pouvez échapper vous plonge dans le trouble, et vous révèle ainsi tout ce qu'il y a d'excessif et de négatif dans votre vie sentimentale.

Attendez-vous à ce qu'il se produise à coup sûr des bouleversements importants lesquels iront sans doute dans le sens de vos désirs, mais jetteront aussi un temps le trouble, sèmeront le doute et le désordre dans votre vie familiale.

Votre situation professionnelle se débloque brusquement et avantageusement, sans doute grâce au pouvoir ou sous l'influence d'un personnage ambitieux dont les désirs et les desseins s'accordent ou correspondent aux vôtres.

Les bouleversements qui se produisent actuellement doivent vous permettre de vous rendre plus sûr de vos prérogatives et d'avoir ainsi tout pouvoir sur le plan financier.

SITUATION ACTUELLE

16 | 17

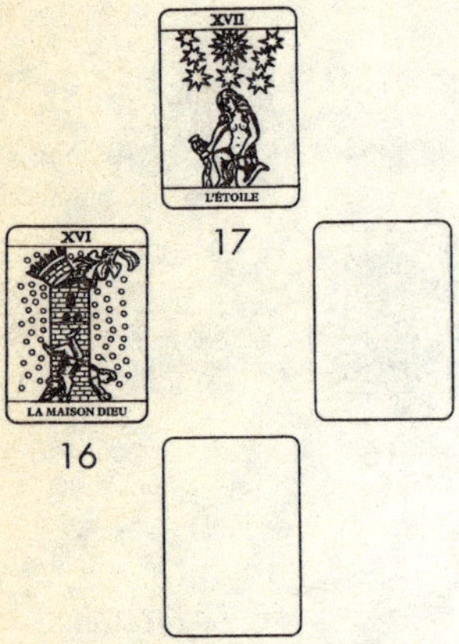

Une alerte ou une crise de santé salutaire vous pousse à prendre de sages résolutions, à faire un retour aux sources, à vous abandonner plus sereinement à votre réceptivité et à vos ressources naturelles.

Un coup de foudre ou un bouleversement dans votre vie affective vous fait découvrir des sentiments nouveaux, des émotions inconnues de vous jusqu'alors et vous promet ainsi de connaître une certaine plénitude en amour.

Des bouleversements ou des remises en question dans votre vie familiale vous poussent à prendre de brusques et de nouvelles résolutions, à faire des choix judicieux et inspirés ou à tout remettre à neuf chez vous.

Un accord est subitement trouvé et vous permet de réaliser quelque chose de neuf, de prendre des décisions originales et novatrices, de faire des choix judicieux et inspirés, générateurs de progrès.

Vous pouvez brusquement réaliser l'accord, faire le choix ou prendre la décision, auquel vous pensez ou que vous espérez et qui vous permet de profiter pleinement de vos ressources.

SITUATION ACTUELLE

16 | 18

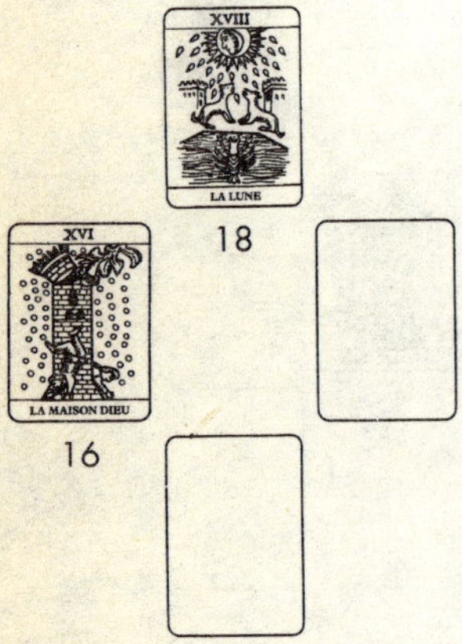

Une crise ou un accident de santé vous plonge dans un état de trouble, incertain, maladif, mais vous avez les moyens de vous en sortir.

Un bouleversement, une crise salutaire chasse les troubles, les conflits, les incertitudes, dissipe les ombres qui obscurcissent votre vie sentimentale, mais cela ne va pas sans quelque amère désillusion, sans une profonde déception.

Un bouleversement, une remise en question ou une crise salutaire vous permettent d'agir pour résoudre les problèmes, pour triompher des difficultés qui règnent actuellement dans votre vie familiale.

Des bouleversements inévitables se produisent dans votre situation et vous permettent ainsi de triompher des problèmes, des difficultés ou des obstacles qui se dressent devant vous, en ne reculant devant aucun effort pour aboutir.

Un bouleversement inévitable ou une brusque remise en question vous pousse à vous battre pour triompher des difficultés financières que vous rencontrez actuellement.

16 19

Une alerte, un malaise ou une brusque mais brève crise de santé qui vous ébranle quelque peu mais qui ne remet pas en cause votre équilibre vital, vous permet d'assainir votre organisme, de le débarrasser de ce qui le gêne ou lui nuit.

Un bouleversement ou une brusque mais salutaire remise en question, vous permet d'éclaircir une situation avec bonheur et vous assure de connaître, de vivre une relation amoureuse équilibrée.

Un bouleversement, ou une brusque mais bénéfique remise en question, apporte beaucoup de joie et de satisfaction dans votre vie familiale même si, un temps, elle perturbe son équilibre.

Un bouleversement, un changement ou un revirement soudain, vous autorise à clarifier une situation, vous permet de réaliser un bon accord, ou de réaliser une association sérieuse, équilibrée, très bénéfique.

Une brusque remise en question ou un revirement soudain et bénéfique clarifie votre situation financière, et vous procure joie et satisfaction.

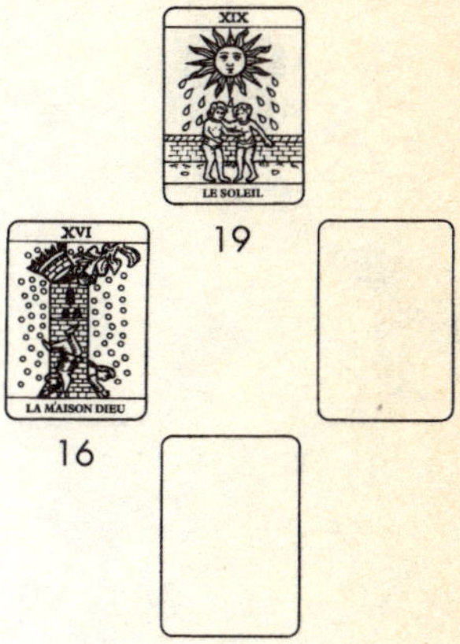

SITUATION ACTUELLE

16 20

Un accident ou une crise de santé vous rend plus lucide, plus prudent, plus apte à rechercher par vous-même les moyens de guérir totalement et de vous préserver à l'avenir de tout risque éventuel.

Un bouleversement ou un revirement soudain vous fait changer d'appréciation, d'attitude et vous incite à vous remettre en question, à faire amende honorable ou à pardonner si besoin est.

Des bouleversements ou de brusques remises en question qui se produisent dans votre vie familiale vous incitent à rechercher et à trouver des solutions pratiques qui peuvent lui apporter un réel renouveau.

Gardez votre sang-froid, votre lucidité devant les bouleversements qui se produisent actuellement dans votre situation. Tirez-en les leçons qui s'imposent et soyez conscient du renouveau que ceux-ci suscitent.

Un bouleversement ou un revirement soudain vous incite à la prudence et à trouver des solutions pratiques, réalistes pour rectifier vos erreurs, renflouer vos finances ou produire un renouveau appréciable dans votre situation.

SITUATION ACTUELLE

16 21

21

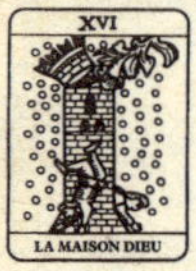

16

Vous êtes en période d'évolution, de mutation rapide et importante, et vous allez pouvoir vous épanouir pleinement.

Des événements brusques font évoluer très rapidement votre vie sentimentale dans un sens bénéfique et lui donnent les moyens de s'épanouir pleinement.

Des bouleversements très importants permettent à votre situation familiale d'évoluer très rapidement et de s'épanouir pleinement.

Des événements brusques, libérateurs ou des bouleversements salutaires font évoluer très rapidement votre situation et lui donnent les moyens de réaliser une expansion conséquente.

$ Des bouleversements importants et salutaires vous donnent les moyens de réaliser une expansion financière conséquente.

SITUATION ACTUELLE

16 22

22

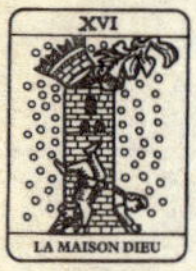

16

Évitez les coups de folie, les impulsions irréfléchies, de prendre des risques disproportionnés ou irraisonnés de commettre des erreurs dangereuses par imprudence ou extravagance. Bref, évitez la violence et la précipitation.

Un bouleversement, un choc, une brusque remise en question vous poussent à partir brusquement sur un coup de tête, sans réfléchir et sans que rien ni personne ne puisse vous retenir.

Un bouleversement dans votre existence ou dans votre vie familiale vous pousse à partir brusquement, à quitter votre milieu familial ou à déménager très rapidement.

Un bouleversement, une brusque remise en cause dans votre situation vous libère de toute entrave et vous permet d'aller de l'avant ou bien vous pousse à partir, à vous arracher brusquement au passé, à tourner une page.

$ Quels que soient les éléments bouleversants, déconcertants, qui se produisent actuellement, évitez d'agir trop précipitamment, sauf si vous devez vous sortir très rapidement d'une situation difficile.

17 1

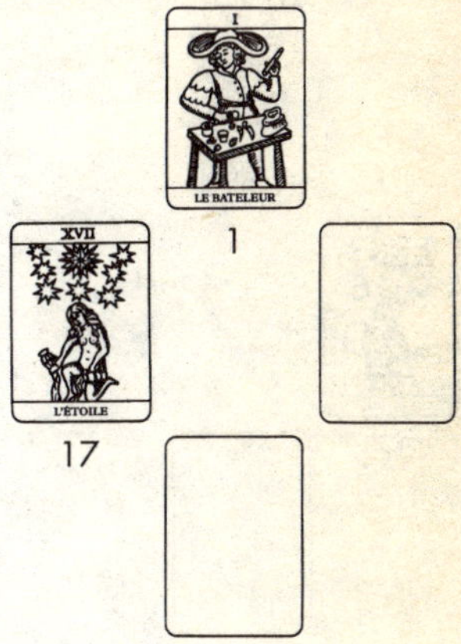

Vous avez du mal à puiser sereinement dans vos ressources naturelles et cela vous rend brouillon, inquiet, fragile, maladif. Concentrez mieux votre énergie vitale et prenez d'habiles initiatives pour mieux profiter de votre bien-être.

Vos sentiments ont du mal à naître, à s'exprimer, à se réaliser, à s'épanouir, et cela vous rend maladroit, inquiet, incertain quant à leur justesse et à leur fondement.

Bien que les circonstances s'y prêtent, les initiatives originales ou novatrices ne sont pas vraiment favorisées à l'heure actuelle dans votre situation familiale, à moins de s'y consacrer pleinement et sans relâche...

Une idée originale, une création, ou la naissance d'une situation, d'une affaire, d'une société ne peut se concevoir et se concrétiser que si vous y consacrez tout votre talent, toute votre énergie, toute votre habileté et tout votre temps.

Il est nécessaire que vous mettiez un peu d'ordre dans vos ressources et dans l'usage que vous en faites. Consacrez donc votre énergie et votre habileté à cette tâche.

SITUATION ACTUELLE

17 2

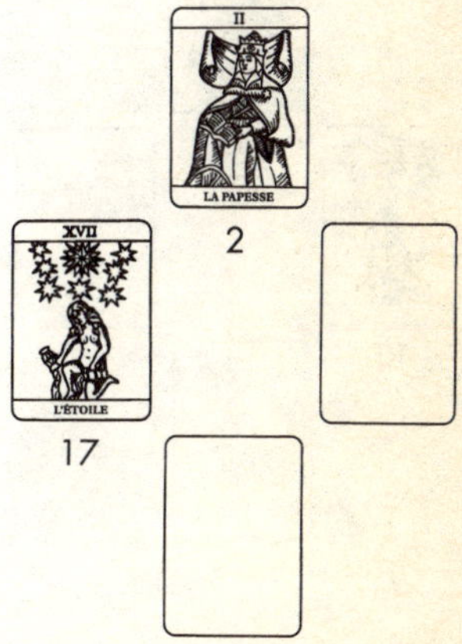

Vous pouvez jouir de vos ressources naturelles avec réserve et profiter de votre bien-être vital avec bonheur mais sans excès.

Malgré votre réserve, votre discrétion ou votre pudeur, vous ne pouvez nier que vous baignez dans une certaine plénitude affective, dans une réelle félicité sentimentale.

Vos vœux et vos espérances concernant votre situation familiale sont pleinement récompensés et vos qualités de stabilité, de discrétion, de sagesse sont tout à fait reconnues.

Les projets de création, d'innovation, d'association, de naissance d'une affaire ou d'une société qui sont à l'étude ou en cours de réalisation ont toutes les chances de se concrétiser pleinement, selon vos vœux et vos espérances.

Vous pouvez profiter discrètement et raisonnablement de vos ressources, d'une situation financière riche en possibilités nouvelles et favorisée qui plus est par des circonstances très bénéfiques.

SITUATION ACTUELLE

17 | 3

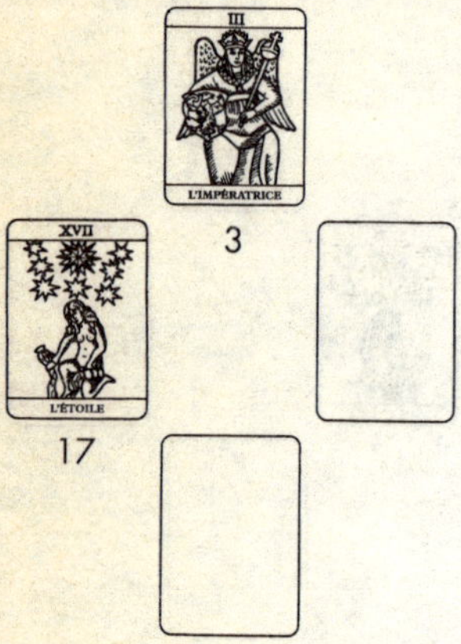

Vous avez tous les atouts pour vous régénérer, pour puiser dans vos ressources naturelles, riches et fécondes et jouir ainsi de votre bien-être vital pour créer, réaliser, produire tout ce que vous désirez.

Vos relations saines, sereines, harmonieuses, la plénitude et la générosité de vos sentiments vous permettront de produire, de réaliser quelque chose de neuf et d'heureux en rapport avec votre vie affective.

Vous avez tous les atouts pour produire ou matérialiser quelque chose de neuf dans votre vie familiale, susciter un renouvellement bénéfique ou créer des changements heureux ou appréciables.

Une création, une innovation, la naissance d'une société ou le renflouement d'une affaire, se matérialise avec bonheur et renouvelle votre situation d'une manière bénéfique et profitable.

Vos ressources se renouvellent d'une manière très bénéfique, très profitable, et ce grâce à votre intelligence et à votre inspiration féconde. Vous pouvez donc en jouir pleinement et sereinement.

SITUATION ACTUELLE

17 | 4

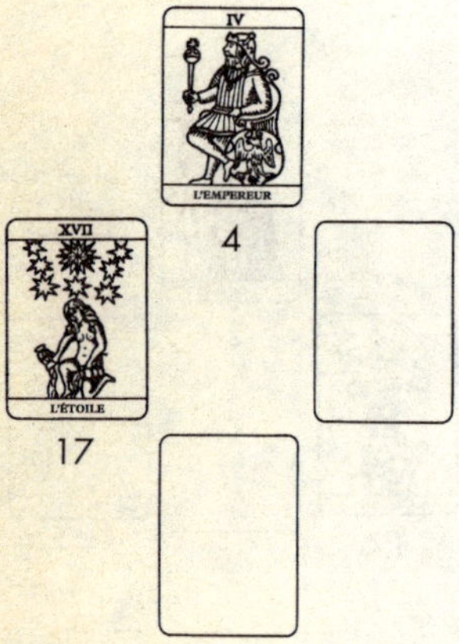

Vous êtes dans une période très épanouissante, vous bénéficiez d'une santé florissante, et vous pouvez donc agir d'une manière constructive et intelligente en profitant au mieux de vos excellentes ressources naturelles et de votre bien-être vital.

Vos vœux et vos espérances sur le plan affectif se réalisent, et vous permettent donc d'agir d'une manière constructive et intelligente pour que votre vie sentimentale puisse s'épanouir pleinement.

Vous pouvez agir d'une manière constructive et intelligente pour réaliser concrètement vos vœux et vos espérances, et qu'ainsi votre situation familiale s'épanouisse pleinement, sereinement, harmonieusement.

Des circonstances bénéfiques ou des appuis solides vous permettent de réaliser à coup sûr vos projets d'expansion, de création, d'innovation, qui seraient susceptibles d'élargir votre champ d'action et de vous ouvrir des horizons nouveaux.

Vous pouvez agir d'une manière constructive et intelligente en vous appuyant sur des valeurs tangibles ou des soutiens solides pour profiter pleinement de vos ressources ou parvenir à une expansion financière conséquente.

17 | 5

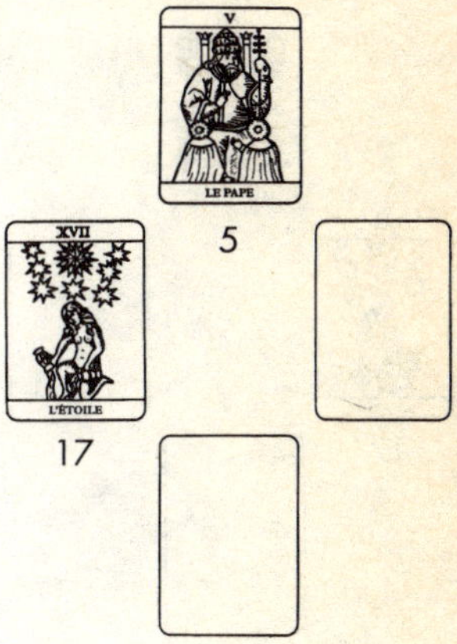

Votre nature paisible, réceptive et pleine de ressources, refrène à juste raison vos impulsions irréfléchies, et vous permet d'évoluer progressivement, sereinement, en étant conscient de votre devoir et de vos responsabilités.

Vous avez hâte de réaliser vos vœux et vos espoirs sur le plan affectif, et ainsi vous ne dissimulez pas vos élans du cœur lesquels sont d'ailleurs purs et spontanés.

Un déménagement, un événement heureux ou quelque chose de neuf qui est en cours de réalisation et auquel vous vous consacrez pleinement, va rendre votre situation familiale plus fiable et plus stable.

Une démarche ou une requête auprès d'un personnage influent pour réaliser quelque chose de neuf, une innovation, une création, une idée originale à toutes chances de trouver crédit et donc de porter ses fruits.

N'hésitez pas à faire les démarches nécessaires, à rechercher les appuis ou à demander les conseils dont vous avez besoin pour pouvoir profiter raisonnablement de vos ressources ou stabiliser votre situation financière.

SITUATION ACTUELLE

17 | 6

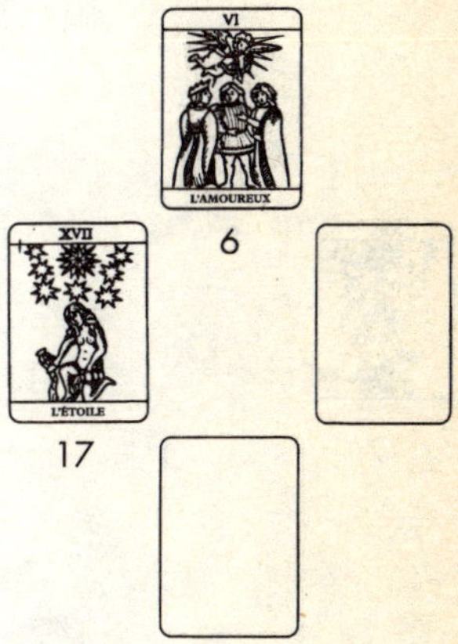

Votre nature réceptive, sereine et pleine de ressources vous permet de progresser raisonnablement, et de vous assurer ainsi un total libre arbitre en ce qui concerne votre équilibre vital et votre santé.

Vos projets et vos espoirs d'union ont vraisemblablement toutes les chances de se réaliser selon vos vœux ; ou bien vous vivez une relation amoureuse stable et sécurisante.

Vous obtenez l'accord que vous souhaitez et vous pouvez ainsi réaliser quelque chose de neuf, créer ou innover dans votre vie familiale.

L'avènement de quelque chose de neuf, une création, une innovation, la concrétisation d'une idée originale, d'une aspiration personnelle, occasionne la réalisation d'un accord, d'un contrat ou d'une association qui lui est utile.

Votre situation financière saine et stable vous autorise à faire des choix judicieux et raisonnables, à passer des accords sérieux et profitables, à réaliser des contrats avantageux.

SITUATION ACTUELLE

17 **7**

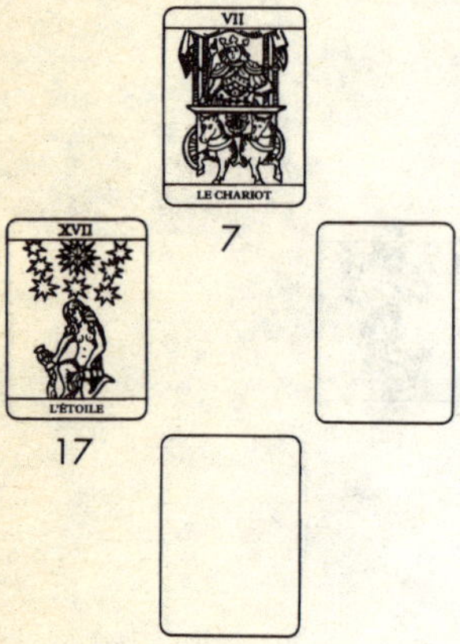

Votre nature réceptive, émotive vous rend instable et influençable. Il vous est donc recommandé de faire des efforts et de suivre une ligne de conduite, de manière à pouvoir triompher de vos incertitudes et à vous rendre maître de votre équilibre vital.

Vous connaisez une certaine plénitude sentimentale qui vous incite à faire des choix importants, à prendre des résolutions inspirées, à triompher de vos incertitudes, en réalisant par vous-même vos vœux et vos espérances en ce qui concerne votre vie affective.

Vous pouvez prendre librement de nouvelles résolutions, faire des choix inspirés, agir pour réaliser quelque chose de neuf dans votre situation familiale, innover, faire des transformations, etc.

Une création, une innovation, la naissance d'une société,l'avènement d'une idée originale ou d'une aspiration personnelle obtient le succès que vous espériez, et ce d'autant plus que celui-ci est confirmé par des accords ou des choix bien inspirés.

Des choix ou des accords bien inspirés favorisent l'évolution progressive et certaine de vos ressources, et vous permettent d'obtenir un franc succès sur le plan financier.

SITUATION ACTUELLE

17 **8**

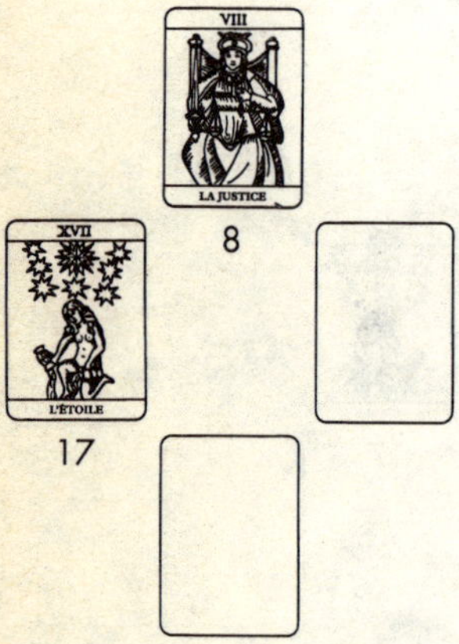

Vous savez tirer le meilleur profit de votre réceptivité et de vos ressources naturelles pour parvenir à un équilibre vital solide et constant.

Des circonstances très favorables et une certaine plénitude affective vous promettent le succès dans vos relations amoureuses et une vie sentimentale équilibrée.

Vous pouvez agir pour entreprendre quelque chose de neuf en vous imposant rigueur et discipline, et vous assurer ou confirmer ainsi l'équilibre de votre situation familiale.

Vous allez obtenir le succès dans ce que vous entreprenez ou réalisez de neuf, et parvenir ainsi à rendre votre situation encore plus équilibrée si besoin était.

Vous pouvez entreprendre des actions nouvelles, originales pour améliorer vos ressources, et vous assurer une situation financière équilibrée.

17 | 9

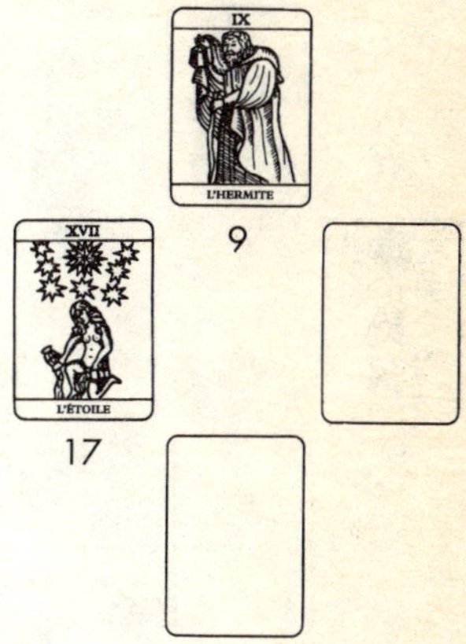

Vous bénéficiez d'une nature réceptive, sensible, équilibrée dont vous êtes d'ailleurs parfaitement conscient, et qui vous permet d'évoluer, de mûrir par vous-même et en toute sérénité.

Vous êtes très conscient de la profondeur, de la plénitude de vos sentiments, et cela vous incite à adopter une attitude sereine, équilibrée pour trouver une intense harmonie relationnelle et affective.

Vous semblez très attaché à ce qu'il règne une certaine harmonie, un équilibre serein et profond dans votre situation familiale, et vous faites preuve de vigilance, de prévoyance, pour qu'il en soit toujours ainsi.

Vous découvrez un élément nouveau qui sert l'équilibre de votre situation, qui renforce ou confirme vos droits, ou qui vous permet d'avancer doucement mais sûrement dans vos recherches ou dans vos investigations.

Soyez économe et prudent dans l'usage que vous faites de vos ressources, de telle sorte qu'il règne un équilibre juste et serein dans votre situation financière.

SITUATION ACTUELLE

17 | 10

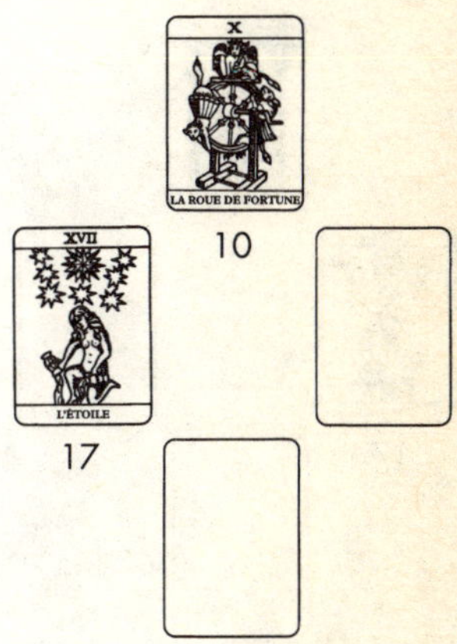

En étant très attentif à votre nature sensible, réceptive, émotive mais aussi pleine de ressources vitales profondes, vous pouvez évoluer sereinement et connaître une maturation lente mais certaine.

La plénitude de vos sentiments, l'harmonie de vos relations affectives vous permettent de trouver des solutions idéales ou de savoir très exactement comment vous y prendre pour faire évoluer sérieusement et concrètement votre situation en lui apportant quelque chose de neuf.

Des circonstances favorables vous donnent les moyens de trouver des solutions originales, de découvrir des éléments nouveaux, d'entreprendre des transformations lentes et profondes qui feront évoluer votre situation familiale.

Une création, une innovation, une idée originale ou une découverte personnelle vous permet de trouver des solutions originales, insolites, inédites pour faire évoluer votre situation dans le sens que vous souhaitez.

En étant prudent et en sachant très précisément évaluer vos ressources, vous pouvez doucement mais sûrement faire évoluer votre situation financière.

SITUATION ACTUELLE

17 | 11

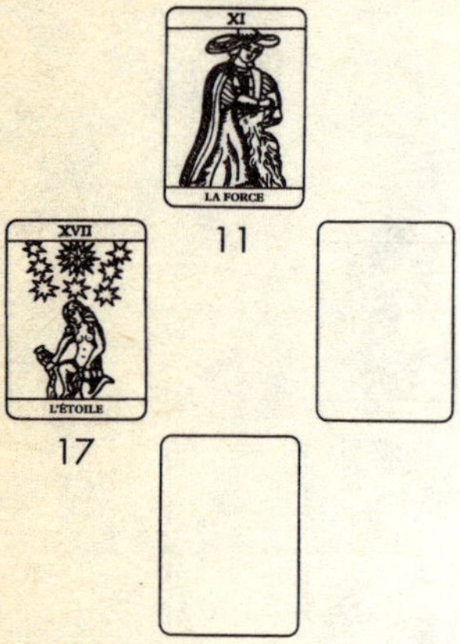

Vous êtes dans une période d'évolution et d'expansion qui vous rend confiant à juste titre, en vos moyens, en vos capacités, en vos qualités et vous autorise ainsi à profiter pleinement et sereinement de votre bien-être vital.

Des circonstances très bénéfiques, des relations affectives harmonieuses et sereines président à l'évolution de votre vie sentimentale en laquelle vous pouvez donc avoir pleinement confiance.

Des circonstances très bénéfiques vous permettent d'obtenir ce que vous souhaitez, de réaliser vos vœux les plus chers en ce qui concerne votre situation familiale.

Des circonstances très bénéfiques favorisent l'évolution, l'expansion, le développement de votre situation, la réalisation de quelque chose de neuf qui répond à vos aspirations et les mutations de toute nature.

Des circonstances très favorables vous autorisent à exploiter pleinement vos ressources et vous offrent ainsi des possibilités d'expansion non négligeables.

SITUATION ACTUELLE

17 | 12

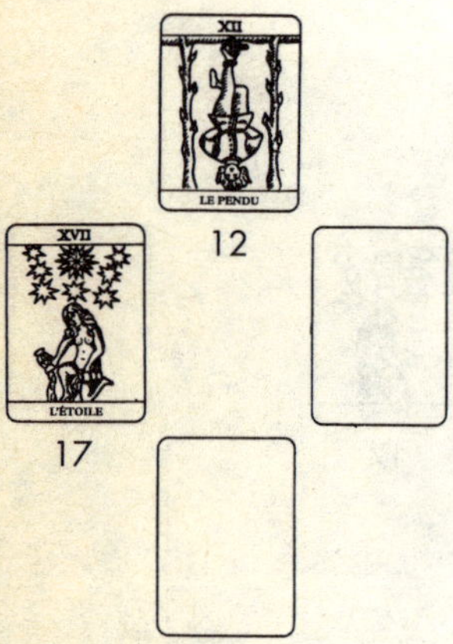

Sûr de la richesse de vos ressources vitales, de votre énergie, de votre force morale, et confiant en vos moyens et en vos capacités, vous parvenez à vous libérer de ce qui vous gêne, à dominer et à triompher de vos épreuves.

Une certaine plénitude affective, une intense harmonie relationnelle vous incite à vous dévouer spontanément et totalement à la cause de vos amours, à vous vouer pleinement et en toute confiance à votre vie sentimentale.

Vous semblez vous abandonner pleinement et avoir une totale confiance en les circonstances qui président à une certaine harmonie dans votre vie familiale, mais, en réalité, de l'intérieur vous dominez la situation avec force et douceur.

Vous pouvez avoir confiance en les circonstances nouvelles et favorables qui s'offrent à vous, saisir l'occasion en dominant la situation de l'intérieur, maintenir avec force vos prérogatives même si, pour le moment, vous ne pouvez rien faire d'autre.

En vous consacrant avec force, courage et constance à l'acquisition de nouvelles ressources, vous pouvez débloquer votre situation financière, et forcer ainsi un peu les événements.

SITUATION ACTUELLE

17 13

Votre bonne nature instinctive, compréhensive et réceptive vous suggère d'agir quand il le faut et sainement pour éliminer tout ce qui pourrait nuire à votre bien-être vital et à votre santé. Alors fiez-vous à elle.

Vous pouvez agir sentimentalement pour réaliser vos vœux les plus chers, vos souhaits les plus inavoués, vos aspirations et vos espérances profondes, et récolter ainsi les fruits que vous avez semés.

Vous pouvez agir d'une manière très positive, compréhensive et intelligente pour créer, innover ou apporter quelque chose de neuf dans votre vie familiale en admettant toutefois que cela puisse occasionner un changement radical.

Une création, une innovation, une idée originale se matérialise et s'avère très profitable, mais elle suscite un changement radical et sans doute très bénéfique dans votre situation.

Vous allez pouvoir tirer profit de circonstances nouvelles, d'une création qui occasionnera un changement radical et sans doute avantageux dans votre situation.

SITUATION ACTUELLE

17 14

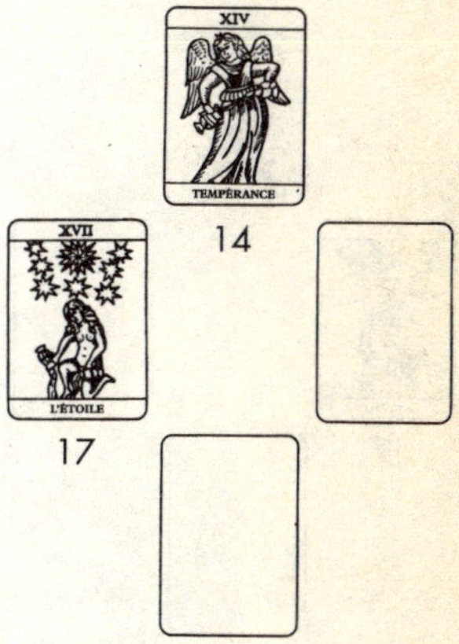

Vos ressources vitales sont saines et bonnes, et vous savez, qui plus est, trouver intelligemment et concrètement tous les accommodements utiles à la préservation de votre santé.

Vos espérances ont toutes les chances de se réaliser, pourvu que vous sachiez vous adapter avec souplesse et compréhension aux circonstances et vous abandonner à la plénitude de vos sentiments.

Vos espérances concernant votre vie familiale ont toutes les chances de se réaliser, pourvu que vous sachiez trouver concrètement et opportunément les compromis ou les arrangements utiles et nécessaires.

Vos espérances, vos aspirations, vos idées neuves ou originales ont toutes les chances de se réaliser, pourvu que vous sachiez vous adapter avec souplesse aux circonstances, et trouver les compromis, les arrangements opportuns et utiles à leur concrétisation.

Sûr de vos ressources et de certains éléments nouveaux susceptibles d'améliorer votre situation, vous pouvez entreprendre des négociations ou des transactions opportunes.

SITUATION ACTUELLE

17 15

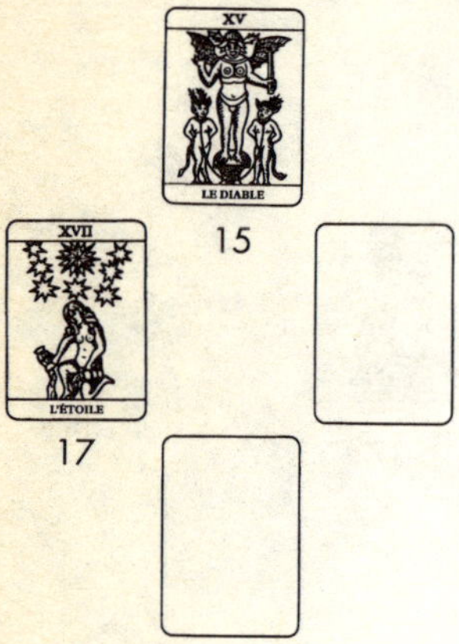

Vous êtes très conscient de la richesse de vos ressources vitales, de votre pouvoir de récupération, mais vous n'en abusez pas, ou plus exactement, vous ne vous en servez qu'à bon escient.

Vos espérances et vos désirs ont toutes les chances de se réaliser dans les meilleures conditions possibles, et vous pourrez donc vous abandonner pleinement à vos sentiments tendres et passionnés.

Vous bénéficiez de circonstances très heureuses et de soutiens qui favorisent l'éclosion de quelque chose de neuf ou la réalisation de vos espérances, de vos désirs concernant votre foyer ou votre vie familiale.

Vous pouvez réaliser quelque chose de neuf, une création, une innovation, une idée originale qui pourrait bien s'avérer très profitable à votre situation, avec l'appui, l'approbation ou le concours d'un personnage influent.

Vous avez le feu vert pour jouir pleinement mais raisonnablement de vos ressources, pour prendre des dispositions nouvelles qui pourraient s'avérer très lucratives ou pour réaliser vos espérances et vos ambitions financières.

SITUATION ACTUELLE

17 16

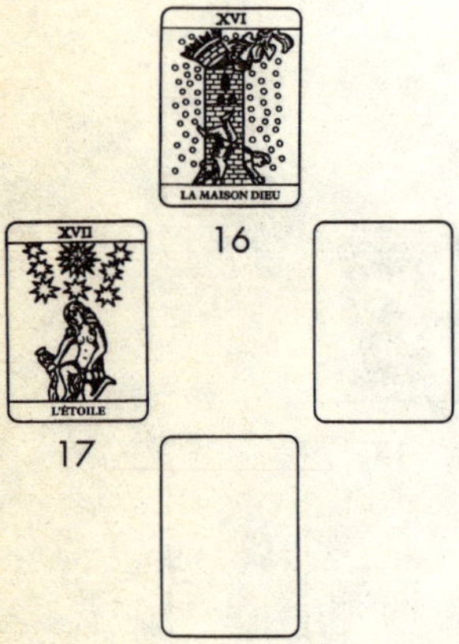

Vos ressources vitales sont bonnes mais votre nature réceptive, émotive et donc très vulnérable, ne vous met pas à l'abri d'une éventuelle crise de santé, d'un choc moral ou physique déstabilisateur mais sans doute aussi libérateur.

Votre sentimentalité et votre réceptivité vous rendent vulnérable, et vous font donc aspirer à une certaine paix sur le plan affectif. Mais cela ne vous met pas à l'abri d'un choc, d'un coup de foudre, d'un bouleversement qui vous contraindrait à faire des choix.

Vous êtes bien inspiré pour faire des choix judicieux, prendre de nouvelles dispositions, trouver l'accord dont vous avez besoin pour que se produisent des bouleversements utiles, salutaires et libérateurs dans votre vie familiale.

Des circonstances très favorables vous permettent d'innover, de réaliser quelque chose de neuf, d'inédit, de trouver de nouveaux accords et ainsi de débloquer une situation.

Faites des choix judicieux, profitez de circonstances très favorables ou d'un nouvel accord pour débloquer votre situation financière ou remettre en cause certains points essentiels en rapport avec vos ressources.

17 18

Puisez en vous la rigueur, l'intuition logique et les ressources dont vous avez besoin pour résoudre vos problèmes de santé, surmonter vos faiblesses et vos troubles, et vous assurer ainsi un équilibre profond et serein.

Vos sentiments profonds et légitimes ne vous mettent pas à l'abri des angoisses, justifiées ou non, ni des déceptions ou des désillusions que vous pourriez bien connaître si vous ne vous imposez pas une certaine rigueur sur le plan affectif.

Le climat serein qui règne a priori dans votre vie familiale n'exclut pas que des difficultés, des conflits ou des troubles surgissent, lesquels peuvent être résolus ou résorbés en faisant preuve de rigueur et d'équité.

Des retards, des difficultés ou des ennuis vont sans doute troubler le climat serein de votre situation, mais vous pourrez les résorber ou les résoudre en faisant preuve de rigueur, d'intuition et d'équité.

Usez de vos ressources avec rigueur et discipline, car vous pourriez bien rencontrer quelques difficultés financières que vous ne pourrez résoudre qu'en ayant recours à une situation équilibrée.

17 19

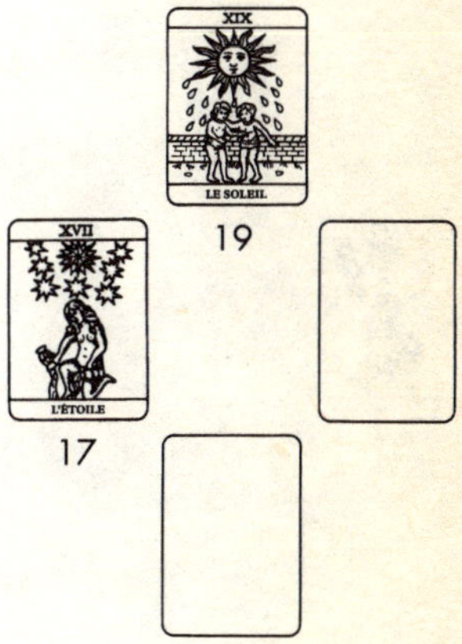

Vous êtes très conscient de vos ressources naturelles et de leurs limites, et cette prudence instinctive qui vous honore, vous permet d'être en parfait accord avec vous-même et avec votre environnement.

Vos sentiments partagés et vos relations privilégiées se révèlent au grand jour et cela est pour vous, bien sûr, une source de joie, de satisfaction et de bonheur qui va au-delà de vos espérances.

Un événement nouveau et heureux en rapport avec votre vie familiale est découvert ou révélé, et il vous procure beaucoup de joie, de bonheur et de satisfaction.

Des éléments ou des faits nouveaux, des circonstances bénéfiques ou des découvertes originales et novatrices vous permettent de clarifier votre situation, d'obtenir entière satisfaction ou le succès sur lequel vous comptiez.

Vous pouvez profiter sainement et sereinement d'une situation financière privilégiée, ou trouver des solutions nouvelles ou de nouvelles ressources qui vous donneront entière satisfaction.

SITUATION ACTUELLE

17 20

Vous êtes dans une période d'évolution, de mutation qui va vous conduire à un véritable renouveau au plan physique et moral, vital et mental.

Des circonstances très favorables et des sentiments nouveaux et heureux font évoluer votre vie affective d'une manière très positive, et vous conduisent à connaître un véritable renouveau, un changement dans votre existence.

Quelque chose de neuf et d'heureux peut favoriser l'évolution de votre vie familiale et lui apporter un renouveau très bénéfique.

Des circonstances très bénéfiques peuvent vous permettre d'entreprendre ou de réaliser quelque chose de nouveau, de répondre à des propositions, de saisir des occasions intéressantes et de voir ainsi votre situation évoluer favorablement.

Vos ressources suivent une courbe ascendante et vous pouvez ainsi espérer, à juste titre, un véritable renouveau, d'heureux changements dans votre situation financière.

SITUATION ACTUELLE

17 21

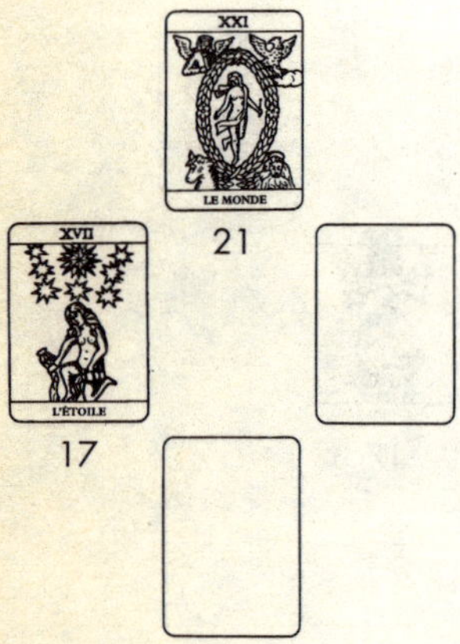

Vous êtes plein de ressources, à la fois réceptif et confiant en vos moyens et en vos possibilités, toutes qualités qui vous permettent de bénéficier d'une santé florissante et qui vous promettent un plein épanouissement vital et mental.

Confiant et réceptif, avec énergie mais en douceur, vous ne doutez pas de pouvoir réaliser vos espérances et vos aspirations sur le plan affectif, et vous avez raison car vous avez toutes les chances d'être comblé !

Vous avez tous les atouts, et vous bénéficiez de circonstances très favorables pour réussir à faire quelque chose de neuf et d'heureux qui comblera votre situation familiale et lui permettra de s'épanouir pleinement.

Une création, une innovation, quelque chose de neuf ou d'inédit est susceptible de réussir pleinement, de vous ouvrir des horizons nouveaux et de faire bénéficier votre situation d'une expansion importante.

En dominant sereinement les circonstances très favorables que vous rencontrez actuellement, vous pouvez faire bénéficier votre situation financière d'une expansion conséquente.

SITUATION ACTUELLE

17 22

Si vous avez l'intention de faire un voyage d'agrément, de partir vous reposer quelque temps pour vous refaire une santé, pour faire peau neuve, cela ne peut vous faire que le plus grand bien.

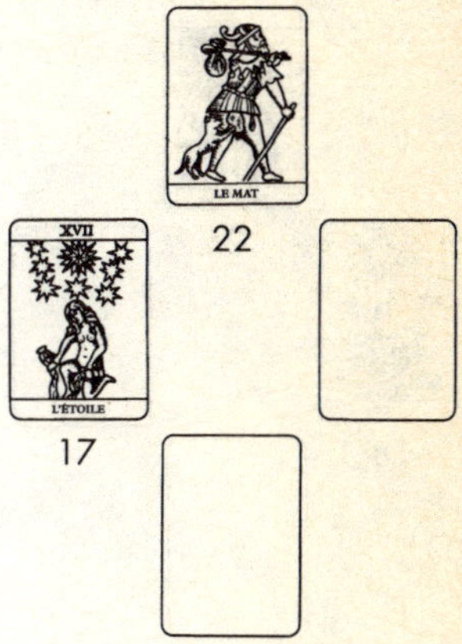

Vos relations affectives vont susciter du changement dans votre vie, ou bien vous allez pouvoir entreprendre un voyage sentimental, ou faire une rencontre comme vous l'espérez.

Le voyage, le déplacement d'ordre familial ou le déménagement que vous espérez va pouvoir se réaliser très rapidement, ou bien vous apprenez la nouvelle d'une naissance ou de quelque chose de neuf concernant votre vie familiale.

Quelque chose de neuf, une création, une innovation, une invention ou une idée originale vous permet de partir subitement, de changer d'activité ou de situation, d'entreprendre des démarches ou un voyage pour obtenir ce que vous espérez.

$ Quelque chose de neuf en rapport avec votre situation financière, des circonstances très bénéfiques ou de nouvelles ressources vous donnent le feu vert pour entreprendre ce que voulez ou réaliser vos espérances.

SITUATION ACTUELLE

18 1

Malgré quelques troubles fonctionnels, quelques petits problèmes de santé, vous n'en êtes pas moins capable de prendre des initiatives clarificatrices qui effaceront les symptômes inquiétants et qui éloigneront les risques de maladie grave.

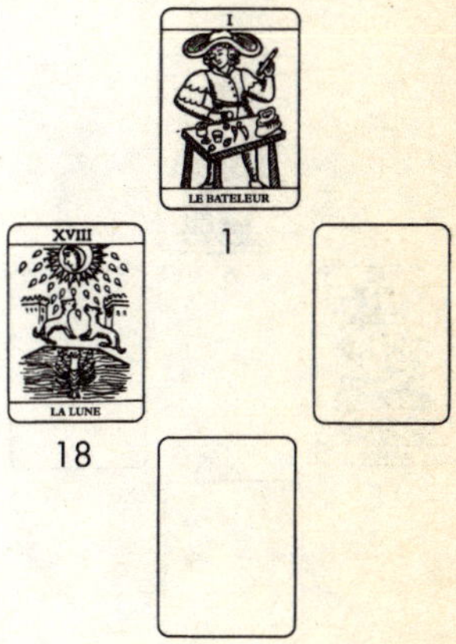

Malgré les obstacles, les vicissitudes que vous rencontrez ou les angoisses et les déceptions que vous éprouvez, votre clarté de jugement et votre bonne volonté devraient pouvoir vous apporter entière satisfation sur le plan affectif.

Une idée lumineuse ou une initiative habile, astucieuse, efficace, résoudra les problèmes qui se posent dans votre vie familiale et clarifiera pleinement votre situation.

Une situation confuse, trouble, décevante, insécurisante, vous incite à prendre des initiatives habiles, originales, à utiliser tout votre savoir-faire, à faire preuve d'imagination et d'ingéniosité pour tout clarifier et vous tirer d'affaire.

$ Vous parviendrez à surmonter les difficultés que vous rencontrez actuellement, à compenser votre insécurité financière, en faisant preuve d'esprit d'initiative et d'un souci de clarification.

SITUATION ACTUELLE

18 | 2

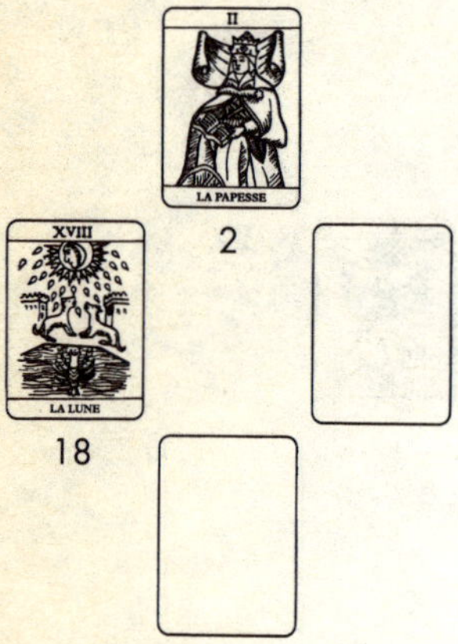

Soyez patient, prudent, attentif, et même si cela ne se fait pas d'une façon spectaculaire ni sans mal, vous parviendrez à vous rétablir, à vous remettre d'aplomb.

Une déception ou une désillusion d'ordre affectif vous incite à reconsidérer votre situation ou vos sentiments sans rien en dire, ou à vous préparer secrètement mais sérieusement à un renouveau, à un changement réparateur et nécessaire.

Pourvu que vous sachiez faire preuve de réserve, de discrétion et de patience, le renouvellement ou le changement que vous attendez concernant votre situation familiale et les difficultés qu'elle connaît, se produira normalement.

Sachez faire preuve de patience, de discrétion, car le renouvellement ou le changement que vous attendez va se produire sans qu'il vous soit nécessaire d'intervenir, tout simplement parce qu'il ne peut en être autrement...

Même si vous n'en dites rien, ou si cela ne vous a pas encore été révélé, un renouvellement ou un changement est en train de se produire dans votre situation qui va résoudre vos problèmes actuels sur le plan financier.

SITUATION ACTUELLE

18 | 3

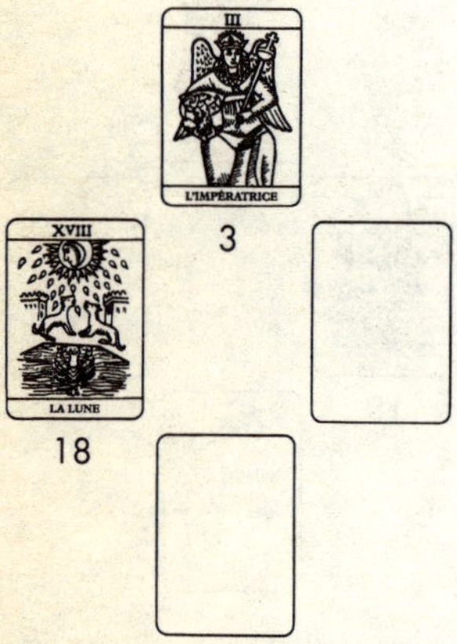

Vos problèmes ou vos inquiétudes concernant votre santé n'ont pas vraiment de raison d'être. Ils sont plus d'ordre psychologique qu'organique ou fonctionnel, et ils peuvent ainsi être résolus ou résorbés facilement pour peu que vous ayez recours à votre richesse intérieure.

Malgré vos angoisses, vos inquiétudes ou votre extrême sensibilité, vous avez tous les atouts et toutes les qualités pour réussir pleinement ce que vous souhaitez dans votre vie sentimentale.

Puisez dans vos richesses intérieures, dans votre intelligence féconde et compréhensive pour résoudre ou résorber les problèmes ou les difficultés qui se font jour dans votre vie familiale.

Malgré les difficultés ou les obstacles que vous rencontrez actuellement, vos actions pour réaliser une expansion dans votre situation s'avèreront efficaces et fructueuses.

Malgré les obstacles, les difficultés que vous rencontrez ou les inquiétudes, les doutes que vous émettez à propos de votre situation financière, vos actions efficaces et fructueuses résoudront tous vos problèmes.

18 | 4

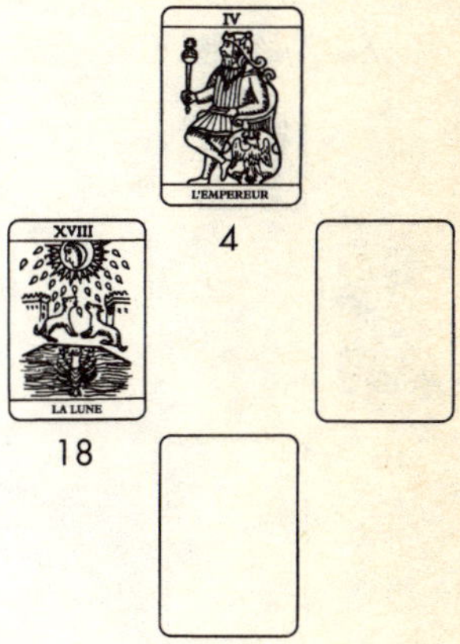

Vous ne pouvez pas échapper aux problèmes qui se posent à vous actuellement et qui concernent votre santé. Il vous faut donc rechercher activement les aides, les appuis, les conseils dont vous avez besoin pour les résoudre et pour vous en sortir le plus tôt possible.

Vous risquez de commettre une erreur due à la précipitation, d'agir prématurément ou d'une manière irresponsable, de faire fausse route et de vous exposer ainsi à des déceptions et à des désillusions amères.

Vous ne pouvez échapper aux problèmes qui se posent à vous actuellement et qui concernent votre vie familiale. Affrontez-les donc d'une manière constructive et intelligente, trouvez des solutions pratiques et réfléchissez bien avant d'agir.

Recherchez l'aide, l'appui ou les conseils dont vous avez besoin, mais ne comptez que sur vous-même pour résoudre les problèmes ou les difficultés que vous rencontrez actuellement, et agissez promptement et concrètement pour vous en sortir.

Affrontez vos difficultés financières d'une manière constructive et intelligente, avec hâte et détermination de façon à pouvoir vous en sortir le plus rapidement possible et évitez, à l'avenir, de réitérer les mêmes erreurs.

SITUATION ACTUELLE

18 | 5

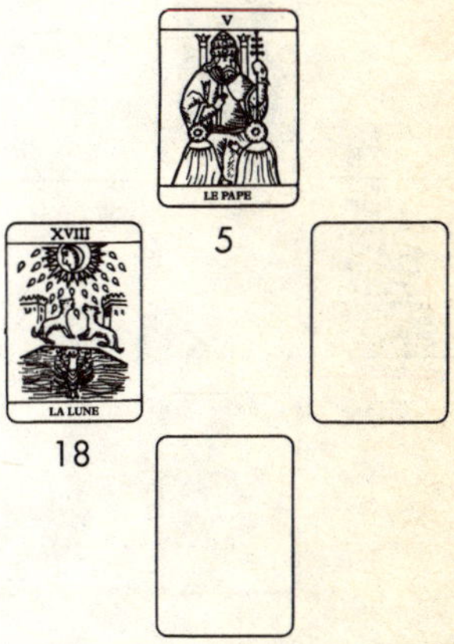

Si vous avez des problèmes de santé ou quelque inquiétude que ce soit en ce domaine, consultez un médecin ou fiez-vous à ce que vous dictent votre conscience ou votre devoir.

En cas de déception, de désillusion ou de conflit d'ordre affectif, fiez-vous à ce que vous dicte votre conscience, et comportez-vous d'une manière intègre, sérieuse et responsable pour considérer et résoudre les problèmes qui se posent à vous.

Fiez-vous à votre sens du devoir et à votre conscience, appuyez-vous éventuellement sur le soutien d'une personne compétente, intègre et moralement irréprochable pour résoudre les problèmes qui se posent actuellement dans votre vie familiale.

Les obstacles et les difficultés que vous rencontrez actuellement ne peuvent être surmontés que si vous acceptez d'assurer pleinement et courageusement les charges et les obligations vous incombant.

Vous avez de lourdes charges à supporter et vous devez faire face à des obligations matérielles qui ne rendent pas votre situation très florissante, mais vous parvenez tout de même à vous maintenir à un certain niveau.

SITUATION ACTUELLE

18 | 6

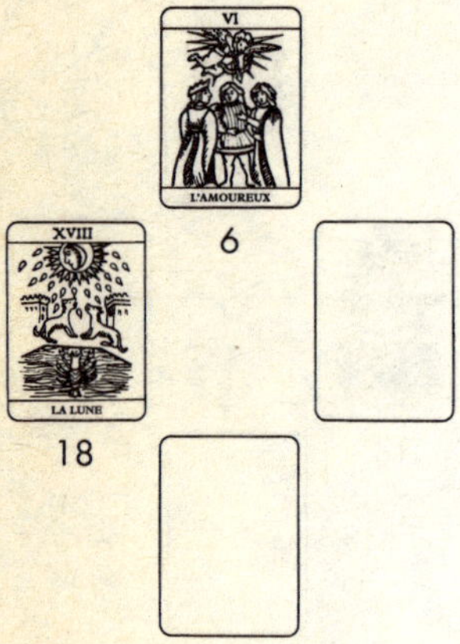

Vous éprouvez quelques difficultés à trouver votre équilibre vital, à vous mettre en accord avec vous-même, à vous résoudre, à faire des choix judicieux et décisifs sur le plan de votre santé.

Les déceptions, les désillusions que vous avez éprouvées ou les erreurs que vous avez commises par le passé, vous incitent à adopter une attitude plus sélective dans le choix du cœur. Mais ne confondez pas réflexion et irrésolution.

Les difficultés que vous éprouvez à trouver un accord, à prendre une décision ou à faire un choix concernant votre situation familiale, sont sans doute dues à l'irrésolution ambiante. Soyez donc plus déterminé.

Vous éprouvez quelques difficultés à trouver un accord, à faire un choix décisif, à prendre des résolutions importantes concernant votre situation. Soyez donc plus déterminé et plus sûr de vous.

Vous éprouvez des difficultés à trouver l'accord, à prendre les décisions ou à faire les choix qui vous permettraient de résoudre vos problèmes financiers. Vous n'avez pourtant pas de temps à perdre. Soyez donc plus déterminé !

SITUATION ACTUELLE

18 | 7

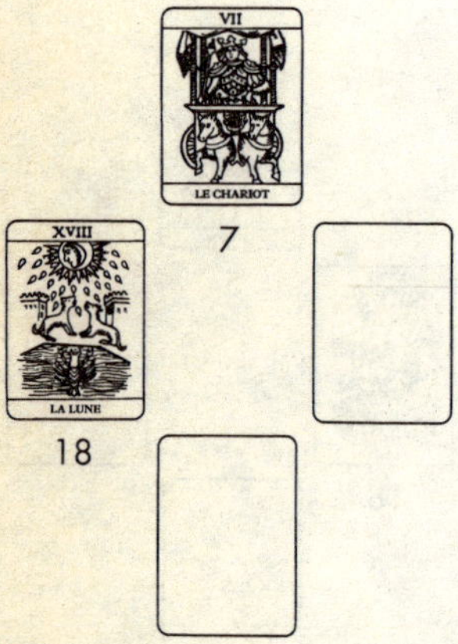

Faites des efforts, luttez et vous parviendrez à triompher de vos troubles, de vos malaises, de vos inquiétudes et de vos problèmes de santé.

Soyez résolu, déterminé à triompher des problèmes, des conflits que vous rencontrez ou des déceptions, des craintes justifiées ou non que vous éprouvez en ce qui concerne votre vie sentimentale ou vos relations affectives.

Les mauvaises nouvelles que vous recevez, les difficultés, les conflits, les déceptions que vous connaissez actuellement dans votre vie familiale ne découragent pas votre volonté de triompher de tous les problèmes qui se posent à vous.

Vous avez à surmonter des obstacles, à affronter des difficultés et à résoudre de sérieux problèmes pour parvenir à vos fins, mais si vous ne relâchez pas vos efforts et que vous ne vous découragez pas, vous obtiendrez le succès que vous méritez. Courage !

Ne relâchez ni vos efforts ni votre détermination, car vous avez les moyens et le pouvoir de triompher des difficultés financières que vous rencontrez actuellement.

18 | 8

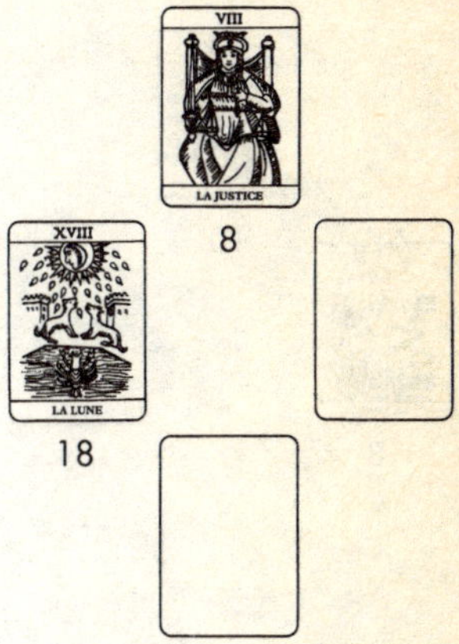

Comportez-vous avec rigueur et discipline pour résoudre vos problèmes de santé, et vous préserverez votre équilibre vital.

Les problèmes qui surgissent dans votre vie affective ne doivent pas être pris à la légère. Traitez-les donc avec rigueur et discipline de manière à ce que l'équilibre de votre situation ne soit pas entamé.

Les problèmes ou les difficultés que vous rencontrez actuellement dans votre vie familiale ne doivent pas être considérés à la légère. Traitez-les donc avec rigueur, équité et impartialité.

Les problèmes ou les difficultés que vous rencontrez actuellement dans votre situation ne doivent pas être pris à la légère. Traitez-les donc avec rigueur, équité, impartialité et, si besoin est, ayez recours à la justice, à l'application stricte des lois.

Imposez-vous des règles très strictes et soumettez-vous à la rigueur de la loi pour réparer les erreurs que vous avez commises ou parvenir à équilibrer votre situation financière.

SITUATION ACTUELLE

18 | 9

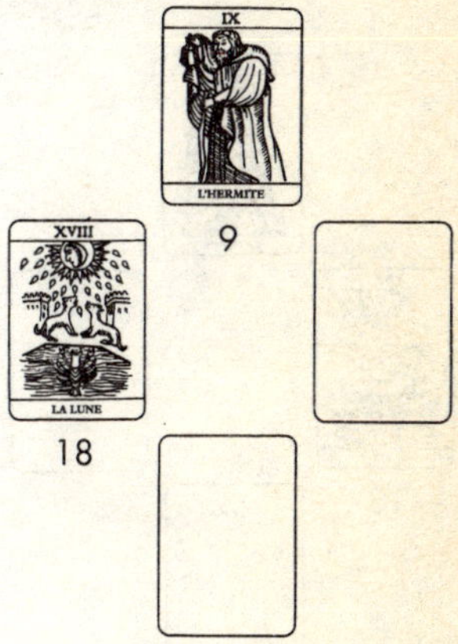

Vous prenez conscience de vos problèmes de santé et vous étudiez des solutions pratiques, précises, efficaces pour vous en sortir doucement mais sûrement en ne comptant que sur vous-même...

Vous savez très bien ce qui ne va pas dans votre vie affective et vous ne comptez que sur vous-même pour trouver des solutions à vos problèmes. Mais cette attitude risque de vous condamner à une certaine solitude.

Vous avez beau être très conscient des problèmes qui se posent dans votre vie familiale, encore faut-il que vous soyez patient, prudent et perspicace, et que vous ne comptiez que sur vous-même pour trouver des solutions résolutives.

Face aux problèmes qui se posent à vous actuellement et dont vous mesurez très précisément la teneur, comportez-vous avec prudence, réalisme et perspicacité, et ne comptez que sur vous-même pour trouver des solutions résolutives.

Vous ne pouvez plus être dupe des problèmes qui se posent à vous financièrement parlant. Sachez donc trouver des solutions pratiques, prudentes et réalistes pour les résoudre et ne comptez que sur vous-même pour ce faire.

SITUATION ACTUELLE

18 | 10

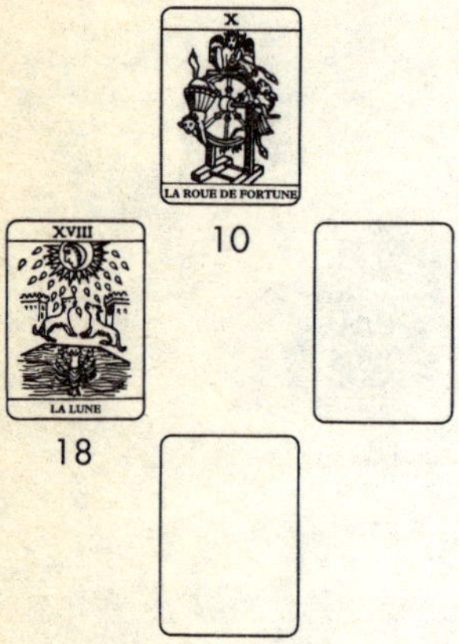

Vous allez pouvoir vous sortir normalement de vos problèmes, mais votre état de santé restera instable et vous passerez ainsi encore par des hauts et des bas. Réagissez d'une manière plus énergique.

Votre vie sentimentale évolue d'une manière confuse et instable parce que les bases ne sont pas bonnes ; mais si vous êtes conscient de ce qui ne va pas, alors tout peut s'arranger et changer très rapidement.

Votre vie familiale passe par des hauts et des bas. Elle rencontre des problèmes et des difficultés qui troublent et freinent son évolution. Mais tout cela devrait pouvoir s'arranger très rapidement. Alors ne vous inquiétez pas outre mesure.

Vous rencontrez actuellement des problèmes et des difficultés qui troublent ou freinent l'évolution de votre situation, mais tout cela devrait pouvoir s'arranger très rapidement grâce à un heureux concours de circonstances.

L'évolution logique de votre situation financière laisse à penser que les problèmes et les difficultés que vous rencontrez actuellement vont peu à peu disparaître et que vous êtes donc sur la bonne voie.

SITUATION ACTUELLE

18 | 11

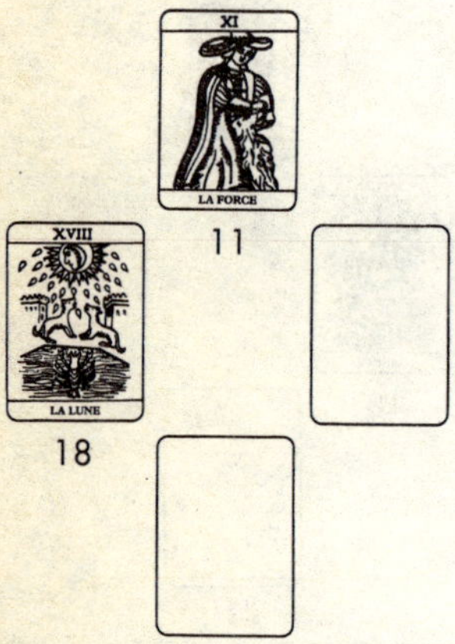

Vous parvenez à dominer vos problèmes de santé, à surmonter vos difficultés et vos faiblesses avec courage, énergie et détermination.

Quels que soient les problèmes, les déceptions ou les conflits qui pourraient se manifester dans votre vie affective vous aurez le courage d'y faire front et la volonté de les résoudre.

Quelles que soient les difficultés auxquelles vous auriez à faire face dans votre vie familiale, elles ne résisteront pas à votre détermination de les vaincre, à dominer quoi qu'il arrive votre situation avec énergie et générosité.

Vous avez des problèmes à résoudre et des difficultés à surmonter, mais, ce faisant, vous parvenez à dominer la situation et à vous positionner avec assurance pour réussir même dans des entreprises audacieuses.

Les difficultés que vous rencontrez actuellement sur le plan financier nécessitent de votre part un comportement audacieux et déterminé pour qu'elles soient pleinement maîtrisées et surmontées.

18 | 12

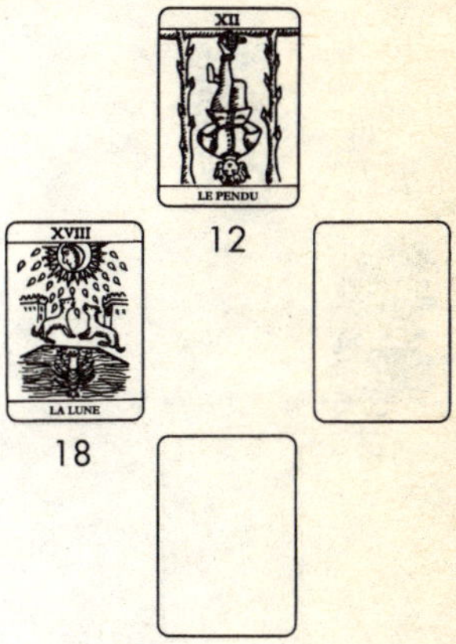

Vous n'êtes pas au mieux de votre forme. Votre état de santé actuel vous contraint au repos, à l'arrêt de toute activité, et nécessite des soins attentifs et sérieux pour que vous puissiez vous rétablir.

Vous connaissez des déceptions et des difficultés dans votre vie affective, et vous avez la volonté de vous sortir de cette situation pénible, mais pour le moment vous ne pouvez pas faire grand-chose.

Pour le moment, vous subissez les difficultés, les problèmes, les conflits qui règnent dans votre vie familiale, ou bien vous êtes victime de vos propres erreurs. Vous parviendrez sans doute à vous en sortir, mais ce sera long et pénible.

Ou bien vous subissez les conséquences de vos erreurs et vous êtes dans une situation sans issue, ou bien les difficultés que vous rencontrez actuellement vous empêchent d'agir et de profiter de votre situation.

Les difficultés que vous rencontrez actuellement ou les erreurs que vous avez commises bloquent votre situation financière et vous empêchent d'en profiter.

18 | 13

Vous devez agir concrètement, avec détermination et autorité, pour mettre fin à une maladie, éliminer radicalement vos problèmes de santé et connaître ainsi un changement total.

A la suite d'une déception, d'une désillusion ou d'un problème d'ordre affectif, un changement radical, concret et sans recours possible va se produire dans votre vie sentimentale.

Les problèmes qui se posent dans votre vie familiale ou les difficultés que vous rencontrez actuellement seront résolus concrètement et radicalement par un changement total, la fin d'une situation ou une échéance quelconque.

Les problèmes qui se posent, les oppositions, les difficultés, les obstacles que vous rencontrez actuellement seront résolus et surmontés concrètement par un changement radical, l'arrêt ou la fin d'une situation.

Agissez concrètement avec intelligence et autorité pour mettre fin à une situation, opérer un changement total ou éliminer radicalement les difficultés que vous rencontrez actuellement sur le plan financier.

SITUATION ACTUELLE

18 | 14

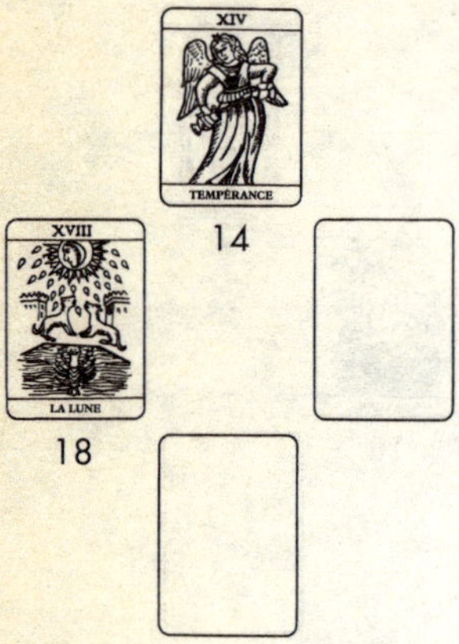

Consultez un médecin, faites le traitement approprié ou trouvez les accommodements nécessaires pour résoudre en douceur, en souplesse mais sérieusement vos problèmes de santé.

Malgré les problèmes, les déceptions que vous connaissez ou la période difficile que vous traversez actuellement sur le plan affectif, sachez faire preuve de compréhension et de souplesse. Laissez glisser, comme on dit, car tout peut s'arranger.

Quels que soient les problèmes qui se posent ou les difficultés que rencontre votre situation familiale actuellement, ils peuvent être aisément résolus pour peu que l'on fasse preuve de souplesse et que l'on sache trouver des arrangements intelligents.

Malgré les retards, les obstacles et les difficultés que vous rencontrez actuellement, vous pouvez négocier intelligemment et opportunément des compromis ou des arrangements qui favoriseront la résolution de vos problèmes.

Malgré les difficultés que vous rencontrez actuellement sur le plan financier, vous pouvez trouver des arrangements ou des compromis intelligents et opportuns qui favoriseront vos transactions, ou vous feront bénéficier d'une juste rétribution.

SITUATION ACTUELLE

18 | 15

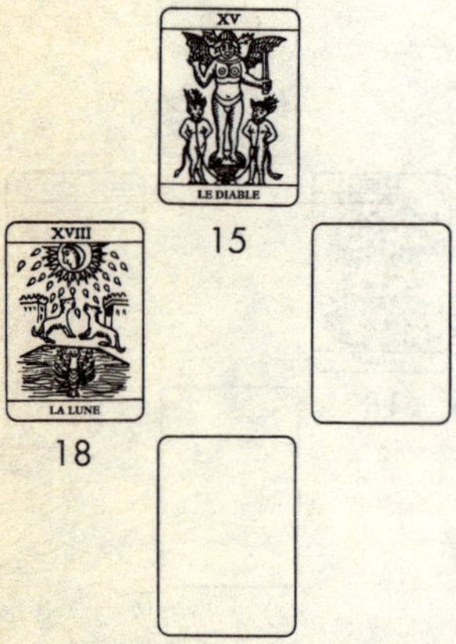

Vous êtes trop indécis et vous succombez trop facilement à la tentation. Vous êtes ainsi victime de vos excès et quand ça va mal, vous êtes alors obligé d'utiliser les grands moyens pour vous soigner.

Vous vivez une relation sentimentale intense et passionnée, mais vous ne vous accordez pas bien avec la personne de vos pensées. Si vous partez sur de telles bases, vous serez sans doute déçu ou trompé.

Il y a des difficultés, des problèmes dans votre vie familiale actuellement qui peuvent vous pousser à faire de mauvais choix. Quoi qu'il en soit, dans un tel contexte, n'espérez pas trouver un accord.

Dans le contexte actuel, vous auriez tort de vouloir à tout prix trouver un accord, car les circonstances ne s'y prètent pas et vous seriez tenté de faire des choix dangereux, ambigus ou carrément mauvais.

Pour résoudre vos problèmes et surmonter vos difficultés sur le plan financier, il vous faut sans doute faire des choix un peu excessifs et risqués ou prendre des résolutions extrêmes.

18 16

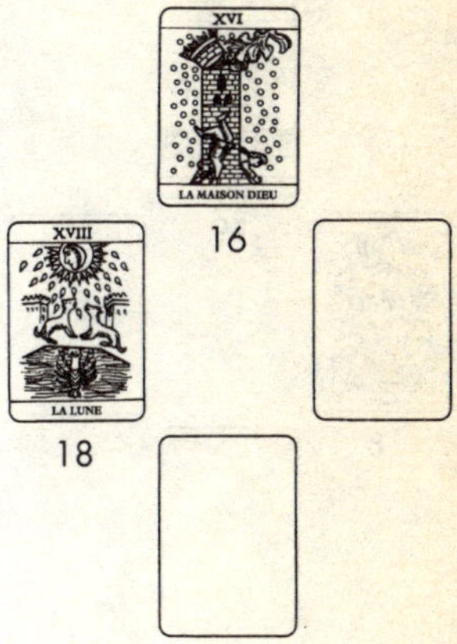

Faites des efforts, bousculez vos mauvaises habitudes, provoquez une crise salutaire, car vous êtes tout à fait capable de résoudre vos problèmes de santé, d'assainir votre organisme et de corriger vos faiblesses.

Une mauvaise nouvelle, ou une déception d'ordre affectif, vous procure un choc ou provoque un bouleversement dans votre vie sentimentale qui vous perturbe et vous soulage à la fois.

Les problèmes, les obtacles et les difficultés que vous rencontrez actuellement dans votre vie familiale, vous conduisent à une crise ou à un bouleversement salutaire qui vous permettra alors d'en triompher.

Une crise, un bouleversement ou une brusque remise en question dont vous aurez peut-être pris l'initiative, vous permettra en tout cas de triompher des difficultés et des obtacles que vous rencontrez actuellement dans votre situation.

Agissez avec courage et détermination pour assainir votre situation financière, pour résoudre vos problèmes ou vos conflits d'argent, pour triompher de vos difficultés en ce domaine

18 17

Faites preuve de rigueur et de discipline, prenez vos problèmes de santé au sérieux même s'ils n'ont pas un caractère de gravité, et vous retrouverez une énergie vitale plus saine et plus sereine.

Les angoisses, les déceptions ou les difficultés que vous éprouvez actuellement dans votre vie sentimentale doivent être traitées avec rigueur et discipline, et tous les espoirs vous seront alors permis.

Si vous voulez pouvoir réaliser vos espérances et vos vœux concernant votre vie familiale, il faut d'abord vous résoudre à considérer les problèmes et les difficultés auxquels vous êtes confronté actuellement avec rigueur et discipline.

Malgré les difficultés que vous rencontrez actuellement, la rigueur, la discipline ou l'intervention heureuse de la justice ou de la loi rendra les circonstances favorables à la réalisation de vos espérances ou à l'avènement de quelque chose de neuf.

Sachez vous imposer certaines règles, vous soumettre aux lois de l'économie ou à une certaine discipline si vous voulez vaincre vos difficultés, équilibrer vos ressources et vos dépenses.

SITUATION ACTUELLE

18 19

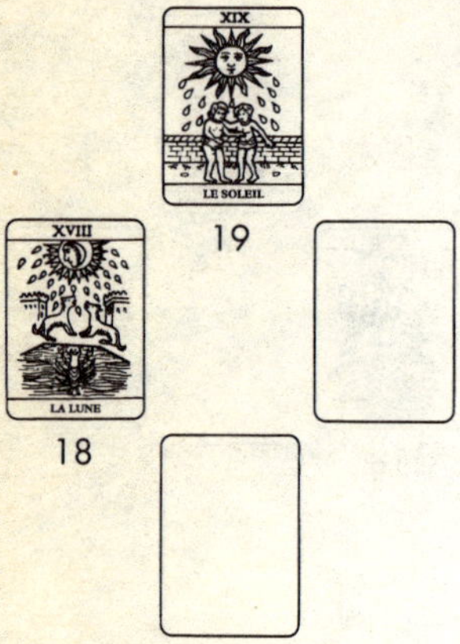

Vos problèmes de santé vont se résoudre aisément et vous vous sentirez alors en pleine forme, en accord avec vous-même et avec votre environnement.

Malgré vos angoisses, vos craintes et les problèmes qui se posent dans votre vie sentimentale actuellement, votre situation est en voie d'évolution et vous allez éprouver une grande joie sur le plan affectif.

Les difficultés, les problèmes ou les conflits qui apparaissent actuellement dans votre vie familiale peuvent être aisément surmontés, résolus et clarifiés de manière à ce que votre situation évolue d'une manière très positive.

Les problèmes, les difficultés, les obstacles que vous rencontrez actuellement peuvent être aisément surmontés pour peu que vous vous abandonniez à l'évolution très favorable des circonstances qui va dans le sens d'une clarification et d'une réussite.

$ Malgré les retards, les obstacles ou les difficultés que vous rencontrez actuellement, votre situation financière est sur une voie d'évolution très positive.

SITUATION ACTUELLE

18 20

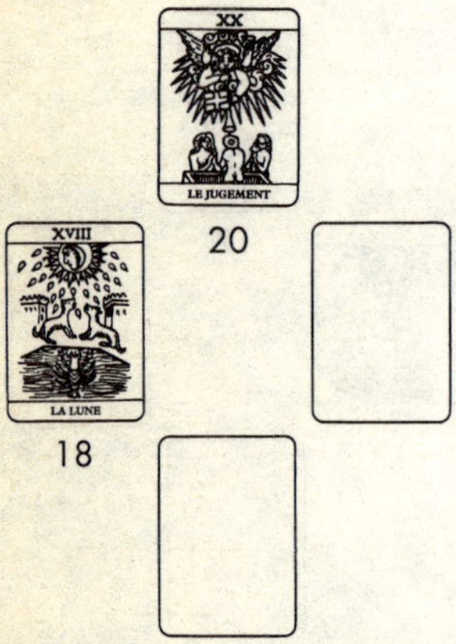

Soyez courageux, ayez confiance, maîtrisez bien vos problèmes et vous parviendrez à vous rétablir ou à guérir promptement.

Cernez et maîtrisez bien les problèmes ou les difficultés que vous rencontrez actuellement dans votre vie sentimentale, dominez vos angoisses et vos craintes et vous connaîtrez alors un renouveau, un changement appréciable ou une réconciliation.

Vous avez tous les atouts et toutes les qualités pour surmonter les difficultés et résoudre les problèmes que vous rencontrez actuellement dans votre vie familiale et ainsi rétablir votre situation.

Faites preuve de courage, de détermination et de fermeté pour surmonter les difficultés et les obstacles que vous rencontrez actuellement, et pour réaliser ainsi un changement ou un renouveau réussi dans votre situation.

$ Vous avez tous les atouts pour maîtriser et résoudre vos problèmes, surmonter vos difficultés financières et rétablir pleinement votre situation.

SITUATION ACTUELLE

18 21

Pour retrouver votre bien-être vital et pour pouvoir vous épanouir pleinement, il faut que vous acceptiez de faire certains sacrifices et que vous admettiez ainsi ce qui ne va pas chez vous. Les problèmes sont souvent générateurs de progrès.

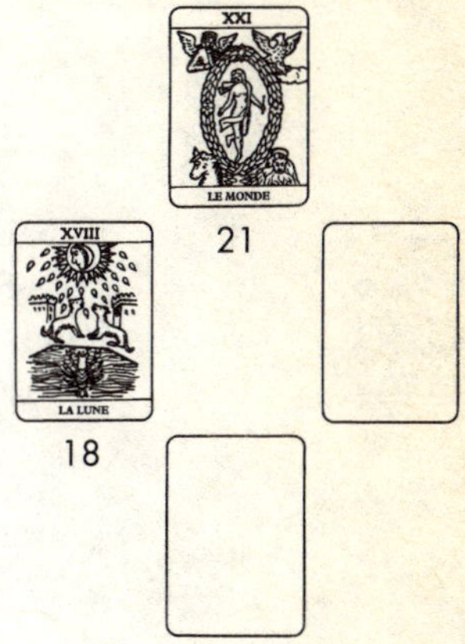

Si vous avez des problèmes, si vous êtes déçu, éprouvé, triste, abandonnez-vous à votre malaise et vous saurez alors ce qu'il faut perdre ou sacrifier pour accéder naturellement à une certaine plénitude affective.

Votre vie familiale traverse une période globalement difficile, confuse et insécurisante. Il ne faut pas hésiter à sacrifier les causes de ces troubles si vous voulez retrouver une certaine harmonie chez vous.

Reconnaissez vos erreurs et acceptez de perdre ou de sacrifier ce qui doit l'être. Vous disposerez alors d'une situation potentiellement et globalement plus intéressante, plus saine et riche en possibilités d'expansion.

Faites des sacrifices, reconnaissez vos erreurs, honorez vos dettes si vous en avez, résignez-vous à voir vos problèmes financiers en face, à en assumer l'entière responsabilité et votre situation deviendra globalement plus saine.

SITUATION ACTUELLE

18 22

Vous ne pouvez pas échapper à vos problèmes de santé. Faites donc ce qu'il faut pour vous en sortir le plus rapidement possible.

En certaines circonstances, la seule issue possible, c'est la fuite. Mais avant de vous décider à partir, à vous arracher sur un coup de tête à une situation pénible, décevante ou malsaine assurez-vous qu'il n'y a vraiment pas d'autre solution.

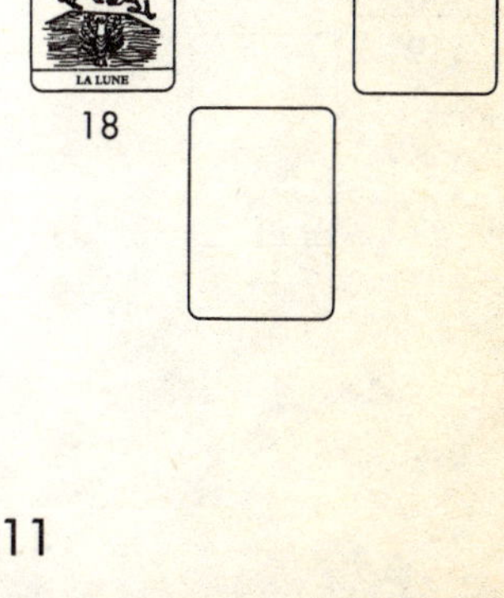

Il semble que vous n'ayez d'autre choix que celui de partir, de vous arracher brusquement à une situation familiale difficile, décevante ou malsaine. Mais assurez-vous quand même avant d'agir qu'il n'y a vraiment plus d'autre solution.

Les problèmes, les obstacles et les difficultés que vous rencontrez actuellement semblent à ce point inextricables qu'il vaut mieux que vous cherchiez de l'aide ou que vous abandonniez définitivement cette situation.

Les retards, les obstacles ou les difficultés que vous rencontrez actuellement sur le plan financier vous forcent à démarcher, à chercher de l'aide pour vous en sortir le plus rapidement possible.

SITUATION ACTUELLE

19 | 1

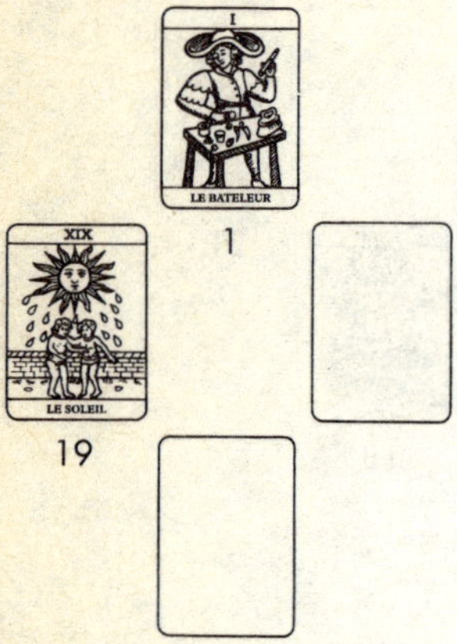

Une saine clarification ou le bien-être rayonnant dont vous bénéficiez vous permet de connaître un véritable renouveau, de vous sentir comme neuf, disponible, dynamique et plein d'entrain.

Un sentiment réel et partagé, une union sincère ou une bonne entente affective renouvelle votre situation, vous permet d'agir selon votre volonté et vous autorise à entreprendre ou à réaliser quelque chose de neuf.

La concorde qui règne dans votre vie familiale suscite un véritable renouveau, et vous autorise à donner libre cours à votre esprit d'initiative et à votre bonne volonté active pour entreprendre quelque chose de neuf et d'heureux.

Une saine clarification, une association, un accord très positif ou une réussite ponctuelle suscite un véritable renouveau, un changement bénéfique dans votre situation et vous autorise ainsi à prendre de nouvelles initiatives, à agir selon votre volonté.

Une clarification ou quelque chose de positif et d'heureux concernant vos finances suscite un véritable renouveau dans votre situation et vous permet ainsi de prendre de nouvelles initiatives et d'agir selon votre volonté.

SITUATION ACTUELLE

19 | 2

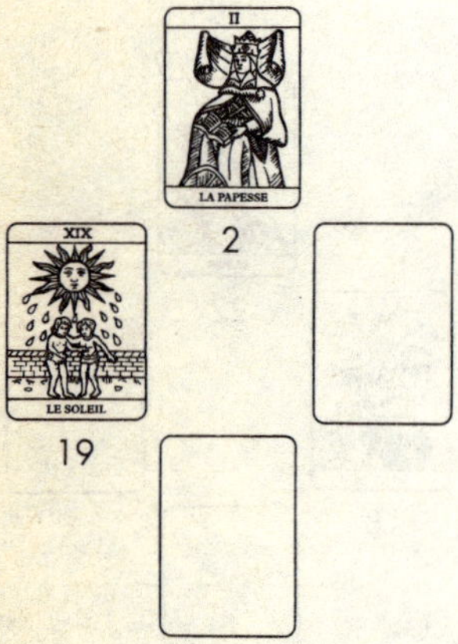

Vous êtes en parfait accord, en parfaite harmonie avec votre nature et vous bénéficiez donc d'une forme rayonnante même si vous faites preuve de réserve, de sagesse et de modération dans son expression et dans ses manifestations.

Vous bénéficiez d'une entente parfaite, d'une relation privilégiée, d'une situation affective heureuse et stable, et même si cela ne vous a pas encore été révélé, vous allez éprouver une grande joie dans votre vie sentimentale.

Attendez-vous à voir votre famille unie, rassemblée, heureuse et à éprouver ainsi de grandes joies que vous aurez du mal à contenir malgré votre réserve et votre pudeur.

Vos ambitions les plus secrètes sont sur le point de se réaliser pleinement et vous autoriseront ainsi à élaborer de vastes projets, à étudier des possibilités d'expansion ou d'élargissement de votre champ d'action.

Quelque chose d'heureux et de positif concernant vos finances vous ouvre des horizons nouveaux, et vous autorise à considérer et à étudier sérieusement des possibilités d'expansion.

SITUATION ACTUELLE

19 | 3

Vous êtes en pleine forme et cela vous autorise à aller de l'avant, à bouger, à voyager, à dépenser votre énergie, à vous permettre même quelques coups de folie.

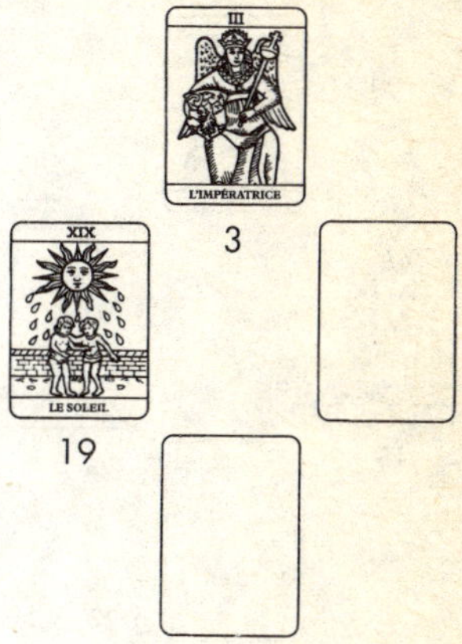

Les sentiments de la personne que vous allez rencontrer, que vous venez de rencontrer, vers qui vont tous vos élans ou qui vient vers vous sont profonds, sincères et rayonnants, et les vôtres tout autant !

Rien ne s'oppose à ce que vous fassiez un voyage pour des raisons familiales ou à ce que vous déménagiez dans les meilleures conditions possibles, sinon attendez-vous à éprouver une grande joie, à vivre un événement heureux en rapport avec votre vie familiale.

Un événement heureux, très positif qui s'est produit vous permet de clarifier votre situation, d'entreprendre des actions fructueuses et rentables, de matérialiser un accord ou une association.

$ Votre situation financière est claire et positive. Vous pouvez donc entreprendre des actions ou des démarches pour la rendre encore plus prospère.

SITUATION ACTUELLE

19 | 4

Une saine clarification de votre état de santé vous rend plus sûr de vous, et vous permet d'agir et de vous comporter d'une manière constructive et intelligente.

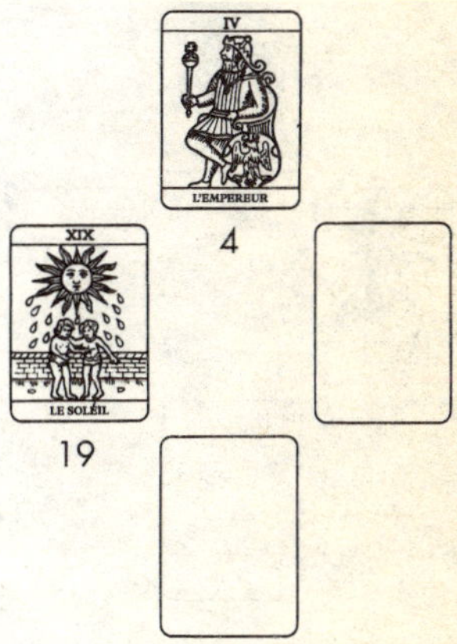

Une relation privilégiée ou la bonne entente que vous avez avec une personne qui vous est chère doit pouvoir se stabiliser ou se concrétiser par une union très prochainement.

Votre vie familiale semble heureuse et priviligiée, ce qui favorise d'autant plus votre comportement et votre travail très constructif, et vous assure une situation stable, solide que vous tenez bien en main.

Un accord, une association ou un succès, réalisé ou obtenu avec l'appui et l'approbation d'un personnage influent ou en rapport avec celui-ci, devrait vous donner entière satisfaction et tout pouvoir dans votre situation.

$ Une clarification ou quelque évènement positif et heureux concernant vos finances vous permet de stabiliser votre situation.

SITUATION ACTUELLE

19 | 5

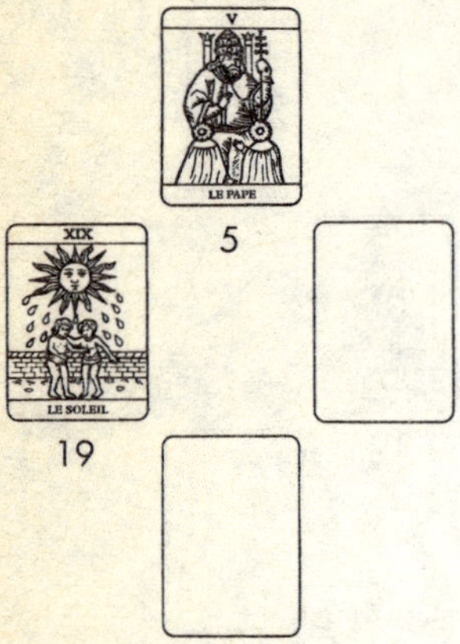

Bien que vous bénéficiiez d'une santé rayonnante et d'un excellent bien-être vital, sachez quand même faire des choix raisonnables et n'oubliez pas que le libre arbitre vous rend d'autant plus responsable de vos actes.

Tous les éléments sont réunis pour que vous puissiez fonder une union sincère et sérieuse ou que, du moins, vous puissiez vivre vos relations sentimentales privilégiées en toute quiétude.

Une clarification ou un événement positif et heureux qui se produit dans votre vie familiale peut vous faire obtenir les accords dont vous avez besoin, ou vous inciter à faire des choix constructifs et sérieux.

Un accord, un contrat ou une association, vous donne entière satisfaction, accroît vos responsabilités et vous donne plus de pouvoir.

Vous pouvez clarifier positivement votre situation, faire des choix heureux et raisonnables ou trouver un excellent accord favorisant vos finances.

SITUATION ACTUELLE

19 | 6

L'excellente vitalité dont vous bénéficiez actuellement vous laisse un total libre arbitre quant à l'usage que vous en faites et facilite la recherche active de votre équilibre.

Rien ne s'oppose à vos choix décisifs et déterminants, à votre volonté d'aboutir, d'exprimer et de vivre pleinement vos sentiments, de manifester spontanément vos élans du cœur, de trouver rapidement le meilleur accord possible.

Un événement heureux qui se produit dans votre vie familiale et qui suscite une grande joie confirme la concorde qui règne chez vous et vous donne l'occasion de faire des choix judicieux et utiles à l'évolution de votre situation.

Vous obtenez un grand succès dans vos actions, dans vos entreprises, dans vos luttes, dans vos accords qui favorise bien sûr l'évolution positive de votre situation, et vous avez ainsi tous les atouts pour atteindre rapidement vos objectifs.

Un événement heureux et positif qui se produit dans votre situation financière vous permet de faire des choix ou de réaliser rapidement des accords qui vont dans le sens des objectifs que vous souhaitez atteindre.

19 | 7

L'équilibre clair et la vitalité rayonnante dont vous bénéficiez vous autorise à faire bon usage de votre dynamisme et à dépenser votre énergie comme vous l'entendrez.

Des sentiments sincères et équilibrés, des relations heureuses et stables vous autorisent à agir en toute confiance pour obtenir ou réaliser avec succès ce que vous voulez dans votre vie affective.

Une vie familiale heureuse et équilibrée vous autorise à agir en toute confiance pour obtenir ce que vous voulez ou atteindre les buts que vous vous êtes fixés.

Une clarification, ou un jugement clair et impartial, vous permet d'obtenir ce qui vous revient de droit, d'agir pour obtenir le succès dans vos entreprises et de disposer ainsi d'une situation positive et équilibrée.

Une situation financière claire et équilibrée vous autorise à agir pour obtenir ce qui vous revient de droit ou pour atteindre avec succès des objectifs intéressants.

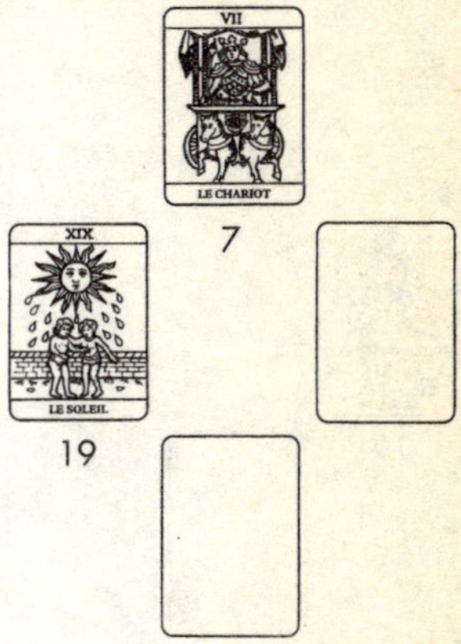

SITUATION ACTUELLE

19 | 8

La vitalité saine et rayonnante dont vous bénéficiez vous permet de trouver, et de vous assurer peu à peu un équilibre solide et authentique.

Les relations heureuses que vous entretenez actuellement dans votre vie sentimentale vous incitent à vous remettre en question, à prendre conscience de certains facteurs importants vous concernant et à trouver ainsi un équilibre intérieur authentique.

Vous pouvez considérer que tout ce qui est mis en lumière et qui concerne votre vie familiale va dans le sens de ce qui est juste, normal, et que cela sert l'équilibre de votre situation.

Un accord ou une association peut se réaliser à condition de trouver des bases solides, équilibrées, authentiques, de ne rien laisser au hasard, de tout dévoiler, et d'imposer en tout rigueur et discipline.

Une situation financière claire, saine et sans équivoque vous permet de trouver, avec le temps, les moyens dont vous avez besoin pour atteindre des buts précis et rigoureux.

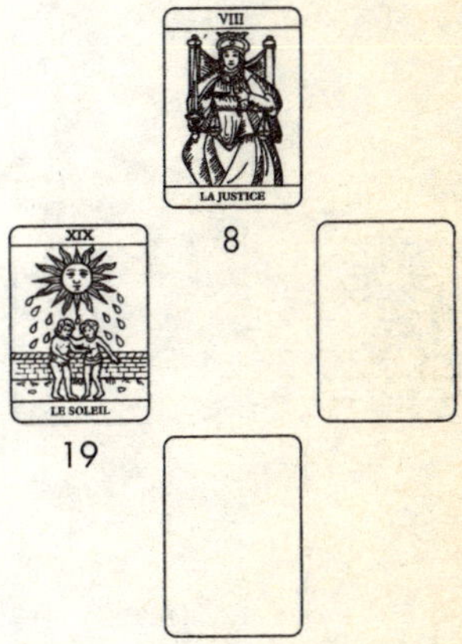

SITUATION ACTUELLE

19 | 9

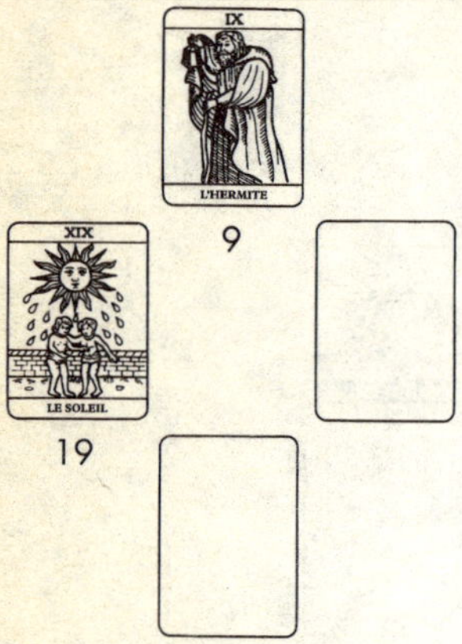

Malgré la vitalité saine et rayonnante dont vous bénéficiez, vous restez prudent et modéré dans l'usage que vous en faites, et vous cultivez ainsi l'adage selon lequel qui va doucement, va sûrement !

Les relations affectives saines et heureuses que vous entretenez actuellement favorisent, sans aucun doute, votre évolution profonde et vous incitent à vous remettre en question d'une manière très positive.

La concorde, l'harmonie et le bonheur qui règnent actuellement dans votre vie familiale vous rendent très lucide quant à l'évolution probable de celle-ci, et vous incitent à mettre en œuvre tous les moyens qui sont en votre pouvoir pour la favoriser.

Un accord, une association ou un événement positif et heureux qui se produit dans votre situation vous autorise à évaluer très précisément avec prudence et réalisme les conséquences et les avantages qu'il pourrait avoir ponctuellement et à long terme.

$ Un événement positif et heureux qui se produit dans votre situation financière, vous autorise à évaluer très précisément les conséquences positives et les avantages concrets que vous pouvez en tirer ponctuellement et à long terme.

SITUATION ACTUELLE

19 | 10

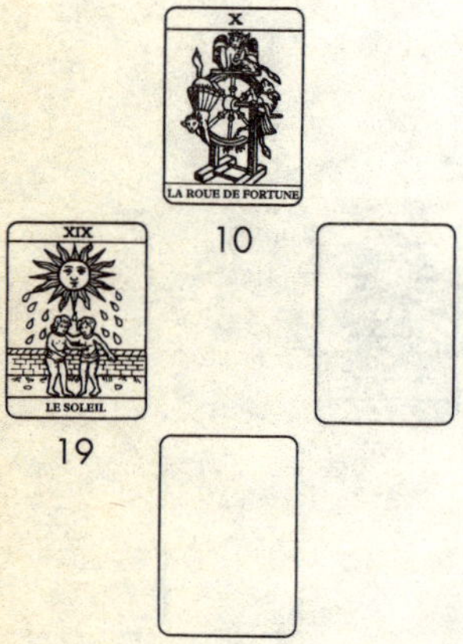

La vitalité saine et rayonnante dont vous disposez vous permet de contrôler votre évolution et d'exercer une excellente maîtrise sur vous-même.

Les relations affectives fortes, saines et heureuses que vous entretenez actuellement vous donneront une entière confiance en vous-même et en l'évolution positive de votre situation.

La concorde, l'harmonie, le bonheur qui règnent dans votre vie familiale vous procurent beaucoup de joies et vous donnent une entière confiance en l'évolution positive de votre situation que vous avez d'ailleurs bien en main.

Un accord, une association, une clarification ou un événement heureux qui se produit dans votre situation vous autorise à avoir pleinement confiance en l'évolution positive des événements, à vous en rendre maître et à obtenir ce que vous voulez.

$ Une clarification ou un événement heureux et positif qui se produit dans votre situation financière vous donne confiance, et vous permet de contrôler et de diriger son évolution probablement favorable.

19 11

Vous bénéficiez d'une vitalité forte, saine et généreuse, et vous exercez, qui plus est, une excellente maîtrise sur vous-même.

Vous entretenez des relations affectives saines, fortes, sincères, profondes, généreuses qui vous autorisent, bien sûr, à avoir une entière confiance en vous-même et en votre situation.

La concorde, l'harmonie, le bonheur qui règnent dans votre vie familiale et l'influence très positive que vous exercez sur elle vous autorisent à obtenir ou à réaliser ce que vous voulez, et qui lui serait, bien sûr, favorable.

Un accord, une association ou un événement positif et heureux se produit et se matérialise dans votre situation, s'avère très profitable, vous donne la maîtrise des événements et des opérations et vous permet d'avoir ainsi tous les éléments en cause bien en main.

Un accord, ou un événement positif et heureux, se produit et se matérialise, vous apportant des avantages certains et une totale maîtrise de votre situation.

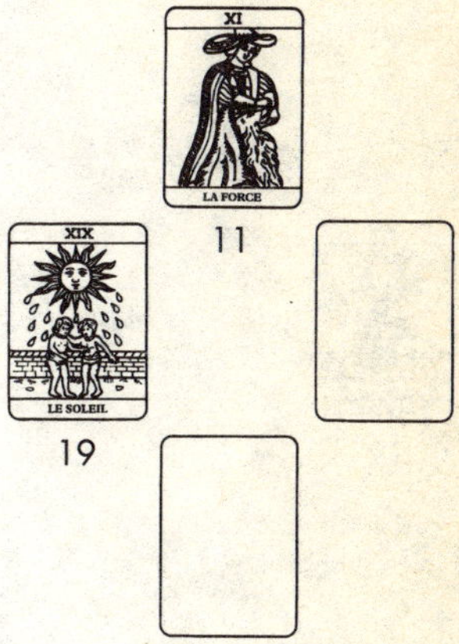

SITUATION ACTUELLE

19 12

Une volonté d'agir avec clarté, d'une manière constructive et intelligente ne peut avoir que des effets positifs, même si vous ne vous sentez pas encore en pleine possession de vos moyens et que vous ressentez très bien vos limites.

Une relation privilégiée ou une union sincère et heureuse stimulent votre volonté d'agir d'une manière constructive et intelligente, pour vous libérer de vos contraintes et vous rendre maître de la situation.

Saisissez l'occasion d'une clarification ou d'un événement heureux qui se produit dans votre vie familiale pour agir d'une manière constructive, pour vous libérer de vos contraintes et vous rendre ainsi maître de la situation.

Une clarification, une association ou un événement positif qui se produit, vous donne le pouvoir et l'autorité nécessaires pour vous libérer concrètement des contraintes et des éléments, qui font obstacles à l'évolution de votre situation.

Une clarification ou un événement heureux et bénéfique vous permet de vous positionner concrètement, et d'agir pour vous libérer de vos contraintes, de vos obligations, vous rendant ainsi maître de la situation.

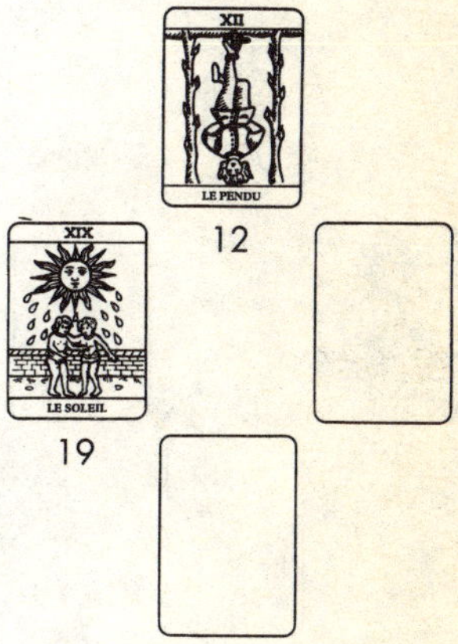

SITUATION ACTUELLE

19 13

Profitez de votre vitalité saine et rayonnante pour opérer un changement radical et essentiel dans votre existence dont les effets ne peuvent que vous être favorables.

Un événement heureux qui se produit dans votre vie sentimentale ou la concrétisation d'une union sincère, profonde et sérieuse engendre si ce n'est un tournant, du moins un changement radical dans votre existence.

Un événement heureux qui se produit dans votre vie familiale a pour conséquence immédiate un changement radical et positif dont vous ne pouvez que vous féliciter !

La concrétisation d'un accord, d'une association ou un événement très positif qui bénéficie du soutien d'un personnage influent, engendre un changement radical et bénéfique dans votre situation.

Des résultats très positifs vous autorisent à opérer un changement radical et bénéfique dans votre situation financière ou à conclure une affaire très profitable.

SITUATION ACTUELLE

19 14

Vous bénéficiez d'une vitalité rayonnante et souple, et vous maintenez un certain équilibre vital en faisant des choix opportuns, en vous adaptant aux circonstances, en vous abandonnant au cours normal des choses.

Vous pouvez vous abandonner en toute confiance aux relations claires, heureuses, privilégiées que vous entretenez et avoir ainsi l'assurance que vos sentiments sont pleinement partagés.

La concorde, l'harmonie et le bonheur qui règnent actuellement dans votre vie familiale favorisent les choix opportuns et judicieux, qu'il serait utile de faire ou vous autorisent à trouver le meilleur accord possible.

Tous les éléments sont réunis pour que vos négociations aient lieu dans les meilleures conditions possibles, pour que vous puissiez trouver le meilleur accord possible ou que vous puissiez faire les meilleurs choix possibles.

Une clarification ou un événement heureux et positif qui se produit dans votre situation financière favorise le succès de vos choix, de vos négociations, de vos transactions ou de vos accords.

SITUATION ACTUELLE

19 15

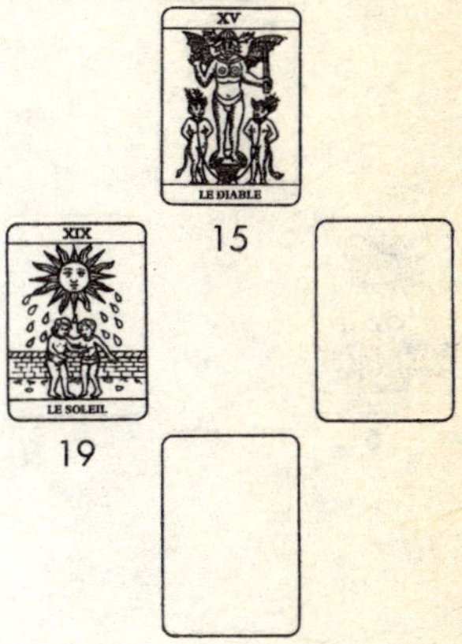

Vous bénéficiez d'une vitalité et d'une forme physique rayonnante et vous ressentez le besoin de vous dépenser. Faites comme bon vous semble mais évitez les risques ou les excès.

L'union ou la relation privilégiée que vous entretenez vous donne l'assurance de triompher, quoique vous entrepreniez d'obtenir ce que vous désirez en ce qui concerne votre vie sentimentale.

Profitez de l'occasion qui vous est offerte ou de cette situation familiale très avantageuse pour obtenir tout ce que vous désirez et atteindre votre but.

Quels que soient vos actions,vos entreprises, vos objectifs actuels ou votre situation, vous avez l'assurance de pouvoir atteindre votre but, de pouvoir accomplir vos désirs ou de pouvoir réaliser vos ambitions. Bref, vous avez le vent en poupe. Alors profitez-en !

Profitez des circonstances très avantageuses qui vous sont offertes pour réaliser vos ambitions financières, entreprendre des actions fructueuses, ou jouir pleinement de votre situation.

SITUATION ACTUELLE

19 16

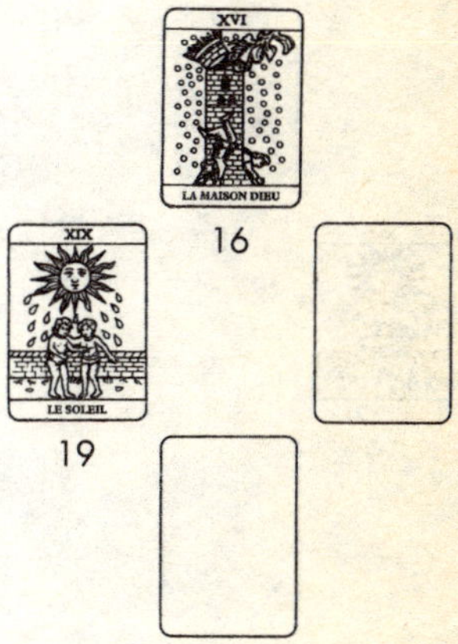

Vous bénéficiez d'une vitalité rayonnante et d'un équilibre sain et clair qui risquent toutefois de se trouver destabilisés, ou remis en cause, par un choc physique ou moral inattendu. Soyez donc sur vos gardes!

Une union ou une relation apparemment saine et équilibrée risque d'être brusquement remise en cause. Soyez donc sur vos gardes et ne vous fiez pas trop actuellement aux apparences dans votre vie sentimentale.

L'équilibre harmonieux et serein de votre situation familiale ne doit pas vous faire oublier qu'un bouleversement, une remise en question ou un événement déstabilisateur et inattendu sont toujours possibles.

Les éléments positifs et équilibrés qui président à la clarté de votre situation ne doivent pas vous faire oublier que des remises en cause sont toujours possibles. En cas de décision de justice, attendez-vous à ce qu'elle soit prise à votre avantage.

L'équilibre et la clarté de votre situation financière ne doivent pas vous faire oublier que des remises en question sont toujours possibles. Soyez donc sur vos gardes et ne vous abusez pas.

SITUATION ACTUELLE

19 17

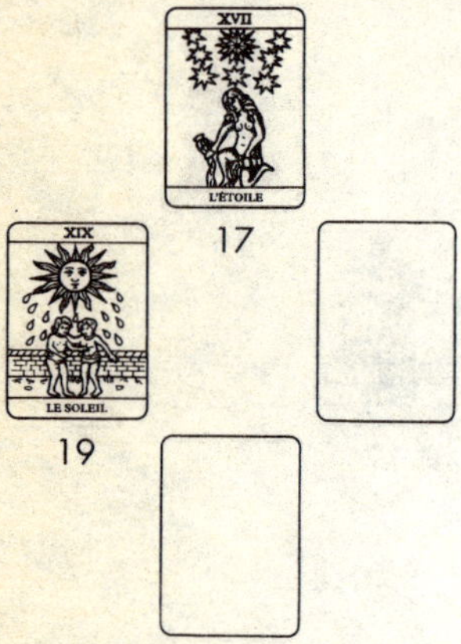

Vous êtes dans une forme physique et morale rayonnante, et vous bénéficiez, qui plus est, de ressources vitales saines et profondes que vous saurez préserver ou utiliser à bon escient.

Les relations privilégiées que vous entretenez actuellement correspondent très exactement à ce que vous espériez, à ce que vous attendiez, à vos aspirations les plus secrètes et, bien sûr, vous ravissent.

Un événement heureux qui se produit dans votre vie familiale répond très exactement aux vœux que vous appelliez depuis longtemps et vous comble de joie.

Tous les éléments sont réunis pour que vous obteniez, ou que vous réalisiez quelque chose de neuf, d'original ou d'inédit qui corresponde très exactement à vos aspirations et à vos espérances sur le plan professionnel.

Un fait nouveau et très positif concernant votre situation financière qui vous est révélé ou que vous découvrez répond sans doute à vos prévisions, à vos vœux, à vos recherches et vous satisfait pleinement.

SITUATION ACTUELLE

19 18

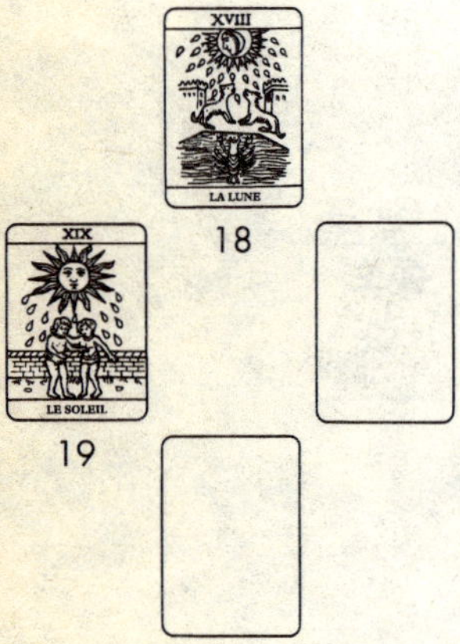

En adoptant une attitude positive et en ayant un souci de clarification de votre état de santé, vous pouvez évoluer de telle sorte que vos problèmes, vos malaises, vos faiblesses ou vos inquiétudes s'estomperont d'eux-mêmes.

Des ombres risquent d'assombrir les joies et les sentiments que vous éprouvez. Adoptez alors une attitude saine et positive, faites toute la lumière sur ce qui trouble votre vie affective et vos problèmes se résorberont d'eux-mêmes.

Malgré la clarification qui est faite, la concorde qui règne chez vous ou l'événement heureux qui se produit actuellement, il reste encore des problèmes à résoudre, des brèches à colmater ou des erreurs à corriger pour que tout aille vraiment bien dans votre vie familiale.

Des éléments troubles, contraires ou perturbateurs freinent l'évolution positive de votre situation, mais ne l'empêchent d'autant moins qu'ils sont révélés par elle et qu'ils peuvent être résolus ou résorbés grâce à elle.

Vous clarifiez votre situation financière de telle sorte que vos problèmes et vos difficultés apparaissent très clairement et vous incitent ainsi à les résoudre ou à les résorber.

19 20

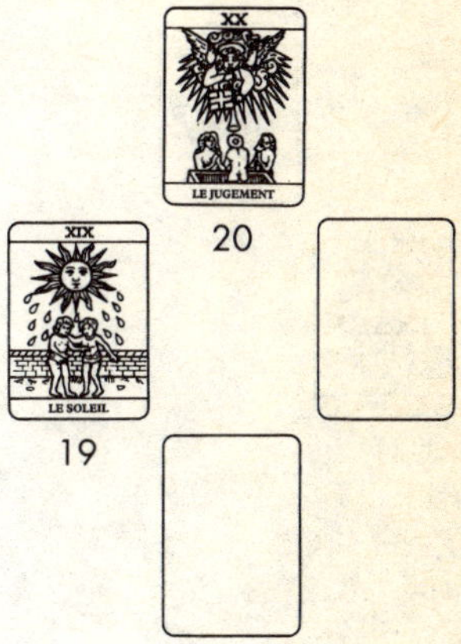

Une clarification de votre état de santé peut vous permettre de vous rétablir pleinement ou de renouveler votre vitalité d'une manière très positive.

Abandonnez-vous totalement et spontanément aux relations amoureuses privilégiées que vous entretenez ou à l'événement heureux qui se produit dans votre vie affective et qui est porteur d'un renouveau positif, d'un changement appréciable.

Une clarification ou un événement heureux qui se produit chez vous, favorise le rétablissement d'une certaine harmonie dans vos relations familiales ou le retour à une situation plus normale.

Une clarification ou un événement positif qui se produit actuellement favorise le rétablissement de votre situation, suscite un renouveau ou un changement très bénéfique et vous libère ainsi de certaines contraintes.

Une clarification ou un événement positif favorise le rétablissement de votre situation financière et suscite un renouveau ou un changement très bénéfique.

SITUATION ACTUELLE

19 21

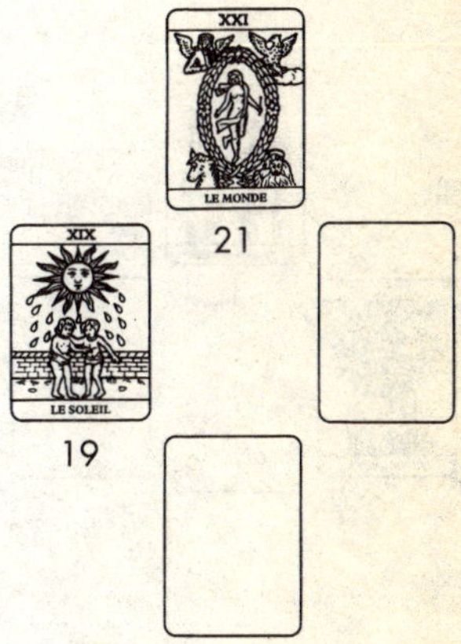

Vous bénéficiez d'une vitalité saine et rayonnante qui vous donne les moyens de vous épanouir pleinement.

Les relations heureuses, privilégiées que vous entretenez, les sentiments sincères, partagés dont vous êtes sûr, favorisent l'épanouissement total de votre vie affective et la réalisation de tous vos vœux.

La concorde, l'harmonie et le bonheur qui règnent dans votre vie familiale sur laquelle vous exercez d'ailleurs une autorité compréhensive, intelligente et généreuse favorisent son épanouissement.

Vous pouvez obtenir clairement et positivement tout ce que vous voulez, imposer vos volontés avec succès et trouver de grandes satisfactions dans des activités favorisant l'expansion de votre situation.

Une situation financière saine, claire et très positive vous autorise à agir comme bon vous semble, à investir, à élargir l'horizon de vos possibilités, à réaliser une expansion et à jouir pleinement de vos biens.

SITUATION ACTUELLE

19 **22**

Vous bénéficiez d'une vitalité et d'une forme rayonnantes qui vous autorisent à agir, à bouger, à voyager, à vous dépenser comme vous l'entendez.

Rien ne s'oppose à vos élans du cœur sincères et généreux, aux promenades, aux voyages d'agrément ; bref, votre vie affective est en pleine félicité et vous autorise donc à faire ce que voulez.

Un événement heureux et très positif se produit dans votre vie familiale, et vous autorise à partir, à agir librement, à faire ce que vous voulez.

Un évènement très positif qui se produit dans votre situation vous libère de toute contrainte et vous encourage à agir, à partir rapidement avec enthousiasme pour réaliser vos idées.

Une situation financière claire et positive vous autorise à entreprendre toutes les démarches qui lui seraient utiles, à en profiter pleinement, à faire un voyage ou une démarche dans votre intérêt.

SITUATION ACTUELLE

20 **1**

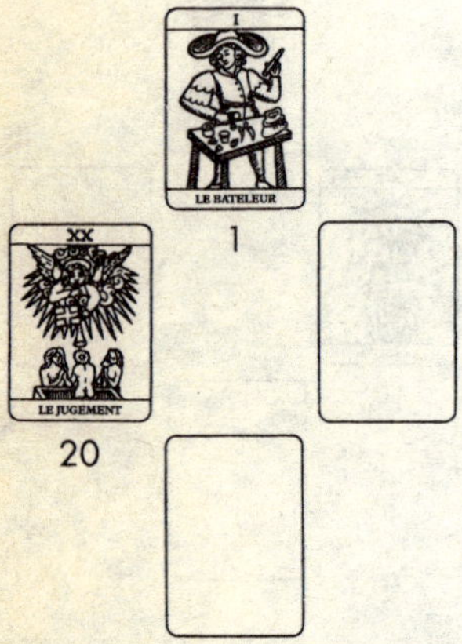

Un changement important, un renouveau ou un total rétablissement vous permet de repartir du bon pied en ayant alors les moyens de vous épanouir pleinement.

Un renouveau ou un changement dans votre vie affective favorise vos initiatives habiles, heureuses, et vous donne les moyens de satisfaire vos désirs de réaliser vos projets, de vous épanouir pleinement.

Un renouveau important ou un changement appréciable favorisera les initiatives expansives et le développement naturel de votre situation familiale, ou l'épanouissement d'un enfant ou d'une jeune personne de votre entourage.

Un renouveau important ou un changement très appréciable favorise le développement de votre situation lequel sera cependant tributaire de vos initiatives expansives, de votre habileté professionnelle ou de celles d'un collaborateur.

Un renouveau ou un changement vous permet de prendre des initiatives habiles et expansives en ce qui concerne votre situation financière. Saisissez cette occasion !

20 | 2

Un renouveau, un changement ou un prompt rétablissement est en marche et se produit très rapidement ; vous n'osez y croire et pourtant Dieu sait que vous l'attendiez !

Un renouveau, un changement est en marche ou bien vous faites une rencontre qui vous surprend, qui ravive vos sentiments et même si vous ne voulez pas y croire, vous ne pouvez faire autrement que de vous rendre à l'évidence.

Vous considérez le renouveau ou le changement qui se produit un peu trop brusquement à votre goût dans votre vie familiale avec réserve, et vous l'accueillez en préservant votre stabilité et votre quant-à-soi, c'est à dire votre prudence et votre clairvoyance.

Vous apprenez la nouvelle d'un renouveau, d'une proposition intéressante ou d'un changement libérateur qui correspond bien à votre attente, et que vous allez étudier avec réserve et prudence avant de vous prononcer.

$ Attendez-vous à recevoir la nouvelle d'un renouveau ou d'un changement libérateur pour votre situation financière, correspondant sans doute à vos prévisions, aux calculs que vous faisiez sans rien en révéler.

SITUATION ACTUELLE

20 | 3

Un renouveau ou un changement appréciable qui se produit pour vous, vous permet de profiter plus raisonnablement et sans doute plus sainement de votre bien-être vital.

Un renouveau ou un changement vous assure du pardon ou de la protection d'une personne qui vous est proche et dont les sentiments sont fiables, et de pouvoir agir avec intelligence et générosité dans votre vie affective.

Un renouveau, un changement dans votre vie familiale obtient l'approbation ou le soutien d'un proche, et vous permet d'agir ainsi avec intelligence, générosité et d'une manière très féconde.

Une proposition, un changement ou un renouveau émanant sans doute d'un personnage influent favorise la matérialisation d'une affaire fructueuse.

$ Un changement ou un renouvellement nécessaire et raisonnable de votre situation financière vous autorise à entreprendre des actions intelligentes et fructueuses, à réaliser des affaires intéressantes.

SITUATION ACTUELLE

20 **4**

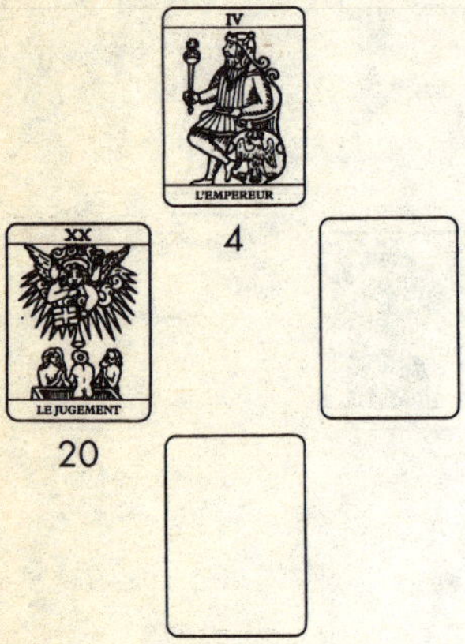

Reconsidérez vos choix et vos points de vue en ce qui concerne votre santé, ou profitez d'une guérison, d'un rétablissement ou d'un renouveau quelconque pour faire des choix décisifs, catégoriques en rapport avec votre équilibre vital.

Un changement ou un renouveau dans votre vie affective vous conforte dans vos sentiments, vous incite à faire des choix décisifs, à vous réconcilier si besoin est, ou à trouver le meilleur accord possible.

Un changement ou un renouveau qui se produit dans votre vie familiale vous autorise à faire des choix décisifs et concrets, à suivre les excellents conseils qui vous sont prodigués ou à trouver un accord solide et constructif.

Un changement ou un renouveau vous permet de trouver un accord solide, constructif, de faire des choix décisifs et concrets, et vous permet ainsi de vous rendre maître de la situation.

$ Un changement ou un renouveau vous permet de vous rendre maître de la situation et d'être ainsi sûr de vos choix, de vos décisions, de vos options sur le plan financier.

SITUATION ACTUELLE

20 **5**

Un prompt rétablissement ou un changement positif vous incite à vous comporter d'une manière plus responsable, plus raisonnable et vous détermine à triompher de vos problèmes de santé une bonne fois pour toutes !

Un changement, un renouveau ou un certain retour à la normale est en train de se produire dans votre vie sentimentale, lequel ne peut avoir que des conséquences positives et heureuses.

Votre situation familiale se renouvelle, et se développe d'une manière dynamique et favorable sous votre influence ou avec le soutien d'une personne de votre entourage en qui vous pouvez avoir entièrement confiance.

Suite à une proposition ou à un changement, votre situation se renouvelle et se développe d'une manière dynamique et favorable sous votre influence ou grâce à l'intervention heureuse d'un personnage important auquel vous avez affaire.

$ Votre situation financière se renouvelle et s'améliore. Poursuivez donc vos efforts en ce sens et ne doutez pas de pouvoir atteindre vos objectifs !

20 6

Le changement ou le renouveau qui se produit actuellement en vous, vous incite à faire des choix rigoureux et sévères pour maintenir votre équilibre vital et préserver votre libre arbitre.

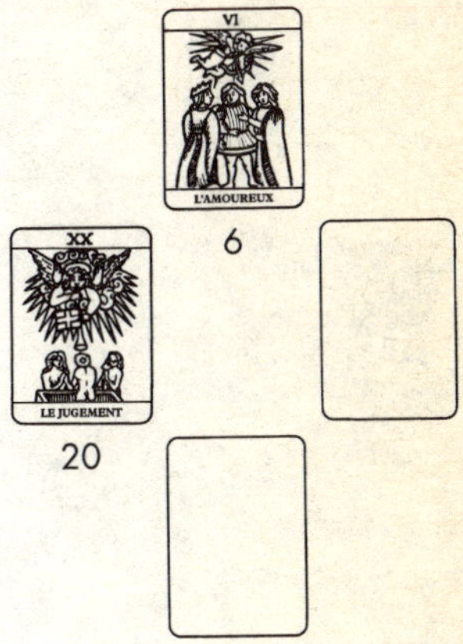

Le changement ou le renouvellement qui se manifeste dans votre vie affective actuellement vous conduit à faire des choix très stricts, à prendre des décisions rigoureuses, sévères et impartiales.

Le changement ou le renouvellement qui se produit actuellement dans votre vie familiale vous conduit à faire des choix difficiles et stricts, à définir ou à favoriser un accord rigoureux, ou à trancher une situation avec impartialité.

Le changement, le renouveau qui se produit actuellement, ou la proposition qui vous est faite doit être considéré avec impartialité de manière à ce qu'un accord rigoureux et juste soit trouvé, à ce que des choix stricts soient faits.

Le renouvellement ou le retour à la normale de votre situation financière vous conduit à faire des choix stricts et rigoureux, vous donne plus de libre arbitre et vous rend ainsi plus responsable de son équilibre.

20 7

Le renouveau ou le changement qui se produit en vous, vous permet de mûrir, de vous rendre plus sûr de votre évolution, plus conscient de ce que vous voulez faire ou obtenir.

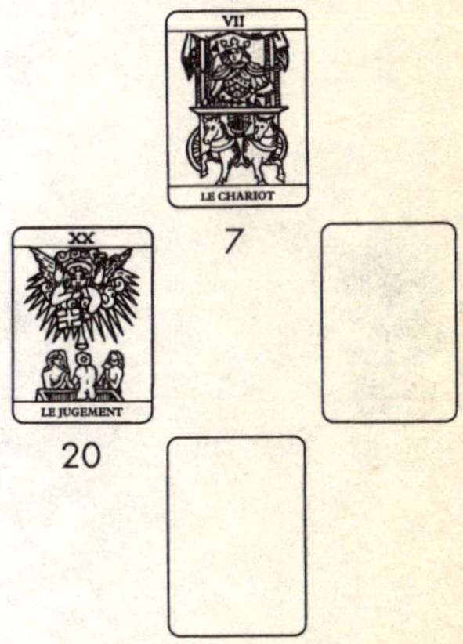

Le renouveau ou le changement qui se produit dans votre vie affective et dont vous apprenez la nouvelle, vous permet d'agir pour atteindre votre but ou de trouver très exactement ce que vous recherchiez.

Un changement ou un renouveau dans votre vie familiale vous permet de savoir très exactement comment vous y prendre pour parvenir aux buts que vous vous êtes fixé.

Une proposition vous est faite, et elle correspond très précisément à ce que vous aviez prévu ou à ce que vous souhaitiez, ou bien le changement, le renouvellement de votre situation vous autorise à agir avec prudence et efficacité, à atteindre vos objectifs avec succès.

Un renouveau ou un changement vous autorise à agir avec prudence, réalisme et efficacité pour améliorer votre situation, et atteindre très sûrement vos objectifs financiers.

SITUATION ACTUELLE

20 8

Un changement ou un renouveau vous concernant va vous permettre d'évoluer d'une manière plus stable et plus équilibrée.

Un renouveau ou un changement qui se produit dans votre vie sentimentale va vous permettre de trouver un équilibre ou de vous plier naturellement, spontanément à une discipline, à une rigueur dans votre comportement affectif.

Un changement de situation ou un renouveau quelconque la concernant permet à votre vie familiale d'évoluer d'une manière stable et équilibrée ou d'obtenir un arbitrage qui lui est favorable.

Un changement ou un renouveau dans votre situation permet à celle-ci d'évoluer d'une manière stable, équilibrée, et d'obtenir naturellement et normalement ce qui lui revient de droit.

Un changement dans votre situation financière ou un renouveau quelconque la concernant conduit celle-ci à évoluer d'une manière équilibrée, en sachant s'adapter spontanément et nécessairement aux lois de l'économie et à une certaine rigueur.

SITUATION ACTUELLE

20 9

Le rétablissement, le renouveau ou le changement auquel vous êtes parvenu par votre seule volonté et par votre courage vous incite à réfléchir sur vous-même et à vous comporter à juste raison avec prudence et sagesse.

Le renouveau ou le changement que vous obtenez dans votre vie sentimentale vous permet de vous rendre maître de la situation en faisant preuve de sagesse et de force morale.

Vous avez tendance à considérer le changement ou le renouveau qui se produit actuellement dans votre vie familiale avec réalisme et circonspection, de manière à ce que rien ne vous échappe, à avoir toutes les garanties d'une complète réussite.

Étudiez les propositions ou les possibilités de renouveau ou de changement qui vous sont faites et offertes, avec prudence et réalisme de manière à avoir toutes les garanties d'une complète réussite.

Vous agissez avec prudence, modération et réalisme pour obtenir un changement, une amélioration ou le renouvellement de votre situation financière, et ce comportement sage et avisé vous vaudra sans doute une complète réussite.

SITUATION ACTUELLE

20 | 10

Le rétablissement, le changement auquel vous êtes parvenu sur le plan santé vous autorise à profiter plus sainement et plus normalement de votre bien-être vital, et vous permet d'aller rapidement de mieux en mieux.

Quelle que soit la nature, ou l'origine, du changement qui se produit actuellement, il favorise l'évolution de votre vie sentimentale et vous permet d'agir d'une manière féconde et constructive.

Le renouveau ou le changement qui se produit actuellement vous permet d'agir d'une manière intelligente et féconde pour faire évoluer votre situation familiale dans un sens positif.

Profitez du renouveau ou du changement qui se produit actuellement pour entreprendre des actions intelligentes et fécondes qui seraient susceptibles de faire évoluer rapidement votre situation.

Votre situation connaît actuellement une amélioration ou un renouveau qui doit vous permettre d'entreprendre des actions fécondes, de manière à ce qu'elle suive encore une courbe ascendante.

SITUATION ACTUELLE

20 | 11

Le rétablissement ou le changement qui se produit actuellement sur le plan santé vous permet de retrouver votre confiance en vous-même et votre entière liberté.

Le renouveau ou le changement qui se produit actuellement dans votre vie sentimentale vous redonne toute confiance en votre situation, et vous rend maître des événements et des circonstances.

Le renouveau ou le changement qui se produit actuellement dans votre vie familiale et qui lui est imposé par des circonstances ou des personnes très positives, vous rend sûr de votre situation et vous assure de réussir dans vos entreprises la concernant.

Le renouveau ou le changement qui se produit actuellement vous redonne confiance en vous-même, vous rend maître de la situation, et vous autorise à entreprendre des actions ambitieuses et constructives.

Le renouveau ou le changement qui se produit actuellement vous autorise à prendre les choses en main et à améliorer votre situation financière.

SITUATION ACTUELLE

20 12

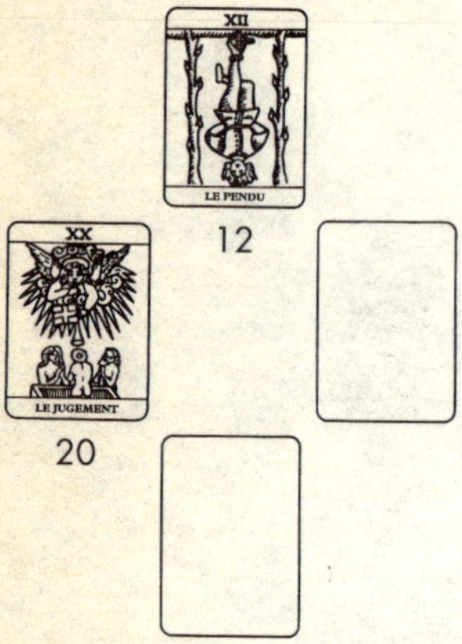

Le renouveau, le changement ou le rétablissement qui se produit pour vous actuellement ne vous permet pas de vous sentir totalement libéré de la gêne, des malaises, des faiblesses qui vous contraignent donc à prendre encore des précautions, mais il est le signe d'une amélioration certaine.

Le renouveau ou le changement qui se produit actuellement dans votre vie sentimentale ne vous permet pas de jouir d'une totale indépendance ni de vous libérer de vos contraintes, mais c'est un début prometteur !

Le changement ou le renouveau qui se produit actuellement dans votre vie familiale ne vous libère pas encore totalement de vos obligations, de vos contraintes, mais il vous rend conscient de ce qui vous retient, de ce qui vous empêche, et c'est déjà ça !

Le changement ou le renouveau qui se produit actuellement ne suffit pas à rendre votre situation plus indépendante ou à vous rendre vous-même plus autonome dans l'exercice de votre profession, mais il devrait constituer une amélioration dans ce domaine.

$ Le changement ou le renouveau qui se produit actuellement ne vous libère pas totalement des charges, des obligations qu'il vous faut assumer, mais il améliore votre situation financière de telle sorte que vous pouvez y faire face.

SITUATION ACTUELLE

20 13

Le rétablissement ou le renouveau que vous connaissez actuellement vous incite à faire des choix importants pour opérer un changement radical dans votre comportement et résoudre définitivement vos problèmes de santé.

Un renouveau dans votre vie sentimentale vous incite ou vous force à faire des choix difficiles et définitifs sur le plan sentimental, car vous savez qu'un changement radical s'ensuivra.

Le renouveau qui se produit actuellement dans votre situation familiale pourrait bien vous inciter à faire des choix difficiles mais définitifs, à prendre la décision d'opérer un changement radical.

Le renouveau qui se produit actuellement dans votre situation pourrait bien vous conduire à conclure rapidement un accord profitable ou à faire un choix important qui suscitera à son tour un changement radical.

$ Votre situation financière connaît actuellement une amélioration et traverse une période de renouveau qui favorisent les choix, les décisions, les accords profitables et les changements radicaux.

SITUATION ACTUELLE

20 14

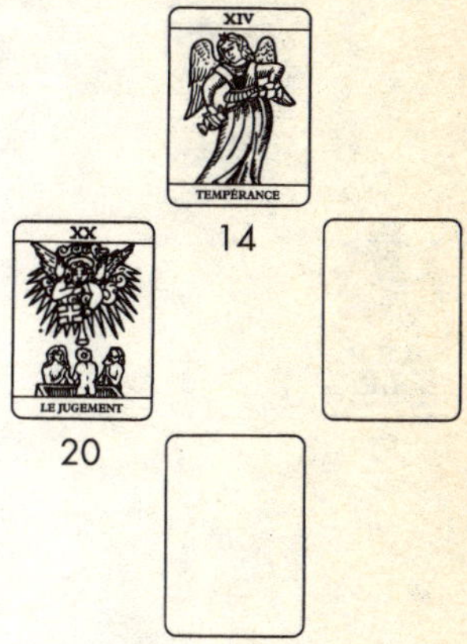

Le renouveau, le changement ou le rétablissement que vous connaissez actuellement vous permet d'agir pour vous régénérer, pour vous refaire une santé en vous adaptant mieux et en vous conformant davantage à vos besoins et à vos nécessités.

Le renouveau ou le changement heureux qui se produit actuellement dans votre vie sentimentale vous assure que tous les accommodements, tous les arrangements seront trouvés pour que vous obteniez ce que vous désirez.

Le renouveau ou le changement heureux qui se produit actuellement dans votre vie familiale vous assure que tous les accommodements seront trouvés et que tout s'arrangera et s'agencera pour le mieux.

Le renouveau ou le changement heureux qui se produit actuellement dans votre situation vous autorise à agir pour atteindre vos objectifs et vous assure du succès dans vos négociations.

Le renouveau ou le changement heureux qui se produit actuellement dans votre situation financière constitue une nette amélioration et vous autorise à obtenir ce que vous voulez, pourvu que vous ne relâchiez pas vos efforts.

SITUATION ACTUELLE

20 15

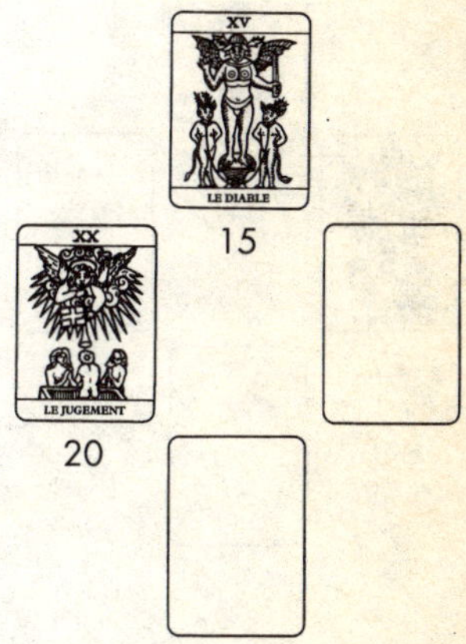

Le renouveau ou le changement qui se produit pour vous actuellement se manifeste d'une manière un peu brutale ou bien il vous incite à adopter une autodiscipline très dure, une rigueur implacable à l'égard de vous-même.

Le renouveau ou le changement qui se produit actuellement dans votre vie sentimentale vous inspire une plus grande tenue, ce qui vous permet de canaliser les excès ou les passions auxquels vous seriez tenté de succomber.

Le renouveau ou le changement qui se produit actuellement permet de juger rigoureusement, sévèrement mais avec impartialité, des excès, des troubles ou du désordre qui perturbent votre vie familiale ou dont elle est injustement victime.

Le renouveau ou le changement qui se produit actuellement vous permet de contenir votre impatience, de canaliser les troubles et le désordre qui seraient susceptibles de perturber l'équilibre de votre situation, et d'obtenir ainsi de sérieux avantages.

Le renouveau ou le changement qui se produit actuellement vous impose de vous soumettre à un ordre, à une discipline de manière à mieux contrôler les avantages certains de votre situation financière.

SITUATION ACTUELLE

20 | 16

Le renouveau ou le changement qui se produit actuellement pour vous et la prise de conscience qui s'ensuit vous délivrent rapidement de vos handicaps et vous permettent de vous remettre en question d'une manière salutaire.

Le renouveau ou le changement qui se produit actuellement dans votre vie sentimentale provoque en vous une prise de conscience bouleversante et salutaire, même si celle-ci doit entraîner de brusques remises en question.

Le renouveau ou le changement qui se produit actuellement dans votre vie familiale vous conduira à trouver des solutions ou à prendre des mesures qui bouleverseront votre situation à bon escient.

Le renouveau ou le changement qui se produit actuellement dans votre situation est sans doute le signe annonciateur d'un bouleversement ou d'une remise en question dont vous pouvez comprendre et mesurer l'importance.

$ Le renouveau ou le changement qui se produit actuellement devrait pouvoir vous permettre d'opérer une clarification de votre situation ou de faire d'utiles remises en question.

SITUATION ACTUELLE

20 | 17

Vous êtes dans une période de renouveau, de changement, de mutation, tant sur le plan physique que sur le plan moral mais il faut dire que les circonstances favorisent largement votre évolution personnelle.

Les circonstances sont tout à fait favorables au renouveau, au changement positif qui se produit dans votre vie sentimentale et qui suscite quelque chose de neuf, un événement heureux, une naissance ou une innovation quelconque.

Le renouveau ou le changement qui se manifeste actuellement dans votre vie familiale conduira celle-ci à traverser une période de mutation, d'innovation au cours de laquelle un événement heureux, une naissance ou quelque chose de neuf se produira certainement.

Le renouveau ou le changement qui se produit actuellement dans votre situation devrait pouvoir vous faire bénéficier de circonstances exceptionnelles, et vous permettre d'obtenir ou d'évoluer vers quelque chose de neuf, d'inédit, d'original.

$ Le renouveau ou le changement qui se produit actuellement dans votre situation peut et doit vous faire bénéficier de circonstances très chanceuses, et vous permettre de profiter pleinement de vos ressources.

20 18

Le renouveau ou le changement qui se produit actuellement devrait vous redonner confiance en vous et en vos possibilités, et vous permettre ainsi de bien maîtriser vos problèmes et de surmonter vos difficultés.

Le renouveau ou le changement qui se produit actuellement dans votre vie sentimentale vous donne les arguments et la force morale nécessaires à la résolution de vos problèmes, de vos difficultés, de vos conflits.

Le renouveau ou le changement qui se produit actuellement dans votre vie familiale vous redonne les moyens et le courage de surmonter les obstacles et les difficultés que vous rencontrez, et d'avoir ainsi la situation bien en main.

Le renouveau ou le changement qui se produit actuellement vous redonne les moyens, les éléments et les ressources nécessaires à la résolution des problèmes et des difficultés que vous rencontrez ou auxquels vous devrez faire face.

Le renouveau ou le changement qui se produit actuellement vous redonne confiance en vous et en votre situation, et vous donne les moyens de surmonter les difficultés auxquelles vous devrez sans doute faire face.

SITUATION ACTUELLE

20 19

Vous allez pouvoir bénéficier d'un rétablissement spectaculaire, d'un changement très positif et vous sentir à nouveau en pleine forme !

Le changement ou le renouveau qui se produit actuellement dans votre vie sentimentale vous délivre de tous les éléments qui faisaient obstacle à vos relations privilégiées, à vos sentiments sincères et vous apportent ainsi joie et bonheur.

C'est un changement libérateur, une véritable délivrance qui se produit actuellement dans votre vie familiale et suscite à juste raison joie et bonheur.

Vous allez obtenir satisfaction grâce à un renouveau, à un changement libérateur qui va se produire et qui vous délivrera de ce qui faisait obstacle au succès de vos entreprises.

Le changement libérateur ou le renouveau qui se produit actuellement permet à votre situation financière de se clarifier ou de s'améliorer et vous donne ainsi pleine et entière satisfaction.

SITUATION ACTUELLE

20 21

Le renouveau ou le changement qui se produit actuellement pour vous sur le plan santé vous autorise à envisager raisonnablement de pouvoir vous épanouir sereinement et de vous retrouver ainsi en pleine possession de vos moyens.

Le renouveau ou le changement qui se produit actuellement dans votre vie affective vous permet de vous réaliser pleinement, et vous assure du soutien et des sentiments profonds de la personne qui vous est proche.

Le renouveau ou le changement qui se produit actuellement devrait favoriser le rassemblement de votre famille et l'expansion de votre situation, soutenu en cela par une personne responsable et moralement irréprochable de votre entourage.

Le renouveau ou le changement qui se produit actuellement devrait favoriser l'expansion de votre situation avec le soutien d'un personnage influent ou vous donner plus de responsabilités en élargissant le champ de vos possibilités ou de vos activités.

Le renouveau ou le changement qui se produit actuellement devrait vous permettre de pouvoir raisonnablement envisager l'expansion de votre situation financière.

SITUATION ACTUELLE

20 22

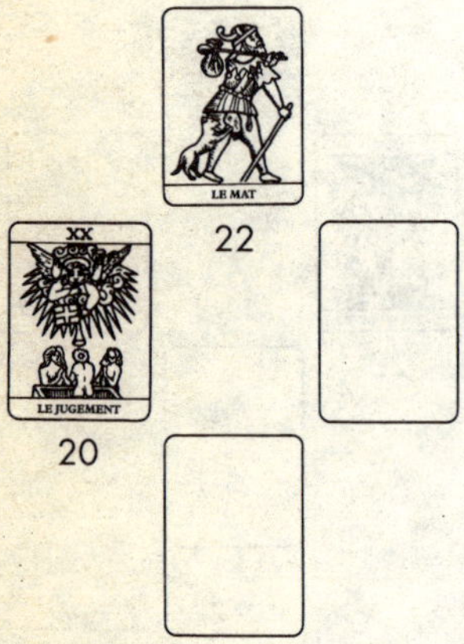

Le rétablissement que vous connaissez,le renouveau ou le changement qui se produit actuellement en vous, vous libère de tout ce qui, jusqu'à présent, vous retenait et vous autorise à aller de l'avant, à bouger, à voyager, à agir comme vous l'entendez.

Le renouveau ou le changement qui se produit actuellement dans votre vie sentimentale vous incite à partir brusquement pour réaliser vos intentions ou pour rejoindre la personne à laquelle vous pensez.

Le renouveau ou le changement de situation qui se produit actuellement dans votre vie familiale entraîne un départ, des allées et venues, un déménagement peut-être ou une transition importante dans votre existence.

La proposition qui vous est faite ou le renouveau qui se produit actuellement, vous incite à partir brusquement, à changer de situation ou à obtenir très rapidement l'amélioration que vous désirez.

Le renouveau ou le changement qui se produit actuellement vous autorise à disposer librement de votre situation et à vous mettre en quête de nouveaux horizons en ce domaine.

SITUATION ACTUELLE

21 | 1

Vous avez à votre disposition tous les éléments, tous les moyens dont vous avez besoin pour agir librement, pour entreprendre, pour créer, pour voyager et vous épanouir pleinement.

Vous êtes plein de bonne volonté, mais peut-être un peu maladroit dans la manière que vous avez d'exprimer vos sentiments ; peu importe la valeur de l'offrande, seule compte la sincérité du cœur !

Une vie familiale rassemblée, unie, épanouie, vous permet de partir sans problème, de vous en éloigner sans risques ou de prendre l'initiative d'un déménagement ou d'un changement important la concernant.

Tous les éléments sont ici rassemblés pour que vous puissiez agir librement, entreprendre, créer ce que vous voulez, prendre des initiatives habiles et dynamiques concernant votre situation.

Les moyens dont vous disposez actuellement vous laissent libre d'en disposer comme vous l'entendez, mais ne vous laissez tout de même pas trop aller aux coups de folie et aux extravagances.

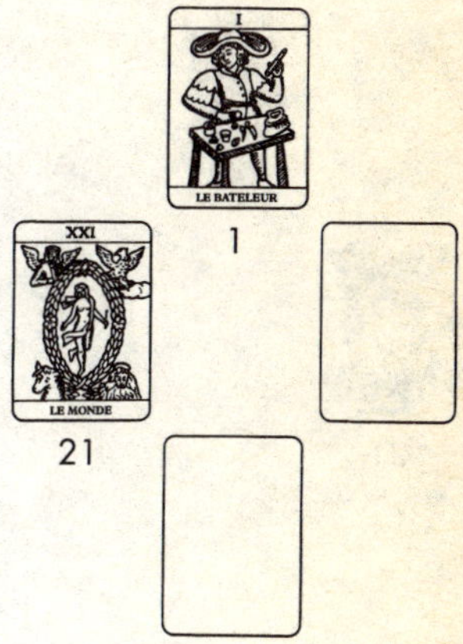

SITUATION ACTUELLE

21 | 2

Vous êtes en pleine possession de vos moyens et vous faites preuve cependant d'une réserve, d'une stabilité et d'un pouvoir moral qui vous honorent.

Vous bénéficiez d'une vie sentimentale épanouie, sereine et stable, de relations affectives discrètes, mais parfaitement authentiques et profondes.

Votre vie familiale apparaît comme pleinement épanouie et ceci sans doute grâce à l'influence bénéfique d'un couple très uni.

L'influence discrète et bénéfique d'un personnage important qui vous témoigne sa confiance et vous assure de son soutien, favorise l'expansion de votre situation laquelle accroît alors vos responsabilités et votre pouvoir.

Vous disposez de vos moyens avec générosité, mais vous n'en êtes pas moins conscient de vos responsabilités, de votre devoir, et c'est ce qui rend votre situaton financière privilégiée mais fiable.

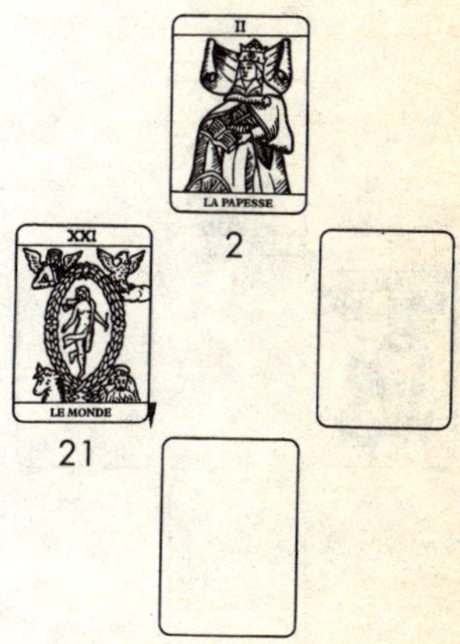

SITUATION ACTUELLE

21 | 3

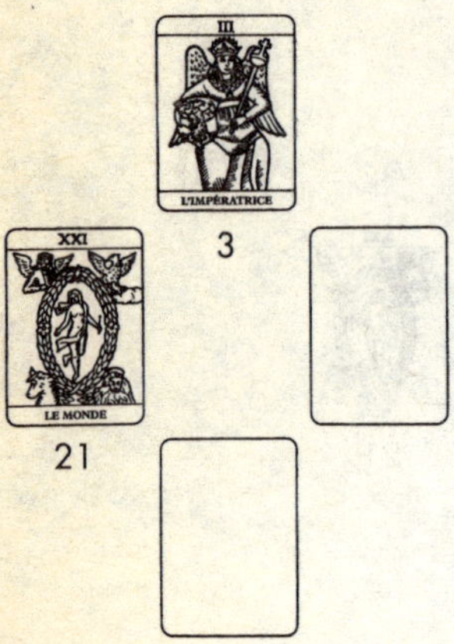

Vous êtes en pleine possession de vos moyens et vous pouvez ainsi jouir sereinement et librement de votre bien-être vital.

Vous bénéficiez d'une vie sentimentale épanouie, privilégiée, tout à fait heureuse, de relations fécondes qui favorisent votre évolution personnelle et l'accomplissement de tous vos vœux.

Vous pouvez agir d'une manière fructueuse et constructive ou faire confiance à une personne de votre entourage pour obtenir pleinement tout ce que vous voulez en ce qui concerne votre situation familiale.

Vous obtenez un accord idéal et fructueux qui vous permet d'agir d'une manière autonome et profitable, qui vous ouvre des horizons nouveaux, qui élargit le champ de vos activités ou de vos possibilités.

Les moyens dont vous disposez ou les avantages dont vous bénéficiez actuellement vous autorisent à en jouir librement, à en profiter pleinement. Vous avez d'ailleurs du mal à résister aux tentations.

SITUATION ACTUELLE

21 | 4

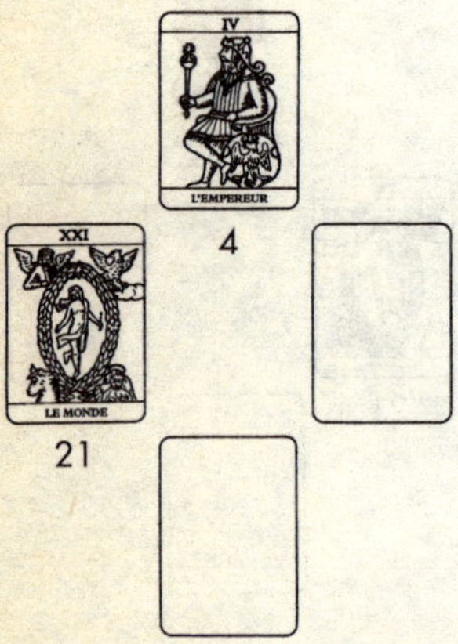

Vous n'avez pas à douter de vos capacités physiques et morales, et vous pourrez donc en disposer avec enthousiasme et dynamisme pour réaliser, construire, produire, entreprendre, etc.

Tous les éléments sont réunis pour que vous puissiez obtenir ou réaliser tout ce que vous voulez dans votre vie sentimentale, et vous ne doutez d'ailleurs pas de pouvoir imposer votre volonté.

Une situation familiale épanouie et heureuse comme la vôtre peut se permettre d'entreprendre, de construire, d'évoluer comme elle l'entend, en ayant l'assurance du succès.

Vous avez tous les atouts pour agir, obtenir rapidement des résultats positifs et constructifs, atteindre vos objectifs, réaliser de vastes projets ou donner plus d'expansion à votre situation.

Vous bénéficiez d'une situation avantageuse, de grandes possibilités financières qui vous autorisent à en disposer librement, et à agir d'une manière constructive et intelligente.

21 | 5

Vous êtes pleinement épanoui, équilibré et vous savez vous soumettre à une certaine discipline si cela s'avère nécessaire, de manière à préserver votre bien-être vital.

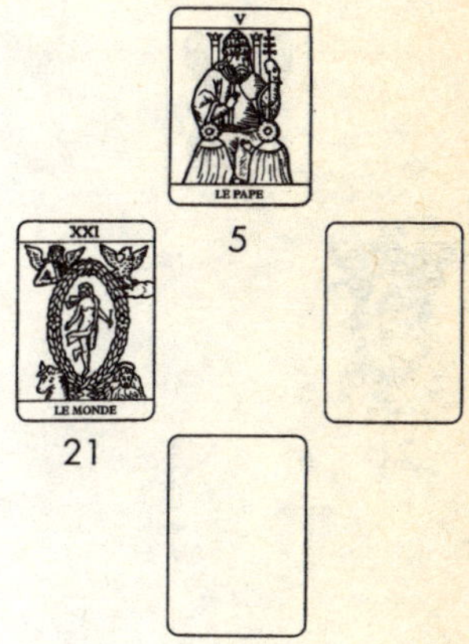

Vous bénéficiez d'une vie sentimentale épanouie, heureuse et équilibrée qui favorise votre évolution personnelle, et encourage votre sens du devoir et des responsabilités.

Vous bénéficierez d'une situation familiale épanouie, heureuse et équilibrée dont l'expansion est sans doute favorisée par une personne responsable de votre entourage et en qui vous pouvez avoir toute confiance.

L'expansion de votre situation ne peut se réaliser que si vous vous soumettez à une rigueur, à une discipline, aux jugements critiques de vos pairs ou que si vous obtenez le soutien d'un personnage influent.

Quoique votre situation soit florissante ou en voie d'expansion, soumettez-vous aux lois de l'économie et adoptez ainsi un comportement raisonnable, responsable et prudent en matière d'argent.

21 | 6

Vous êtes en pleine possession de vos moyens et vous pouvez ainsi faire des choix réfléchis et judicieux, prendre de sages résolutions concernant votre équilibre et la préservation de votre bien-être vital.

L'épanouissement de votre vie sentimentale vous incite à faire des choix à, prendre de sages résolutions, à trouver des solutions, judicieuses et concrètes pour favoriser l'épanouissement de vos relations affectives.

Tous les éléments sont ici réunis pour qu'un acccord trouvé ou un choix fait dans des conditions idéales favorise l'expansion ou l'épanouissement de votre situation familiale.

L'expansion de votre situation implique qu'un accord soit trouvé, mais pour ce faire, il faut rassembler tous les éléments propices à celui-ci et adopter des solutions qui favorisent sa réalisation dans les meilleures conditions possibles.

L'expansion de votre situation vous incite à faire des choix réalistes et prudents ou à adopter un comportement sage et avisé pour ne pas être dépassé par les événements.

SITUATION ACTUELLE

21 | 7

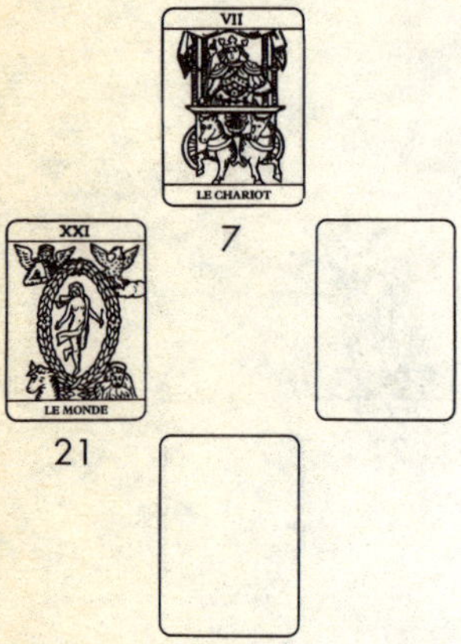

Vous êtes en pleine possession de vos moyens et vous êtes dans une période d'évolution, de changement, d'épanouissement qui vous autorise à agir, à voyager, à dépenser votre potentiel d'énergie vitale comme vous l'entendez.

Une vie sentimentale heureuse et épanouie ne peut vous réserver que de bonnes surprises et n'évoluer que d'une manière positive. Vous êtes donc assuré du succès dans tout ce que vous entreprenez la concernant.

Tout ce que vous entreprenez ou qui est entrepris actuellement, et qui a trait à l'expansion ou à l'épanouissement de votre situation familiale est assuré du succès.

Les possibilités qui vous sont offertes favorisent l'évolution rapide, l'expansion dynamique de votre situation, vous assurent du succès dans vos entreprises et d'atteindre aisément vos objectifs.

Vous bénéficiez d'une situation avantageuse et expansive qui vous permet d'atteindre rapidement vos objectifs et vous assure du succès dans vos entreprises.

SITUATION ACTUELLE

21 | 8

Vous êtes en pleine possession de vos moyens et vous parvenez, qui plus est, par votre courage, votre seule volonté, et votre force de caractère à un équilibre très sûr, très solide...

Vous pouvez avoir une entière confiance en l'évolution stable et équilibrée de votre vie sentimentale, et vous abandonner pleinement à la situation heureuse, épanouie, très sûre qui est la vôtre.

L'évolution ou l'expansion de votre situation familiale se produit très logiquement, en douceur et en confiance et la rend plus stable, plus équilibrée, plus épanouie que jamais.

L'expansion qui se produit actuellement, ou à laquelle vous parvenez, rend votre situation plus stable, plus équilibrée, plus forte que jamais, mais la contraint quand même à une certaine rigueur.

L'expansion ou la synthèse à laquelle vous parvenez vous permet de rendre votre situation financière plus stable, plus équilibrée que jamais.

21 | 9

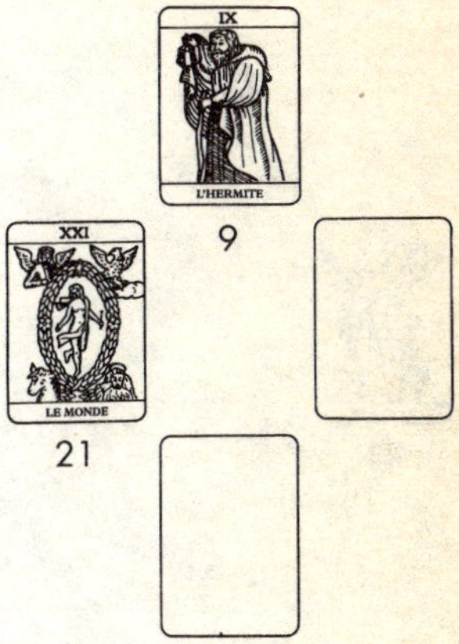

Profitez pleinement et sereinement de votre bien-être vital, tout en restant prudent et mesuré dans l'usage que vous faites de votre riche potentiel d'énergie active.

Vous réalisez à quel point la personne qui vous est chère favorise votre épanouissement et votre évolution personnelle par son comportement positif et ses sentiments dont elle sait vous prouver la sincérité et l'intelligence.

L'épanouissement ou l'expansion de votre situation familiale vous permet d'agir concrètement, précisément et d'une manière féconde dans le sens de ce que vous cherchez à entreprendre ou à réaliser pour elle.

Votre situation est en voie d'évolution, d'expansion tant sur le plan des moyens qui sont mis à sa disposition ou qui vous sont offerts que sur le plan des avantages dont elle peut bénéficier ou que vous pouvez obtenir.

Vous allez réaliser pleinement ou prendre vraiment conscience des avantages que vous pouvez tirer de votre situation financière, des gains ou des bénéfices importants qui sont à votre portée.

SITUATION ACTUELLE

21 | 10

Profitez pleinement, sereinement de votre bien-être vital, assurez-vous de pouvoir évoluer et vous épanouir comme vous l'entendez, sûr de vous et des qualités dont vous pouvez disposer.

Ne doutez pas de l'évolution rapide, du plein épanouissement de votre vie sentimentale ni de l'influence constructive et bénéfique de la personnne à laquelle vous pensez ou qui est auprès de vous.

Votre situation familiale traverse une période d'expansion, d'évolution rapide et constructive sous l'influence bénéfique, l'autorité et la protection d'une personne de votre entourage ou de vous-même.

Profitez des éléments qui vous sont offerts actuellement ou des circonstances très favorables que vous rencontrez, faites preuve d'autorité, de détermination, et favorisez ainsi l'évolution rapide, constructive et l'expansion de votre situation.

Assurez-vous de tous les avantages dont vous pouvez bénéficier et faites évoluer votre situation d'une manière constructive, intelligente et profitable.

21 11

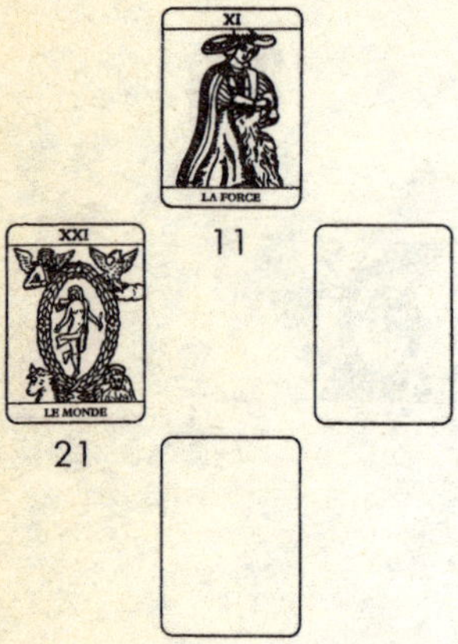

Vous êtes en pleine possession de vos moyens et votre sens des responsabilités, votre sens moral vous encouragent à faire preuve de force de caractère et d'une vitalité saine et énergique.

Vous bénéficiez d'une vie sentimentale heureuse, épanouie qui repose sur des relations affectives et des bases morales très sûres, très solides. Vous pouvez donc entreprendre ou obtenir tout ce que vous voulez la concernant.

Vous pouvez entreprendre et obtenir avec succès tout ce qui serait susceptible d'enrichir, de faire évoluer votre situation familiale et de lui apporter un complet épanouissement.

Votre situation connaît actuellement une phase d'expansion remarquable qui lui permet d'élargir son champ d'actions ou d'activités, de s'assurer de protections et de soutiens importants, et vous promet réussite et succès dans vos entreprises.

Vous êtes conscient des possibilités et des avantages dont vous pouvez disposer, mais aussi de vos responsabilités, de vos obligations matérielles et morales, et ainsi vous dominez parfaitement votre situation financière.

SITUATION ACTUELLE

21 12

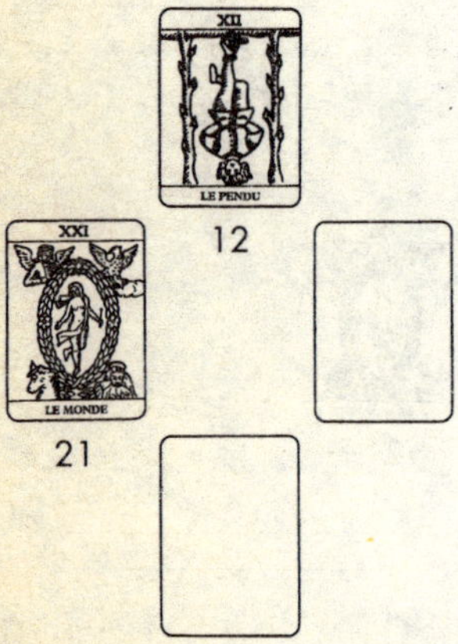

Pour poursuivre le cours normal de votre évolution et pour pouvoir vous épanouir pleinement, il vous est nécessaire de faire des choix, de prendre des résolutions et peut-être même de faire quelques sacrifices utiles en la circonstance.

Vous pouvez vous abandonner à une vie sentimentale heureuse, harmonieuse, épanouie, même si cela vous limite, vous contraint ou ne semble pas encore vous satisfaire pleinement.

Sans doute vous est-il nécessaire de faire des choix judicieux, délicats et des sacrifices indispensables pour favoriser l'épanouissement ou l'expansion de votre situation familiale.

L'expansion de votre situation vous contraint à faire des choix importants, à trouver des accords ou à faire d'utiles sacrifices et de saines concessions dont vous serez alors récompensé.

Malgré les avantages dont vous pouvez disposer ou l'expansion que connaît actuellement votre situation financière, il semble que vous soyez contraint à faire des choix importants, à prendre de grandes décisions, à vous imposer certaines limites ou certains sacrifices.

21 | 13

Vous avez tous les moyens, tous les éléments et toutes les qualités requises pour opérer un changement radical et dynamique dans votre existence, pour évoluer rapidement et vous épanouir pleinement.

Votre vie sentimentale va connaître une évolution rapide et importante, des changements radicaux et certainement très bénéfiques.

Votre situation familiale traverse une période d'expansion qui va l'inciter à connaître une évolution importante et rapide, des changements radicaux et bénéfiques.

Votre situation connaît actuellement une expansion qui va lui permettre d'évoluer, de réaliser des transformations importantes et profitables, de réussir dans ses entreprises progressistes.

Votre situation financière connaît actuellement une expansion qui vous autorise à agir avec succès pour obtenir des profits intéressants, conclure de bonnes affaires ou réaliser une évolution importante.

21 | 14

Vous êtes à la fois réceptif, épanoui, équilibré, et vous bénéficiez d'une faculté d'adaptation qui vous rend souple et qui vous permet de vous régénérer aisément.

Vous bénéficiez d'une vie sentimentale épanouie, équilibrée, sereine en laquelle vous pourrez vous abandonner pleinement.

Une situation familiale épanouie, stable et sereine permet que soient trouvés les accommodements, les arrangements utiles à la préservation de sa tranquillité, au maintien de son équilibre.

Vous avez avantage à trouver les arrangements ou les compromis intelligents et opportuns qui seraient susceptibles de favoriser l'expansion de votre situation ou qui vous permettraient d'obtenir ce qui doit vous revenir de droit.

Votre situation financière poursuit une phase d'expansion logique, équilibrée qui lui permet d'obtenir naturellement ce qui lui revient de droit et la récompense, sans doute, de vos efforts.

SITUATION ACTUELLE

21 15

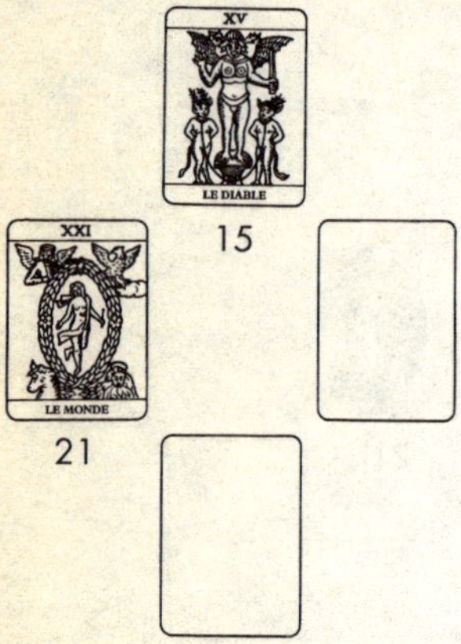

Vous avez tous les atouts pour pouvoir vous épanouir pleinement et vous pouvez profiter ainsi de votre intense énergie vitale dont vous êtes très conscient et que vous savez mesurer à sa juste valeur.

Vos sentiments sont généreux, épanouis, élevés, mais vous devez bien vous rendre compte qu'ils sont aussi empreints de passion et d'éléments troubles. Conscient de tout cela, rien ne vous empêche d'obtenir ce que vous désirez.

Tous les éléments sont réunis pour que vous puissiez réaliser ou obtenir tout ce que vous désirez, qui serait susceptible d'appporter bonheur, expansion, épanouissement, richesse à votre situation familiale.

Les résultats que vous obtenez vont certainement au-delà de vos prévisions les plus ambitieuses, et favorisent ainsi l'expansion de votre situation, son développement et son enrichissement.

$ Tous les éléments sont réunis pour que vous puissiez satisfaire pleinement vos ambitions financières ou que vous puissiez profiter d'une situation financière avantageuse.

SITUATION ACTUELLE

21 16

Vous avez à votre disposition tous les éléments qui peuvent vous permettre d'opérer un changement libérateur, de vous délivrer rapidement de tout ce qui fait obstacle à votre évolution personnelle et d'assainir ainsi totalement votre bien-être vital.

Tous les éléments sont réunis pour que votre vie sentimentale puisse s'épanouir pleinement, évoluer rapidement, et qu'elle connaisse des bouleversements libérateurs un peu brusques mais très bénéfiques.

L'expansion ou l'évolution de votre situation familiale implique ou nécessite qu'elle connaisse des bouleversements importants, libérateurs et bénéfiques.

L'expansion de votre situation ou la réussite dont vous bénéficiez actuellement entraîne des bouleversements inévitables, libérateurs et favorables à la réalisation de vos ambitions.

$ L'évolution rapide ou l'expansion actuelle de votre situation financière suscite des bouleversements importants, des remises en question libératrices et bénéfiques.

21 17

Vous êtes en pleine possession de vos moyens, confiant en vos ressources naturelles, énergique et réceptif à la fois ; bref vous bénéficiez d'un excellent bien-être vital dont vous pourrez profiter pleinement, sainement et sereinement.

Actuellement tout peut s'accomplir et se réaliser selon vos vœux, selon vos espérances. Vous pouvez donc vous abandonner en confiance à la plénitude des sentiments que vous éprouvez, à une vie affective sans nuages qui vous comble et vous ravit.

Actuellement, en ce qui concerne votre vie familiale, tout peut s'accomplir et se réaliser selon vos vœux et vos espérances. N'hésitez donc pas à agir d'une manière constructive, à innnover, à entreprendre. Vous avez l'assurance de réussir.

Vous bénéficiez actuellement d'une réussite totale, quelles que soient vos entreprises, vos actions, vos ambitions ; profitez donc de ces circonstances très bénéfiques pour développer votre situation ou innover.

Des circonstances très bénéfiques favorisent l'expansion de votre situation financière et vous autorisent à profiter pleinement de vos ressources et de vos avantages.

SITUATION ACTUELLE

21 18

Des problèmes de santé vous empêchent de vous épanouir pleinement, freinent votre évolution naturelle et nuisent à votre bien-être vital. Considérez-les donc avec le sérieux qui s'impose.

Des problèmes, des troubles, des conflits nuisent à l'évolution et à la réussite de votre vie sentimentale. Sachez faire les bonnes concessions, reconnaître vos erreurs et surmonter vos déceptions.

Des problèmes, des difficultés ou des conflits nuisent à l'évolution ou à l'expansion de votre situation familiale. Faites des sacrifices si c'est nécessaire ou reconnaissez vos erreurs si besoin est pour débloquer la situation.

L'évolution ou l'expansion de votre situation est empêchée, freinée par des difficultés, des circonstances contrariantes, des retards fâcheux, des éléments troubles ou la nécessité de faire des concessions ou certains sacrifices.

Des difficultés ou des retards nuisent à l'évolution ou à l'expansion de votre situation financière, vous contraignent à faire des sacrifices et vous empêchent de profiter pleinement de vos ressources.

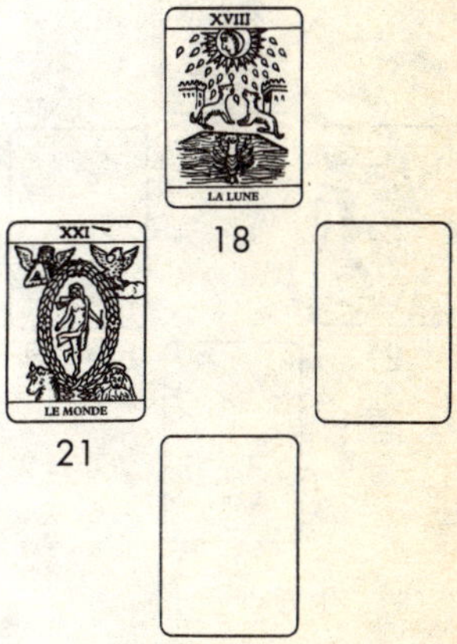

SITUATION ACTUELLE

21 19

Vous êtes en pleine possession de vos moyens et vous disposez, qui plus est, d'un bien-être exceptionnel et d'une vitalité rayonnante.

Actuellement et dans votre vie sentimentale, tout vous réussit, quels que soient vos désirs, vos volontés ou vos desseins. Agissez et comportez-vous donc comme vous l'entendez.

Tout ce que vous souhaitez entreprendre ou obtenir dans votre situation familiale peut s'accomplir et se réaliser pleinement selon vos ordres, vos vœux et vos désirs.

Quels que soient vos entreprises, vos ambitions, vos réalisations actuelles, les accords ou les associations que vous auriez en vue, une réussite totale vous est garantie, de même que l'évolution ou l'expansion de votre situation.

Vous bénéficiez d'une situation très avantageuse que vous avez bien en main et dont vous pouvez jouir pleinement.

SITUATION ACTUELLE

21 20

L'évolution ou l'épanouissement de votre bien-être vital que vous connaissez actuellement, vous assure de vous rétablir pleinement si vous avez eu des problèmes de santé ou d'accéder à un véritable renouveau au plan physique et moral.

Tous les éléments sont réunis pour que votre vie sentimentale connaisse un véritable renouveau, un changement important et bénéfique, un développement heureux.

Vous bénéficiez d'une situation familiale heureuse et épanouie qui connaît une période de changement, de renouveau, de développement avantageux et bénéfique que favorisent des appuis et des soutiens importants.

L'évolution ou l'expansion de votre situation entraîne un changement ou un renouveau qui est favorisé ou soutenu par un personnage dont l'influence est déterminante en la circonstance.

L'évolution ou l'expansion naturelle de votre situation financière se produit dans des conditions sérieuses, privilégiées et entraîne un renouveau ou un changement bénéfique.

21 22

Vous êtes pleinement épanoui, au mieux de votre forme et vous pouvez donc bouger, agir, voyager comme cela vous chante, suivre votre bon instinct, faire selon votre bon plaisir.

Vous allez faire une rencontre qui comblera tous vos vœux, partir à la rencontre de la personne que vous aimez, la rejoindre ou faire un voyage en sa compagnie qui vous satisfera pleinement.

Votre situation familiale connaît une période d'expansion, d'évolution et de réussite totale dans tout ce qu'elle entreprend. Quoi qu'il arrive, vous ne serez donc pas déçu.

L'évolution ou l'expansion de votre situation et la réussite dont vous bénéficiez actuellement vous autorisent à agir comme vous l'entendez, sûr de vos prérogatives et de ce que vous entreprenez.

L'évolution bénéfique et l'expansion naturelle de votre situation financière vous autorisent à entreprendre toutes les démarches que vous voulez, à faire "bouger" votre argent comme vous l'entendez avec l'assurance du succès.

SITUATION ACTUELLE

22 1

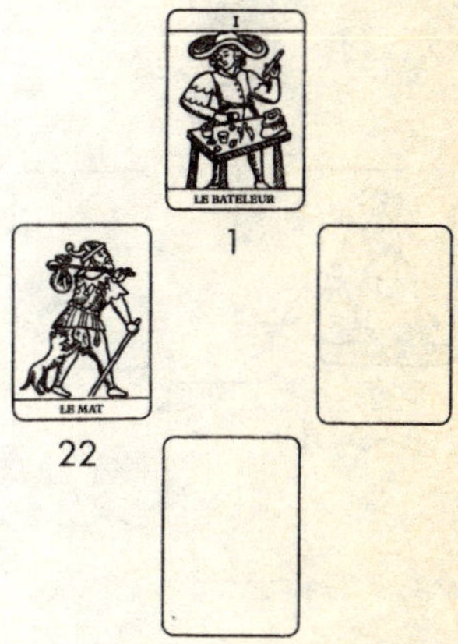

Vous êtes dynamique, impulsif et vous ne manquez pas d'esprit d'initative ni de bonne volonté ; mais vous risquez toutefois de pécher par excès de zèle, d'en faire trop ou d'aller trop vite ; soyez plus prudent !

Vos élans sont impulsifs, irrépressibles et les initatives que vous prenez dans votre vie sentimentale sont souvent hardies, précipitées et ne supportent aucun délai. Bref, vous voulez tout et tout de suite. Est-ce bien raisonnable ?

Vous allez partir brusquement de chez vous, déménager, vous arracher au passé pour commencer une vie nouvelle. A moins que ceci ne concerne une jeune personne de votre entourage familial.

Sur un coup de tête, vous allez partir brusquement, changer d'activités ou de lieu de travail, prendre très rapidement de nouvelles initiatives concernant votre situation. Vous avez effectivement beaucoup de possibilités, mais évitez la dispersion et la précipitation.

Vous avez les moyens de faire un voyage, de partir sur un coup de tête, ou vous pouvez prendre de nouvelles initiatives concernant votre situation financière. Evitez toutefois la dispersion, les extravagances et la précipitation.

SITUATION ACTUELLE

22 | 2

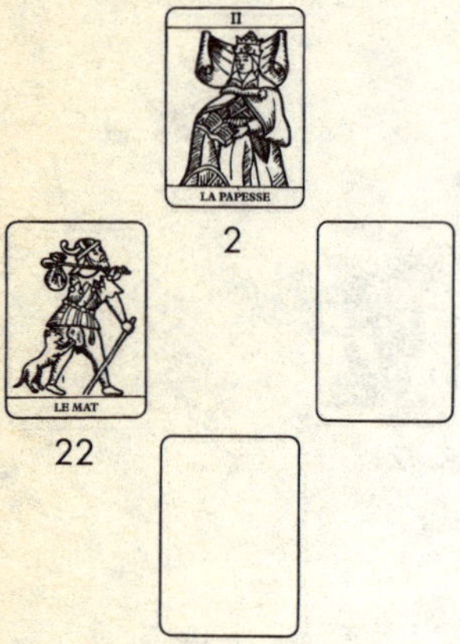

Vous refrénez à raison votre impulsivité, votre tendance à l'agitation, à la dispersion et ainsi vous préservez votre stabilité sans pour autant réprimer votre dynamisme, votre besoin d'action et de mouvement.

Vous allez recevoir une nouvelle concernant votre vie sentimentale à laquelle vous vous attendez ou bien vous partez à la rencontre de la personne à laquelle vous pensez et qui vous attend...

Vos actions, sans doute un peu hâtives ou précipitées, vont cependant vous permettre de bousculer l'inertie de votre situation familiale, de la faire bouger, évoluer dans le bon sens sans que sa stabilité soit remise en cause.

Ne péchez pas par excès de zèle ou par précipitation. Un mélange d'enthousiasme, de sagesse, de dynamisme et de patience est souhaitable pour que vous puissiez atteindre votre but.

Evitez les erreurs , les extravagances et la précipitation dans vos démarches, dans vos déplacements en rapport avec votre situation financière et sachez vous soumettre à une certaine réserve, à un certain sens de l'économie.

SITUATION ACTUELLE

22 | 3

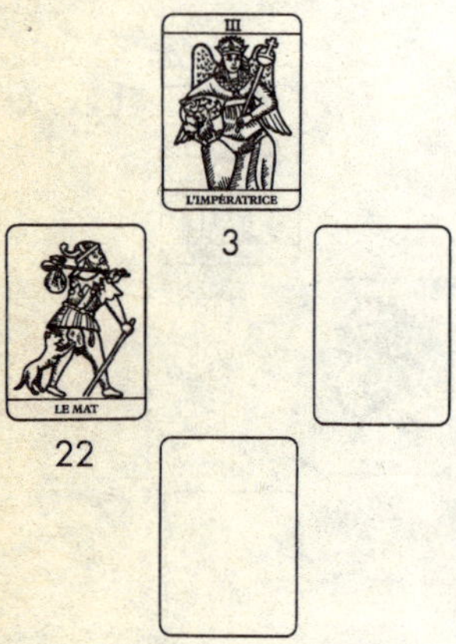

Vos actions sont guidées ou dictées par votre instinct et, de fait, elles sont souvent profitables à votre bien-être, même si vous péchez parfois par excès dans l'usage que vous faites de votre énergie vitale.

Vous partez brusquement pour retrouver ou pour rejoindre la personne à laquelle vous pensez ou bien vous entreprenez très rapidement des actions profitables à votre vie sentimentale.

Un déménagement, une démarche ou un voyage va vous permettre d'entreprendre des actions très profitables à votre situation familiale.

Vos démarches, vos recherches ou vos déplacements seront sans doute très fructueux et vous permettront d'entreprendre des actions très profitables à votre situation ou de matérialiser rapidement des idées ou des projets.

Des démarches, des déplacements ou des mouvements d'argent profitent à votre situation et vous permettent d'obtenir rapidement vos objectifs financiers ou de jouir librement de vos avantages.

22 | 4

Vous semblez très sûr de vous, de vos décisions, de vos actions, et l'enthousiasme, le dynamisme dont vous faites preuve n'excluent pas un souci de préserver votre tranquillité morale et votre bien-être vital.

Vos élans, quoique impulsifs et absolus, n'en sont pas moins réfléchis, car vous avez toujours le souci de vous comporter d'une manière constructive et intelligente même dans votre vie sentimentale.

Un voyage, un déménagement vous permet d'agir d'une manière constructive et intelligente dans votre situation familiale et de lui assurer protection et solidité.

La démarche, le déplacement ou le changement de situation que vous entreprenez, ou que vous réalisez, favorisent la concrétisation de vos idées, assurent votre position et vous permettent d'obtenir un franc succès.

Des démarches, des déplacements ou des mouvements d'argent profitent à votre situation financière et la rendent plus solide, plus sûre que jamais.

SITUATION ACTUELLE

22 | 5

Votre impulsivité, votre comportement agité ou dispersé sont refrénés par ce que vous dicte de faire votre devoir et votre conscience. Ou bien vous faites une démarche auprès d'un médecin ou d'un spécialiste pour vous rassurer sur le plan santé.

Vous allez bientôt faire une rencontre importante ou bien vous allez partir pour rejoindre la personne à laquelle vous pensez dont les sentiments sont profonds et stables ou encore vous allez pouvoir stabiliser votre situation ou vos relations affectives.

Vous avez le devoir de faire un voyage, un déplacement, une démarche concernant votre vie familiale ou bien un changement, un déménagement favorise la stabilisation de votre situation et stimule votre sens des responsabilités.

Vos déplacements, vos recherches, vos démarches ont toutes les chances d'aboutir et vous pourrez ainsi obtenir des résultats tangibles, des appuis sérieux, fiables, favorables à la stabilisation de votre situation.

Des déplacements, des démarches ou des mouvements d'argent que vous avez le devoir ou la responsabilité d'accomplir, favorisent la stabilité de votre situation financière et vous assurent d'obtenir les appuis ou les soutiens dont vous avez besoin.

SITUATION ACTUELLE

22 6

Quoique vous bénéficiez d'une nature généreuse, hyperactive, un peu agitée et dispersée, il est vrai, mais dynamique et enthousiaste, vous n'en êtes pas moins à la recherche de votre équilibre et il vous reste donc à faire des choix importants.

Vos élans du cœur sont spontanés, irréfléchis, impulsifs et vous avez un total libre arbitre dans votre vie sentimentale, mais cela ne révèle pas pour autant une situation stable, claire, équilibrée. Il vous reste donc à faire des choix importants.

Avec promptitude, enthousiasme et impatience, vous vous mettez en quête d'un accord concernant votre vie familiale, vous faites des choix importants pour mettre un terme à l'irrésolution ambiante ou bien vous prenez la décision de partir brusquement.

Vous allez très rapidement pouvoir obtenir l'accord que vous recherchez ou bien faire des choix importants, prendre des résolutions qui s'imposent à vous ou retrouver votre libre arbitre dans votre situation.

Une démarche, un déplacement ou une brusque rentrée d'argent met fin à votre indécision, à vos incertitudes, et vous permet de faire des choix concernant votre situation financière en ayant un total libre arbitre.

SITUATION ACTUELLE

22 7

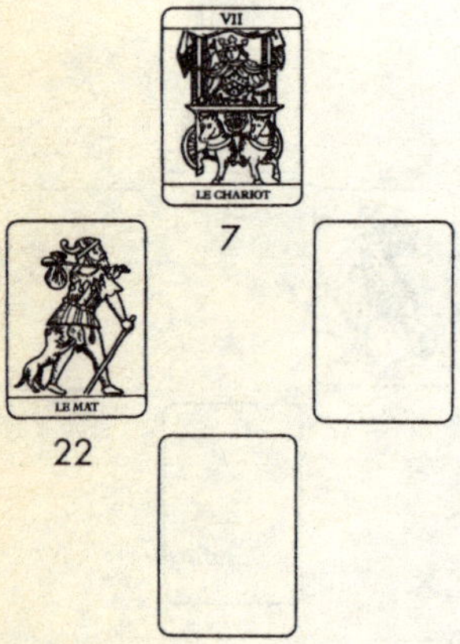

Malgré votre comportement un peu excessif, votre impatience, votre agitation, vous êtes capable de faire les efforts nécessaires de triompher de toutes vos faiblesses et de vos ambivalences, de résoudre vos problèmes et de parvenir à vos fins ; bouger, voyager, tout vous est permis.

Rien ne peut vous empêcher d'arriver à vos fins, de réaliser ou d'obtenir avec enthousiasme et dynamisme ce que vous voulez dans votre vie sentimentale, même si cela implique pas mal de mouvements, de changements et d'agitation.

Vous allez déménager, vous déplacer, obtenir des résultats très positifs en ce qui concerne votre situation, et ce grâce à vos efforts, connaître une vie familiale agitée et mouvementée mais pour la bonne cause.

Vous pouvez agir avec promptitude, enthousiasme, dynamisme pour atteindre rapidement vos objectifs, changer de situation, améliorer vos conditions de travail avec l'assurance du succès pourvu que vous ne relâchiez pas vos efforts.

Une démarche fructueuse, un déplacement ou une brusque rentrée d'argent vous permet d'améliorer votre situation et d'atteindre vos objectifs financiers avec succès.

SITUATION ACTUELLE

22 | 8

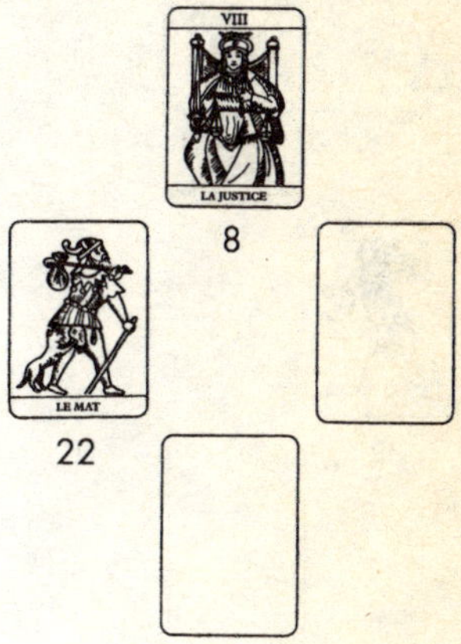

Vous avez tous les atouts, tous les éléments pour chercher et trouver très rapidement votre équilibre, vous assurer une vitalité stable, saine, et sereine pouvant canaliser votre tempérament impulsif et agité.

Vos élans impulsifs, irréfléchis ou spontanés sont canalisés par des éléments stricts, rigoureux qui vous contraignent à trouver rapidement un équilibre dans votre vie sentimentale, à vous soumettre à des règles et à des principes.

Vos velléités, votre indiscipline ou vos erreurs sont sévèrement jugées, mais les principes et les règles auxquels vous êtes soumis ont ceci de positif qu'ils vous forcent à rechercher l'équilibre indispensable à votre vie familiale.

Le départ, le changement de situation ou le recours en justice que vous entreprenez actuellement avec beaucoup de hâte, impliquent que vous vous soumettiez à des règles, à des principes, à des éléments stricts et rigoureux si vous voulez le voir aboutir.

Une brusque rentrée d'argent implique que vous vous soumettiez à des éléments stricts, rigoureux de manière à trouver rapidement un équilibre pour votre situation financière ; ou bien une dépense irréfléchie, inconsidérée vous contraint à une certaine discipline.

SITUATION ACTUELLE

22 | 9

Vous allez trouver très rapidement ce que vous recherchez et qui est nécessaire à votre bien-être vital ou bien vous allez partir seul pour vous reposer, vous isoler pour vous retrouver vous-même.

Vous partez rejoindre la personne qui vous est chère et qui vous attend ou bien vous apprenez une nouvelle, vous découvrez un fait important concernant votre vie sentimentale et cela vous incite à la réflexion et à la prudence.

Vous considérez avec prudence, réalisme et circonspection le changement de situation, le déménagement qui est en cours, la nouvelle que vous apprenez, le fait qui vous est révélé et qui concerne votre vie familiale.

Le changement de situation qui se produit actuellement, le brusque départ ou les démarches que vous faites, vous incitent à trouver rapidement des solutions réalistes, prudentes et réfléchies.

Une dépense, ou une sortie d'argent, vous incite à la prudence ou bien une démarche vous permet de trouver des solutions réalistes et utiles à votre situation financière.

SITUATION ACTUELLE

22 | 10

Vous vous comportez avec enthousiasme, dynamisme, détermination et vous évoluez ainsi très rapidement, mais vous n'en restez pas moins instable et donc susceptible de passer par des hauts et des bas.

Vous partez brusquement et ce départ ou cette décision enthousiaste, dynamique, fait évoluer très rapidement votre vie sentimentale.

Un déménagement, un changement, un brusque départ ou votre comportement enthousiaste, dynamique favorise l'évolution rapide et positive de votre situation familiale.

Les démarches ou les recherches que vous entreprenez, les déplacements ou les voyages que vous faites, ou des initiatives dynamiques et enthousiastes que vous prenez, favorisent l'évolution rapide et positive de votre situation.

$ Une brusque rentrée d'argent, une démarche ou un déplacement favorise l'évolution rapide de votre situation financière.

SITUATION ACTUELLE

22 | 11

Malgré un comportement impulsif, instable ou le besoin d'action de mouvement, de changement, qui vous caractérise, vous vous maîtrisez très bien vous-même et vous bénéficiez ainsi d'une excellente énergie vitale.

Confiant en vous-même, en les circonstances, en votre situation, vous allez de l'avant et vous obtenez à coup sûr ce que vous désirez, ce que vous souhaitez en ce qui concerne votre vie sentimentale.

Le changement, le déménagement, le départ dont il est question vous rend sûr d'atteindre votre but, et vous permet ainsi de réussir dans tout ce que vous entreprenez et qui concerne votre situation familiale.

Vous aboutirez rapidement dans vos recherches, dans vos demandes, ou bien un voyage, un déplacement renforce votre position ou enfin vous êtes très déterminé à changer de situation.

$ Une démarche, un déplacement ou une brusque rentrée d'argent renforce votre situation, et vous assure d'une réussite financière et d'une tranquillité en ce domaine.

SITUATION ACTUELLE

22 | 12

Vous vous comportez d'une manière irresponsable et, plutôt que d'agir pour résoudre vos problèmes, pour vous sortir d'un état de santé insatisfaisant, vous persistez dans vos erreurs et dans vos extravagances. Reprenez-vous !

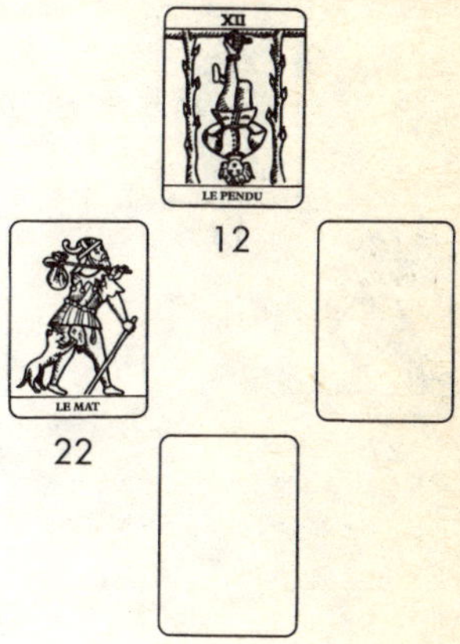

Vous ne parvenez pas à concrétiser vos élans ou vos sentiments parce que vous êtes confronté à une situation bloquée, figée, sans issue ou qui ne peut répondre à vos intentions, à vos désirs. Il est donc préférable d'y renoncer.

Le changement, le voyage ou le déménagement que vous projetez ou que vous entreprenez actuellement ne peut se réaliser dans les conditions souhaitées et vous allez sans doute devoir y renoncer...

Vous êtes contraint et forcé de changer de situation ou bien, au contraire, vous devez renoncer à un changement, à un voyage, ou encore vos démarches n'aboutissent pas ou vous déçoivent.

Evitez les erreurs, les extravagances les dépenses irréfléchies ou vous pourriez bien vous retrouver dans une situation financière difficile et bloquée.

SITUATION ACTUELLE

22 | 13

Après une période mouvementée, agitée, instable, vous allez connaître un changement radical ; à moins que ce ne soient vos impulsions, vos actions irréfléchies, intempestives et votre impatience qui vous conduisent à ce même changement.

Sur un coup de tête, vous mettez fin à une situation ou à une relation, ou bien votre départ provoque un changement radical dans votre vie sentimentale.

Sur un coup de tête, vous partez ou vous mettez un terme à une situation, ou bien un déménagement met fin à une période de votre vie et vous fait changer d'existence, ou encore vous faites un voyage ou un déplacement pour des raisons familiales.

Vous changez de situation sur un coup tête ou vous mettez fin à une situation, ou bien vos démarches s'avèrent très fructueuses ; elles vous permettent de faire des transformations importantes, d'opérer un changement radical.

Vous pouvez très rapidement tirer profit d'une situation avantageuse ou bien vos imprudences, vos extravagances financières, vos dépenses inconsidérées risquent de tarir vos ressources.

22 14

Malgré un comportement un peu extravagant, instable et impulsif, vous savez quand même au bon moment trouver des accommodements, faire preuve de souplesse ou faire des efforts lorsque cela est nécessaire.

Vous partez résolument et opportunément dans l'intention de trouver des arrangements, des accommodements, des compromis intelligents qui sont d'ailleurs favorisés par des relations sentimentales harmonieuses et sérieuses.

Vous avez l'opportunité de déménager ou de partir pour trouver des arrangements ou des accommodements utiles à votre situation familiale.

Vous allez trouver très rapidement des arrangements intelligents, utiles à votre situation ou entreprendre une démarche, faire un voyage pour négocier une affaire ou un contrat.

Vous entreprenez une démarche, vous faites un voyage ou un déplacement pour négocier une affaire ou un contrat, réaliser des transactions ou mieux adapter votre situation financière aux circonstances et aux exigences actuelles.

22 15

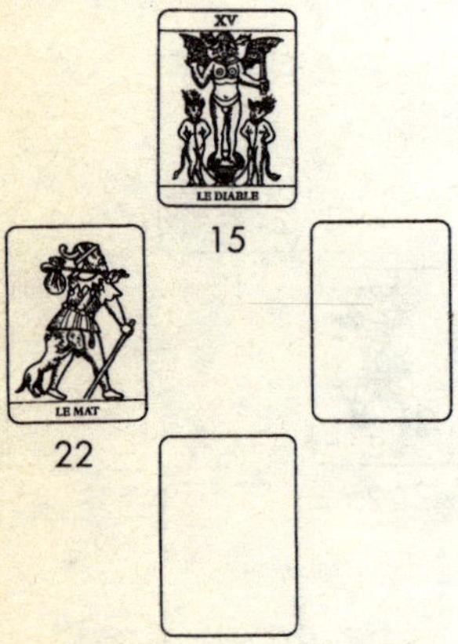

Vous êtes en proie à une hyperactivité désordonnée, à un état de surexcitation, à un besoin irrépressible de dépenser coûte que coûte votre énergie, d'assouvir vos désirs et de prendre ainsi des risques irréfléchis ou de commettre des erreurs.

Vous êtes sous l'emprise de vos impulsions, de vos désirs et du besoin de les assouvir coûte que coûte. Rien ni personne ne peut donc vous empêcher de faire ce que vous avez décidé de faire, quelles que soient les conséquences de vos actes, sauf vous-même, bien sûr!

Vous partez brusquement, vous déménagez brutalement ou vous n'aurez de cesse et de repos tant que vous ne serez pas arrivé à vos fins. Songez quand même aux conséquences avant d'agir.

Vous êtes en proie à une volonté d'aboutir, de partir ou de changer de situation le plus tôt possible. Mais vous péchez par impatience, par précipitation, et vous risquez ainsi d'être victime de vos impulsions irraisonnées, de vos actes irréfléchis.

Vous êtes résolu à atteindre vos objectifs financiers le plus rapidement possible, à satisfaire vos ambitions, vos désirs et vos besoins d'argent à tout prix. Mais sachez prendre en compte les conséquences de vos actes.

22 16

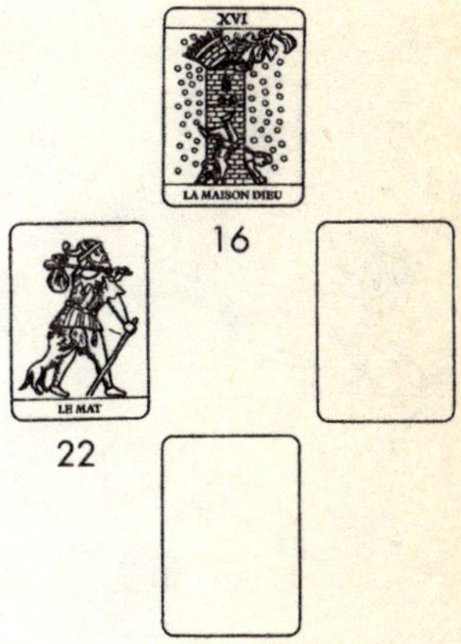

Evitez l'agitation, la précipitation, l'impatience, les impulsions irraisonnées, les actes irréfléchis au risque d'être victime d'un bouleversement, d'un choc physique et moral, d'un accident de santé. Redoublez de prudence !

Sous l'emprise de la colère, d'un choc moral ou sur un coup de tête, vous partez brusquement, vous rompez ou vous bouleversez tout dans votre vie sentimentale. Evitez quand même de commettre des actes irréparables ou des erreurs regrettables.

Un départ précipité, un déménagement ou un brusque changement bouleverse votre situation familiale, la déstabilise, la remet en question...

Sous l'emprise de la colère, d'une impulsion ou d'une résolution très ferme, vous changez brusquement de situation, vous partez précipitamment ou vous provoquez des remises en question, des bouleversements importants.

Des dépenses inconsidérées ou des extravagances financières risquent de déstabiliser votre situation, à moins que vous n'entrepreniez une démarche, un déplacement pour débloquer votre situation financière.

SITUATION ACTUELLE

22 17

Vous êtes sur le point de partir ou bien vous projetez de faire un voyage d'agrément ou de santé qui vous fera le plus grand bien moralement et physiquement !

Un voyage ou une promenade sentimentale vous ravit ou bien vous faites une rencontre qui répond à vos vœux, à votre attente et vous inspire de belles espérances, ou encore vous allez retrouver la personne que vous aimez et connaître une certaine plénitude.

Un déménagement, un changement de situation, un voyage en famille ou un événement heureux suscitera quelque chose de neuf dans votre vie familiale et répondra pleinement à vos espérances !

Vous faites un voyage, un déplacement ou vous entreprenez des démarches pour réaliser quelque chose de neuf, une création, une innovation qui répondrait à vos aspirations et qui permettrait à votre situation de se renouveler.

Une rentrée d'argent que vous espériez bien obtenir améliore votre situation ou bien vous entreprenez des démarches pour acquérir de nouvelles ressources.

SITUATION ACTUELLE

22 18

Si vous ne changez rien à votre comportement actuel vous courez tout droit vers les ennuis et les complications. Évitez donc l'agitation, la précipitation et les imprudences et calmez-vous un peu !

Vous allez très vite vous rendre compte de vos erreurs, être arrêté dans vos élans, ou bien éprouver une déception, une désillusion ou un échec sentimental dont vous serez en grande part responsable.

Un voyage, un départ, un déménagement risque de vous décevoir, ou bien il ne se fera pas ou il sera retardé par des problèmes, des difficultés, des complications d'ordre familial.

Vos recherches, vos démarches, vos déplacements n'aboutiront pas, ou bien ils vous décevront. Si vous projetez un changement de situation, ce n'est pas le moment de l'entreprendre. Évitez donc les actions irréfléchies et prématurées. Vous le regretteriez !

Si vous ne changez pas de comportement, vous allez connaître très rapidement des difficultés sur le plan financier. Sinon vos démarches et vos recherches concernant votre situation n'aboutiront pas ou ne vous donneront pas de bon résultats.

SITUATION ACTUELLE

22 19

Si vous projetez un voyage d'agrément n'hésitez pas : il vous donnera beaucoup de satisfaction et il vous fera le plus grand bien. Sinon, vous pouvez dépenser sans compter votre énergie vitale. Vous avez de la réserve !

Vous allez faire une rencontre importante, faire un voyage sentimental, partir et rejoindre la personne qui vous est chère ou réaliser très rapidement une union qui se présente sous les meilleurs auspices.

Un voyage en famille, un déménagement ou un changement de situation familiale vous procure beaucoup de joie, de satisfaction ; il est donc assuré d'une totale réussite.

Un changement de situation bénéfique vous donne entière satisfaction ou bien un voyage ou une démarche entreprise pour des raisons professionnelles vous permet de trouver un accord, de réaliser une association, de réussir dans vos affaires.

Une brusque rentrée d'argent vous donne entière satisfaction ou bien des démarches, des déplacements vous permettront de clarifier et d'améliorer votre situation financière.

SITUATION ACTUELLE

22 20

Vous allez connaître une guérison rapide et spectaculaire, ou bien un voyage d'agrément ou de santé vous permettra de retrouver votre forme et votre dynamisme.

Un brusque départ, ou une rencontre, suscite un renouveau dans votre vie sentimentale ou bien vous êtes résolu à rectifier vos erreurs, à faire amende honorable, à ce que tout s'arrange dans vos relations affectives.

Un changement de situation familiale, un déménagement ou un voyage en famille va susciter un véritable renouveau dans votre foyer.

Un voyage d'affaires, une démarche entreprise pour des raisons professionnelles ou un changement de situation révèle un véritable renouveau dans votre travail, ou vous permet de faire ou de répondre à des propositions intéressantes.

Une brusque rentrée d'argent, ou une démarche que vous entreprenez, vous permet de vous renflouer ou de rétablir votre situation financière.

SITUATION ACTUELLE

22 21

Une brusque amélioration de votre état de santé, ou un voyage d'agrément, va vous permettre de vous épanouir pleinement et de jouir d'un excellent bien-être vital.

Vous êtes sur le point de pouvoir très rapidement réaliser vos désirs et vos vœux, et de connaître ainsi une vie sentimentale pleinement épanouie.

Vous êtes sur le point d'entreprendre un grand voyage, de réaliser de vastes projets ou de déménager et d'offrir ainsi à votre famille l'épanouissement et l'expansion qu'elle mérite.

Le voyage, la démarche ou le changement de situation que vous entreprenez va vous donner entière satisfaction, élargir votre horizon social et professionnel et le champ de vos activités, donner de l'expansion à vos affaires.

Vous pouvez très rapidement réaliser de grandes choses sur le plan financier ou bien vous bénéficiez d'une situation privilégiée qui vous donne un total libre arbitre et vous permet d'en profiter pleinement.

ÉVOLUTION PROBABLE

1 2

La sagesse vous dictera ou il vous sera conseillé de prendre de sages initiatives pour vous assurer d'une vitalité saine et d'une bonne énergie active.

Face à une personne réservée ou qui attend, vous prendrez sans doute des initiatives habiles pour exprimer vos sentiments ou établir une relation. Si vous pensez à une personne en particulier, sachez que malgré sa réserve, elle vous témoignera une réelle preuve d'affection.

Vous pourrez compter sur l'appui de votre entourage familial qui favorisera vos initiatives, encouragera et soutiendra vos entreprises et vous donnera une entière liberté d'action.

Vous allez pouvoir agir librement et de manière constructive pour réaliser un projet qui sera sans doute tenu secret ou qui réclamera l'appui de personnes éclairées, discrètes et compétentes.

La stabilité de votre situation ou certaines économies vont vous permettre de prendre des initiatives constructives, habiles et profitables sur le plan financier.

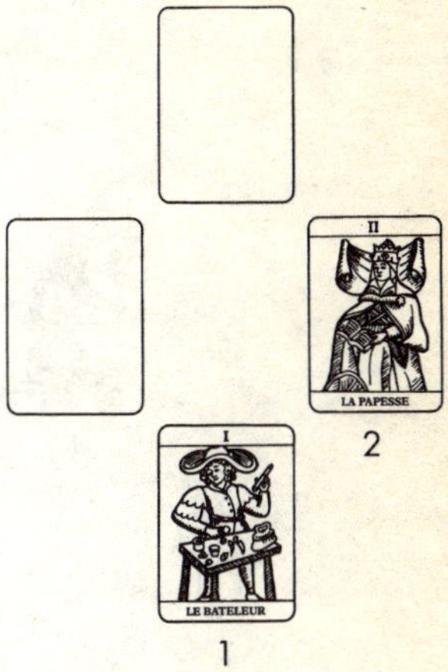

1 3

Votre vitalité saine et généreuse vous autorisera à agir librement, d'une manière constructive et intelligente, à concentrer toute votre énergie active dans un but bien précis.

Vous pourrez prendre des initiatives constructives dans votre vie sentimentale, et ainsi réaliser vos projets et vos désirs avec certitude. Si c'est à une personne que vous pensez, sachez que ses sentiments sont purs et généreux.

Une situation familiale saine et riche affectivement et matériellement parlant favorisera, soutiendra, encouragera vos initiatives constructives et intelligentes.

Une situation saine et solide favorisera vos initiatives constructives et intelligentes, vous permettant d'imposer votre volonté et de pouvoir exercer librement et sûrement votre habileté dans le travail.

Une situation saine et solide vous permettra de prendre des initiatives constructives et intelligentes et d'utiliser pratiquement et habilement vos ressources.

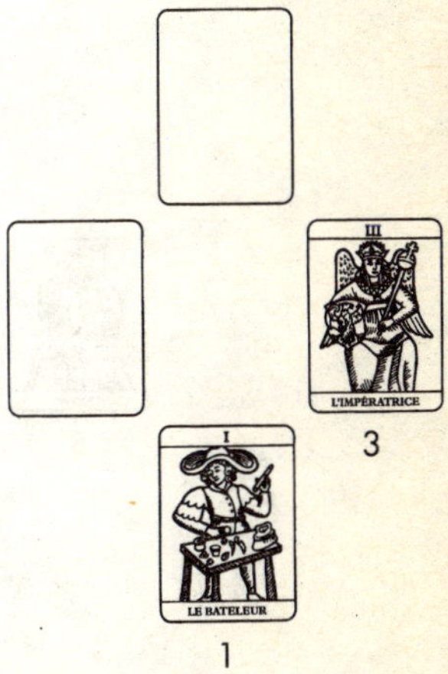

ÉVOLUTION PROBABLE

| 1 | 4 |

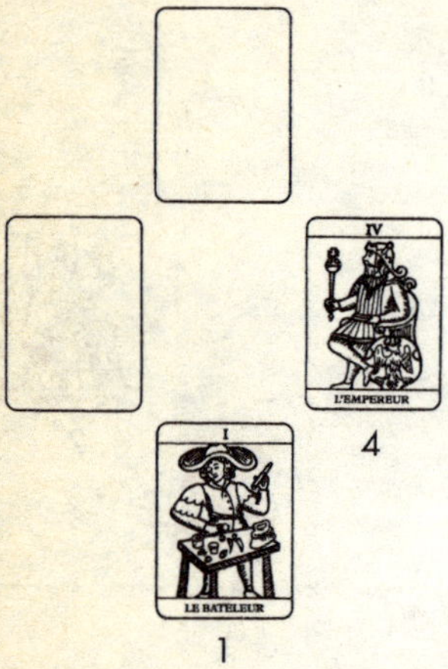

Vous savez faire preuve d'habileté et d'esprit d'initiative pour pouvoir vous assurer, quoi qu'il arrive, d'une vitalité saine, stable et pleine de ressources.

Vous obtiendrez sans aucun doute l'approbation dont vous avez besoin pour réaliser vos projets, exprimer vos sentiments ou prendre de sérieux engagements. Si c'est à une personne que vous pensez, sachez qu'elle prendra des initiatives concrètes en vue de stabiliser sa situation.

Vous pourrez compter sur l'appui moral et matériel d'un membre de votre famille ou de votre milieu familial et vous pourrez ainsi concrétiser vos projets.

Des personnages influents ou des personnes compétentes vous autoriseront ou vous aideront à concrétiser vos projets ou à prendre des initiatives sérieuses, raisonnables et concrètes.

Vous allez devoir prendre des initiatives concrètes, raisonnables et sérieuses pour pouvoir assumer vos obligations matérielles et morales et acquérir par vous-même les moyens d'y faire face.

ÉVOLUTION PROBABLE

| 1 | 5 |

Vous allez être dans l'obligation de prendre de sérieuses résolutions, de faire des choix difficiles mais nécessaires, et vous devez agir ainsi pour pouvoir trouver votre équilibre vital et vous sentir plus libre de vos actes.

Vous allez devoir faire un choix affectif, décisif ou prendre des initiatives énergiques dans votre vie sentimentale.

Vous allez devoir faire un choix important ou prendre une initiative décisive en ayant toutefois pris soin au préalable de demander conseil, d'obtenir l'approbation ou l'appui d'une personne de votre entourage ou de votre famille.

Vous allez pouvoir agir en faisant preuve d'habileté et d'esprit d'initiative pour réaliser un accord ou conclure un contrat avec l'appui ou l'approbation d'un personnage influent.

Vous allez devoir faire un choix important ou prendre une initiative décisive en vue de trouver un accord ou d'obtenir l'appui utile à l'équilibre de votre situation.

ÉVOLUTION PROBABLE

1 | 6

Quels que soient les choix ou les résolutions que vous aurez à prendre, vous saurez faire preuve d'esprit d'initiative pour parvenir à vos fins, et profiter au mieux de votre vitalité et de votre dynamisme.

Les sentiments que vous éprouvez ou que vous suscitez vous laissent libre d'agir et de décider de vos choix comme bon vous semble, en étant sûr de votre but et des meilleurs moyens pour l'atteindre.

Vous allez pouvoir prendre des initiatives enthousiastes, faire des choix dynamiques et agir pour parvenir à vos fins dans votre situation familiale et mettre ainsi un terme à l'irrésolution ambiante.

Un choix ou un accord va vous permettre d'avoir le feu vert pour pouvoir agir comme vous l'entendez, prendre des initiatives énergiques, déployer votre habileté et vos efforts pour atteindre un objectif ou réaliser un projet.

Vous aurez à prendre une initiative et à agir avec détermination pour résoudre un problème irrésolu et ainsi faire progresser votre situation financière.

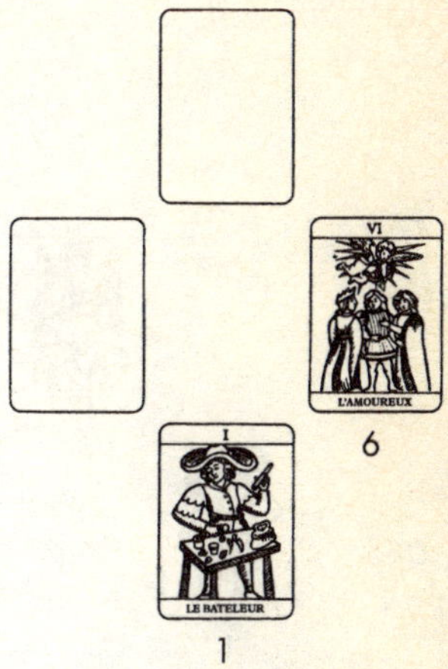

ÉVOLUTION PROBABLE

1 | 7

Vos efforts vous permettront d'acquérir un bon équilibre vital et d'agir de manière utile avec rigueur et discipline.

Vos efforts vous permettront d'agir ou d'exprimer vos sentiments avec franchise et désinvolture mais n'excluront pas une honnêteté et une bonne volonté fondamentale.

Vous pourrez imposer votre volonté ou vos projets avec franchise, rigueur et discipline, mais il ne faudra pas relâcher vos efforts et faire preuve d'esprit d'initiative si vous voulez aboutir.

Vos efforts et votre volonté d'aboutir vous permettront d'imposer vos projets et vos initiatives avec franchise et une certaine rigueur, en déployant votre habileté et vos qualités professionnelles d'une manière équilibrée.

Vos efforts vous permettront d'acquérir une situation financière équilibrée et de faire ainsi des projets ou de prendre des initiatives utiles et raisonnables.

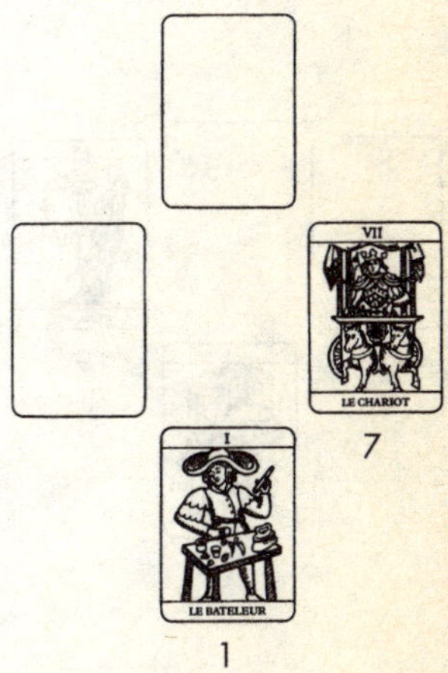

ÉVOLUTION PROBABLE

1 8

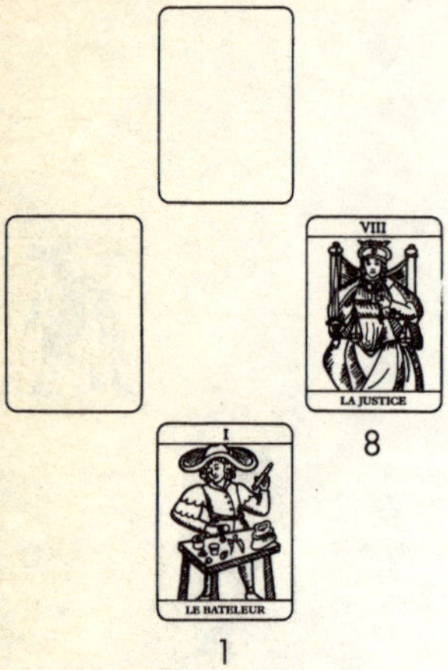

Votre nature équilibrée vous incitera à prendre des initiatives prudentes et réfléchies, utiles à la préservation de votre bien-être vital et de votre dynamisme.

Vous serez amené à prendre des initiatives prudentes et réfléchies, utiles à l'équilibre de votre situation affective ou bien vous serez en mesure de faire des projets à long terme.

L'équilibre de votre situation familiale vous permettra de prendre des initiatives prudentes et réfléchies et de faire des projets à long terme.

Vous serez amené à prendre seul et en connaissance de cause des initiatives prudentes et utiles ou bien l'équilibre de votre situation vous permettra de faire des projets à long terme.

Une situation financière équilibrée vous donnera le loisir de faire des projets à long terme ou de prendre des initiatives utiles, prudentes et réfléchies.

ÉVOLUTION PROBABLE

1 9

Une découverte personnelle, ou une prise de conscience, vous permettra de prendre des initiatives utiles à votre évolution et de bénéficier ainsi une totale liberté d'action.

Une découverte personnelle, ou une prise de conscience, vous permettra d'agir ou de prendre des initiatives en ayant un total libre arbitre et en étant très conscient des changements que cela pourrait entraîner dans votre vie sentimentale.

Une découverte personnelle, ou une prise de conscience, vous permettra d'avoir une totale liberté d'action et de prendre des initiatives dynamiques, utiles à l'évolution de votre situation familiale.

La divulgation d'un point qui, jusqu'à présent, était resté obscur ou secret vous incitera à prendre des initiatives qui feront évoluer votre situation.

Vous serez amené à prendre des initiatives qui feront rapidement évoluer votre situation financière à la suite d'une prise de conscience ou de l'élucidation d'un point qui, jusqu'à présent, était resté obscur.

ÉVOLUTION PROBABLE

1 10

Vous évoluez de telle sorte que vous pourrez bientôt acquérir une certaine maîtrise de vous-même, de votre dynamisme vital et moral qui s'en trouvera ainsi excellent.

Votre situation affective évoluera de telle sorte que vous serez libre d'agir comme vous l'entendez et de prendre les initiatives qui vous permettront de réussir tout ce que vous voudrez.

L'évolution de votre situation familiale ou des circonstances vous permettra de prendre des initiatives constructives, courageuses et de réussir tout ce que vous voudrez entreprendre.

L'évolution de votre situation professionnelle ou des circonstances favorisera vos initiatives constructives, vous permettra d'imposer votre volonté, vos projets et de réussir tout ce que vous entreprendrez.

L'évolution de votre situation ou des circonstances vous permettra de prendre des initiatives constructives et audacieuses qui auront toutes chances de porter leurs fruits.

ÉVOLUTION PROBABLE

1 11

Malgré un bon contrôle de vous-même, vous ne vous sentez pas en pleine possession de vos moyens. Vous serez sans doute amené à prendre des initiatives en vue de vous reposer ou de prendre un peu plus soin de vous-même.

Malgré un bon contrôle de votre situation ou des relations fortes, vous ne parviendrez pas à faire ce que vous voulez dans votre vie affective, et tout n'ira bien que si vous agissez d'une manière désintéressée.

Une situation familiale solide ne vous laissera toutefois pas beaucoup de libre arbitre et vous n'aurez alors d'autre choix que celui d'agir d'une manière désintéressée sans être dupe de votre dépendance ni de votre volonté de vous en sortir.

Une situation forte et solide vous permettra d'agir ou de prendre des initiatives en vue de vous rendre plus libre, plus autonome, plus indépendant dans vos activités professionnelles.

Un bon contrôle de votre situation vous permettra d'acquérir votre indépendance financière ou de vous libérer de certaines contraintes matérielles.

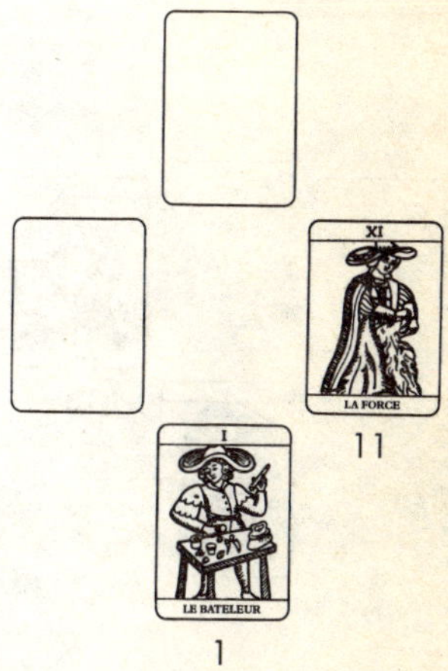

ÉVOLUTION PROBABLE

1 | 12

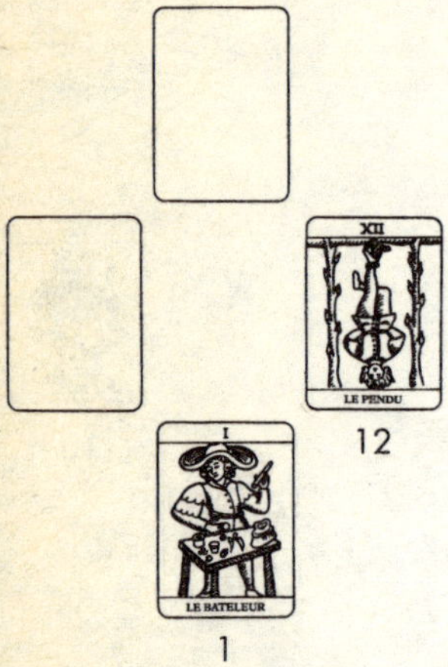

Vous allez pouvoir agir et prendre des initiatives radicales pour pouvoir vous rétablir, mettre fin à votre état de faiblesse physique et morale, et retrouver ainsi votre dynamisme.

Une situation contraignante, insatisfaisante ou sans issue vous incitera à prendre des initiatives radicales pour y mettre un terme ou agir pour retrouver votre libre arbitre et votre indépendance.

Vous serez contraint à prendre des initiatives radicales ou à agir pour mettre fin à une situation contraignante, pénible et sans issue.

Vous serez contraint à prendre des initiatives radicales ou à opérer des changements importants qui vous libèreront de certaines contraintes et débloqueront votre situation.

Vous serez amené à prendre des initiatives radicales pour assainir votre situation financière, à rembourser vos dettes, si vous en avez, ou à opérer un changement profitable et important qui vous libèrera de certaines contraintes.

ÉVOLUTION PROBABLE

1 | 13

La fin d'un problème de santé, ou un changement radical, vous incitera à prendre des initiatives prudentes, accommodantes et opportunes pour vous assurer d'une certaine tranquillité sur le plan vital.

Un changement radical ou la fin d'une situation vous rendra sans doute plus indépendant, mais vous incitera aussi à plus de souplesse dans l'expression de votre volonté et de vos désirs, et à prendre aussi des initiatives opportunes et accommodantes.

Un changement radical ou la fin d'une situation vous conduira à adopter un comportement plus souple, plus accommandant, plus apte à faire des compromis intelligents et opportuns.

La fin d'une situation, la conclusion d'une affaire ou un changement radical vous incitera à faire des projets circonstanciés, à trouver des compromis intelligents et opportuns et vous donnera ainsi l'initiative des négociations en cours.

La fin d'une situation, la conclusion d'une affaire ou un changement radical vous incitera à prendre l'initiative de négociations ou de transaction opportunes ou à faire des projets circonstanciés.

ÉVOLUTION PROBABLE

1 | 14

Malgré votre souplesse et votre souci de trouver un juste milieu, vous aurez toujours tendance à en faire trop, à abuser de votre vitalité et de votre dynamisme. Faites preuve de modération et ne dispersez pas votre énergie.

Malgré votre souplesse, les compromis que vous ferez ou les arrangements qui auront été trouvés, vous n'aurez de cesse tant que vous ne serez pas parvenu à vos fins et rien ni personne ne pourra vous empêcher de satisfaire vos désirs.

Quels que soient les compromis ou les arrangements qui auront été trouvés, vous n'en ferez finalement qu'à votre tête et rien ni personne ne vous empêchera de satisfaire vos désirs.

Des négociations, des compromis et des arrangements opportuns vous permettront d'agir comme vous le désirez, de prendre des initiatives habiles et énergiques pour faire aboutir vos projets ou arriver à vos fins.

Des tractations ou des négociations vont vous permettre de prendre des initiatives énergiques et opportunes pour réaliser vos projets ou vos ambitions sur le plan financier.

ÉVOLUTION PROBABLE

1 | 15

Après une période d'excès, de désordre ou de trouble, vous serez peut-être victime d'une crise de santé aiguë, passagère et salutaire, ou bien vous prendrez des initiatives qui vous soulageront et vous libéreront de vos tensions.

Une situation trouble ou une relation passionnelle trouvera sans doute un dénouement violent qui vous incitera alors à prendre des initiatives bouleversantes mais salutaires dans votre vie sentimentale.

Vous serez amené à prendre la brusque initiative d'un dénouement salutaire et inévitable qui remettra beaucoup de choses en question dans votre situation familiale mais qui la libèrera de son trouble, de ses excès et de ses tensions.

Des éléments troubles ou des possibilités très avantageuses vous inciteront à prendre de brusques initiatives, à provoquer des bouleversements salutaires ou des remises en question libératrices dans votre situation.

Une situation trouble ou très avantageuse vous incitera à prendre des initiatives bouleversantes et salutaires ou à remettre en question vos projets sur le plan financier.

ÉVOLUTION PROBABLE

1 | 16

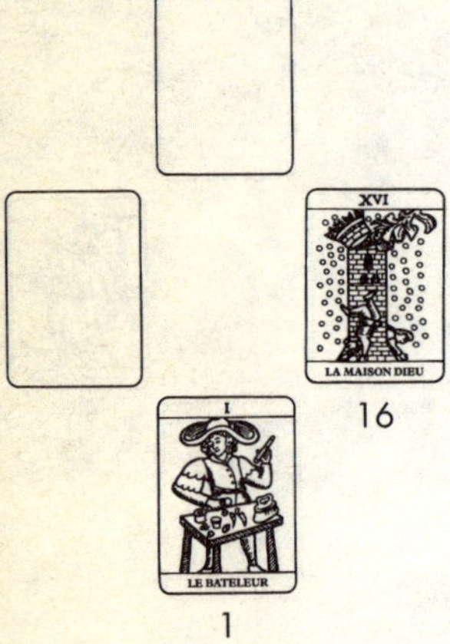

À la suite d'un choc, d'un bouleversement ou d'une crise aiguë de santé, vous prendrez des initiatives salutaires en vue d'utiliser au mieux vos ressources naturelles, votre vitalité sensible et votre dynamisme.

Un bouleversement inévitable et libérateur rendra soudain les circonstances favorables à l'éclosion de sentiments profonds et sincères ou permettra de prendre d'heureuses initiatives dans votre vie affective.

Un bouleversement ou une brusque remise en question vous permettra de prendre d'heureuses initiatives, d'élaborer de nouveaux projets qui iront dans le sens de vos aspirations ou de vos espérances et qu'il ne tiendra qu'à vous de faire aboutir.

Un bouleversement ou une brusque remise en question vous permettra de faire preuve d'initiatives originales, inventives ou créatives ou d'élaborer de nouveaux projets qui iront dans le sens de vos aspirations.

Un bouleversement ou une brusque remise en question vous incitera à faire preuve d'esprit d'initiative, d'habileté et à trouver des solutions originales et inventives pour acquérir des ressources.

ÉVOLUTION PROBABLE

1 | 17

Malgré de bonnes ressources vitales, votre dynamisme sera sans doute altéré par la fatigue, les problèmes de santé voire un état maladif.

Malgré une situation affective apparemment harmonieuse ou des relations sincères et profondes, vous ne parviendrez pas à agir clairement, à prendre de bonnes initiatives ou à réaliser pleinement vos projets.

Malgré des circonstances favorables ou une situation familiale harmonieuse, vous serez déçu ou contrarié dans vos projets et dans vos initiatives.

Quoique les circonstances y soient favorables, vous aurez quelques difficultés dans l'élaboration de vos projets, et à moins de vous atteler laborieusement à votre tâche, de faire preuve d'initiative et d'habileté, vous aurez du mal à aboutir.

Malgré de bonnes ressources financières, vous aurez sans doute tendance à prendre de mauvaises initiatives ou à commettre des erreurs dans votre gestion ou dans vos dépenses.

1 18

Vous allez pouvoir agir d'une manière positive ou prendre des initiatives dynamiques qui clarifieront votre état de santé et chasseront vos problèmes ou vos inquiétudes.

Vous prendrez des initiatives dynamiques et heureuses qui vous permettront de clarifier votre vie sentimentale et de faire des projets d'union.

Des problèmes, des conflits ou des déceptions vous inciteront à prendre des initiatives dynamiques et résolutives afin d'apporter à votre situation familiale une saine clarification.

Malgré les retards, les erreurs ou les obstacles à surmonter, vous parviendrez à clarifier votre situation, à réaliser vos projets, vos mérites, vos qualités. Votre esprit d'initiative et votre habileté seront ainsi reconnus.

Malgré les retards, les déceptions ou les problèmes qui pourraient surgir dans votre situation financière, votre esprit d'initiative, votre habileté et votre dynamisme vous rendront triomphant et vous pourrez réaliser vos projets avec succès.

ÉVOLUTION PROBABLE

1 19

Une saine clarification de votre état de santé vous permettra d'agir pour retrouver votre libre arbitre, votre dynamisme et de renouveler ainsi votre potentiel d'énergie vitale.

Une relation privilégiée ou une union vous incitera à changer de comportement ou d'appréciation en ce qui concerne votre situation affective.

Une clarification ou une situation familiale tout à fait privilégiée vous incitera à un changement de comportement ou d'appréciation, ou à prendre des initiatives en vue d'un renouveau.

Une clarification ou une association devrait vous inciter à reconsidérer vos projets ou vos activités avec beaucoup d'intérêt, ou à prendre des initiatives en vue d'un changement ou d'un renouvellement de votre situation.

Des éléments clairs et positifs favoriseront vos projets ou vos initiatives en vue de renouveler ou de renflouer votre situation financière.

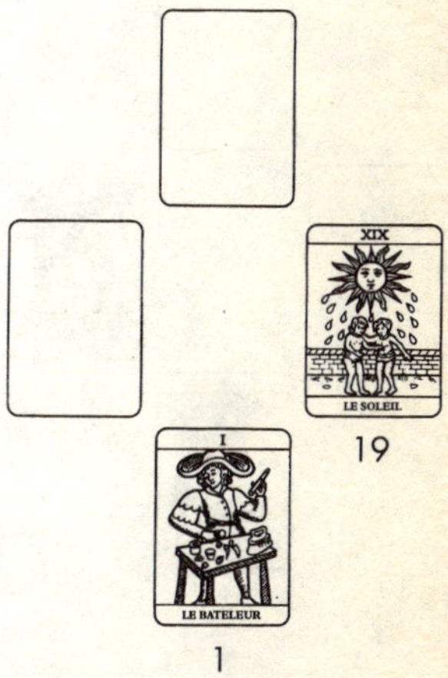

ÉVOLUTION PROBABLE

1 20

À la suite d'un changement dans votre comportement, ou dans votre vie, ou d'un rétablissement total vous aurez tous les atouts pour vous épanouir pleinement et utiliser au mieux vos ressources vitales et votre dynamisme.

Un renouveau, une reconsidération, ou un changement dans votre vie sentimentale ou dans votre comportement affectif vous permettra de réaliser pleinement vos projets.

À la suite d'un renouveau ou d'un changement dans votre situation familiale, vous pourrez concevoir de vastes projets ou prendre des initiatives qui vous permettront de rassembler ou de réunir tous les éléments dont vous disposez.

Un renouvellement ou un changement dans votre situation vous permettra de rassembler tous les éléments dont vous disposez pour accomplir vos projets et réaliser vos ambitions.

$ Le renouvellement ou le renflouement de votre situation vous autorisera à concevoir de vastes projets, ou à agir en vue de rassembler tous vos moyens ou toutes vos ressources.

ÉVOLUTION PROBABLE

1 21

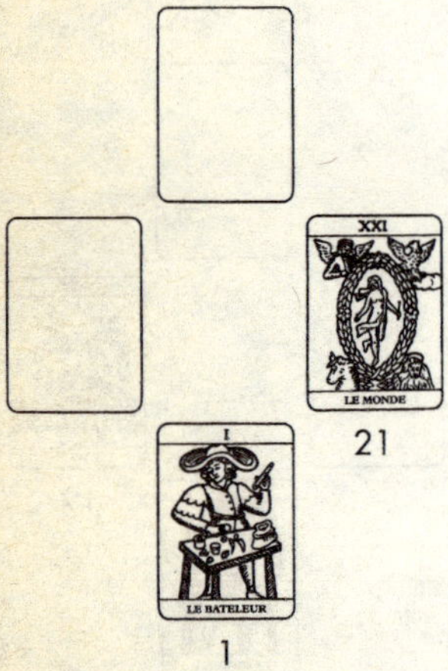

Vous allez connaître une période d'épanouissement physique et moral au cours de laquelle vous pourrez dépenser votre énergie et votre dynamisme, satisfaire votre besoin d'action en faisant du sport ou en voyageant.

Soit vous allez faire une rencontre qui va vous combler, soit la personne à laquelle vous pensez s'apprête à vous rejoindre, soit, enfin, vous allez prendre l'initiative d'un brusque départ.

Vous allez prendre l'initiative d'un brusque départ ou d'un déménagement, ou bien attendez-vous au départ précipité ou à l'arrivée peut-être inattendue d'une personne de votre famille.

Attendez-vous au départ ou à l'arrivée d'une personne qui tenait, ou tiendra, un rôle important dans votre situation ou bien des perspectives vastes et intéressantes vous inciteront à partir brusquement pour réaliser vos projets ou changer de situation.

$ Vous serez peut-être amené à rassembler tous les moyens dont vous disposez pour réaliser un transfert important ou bien votre situation financière vous fera entreprendre un voyage.

ÉVOLUTION PROBABLE

1 | 22

Prenez des initiatives en vue de modérer vos impulsions et de refréner votre agitation ou vos extravagances. Un voyage de détente vous ferait le plus grand bien.

Soit vous allez faire une rencontre, soit la personne à laquelle vous pensez est sur le point de vous rejoindre, soit vous allez enfin faire de réels projets dans votre vie sentimentale.

Un événement brusque, l'arrivée ou le départ d'une personne de votre famille vous incitera à prendre très rapidement des initiatives ou à faire des projets.

L'arrivée ou le départ d'une personne de votre entourage professionnel devrait favoriser vos projets, vous permettre de prendre d'habiles initiatives et d'imposer votre volonté.

Vos recherches aboutiront sans doute et vous pourrez alors prendre des initiatives habiles ou faire des projets utiles sur le plan financier.

ÉVOLUTION PROBABLE

2 | 1

Vous prendrez des initiatives utiles à la préservation de votre bien-être et de votre stabilité, tant sur le plan moral que sur le plan de votre énergie vitale.

Si c'est à une personne que vous pensez, sachez qu'elle est discrète et réservée en ce qui concerne ses sentiments, mais qu'elle est sincère et stable. Sinon, vous allez pouvoir réaliser un projet qui vous tient à cœur et qui vous assurera de la stabilité de vos liens affectifs.

Vous pourrez compter sur l'appui ou le soutien d'une personne discrète, bienveillante et généreuse de votre entourage qui favorisera la réalisation de vos projets ou vous conseillera utilement dans vos initiatives.

Vous allez prendre des initiatives ou faire des projets dans la perspective de vous assurer de la stabilité et du profit de votre situation.

Vous allez prendre des initiatives ou faire des projets en vue de vous assurer une situation financière plus avantageuse et plus stable.

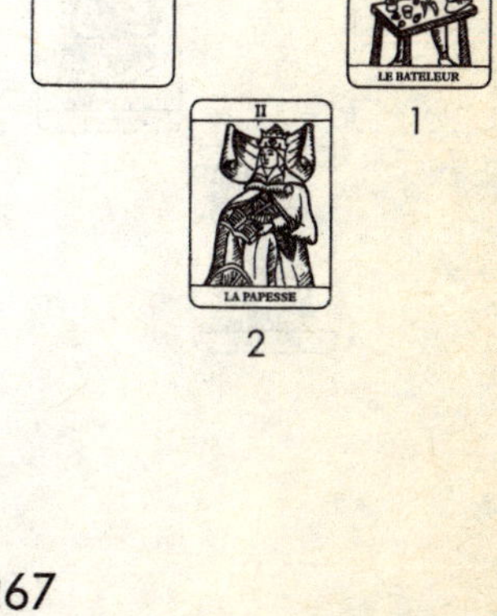

ÉVOLUTION PROBABLE

2 3

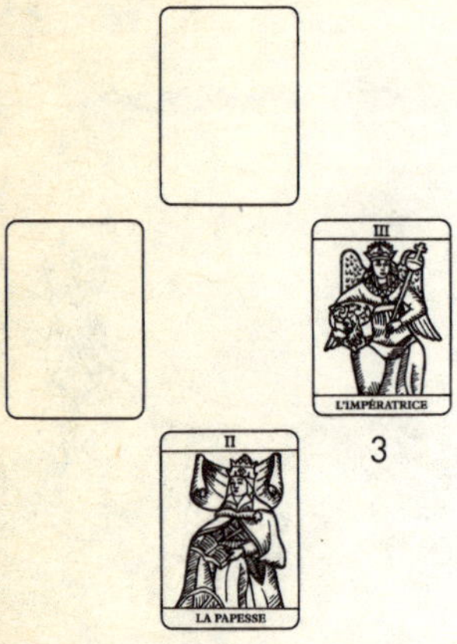

Vous bénéficiez d'une saine et excellente énergie vitale qui vous préservera de tous risques sur le plan santé, et vous assurera d'une sérieuse et sereine stabilité.

Vous pourrez vous fier à la personne discrète, sérieuse, généreuse qui est auprès de vous, sinon soyez assuré que votre situation affective se stabilisera et que vos sentiments seront durables.

Vous pourrez compter sur l'appui, la protection et le soutien moral et matériel de votre milieu familial ou de votre entourage, même si celui-ci doit rester discret et réservé dans ses manifestations.

Une action positive ou une décision favorable, qui ne vous a sans doute pas encore été révélée, vous permettra d'obtenir l'appui ou le soutien d'un personnage influent, de réaliser un accord avantageux, ou de pouvoir établir ou stabiliser une situation.

$ Vous pourrez compter sur des appuis discrets mais sérieux qui vous aideront à stabiliser avantageusement votre situation.

ÉVOLUTION PROBABLE

2 4

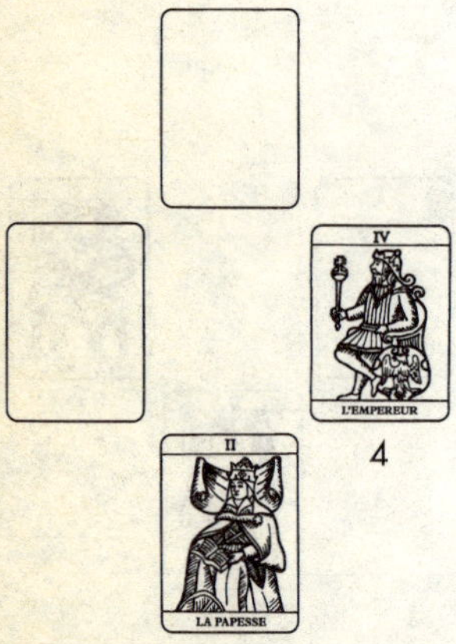

On vous conseillera ou on vous dictera de prendre une décision importante ou de faire un choix utile à la préservation de votre stabilité et de votre santé.

Si c'est à une personne que vous pensez, sachez qu'elle vous révélera bientôt et avec assurance des sentiments que jusqu'à présent elle avait tenus secrets. Sinon il vous sera conseillé ou dicté de faire un choix décisif dans votre vie affective et de sortir de votre réserve.

Un choix décisif dont vous mesurerez alors secrètement l'importance vous sera imposé ou dicté par les événements, même si pour le moment il ne vous a pas encore été révélé.

Un choix ou un accord important vous sera imposé et, même s'il ne vous a pas encore été revélé, on peut penser qu'il ne vous surprendra pas, mais aussi que vous serez très réservé quant à votre décision.

$ Il vous sera conseillé ou dicté de faire des choix importants et décisifs concernant votre situation financière, que vous n'adopterez qu'avec la plus extrême prudence et la plus extrême réserve.

ÉVOLUTION PROBABLE

2 5

Vous saurez prendre toutes les précautions utiles à la préservation de votre stabilité et vous serez pleinement rassuré en ce qui concerne votre santé.

Si c'est à une personne que vous pensez, sachez qu'elle révélera ou qu'elle vous déclarera bientôt ses sentiments. Sinon vous allez agir avec prudence et discrétion pour rendre votre situation progressivement plus stable.

Vous allez apprendre une nouvelle concernant votre famille, faire une révélation avec prudence et discrétion ou bien l'approbation et le soutien de votre entourage vous permettront d'agir pour réaliser vos desseins.

Les efforts déployés en vue de stabiliser progressivement votre situation ou de réaliser vos desseins trouveront sans doute l'approbation ou le soutien d'une personne influente.

Vous obtiendrez sans doute l'approbation, le soutien dont vous avez besoin pour stabiliser et améliorer progressivement votre situation financière.

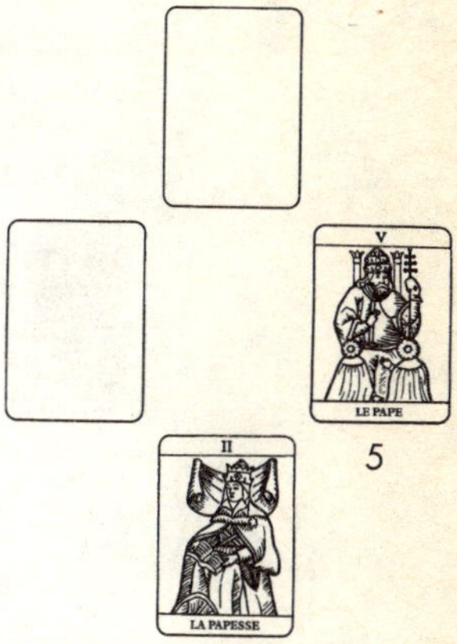

5

2

ÉVOLUTION PROBABLE

2 6

Face aux choix ou aux alternatives qui s'offrent à vous, vous opterez toujours pour la solution la plus sage, la plus rigoureuse, celle qui s'inscrira dans le cadre de votre équilibre et de votre stabilité.

Vous serez sélectif, rigoureux et très exigeant dans vos choix et dans vos décisions concernant votre vie affective, et vous aurez ainsi tendance à faire passer votre équilibre personnel avant vos sentiments.

C'est la sagesse qui présidera à vos choix et à vos décisions que vous ne prendrez d'ailleurs qu'avec rigueur et discrétion, et que vous ne révélerez qu'avec la plus extrême prudence.

Vous serez l'instigateur ou vous ferez l'objet d'une décision qui sera prise d'une manière sélective et rigoureuse, mais qui sera équitable.

Vous serez l'instigateur ou vous ferez l'objet d'une décision qui sera rigoureuse, sévère mais équitable et qui assurera l'équilibre de votre situation financière.

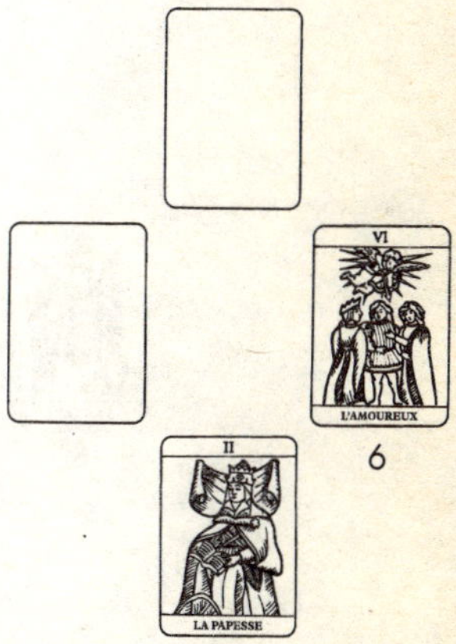

6

2

ÉVOLUTION PROBABLE

2 | 7

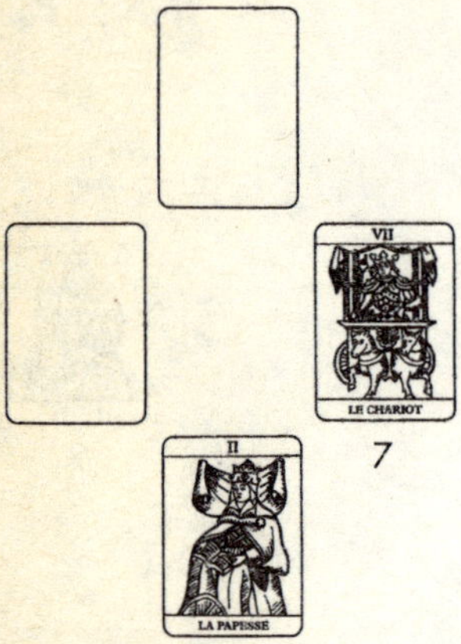

7

2

Vous allez finalement sortir de votre réserve, abandonner votre inertie et agir pour vous révéler à vous-même quelles sont vos vraies possibilités.

Si c'est à une personne que vous pensez, sachez qu'elle va sortir de sa réserve et se livrer à vous. Sinon un événement ou un fait soudain vous poussera à révéler ce que vous pensez ou savez, à vous dévoiler, à vous montrer tel que vous êtes vraiment.

Vous allez pouvoir obtenir ou réaliser avec succès ce que vous souhaitiez secrètement ou ce que vous prépariez consciencieusement sans le révéler à quiconque et qui deviendra ainsi clair, évident et reconnu par tout le monde.

Des efforts positifs ou des événements en cours vous permettront d'éclaircir une situation, ou un point, qui jusqu'à présent était resté obscur et de vous rendre ainsi plus sûr et plus réaliste dans la poursuite de vos objectifs ou de vos desseins.

Une nouvelle ou un événement dissipera vos doutes, confirmera vos prévisions ou vous permettra d'améliorer progressivement votre situation financière.

ÉVOLUTION PROBABLE

2 | 8

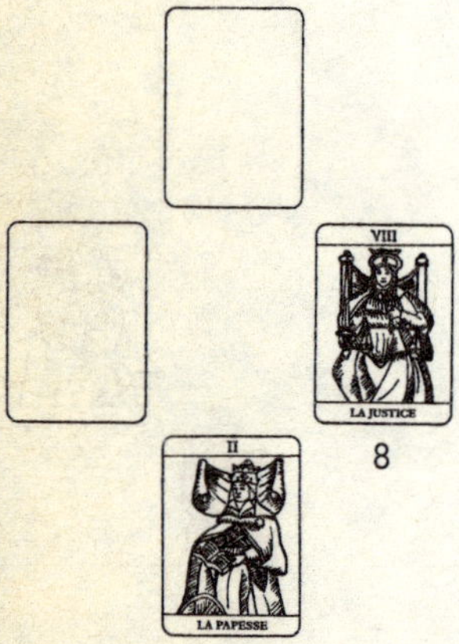

8

2

En vous imposant une discipline et un régime très strict vous devriez pouvoir vous assurer de l'évolution lente, stable mais réelle de votre état de santé.

Vous allez comprendre sans vous l'avouer que l'équilibre de votre vie affective risque d'être quelque peu perturbé, mais comme ce sera sans doute pour la bonne cause, vous auriez tort de vous effrayer.

Votre situation familiale très équilibrée pourra poursuivre son évolution dans le cadre et les limites qui lui seront imposés.

La discipline et la rigueur auxquelles vous saurez sagement, prudemment et discrètement vous plier, favoriseront l'évolution stable et constante de votre situation professionnelle.

La discipline et la rigueur auxquelles vous saurez sagement vous plier vous permettront de préserver et de contrôler l'évolution stable et constante de votre situation financière.

2 9

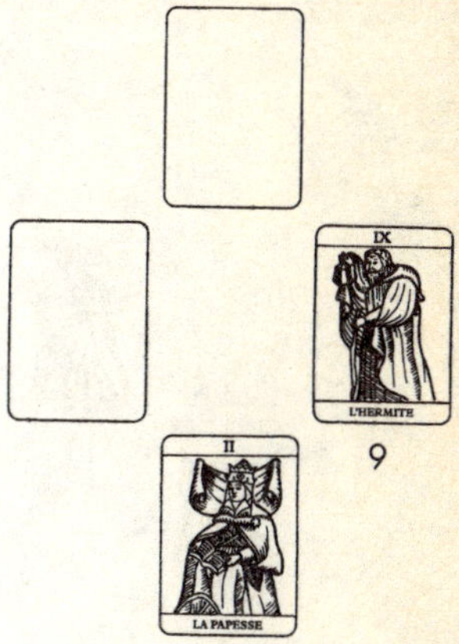

9
2

Une prise de conscience ou une attitude réaliste, prudente, lucide vous mettra à l'abri de tous les risques concernant votre santé et vous assurera ainsi une vitalité saine et stable.

Vous allez apprendre ou comprendre à quel point la personne à laquelle vous pensez est stable, sincère, ou bien une découverte personnelle ou une prise de conscience vous rendra plus sûr que jamais de vos sentiments.

Vous allez apprendre, comprendre ou mesurer à quel point vous pouvez compter sur le soutien de votre famille ou sur l'appui discret mais inconditionnel d'une personne moralement très forte de votre entourage.

Une solution sera trouvée, un problème sera élucidé ou un point qui, jusqu'à présent, était resté obscur sera éclairci et vous pourrez ainsi discrètement, prudemment mais fermement vous rendre maître de la situation.

$ Une solution ou une issue sera trouvée ou bien un point sera éclairci et cela vous rendra plus prudent, plus économe que jamais.

ÉVOLUTION PROBABLE

2 10

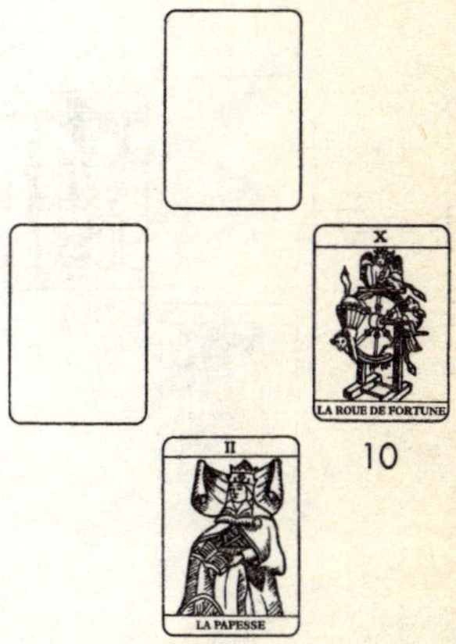

10
2

Malgré les changements ou les revirements qui se produiront, votre état de santé restera stationnaire et vous n'aurez d'autre choix que celui d'attendre de pouvoir vous rétablir.

Votre vie affective évoluera d'une manière instable et incertaine, et vous n'aurez d'autre solution que celle d'attendre et de vous préparer sagement à un changement réel.

Malgré les changements ou les revirements qui se produiront autour de vous, vous ne vous sentirez pas plus à l'aise ni plus libre pour autant, et vous n'aurez d'autre choix que celui d'attendre que cela change aussi vraiment pour vous.

Malgré les changements ou les revirements qui vont se produire, il vous faudra encore attendre un certain temps avant de pouvoir révéler ce que vous savez ou retrouver un certain libre arbitre dans votre situation.

$ Malgré les changements ou les revirements qui se produiront, vous serez encore contraint à la prudence, à l'attente et à l'économie.

ÉVOLUTION PROBABLE

2 | 11

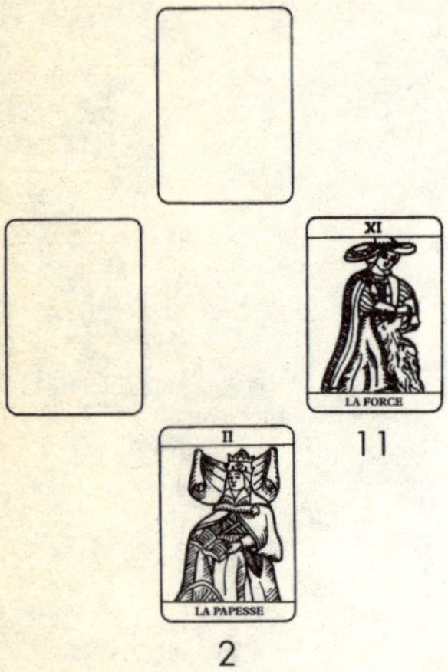

Le courage, la force morale et l'obstination tranquille vous aideront à éliminer prudemment tout ce qui serait susceptible de nuire à votre état de santé, ou d'opérer un changement radical dans votre comportement ou dans votre existence.

Il faut vous attendre ou vous préparer avec courage et sagesse à un changement radical dans votre vie sentimentale, à récolter ce que vous avez semé, à prendre un tournant important.

En vous assurant d'avoir votre situation familiale bien en main, vous pourrez opérer un changement important et courageux, utile à sa stabilité et à sa richesse.

Un changement radical et important dont vous tirerez sans doute profit ne vous a pas encore été révélé, mais cela ne saurait tarder. En attendant, maintenez donc votre position et restez confiant.

En maintenant très fermement, subtilement et avec confiance vos positions, vous récolterez aisément ce que vous avez semé. Vos gains ou vos bénéfices correspondront ainsi à vos prévisions.

ÉVOLUTION PROBABLE

2 | 12

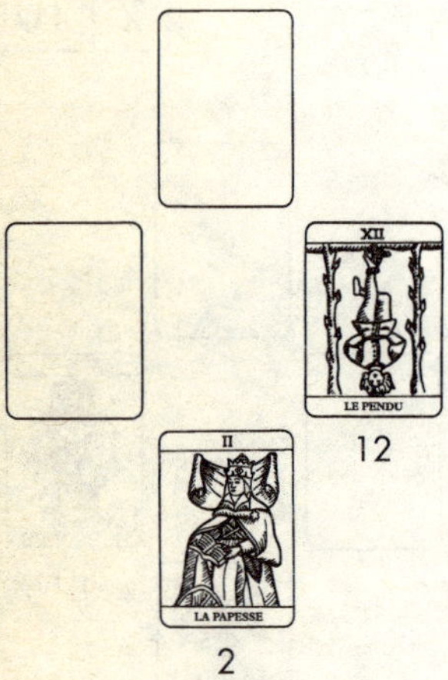

Vous serez contraint à prendre de sages résolutions, des dispositions opportunes pour vous reposer, vous détendre ou pour pouvoir retrouver tranquillement votre stabilité et votre vitalité discrète mais saine.

Vous serez contraint à trouver des compromis discrets, opportuns et utiles à la stabilité de votre vie affective, mais il n'est pas dit que vos arrangements seront vraiment efficaces ni que la sagesse pourra triompher.

Vous subirez des influences diverses, contradictoires, incertaines avant de vous résoudre, ou de vous sentir contraint à trouver des arrangements ou des compromis opportuns pour résoudre les problèmes ou changer quelque chose à votre situation familiale.

Des contraintes, des obligations ou des éléments qui se refuseront à changer ou à évoluer vous contraindront à trouver des compromis et des arrangements discrets et opportuns dont les résultats se feront attendre.

Des contraintes ou des obligations financières vous pousseront à trouver des compromis ou des arrangements prudents et opportuns, à faire des efforts pour pouvoir les assumer le plus sereinement possible.

ÉVOLUTION PROBABLE

2 | 13

Un changement radical ne vous rendra pas dupe de vos intempérances cachées ou de vos mauvaises habitudes apparemment sans importance, mais qui nuisent pourtant à votre organisme. Il vous faudra donc beaucoup de volonté pour résister à ces excès.

Un changement radical ou la fin d'une relation ne vous délivrera pas de votre nature passionnée, excessive, de cette volonté plus ou moins dissimulée que vous avez de satisfaire vos désirs à tout prix.

Un changement radical, ou la fin d'une situation, auquel vous vous attendiez vous satisfera pleinement même si vous n'en laisserez rien paraître.

Un changement radical ou la fin d'une situation que vous aviez prévue sans rien en dire vous satisfera pleinement et vous permettra peut-être de faire secrètement certaines acquisitions.

Un changement radical, ou un profit important, auquel vous vous attendiez sans rien en dire vous rendra plus prospère et vous incitera à mettre certains avoirs discrètement à l'abri ou à faire des placements avantageux.

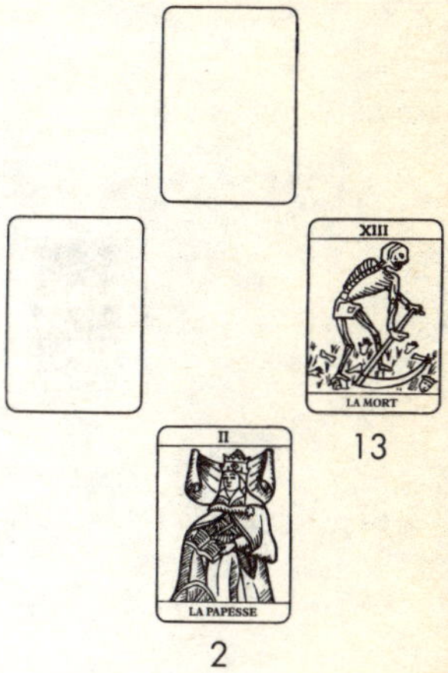

ÉVOLUTION PROBABLE

2 | 14

De bons arrangements ou des compromis opportuns et intelligents vous aideront à prendre des dispositions brusques et salutaires qui s'imposeront à vous pour éviter ainsi les risques, les troubles, les crises qui pourraient perturber ou remettre en cause votre stabilité.

Des révélations ou des échanges de vue un peu brusques mais opportuns vous soulageront d'un grand poids et vous donneront sans doute l'occasion de dire ce que vous aviez sur le cœur depuis déjà un certain temps.

Des arrangements ou des compromis intelligents et opportuns vous permettront de contenir ou de minimiser les chocs, les bouleversements ou les crises qui pourraient bien apparaître dans votre vie familiale.

Des compromis et des arrangements opportuns favoriseront la remise en question ou le bouleversement auquel vous vous attendiez et mettront ainsi brusquement fin à votre attente.

Des arrangements, des compromis, des transactions ou des opportunités remettront sans doute en cause vos projets et bouleverseront vos prévisions sur le plan financier.

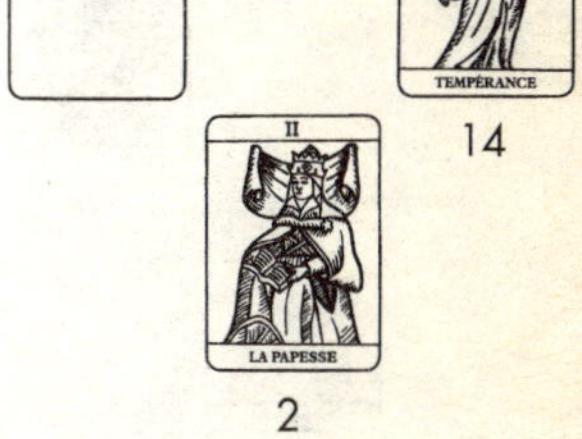

ÉVOLUTION PROBABLE

2 | 15

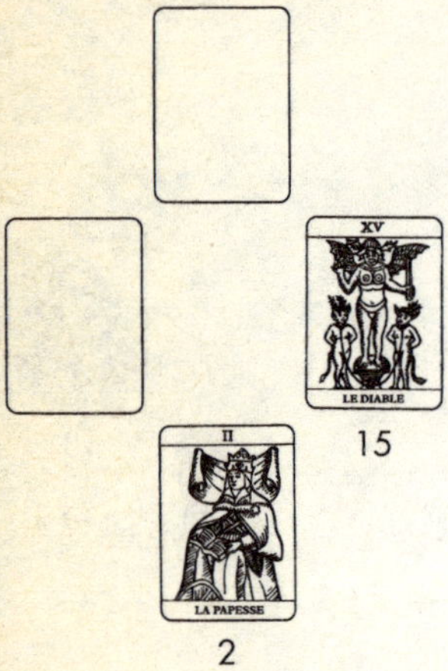

Malgré une tendance aux excès ou une difficulté à résister aux tentations, vous serez toujours en mesure de puiser dans vos réserves au bon moment et d'adopter ainsi une attitude plus saine et plus raisonnable.

Malgré des relations passionnelles, excessives ou une vie affective quelque peu désordonnée, dissolue, vous n'en éprouverez pas moins malgré vous des sentiments profonds même si vous n'en laisserez rien paraître.

Vos désirs seront comblés et un événement heureux auquel vous vous attendiez ou que vous appeliez au plus secret et au plus profond de vous-même se produira très bientôt chez vous.

Une situation matériellement riche et profitable vous permettra de concevoir et d'élaborer de nouveaux projets, des idées originales ou d'éventuelles innovations.

$ Vos désirs financiers seront comblés au-delà de vos espérances ou de vos prévisions.

ÉVOLUTION PROBABLE

2 | 16

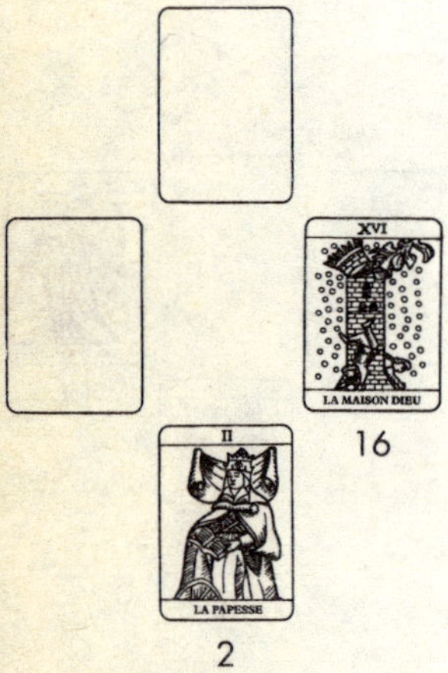

Un bouleversement, un choc physique et moral pourraient avoir pour conséquence de vous laisser dans un état critique, incertain, indéfini. Sachez donc prendre des précautions pour prévenir ce mal.

Un choc, un bouleversement, une crise dans votre vie sentimentale pourrait avoir comme conséquence de vous rendre malade ou de vous inciter malgré vous à entretenir des rancœurs malsaines, à ressasser sans pouvoir empêcher que votre situation ne se dégrade.

Un choc, une crise physique ou morale, un accident de santé ou autre pourrait laisser une personne de votre entourage dans un état inquiétant et incertain. Sinon, vous serez déçu par les bouleversements qui pourraient se produire dans votre famille.

Les bouleversements qui se produiront dans votre situation vous décevront. Quoi qu'il en soit, il faudra vous méfier des apparences trompeuses, et ne rien laisser en attente sous peine de voir des situations ou des affaires se dégrader ou avorter.

$ Des bouleversements rendront vos prévisions fausses et vos calculs erronés. Attendez-vous donc à connaître une période de vaches maigres, comme on dit, des déceptions et des désillusions sur le plan financier.

2 | 17

En puisant calmement et sereinement dans vos réserves, dans vos ressources les plus profondes, vous saurez vous mettre en parfait accord avec vous-même et avec votre environnement et ainsi vous vous porterez comme un charme.

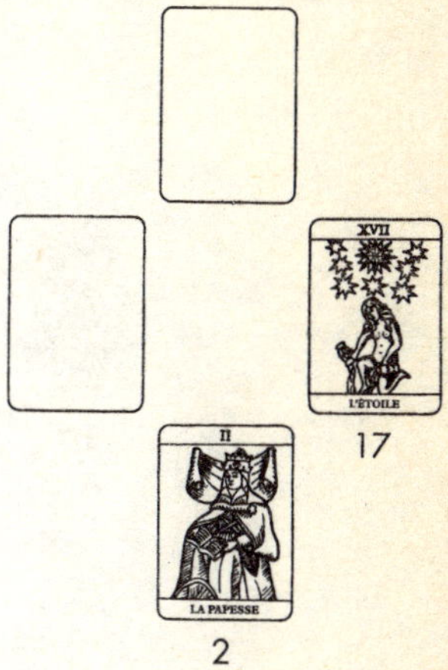

Si c'est à une personne que vous pensez, sachez que malgré sa discrétion ou sa réserve, ses sentiments sont profonds, sincères et rayonnants. Sinon votre vie affective va bientôt se stabiliser dans l'union ou dans l'établissement d'une très belle relation.

Vous avez dans votre entourage familial une personne de cœur et de confiance sur qui vous pouvez compter ou à qui vous pouvez vous fier ou vous confier. Ou bien vous allez vivre un événement heureux dans votre famille qui suscitera beaucoup de joie et de bonheur.

Les créations, les innovations, les idées originales rendront votre situation à la fois plus riche et plus stable. Ou bien, des circonstances très favorables présideront à la fondation d'une association dont vous aurez su, discrètement et savamment préparer l'avènement.

Des circonstances très favorables ou des ressources excellentes qui iront au-delà de vos espérances feront que vous aurez du mal à contenir votre joie ou à dissimuler votre satisfaction.

ÉVOLUTION PROBABLE

2 | 18

Vous aurez besoin de repos, de calme, de tranquillité pour vous remettre d'une maladie ou des problèmes que vous avez rencontrés.

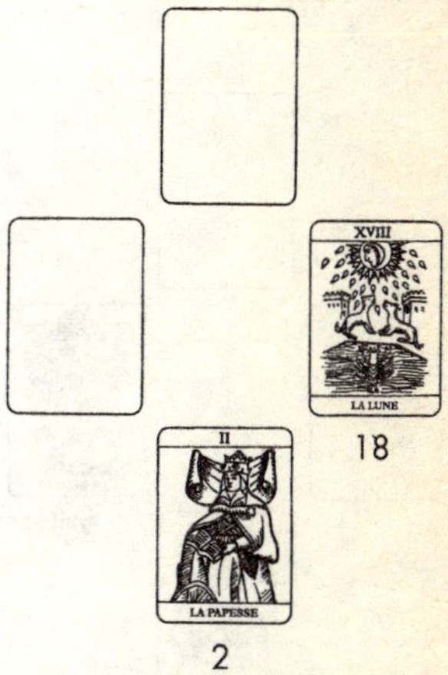

Les problèmes, les déceptions, les erreurs accumulés dans votre vie affective vous inciteront à un changement d'attitude, à des reconsidérations de votre situation sur lesquelles vous resterez discret, mais dont vous aurez compris la nécessité.

Vous allez connaître des problèmes, des conflits, des déceptions qui vous inciteront à reconsidérer discrètement mais sérieusement votre situation familiale, à changer d'attitude et d'appréciation à son égard.

Les problèmes, les erreurs, les déceptions que vous aurez pu connaître vous inciteront à une reconsidération discrète mais sérieuse dans votre situation, à un changement d'attitude ou d'appréciation et par prudence, à ne rien révéler sauf en cas d'ultime nécessité.

Des problèmes, des retards, des erreurs ou des déceptions vous inciteront à reconsidérer sérieusement votre situation financière, à changer d'attitude, d'appréciation, à revenir à un comportement plus prudent, plus économe.

ÉVOLUTION PROBABLE

2 | 19

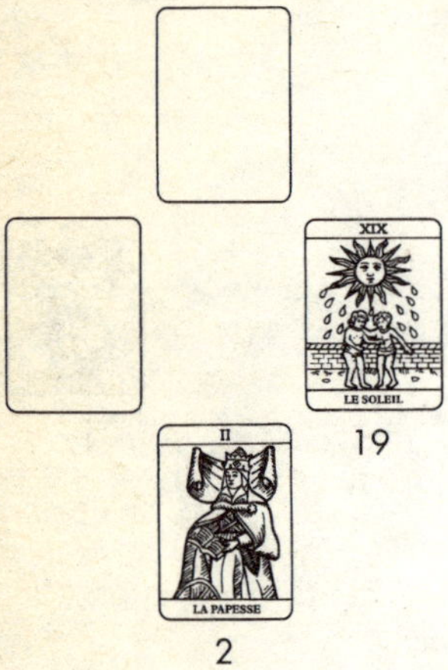

Par votre prudence, votre discrétion, votre caractère stable et serein, vous parviendrez à vous épanouir pleinement, à vous sentir en complète harmonie avec votre environnement et en accord avec vous-même.

Si c'est à une personne que vous pensez, sachez que malgré sa réserve et sa discrétion, ses sentiments sont profonds et sincères. Sinon vos vœux sur le plan affectif seront comblés. Une union ou une relation priviligiée vous apportera beaucoup de joie et de bonheur.

Vous vous sentirez heureux, épanoui, abandonné auprès de vos proches et vous serez amené à concevoir de grandes choses pour votre famille, ou bien vous pourrez toujours compter sur les sentiments et le soutien discrets mais inconditionnels d'une personne de votre entourage.

Un succès, une réussite sur le plan professionnel ou une association vous permettra de concevoir ou d'élaborer de plus vastes projets, de stabiliser pleinement votre situation ou de planifier son expansion probable.

Un succès, une réussite, une joie sur le plan financier vous permettront de mieux savoir utiliser votre avoir et d'en disposer avec bonheur et sagesse.

ÉVOLUTION PROBABLE

2 | 20

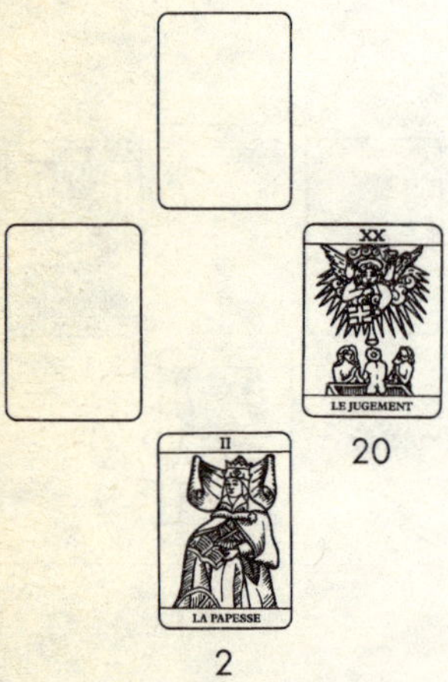

Après un certain retour à la normale ou une guérison, vous pourrez repartir du bon pied, mais peut-être vous sera-t-il encore nécessaire de partir vous reposer pendant quelque temps.

Vous hésiterez peut-être à répondre à une invitation, à une proposition ou à une déclaration qui vous sera faite ou bien vous attendrez le bon moment pour partir ou pour revenir sur votre jugement, sur vos appréciations, sur vos impressions.

On vous fera une proposition de changement, de déménagement à laquelle vous réfléchirez calmement avant de donner votre réponse ou bien un renouveau répondra à votre attente et vous donnera le feu vert pour agir comme vous l'aviez prévu.

Une proposition, un appel répondra à votre attente ou bien un renouveau, un changement de situation ou le renflouement d'une affaire vous donnera la possibilité d'agir.

Une fois que votre situation sera renflouée ou rétablie, vous pourrez assurer sa stabilité et vous engager à plus de prudence et de réserve afin de ne plus commettre les mêmes erreurs que par le passé.

ÉVOLUTION PROBABLE

2 21

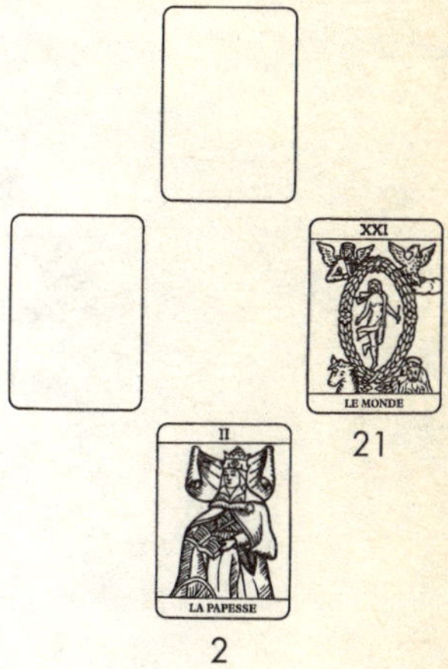

Vous aurez beaucoup de possibilités à votre disposition, et cela vous permettra d'assurer sereinement vos obligations et vos responsabilités, de jouir d'une bonne santé et d'une vitalité sans excès mais pleine de ressources.

Votre vie affective s'épanouira et se réalisera pleinement selon vos prévisions, et vous pourrez alors stabiliser vos relations ou fonder une union solide.

Vous pourrez compter sur le soutien moral et matériel de votre entourage ou bien votre situation familiale se stabilisera et s'épanouira pleinement.

L'approbation ou le soutien discret mais efficace d'un personnage influent favorisera l'épanouissement, l'accomplissement ou l'expansion d'une situation en laquelle vous aviez à raison fondé beaucoup d'espoir.

Votre situation trouvera une expansion raisonnable et naturelle qui vous permettra de vous sentir financièrement parlant plus stable et plus apte à assurer sereinement vos responsabilités et vos obligations.

ÉVOLUTION PROBABLE

2 22

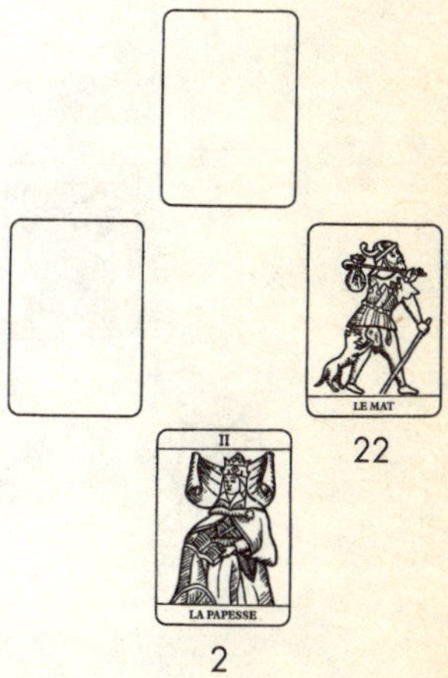

Vous allez trouver l'aide, l'appui, le conseil dont vous avez besoin pour vous assurer d'une vitalité plus sereine et d'un état de santé plus stable.

Face à une situation quelque peu agitée ou à une personne instable, vous garderez votre calme, et vous aurez raison de rester prudent et réservé ; ou bien vous attendez l'arrivée ou le retour d'une personne qui vous est chère.

Vous vous attendez à la visite, à l'arrivée, au départ ou au retour d'un de vos proches. À moins que vous ayez secrètement fait une démarche concernant votre situation familiale.

L'arrivée ou le départ d'une personne de votre entourage professionnel, un événement soudain ou une démarche importante vous aidera à stabiliser votre situation.

Si cela s'avérait nécessaire, vous pourriez vous mettre en quête d'appuis ou de soutiens financiers afin de pouvoir rendre votre situation plus stable.

ÉVOLUTION PROBABLE

3 1

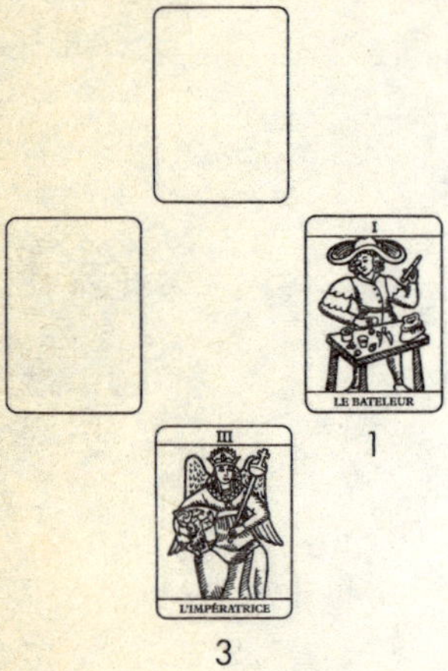

Ne craignez ni pour votre santé ni pour celle d'un proche ou de ceux qui vous entourent. Tout va bien.

Ne doutez pas de la personne à laquelle vous pensez ni de votre situation. Vous avez tous les atouts entre les mains pour agir.

Vous pouvez faire confiance à une personne de votre entourage et prendre la décision qui s'impose.

Une initiative ou une décision favorise la concrétisation d'une situation profitable. Vous pouvez agir en toute confiance. Ne doutez pas des qualités de la personne à laquelle vous pensez.

Agissez et entreprenez. Votre situation ne s'en portera que mieux.

ÉVOLUTION PROBABLE

3 2

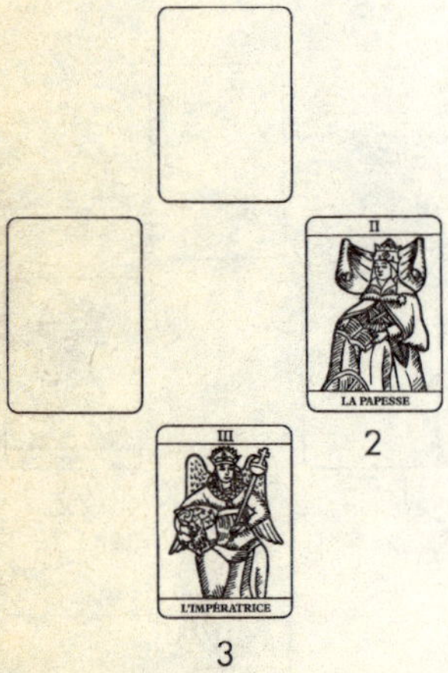

Vous êtes très bien soutenu et très bien conseillé. Vous n'avez pas à craindre pour votre santé.

Soyez honnête et compréhensif, et ce qu'on vous cache ou ce qui n'est pas dit se révélera à vous naturellement, et vous permettra alors d'agir sainement.

Vous pouvez compter sur le soutien moral, matériel et affectif de ceux qui vous entourent.

Sage décision qui favorise la matérialisation d'une situation productive et profitable. Vous obtiendrez les appuis dont vous avez besoin.

Vous pouvez compter sur des appuis ou de bons conseils financiers ou vous pouvez vous reposer sur une situation stable.

3 4

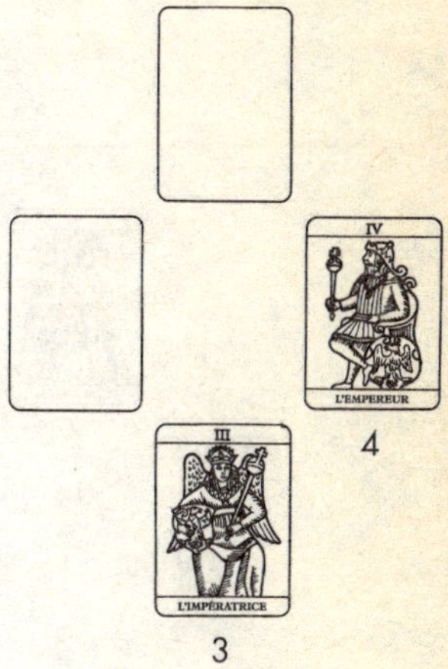

Vous tenez parfaitement en mains les rênes de votre vitalité. Vous n'avez rien à craindre.

L'intelligence et la détermination d'une personne vous confortent dans vos sentiments, dans vos élans ou dans votre action.

Une confirmation, une concrétisation ou une personne qui vous soutient pleinement vous permet d'agir pour obtenir ce que vous voulez.

Situation contrôlée et dirigée avec intelligence et fermeté qui progresse et s'enrichit. Vous avez des certitudes ou des assurances qui vous permettent d'aller de l'avant.

Une certitude ou une concrétisation vous permet d'agir d'une manière progressiste.

3 5

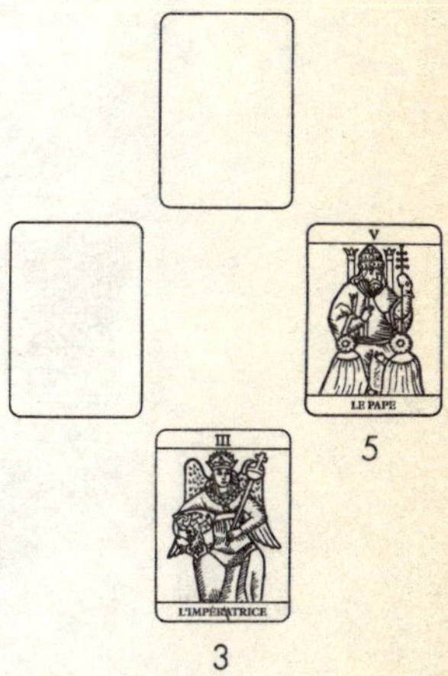

Vous devez vous imposer une discipline si vous ne voulez pas qu'on vous l'impose.

Vos responsabilités ou vos obligations morales vous contraignent à agir avec droiture, ou bien vous pouvez être sûr de l'intégrité ou de l'honnêteté de la personne à laquelle vous pensez.

Si vous avez le devoir d'agir un peu durement, cultivez l'adage selon lequel qui aime bien châtie bien, ou bien votre milieu familial est un peu sévère mais juste.

Une situation établie rend votre action plus fiable à tout point de vue. Soyez discipliné, et tenez compte des structures en place et des contingences, appuyez-vous sur elles le cas échéant pour agir.

Vous devez toujours tenir compte de vos obligations si vous voulez vous maintenir dans un bon équilibre.

ÉVOLUTION PROBABLE

3 | 6

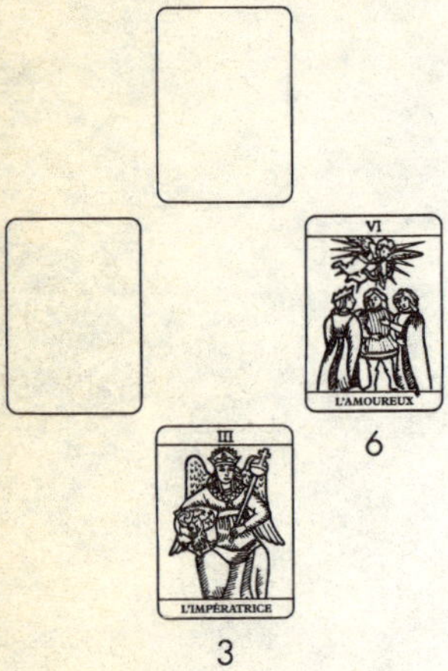

Peut-être doutez-vous de vous-même et c'est ce qui ralentit votre vitalité, laquelle est pourtant bonne *a priori*.

Vous êtes en proie à des sentiments contradictoires ou vous êtes dans une situation incertaine qui nécessite de faire un choix que vous seul pouvez faire. Ne vous repliez pas trop sur vous-même.

Vous avez tendance à vous replier sur vous-même et cela ne favorise pas vos relations. Ou bien vous êtes confronté à une alternative et vous vous demandez quelle attitude adopter. Fiez-vous à votre instinct.

Un choix ou une décision va vous permettre d'agir dans une situation qui sera sans doute profitable à long terme. Mais il vous faudra toujours être vigilant.

Vous êtes confronté à une alternative. Réfléchissez bien et optez pour la solution la plus sûre.

ÉVOLUTION PROBABLE

3 | 7

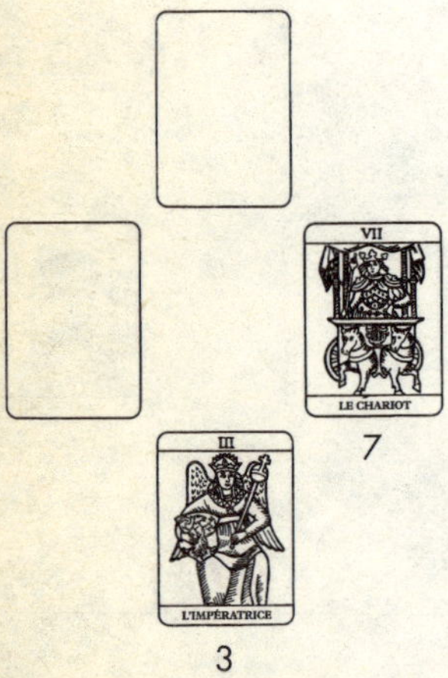

Vous êtes en pleine forme. Vous avez envie de dépenser votre énergie et rien ne vous empêchera de le faire.

Une bonne nouvelle ou un événement heureux vous permettra de faire évoluer votre situation et d'agir comme bon vous semblera.

Si vous projetez un voyage, ou un déménagement, il se réalisera certainement. Quoi qu'il en soit, le moment est favorable pour agir et entreprendre un changement positif.

Une situation avantageuse et pleine de possibilités s'offre à vous. Saisissez-la sans hésiter. Vos efforts seront récompensés.

Si votre argent circule, ne vous en plaignez pas et saisissez les occasions qui s'offrent à vous.

3 8

Votre équilibre ne risque pas d'être remis en question. Vous avez un excellent contrôle sur vous-même.

Qu'il soit question d'une décision un peu dure prise à votre encontre ou d'une situation que vous traitez avec une certaine sévérité, vous n'avez pas raison de douter de vous. Vous êtes irréprochable.

Quels que soient vos problèmes actuels ou les jugements que l'on vous porte, vous avez suffisamment de force de caractère pour faire face et dominer avec bonheur les circonstances.

Une décision de justice, ou un jugement rendu, vous donne la possibilité de maîtriser pleinement la situation actuelle. Mais si cette décision ou ce jugement vous était contraire, maintenez fermement votre position. Vous finirez par obtenir gain de cause.

Quelles que soient les circonstances que vous rencontrez actuellement vous êtes parfaitement capable de dominer la situation.

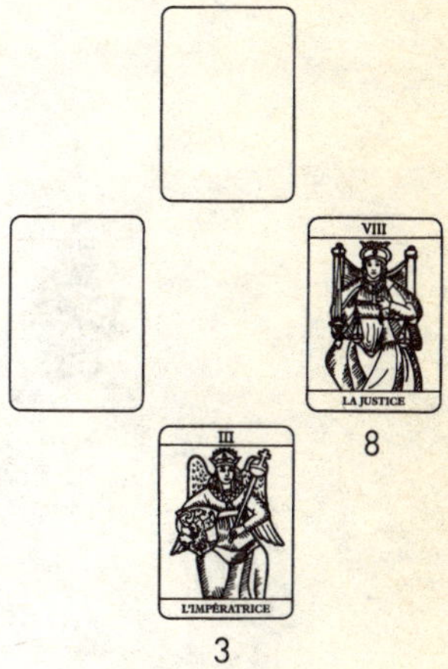

ÉVOLUTION PROBABLE

3 9

Vos contraintes vous fatiguent physiquement et moralement. Prenez le temps de vous isoler, de vous occuper de vous et de vous reposer pour retrouver votre vitalité.

Vous êtes sans doute dans une situation de dépendance qui vous isole et vous déplait. Ne vous laissez pas aller au désespoir et au fatalisme. Profitez des difficultés pour réfléchir et adoptez une attitude plus spontanée, plus instinctive.

La situation est bloquée. Vous êtes contraint à attendre, à vous isoler et à réfléchir pour trouver une solution.

Vous devriez pouvoir trouver une solution avantageuse qui débloquerait une situation, laquelle pourrait d'ailleurs s'avérer très profitable à long terme.

Les rentrées sur lesquelles vous comptez tardent à venir. Mais vous êtes en mesure de tenir et de patienter jusqu'à ce que la situation se débloque.

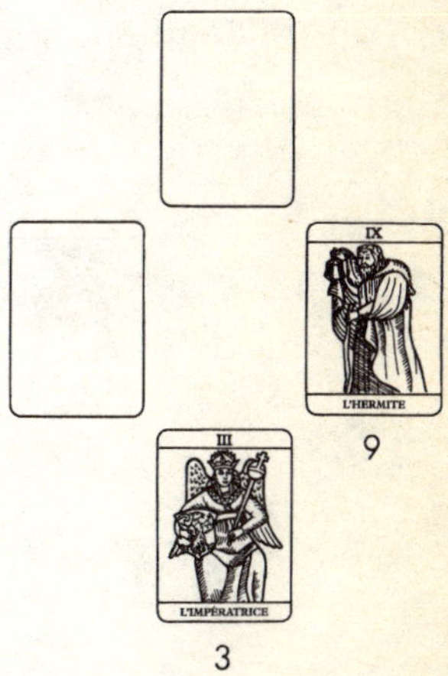

ÉVOLUTION PROBABLE

3 | 10

Si vous acceptez le changement et que vous restez disponible, vous n'avez rien à craindre. Vous avez un bon système d'autodéfense.

Les choses évoluent de telle sorte que vous pouvez agir pour tourner une page de votre vie ou réaliser un changement qui vous tient à cœur.

Vous allez connaître des changements importants et il y aura un moment où il vous faudra tourner une page et transformer radicalement votre situation actuelle.

Des circonstances favorables et évolutives vous permettent de tirer rapidement le meilleur avantage d'une situation. Si besoin est, n'hésitez pas à opérer un changement important. Vous en tirerez profit à coup sûr.

Vous devriez pouvoir tirer un parti avantageux d'une situation ou obtenir des résultats financiers positifs et en progrès.

ÉVOLUTION PROBABLE

3 | 11

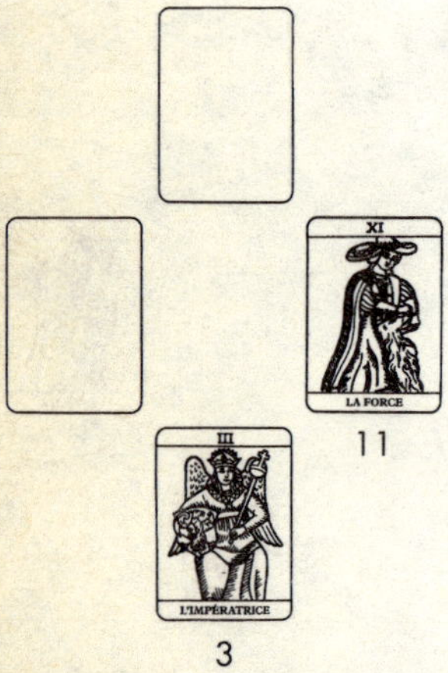

Vous vous arrangez si bien avec vous-même pour éviter les écarts et les risques que vous n'avez pas à craindre pour votre santé.

Ne doutez pas de la sincérité et de l'authenticité des sentiments d'une personne qui vous est proche ou bien par votre force de caractère et votre générosité active vous pouvez obtenir ce que vous voulez.

Tout peut s'arranger au mieux pour tout le monde. Soyez sûr de vos prérogatives, mais restez compréhensif.

Vous êtes dans une situation privilégiée et vous devriez pouvoir obtenir ce que vous voulez.

Vous avez votre situation bien en main. Vous pouvez donc réaliser une transaction intéressante, trouver l'arrangement opportun ou maintenir vos privilèges actuels.

ÉVOLUTION PROBABLE

3 **12**

Vous avez suffisamment d'énergie et de vitalité pour agir ou réagir comme il se doit. Mais ne soyez pas trop impatient.

Vous êtes en relation avec une personne au tempérament passionné et excessif ou bien vous êtes impliqué dans une relation passionnelle en laquelle vous vous complaisez.

L'excitation, la colère ou l'égoïsme ne pourront pas vous aider à résoudre vos problèmes ou bien une personne de votre entourage se trouve dans une situation de totale dépendance.

Une situation insatisfaisante, figée, sans issue ou des contraintes de toutes sortes vous incitent à réagir violemment ou à agir un peu brusquement pour aboutir rapidement.

Soyez un peu plus généreux et moins possessif. Vous en avez les moyens. Ou bien vous pouvez être sûr d'arriver à vos fins.

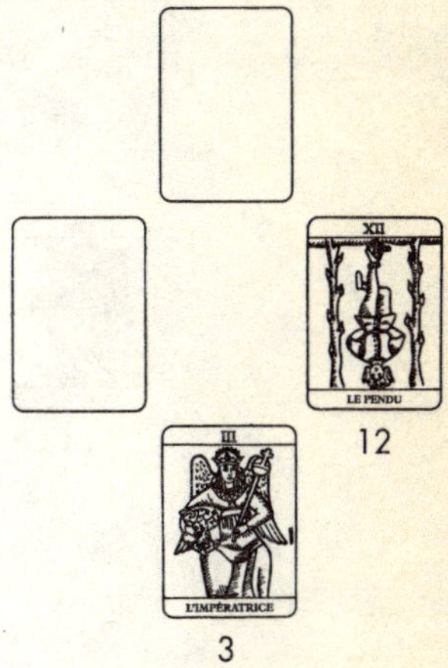

ÉVOLUTION PROBABLE

3 **13**

Un changement important dans votre existence vous laissera en état de choc. Mais vous serez tout à fait en mesure de vous libérer de tous vos problèmes.

Vous pouvez et devez agir pour vous délivrer de vos contraintes et puisque vous êtes à un tournant de votre existence, repartez sur des bases entièrement nouvelles.

Vous allez être confronté à un changement et cela bouleversera ou remettra en cause les bases de votre situation familiale.

Vous venez de subir un changement ou de connaître un arrêt brusque dans votre situation. Cela vous déstabilise mais vous délivre aussi d'un grand poids. Vous allez donc pouvoir agir plus librement.

Attention aux risques de déstabilisation dus au brusque arrêt de certaines ressources ou bien vous allez bénéficier d'une rentrée d'argent conséquente qui bouleversera en positif votre situation actuelle !

ÉVOLUTION PROBABLE

3 | 14

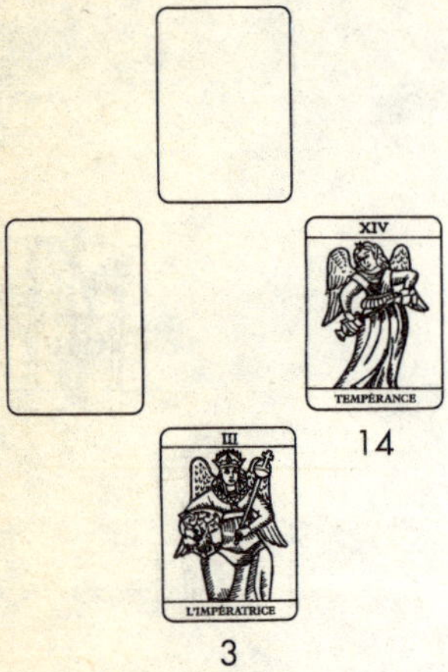

Votre disponibilité aux êtres et votre ouverture d'esprit vous garantissent d'un bon climat relationnel lequel est indispensable à votre bien-être.

Ne doutez pas de l'affection sincère d'une personne qui vous est proche ou bien trouvez les compromis ou les arrangements nécessaires à la réalisation d'une situation en laquelle tout est possible.

Le moins que l'on puisse dire, c'est qu'il règne un excellent climat relationnel chez vous et que cela favorise pleinement la réalisation de vos vœux et de vos espoirs.

Vous pouvez profiter de certaines opportunités lesquelles favoriseront des innovations ou la réalisation, la matérialisation d'une création qui tiendra ses promesses.

Vous devriez pouvoir réaliser de très bonnes affaires. Faites preuve d'imagination et soyez diplomate.

ÉVOLUTION PROBABLE

3 | 15

Ne vous laissez pas aller jusqu'à un état critique. Agissez ou réagissez radicalement. Faites-vous violence. Soignez-vous avec vigueur. Utilisez les grands moyens.

Vous êtes victime d'une situation passionnelle contre laquelle vous ne parvenez pas à réagir, sans doute parce que vous vous sentez vulnérable, angoissé, impuissant. Ou bien vous êtes en relation avec une personne au tempérament inquiet, égoïste, exclusif dont vous ne pouvez prévoir les réactions.

Vous risquez fort de connaître quelques déceptions soit parce que vous vous faites des illusions, soit parce que vous vous comportez avec trop d'impatience et d'imprudence, ou bien il y a des risques de conflits, de maladie dans votre entourage familial.

Vous pourriez connaître une déception dûe à une erreur de votre part ou à des éléments extérieurs peu fiables ou trop exigeants. Ne vous obstinez pas et reconsidérez votre situation.

Vous risquez de commettre une erreur ou vous avez affaire à une personne dont vous pouvez douter de l'honnêteté et de la fiabilité. Soyez sur vos gardes et réfléchissez bien avant de vous engager.

ÉVOLUTION PROBABLE

3 | 16

Quels que soient les problèmes ou les bouleversements que vous connaissez actuellement, dites-vous bien qu'ils sont salutaires, qu'ils assainissent votre organisme et qu'ils vous mettent ainsi à l'abri de tout risque.

Ne craignez pas les changements, les bouleversements dans votre existence. Ils sont libérateurs. Ils vous permettent de clarifier votre situation, d'obtenir satisfaction ou, pourquoi pas, de trouver le bonheur.

Un bouleversement, des changements brusques ou imprévisibles vous permettent d'obtenir entière satisfaction.

Un bouleversement, des changements brusques favorisent la matérialisation d'une situation et vous assurent du succès dans vos affaires.

Un événement imprévisible, une situation qui se débloque ou un bouleversement devrait vous apporter joie et succès dans vos finances.

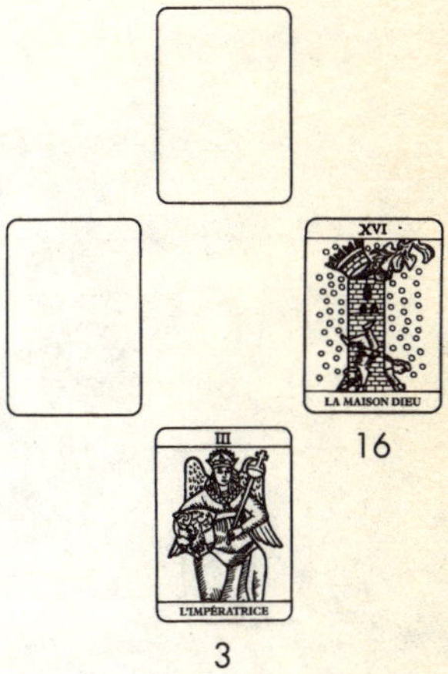

ÉVOLUTION PROBABLE

3 | 17

Vous êtes en mesure de vous régénérer, de vous refaire une santé, de repartir du bon pied.

Une personne répond à vos vœux ou vous permet de reconsidérer votre situation actuelle avec bonheur ou bien vous êtes confronté à une situation nouvelle, vous connaissez un véritable renouveau dans votre vie affective.

Un événement heureux ou des circonstances favorables vous apportent un véritable renouveau et vous permettent de reconsidérer votre situation actuelle sous un jour favorable.

Des circonstances nouvelles et très favorables vous permettent de matérialiser un projet ou de renouveler une situation qui promet d'être profitable.

Une situation nouvelle ou des circonstances nouvelles et très favorables devraient vous apporter le renouveau que vous attendez.

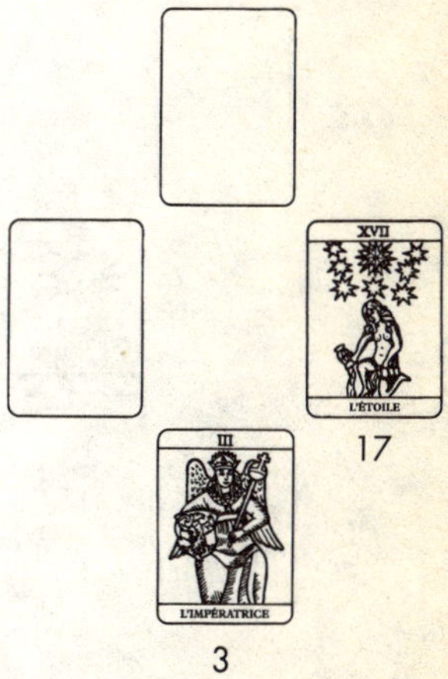

ÉVOLUTION PROBABLE

3 | 18

Vous êtes plus angoissé ou fatigué que réellement malade. Prenez sur vous-même et puisez dans vos ressources. Vous n'en manquez pas.

Pour le moment vous êtes confronté à une situation confuse, incertaine ou décevante, mais vous finirez tôt ou tard par être comblé. Ne vous découragez pas.

Vous êtes parfaitement en mesure de résoudre les problèmes qui se posent à vous actuellement. Ayez confiance et faites appel à toutes vos ressources morales et affectives. Vous finirez par voir vos vœux se réaliser.

La situation a beau n'être pas claire, difficile ou conflictuelle, vous êtes en mesure d'en tirer quand même le meilleur parti et d'obtenir des résultats qui iront au-delà de vos espérances. Persistez dans votre action ou dans cette entreprise. Elle finira par devenir très avantageuse pour vous.

$ Quand bien même on ferait obtacle à ce que vous souhaitez réaliser, vous l'obtiendrez grâce à votre intelligence et à votre intégrité.

ÉVOLUTION PROBABLE

3 | 19

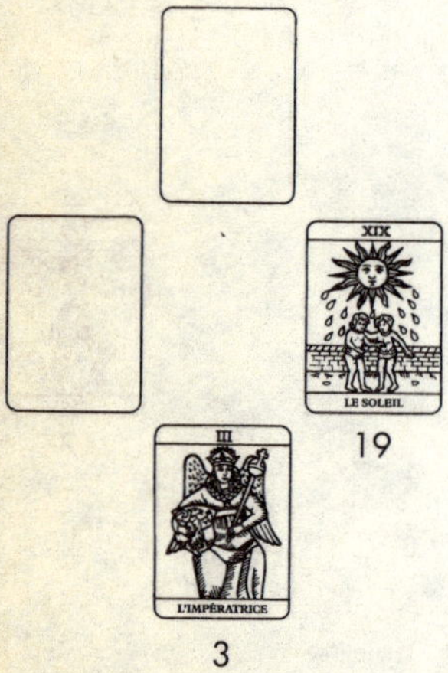

Vous êtes en pleine forme. Agissez, entreprenez, voyagez. Tout vous est permis.

Si ce n'est déjà fait, vous allez faire une rencontre ou bien si vous projetez de faire un voyage sentimental, n'hésitez pas à l'entreprendre. Vous en tirerez beaucoup de joies et de plaisirs partagés.

Vous avez envie de partir, de bouger ou de déménager et rien ne vous en empêche.

Fiez-vous à votre instinct et agissez au bon moment. L'arrivée, le départ ou la rencontre d'une personne pourrait être la clef d'un succès personnel. A moins que vous n'ayez la possibilité de partir et de réaliser une opération profitable ou de trouver une situation avantageuse. Auquel cas, n'hésitez pas. La réussite est assurée.

$ Les circonstances vous sont à ce point favorables que vous pouvez sans crainte faire ce que vous avez décidé de faire.

3 **20**

Un cas de force majeure vous incite peut-être à reconsidérer votre état de santé avec sérieux. Mais vous n'avez pas d'inquiétude à avoir.

Une proposition vous est faite ou une solution vous est offerte qui devrait assurer votre position, mais vous n'y répondrez qu'en considérant vos obligations matérielles et morales ou bien vous avez auprès de vous une personne tout à fait fiable.

Un renouveau s'offre à vous, ou bien on vous fait une faveur, une proposition ou une invitation ; quoi qu'il en soit, vous auriez bien tort de ne pas l'accueillir ou de ne pas y répondre favorablement.

On vous fait une proposition intéressante à laquelle vous répondrez en faisant intervenir des considérations matérielles et morales en vue d'une stabilisation de votre situation. Vous voulez donc des assurances. Mais vous pouvez certainement avoir confiance en cette proposition. Elle paraît sérieuse.

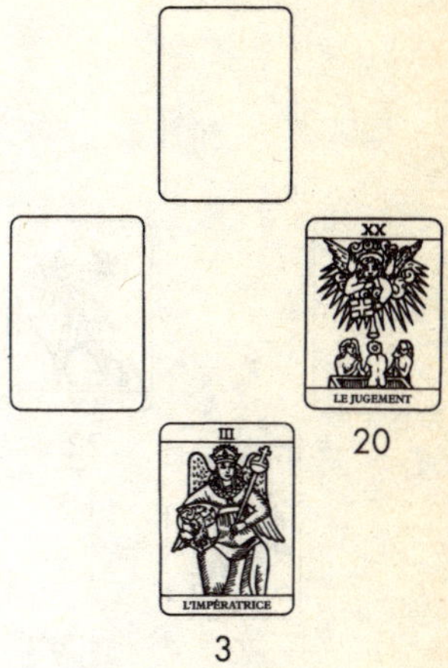

Étudiez avec circonspection toutes les propositions qui vous sont faites ou toutes les possibilités qui vous sont offertes actuellement en ce qui concerne votre situation financière.

ÉVOLUTION PROBABLE

3 **21**

Si vous avez des décisions à prendre, des choix à faire, des projets à réaliser, n'hésitez pas. Les dieux de la santé et de la vitalité sont avec vous. Vous devriez connaître un certain bien-être, une certaine plénitude.

Si c'est à une personne que vous pensez, ne doutez pas de l'authenticité et de la générosité de ses sentiments, ni de connaître auprès d'elle une certaine plénitude. Si c'est de vous dont il s'agit, un bonheur est à votre portée. Saisissez-le.

Vous pouvez être sûr du comportement affectueux et sincère d'une personne de votre entourage et de connaître une certaine plénitude au sein de votre famille ou dans votre foyer. Si vous espérez quelque chose, cela se réalisera pleinement.

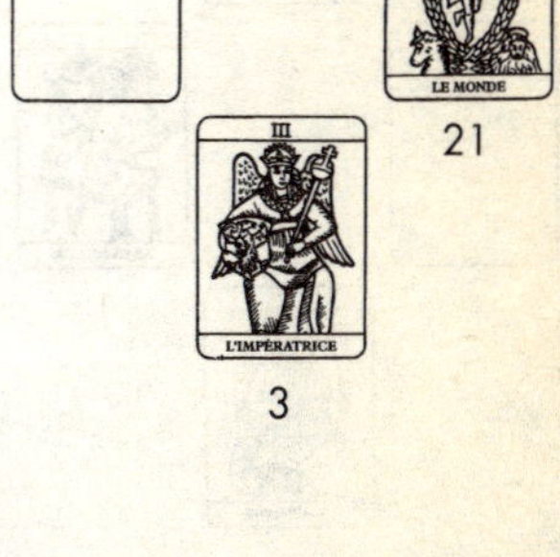

Vous devriez voir vos vœux exaucés et vos efforts récompensés. Vous êtes en mesure de réaliser une ou des associations profitables, de faire un ou des choix avantageux et de bonnes affaires.

Sachez bien évaluer les alternatives qui se proposent à vous, et vous devriez pouvoir faire de bonnes affaires et réaliser de grandes choses.

ÉVOLUTION PROBABLE

3 22

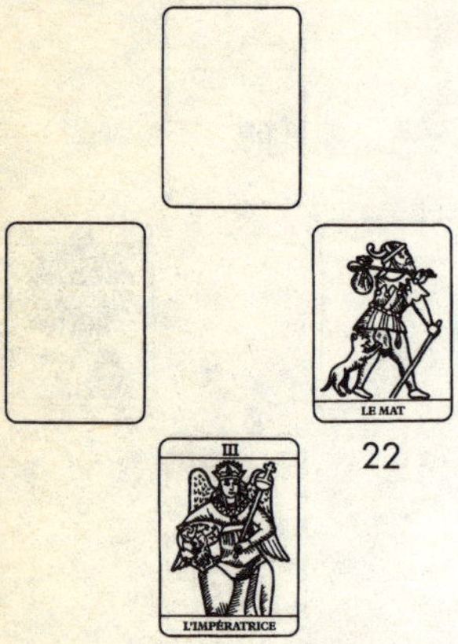

22

3

Si vous avez envie de bouger, de changer d'air, de partir brusquement, dites-vous bien que rien ne vous en empêche.

Vous allez sans doute faire une rencontre à moins qu'une personne vienne ou revienne vers vous. Si vous avez l'intention de partir, rien ni personne ne semble pouvoir vous en empêcher. Mais êtes-vous sûr que ce départ soit fondé ?

Attendez-vous à une visite, au départ ou au retour d'une personne de votre entourage. Le proche avenir vous dira de quelle alternative il s'agit.

Un départ, une arrivée brusque ou un événement soudain vous permet de profiter pleinement d'une situation ou de réaliser une affaire intéressante.

Si vous avez besoin d'aide, vous allez en trouver. Si vous avez quelque chose d'important à réaliser, vous êtes en mesure de le faire.

ÉVOLUTION PROBABLE

4 1

1

4

Vous êtes sûr de vous et vous n'écoutez pas forcément les conseils qui vous sont prodigués. À vous de savoir si c'est à tort ou à raison.

Si c'est à une personne que vous pensez vous avez affaire à un être sérieux, intelligent, déterminé et concret, ou sinon vous attendez que soit prise une décision ou une initiative qui stabiliserait votre situation.

Vous allez peut-être devoir prodiguer des conseils avisés ou jouer un rôle protecteur et stratégique auprès d'une personne de votre entourage.

Vous attendez qu'une initiative ou une décision soit prise qui vous assurerait de pouvoir concrétiser un projet ou de diriger une entreprise.

Étudiez toutes les initiatives, toutes les décisions ou tous les projets avec réalisme et votre situation n'en sera que plus forte.

4 2

Si vous avez quelque doute que ce soit en ce qui concerne votre santé, agissez avec fermeté et prenez la décision logique qui s'impose.

Vous avez peut-être affaire à une personne discrète et réservée dans l'expression de ses sentiments dont d'ailleurs elle ne doute absolument pas ou bien agissez, soyez concret faites preuve de détermination et vous réaliserez vos désirs.

Vous avez le pouvoir d'exercer votre influence matérielle et morale dans votre milieu familial, et vous pouvez compter sur le soutien discret mais réel d'une personne de votre entourage.

Vous attendez peut-être que soit fait un choix concret ou que soit prise une décision déterminante pour votre situation ou vos réalisations actuelles. Ce choix sera fait, cette décision sera prise comme il se doit et vous allez l'apprendre sous peu.

Vous n'avez peut-être pas encore tous les élements en main pour faire un choix ou prendre une décision. Prenez votre temps et n'agissez qu'à coup sûr.

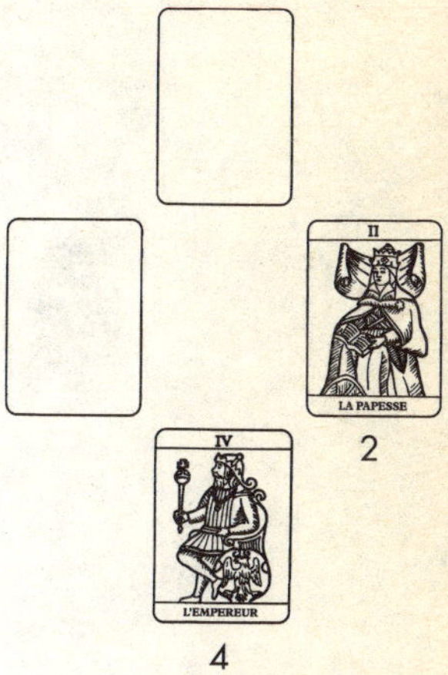

ÉVOLUTION PROBABLE

4 3

Vous avez le pouvoir et la volonté de vous maintenir en forme coûte que coûte. Qui pourrait vous en blâmer ?

Si c'est à une personne que vous pensez, soyez sûr que rien ne l'arrêtera dans sa volonté d'aboutir. Sinon vous avez auprès de vous une personne qui vous suit de près, qui marche avec vous.

Votre situation actuelle peut progresser dans le sens où vous souhaitez la voir évoluer. Elle repose en tout cas sur l'accord et l'action commune d'un couple, sans doute le vôtre.

Quelle que soit votre situation actuelle, vous avez le certitude de triompher et d'obtenir ce que vous voulez en allant de l'avant et en n'hésitant pas à imposer votre loi et votre volonté.

Vous êtes assuré d'obtenir ce que vous voulez par votre courage, votre action ou vos efforts personnels.

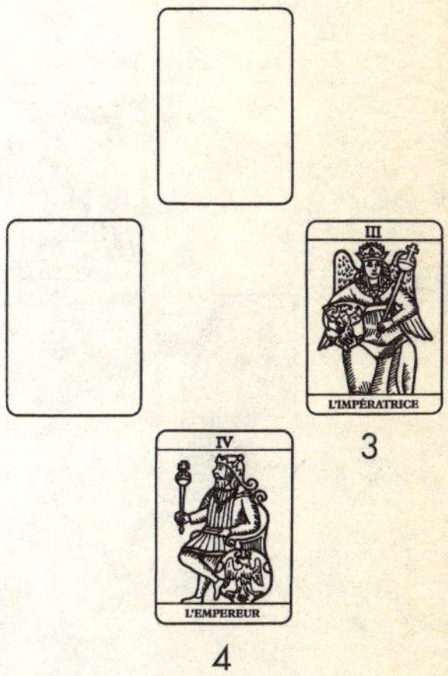

ÉVOLUTION PROBABLE

4 5

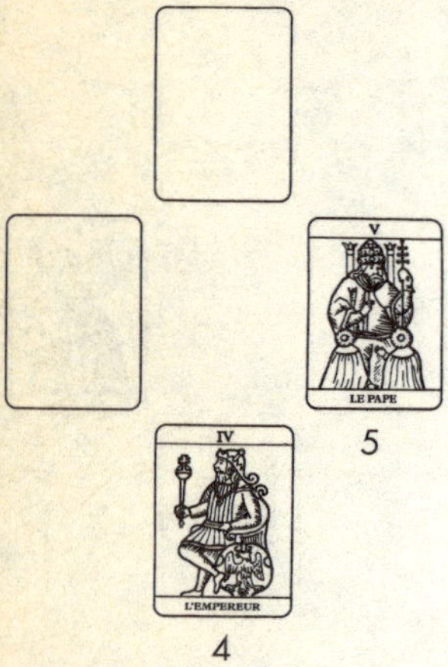

Une attitude ferme et réaliste devrait dissiper tous les doutes que vous seriez susceptible d'émettre en ce qui concerne votre santé. Il n'est d'ailleurs sans doute question que de lassitude ou de fatigue accumulée...

Vous avez peut-être besoin de réfléchir, ou vous traversez une période de doute ou de scepticisme dont vous ne laissez rien paraître, ou bien, si vous pensez à une personne, considérez qu'elle est dans l'état d'âme que nous venons de dépeindre ci-avant et, qu'en plus, elle se sent seule.

En cas de force majeure ou d'obligations morales et matérielles vous semblez ne pouvoir compter que sur vous-même. Mais vous dirigez bien votre barque.

En vous appuyant sur l'expérience vous pouvez faire preuve d'autorité et de fermeté dans une situation qui réclame toute votre attention et toutes vos compétences. Et si vous en avez besoin vous trouverez les appuis hiérarchiques nécessaires à ce que vous êtes en train de réaliser ou de concrétiser.

$ Vous maintenez votre situation avec fermeté, et votre ténacité, votre précision et votre sérieux vous permettront d'obtenir des résultats concrets.

ÉVOLUTION PROBABLE

4 6

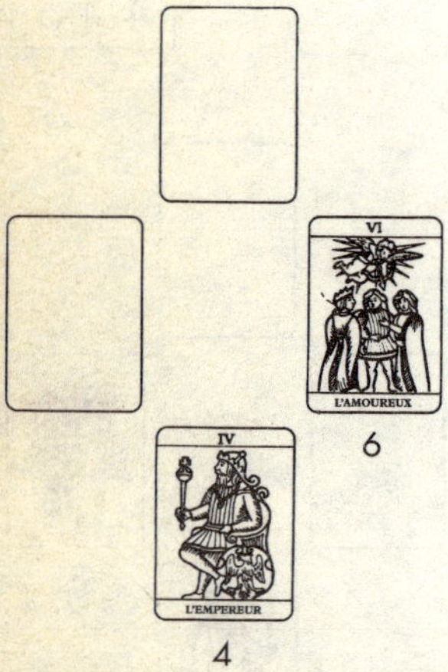

Vous savez bien qu'avec vous c'est comme ça et pas autrement. Qui plus est, quels que soient les problèmes que vous pourriez rencontrer vous êtes convaincu d'avoir la volonté et l'énergie nécessaires pour les surmonter. Alors...

Ne doutez pas de votre capacité à diriger et à décider de l'évolution de votre vie affective. Vous avez tout pouvoir. Si c'est à une personne que vous pensez, sachez qu'elle est déterminée à agir ponctuellement et concrètement.

C'est à vous d'agir avec assurance et réalisme pour faire évoluer votre situation actuelle. Vos relations et votre entourage vous y aident.

Un choix, une décision, un accord ou une association vous permet de diriger une situation et de la faire évoluer de manière constructive et profitable.

$ Décidez-vous et suscitez la chance en faisant preuve de détermination, d'habilité et d'audace calculée. La roue tournera alors à votre avantage.

4 7

Vous faites face avec détermination. Vous ne reculez pas devant l'effort, vous avez toujours la volonté d'aboutir quoi qu'il arrive. Vous n'avez donc pas à craindre pour votre santé ou pour votre équilibre vital.

Vous avez une telle volonté que rien ni personne ne peut vous résister et que vous assurerez votre position quoi qu'il arrive. Si c'est à une personne que vous pensez, ne doutez ni de sa force d'âme, ni de sa force de caractère, ni de sa sincérité. Mais il vous faudra accepter qu'en tout et pour tout, ce soit elle qui décide !

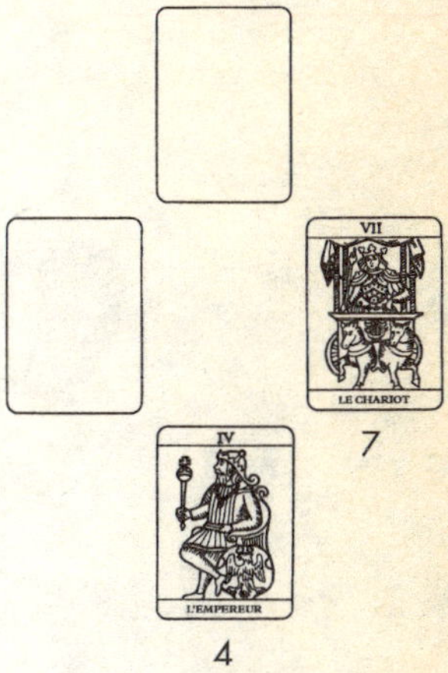

Votre situation familiale semble assurée contre tous les risques et suffisamment solide pour faire face à tous les changements. D'autant plus que vous la tenez bien en main ou que vous pouvez compter sur la détermination et l'efficacité d'une personne de votre entourage pour agir énergiquement et concrètement.

Vous êtes déterminé et inébranlable. Mieux vaut donc être avec vous que contre vous car vous maîtrisez totalement la situation. Si c'est avec une personne que vous avez affaire, ne doutez ni de sa compétence ni de sa volonté d'aboutir. Si c'est une situation qui vous préoccupe, elle se concrétisera à coup sûr.

$ Soyez énergique, concret et ferme dans vos décisions. Vous pouvez parfaitement maîtriser la situation.

ÉVOLUTION PROBABLE

4 8

Vous allez peut-être devoir faire face avec rigueur et détermination au problème qui se pose à vous, et ainsi vous devriez pouvoir surmonter vos faiblesses et vos inquiétudes.

Soit vous avez affaire à une personne qui doit se comporter avec fermeté et inflexibilité et qui ne fait pas ce qu'elle veut, soit c'est vous qui allez devoir vous comporter de même pour que tout rentre dans l'ordre ou que la situation se maintienne dans un juste équilibre.

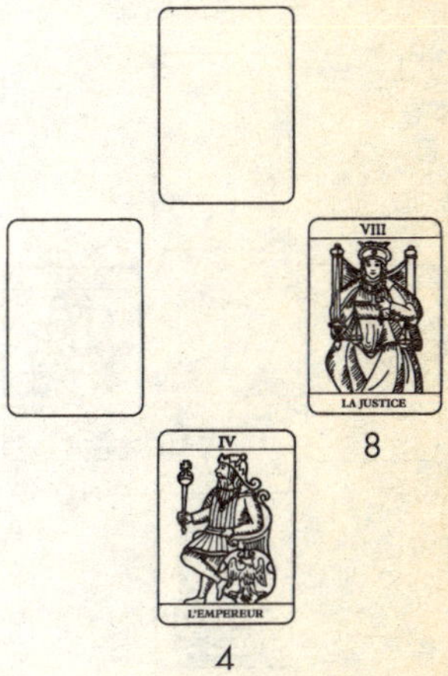

Quand on est confronté à la loi et à l'ordre ou que l'équilibre d'une situation est en cause, on ne peut agir ou réagir qu'avec intelligence, détermination et réalisme, en laissant de côté faiblesses et illusions.

Vous n'avez sans doute pas les mains libres, mais vous avez le pouvoir d'agir quand même en tenant compte des contingences, des principes et des normes qui sont en cause. Tenez-vous en à votre position actuelle. Vous êtes capable de renverser la situation. Mais il vous faudra pour cela prouver que vous êtes un fin stratège.

$ Faites face à vos contraintes avec rigueur, discipline et fermeté. Pour le moment vous n'avez pas le choix.

ÉVOLUTION PROBABLE

4 | 9

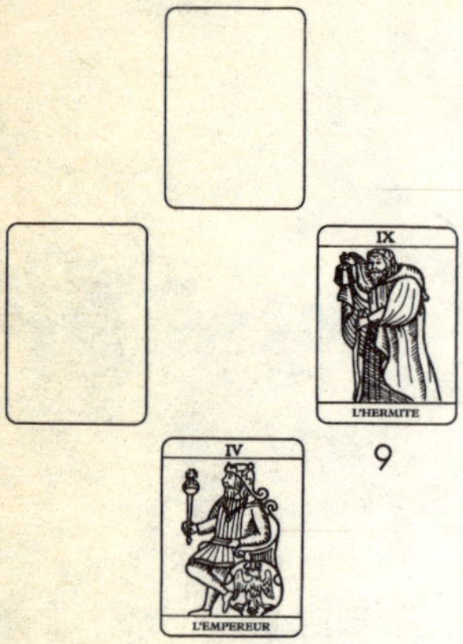

9

4

Vous êtes en mesure de dissiper tous vos doutes, toutes vos inquiétudes et les éventuels soucis que vous pourriez avoir en ce qui concerne votre état de santé. Agissez donc en ce sens et vous ne vous en porterez que mieux.

Vous avez tous les éléments en main. Vous savez tout ce que vous avez à savoir. Maintenant soyez ferme et tournez une page. Rien ni personne ne vous en empêche. Si c'est à une personne que vous pensez, sachez qu'elle est déterminée à réaliser un changement radical dans son existence.

Vous avez pris toutes les précautions nécessaires. Vous savez exactement de quoi il retourne. Maintenant vous pouvez agir concrètement et trancher comme il se doit. À moins que ce soit à une personne de votre entourage de le faire. Auquel cas elle le fera, n'en doutez pas !

Vous découvrez ou vous apprenez qu'un changement important et vous concernant a eu lieu ou a été décidé. Vous ne pouvez donc pas faire autrement que d'en accepter l'augure et d'en tirer activement les conclusions qui s'imposent.

Vous avez tous les éléments en main pour opérer un changement de situation ou réaliser une opération profitable.

ÉVOLUTION PROBABLE

4 | 10

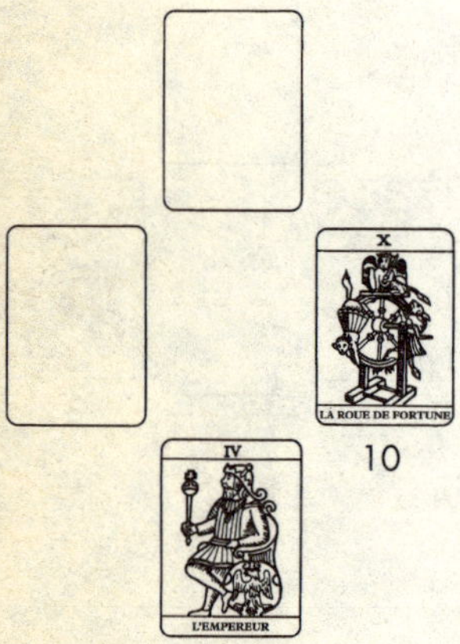

10

4

Faites preuve de modération, de bonne volonté et de souplesse et vous verrez tout ira bien.

Les choses évoluent de telle sorte qu'il va peut-être vous falloir trouver un arrangement. Si vous voulez avoir toujours les choses en main, faites preuve de souplesse et de compréhension, mais soyez ferme et concret.

N'hésitez pas trop longtemps à suivre le mouvement, à accepter les changements. En sachant vous adapter sans pour autant quitter votre position et sans renier vos convictions, vous parviendrez à vos fins, à conserver vos privilèges et même à prendre les choses en main.

La situation évolue dans un sens favorable et vous donne la possibilité de diriger les opérations en ayant une attitude positive, c'est-à-dire en étant ferme et sûr de vos prérogatives mais prêt à trouver des arrangements concrets et opportuns.

Vous êtes en mesure de réaliser des opérations intéressantes ou des transactions opportunes et avantageuses.

4 11

Il est des moments où il faut agir ou réagir avec la plus extrême fermeté. Évitez donc l'impatience et la surexcitation. Soyez réaliste et concret. C'est ainsi que vous éviterez tous les risques.

Vous êtes confronté à une situation concrète et sans ambiguïté que vous semblez dominer avec un certain excès d'assurance et de conviction. À vous de savoir si c'est à tort ou à raison. Si c'est à une personne que vous pensez, celle-ci sait ce qu'elle veut et ne doute pas de toujours l'obtenir, ce qui la rend exigeante voire intolérante.

Vous avez, ou une personne de votre entourage a la volonté d'aboutir à tout prix. A vous de savoir si vos désirs ou ceux de cette personne ne sont pas au-dessus de vos moyens. Quoi qu'il en soit, évitez l'impatience et la colère, et tout ira bien.

Ne doutez pas de la fiabilité et de la profitabilité de votre position ou de la situation qui vous préoccupe. Mais faites toujours preuve de fermeté, et ne vous éloignez jamais du concret pour éviter le désordre et maîtriser tous les éléments qui sont en cause. C'est le prix de votre expansion.

Vous semblez bien maîtriser votre situation financière actuelle, ce qui vous assure de pouvoir concrètement la rendre encore plus avantageuse. Ne soyez pas trop impatient. Vous êtes pourvu des qualités requises pour parvenir à vos fins.

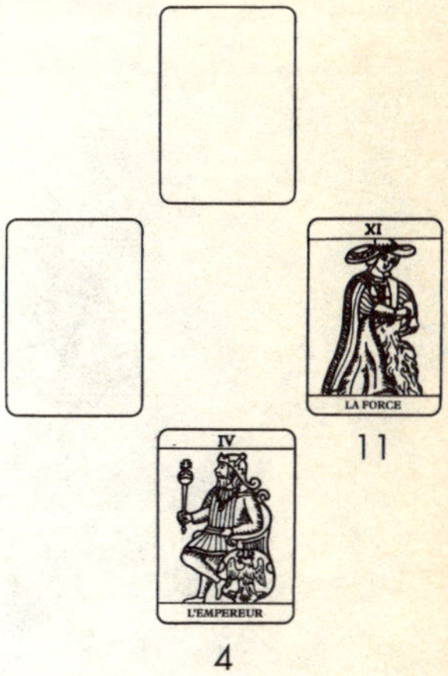

ÉVOLUTION PROBABLE

4 12

Vous êtes en mesure de vous sortir de cet état de faiblesse physique ou morale, de mettre un terme à vos incertitudes, de vous rétablir pleinement. N'hésitez pas et secouez-vous !

Agissez avec réalisme et fermeté pour mettre fin énergiquement à une situation qui semble sans issue. Si c'est à une personne que vous pensez, sachez qu'elle est déterminée à provoquer un bouleversement salutaire et de toute façon inévitable dans son existence.

Vous pouvez concrètement débloquer votre situation et agir pour vous libérer de vos contraintes ou réaliser le changement que vous désirez. À moins qu'une personne de votre entourage ne vous impose brusquement cet état de fait.

Au point où vous en êtes, seule une décision de réaliser un bouleversement, ou d'imposer une brusque remise en question de la situation semble réaliste et peut vous permettre de reprendre les choses en main, de retrouver votre libre arbitre.

Vous pouvez débloquer votre situation actuelle ou vous libérer de vos contraintes. Mais il faut agir vite et concrètement.

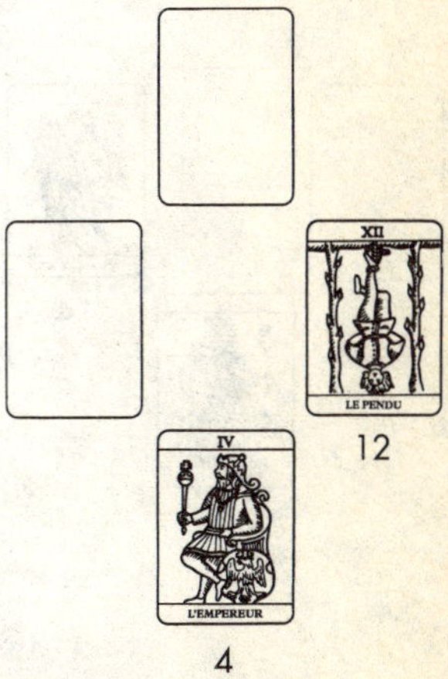

ÉVOLUTION PROBABLE

4 | 13

Si vous en avez eus, c'est la fin de vos problèmes, c'est en tout cas l'assurance pour vous de connaître une période de transformation physique et morale tout à fait notable.

Vous êtes dans une période que l'on pourrait dire de mutation véritable, qui intervient après un grand changement dans votre vie. Si c'est à une personne que vous pensez, ne doutez pas de sa volonté de se changer elle-même ou d'apporter des transformations importantes et radicales dans son existence.

Vous avez le pouvoir de créer une situation entièrement nouvelle à moins qu'elle ne vous ait été imposée par les circonstances ou par une personne de votre entourage. Dans ce cas comme dans l'autre, tout cela semble très avantageux.

Vous avez récolté ce que vous avez semé, une page a été tournée ou une situation est arrivée à sa conclusion logique et fatale. Quoi qu'il en soit vous êtes maintenant en mesure de tirer profit de ces circonstances pour réaliser vos aspirations, concrétiser vos projets ou bâtir une situation nouvelle.

Votre situation actuelle connaît une espèce de mutation. Soyez inventif et concret. Les circonstances vous sont tout à fait favorables.

ÉVOLUTION PROBABLE

4 | 14

À force de trouver de mauvais compromis avec soi-même et de faire les mauvaises concessions, on finit par avoir de sérieux ennuis qui font perdre bien plus de temps. Faites donc preuve de modération et soyez vraiment attentif à votre santé.

Vos arguments ne pèsent pas très lourd face à la réalité ; si vous voulez arranger les choses, changez d'attitude. Si vous pensez à une personne, sachez que, malgré les apparences, elle n'est sûre de rien, que sous son comportement exagérément réaliste et sans doute autoritaire se cache une nature au fond très influençable.

Malgré les arrangements et les accommodements qui ont été trouvés, la situation ne semble pas vraiment simple. Méfiez-vous des convictions qui reposent sur des raisonnements erronés. Il y a peut-être une personne de votre entourage qui ne se porte pas bien ou qui ne vous veut pas que du bien.

Sans doute êtes-vous confronté à une situation délicate, aléatoire, et il vous est difficile de trouver les arrangements qui pourtant s'imposent, à moins que des complications, des retards, un lourd passif ne vous empêchent de saisir une opportunité, de réaliser un projet ou de concrétiser une situation.

Il est parfois nécessaire de se plier aux circonstances quelles qu'elles soient. Soyez réaliste et vous ne commettrez pas d'erreurs.

4 | 15

Malgré une énergie qui se manifeste d'une manière quelque peu désordonnée ou excessive, vous semblez en accord avec vous-même, et vous savez clairement quels sont vos moyens et vos possibilités. Si vous avez quelques problèmes ou quelques ennuis de santé, vous avez l'énergie et la volonté nécessaires pour les surmonter aisément.

Ne craignez pas d'exprimer clairement vos sentiments. Soyez constructif et généreux. Un bonheur est à portée de votre main. Si vous pensez à une personne, soyez assuré de l'authencité de ses actes et de ses sentiments. En toute chose, cette personne aspire à la vérité, à la réussite et à l'harmonie.

Vous êtes en mesure d'exercer pleinement votre volonté et de réaliser vos désirs. À moins que ce soit une personne de votre entourage qui vous impose sa volonté. Mais vous auriez tort de vous en plaindre puisque cela assure le bonheur et le succès pour votre milieu familial ou votre foyer.

D'emblée, vous avez l'assurance d'obtenir un franc succès ou de réaliser une opération réellement profitable. Soyez clair, direct, concret et constructif. Vous avez tout pouvoir et la réussite à la clef.

Vous devriez réaliser une opération avantageuse ou concrétiser pleinement vos ambitions.

4 | 16

Quels que soient vos problèmes de santé, votre volonté et votre énergie vous sauveront. Si vous avez subi un choc, remettez-vous en tirant concrètement les leçons de cette expérience éprouvante. Cela modifiera votre comportement dans le bon sens.

Un bouleversement ou une crise salutaire dans votre vie privée vous force à reconsidérer votre situation actuelle et vous donne les moyens de trouver des solutions concrètes à vos problèmes. Si c'est à une personne que vous pensez, sachez qu'elle semble disposée à accepter une reconciliation, à pardonner ou à reconnaître son erreur.

Un bouleversement, un choc, une crise vous incite à reconsidérer votre situation actuelle à moins qu'une personne de votre entourage ne vous fasse une proposition qui mettrait un terme à vos difficultés ou qui transformerait votre situation en lui apportant une espèce de renouveau.

Un bouleversement, un changement soudain de situation ou une proposition va vous inciter ou vous contraindre à revoir votre position, à remettre des certitudes en question, à reconsidérer ou à renflouer une affaire. Quoi qu'il en soit, comportez-vous avec beaucoup de fermeté et soyez concret.

Pour faire face à des circonstances bouleversantes ou imprévisibles, il n'est que de revoir concrètement sa situation que l'on croyait à toute épreuve, rectifier son erreur et s'assurer d'un renouveau plus fiable que l'on a à sa portée.

ÉVOLUTION PROBABLE

4 | 17

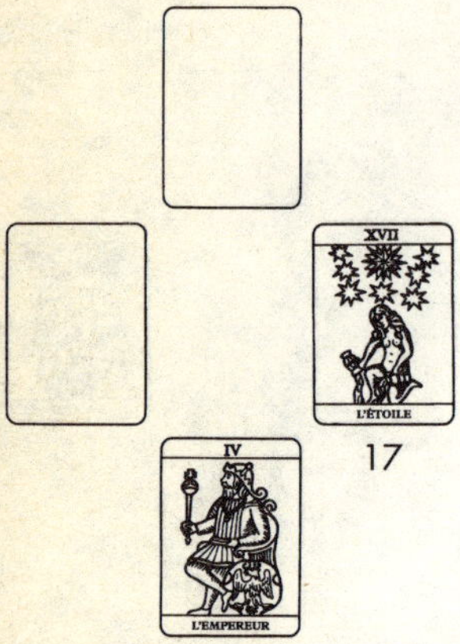

17

4

Vous pouvez avoir la certitude d'être en pleine possession de vos moyens et ainsi être en mesure de pouvoir réaliser vos aspirations et vos espérances en toute tranquillité.

Si vous avez la possibilité de réaliser vos vœux et vos espérances les plus chers, n'hésitez pas. Si c'est à une personne que vous pensez, dites-vous qu'elle est pleine de bonnes intentions, de bonne volonté, que ses aspirations sont élevées et que ses sentiments sont solides et empreints d'une certaine noblesse.

Un événement heureux, une situation nouvelle, un succès d'une personne de votre entourage ou la perspective d'une expansion de votre milieu ou d'un élargissement de votre horizon va vous combler de joie.

Les circonstances sont favorables à l'accomplissement de tous vos vœux, à la concrétisation de vos aspirations, à une expansion logique et naturelle de votre pouvoir d'action et de décision. Vos efforts et vos qualités vont être pleinement récompensés.

Une création, ou une situation nouvelle, devrait vous apporter beaucoup de satisfactions sur le plan financier à condition que vous la traitiez avec conviction, rigueur et fermeté.

ÉVOLUTION PROBABLE

4 | 18

18

4

Vous pensez toujours pouvoir échapper aux problèmes de santé, mais pour cela la volonté et l'intelligence ne suffisent pas. Assurez-vous que vous êtes réellement en mesure d'éviter la fatigue ou la maladie en vous en préservant sérieusement.

Vous avez la conviction que face aux ennuis, l'attitude la plus logique est la fuite.Vous avez peut-être raison, mais réfléchissez bien avant de prendre une décision irrévocable. Si c'est à une personne que vous pensez, la situation est telle, qu'elle n'a d'autre alternative que de partir ou, du moins, de s'éloigner.

Vous allez ou une personne de votre entourage va devoir se déplacer pour affronter des difficultés ou résoudre des problèmes d'ordre familial. À moins que vous ne projetiez de faire un voyage qui se réalisera certainement, malgré vos doutes, vos inquiétudes ou les problèmes auxquels vous êtes confronté actuellement.

La situation n'est pas claire. Il faudra peut-être faire intervenir une personne de l'extérieur, vous déplacer ou faire une démarche pour pouvoir obtenir des assurances et agir enfin concrètement. Mais si vous n'avez plus d'autre solution, abandonnez cette situation avec détermination et sans aucun regret.

Si vous êtes déçu ou si votre situation n'est pas satisfaisante, dites-vous bien que l'on a toujours sa part de responsabilité. Réfléchissez et sachez mesurer concrètement la vôtre. Cela vous évitera de persister dans un comportement erroné.

4 19

Vous semblez en accord avec vous-même et avec les éléments qui vous entourent et si vous aviez les plus petits doutes en ce qui concerne votre santé, ils sont désormais entièrement dissipés.

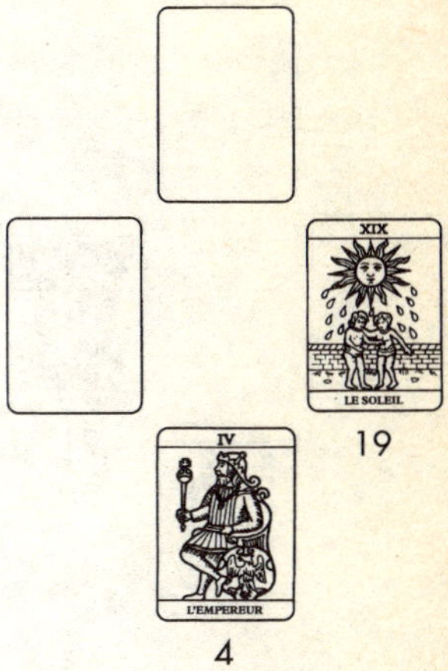

Vous avez sans doute la volonté de stabiliser votre situation actuelle et tous les éléments semblent réunis pour que cela se réalise au mieux de vos désirs. Si c'est à une personne que vous pensez, apprenez qu'elle souhaite vivement réaliser une union durable ou, du moins, que ses intentions sont bonnes et constructives.

Une joie, un succès ou une clarification vous apporte entière satisfaction et vous conforte dans vos convictions et votre situation actuelle. Vous avez peut-être aussi auprès de vous une personne de confiance sur qui vous pouvez toujours compter.

Un succès personnel, un accord, une situation claire et favorable donne plus de poids à votre position, vous permet d'agir plus concrètement et plus efficacement, mais vous contraint aussi à assumer plus de responsabilités ce dont vous ne vous plaindrez certainement pas.

$ Soyez réaliste, concret et conscient de vos responsabilités moyennant quoi, vous assurerez votre situation actuelle et vous obtiendrez entière satisfaction.

ÉVOLUTION PROBABLE

4 20

Vous êtes sans doute au bout de vos problèmes ou bien vous avez la capacité de vous régénérer et d'éviter les ennuis. Quoi qu'il en soit, c'est à vous de décider de quoi demain sera fait. Soyez donc déterminé à trouver ou à préserver votre équilibre.

Vous serez libre de répondre ou non au renouveau que vous allez connaître dans votre vie affective. Vous pourrez donc accueillir librement et sans crainte les perspectives nouvelles qui vous seront offertes. Si c'est à une personne que vous pensez, sachez qu'elle sera sûre de ses sentiments et de ses choix.

Acceptez les changements d'appréciation ou de situation avec enthousiasme et confiance, et imposez vos choix, vos décisions de manière constructive mais en tenant compte tout de même de votre entourage. À moins qu'un proche ne vous assure de son soutien et de sa confiance et qu'il soit la cause d'un renouvellement de votre situation.

Vous allez devoir faire un choix ou prendre une décision importante à moins que vous n'attendiez qu'un accord ou une solution soit trouvé, ce dont vous n'avez d'ailleurs pas à douter. Dans tous les cas, votre position et votre libre arbitre s'en trouveront renforcés.

$ Une décision va être prise, un choix va être fait, ce qui vous permettra sans doute de vous renflouer, de renouveler avantageusement votre situation actuelle.

ÉVOLUTION PROBABLE

4 | 21

21

4

Vous avez de l'énergie, de la volonté et vous êtes à ce point résolu que rien ne semble pouvoir vous arrêter dans votre élan. Vous êtes donc en pleine période d'épanouissement. Ne craignez pas l'action, faites du sport, voyagez, dépensez-vous ; vous en avez les moyens.

Vous vous sentez comblé et tout vous semble possible. Vous êtes donc convaincu de pouvoir obtenir tout ce que vous désirez et vous avez raison. Partez, agissez, allez de l'avant. Si c'est à une personne que vous pensez, ne doutez pas de sa détermination, de ses certitudes en ce qui vous concerne, de sa volonté de vous apporter du bonheur.

Une personne de votre entourage vous assure de l'accomplissement de vos vœux par son attitude volontaire, ses décisions constructives. Faites-lui donc confiance. Sinon agissez avec détermination et vous obtiendrez ce que vous voulez. Si vous avez envie de faire un voyage, il ne tient qu'à vous de passer de la conception à l'acte.

Un élargissement de votre horizon social ou un épanouissement de votre situation professionnelle vous met dans une position privilégiée pour agir, progresser, décider, concrétiser comme vous l'entendez. Vous auriez tort de vous en priver. Vous devriez aussi tirer de nombreux avantages d'un voyage ou d'un déplacement.

Vos vœux sont comblés, mais cela n'exclut pas l'esprit d'entreprise. Ne vous arrêtez pas en si bon chemin et continuez donc à aller de l'avant. Si vous avez un voyage d'affaires en vue, il se réalisera sans doute dans les meilleures conditions pour vous, et vous devriez en tirer les avantages escomptés.

ÉVOLUTION PROBABLE

4 | 22

22

4

On pourrait dire que vous vous prenez bien en main. C'est ce qui vous donne le pouvoir d'agir, de partir ou de prendre des décisions rapides sans retenue ni contrainte.

Si ce n'est déjà fait, vous n'allez pas tarder à faire une rencontre. À moins qu'une personne chère soit sur le chemin du retour ou de nouveau auprès de vous. Quoi qu'il en soit et pour ce qui vous concerne, vous savez parfaitement ce que vous voulez, qu'elle est votre volonté et vous n'avez pas l'intention d'en changer.

Est-ce la visite ou le retour d'une personne de votre entourage que vous attendez ? À moins qu'il n'y ait un départ dans votre milieu familial ? En tout cas, ça bouge beaucoup chez vous ou autour de vous ; mais vous, semble-t-il, quoi qu'il arrive, vous restez égal à vous-même.

Le départ ou l'arrivée d'une personne, ou une démarche, devrait contribuer à assurer votre position, à vous conforter dans vos résolutions, à vous permettre de concrétiser une situation ou à vous rendre plus déterminé que jamais.

Un intervenant ou un fait soudain devrait rendre votre situation plus sûre, plus fiable. Ne vous engagez pas à la légère. Maintenez fermement votre position et vos décisions.

5 1

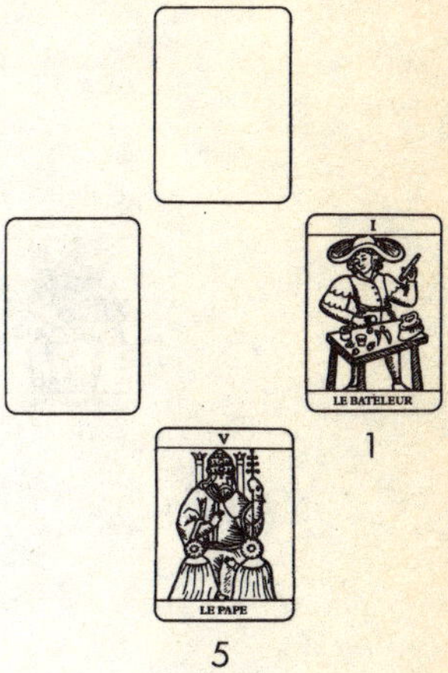

Votre situation réclame sans doute de vous que vous soyez disponible, dynamique, en pleine forme. Si besoin est, n'hésitez pas à consulter un médecin ou à vous soumettre à un petit examen médical. Deux précautions valent mieux qu'une.

Si c'est à une personne que vous pensez, sachez que ses sentiments sont profonds, stables et sérieux. Ou bien, vous allez pouvoir réaliser un projet d'union et tenir vos engagements d'ordre affectif.

Une initiative, ou une nouvelle alternative, vous assure de la stabilité de votre situation familiale ; à moins qu'une personne de votre entourage ne vous impose une décision heureuse, un choix à la fois utile et agréable.

Une initiative, un projet ou une situation nouvelle devrait vous permettre de trouver un accord, de réaliser une association ou de conclure un contrat dans les meilleures conditions possibles.

$ Une initiative, une personne habile et pleine de ressources ou une entreprise nouvelle devrait vous permettre de réaliser une association ou un contrat avantageux et de stabiliser ainsi votre situation financière.

ÉVOLUTION PROBABLE

5 2

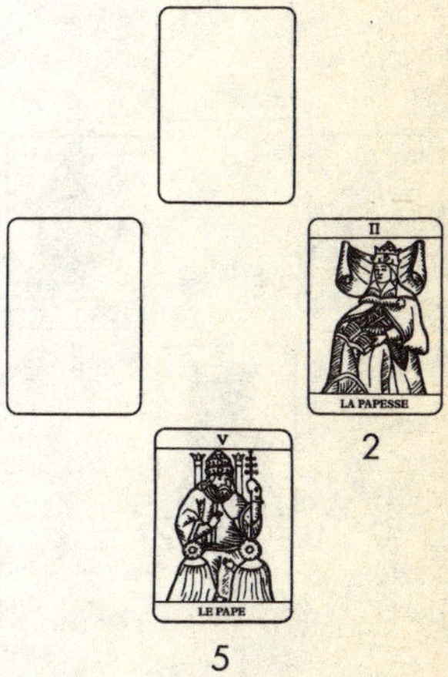

Une attitude prudente et réservée vous permettra de stabiliser votre état de santé et de faire bon usage de votre dynamisme.

Malgré l'inertie de la situation à laquelle vous êtes confronté ou la réserve, la pudeur, la discrétion de la personne qui vous est chère, vous aurez bientot le pouvoir et les moyens de faire avancer les choses dans le sens que vous souhaitez.

Quoi que vous fassiez ou que vous entrepreniez, vous aurez le soutien discret mais total et efficace de votre milieu familial. Sinon, vous allez recevoir de bonnes nouvelles de votre famille.

Vous allez pouvoir agir concrètement pour faire progresser une situation ou réaliser un projet tenu secret. À moins qu'une situation ou une affaire ne s'offre à vous prochainement sans que vous ne vous en doutiez encore.

$ Votre situation financière connaîtra une période de stabilisation et d'amélioration, même si vous n'avez pas encore tous les éléments en main pour ce faire.

ÉVOLUTION PROBABLE

5 3

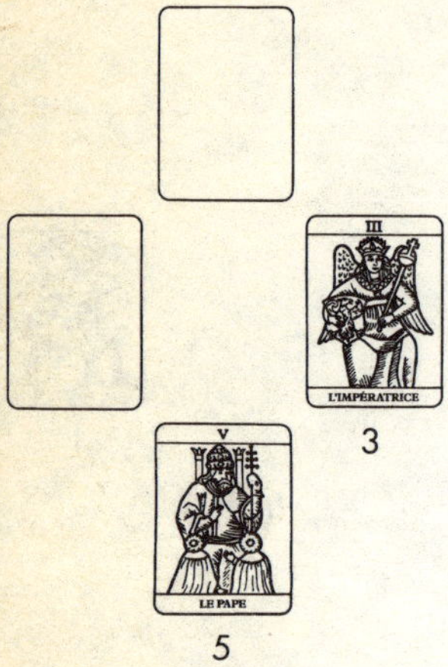

Vous devez comprendre que pour préserver votre équilibre moral et votre bien-être vital il est indispensable de vous sentir responsable de vos actes et de votre comportement. C'est à cette seule condition que vous vous maintiendrez en forme.

Si c'est à une personne que vous pensez, sachez qu'elle semble très attachée aux formes et aux principes, et qu'en tout, elle a un souci d'équilibre et d'équité. Sinon, votre vie sentimentale sera soumise à des éléments stricts et rigoureux.

Vous serez assuré de la générosité, de la compréhension, de l'intégrité et de l'honnêteté d'une personne de votre entourage. Sinon, vous pourrez bénéficier d'une situation familiale stable et équilibrée.

Vous tirerez sans doute avantage d'une décision de justice, ou bien la matérialisation ou la stabilisation d'une situation se réalisera dans la légalité la plus stricte avec le concours ou le soutien d'un homme de loi.

$ Une situation, ou une affaire intéressante nécessitera de faire intervenir une décision de justice ; à moins qu'un personnage important ou un homme de loi n'influence l'évolution de votre situation financière.

ÉVOLUTION PROBABLE

5 4

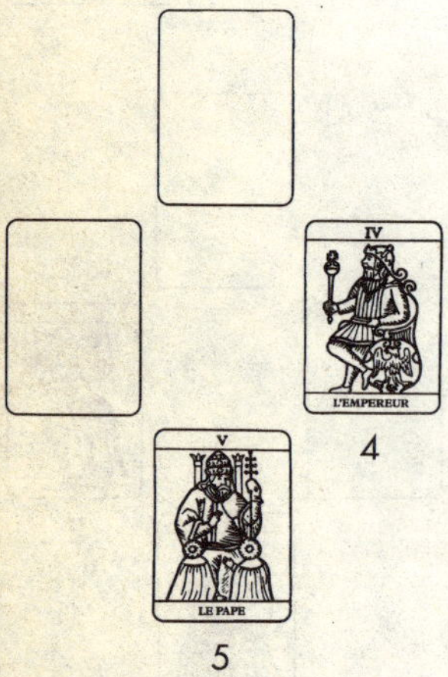

Les conseils qui vous seront prodigués ou des éléments concrets, solides vous permettront de trouver des solutions raisonnables et utiles à la préservation de votre bien-être vital.

Vous vous en tiendrez à vos obligations matérielles et morales, à vos engagements, à vos responsabilités. C'est très bien. Mais il n'y aura pas beaucoup de place pour vos sentiments dans tout ça et cela vous fera sans doute réfléchir.

Des éléments solides et constructifs sur lesquels vous pourrez sans doute vous appuyer vous permettront de trouver des solutions raisonnables et utiles à la stabilisation de votre situation familiale.

Vous prendrez sans doute le temps de la réflexion et de l'étude en ce qui concerne une entreprise à longue échéance, et lui donnez ainsi les meilleures chances de s'accomplir en son temps et dans des conditions idéales.

$ Des éléments constructifs et solides vous inciteront à trouver des solutions raisonnables ou à réfléchir sainement sur votre situation financière.

ÉVOLUTION PROBABLE

5 | 6

Sûr de vos choix et de vos décisions en ce qui concerne votre santé, vous vous maintiendrez dans un excellent équilibre vital.

Vous n'aurez à douter ni de vous ni de vos relations. Si vous avez donc à prendre une décision en vue d'une union ou d'une stabilisation de votre vie sentimentale, prenez-la en toute confiance, en étant sûr de vos choix.

En cas de choix important à faire ou de décision majeure à prendre, vous aurez toute l'emprise nécessaire sur les événements et sur votre situation familiale pour agir ou intervenir comme il se doit.

Quels que soient les choix, les alternatives, les accords ou les associations qui s'offriraient à vous, vous pouvez être sûr qu'ils seront porteurs d'expansion et de réussite.

Quels que soient les choix que vous devriez faire, les possibilités d'accord ou de contrat qui vous seraient offertes, vous aurez toujours la situation bien en main et vous pourrez donc agir concrètement comme vous l'entendrez sur le plan financier.

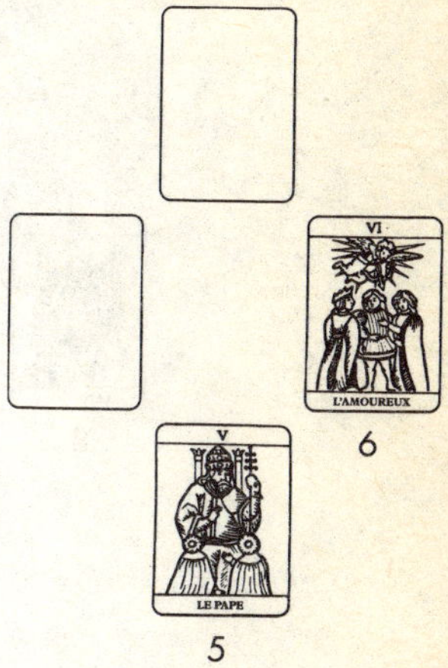

ÉVOLUTION PROBABLE

5 | 7

Vos efforts vous permettront d'assumer vos responsabilités et vos charges matérielles et morales, mais ils ne vous en libéreront pas. Attendez-vous donc à ressentir une certaine fatigue.

Les efforts qui seront faits ne vous permettront sans doute pas de chasser le malaise que vous ressentirez, de dissiper le sentiment de dépendance que vous éprouverez. Mais cela aura-t-il vraiment de l'importance ?

Une nouvelle ou un cas de force majeure va vous contraindre à faire votre devoir, à assumer pleinement vos responsabilités. En cas de situation familiale difficile ou insatisfaisante, vous aurez rapidement l'occasion de vous en sortir.

Une nouvelle vous contraindra à réagir ou à agir d'une manière rigoureuse et responsable, ou bien ce qui devait être fait ayant été fait et bien fait, vous n'aurez plus qu'à maintenir le cap pour atteindre les objectifs que vous vous serez fixés.

Une nouvelle, une action ou un événement en cours vous contraindra à vous comporter très raisonnablement, à respecter vos engagements, à tenir compte de vos responsabilités et de vos obligations financières.

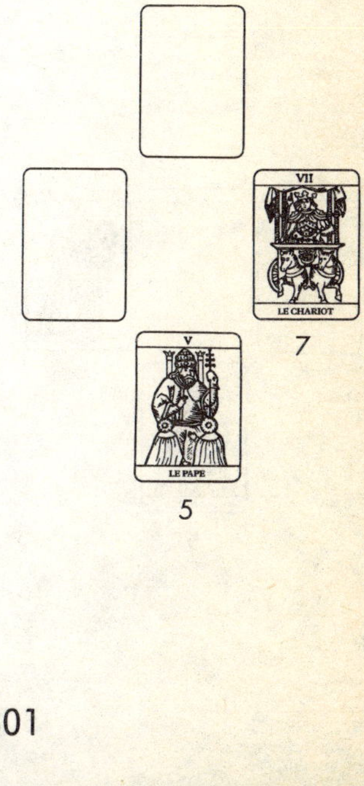

ÉVOLUTION PROBABLE

5 8

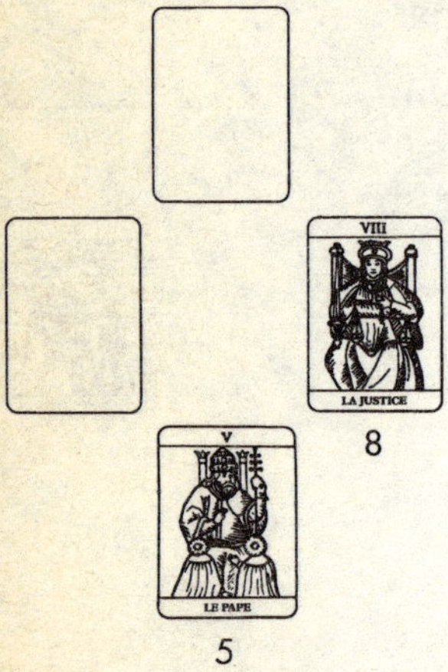

Si votre équilibre vital est en jeu, agissez ou réagissez avec vigueur, rigueur et discipline pour éliminer ce qui ne va pas. En cas de force majeure vous serez tout à fait capable d'avoir un tel comportement.

Vous allez devoir mettre un terme à une situation, ou éliminer radicalement tout ce qui n'est pas utile ou qui serait susceptible de nuire à votre vie sentimentale.

Vous allez devoir approuver ou susciter un changement radical, une transformation profonde dans votre situation familiale en éliminant purement et simplement les éléments inutiles et superflus.

S'il est question d'une décision de justice, elle sera sans doute prise en votre faveur puisqu'elle vous permettra d'opérer des transformations profondes, des changements radicaux et d'en tirer profit.

$ Une situation financière fiable et équilibrée vous permettra de réaliser des transactions profitables dans la plus stricte légalité.

ÉVOLUTION PROBABLE

5 9

Si vous prenez conscience de vos moyens et de vos limites, vous pourrez sinon les dépasser, du moins aller jusqu'au bout de ce dont vous vous saurez capable et au mieux de vos possibilités.

Après avoir pris du recul pour réfléchir, vous serez en mesure de vous comporter d'une manière accommodante ou vous trouverez les arrangements et les compromis opportuns et utiles à votre vie sentimentale.

Un point important sera élucidé et vous permettra alors de trouver les arrangements, les compromis opportuns et utiles à votre situation familiale.

Après mûre réflexion ou après qu'un point important vous aura été révélé ou aura été découvert par vous-même, vous serez en mesure de trouver les arrangements et les compromis opportuns et utiles à votre situation.

$ Quelles que soient vos responsabilités ou vos obligations matérielles, vous saurez toujours vous en arranger ou trouver des solutions opportunes pour les assumer sereinement.

5 | 10

Quoi qu'il advienne, vous saurez toujours quelle est votre part de responsabilité dans ce qui vous arrivera, mais vous saurez aussi réagir énergiquement.

Votre vie sentimentale va connaître des changements, des revirements, une évolution rapide et peut-être déroutante. Si c'est à une personne que vous pensez, sachez qu'elle sera exigeante et passionnée.

L'évolution des circonstances ou des événements en cours aidant, vous pourrez sans doute imposer votre volonté, vos exigences et vos ambitions en ce qui concerne votre situation familiale.

Des événements, des changements, des possibilités immédiates vont s'offrir à vous et vous aurez alors les moyens de satisfaire vos exigences, vos désirs et vos ambitions en ce qui concerne votre situation.

Des changements, des revirements, des coups de chance vous donneront la possibilité de satisfaire vos exigences et vos ambitions financières.

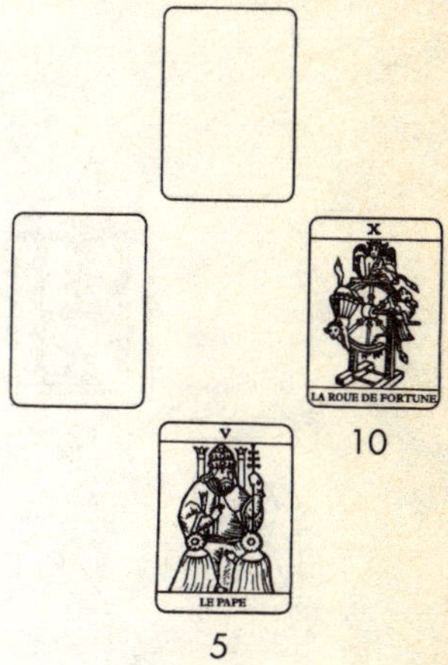

ÉVOLUTION PROBABLE

5 | 11

Malgré une bonne maîtrise de vous-même et de vos moyens, il vous faudra être prudent ou envisager de faire une cure de santé pour prévenir tout risque et assainir votre organisme.

Vous allez connaître une petite crise passagère et résolutive dans votre vie sentimentale, un choc moral, une remise en cause de votre situation actuelle, ce qui sera pour vous, au fond, une délivrance.

Même si vous dominez bien votre situation et les circonstances actuelles, vous ne pourrez éviter qu'un bouleversement, qu'une remise en question ne se produise lequel vous soulagera sans doute du poids de certaines de vos obligations matérielles et morales.

Vous aurez la situation bien en main et vous pourrez ainsi endiguer ou contrôler au mieux les bouleversements, les changements, les crises qui pourraient se produire. Si vous avez en vue un accord ou un contrat important, il se réalisera brusquement.

Si vous gardez bien le contrôle de votre situation financière, vous pourrez accueillir avec confiance les changements imprévisibles, car ceux-ci lui permettront alors de s'assainir, de se libérer de certaines charges pesantes. De toute façon, vous saurez faire face.

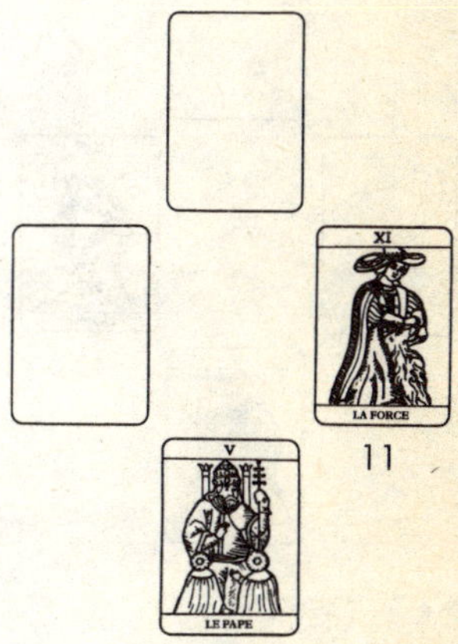

ÉVOLUTION PROBABLE

5 | 12

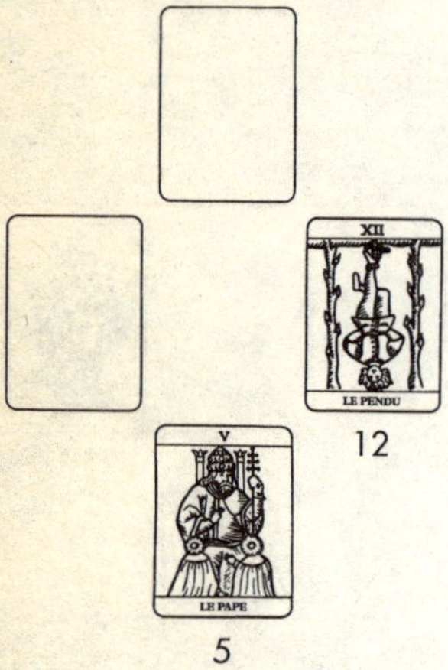

Si vous vous sentez en état de faiblesse morale ou physique, ou si vous avez la sensation d'un certain laisser-aller, vous saurez bientôt comment réagir et vous régénérer. Reposez-vous. Détentez-vous. Ayez confiance.

Malgré une situation quelque peu figée, vous pourrez raisonnablement vous abandonner à la plénitude de vos sentiments ou fonder des espoirs en l'avenir pour réaliser quelque chose de neuf dans votre vie affective.

Si vous avez l'impression que votre situation familiale est figée ou contraignante, vous aurez bientôt la possibilité de réaliser quelque chose de neuf qui vous tient à cœur.

Si vous attendez ou si vous espérez quelque chose de neuf en ce qui concerne votre situation, ne doutez pas que cela arrive ; et si besoin est, vous obtiendrez l'approbation ou l'appui nécessaire à la réalisation d'une entreprise nouvelle ou d'une innovation.

Des contraintes, des obligations, une situation quelque peu figée ou trop limitée, vous incitent à considérer vos ressources actuelles d'une façon nouvelle ou bien à faire preuve d'habileté et d'imagination pour améliorer vos finances.

ÉVOLUTION PROBABLE

5 | 13

Si vous pensez avoir résolu un problème de santé, dites-vous bien que les apparences sont souvent trompeuses et que vous ne vous maintiendrez en bonne forme qu'à la condition d'être vigilant et discipliné.

Vous allez connaître ou subir un changement radical dans votre vie sentimentale qui vous décevra ou vous plongera dans un certain désarroi. Prenez alors conscience de vos erreurs et tirez les leçons de cette mésaventure.

Un changement radical dans votre vie familiale vous contraindra à assumer de plus lourdes responsabilités, à puiser dans toutes vos ressources morales pour endiguer les difficultés et les problèmes qui se poseront alors.

Un changement radical dans votre situation vous contraindra à assumer plus de responsabilités, plus d'obligations matérielles et morales, et il faudra ainsi vous attendre à affronter de grosses difficultés.

Une interruption de vos ressources ou de vos gains risque de vous mettre dans une situation difficile d'autant plus que vous aurez des charges à supporter. Assumez alors vos responsabilités et tirez les leçons de cette expérience pénible.

ÉVOLUTION PROBABLE

5 | 14

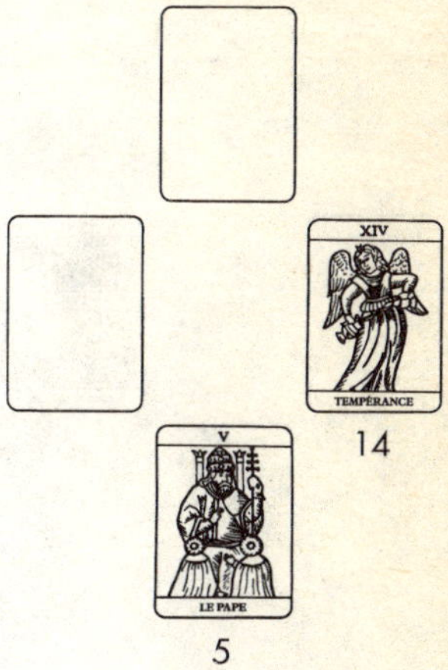

Les accommodements qui seront trouvés vous permettront de bénéficier d'un bien-être vital rayonnant quoique raisonnable ou de clarifier votre état de santé si le besoin s'en faisait sentir.

Les accommodements et les arrangements qui seront trouvés vous permettront d'obtenir d'heureux résultats et de pouvoir réaliser ce que vous désirez dans votre vie sentimentale.

Les accommodements et les arrangements qui seront trouvés favoriseront l'évolution heureuse de votre situation familiale.

Les négociations qui seront entreprises, les arrangements et les compromis opportuns qui seront trouvés vous permettront de réaliser un accord ou une association dans d'excellentes conditions et de satisfaire ainsi vos ambitions.

Des transactions opportunes et avantageuses devraient vous donner entière satisfaction et vous permettre de réaliser vos ambitions financières.

ÉVOLUTION PROBABLE

5 | 15

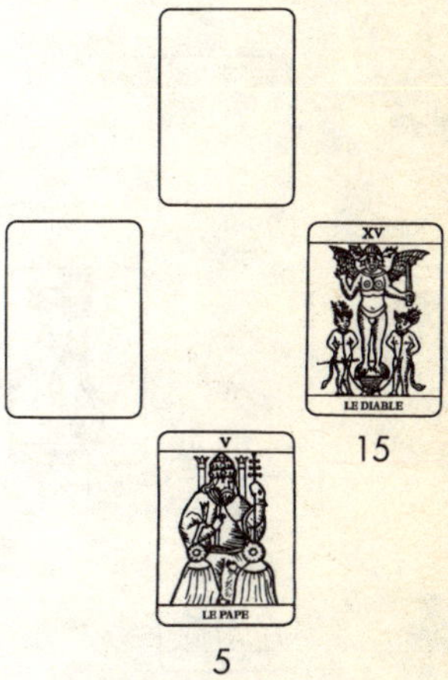

Après avoir connu une période de surexcitation, d'excès, d'énervement, vous reviendrez à un comportement plus raisonnable, plus stable et donc plus juste.

Après avoir traversé une période de crise passionnelle, d'excès ou de désordre dans votre vie sentimentale, soyez assuré d'une totale réconciliation ou d'un retour à la normalité de vos rapports existants.

Vous serez amené à reconsidérer les éléments excessifs ou abusifs qui se seront manifestés dans votre vie familiale, ou à susciter un renouveau, à favoriser un changement de situation.

Des éléments extérieurs riches en possibilités, ambitieux ou troubles et désordonnés vous amèneront à susciter un renouveau ou à favoriser un changement de situation bénéfique et profitable.

Vous parviendrez à réaliser vos ambitions financières et à favoriser ainsi un changement de situation, un renouveau avantageux.

ÉVOLUTION PROBABLE

5 | 16

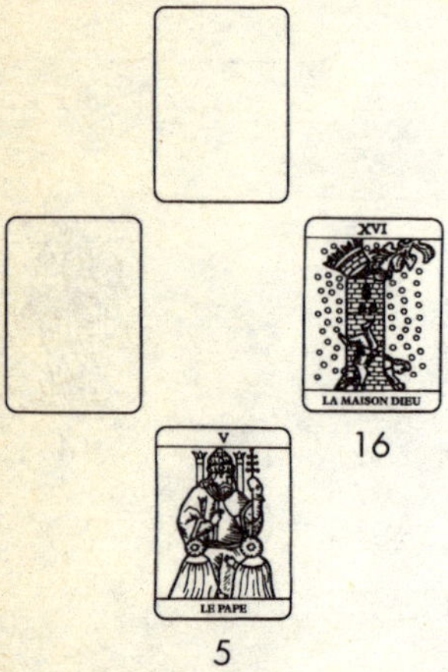

En cas de crise, de brusque accident de santé, faites pleinement confiance aux personnes compétentes et vous réussirez rapidement. Sinon, détournez-vous résolument des entreprises hasardeuses ou dangereuses qui pourraient mettre votre équilibre vital en péril.

Malgré une apparence de crise, de bouleversement intégral, de brusque et totale remise en question, vous allez pouvoir accomplir tous vos vœux et connaître une certaine plénitude dans votre vie sentimentale.

Un bouleversement salutaire, une crise libératrice ou une brusque remise en question vous permettra de favoriser l'épanouissement ou l'expansion de votre situation familiale.

Vous allez connaître un bouleversement brutal mais salutaire, une crise ou un événement brusque, inévitable mais libérateur, lequel, au bout du compte, élargira votre pouvoir d'action, vous imposera des responsabilités plus importantes et favorisera l'expansion de votre situation.

Un événement brusque, un bouleversement salutaire vous permettra de rendre votre situation financière plus avantageuse ou mettra à votre disposition des possibilités importantes.

ÉVOLUTION PROBABLE

5 | 17

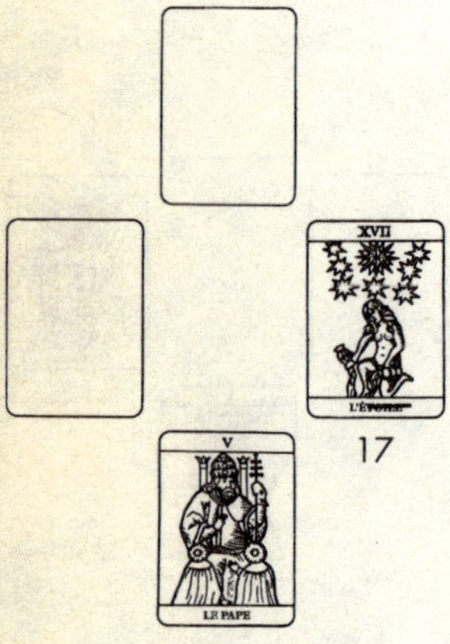

Si vous avez décidé de partir quelque temps ou de faire un voyage d'agrément, n'hésitez pas, cela ne pourra vous être que profitable. Sinon puisez dans vos ressources vitales pour aller de l'avant.

Si vous êtes seul, vous allez sans doute faire une rencontre dans peu de temps. Sinon votre réceptivité et vos sentiments purs vous donneront foi en l'avenir, et vous permettront d'adopter une attitude audacieuse et constructive dans votre vie affective.

Des circonstances nouvelles et heureuses vont s'offrir à votre situation familiale, que ce soit sous la forme d'une naissance, d'une innovation, d'un voyage. Accueillez-les avec enthousiasme et réalisme.

Devant des circonstances aussi favorables, il ne faut pas hésiter à faire un bond en avant. Si vous comptez sur l'appui d'un personnage important, vous l'obtiendrez facilement. Vous êtes à l'orée d'un nouveau départ dans votre vie professionnelle.

Les circonstances seront très favorables à tout ce que vous souhaiteriez réaliser de neuf sur le plan financier pourvu que vous alliez de l'avant. Alors n'hésitez pas !

5 18

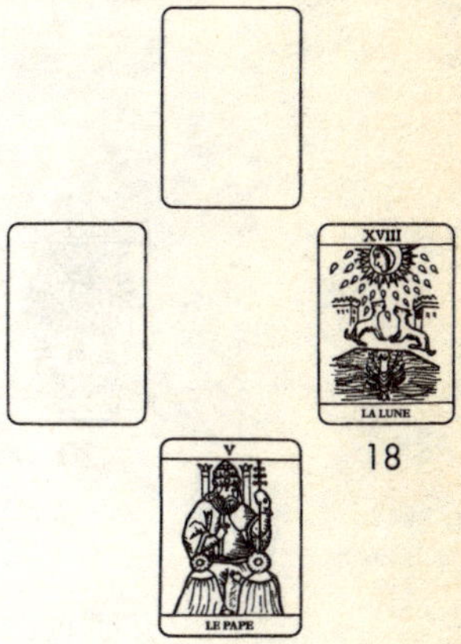

18

5

Si vous vous sentez fatigué, en état de faiblesse physique et morale ou carrément pas bien, il serait bon de vous soumettre à un examen sérieux, de vous en remettre à un bon diagnostic ou de faire un traitement de fond.

Conscient et fort de votre devoir et de vos responsabilités, vous parviendrez à endiguer ou à surmonter les problèmes, les conflits, les déceptions que vous pourriez connaître dans votre vie sentimentale.

Vous parviendrez à surmonter les problèmes, les difficultés, à résoudre les conflits qui apparaîtront sans doute dans votre milieu familial en assumant pleinement votre devoir et votre pouvoir moral.

Votre situation sera incertaine ou insatisfaisante ; soit parce que vous serez confronté à des circonstances troubles, difficiles, soit parce que vous aurez à faire face à des problèmes, des conflits, des retards. Mais vous aurez les moyens de surmonter ces diffilcultés.

Vous allez sans doute subir des retards ou éprouver des déceptions sur le plan financier. Mais vous parviendrez cependant à surmonter vos difficultés et à supporter vos charges, même si votre marge est de ce fait réduite.

ÉVOLUTION PROBABLE

5 19

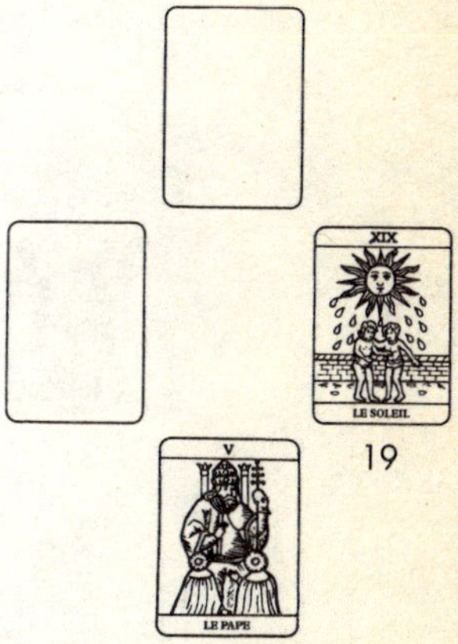

19

5

Une clarification de votre état de santé vous permettra d'acquérir une certaine stabilité, de faire des choix raisonnables et utiles à la préservation de votre bien-être vital, dont vous pourrez alors profiter agréablement.

Si c'est à une personne que vous pensez, sachez que ses sentiments sont sérieux, sincères, et si ce n'est déja fait, qu'elle aspire à une union totale. De toute façon, vos sentiments seront partagés et votre vie affective vous réserve ainsi de grandes satisfactions.

Une décision prise d'un commun accord, ou un choix concernant votre situation familiale, va vous procurer beaucoup de satisfactions ou bien un proche vous témoignera son affection et son soutien total.

Une réussite personnelle ou une situation claire et positive devrait favoriser la réalisation d'un accord, d'une association, la conclusion heureuse d'un contrat, ou vous permettra de faire un choix essentiel et bénéfique, de prendre une décision favorable.

La conclusion d'un accord, d'un contrat, ou le choix que vous ferez, ou la décision que vous prendrez, sera sans aucun doute favorable à votre situation financière.

ÉVOLUTION PROBABLE

5 | 20

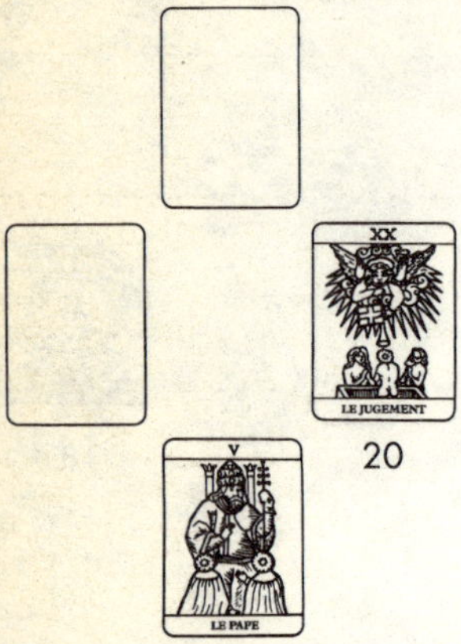

20

5

Vous allez connaître un véritable renouveau sur le plan de votre santé, un regain de vitalité. Mais si vous voulez vous maintenir dans cet état positif, adoptez une ligne de conduite et ne vous en écartez pas. Vos efforts seront payants.

Si c'est à une personne que vous pensez, sachez qu'elle va susciter un renouveau dans votre existence ou qu'elle vous réserve une bonne nouvelle. Sinon, à la suite d'un changement ou d'un renouveau, vous mettrez tout en œuvre pour stabiliser votre vie sentimentale.

Dans une période de renouveau, de changement ou bien après que tout soit rentré dans l'ordre au sein de votre milieu familial, vous pourrez agir en confiance, faire les efforts nécessaires pour que votre situation progresse et se renforce.

À la suite d'une proposition, d'une promotion ou d'un renouveau quelconque, vous allez pouvoir agir d'une manière efficace et constructive pour faire progresser votre situation et atteindre vos objectifs.

À la suite d'un renouveau ou d'une proposition qui vous sera faite, vous allez pouvoir faire progresser votre situation financière ou agir activement et concrètement pour vous retrouver dans une situation plus stable.

ÉVOLUTION PROBABLE

5 | 21

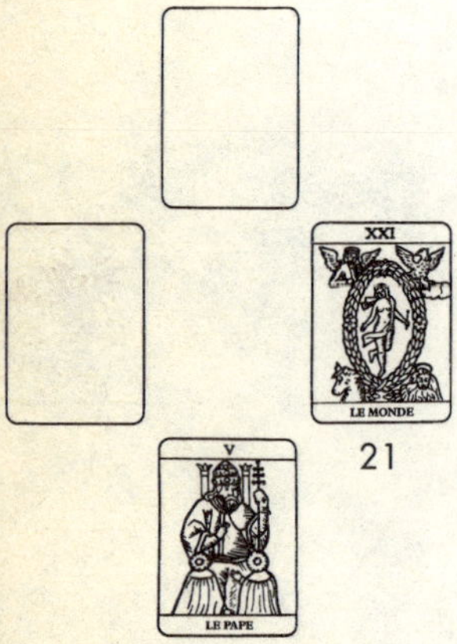

21

5

Les possibilités d'épanouissement et d'expansion dont vous allez pouvoir disposer vont vous permettre d'acquérir un excellent équilibre physique et moral.

Si ce n'est pas déjà fait, vous allez connaître un total épanouissement dans votre vie sentimentale, lequel vous permettra alors d'acquérir un excellent équilibre et de vous stabiliser.

Si ce n'est pas déja fait, vous allez connaître un total épanouissement dans votre vie familiale, lequel vous permettra de stabiliser votre situation et d'obtenir tout ce qui doit lui revenir de droit.

Votre situation va connaître une certaine expansion qui la rendra plus fiable, plus solide, plus équilibrée. Dans l'éventualité d'une décision de justice qui serait déterminante pour vous, vous pouvez être sûr qu'elle sera prise à votre avantage.

Si vous espérez qu'une décision de justice soit prise à votre avantage ou si vous vous interrogez sur la fiabilité, l'efficacité, l'honnêteté d'une personne qui défendrait vos intérêts, vous pouvez être tranquille : dans ce cas comme dans l'autre, vous serez gagnant.

ÉVOLUTION PROBABLE

5 | 22

Vous aurez une existence plutôt agitée, ou vos obligations sociales ou professionnelles vont vous contraindre à vous déplacer souvent, à dépenser votre énergie sans compter. Pour être sûr de vous et de votre santé, appuyez-vous sur les conseils d'une personne avisée.

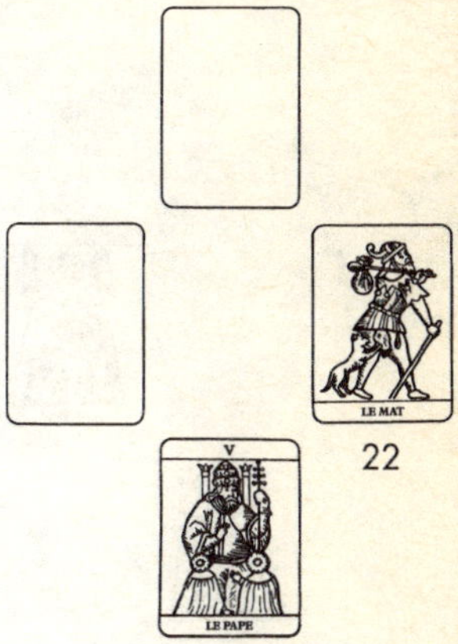

22

5

Attendez-vous à avoir la visite d'une personne qui a des vues sur vous, mais que sa situation et ses responsabilités ne rendent pas totalement libre de ses choix et de ses mouvements. Quoi qu'il en soit, votre vie sentimentale devrait se stabiliser quand même rapidement.

Le départ ou l'arrivée d'une personne de votre entourage, un changement ou un déménagement favorisera la stabilisation de votre situation familiale.

Vous allez devoir partir brusquement soit pour des raisons professionnelles et en vue de renforcer votre position, d'accroître vos responsabilités, soit dans l'intention de changer de situation et si vous avez besoin de soutiens pour ce faire, vous les trouverez.

Si vous avez besoin d'un soutien financier, de conseils avisés, d'emprunter de l'argent ou de trouver des capitaux pour réaliser une affaire, cela pourra se faire sans doute dans des conditions fiables et sérieuses.

ÉVOLUTION PROBABLE

6 | 1

Si vous avez une initiative à prendre, un choix à faire en ce qui concerne votre santé, n'hésitez pas. Vous avez une bonne vitalité, une belle énergie active. Servez-vous en et allez de l'avant.

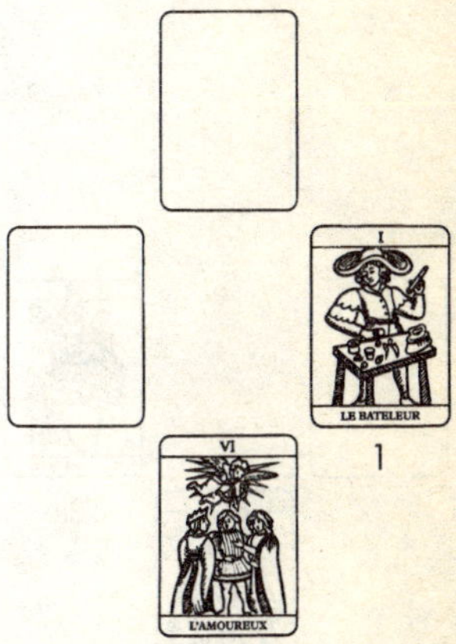

1

6

À la suite d'une rencontre, d'une nouvelle ou d'une circonstance heureuse, vous allez vous déterminer à faire un choix affectif. Si c'est à une personne que vous pensez, sachez qu'elle est résolue à prendre une décision importante en rapport avec sa vie sentimentale.

Vous allez recevoir une belle preuve d'affection ou bien réaliser un petit voyage en famille. Si vous avez des enfants, un événement heureux les concernant vous attend, ou bien à la suite d'un projet ou d'une initiative, une décision va être prise qui favorisera l'évolution de votre situation familiale.

À la suite d'une initiative ou pour réaliser un projet, vous allez trouver un accord ou vous allier avec une personne qui fera cause commune avec vous. Ou bien vous allez faire un choix qui favorisera la progression de votre situation actuelle.

À la suite d'une initiative, d'une entreprise nouvelle qui n'en est encore qu'à ses balbutiements ou dans la perspective de réaliser un projet, vous allez devoir faire un choix, prendre une décision qui serait susceptible de favoriser la progression de votre situation financière. Mais pour ce faire, vous avez du pain sur la planche !

ÉVOLUTION PROBABLE

6 2

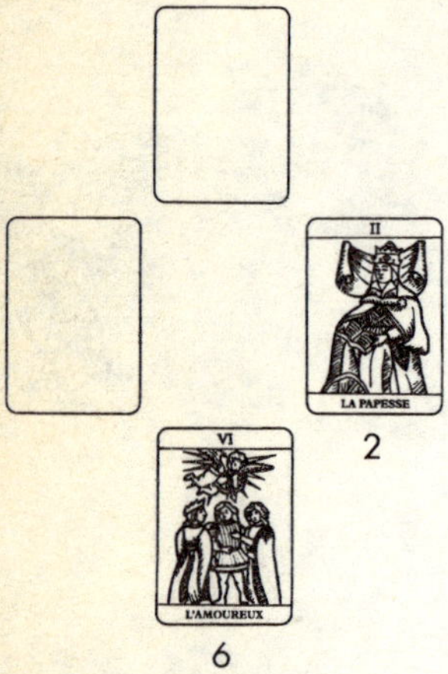

Si vous avez le moindre doute en ce qui concerne votre santé, ne tergiversez pas, imposez-vous une ligne de conduite pour trouver ou préserver votre équilibre. Sinon soyez patient et tenez compte des conseils avisés que l'on saura vous prodiguer.

Vous êtes dans l'attente d'un choix à faire, d'une décision à prendre, d'un accord à trouver, et la seule assurance que vous puissiez avoir pour le moment c'est qu'ils seront faits avec la plus extrême précaution et que, bons ou mauvais, ils seront indiscutables mais justes.

Un choix indiscutable a été fait ou une décision sévère mais juste a été prise en rapport avec votre situation familiale, mais il, ou elle, ne vous a pas encore été révélé. Pourtant vous vous y attendiez depuis déjà un certain temps et vous vous y étiez ainsi préparé.

Un choix sévère mais juste, une décision indiscutable dont vous n'êtes pas encore tenu informé et qui concerne votre situation professionnelle va vous être imposé. Sinon soyez patient et vous trouverez l'accord ou l'équilibre que vous attendez.

Un choix ou une décision concernant votre situation financière va vous être imposé. Il faudra sans doute couper la poire en deux ou trouver un accord équitable.

ÉVOLUTION PROBABLE

6 3

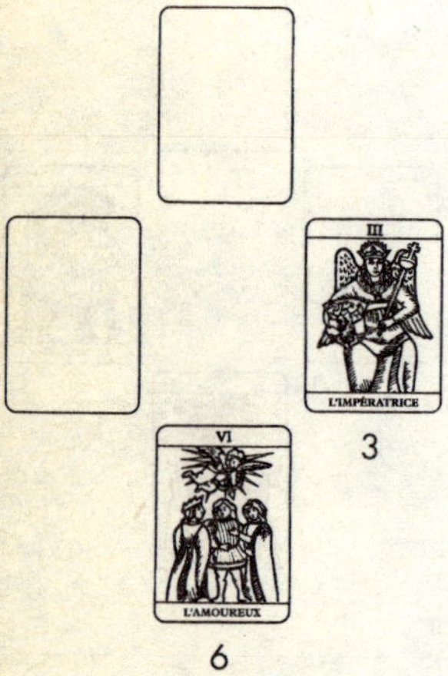

Si un choix, ou une décision, s'impose à vous en ce qui concerne votre santé, faites confiance à votre instinct et prenez dans tous les cas l'option la plus sage, la plus prudente, la plus raisonnable.

Si c'est à une personne que vous pensez, sachez qu'elle prend conscience de ses sentiments et du choix décisif qu'elle doit faire. Sinon vous allez vous-même devoir faire un choix judicieux et grave en ce qui concerne votre vie affective.

Vous allez devoir faire un choix ou entreprendre une action qui sera très profitable à votre situation familiale. À moins que vous ne soyez sur le point de prendre réellement conscience des sentiments sincères que vos proches éprouvent à votre égard.

Quoique votre situation soit matériellement bonne, vous vous rendrez compte que vous avez encore des choix importants et décisifs à faire, et vous allez réfléchir tranquillement sur le meilleur parti à prendre. À moins qu'une personne de votre entourage ne vous confronte à d'autres alternatives.

Si une affaire apparemment profitable s'offre à vous, réfléchissez bien avant de vous engager et faites vos choix en ayant conscience de la valeur réelle de cette situation.

ÉVOLUTION PROBABLE

6 4

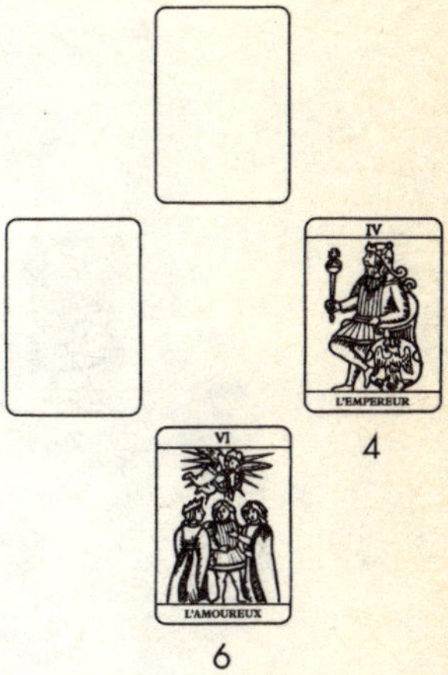

Faites le bon choix, prenez la bonne direction ; celui ou celle qui vous assure d'exercer le même ascendant sur votre équilibre vital, lequel semble souvent passer par des hauts et des bas, que celui que vous exercez sans doute dans d'autres domaines.

Vous allez être confronté à une réalité, à une certitude qui va vous obliger à faire un choix affectif rapidement lequel aura pour conséquence une évolution immédiate de votre situation actuelle. Si c'est à une personne que vous pensez, ne doutez ni de sa volonté, ni de sa détermination à faire un choix affectif prompt et concret.

On va vous imposer un choix, ou une décision, qui s'avérera très favorable à l'évolution de votre situation familiale et de vos bonnes relations avec vos proches. Alors ne vous sentez pas trop contraint et forcé. D'autant plus que souvent vous n'êtes sûr de rien et vous avez du mal à vous décider.

Une personne de votre entourage va vous permettre de faire un choix heureux ou de prendre une décision dans votre situation. Sinon vous pouvez avoir l'assurance d'être confronté à de nouvelles alternatives dans votre vie professionnelle. Soyez assuré des relations que vous entretenez avec vos collègues ou avec vos collaborateurs.

$ Vous allez devoir faire un ou des choix en ce qui concerne l'évolution probable de votre situation financière. Restez concret.

ÉVOLUTION PROBABLE

6 5

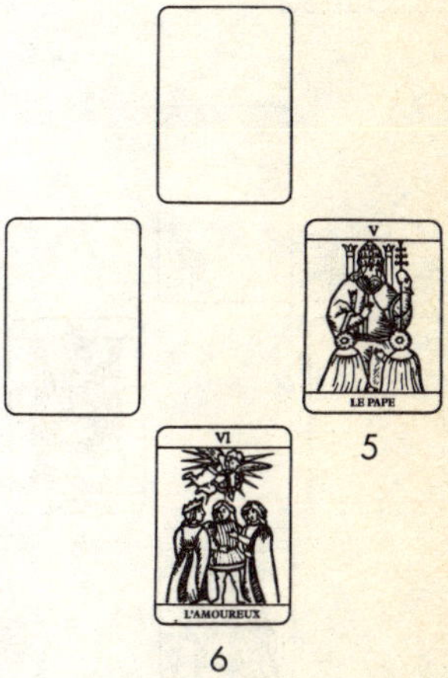

En cas de force majeure, faites preuve de détermination dans vos choix, de résolution dans vos actes et vous maîtriserez tranquillement mais sûrement votre équilibre ou les éventuelles épreuves de santé que vous pourriez rencontrer. Sinon écoutez les conseils, les recommandations que l'on vous prodiguerait. Ils vous seront utiles.

Si c'est à une personne que vous pensez, sachez que ses choix et ses sentiments sont sérieux, et qu'ainsi, confiante en elle-même et en sa situation, elle aspire soit à se maintenir dans sa situation actuelle, soit à réaliser une union constructive et heureuse. Sinon votre vie affective est stable et vos liens affectifs sont solides.

Votre situation familiale est équilibrée, et cet équilibre qui préside à la bonne entente des membres de votre famille, est le fait d'une personne de votre entourage qui vous assure de ses sentiments sincères et de son intégrité. Si un choix ou une décision s'impose, il ou elle sera pleinement favorable à votre situation familiale.

Un personnage important ou un associé influent va approuver ou favoriser la réalisation d'un accord ou d'un contrat important relatif à l'expansion de votre situation ou à l'essor de vos affaires. Vous serez libre de vos choix, de vos décisions et de vos entreprises.

$ On va vous conseiller à raison de faire des choix constructifs, de prendre de sérieuses options ou de favoriser un accord, un contrat en rapport avec votre situation financière. Vous pouvez avoir confiance en votre entourage et ne pas douter de l'utilité de vos décisions.

ÉVOLUTION PROBABLE

6 | 7

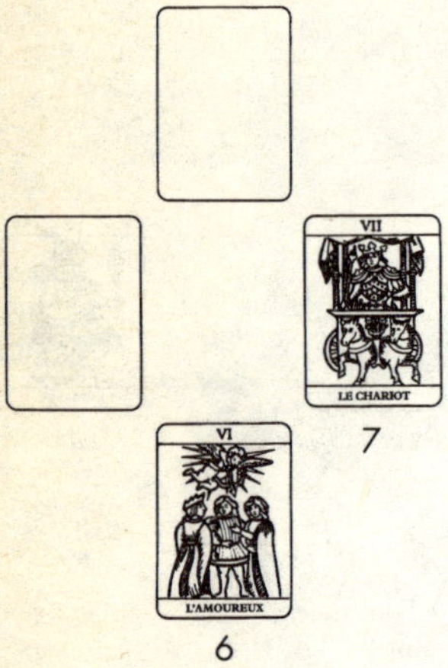

À la suite d'une nouvelle, d'une démarche ou d'une action personnelle, vous allez vous résoudre à faire un choix décisif en rapport avec votre équilibre vital ou avec votre état de santé.

Si c'est à une personne que vous pensez, sachez qu'elle va prendre une décision importante, qu'elle va faire un choix affectif déterminant qui suscitera un changement radical dans sa vie privée. Sinon vous êtes vous-même à un tournant et vous allez devoir faire un choix décisif dans votre vie sentimentale.

À la suite d'une nouvelle, d'un déplacemènt ou d'une démarche, vous allez devoir vous résoudre à prendre la décision d'un changement, à faire un choix déterminant pour votre situation familiale. À moins qu'il ne vous soit imposé par les circonstances ou par votre entourage.

À la suite d'une nouvelle, d'un déplacement, d'une démarche ou d'une progression obtenue par vos efforts, un choix radical et décisif va vous permettre de réaliser un accord avantageux ou de faire aboutir vos projets.

À la suite d'une nouvelle, d'un déplacement ou d'un effort personnel, vous allez pouvoir faire un choix profitable, prendre une décision avantageuse ou réaliser un accord utile à votre situation financière.

ÉVOLUTION PROBABLE

6 | 8

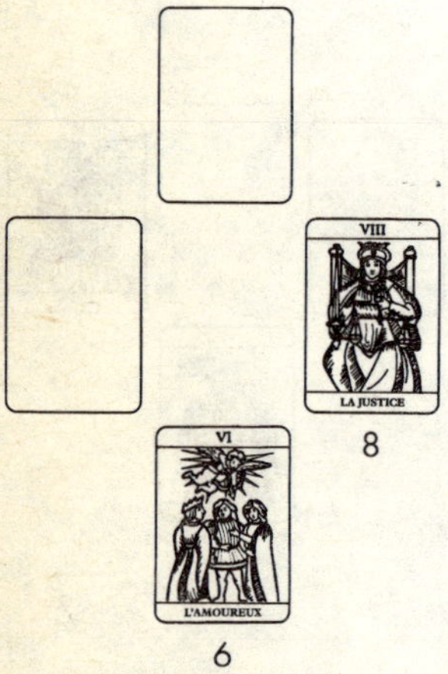

Sachez faire preuve de souplesse et d'adaptation, même si vous vous sentez contraint à plus de rigueur et de discipline, car c'est ainsi que vous préserverez votre équilibre.

Si c'est à une personne que vous pensez, sachez que malgré une attitude équilibrée, elle n'en reste pas moins très souple et très compréhensive lorsque ses sentiments sont en cause. Sinon, en ce qui vous concerne, vous semblez irrésolu, incertain et ouvert à toutes les éventualités qui pourraient s'offrir à vous.

Une situation familiale stable et équilibrée rend vos échanges relationnels et affectifs très faciles. Si vous êtes contraint à faire un choix ou à prendre une décision, sachez vous adapter aux circonstances et trouver des solutions qui satisferont votre entourage.

Une situation équilibrée vous autorise à vous adapter aux circonstances, à faire preuve de souplesse et de compréhension, à établir des relations, à prendre des options opportunes, à choisir des solutions judicieuses, à négocier sereinement des accords ou des contrats sur des bases sérieuses et avantageuses pour tous.

Malgré une situation financière équilibrée, vous semblez vous laisser guider par les circonstances et les événements. Si vous avez des choix à faire ou des décisions à prendre, estimez bien vos chances et vos moyens.

6 9

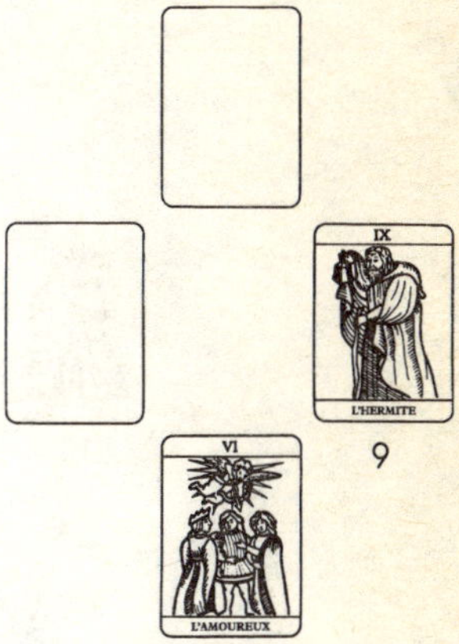

9

6

Malgré une prise de conscience ou une incitation à la prudence, vous ne savez pas résister à la tentation, et vous persistez dans une attitude excessive et désordonnée ; vous êtes bien sûr libre de faire ce que vous voulez, mais vous ne pouvez pas être dupe des conséquences que cela entraîne !

Si c'est à une personne que vous pensez, vous allez vous rendre compte à quel point ses sentiments sont ardents et absolus. Sinon, malgré une prise de conscience ou une volonté de prudence et de sagesse, vous ne pourrez refréner vos élans passionnés et vos désirs.

Malgré la prudence, la vigilance, la lucidité dont vous faites preuve ou dont fait preuve une personne de votre entourage, il sera difficile de refréner les relations affectives passionnelles qui règnent au sein de votre milieu familial, ou d'empêcher qu'un choix abusif soit fait, qu'une décision audacieuse ou risquée soit prise.

Après une étude approfondie et détaillée de la situation, vous allez devoir prendre des décisions en vue d'un accord, de la réalisation d'un contrat ou d'un choix judicieux et opportun qui pourrait, à long terme, s'avérer très profitable.

$ Après mûre réflexion, vous allez devoir faire des choix importants qui pourraient être avantageux pour l'évolution à long terme de votre situation financière. Restez tout de même lucide, vigilant et perspicace !

ÉVOLUTION PROBABLE

6 10

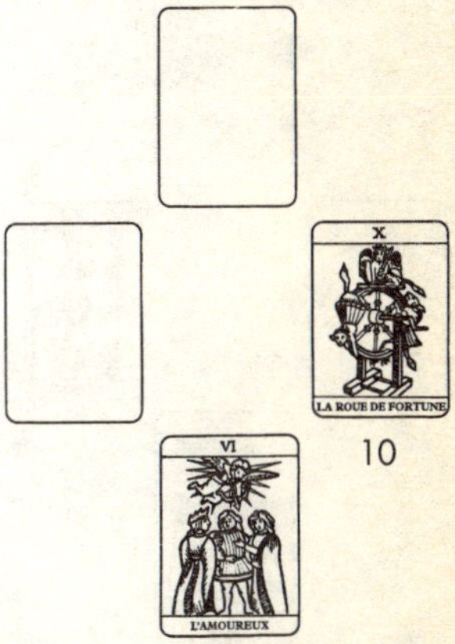

10

6

Si vous connaissez actuellement une crise de santé, soyez rassuré : elle sera passagère et salutaire. Elle vous débarrassera de vos problèmes et vous permettra sans doute de retrouver votre équilibre. Sinon n'hésitez pas à vous détourner des aventures ou des relations qui pourraient s'avérer dangereuses et déstabilisantes.

Votre situation actuelle est en pleine évolution et vous allez faire un choix décisif. Ou bien vous allez faire une rencontre bouleversante qui va remettre en question votre vie, ou encore la personne à qui vous pensez est en pleine crise affective, elle va remettre tout en cause dans sa vie sentimentale, ou elle est en état de choc.

À la suite d'un revirement de situation, vous allez devoir prendre des décisions radicales ou faire des choix catégoriques. Si votre milieu familial est l'objet d'une crise relationnelle, dites-vous, après tout, qu'elle était nécessaire, inéluctable, qu'elle ne durera pas et au bout du compte qu'elle détendra l'atmosphère.

À la suite d'un revirement ou d'une évolution rapide de la situation, vous allez pouvoir réaliser un accord, vous délivrer d'un lien ou d'un contrat qui entravait vos projets, ou prendre des résolutions susceptibles de brusquer les événements et de chasser tous les doutes, toutes les incertitudes, toutes les tentations irréalistes.

$ Votre situation évolue très rapidement et selon vos choix et vos décisions. Cette évolution sera bonne ou mauvaise. Soyez donc prudent et résolu quelles que soient les circonstances.

ÉVOLUTION PROBABLE

6 11

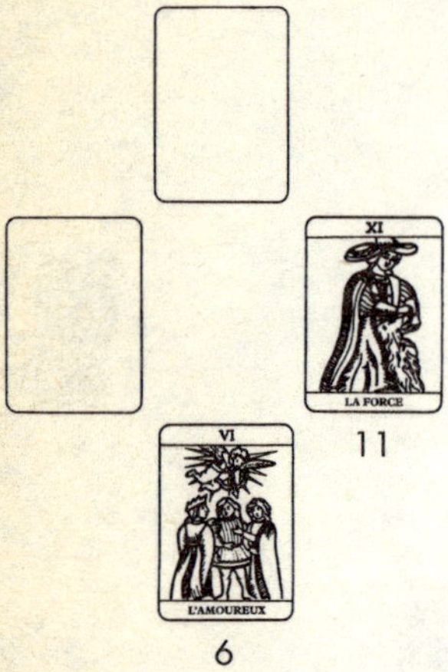

Vous avez une bonne maîtrise de vous-même et vous semblez dominer sereinement votre situation ; mais vous n'en êtes pas moins une nature émotive, réceptive aux circonstances et sensible à son environnement.

Si c'est à une personne que vous pensez, sachez qu'elle a pleinement confiance en ses choix, en ses sentiments et qu'elle aspire à une relation ou à une union privilégiée, basée sur des affinités électives. Sinon une domination heureuse des circonstances vous rend sûr de vos choix et de vos espérances sur le plan affectif.

Vous dominez très bien votre situation familiale, et cela vous permet de profiter de circonstances heureuses et de relations privilégiées, susceptibles de favoriser la réalisation de vos vœux et de vos espérances.

Vous dominez très bien la situation et, qui plus est, les circonstances sont favorables à l'éclosion de tous les courants novateurs susceptibles de faciliter vos choix, vos décisions, vos accords éventuels, vos idées originales, vos espérances ou vos aspirations.

Des circonstances favorables et une domination heureuse des événements devraient vous permettre de faire des choix inspirés, de prendre des décisions originales, nouvelles ou novatrices, en rapport avec votre situation financière.

ÉVOLUTION PROBABLE

6 12

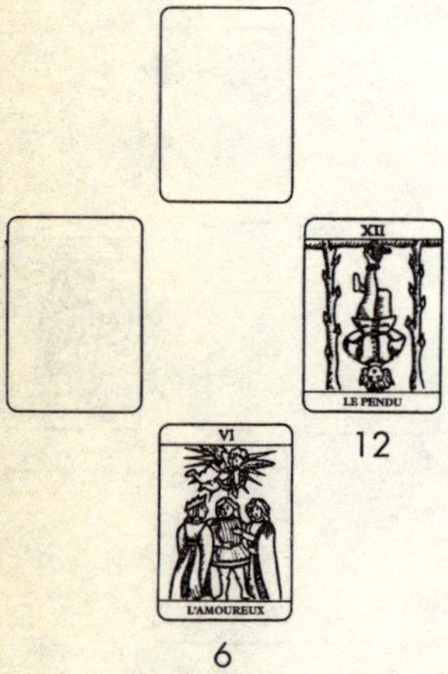

Vous ne parvenez pas à prendre des résolutions. Vos décisions sont noyées dans l'angoisse, dans la confusion de vos sentiments, et ainsi vous avez un mal fou à vous libérer de vos contraintes ou de vos problèmes de santé. Vous devriez faire preuve de plus de détermination dans vos choix et dans vos décisions.

Si c'est à une personne que vous pensez, sachez qu'elle se sent incapable de réagir, que ses sentiments sont confus et qu'elle semble trop influençable pour pouvoir exercer son libre arbitre. Sinon vous n'êtes vous-même pas libre de vos actes, et si vous persistez dans une telle attitude, vous risquez de connaître des désillusions.

Vous subissez toutes sortes de contraintes et de vicissitudes au sein de votre milieu familial, lequel ne vous sécurise pas et vous déçoit plus qu'il ne vous satisfait. Chassez la confusion qui règne autour de vous. Soyez plus déterminé dans vos décisions et n'oubliez pas que, le plus souvent, nul n'est prophète en son pays.

Le moins que l'on puisse dire, c'est que votre situation actuelle n'est pas satisfaisante à cause des contraintes qu'elle implique, des conflits ou de la confusion relationnelle qui y règnent, ou des désillusions qu'elle vous fait éprouver. Soyez plus ferme et plus perspicace dans vos choix et dans vos décisions.

Vous allez être contraint à prendre une décision difficile, pénible et décevante en ce qui concerne votre situation financière et vous avez du mal à vous y résoudre. Mais aurez-vous le choix de faire autrement ?

ÉVOLUTION PROBABLE

6 | 13

Vous avez su éliminer radicalement tout ce qui aurait pu nuire à votre santé ou à votre équilibre. Vous entrez donc avec résolution et bonheur dans une période d'harmonie.

Après avoir tourné une page dans votre vie, connu un changement, éliminé tout ce qui aurait pu nuire à vos projets, vous allez réaliser une union, connaître une réelle harmonie sentimentale. Si vous pensez à une personne, sachez qu'après avoir mis fin sans équivoque à une situation, elle va connaître le bonheur affectif auquel elle aspire.

Après qu'un changement radical aura eu lieu, vous allez faire des choix positifs, prendre des décisions heureuses, vous abandonner pleinement aux bonnes relations affectives qui règnent dans votre famille.

Après qu'un changement radical se sera produit ou qu'une situation sera allée jusqu'au bout de ses possibilités, vous pourrez vous associer dans des conditions idéales, réaliser un accord avantageux, faire des choix positifs et profitables en vue de l'expansion de votre situation ou de la réussite d'une opération dans vos affaires.

Après un changement ou après avoir fait un profit quelconque, vous allez pouvoir faire des choix, prendre des décisions avantageuses pour votre situation ou, tout simplement, pouvoir réaliser vos projets, vos aspirations ou ce qui vous tient à coeur.

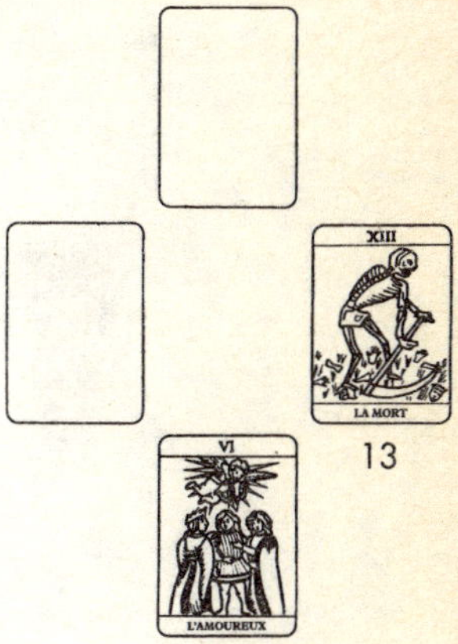

13

6

ÉVOLUTION PROBABLE

6 | 14

Après avoir bien pesé le pour et le contre, considéré avec soin tous les éléments en cause, adoptez les bonnes résolutions qui vous feront revenir à un comportement, à des choix, à des décisions qui correspondent mieux à votre tempérament et qui servent votre équilibre.

Vous allez pouvoir trouver tous les arrangements souhaitables, tous les compromis utiles, tous les accommodements indispensables au renouveau de votre situation affective. Si vous pensez à une personne, sachez qu'elle est résolue à faire les bonnes concessions, à rectifier son erreur, à connaître un renouveau dans sa vie affective.

Les échanges, les discussions ou les opportunités qui vous sont proposés pourraient favoriser ou éclairer vos choix, vos décisions, vos résolutions, et vous permettre ainsi d'agir dans le sens d'un renouveau ou d'une reconsidération de votre situation familiale, tant sur le plan affectif que sur le plan relationnel.

À la suite d'une discussion opportune, d'un échange de vues serein et nécessaire, vous allez pouvoir faire un choix, prendre une décision ou réaliser un accord capable d'apporter un véritable renouveau dans votre situation.

À la suite d'une transaction opportune ou d'un échange de vues utile à votre situation, vous allez pouvoir faire les choix nécessaires au renflouement de vos finances.

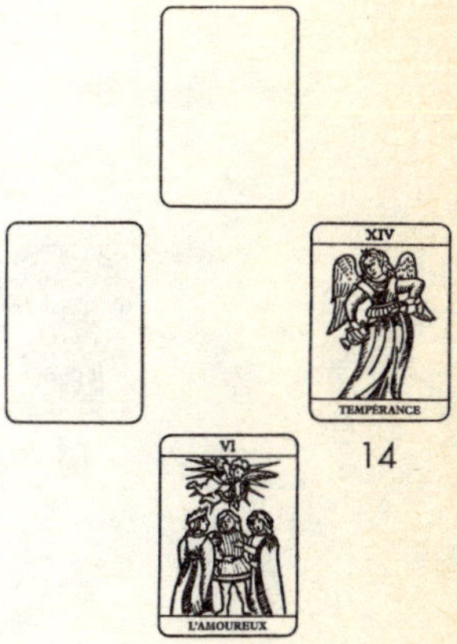

14

6

ÉVOLUTION PROBABLE

6 | 15

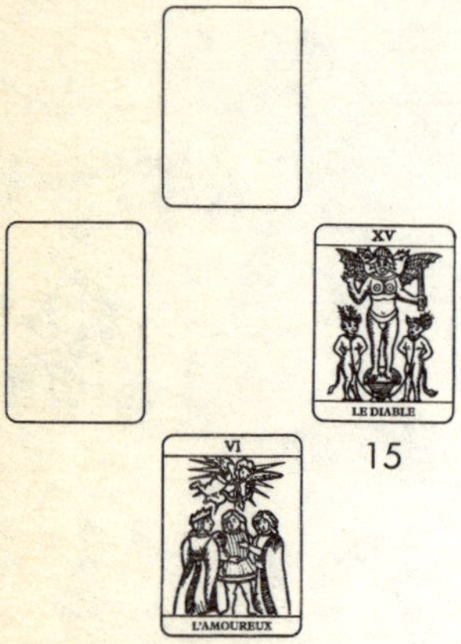

15

6

Vous allez être physiquement en pleine forme, plein d'ardeur et d'énergie, et cela vous donnera envie de vous épanouir, de prendre toutes sortes de bonnes résolutions pour l'avenir, de faire des choix expansifs, de vous abandonner pleinement à vos sentiments, à vos désirs, à vos motivations.

Vous allez faire une rencontre ou vivre une grande passion. Toutefois, ne vous laissez pas emporter par l'exaltation de vos sentiments et sachez faire la part des relations profondes, durables, épanouissantes de celles qui sont intenses dans l'instant mais sans lendemain.

Vous allez pouvoir réaliser vos vœux et vos désirs les plus chers au sein de votre milieu familial, ou bien un choix, une décision prise par votre entourage va vous combler de joie et de plaisir.

Des circonstances tout à fait avantageuses vont vous permettre de trouver un accord, de réaliser une association ou de prendre des résolutions qui favoriseront l'expansion de vos affaires et de votre situation, et qui vous permettront de concrétiser vos désirs, vos motivations et vos ambitions.

Vous allez devoir faire un choix, prendre une décision, réaliser un accord ou une association qui favorisera l'expansion de vos finances, laquelle satisfera pleinement vos ambitions.

ÉVOLUTION PROBABLE

6 | 16

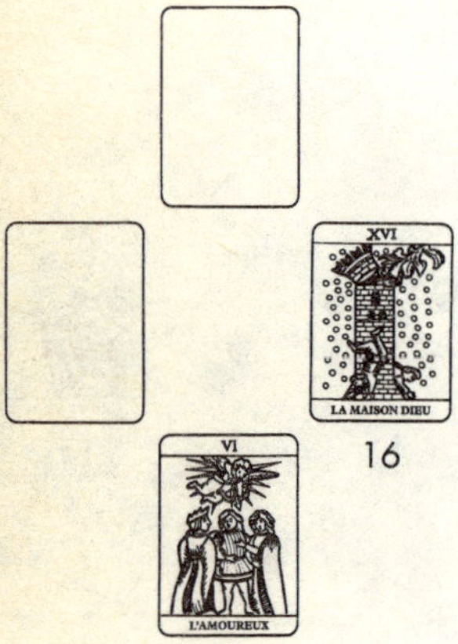

16

6

À la suite d'un bouleversement ou d'un événement imprévisible mais inévitable, vous allez devoir prendre une brusque décision en ce qui concerne votre santé qui va remettre en cause votre équilibre vital.

À la suite d'un bouleversement dans votre vie affective, soit une rencontre soit une rupture, vous allez prendre la brusque décision de partir, de tourner une page de votre existence, de prendre un nouveau départ dans votre vie sentimentale ou bien vous allez pouvoir réaliser ce que vous souhaitez.

À la suite d'un bouleversement, d'une brusque remise en question de la situation ou d'un mouvement d'humeur, vous — ou une personne de votre entourage — allez vous décider à partir ou bien vous allez pouvoir faire les choix, prendre les décisions que vous souhaitez.

À la suite d'un bouleversement, d'une situation qui se débloque ou qui se remet en question, vous allez pouvoir faire de nouveaux choix, réaliser de nouveaux accords, créer de nouvelles associations, partir sur de nouvelles bases, prendre des décisions et des résolutions comme vous l'entendez, libre de toute contrainte.

À la suite d'un bouleversement, vous allez être contraint à partir sur de nouvelles bases, à trouver des appuis ou bien vous serez enfin libre de prendre les décisions, de faire les choix que vous voulez en rapport avec votre situation financière. Toutefois, si vous avez fait des erreurs, prenez garde à ne pas les reproduire.

6 | 17

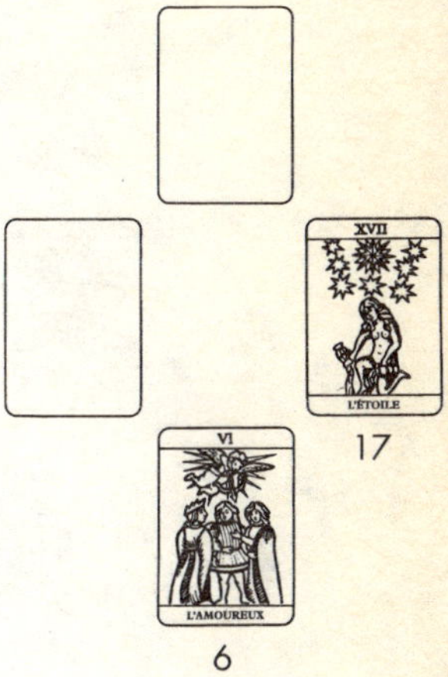

Vous êtes sans doute très réceptif aux circonstances et à votre environnement. Vous trouvez ainsi votre équilibre vital, votre stabilité en vous accordant le plus sereinement possible avec votre milieu. C'est votre manière à vous de protéger votre santé.

Des circonstances très favorables vous permettent de réaliser une union, de prendre des décisions ou de faire des choix en vue d'une naissance ou de la stabilisation de votre vie affective. Si vous pensez à une personne, sachez que ses sentiments sont purs, ses intentions sérieuses et que ses décisions, ses choix seront constructifs.

À la suite d'une naissance, d'une création ou de quelque chose de neuf qui va se produire dans votre famille, vos relations affectives se trouveront renforcées et vous pourrez donc prendre sereinement les résolutions que vous dicteront votre devoir, vos obligations et vos sentiments familiaux.

Des circonstances très favorables vont vous permettre de trouver un accord, de créer une association ou de prendre de sérieuses résolutions en vue de réaliser une nouvelle situation, une idée originale ou une création. Par ailleurs, les relations avec votre entourage professionnel sont excellentes.

Vos ressources sont saines et bonnes et des circonstances tout à fait favorables vous permettent, qui plus est, de prendre des décisions originales, de faire des choix judicieux pour utiliser au mieux lesdites ressources.

ÉVOLUTION PROBABLE

6 | 18

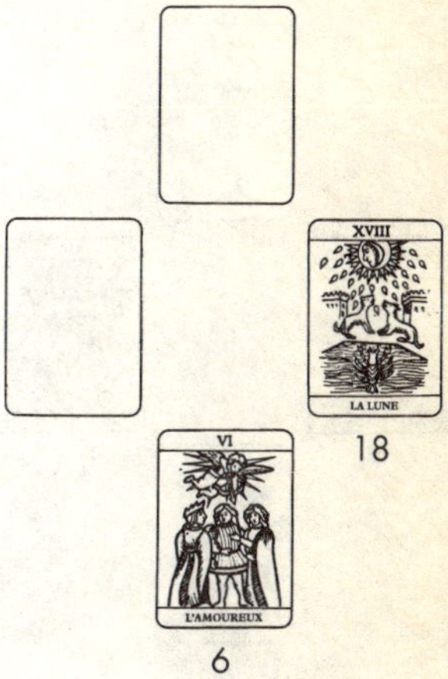

Quels que soient vos problèmes de santé actuellement, vos angoisses, vos inquiétudes, ne vous laissez pas aller, prenez des décisions, soyez résolu et déterminé à retrouver votre équilibre.

Vous allez connaître une déception sur le plan affectif ou vous allez être tenté de faire un choix, de tomber dans un piège ou dans une illusion d'amour. Méfiez-vous de vos relations. Elles ne sont pas aussi simples qu'elles en ont l'air. Si vous pensez à une personne, sachez que malgré les problèmes latents, ses sentiments sont sincères.

Malgré les retards, les problèmes, les conflits qui pourraient apparaître au sein de votre milieu familial, vous finirez par pouvoir prendre les décisions ou les résolutions qui seraient susceptibles d'arranger les choses ou de vous faire parvenir à un accord.

Après une période de difficultés ou face à une situation confuse, décevante à beaucoup de points de vue, vous allez prendre des décisions ou des résolutions en vue de trouver un accord, de faire un choix judicieux, délicat mais nécessaire. Dans la mesure du possible ne vous laissez pas influencer par les circonstances ou par votre entourage.

Vous allez sans doute connaître des difficultés, des déceptions ou des désillusions financièrement parlant. Tenez compte de vos erreurs si vous en avez faites et, à l'avenir, soyez plus judicieux dans vos choix, plus perspicace dans vos décisions, jouez le jeu de l'économie.

ÉVOLUTION PROBABLE

6 19

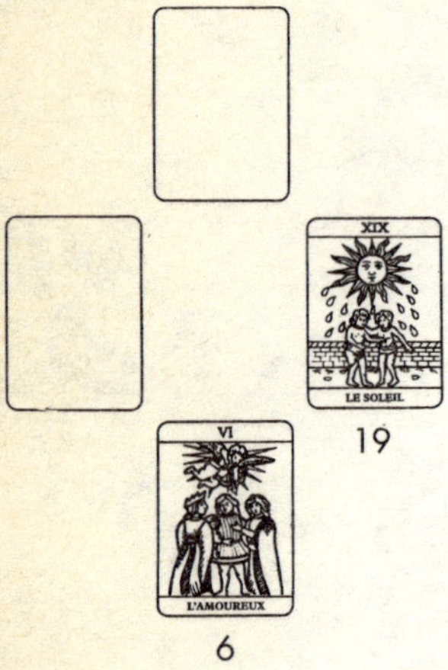

Vous êtes en accord avec vous-même et en harmonie avec votre environnement. Un équilibre aussi sain et spontané vous permet, bien sûr, d'agir dans un total libre arbitre.

Quels que soient vos désirs, vos intentions, vos choix, vous allez obtenir entière satisfaction sur le plan affectif. Si vous pensez à une personne, sachez qu'elle agit dans le but de réaliser une union sincère et qu'elle souhaite ardemment réussir sa vie sentimentale.

L'harmonie relationnelle et affective dans votre milieu familial, ou au sein de votre foyer, facilitera les choix expansifs, les décisions progressistes, les résolutions courageuses ou aventureuses qui seraient susceptibles de faire évoluer votre situation avec bonheur ou, tout simplement, de vous faire plaisir.

Après avoir trouvé un accord, réalisé une association, obtenu un franc succès ou être parvenu à une totale clarification de la situation, vous allez pouvoir activement prendre des décisions expansives, des résolutions progressistes dans le cadre de vos activités professionnelles.

Une situation financière très claire est à coup sûr un facteur de réussite, surtout si vous avez à prendre des décisions importantes, si vous devez faire des choix délicats ou trouver des accords à l'amiable, qui seraient utiles à l'expansion de vos finances ou tout simplement au bon contrôle de votre avoir.

ÉVOLUTION PROBABLE

6 20

Après une reconsidération de votre état de santé, après vous être sorti d'une période difficile, après donc un certain retour à la normale, vous allez devoir prendre des décisions logiques, faire des choix sérieux, vous imposer une discipline pour retrouver votre équilibre.

À la suite ou malgré un renouveau, un changement de situation, vous allez faire des choix sérieux, prendre des décisions logiques en vue soit de trouver un accord équilibré, de créer des liens affectifs stables, soit de rompre définitivement en essayant, toutefois, de rester juste dans vos résolutions.

À suite d'une reconsidération, d'un changement de situation, d'une proposition ou d'un renouveau quelconque, vous allez devoir faire des choix difficiles mais catégoriques, prendre des décisions sévères mais justes, qui tiendront compte de l'équilibre et des bonnes relations de votre milieu familial.

À la suite d'un renouveau, d'une réhabilitation, du renflouement d'une affaire ou d'une proposition, vous allez pouvoir trouver des accords sérieux et équilibrés, prendre des résolutions sévères mais justes, des décisions logiques mais inflexibles, faire des choix catégoriques et pouvoir trancher fermement les situations incertaines.

Quelles que soient les propositions qui vous seraient faites ou le renouveau qui vous serait offert, soyez inflexible dans vos choix, catégorique dans vos décisions et restez toujours dans la plus stricte légalité. C'est ainsi que vous parviendrez à trouver votre équilibre financier.

6 | 21

Vous êtes dans une période d'épanouissement et d'élargissement de votre horizon habituel, et vous aurez raison de bien peser vos choix et vos décisions, car, quelles que soient les possibilités qui vous sont offertes, il ne faut en aucun cas qu'elles vous perturbent ou vous frustrent dans la recherche de votre équilibre.

Vous allez prendre conscience qu'une certaine plénitude affective est à la portée de votre main et qu'il ne tient qu'à vous de la saisir. Si vous pensez à une personne, sachez que ses choix seront réfléchis, pesés, mesurés à leur juste valeur et qu'ils occasionneront dans son existence l'accomplissement de tous ses vœux.

6

Vous semblez pleinement satisfait de votre situation familiale, laquelle facilite vos choix, vos décisions à long terme, et favorise l'épanouissement de vos relations et des liens affectifs que vous entretenez avec beaucoup d'attention et de précaution comme un bien précieux.

Des perspectives favorisant l'élargissement de vos possibilités, l'épanouissement de votre situation ou des contacts avec le lointain vont vous inciter à prendre des décisions réalistes, à faire des choix précis à trouver desaccords, et vous allez alors vous rendre compte à quel point vos résolutions seront déterminantes.

Des perspectives intéressantes sont à portée de votre main, mais soyez prudent, précis et réaliste dans les choix que vous allez faire, dans les décisions que vous aurez à prendre, dans les accords que vous pourriez contracter.

ÉVOLUTION PROBABLE

6 | 22

À la suite — ou à cause — d'un voyage ou d'une démarche, vous allez pouvoir prendre des décisions ou faire des choix utiles à la recherche de votre équilibre vital. Si par hasard vous ne vous étiez pas encore décidé à faire ce voyage ou cette démarche, n'hésitez pas.

À la suite d'un voyage ou d'une rencontre, vous allez prendre une décision ou faire un choix affectif. Si vous n'êtes pas encore décidé à faire un voyage ou une démarche d'ordre affectif, n'hésitez plus. Si vous pensez à une personne, sachez que son arrivée dans votre vie va vous inciter à vous engager sentimentalement plus que vous ne le pensez.

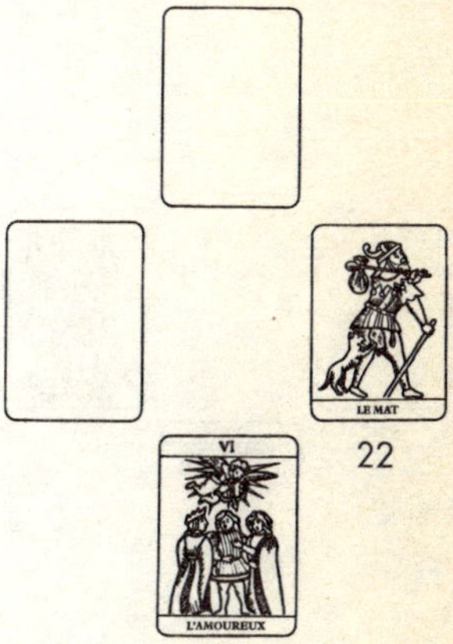

6

À la suite d'un voyage, d'une démarche, d'un départ, d'un retour ou d'une visite, vos liens affectifs au sein de votre foyer familial se trouveront renforcés.

À la suite d'un voyage, d'une démarche, du départ ou de l'arrivée d'une personne, vous serez à même de pouvoir trouver un accord, de faire des choix importants, ou de créer une association utile à votre situation.

À la suite d'une démarche, du départ ou de l'arrivée d'une personne, vous serez en mesure de pouvoir prendre des décisions importantes ou de trouver des accords utiles à la bonne gestion de vos finances. A moins que, plus simplement, vous soyez en train de faire des économies pour pouvoir réaliser un voyage qui vous tient à cœur.

ÉVOLUTION PROBABLE

7 | 1

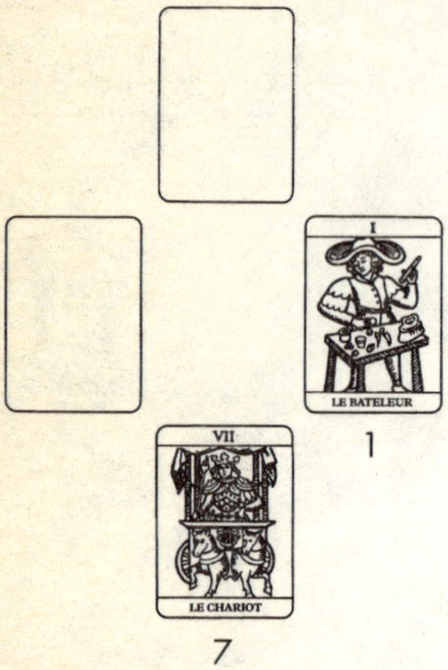

Si vous voulez acquérir votre équilibre et affirmer votre volonté, il vous sera nécessaire de faire des efforts, d'agir avec courage, de vous soumettre à des règles, de vous plier à une discipline.

À la suite d'une décision ou d'une situation nouvelle, imprécise dans votre vie sentimentale, vous allez agir dans un souci de justice et d'équilibre pour pouvoir affirmer ou imposer votre volonté. Si c'est à une personne que vous pensez, considérez alors qu'elle se trouvera totalement impliquée dans la situation décrite ci-avant.

Vous allez devoir agir énergiquement en vous imposant une règle ou une discipline pour faire aboutir un projet, une initiative en rapport avec l'évolution positive de votre situation familiale.

À la suite d'une initiative ou dans le but de réaliser un projet, de faire aboutir une situation nouvelle mais encore imprécise, vous allez agir activement en ne laissant rien au hasard, en contrôlant rigoureusement tous les éléments en cause et ainsi vous parviendrez sans doute à vos fins.

À la suite d'une initiative, dans le but de faire aboutir un projet ou pour triompher d'une situation financière incertaine, vous serez contraint à faire des efforts, à vous imposer une discipline et des règles qui s'avèreront payantes.

ÉVOLUTION PROBABLE

7 | 2

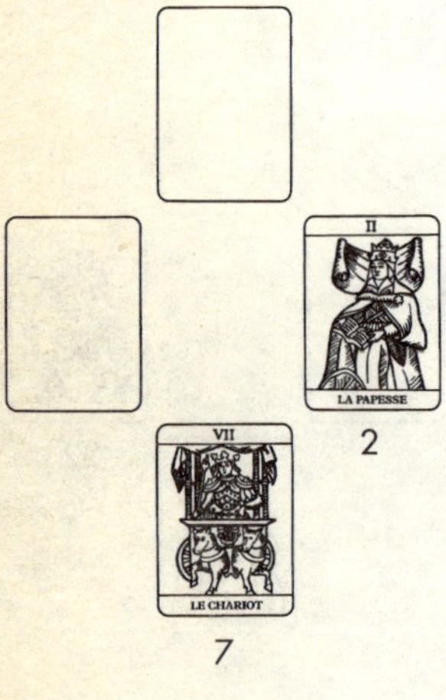

Après une période de doute et d'incertitude ou à la suite d'un examen de santé, vous allez pouvoir entreprendre une action courageuse ou recevoir une nouvelle qui vous encouragera à persister dans vos efforts.

Si c'est à une personne que vous pensez, vous allez bientôt avoir de ses nouvelles ou bien elle va sortir de sa réserve et, grâce à ses efforts et à sa volonté, elle parviendra à ses fins. Sinon vous serez seul à pouvoir agir avec ténacité pour lever les doutes, dévoiler les secrets et obtenir ce que vous voulez dans votre vie affective.

Vous allez bientôt recevoir des nouvelles d'une personne de votre entourage familial, ou bien, après avoir longuement réfléchi à la question, vous allez vous décider à agir pour mettre fin à un doute ou pour faire aboutir un projet en rapport avec votre situation familiale que, jusqu'alors, vous aviez tenu secret.

Vous allez bientôt recevoir des nouvelles d'une personne ou d'une situation qui mettra fin à votre attente, chassera vos doutes, vous donnera le feu vert et vous permettra alors d'agir d'une manière progressiste en étant sur d'aboutir et d'atteindre vos objectifs puisque vous aurez pris soin, au préalable, d'étudier la question.

Vous allez recevoir une nouvelle qui mettra fin à votre attente et vous donnera le feu vert pour entreprendre des actions progressistes mais prudentes en rapport avec vos finances, et vous donnera plus d'assurance pour atteindre vos objectifs.

7 3

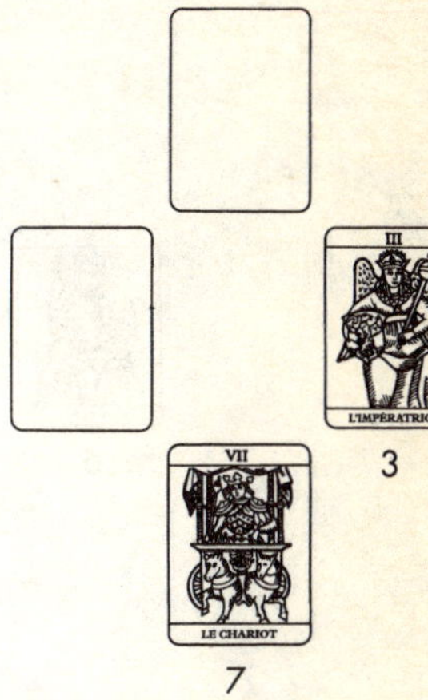

Si vous vous fiez entièrement à votre instinct pour agir, vous obtiendrez ce que vous voudrez par votre volonté et vos efforts.

Vous allez devoir faire des efforts et agir pour faire pencher les événements et les circonstances en votre faveur. Il n'y a aucune raison pour que vous ne parveniez pas à vos fins, pourvu que vous ayez l'esprit et le cœur conquérants.

Votre situation familiale vous assure de pouvoir agir dans le but de réaliser un progrès, de faire aboutir vos projets, d'entreprendre des actions courageuses et généreuses qui vous permettront de triompher des difficultés si vous en avez ou, quoi qu'il arrive, d'avoir le contrôle des événements en cours.

Une situation productive et riche en possibilités va vous permettre d'agir,d'entreprendre des actions audacieuses, de déployer vos efforts pour réaliser ou obtenir un réel progrès, profiter au mieux des circonstances, forcer et contrôler énergiquement les événements et ainsi parvenir très rapidement à vos fins.

Une situation avantageuse ou profitable va vous permettre d'agir, d'exercer pleinement votre volonté pour faire progresser vos finances. N'hésitez pas à faire des efforts et gardez le contrôle des événements.

ÉVOLUTION PROBABLE

7 4

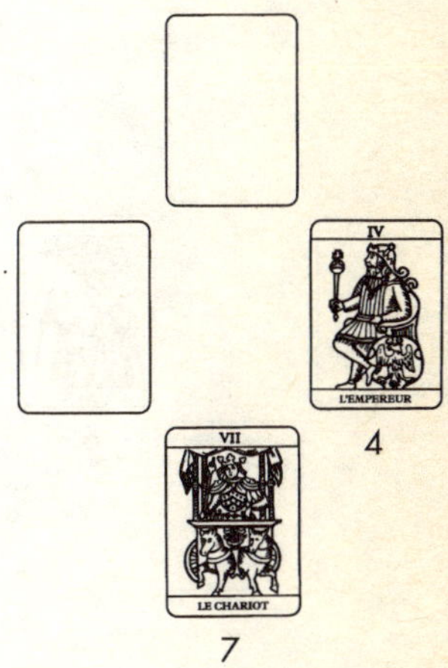

Vous allez avoir l'assurance de pouvoir agir comme vous l'entendez. Vos efforts et votre volonté vous permettront de réussir tout ce que vous allez entreprendre.

Vous serez à ce point sûr de votre situation affective que rien ne pourra vous empêcher d'agir, d'entreprendre, de réussir à imposer votre volonté et à obtenir ce que vous voulez. Si c'est à une personne que vous pensez, sachez que son comportement correspond intégralement à la description ci-avant.

Une situation familiale très sûre vous permet d'entreprendre tout ce que vous voulez, d'agir dans le but de la faire évoluer, de maîtriser avec bonheur et fermeté tous les éléments la concernant.

Vous allez obtenir l'assurance, la certitude de pouvoir agir comme vous l'entendez pour faire évoluer une situation, réussir une entreprise, atteindre vos objectifs, imposer votre volonté doucement mais sûrement, réaliser une remarquable expansion.

Vous allez obtenir des assurances qui vous permettront d'agir librement et de contrôler parfaitement votre situation financière en lui donnant, qui plus est, les moyens de connaître une réelle expansion.

ÉVOLUTION PROBABLE

7 | 5

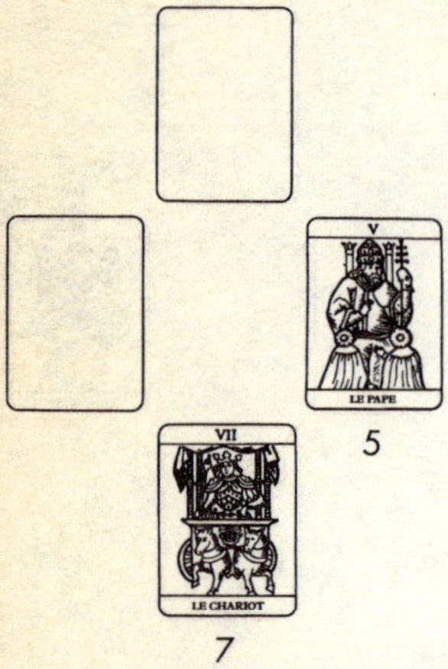

Vous allez être dans l'obligation de faire des efforts, de vous imposer une règle, une hygiène de vie, si vous voulez triompher de vos difficultés ou surmonter votre manque de tonus, votre fatigue.

Vous allez devoir agir et prendre sur vous même si vous voulez que votre situation affective se libère de ce qui la contraint et l'empêche d'évoluer ou de s'épanouir. Si c'est à une personne que vous pensez, sachez qu'elle veut triompher de ses difficultés ou qu'elle sera peut-être dans l'obligation de partir.

Vous allez être contraint d'agir, de partir ou de vous déplacer pour vous libérer d'une situation pénible et frustrante, pour pouvoir triompher de difficultés ou de problèmes dont vous vous sentez responsable, ou pour ne plus vous sentir en situation de dépendance, en état de faiblesse.

Vous allez devoir agir avec courage et volonté pour faire progresser votre situation, ou pour la libérer des contraintes, des obligations, des charges qui l'empêchent d'évoluer ou de progresser comme elle le devrait.

Vos obligations matérielles et morales vont vous contraindre à faire évoluer votre situation et ainsi vous vous sentirez plus libre d'agir et d'entreprendre.

ÉVOLUTION PROBABLE

7 | 6

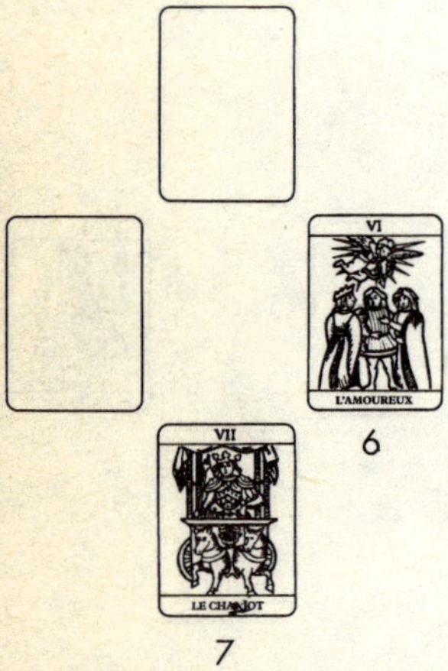

Vous allez devoir faire un choix, prendre la décision d'agir, de faire des efforts pour éliminer radicalement tout ce qui serait susceptible de nuire à votre santé ou à votre équilibre vital.

Vous allez devoir faire un choix, agir pour mettre un terme à une situation, pour triompher de l'indécision, pour changer radicalement votre situation. Si c'est à une personne que vous pensez, sachez qu'elle agit dans la volonté de transformer intégralement sa situation actuelle et que ses efforts sont tels qu'elle y parviendra.

À la suite d'un accord, d'un choix ou d'une décision prise en commun, vous allez pouvoir agir activement et résolument pour transformer et faire progresser votre situation actuelle, pour accomplir votre volonté.

À la suite d'un accord, d'une association ou d'une décision commune vous allez pouvoir agir activement et résolument pour transformer, faire progresser votre situation en atteignant vos objectifs et en récoltant très rapidement le fruit de vos efforts.

À la suite d'un accord ou d'une résolution vous allez pouvoir atteindre rapidement vos objectifs, récolter les fruits de vos efforts ou agir pour transformer radicalement votre situation actuelle.

7 8

Si vous voulez agir librement et obtenir absolument ce que vous désirez, il faudra d'abord vous plier à des règles, vous soumettre à une discipline et ainsi faire des efforts pour vous maintenir sur la bonne voie quoi qu'il arrive. Vous avez l'énergie nécessaire pour y parvenir.

Face à une situation qui est ce qu'elle doit être et qui ne transige pas, vous auriez tendance à vouloir agir ou réagir avec violence pour aboutir à vos fins, ou satisfaire vos désirs. Est-ce bien raisonnable ? Si c'est à une personne que vous pensez, sachez qu'elle est dans le même état d'esprit que celui dépeint ci-devant.

Une situation très stricte va vous permettre d'exercer votre volonté, de déployer vos efforts pour obtenir très rapidement ce que vous désirez, ou susciter chez vous une activité fébrile pour parvenir très vite à vos fins.

Si vous pensez que vous avez la loi pour vous, agissez en déployant vos efforts dans le sens d'un arbitrage sévère mais juste, utile à votre situation. Sinon évitez les actions intempestives pour imposer votre volonté.

Une situation rigoureuse, stricte, équilibrée pourrait vous permettre d'agir pour imposer vos volontés, pour satisfaire vos désirs ou pour atteindre rapidement les objectifs rentables que vous vous êtes fixés.

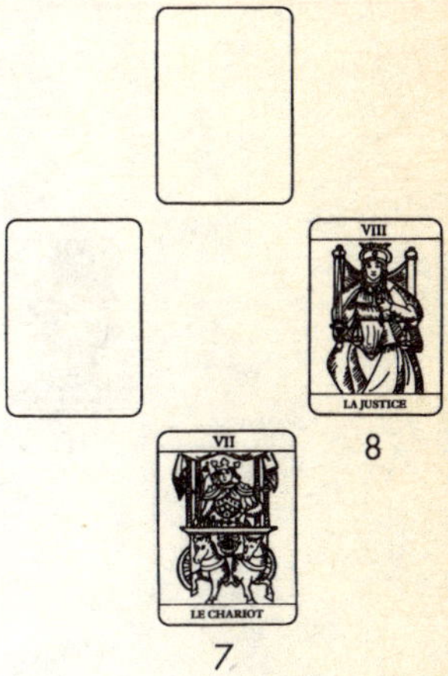

EVOLUTION PROBABLE

7 9

Vous allez découvrir par vous même ou on va vous dire ce que vous devez faire pour vous libérer rapidement de ce qui vous perturbe, de ce qui vous inquiète, de ce qui vous gène actuellement. Par ailleurs, il serait plus prudent de vous abstenir de vous déplacer et de vous détourner des entreprises téméraires ou risquées.

Vous allez réaliser qu'il est nécessaire de brusquer les événements, d'agir et libérer votre situation de tout ce qui l'empêche de s'accomplir selon votre volonté. Si c'est à une personne que vous pensez, sachez qu'après mûre reflexion elle va partir brusquement ou tout remettre en question dans sa situation.

Après mûre réflexion, vous allez brusquement imposer votre volonté et susciter un bouleversement rapide dans votre situation. Sinon, vous allez apprendre une nouvelle bouleversante sous peu, à laquelle, d'ailleurs, vous vous attendiez sûrement sans vraiment vous l'avouer jusqu'à présent.

Vous apprenez une nouvelle qui vous incite à remettre des choses en question dans votre situation ou qui répond aux questions que vous vous posiez. Ce bouleversement sera salutaire et profitable à la bonne progression de vos affaires pourvu que vous vous mainteniez sur la voie que vous vous êtes tracé.

Vous allez apprendre une nouvelle bouleversante, mais si vous savez prendre les précautions nécessaires et tirer partie de cette brusque remise en question, vous parviendrez à rester sur vos rails et à poursuivre votre petit bonhomme de chemin.

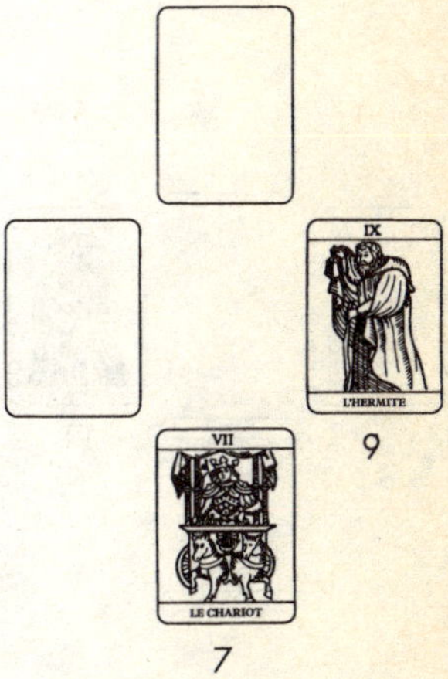

ÉVOLUTION PROBABLE

7 | 10

10

7

Quelle que soit l'évolution des circonstances ou de votre situation, vous saurez toujours agir et vous régénérer en puisant dans vos ressources et en restant réceptif à ce qui se passe autour de vous.

Une situation en voie d'évolution positive favorisera vos efforts et votre volonté d'aboutir à quelque chose de neuf dans votre situation, et vous permettra de réaliser vos espérances et vos aspirations. Par ailleurs, attendez vous à recevoir une très bonne nouvelle.

L'évolution rapide et positive de votre situation vous donnera la chance de pouvoir agir pour réaliser quelque chose de neuf qui correspondrait à vos espérances et à vos aspirations.

L'évolution naturelle de votre situation vous permettra d'agir librement et en accord avec les circonstances pour la faire progresser rapidement, pour réaliser quelque chose de neuf ou pour réussir à imposer une innovation, une création, une idée originale. Sinon attendez-vous à recevoir une nouvelle en rapport avec vos aspirations.

$ Une situation chanceuse favorisera vos actions et votre volonté d'exercer un ascendant sur les circonstances pour faire progresser votre situation dans un sens favorable.

ÉVOLUTION FAVORABLE

7 | 11

11

7

Malgré votre force d'âme, votre belle énergie et votre courage, vous allez devoir encore faire des efforts pour vous sortir définitivement de vos problèmes, pour vaincre vos angoisses ou surmonter vos faiblesses.

Malgré une domination heureuse des circontances et de votre situation, vous avez encore des efforts à faire pour surmonter vos difficultés, vos déceptions, vos inquiétudes affectives. Sinon attendez-vous a recevoir une mauvaise nouvelle. Mais vous avez suffisamment de courage et de volonté pour vaincre vos angoisses.

Même si vous maîtrisez très bien votre situation, vous n'êtes pas encore au bout de vos efforts et de vos peines si vous voulez arriver à vos fins. Attendez-vous à recevoir une nouvelle décevante ou pénible, mais qui ne vous fera certainement pas lâcher prise.

Malgré une domination heureuse de votre situation et des circonstances qui lui sont propres, il restera encore des problèmes à résoudre, des obstacles à surmonter, pour pouvoir atteindre votre objectif. Ne relâchez donc pas votre effort.

$ Quelles que soient les difficultés financières que vous pourriez rencontrer les déceptions ou les mauvaises nouvelles que vous pourriez avoir en ce domaine, vous parviendrez toujours à maîtriser votre situation et vos efforts seront payants.

ÉVOLUTION PROBABLE

7 | 12

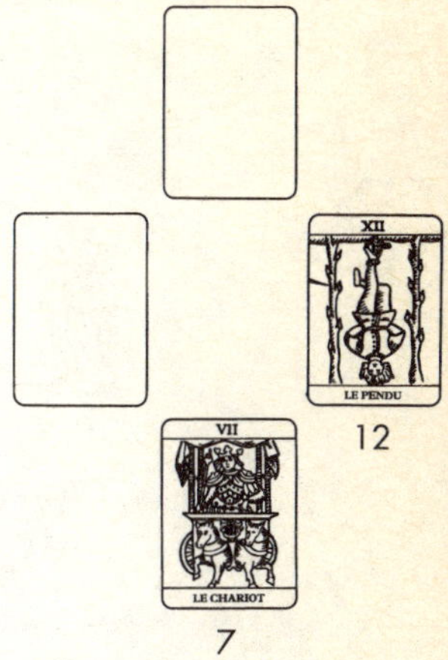

Ne confondez pas laisser-aller et abandon. Mais, quoi qu'il arrive, vous aurez toujours suffisamment de ressort de volonté, de courage pour agir ou réagir positivement.

Bien que vous ayez l'impression de manquer d'autonomie ou de libre arbitre, vous verrez qu'en agissant ou en imposant clairement votre volonté, vous obtiendrez satisfaction. Sinon vous allez recevoir très rapidement une bonne nouvelle qui vous apportera beaucoup de joie et de soulagement.

Il vous suffit tout simplement de vous abandonner à une situation qui est de toute façon très heureuse et qui, de ce fait, progressera d'une manière très positive et certaine, vous apportera beaucoup de joie et de satisfaction. Sinon attendez vous à recevoir une excellente nouvelle.

Vous avez affaire à une situation quelque peu figée mais vous avez les moyens, la volonté de la clarifier, de la faire progresser, de faire aboutir vos accords ou de réussir vos entreprises. Sinon, quelle que soit votre situation actuelle, ne vous endormez pas sur vos lauriers et vos efforts seront couronnés de succès.

$ Vous allez pouvoir agir pour obtenir votre autonomie financière, vous libérer d'une situation contraignante, figée, sans issue ou encore vous allez pouvoir rembourser vos dettes. Sinon, attendez-vous à recevoir une très bonne nouvelle en rapport avec vos finances.

ÉVOLUTION PROBABLE

7 | 13

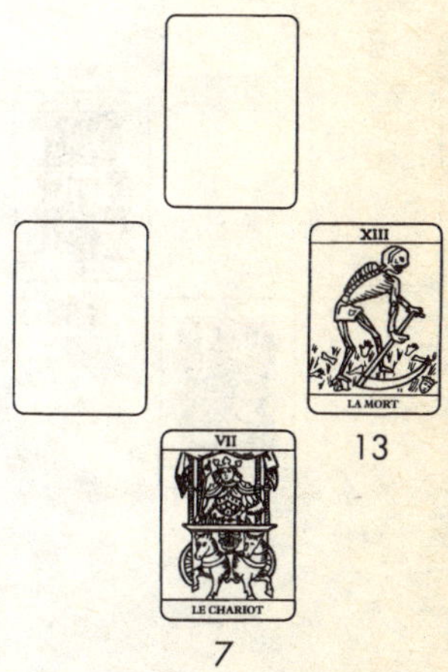

Après avoir éliminé tout ce qui semblait nuire à votre santé, opéré un changement radical ou mis fin à une situation, vous pourrez vous régénérer et réaliser un progrès conséquent par la seule force de votre volonté.

Après un changement radical ou la fin d'une situation, vous allez pouvoir agir dans le sens d'une réconciliation, d'une réhabilitation ou du renouvellement pur et simple de votre vie affective.

A la suite d'une transformation radicale, d'une conclusion logique et fatale, vous allez pouvoir renouveler votre situation, forcer l'estime de votre entourage par votre volonté de changement.

A la suite de la transformation, de l'arrêt ou de la fin d'une situation, vous allez pouvoir agir dans le sens d'un renouvellement ou savoir profiter des opportunités de changement qui vous seront offertes.

$ A la suite d'un profit ou de l'arrêt d'une source de revenus, vous allez sans doute pouvoir agir dans le but de renouveler activement votre situation ou devoir agir pour vous renflouer rapidement.

ÉVOLUTION PROBABLE

7 | 14

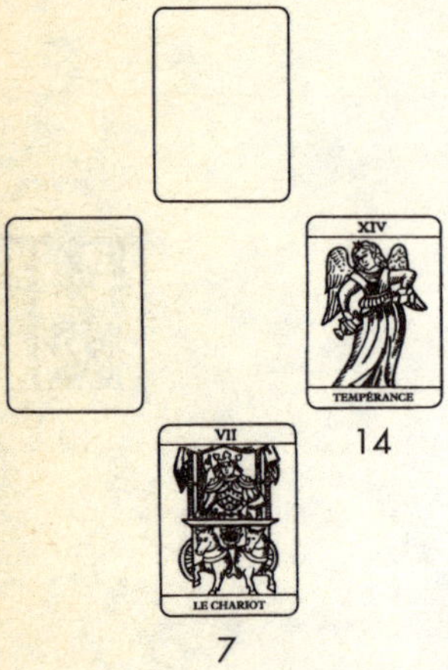

À la suite d'un arrangement, d'un compromis ou parce que vous savez vous adapter avec souplesse aux circonstances et aux courants qui passent, vous allez pouvoir déployer vos efforts pour vous épanouir pleinement, élargir votre horizon habituel ou réaliser un voyage qui vous fera le plus grand bien.

À la suite d'un arrangement, d'un compromis intelligent, d'un échange de vues, vous allez pouvoir agir librement dans le sens d'un accomplissement de vos vœux et de votre volonté et faire ainsi progresser pleinement votre situation affective.

À la suite d'un arrangement opportun, d'un compromis intelligent ou d'une occasion qui vous est offerte, vous allez pouvoir réaliser un grand voyage ou vous allez pouvoir agir dans la volonté d'accomplir vos vœux, de donner plus de bien-être et de mieux-vivre à votre situation familiale.

À la suite d'une opportunité, d'un arrangement, d'une négociation, vous allez pouvoir agir pour élargir le champ de vos actions et de vos possibilités. Vos efforts et vos progrès seront largement récompensés.

$ Saisissez les occasions qui s'offrent à vous de pouvoir réaliser une expansion de vos finances en sachant vous adapter aux circonstances. Vos efforts seront récompensés.

ÉVOLUTION PROBABLE

7 | 15

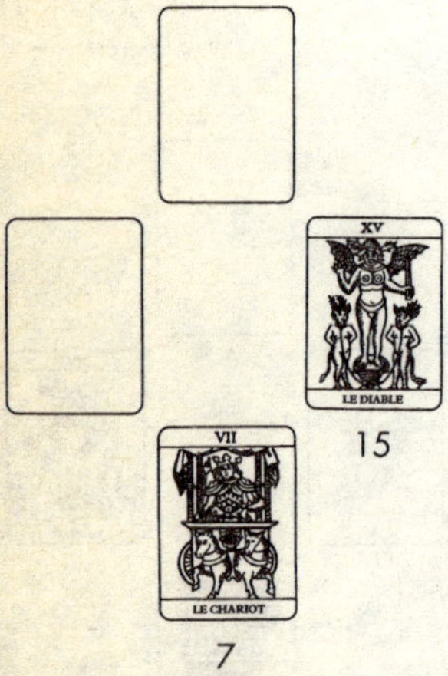

Vous êtes infatigable dans votre volonté de satisfaire vos désirs et d'aller de l'avant, d'être toujours en mouvement. Avec vous, c'est l'action comme fin en soi. Évitez tout de même la surexcitation qui vous ferait prendre des risques inutiles ou vous ferait commettre de graves erreurs.

Un désir absolu, un état de surexcitation intense ou une situation passionnelle va vous inciter à agir ou à partir précipitamment pour obtenir ce que vous voulez. Si c'est à une personne que vous pensez, sachez qu'elle a tendance à agir ou réagir d'une manière excessive et que rien ni personne ne pourra refréner ses élans ou sa volonté.

Vous allez sans doute avoir la possibilité de partir ou d'agir brusquement pour satisfaire vos désirs, ou vous allez réagir d'une manière excessive, irréfléchie, brutale à cause d'une situation trouble ou passionnelle.

Une situation extrêmement avantageuse va vous inciter à partir ou à agir brusquement pour imposer votre volonté, satisfaire vos désirs et vos ambitions, et va vous permettre de réaliser un progrès immédiat dans votre situation. Attendez-vous, quoi qu'il en soit, à une précipitation des événements.

$ Rien ne semble pouvoir vous empêcher de satisfaire vos désirs et d'obtenir ce que vous voulez. À vous de savoir si c'est à tort ou à raison, surtout si vous en avez les moyens.

7 | 16

À la suite d'un accident ou d'une crise de santé, vous allez devoir faire des efforts pour pouvoir sortir triomphant de cette épreuve et reconquérir votre stabilité.

À la suite d'un bouleversement, d'une crise inévitable, ou d'une brusque remise en question de votre situation affective, vous aurez sans doute la volonté d'agir en fonction de ce que votre devoir et vos responsabilités vous dicteront de faire.

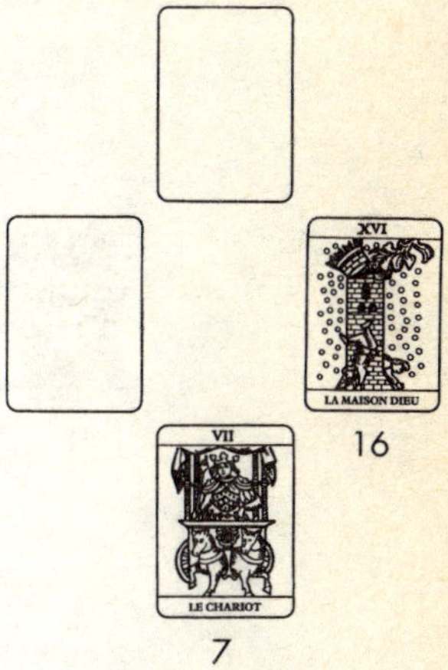

Un bouleversement, une brusque remise en question ou une crise ne suffira pas à vous faire lâcher les rênes de votre situation, et vous poursuivrez ainsi votre petit bonhomme de chemin imperturbable, en n'écoutant que votre devoir. Vos efforts et votre volonté vous permettront de vaincre vos difficultés.

Quels que soient les bouleversements, les crises ou les brusques remises en cause que pourraient connaître votre situation, vous pourrez poursuivre vos efforts et votre mouvement en avant, en vous appuyant sur votre devoir, sur vos responsabilités ou sur une personne influente qui sera solidaire de votre action, de votre volonté d'aboutir.

$ À la suite d'un bouleversement ou d'une brusque remise en question, vous allez pouvoir agir pour faire progresser votre situation et la rendre plus stable, plus fiable.

ÉVOLUTION PROBABLE

7 | 17

Après un retour aux sources, ou après vous être régénéré, vous pourrez agir et prendre activement des résolutions en vue de réaliser quelque chose de neuf,de partir du bon pied, de maintenir votre équilibre.

Vous allez réussir à nouer des relations, des liens affectifs qui correspondront certainement à ce que vous espérez ou bien vous allez faire une rencontre qui répondra à vos aspirations profondes. Si vous espérez faire un voyage en amoureux, vous serez comblé.

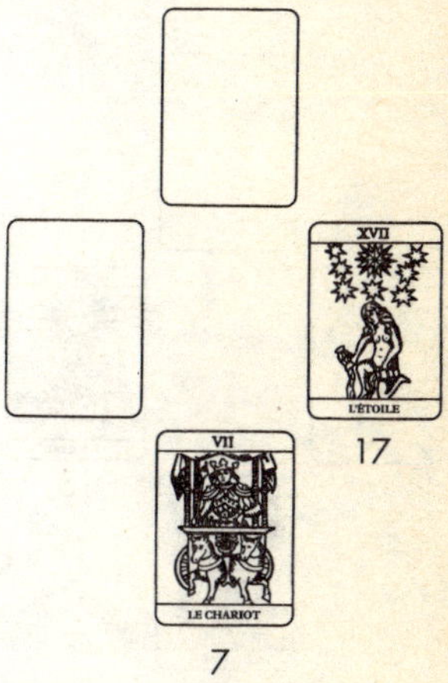

À la suite d'un heureux concours de circonstances ou dans le but de réaliser quelque chose de neuf, vous allez pouvoir imposer vos choix, vos décisions, votre volonté et vous verrez que ceux qui vous aiment vous suivront.

Des circonstances très favorables vont vous permettre d'imposer vos choix, de forcer les décisions, de trouver des accords, d'agir résolument et activement pour faire progresser votre situation ou (et) réaliser quelque chose de neuf, une idée originale, une innovation, une création.

$ Des circonstances nouvelles vont favoriser vos négociations, vos résolutions, vos choix en ce qui concerne le contrôle de vos ressources et la progression de votre situation financière.

ÉVOLUTION PROBABLE

7 | 18

18

7

Pour surmonter votre fatigue, vos angoisses ou pour triompher de vos problèmes de santé, il vous faudra faire preuve de courage, de bonne volonté et ne pas reculer devant l'effort, c'est à cette condition que vous réussirez à vous sortir de ce mauvais pas.

Face à une situation trouble, décevante, conflictuelle, vous serez contraint à faire preuve d'une extrême bonne volonté et à déployer vos efforts pour résoudre activement vos problèmes, surmonter vos désillusions ou, tout simplement, pour réussir à vous en sortir.

Malgré une situation confuse, difficile, décevante ou à cause de celle-ci, vous allez faire un voyage, ou bien vos efforts vous permettront de résoudre vos problèmes, de triompher de vos difficultés, de vous sortir d'un mauvais pas.

Votre volonté et vos efforts vous ont sans doute permis de vous sortir des difficultés, et dorénavant vous allez pouvoir agir et faire progresser votre situation comme vous l'entendez. Votre réussite est assurée à condition que vous ne lâchiez pas les rênes.

Après vous être remis des difficultés d'ordre financier que vous avez connues, vous aurez le champ libre pour agir, imposer votre volonté et déployer vos efforts comme vous l'entendez.

ÉVOLUTION PROBABLE

7 | 19

19

7

Vous avez la volonté de déployer clairement et sereinement vos efforts et votre énergie. Vous pourrez alors acquérir ou renforcer votre dynamisme équilibré, qui vous autorisera à entreprendre ou réussir ce que vous voudrez.

Une union sincère ou une clarification totale de votre situation vous permettra de conquérir votre équilibre, ou bien vous incitera à agir de telle sorte que tout rentrera dans l'ordre dans votre vie privée.

Des relations familiales harmonieuses, heureuses faciliteront votre volonté d'agir dans le sens d'une progression vigoureuse, équilibrée de votre situation.

Une clarification vous permettra d'agir dans votre droit, de réussir à imposer votre loi pour faire progresser votre situation, atteindre vos objectifs avec vigueur et efficacité.

Une clarification ou une situation saine et positive vous permettra d'imposer votre loi, d'agir avec vigueur et efficacité pour maintenir votre cap, et renforcer votre équilibre financier.

7 | 20

Attendez-vous à recevoir une bonne nouvelle concernant votre santé ou bien après un retour à la normale vous serez plus prudent dans le déploiement de vos efforts et vous atteindrez à coup sûr le but que vous vous êtes fixé.

Vous allez apprendre une nouvelle qui va vous inciter à réfléchir et à reconsidérer sérieusement votre situation affective ou bien, à la suite d'une proposition, d'une réconciliation, d'un retour, vous allez pouvoir agir avec prudence et détermination pour que tout soit clair et positif.

On va vous faire une proposition ou vous allez recevoir une invitation. Ou bien, à la suite d'un changement, d'une reconsidération appréciable de votre situation, vous allez pouvoir agir en connaissance de cause pour faire aboutir ce que vous allez entreprendre.

À la suite d'une proposition ou d'un changement dans votre situation, vous allez pouvoir agir avec prudence, réalisme, efficacité pour faire aboutir vos recherches, votre volonté de renouveau, les perpectives nouvelles que vous avez su considérer et reconsidérer avec attention.

À la suite d'une proposition, d'un renouveau, d'un changement bénéfique dans votre situation, vous allez pouvoir agir plus sérieusement et faire des efforts à long terme pour pouvoir à coup sûr atteindre vos objectifs.

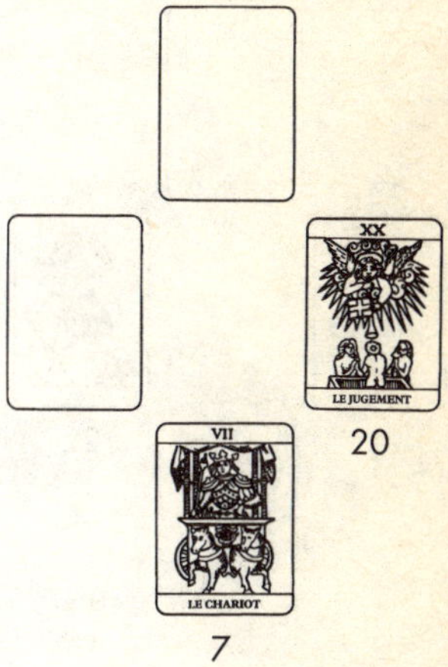

7 | 21

Une situation pleine de possibilités et tout à fait épanouissante favorisera vos luttes, vos efforts, l'expression pleine et entière de votre volonté et de votre énergie active. Si vous faites un voyage, il vous apportera entière satisfaction et il favorisera votre évolution.

Une situation pleinement épanouissante et comblant tous vos vœux favorisera l'expression de votre volonté, vous permettra, qui plus est, d'agir pour faire évoluer positivement votre vie sentimentale. Un voyage peut-être vous apportera entière satisfaction, affectivement parlant.

Une situation familiale épanouie facilitera vos actions, vos efforts, votre volonté de la faire évoluer, de la diriger dans un sens progressiste et de la mener là où vous saurez qu'elle aura les meilleures chances de pouvoir réaliser ses vœux, d'obtenir une certaine plénitude.

Une situation riche en possibilités et ouverte à tous les élargissements de ses horizons et de ses moyens, vous encouragera à aller résolument de l'avant, à réaliser rapidement de grands progrès, à faire évoluer votre situation dans le sens où vous le désirez.

Vous allez avoir la chance, la possibilité, les moyens d'agir pour faire évoluer rapidement votre situation.

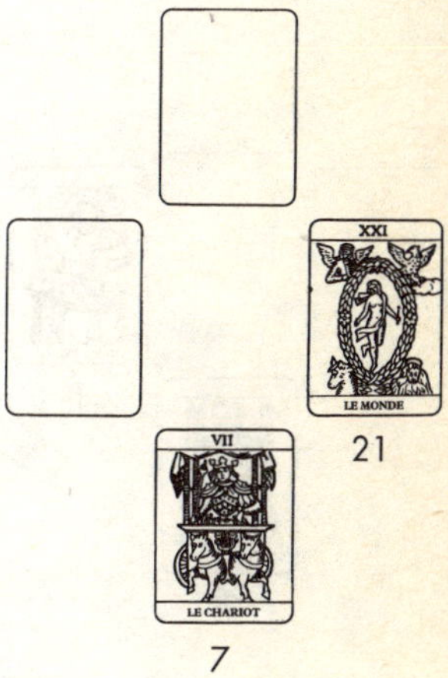

ÉVOLUTION PROBABLE

7 | 22

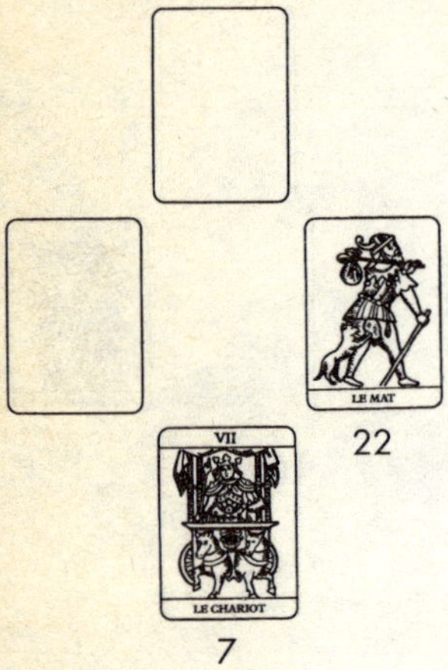

Bougez, voyagez, agissez comme bon vous semble et vous saurez toujours progresser sur la voie que vous vous êtes tracée.

Vous allez devoir partir précipitamment pour accomplir votre volonté ou obtenir ce que vous voulez ; à moins que le départ d'une personne ne fasse progresser très rapidement l'évolution de votre situation affective.

Vous allez pouvoir partir, et ainsi, par vos efforts et votre volonté, faire le chemin qui vous permettra de réaliser un réel progrès ; à moins que l'arrivée ou le départ d'une personne de votre entourage ne fasse évoluer rapidement votre situation. Enfin il peut s'agir d'un déménagement qui se fera à coup sûr.

L'arrivée ou le départ d'une personne, une démarche ou un déplacement, une période de transition sera sans doute déterminant dans la progression de votre situation. Vous aurez de toute façon la volonté d'aboutir, de réussir et vos efforts seront couronnés de succès.

$ Si vous faites les bonnes démarches et que vous savez négocier le bon tournant, vos efforts seront récompensés et vous aurez le succès que vous méritez.

ÉVOLUTION PROBABLE

8 | 1

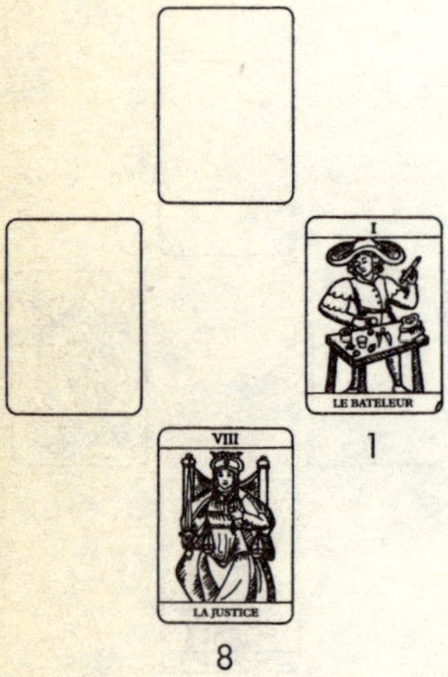

Vous savez toujours habilement prendre les décisions ou les initiatives qui serviront utilement la recherche attentive, prudente et tenace de votre équilibre que vous parviendrez à atteindre doucement mais sûrement.

Face à une situation qui n'en est encore qu'à ses balbutiements, à des projets, à des désirs encore imprécis, vous vous comporterez avec beaucoup de rigueur et d'exigence, et vous serez contraint à faire preuve d'une certaine prudence méditative. À vous de savoir, en la circonstance, si cette attitude sera ou non la bonne.

Vous allez devoir trancher seul une décision ou bien vous allez devoir juger d'une initiative, d'un projet concernant une personne de votre entourage de manière à ce que celle-ci ne remette pas en cause l'équilibre, l'ordre et la stabilité de votre situation familiale. Vous serez, quoi qu'il en soit, inflexible dans votre jugement.

Des projets, des initiatives ou de nouvelles perspectives vont favoriser la recherche de l'équilibre de votre situation. Ne doutez pas de son efficacité, de sa stabilité, de sa fiabilité, mais considérez que, quelles que soient votre habilité et vos compétences, vous devrez vous soumettre à sa loi et à son ordre.

$ Des initiatives, des projets, ou l'habilité d'une tierce personne, serviront, ou servira, sans doute le processus de stabilisation de votre situation. Malgré votre scepticisme, faites confiance aux propositions qui vous sont faites.

ÉVOLUTION PROBABLE

8 2

À la suite d'une observation, d'un constat qui incitera à la prudence, vous vous imposerez une discipline, une hygiène qui servira votre équilibre et votre évolution personnelle.

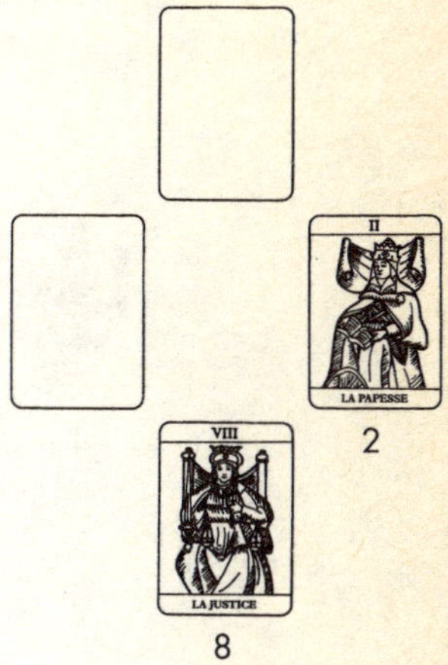

Un jugement rendu mais non encore révélé fera évoluer votre situation, et, semble-t-il, vous ne pourrez rien faire et rien ne bougera tant qu'il ne sera pas prononcé. Si c'est à une personne que vous pensez, sachez que malgré sa réserve et son inertie apparente, c'est une personne équilibrée, sachant évoluer si besoin est.

Vous attendez sans doute qu'un jugement soit rendu, d'être dans votre droit, ou que tout rentre naturellement dans l'ordre. Bref, vous attendez le moment où l'équilibre de votre situation triomphera et cela ne saurait tarder.

Il est parfois nécessaire de savoir attendre, garder sa réserve jusqu'à ce que tout soit rentré dans l'ordre et évolue ; sinon une décision de justice à laquelle vous vous attendez sans doute, sans pouvoir agir ou intervenir, sera prononcée à votre avantage et fera ainsi évoluer votre situation.

$ Il y aura un moment où vous ne pourrez rien faire d'autre qu'attendre que tout rentre dans l'ordre. Sinon c'est l'équilibre ou la stabilisation de votre situation qui lui permettra d'évoluer.

ÉVOLUTION PROBABLE

8 3

Votre intelligence instinctive vous permettra toujours de trouver le bon équilibre et ainsi, quoi qu'il arrive, vous ne perdrez jamais votre sang-froid ni le contrôle de vous-même et de vos moyens.

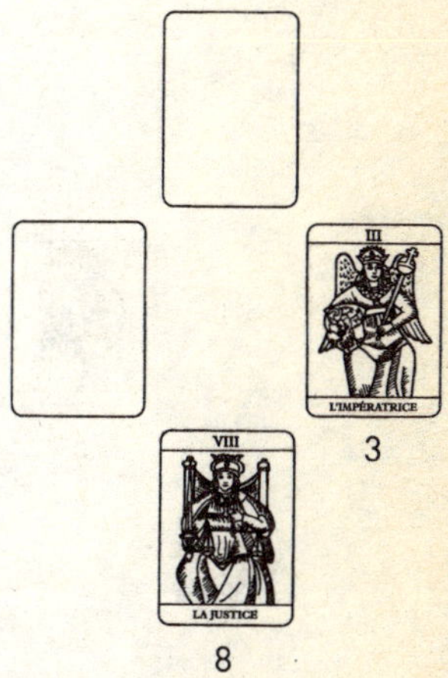

Si c'est à une personne que vous pensez, sachez que la pureté et la sincérité de ses sentiments et de ses actes n'ont d'égales que la stabilité et la générosité de son comportement. Vous pouvez donc entièrement vous reposer sur elle. Sinon vous pouvez de toute façon compter sur une situation affective forte et équilibrée.

Vous pourrez toujours vous reposer sur une situation familiale stable, solide, équilibrée ou bien vous pourrez toujours compter sur le jugement impartial, juste, sevère mais généreux d'une personne de votre entourage qui préside à l'équilibre de votre milieu familial.

Vous avez affaire à un encadrement très stable et très solide sur lequel vous pourrez toujours compter. Sinon vous allez pouvoir agir de façon productive et intelligente pour vous assurer encore plus, si besoin est, de l'équilibre et de la maîtrise de votre situation.

$ Vous allez pouvoir agir de façon intelligente et productive pour acquérir une situation stable, solide, indéfectible sur laquelle vous pourrez vous reposer et qui, donc, vous sécurisera.

ÉVOLUTION PROBABLE

8 | 4

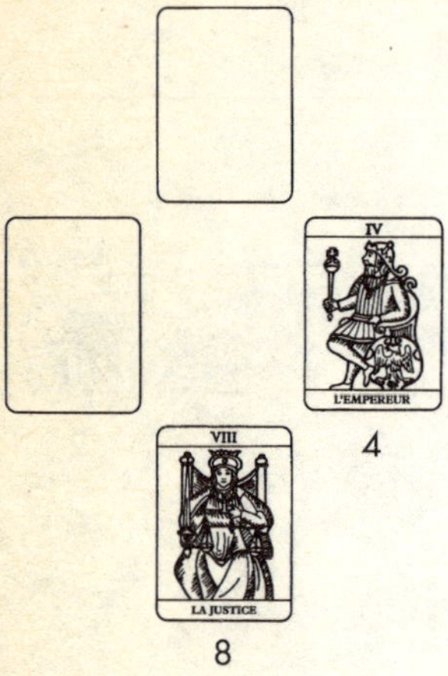

Vous allez être confronté à la nécessité pour vous d'adopter une règle, une discipline de vie qui va vous contraindre ou vous limiter quelque peu dans votre pouvoir d'action, mais qui sera indispensable au maintien de votre équilibre.

Vous êtes contraint à la rigueur, à la discipline dans votre situation ou bien vous allez devoir vous opposer à un mur d'autorité, d'incompréhension, de parti pris, de jugements sévères et rigides contre lesquels vous ne pourrez pas faire grand-chose.

Vous allez être l'objet ou la victime d'un jugement sévère, d'une décision de justice contre laquelle vous ne pourrez pas faire grand-chose. Sinon vous pourrez à coup sûr équilibrer votre situation, mais plus parce que vous y serez contraint que sous l'impulsion d'un choix personnel ou d'une décision spontanée.

Vous risquez d'être confronté à des jugements durs, sans concession, à une situation rigide, intraitable ou de vous trouver opposé à une personne au caractère autoritaire, qui ne vous cédera rien et qui maintiendra obstinément sa position et ses prérogatives.

Vous allez être confronté à des éléments intraitables, rigoureux et sans concession contre lesquels vous ne pourrez pas faire grand-chose ou bien vous obtiendrez des certitudes quant à l'équilibre de votre situation, lequel cependant restera précaire.

ÉVOLUTION PROBABLE

8 | 5

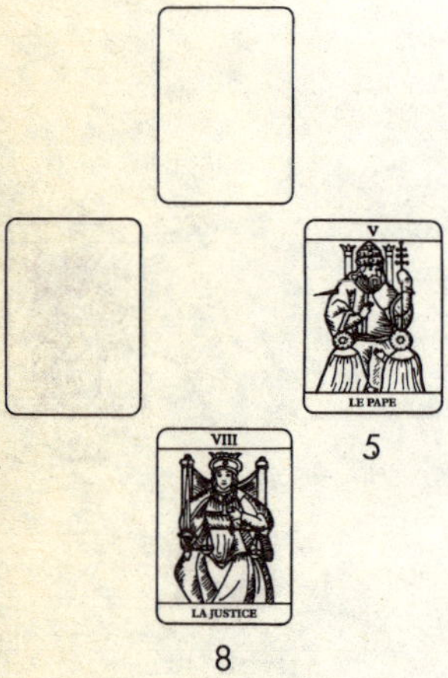

Vous allez réaliser qu'il est de votre devoir d'éliminer catégoriquement tout ce qui serait susceptible de perturber votre équilibre et, pour ce faire, vous imposer une sérieuse discipline.

Vous allez être dans l'obligation de vous soumettre à un jugement rendu qui mettra un terme à une situation et ainsi sans doute pouvoir retrouver votre équilibre grâce à ce changement, à ce tournant dans votre vie auquel vous êtes contraint.

Un jugement sera prononcé comme il se doit et il sera impossible d'y revenir. Votre intégrité, votre pouvoir moral, votre sens de l'équité seront ainsi récompensés. À moins, bien sûr, que vous ne vous soyez mis en tort, auquel cas c'est à votre encontre que ce jugement sera rendu.

Un jugement radical, inflexible, sans recours va être prononcé et impliquera un changement radical, l'arrêt ou le rejet d'une situation. Ou bien un accord établi et réalisé dans la plus stricte légalité pourrait s'avérer très profitable.

Vous allez parvenir à un accord, signer un contrat ou réaliser une affaire dans la plus stricte légalité, qui sera profitable à l'équilibre de votre situation.

8 6

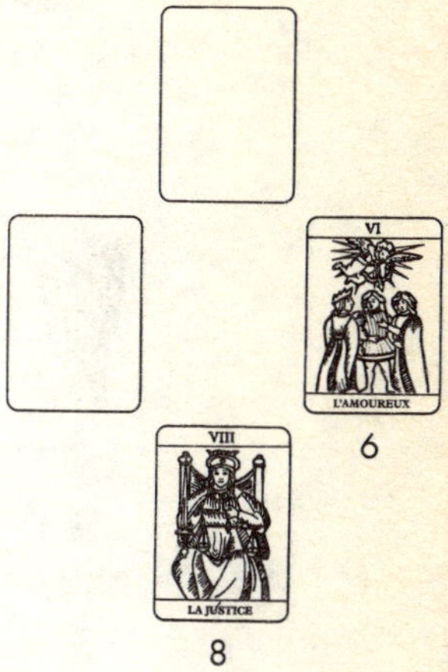

Vous ne serez pas dans l'embarras pour faire les choix ou pour prendre les résolutions qui s'imposent et vous saurez ainsi vous accommoder des circonstances et des événements pour qu'ils servent votre équilibre.

Vous allez devoir faire preuve d'équité dans vos décisions et dans vos choix, lesquels rendront votre situation à la fois plus équilibrée et plus souple.

Des relations priviligiées serviront l'équilibre de votre situation et favoriseront les choix que vous serez amené à faire en vous aidant à trouver des arrangements opportuns, de bons compromis, les dispositions équitables qui satisferont tout le monde.

Vous allez devoir trouver des arrangements, des accords équitables et opportuns qui serviront l'équilibre de votre situation, laquelle, d'ailleurs, s'en trouvera plus stable mais aussi plus disponible, plus ouverte aux courants extérieurs qui seraient susceptibles de l'enrichir ou de la renouveler.

Si des choix ou des décisions s'imposent à vous, abordez-les avec discipline, lucidité, réalisme. Ainsi faites un bon usage des opportunités qui s'offriraient à vous et qui rendraient votre situation mieux adaptée aux circonstances.

ÉVOLUTION PROBABLE

8 7

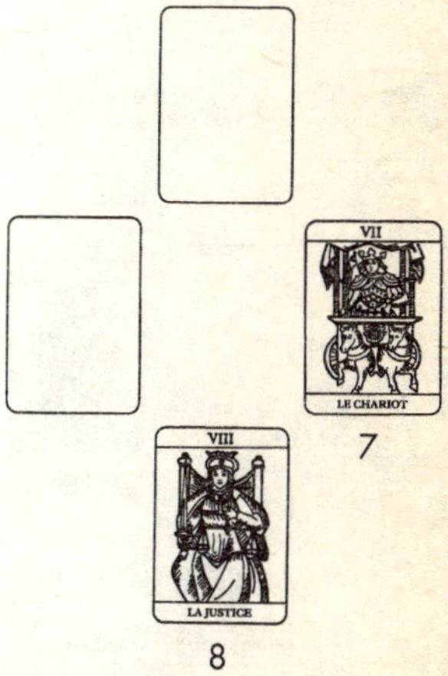

Vous allez devoir faire des efforts et vous imposer une sérieuse discipline pour parvenir à domestiquer votre excitabilité et pour pouvoir utiliser votre énergie active d'une manière plus équilibrée, plus juste, plus normale.

Vous allez devoir imposer votre volonté d'une manière peut-être un peu dure et inflexible pour contenir le désordre, le trouble que votre situation pourrait connaître : mais ainsi tout rentrera dans l'ordre et vos efforts seront récompensés.

Votre situation ne pourra progresser sans suivre rigoureusement et coûte que coûte la ligne de conduite qui lui aura été dictée.

Une nouvelle ou l'aboutissement d'une action, d'un effort, d'un progrès va vous permettre d'établir des bases solides et de contrôler avec rigueur et discipline une situation sûre et très profitable à tout point de vue. En cas de jugement, il sera prononcé à votre avantage.

Vos efforts vous permettront d'aboutir rapidement à imposer votre volonté et vous pourrez alors vous appuyer sur une situation avantageuse aux bases solides, équilibrées.

ÉVOLUTION PROBABLE

8 | 9

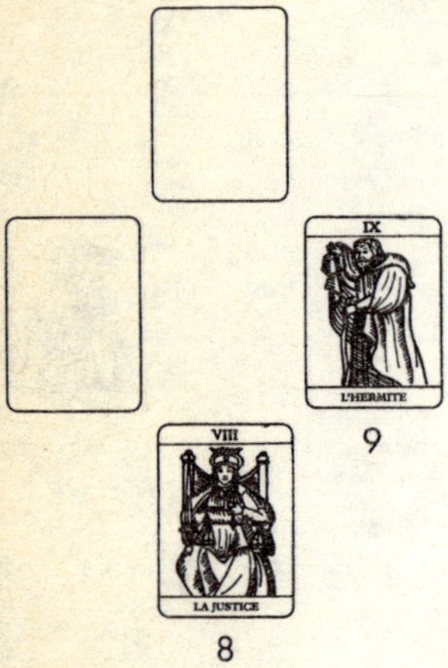

Une prise de conscience, une incitation à la prudence ou une découverte personnelle va vous permettre de vous imposer une discipline douce et utile à votre équilibre.

Une prise de conscience, ou quelque chose que vous allez apprendre ou découvrir par vous-même, vous incitera à porter ou à rendre un jugement qui ne sera pas incompatible avec vos sentiments, ou à vous imposer un peu plus d'ordre, de discipline dans votre réceptivité extrême, dans votre quête exigeante de l'amour parfait.

Avec le temps vous parviendrez à équilibrer votre situation en vous appuyant sur des bases profondes, créatives, novatrices et des circonstances naturellement favorables. Soyez donc patient et tenace dans vos recherches.

Vous parviendrez peu à peu, doucement mais sûrement, en faisant preuve de vigilance et de ténacité, à rendre votre situation sûre, à lui trouver un équilibre qui s'appuiera sur quelque chose de neuf. Une idée originale, une création, une innovation.

$ Vous allez apprendre ou réaliser à quel point il est nécessaire et indispensable d'équilibrer vos ressources et votre situation sur des bases nouvelles.

ÉVOLUTION PROBABLE

8 | 10

Malgré vos craintes ou vos problèmes en ce qui concerne votre santé, la discipline que vous vous infligerez et votre équilibre naturel seront les plus forts.

Quels que soient les problèmes que vous pourriez rencontrer, soyez strict, rigoureux et inflexible dans vos jugements. C'est la seule attitude à adopter devant une situation confuse et conflictuelle. Ainsi, tout rentrera dans l'ordre.

Les problèmes que vous pourriez connaître au sein de votre milieu familial se résoudront d'eux-mêmes parce qu'ils se briseront contre votre équilibre personnel ou celui de votre situation.

En cas de problèmes ou de conflits dans votre situation, vous n'aurez qu'à faire preuve d'un équilibre et d'une inflexibilité à toute épreuve et vous verrez lesdits problèmes ou lesdites difficultés s'estomper comme par enchantement.

$ Votre situation va évoluer de telle sorte que vous allez pouvoir mettre de l'ordre dans vos finances et régler tous vos problèmes.

8 11

La maîtrise de votre situation et une domination saine et heureuse des circonstances vous donnent l'assurance d'un équilibre clair et parfait.

Une bonne maîtrise de votre situation, une confiance sereine en vous et en les circonstances vous autoriseront à porter des jugements clairs et positifs si besoin est ou, sinon, à parvenir à une certaine félicité, à un certain équilibre privilégié dans vos rapports affectifs.

Une domination heureuse des circonstances vous autorisera à porter des jugements très clairs sur votre situation et lui permettra ainsi d'acquérir son expansion naturelle et un équilibre parfait.

L'expansion naturelle de votre situation en même temps qu'une domination heureuse des circonstances vous permettront de réaliser un accord dans la plus stricte légalité qui sera pour vous un facteur de succès et de réussite.

Une expansion ou une maîtrise tranquille et sûre de votre situation vous permettra de réaliser un accord important ou de clarifier strictement et rigoureusement tout ce qui aurait besoin de l'être.

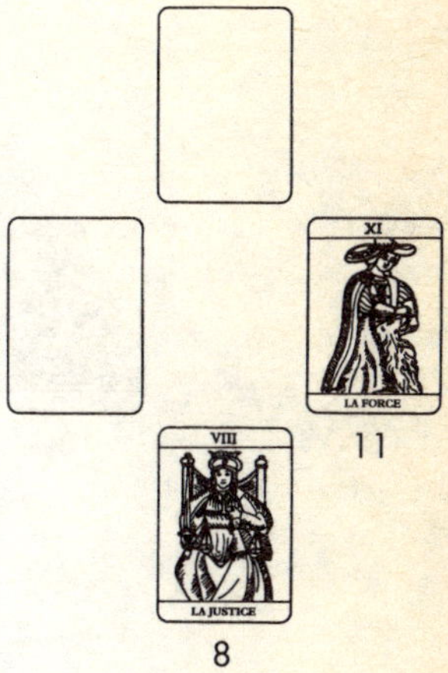

ÉVOLUTION PROBABLE

8 12

À la suite d'un certain retour à la normale, vous allez comprendre qu'il sera indispensable désormais de vous contraindre à une certaine discipline si vous voulez préserver votre équilibre.

Un jugement sévère, impartial et logique va être rendu, mais il permettra à votre situation de se renouveler, de ne plus se sentir contrainte et figée comme elle l'était jusqu'alors.

Un jugement sévère, impartial et logique va être rendu, mais il vous apportera à n'en pas douter un soulagement puisqu'il vous délivrera de certaines contraintes.

Vous allez être dans l'obligation de revenir sur votre jugement ou de remettre en cause l'équilibre de votre situation, si vous voulez la voir se renouveler, se libérer de ses contraintes ou de ce qui la fige quelque peu, ou bien il faudra qu'un jugement soit prononcé en ce sens.

Vous allez devoir vous soumettre à un jugement sévère, impartial mais logique, qui s'avèrera nécessaire à l'équilibre revu et corrigé ou retrouvé de votre situation.

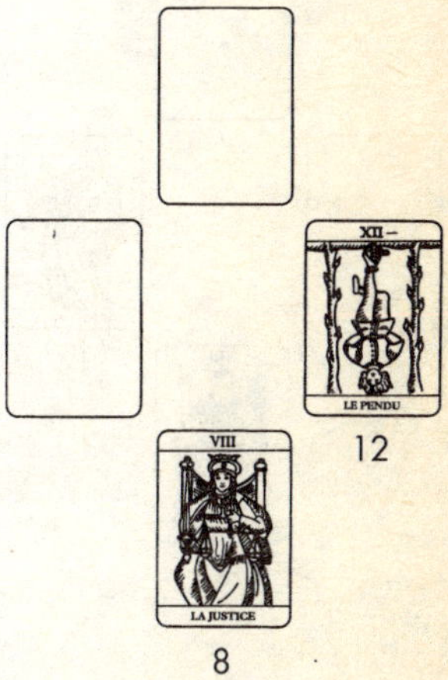

ÉVOLUTION PROBABLE

8 | 13

Après avoir mis fin à une situation ou à la suite d'un changement dans votre existence, vous allez trouver un équilibre pleinement épanouissant.

À la suite d'un changement important ou d'une transformation radicale de votre situation, vous allez pouvoir donner à votre équilibre affectif et moral une certaine plénitude à laquelle vous aspirez depuis longtemps.

À la suite d'un changement, d'une transformation, vous allez pouvoir rendre l'équilibre de votre situation plus complet, plus absolu.

À la suite d'un changement, d'une transformation, d'un avantage quelconque ou de l'arrêt d'une situation, vous allez pouvoir rendre votre situation plus équilibrée à tout point de vue ou lui apporter un élargissement, un épanouissement qui servira son équilibre.

$ À la suite du profit tiré d'une situation vous concernant, laquelle, d'ailleurs, en est peut-être aujourd'hui à sa conclusion, d'un changement ou d'une transformation, vous allez pouvoir vous assurer d'un équilibre financier plus stable.

ÉVOLUTION PROBABLE

8 | 14

À la suite d'une opportunité ou bien après avoir longuement pesé le pour et le contre, votre équilibre moral vous dictera finalement de partir ou d'accepter résolument cette transition.

Après mûre réflexion, une longue indécision quant à l'attitude à adopter en la circonstance, et peut-être une longue discussion, il sera décidé brusquement de trancher mais dans un souci d'équité et de trouver le meilleur arrangement possible.

Des échanges de vues, des discussions ou des réflexions personnelles vous permettront sans doute de trouver les compromis et les arrangements nécessaires au bon équilibre de votre situation, mais aussi de transmettre ou de recevoir de la meilleure façon possible une décision rigoureuse que vous aurez ou qui aura été prise.

À la suite d'une opportunité vous allez pouvoir faire avancer ou déplacer l'équilibre de votre situation, ou bien, après des négociations qui auront abouti à des arrangements, à des compromis, une décision juste et équitable sera prise en rapport avec votre situation.

$ À la suite d'une opportunité, d'un arrangement ou d'une transaction, vous serez tenté de remettre en cause ou de déplacer l'équilibre de votre situation.

ÉVOLUTION PROBABLE

8 | 15

Un traitement très strict, ou un régime sévère, risque de vous être imposé. En cas de maladie grave, vous serez contraint à recourir d'urgence à des moyens extrêmes, puisque le diagnostic qui vous sera délivré aura sans doute un caractère de gravité.

Une situation passionnelle, des relations excessives ou un certain désordre amoureux et moral sera jugé comme il se doit, c'est-à-dire sévèrement, et vous n'y pourrez rien changer.

Un jugement sévère et inflexible va être rendu à votre encontre, à l'encontre de votre milieu familial ou d'un membre de votre famille, ou bien vous allez réaliser un accord ou un contrat dans la plus stricte légalité en rapport avec votre situation familiale.

Un jugement sera sans doute pris à votre avantage puisqu'il vous permettra d'en tirer un profit. Sinon, dans la perspective de réaliser une opération très profitable, vous allez pouvoir conclure un accord ou signer un contrat qui affirmera l'équilibre de votre situation et la stabilité de votre position.

Une décision rigoureuse, restrictive et légale sera prise à l'encontre ou à l'avantage de votre situation. Dans le premier cas vous n'aurez d'autre recours que de vous y soumettre. Dans le second cas, elle prévaudra à une plus grande stabilité de votre situation.

ÉVOLUTION PROBABLE

8 | 16

À la suite d'un bouleversement, d'une crise de santé ou d'un accident, vous allez devoir vous imposer une sérieuse discipline ou bien vous échapperez à un risque grâce à votre équilibre. Quoi qu'il en soit, soyez prudent.

À la suite d'un bouleversement, d'une crise, d'une sérieuse remise en question dans votre situation affective, votre équilibre va s'en trouver quelque peu perturbé, et pourtant il vous faudra encore prendre des résolutions sévères, justes et salutaires.

Un bouleversement, une crise ou une rupture sera au bout du compte salutaire, servira l'équilibre de votre situation et favorisera vos résolutions sévères mais justes.

À la suite d'un bouleversement, d'une brusque remise en question, vous allez devoir imposer, ou vous imposer, des résolutions sévères mais justes, prendre une décision rigoureuse, ferme et formelle qui servira l'équilibre de votre situation.

Un bouleversement salutaire, une brusque remise en question ou une crise vous incitera à prendre des résolutions sévères mais justes, en tout cas indispensables à l'équilibre de votre situation.

ÉVOLUTION PROBABLE

8 | 17

Votre équilibre actif et dynamique sera mis en valeur par des circonstances tout à fait bénéfiques, qui vous permettront d'imposer fermement mais justement votre volonté.

Des circonstances tout à fait favorables, des sentiments purs et sincères feront progresser à coup sûr votre situation stable et équilibrée.

Des circonstances tout à fait bénéfiques favoriseront l'évolution de votre situation à partir du moment ou celle-ci s'appuiera sur des valeurs stables, équilibrées ou justiciables.

Des circonstances très bénéfiques, des innovations, des créations, des idées originales favoriseront à n'en pas douter la progression sûre et équilibrée de votre situation.

Des circonstances nouvelles et bénéfiques favoriseront l'évolution constante et équilibrée de vos ressources ou de votre situation financière.

ÉVOLUTION PROBABLE

8 | 18

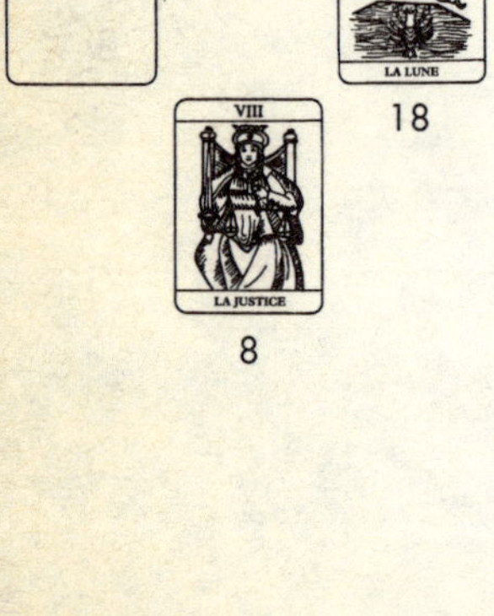

Ne soyez pas inquiet pour votre santé et ne vous angoissez pas pour des problèmes, des ennuis, des troubles qu'une attitude très stricte, ferme et disciplinée vous permettra de résoudre aisément.

Des conflits, des problèmes, des déceptions ou des erreurs vous conduiront à vous comporter avec beaucoup de rigueur, à imposer un ordre et une discipline dans votre situation pour chasser ou éliminer tout ce qui pourrait lui nuire ou venir troubler son équilibre.

Une situation confuse, confidentielle, décevante vous incitera à vous comporter avec la plus extrême rigueur, avec la plus intense sévérité formelle et morale. C'est à cette unique condition que tout pourra rentrer dans l'ordre.

Des problèmes, des conflits, des désaccords vont vous conduire à faire intervenir la loi, à tout entreprendre pour obtenir gain de cause. À moins que vous n'ayez commis une erreur, auquel cas, attendez-vous à être jugé comme vous le méritez.

Si vous avez commis une erreur, vous allez devoir la payer en conséquence. Sinon une situation conflictuelle ou problématique va vous contraindre à une attitude stricte, scrupuleuse ou à avoir recours à des éléments justiciables qui trancheront.

ÉVOLUTION PROBABLE

8 19

Vous allez être éclairé comme vous le souhaitez et vous serez alors en mesure, doucement mais sûrement, de trouver ou de renflouer votre équilibre vital.

Vos sentiments sincères et partagés vous aideront à trouver la stabilité affective que vous recherchiez depuis longtemps et ainsi à pouvoir vous reposer sur une situation équilibrée qui avec le temps, ira sans doute en s'affermissant.

Une certaine harmonie relationnelle et affective ou une clarification positive servira et affermira l'équilibre de votre situation, rendra votre comportement et votre jugement plus strict, plus cohérent, plus naturel.

À la suite d'une clarification, d'un accord juste et bénéfique ou d'un succès dû à vos mérites, vous aurez la sensation que tout ce qui devait être fait dans ce sens a bien été fait, et qu'ainsi votre situation s'en trouve confirmée dans son équilibre et dans sa cohérence.

À la suite d'une clarification, d'un accord très positif, vous allez pouvoir trouver très précisement l'équilibre et la stabilité que vous recherchiez.

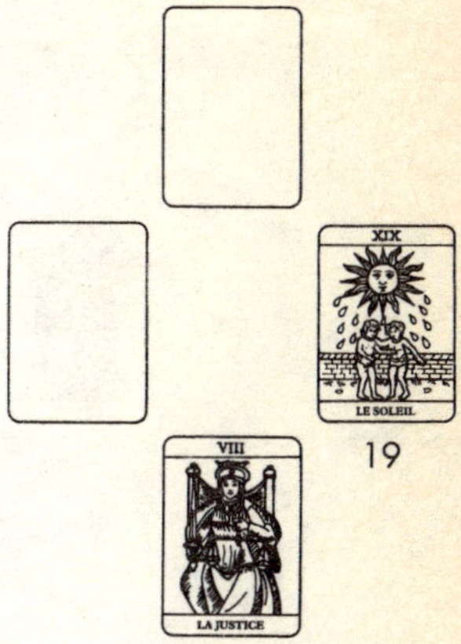

19

8

ÉVOLUTION PROBABLE

8 20

À la suite d'une guérison ou d'un renouveau vous n'aurez aucun mal à vous régénérer, et vous verrez votre situation ou votre état de santé évoluer favorablement grâce à votre équilibre vital retrouvé.

Tout rentrera dans l'ordre spontanément et naturellement dans votre vie affective ou bien vous allez connaître un renouveau qui fera évoluer votre situation d'une manière équilibrée et stable.

Votre situation va connaître un renouveau qui lui permettra d'évoluer avec justesse et précision dans un sens qui favorisera son équilibre, son intégrité, son honorabilité.

À la suite d'une proposition, d'une réhabilitation ou d'un renouveau de quelque nature que ce soit, votre situation pourra évoluer d'une manière stable et équilibrée.

A la suite d'une proposition ou d'un renouveau, votre situation va pouvoir évoluer d'une manière équilibrée, juste et profitable.

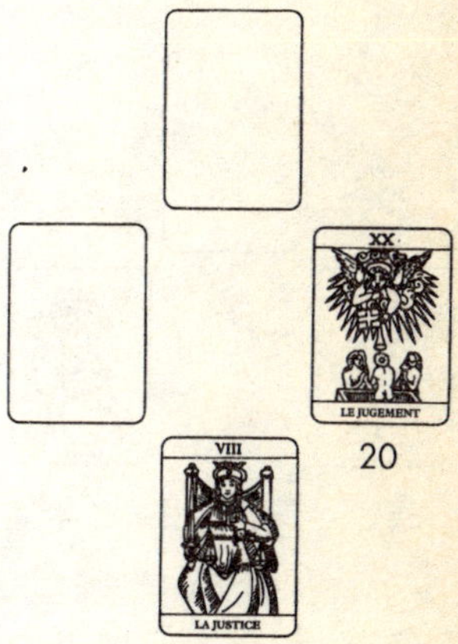

20

8

ÉVOLUTION PROBABLE

8 | 21

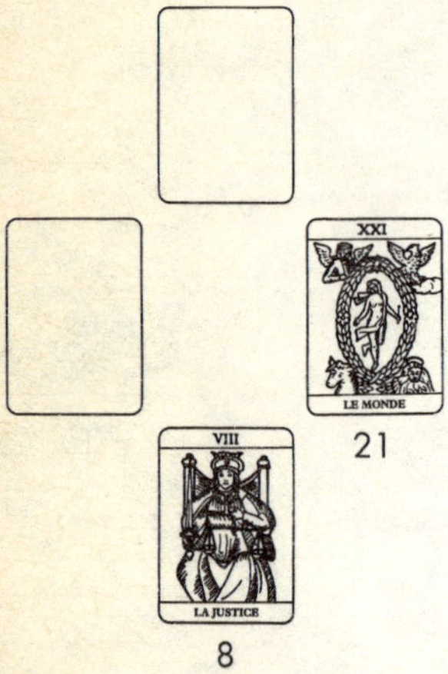

L'expression pleine et entière de votre épanouissement ou l'élargissement de votre horizon naturel rendra votre équilibre encore plus sûr, encore plus serein, si besoin était.

L'épanouissement de votre vie affective ou l'accomplissement de vos vœux rendra votre situation très sûre et très équilibrée.

Une situation épanouie, riche en possibilités ou l'accomplissement de vos vœux les plus chers vous permettra d'affermir son équilibre, sa constance et sa probité, si besoin était.

Une situation riche en possibilités ou l'expansion naturelle de votre situation vous permettra d'affermir votre position, de la rendre plus juste, plus solide, plus équilibrée si besoin était.

À la suite d'une expansion avantageuse ou dans cette perspective, vous allez pouvoir vous assurer un équilibre très sûr et très solide dans votre situation, qui ne sera pas prêt d'être remis en cause.

ÉVOLUTION PROBABLE

8 | 22

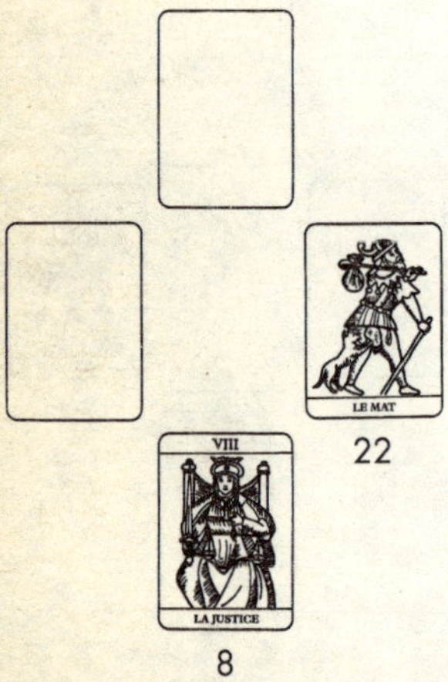

À la suite d'un voyage, d'un déplacement ou d'une démarche, vous reviendrez plein de bonnes résolutions, de décisions rigoureuses et sages. Bref, vous vous sentirez beaucoup plus raisonnable.

L'arrivée ou le départ d'une personne, un voyage ou une démarche, vous incitera à être plus raisonnable, plus sage plus rigoureux dans votre situation affective et à assurer avant tout votre équilibre.

L'arrivée ou le départ d'une personne, un voyage, un déplacement, un déménagement peut-être, confirmera ou s'inscrira dans l'équilibre de votre situation.

À la suite du départ ou de l'arrivée d'une tierce personne, d'un voyage ou d'une démarche, l'équilibre de votre situation se trouvera confirmée. Vous vous sentirez alors pleinement dans votre droit et à votre place.

Si vous avez fait quelques extravagances, vous en subirez les conséquences. Sinon cherchez activement tout ce qui pourrait servir et confirmer l'equilibre de votre situation.

ÉVOLUTION PROBABLE

9 1

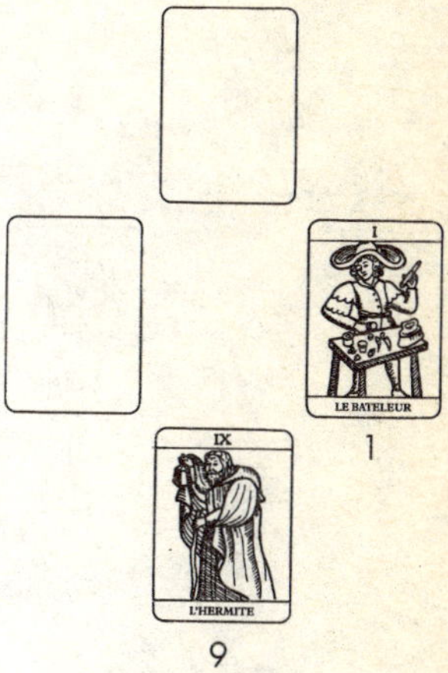

À la suite d'une initiative ou d'une décision mûrie, vous allez devoir prendre toutes sortes de précautions, peut-être vous isoler quelque temps pour opérer doucement mais sûrement un changement ou une évolution souhaitable.

Si c'est à une personne que vous pensez, sachez qu'elle se demande comment elle va s'y prendre pour faire évoluer sa situation ; sinon il vous faudra faire preuve de patience, de sagesse et de ténacité pour faire évoluer une situation nouvelle.

Face à un projet ou à une initiative concernant l'évolution probable de votre situation familiale, vous vous comporterez avec beaucoup de prudence, de réalisme et de sagesse, ou bien vous conseillerez de la même manière une jeune personne de votre entourage pour qu'elle puisse réaliser ses projets ou concrétiser ses désirs.

Dans l'attention de faire aboutir un projet ou une initiative, vous vous comporterez avec une extrême prudence, et vous chercherez la manière la plus sage et la plus sûre de faire positivement évoluer votre situation.

C'est par votre travail, par votre activité et grâce à votre habileté que vous pourrez doucement mais sûrement faire évoluer votre situation. Soyez-en conscient.

ÉVOLUTION PROBABLE

9 2

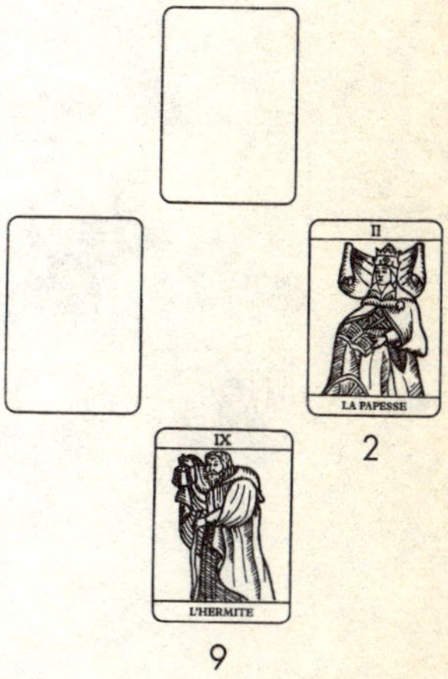

Vous finirez par savoir tout ce qui vous intéresse, par comprendre ce qui vous inquiète et par dominer sereinement tous les éléments, tous les moyens qui pourraient vous permettre de trouver votre équilibre physique et moral.

Vous parviendrez à savoir ce qui vous intéresse ou qui n'a pas encore été dit ni révélé. Il vous faudra faire preuve de patience, de vigilance et de ténacité si vous souhaitez peu à peu maîtriser votre situation et ne plus être dupe.

Après avoir étudié la question de près et attendu le moment propice, vous parviendrez doucement mais sûrement à faire avancer votre situation dans le sens que vous dicteront de suivre votre expérience, votre sérieux et votre maturité.

Avant de pouvoir agir et avancer doucement mais sûrement, vous passerez par un stade de réflexion et d'étude, de réserve et de scepticisme d'où vous tirerez les conclusions et les éléments qui vous donneront les assurances dont vous auriez besoin pour ne pas avoir l'impression d'avancer dans le brouillard.

Vous ne pourrez agir prudemment ou prendre les dispositions qu'il faut, que lorsque vous aurez étudié la question à fond et qu'ainsi vous saurez tout ce qui concerne votre situation.

ÉVOLUTION PROBABLE

9 | 3

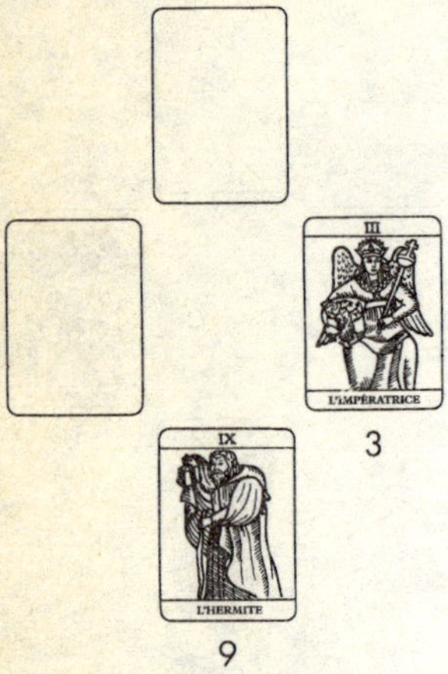

Votre instinct et votre autodéfense naturelle vous forceront malgré vous à ne plus être dupe de ce qui va ou ne va pas chez vous, et ainsi à faire preuve de plus de prudence, à ne plus avancer dans le brouillard, à ne plus rester en état de faiblesse.

Vous allez prendre la mesure réelle de votre attachement, de votre dépendance à l'égard d'une personne qui vous est chère ou bien vous serez contraint à rechercher des solutions pour vous sortir d'une situation contraignante.

Vous allez sans doute vous sentir un peu seul et contraint chez vous ou au sein de votre milieu familial. Mais vous rechercherez les moyens de vous sortir de cette situation de servitude.

Une situation matériellement intéressante et profitable vous incitera à l'étude, à la réflexion, à la recherche patiente, difficile et quelque peu contraignante d'un objectif à long terme.

$ Une situation matériellement profitable mais quelque peu contraignante vous incitera à l'étude précise et prudente des moyens les plus sûrs pour en sortir.

ÉVOLUTION PROBABLE

9 | 4

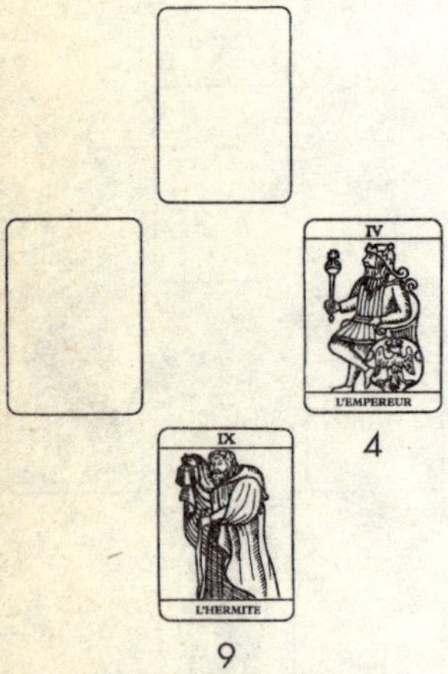

Vous serez bientôt convaincu de la nécessité de procéder par élimination et de changer prudemment mais résolument tout ce qui doit l'être.

Vous allez réaliser, comprendre, découvrir qu'il serait plus prudent, plus sage de mettre fin à une situation, d'opérer un changement radical dans votre vie affective.

Vous allez vous convaincre, ou une personne de votre entourage saura vous convaincre, de la sagesse qu'il y aurait à opérer un changement radical ou à mettre fin à une situation.

Après mûre reflexion et des consultations auprès de personnes susceptibles de vous éclairer en la circonstance, vous serez convaincu de la nécessité d'un changement profitable à votre situation.

$ Malgré votre scepticisme et votre réalisme forcenés, vous serez convaincu de la nécessité d'opérer un changement profitable dans votre situation.

9 5

Vous serez peut-être dans l'obligation de faire un bilan de santé, mais vous découvrirez que vous n'avez pas d'inquiétude majeure à avoir.

Votre devoir et vos responsabilités vous dicteront sans doute de trouver les arrangements opportuns, les compromis indispensables, les accommodements nécessaires à l'évolution lente mais stable de votre situation affective.

Vous serez sans doute tenu par votre devoir ou votre moralité à chercher et à trouver des arrangements, des compromis opportuns qui vous permettront alors de mieux vous adapter aux circonstances sans être dupe et sans perdre le contrôle de la situation.

Il faudra sans doute trouver des compromis opportuns, faire des concessions intelligentes si vous voulez pouvoir obtenir les grâces d'un haut décisionnaire, d'un personnage influent ou atteindre vos objectifs à long terme.

Vous allez devoir rechercher les moyens de mieux faire circuler ou de mieux gérer votre argent et pour ce faire, trouver des solutions opportunes et mieux adaptées aux circonstances et à votre situation.

ÉVOLUTION PROBABLE

9 6

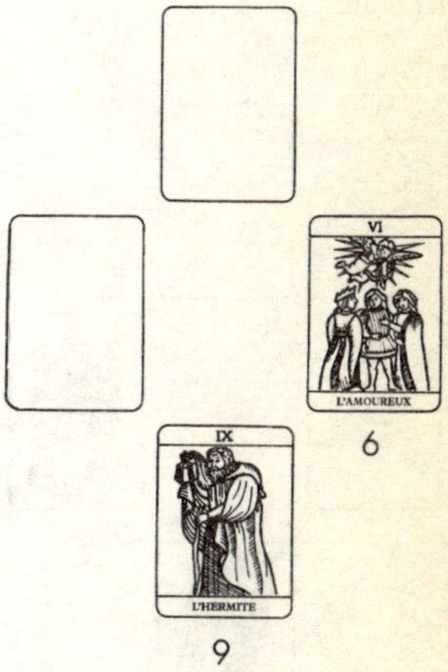

Vous y mettrez le temps et vous prendrez une certaine distance avant de vous résoudre à concentrer toute votre énergie physique et mentale dans le but de faire des choix exclusifs concernant votre équilibre ou votre bien-être vital.

Malgré votre prudence, votre volonté de n'être pas dupe quoi qu'il arrive, vous pourrez difficilement vous empêcher d'agir ou de réagir d'une manière passionnelle, exclusive et égoïste.

Vous ne serez sans doute pas dupe des relations passionnelles, excessives qui régneront dans votre milieu familial, ni des choix exclusifs, des décisions arbitraires qui y seront prises. Mais le fait de ne pas en être dupe ne vous servira pas à grand-chose.

Vous allez devoir faire un choix essentiel, prendre une décision importante en concentrant tous vos efforts, toute votre énergie physique et mentale sur la question. Peu importe le temps que vous y mettrez ou les moyens que vous emploierez, vous n'aurez qu'un seul but : celui d'atteindre à coup sûr votre objectif.

Vous allez pouvoir vous appliquer à faire des choix essentiels, à prendre des décisions extrêmement importantes et précises, pour que votre situation ne succombe pas à la tentation du désordre et se trouve une longévité.

ÉVOLUTION PROBABLE

9 | 7

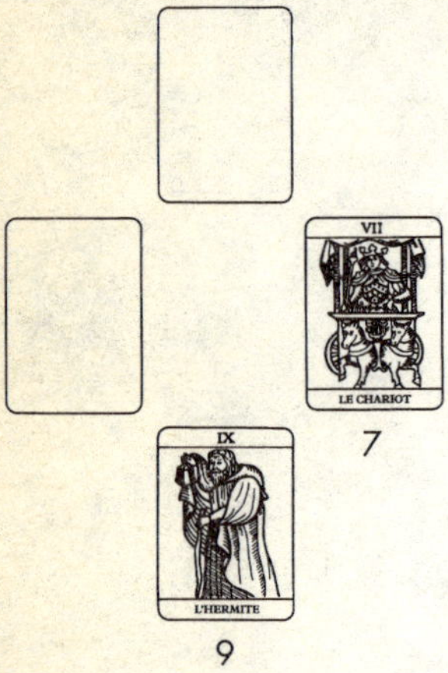

Votre prudence et votre clairvoyance vous permettront d'éviter les risques, mais aussi de pouvoir accélerer brusquement et sûrement le processus de votre évolution personnelle.

Vous allez apprendre une nouvelle bouleversante ou découvrir quelque chose qui remettra sans doute en cause votre situation. Si c'est à une personne que vous pensez, sachez qu'elle agit dans le sens d'une prise de conscience difficile mais salutaire pour elle ou, qu'après mûre réflexion, elle se décidera à partir brusquement.

Malgré les efforts qui auront été déployés, vous réaliserez qu'une crise, un bouleversement, ou une remise en question s'avère inévitable, et plus vite elle ou il se manifestera, et mieux ce sera pour vous ou pour votre situation, ou bien, après mûre réflexion, vous vous déciderez soudain à partir, à provoquer un changement salutaire.

Après avoir déployé bien des efforts pour pouvoir atteindre vos objectifs, vous allez enfin découvrir et comprendre quels sont les moyens précis, efficaces, sûrs qui vous permettront de faire un brusque bond en avant, de débloquer votre situation, ou de faire aboutir vos projets ou vos entreprises.

Vous allez apprendre une nouvelle bouleversante ou quelque chose qui, sans doute, vous délivrera d'un grand poids, correspondra à vos recherches en ce domaine ou résoudra vos problèmes.

ÉVOLUTION PROBABLE

9 | 8

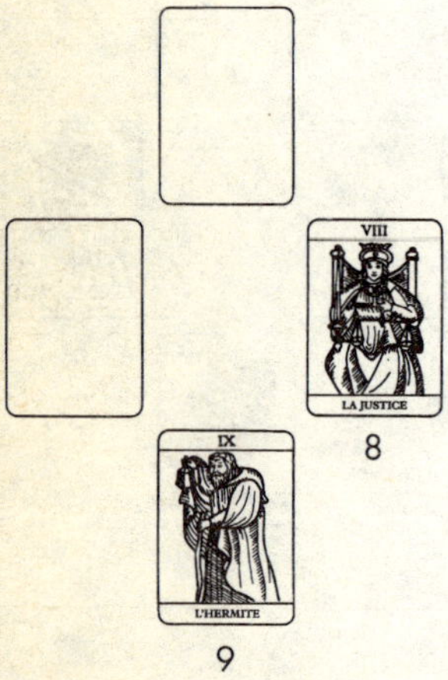

Pour préserver ou retrouver un équilibre profond, vous allez devoir vous contraindre à une sérieuse discipline, à une hygiène de vie ou à une rigueur morale.

Vous pourrez vous appuyer sur une situation équilibrée ou sur votre rigueur morale pour vous mettre en quête de sentiments nouveaux ou pour vous révéler à vous-même de nouvelles aspirations, de nouvelles espérances, de nouvelles possibilités dans votre vie affective.

Une situation équilibrée favorisera vos recherches pour satisfaire vos aspirations, vos besoins d'innovation, d'évasion, vos découvertes personnelles.

Vous pourrez vous appuyer sur une situation équilibrée, fiable pour faire des recherches, des investigations dans le but de trouver des idées originales, de découvrir des éléments nouveaux utiles à votre travail ou à vos entreprises de longue haleine.

Une situation équilibrée, rigoureuse, stricte vous permettra de découvrir des éléments nouveaux, d'avoir de bonnes inspirations utiles à l'évolution de vos ressources.

9 10

Votre situation évoluera de telle sorte que vous serez parfaitement en mesure de clarifier et de régler tout ce qui nécessite de l'être ; et ainsi pas une ombre ne subsistera au tableau de votre équilibre et de votre bien-être vital.

Une évolution rapide, un changement, une circonstance inattendue vous permettra sans doute de trouver l'amour que vous recherchiez depuis longtemps ou bien vous donnera les moyens de savoir très précisement ce qui se passe d'heureux dans votre vie affective.

Une situation en constante évolution vous permettra de définir et de trouver très précisement et très clairement tout ce qui serait susceptible de lui apporter encore plus de joie et de bonheur.

À la suite d'une évolution très favorable de votre situation, vous pourrez enfin y voir clair et rien ne vous échappera ou bien vous pourrez agir prudemment pour atteindre un objectif de réussite et de succès à long terme.

L'évolution de votre situation, ou des circonstances, vous permettra de comprendre et de savoir exactement de quoi il retourne, d'y voir parfaitement clair, et d'agir en conséquence et à long terme.

ÉVOLUTION PROBABLE

9 11

Une bonne maîtrise de vous-même et de vos moyens, de votre énergie physique et morale, vous autorisera à vous consacrer à vos recherches, à vos études, à vos investigations personnelles en vue d'un renouveau, d'un changement de votre comportement ou dans votre vie.

Vous pourrez très certainement vous appuyer sur la confiance que vous avez en votre situation ou en la personne à laquelle vous pensez pour trouver des solutions, voir et savoir très précisement ce qu'il faudrait dire et faire dans la perspective d'un renouveau ou d'un changement.

Une situation stable et solide vous permettra de trouver des solutions à vos problèmes, de faire des révélations importantes, des propositions intéressantes dans la perspective d'un renouveau.

Vous semblez très bien maîtriser vos affaires et votre situation extérieure. Mais pourtant ou peut-être à cause de cela, vous allez vous mettre en quête de nouvelles perspectives, de solutions qui seraient susceptibles de renouveler votre situation à long terme.

Tenez-vous en à l'acquis, et vous pourrez alors prudemment et pragmatiquement trouver des solutions à long terme pour renouveler votre situation.

ÉVOLUTION PROBABLE

9 12

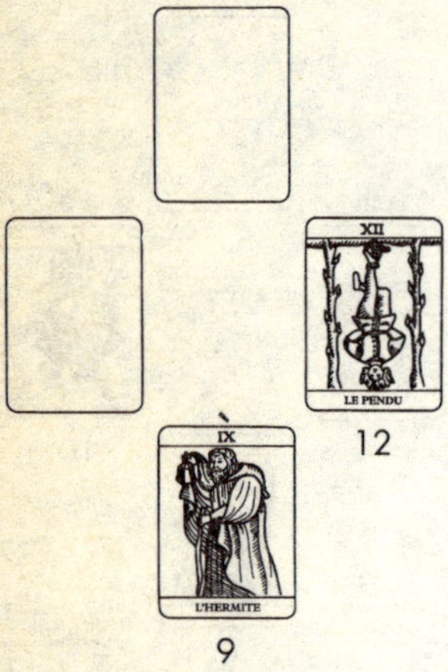

Une situation figée, ou un état de faiblesse physique et morale, vous incitera à prendre sur vous et à retrouver pleinement votre bien-être vital.

Avec le temps, vous parviendrez sans doute à réaliser votre idéal sur le plan sentimental. Mais il vous faudra encore faire quelques sacrifices et prendre d'abord conscience de choses essentielles vous concernant personnellement.

Avec le temps, vous trouverez des solutions idéales pour élargir l'horizon habituel de votre situation, pour résoudre les problèmes qui pourraient se poser, qui entraveraient ou figeraient vos projets, pour accomplir vos vœux les plus secrets.

Vous serez peut-être contraint à abandonner ou à sacrifier une situation. Mais ce sera sans aucun doute un mal pour un bien, puisque cela vous permettra, à terme, d'élargir le champ de vos activités, de vos objectifs ou de vos ambitions.

En dépit ou à cause d'une situation quelque peu figée, vous serez amené à spéculer, à entrevoir d'autres possibilités, mais aussi à trouver des solutions ponctuelles et globales.

ÉVOLUTION PROBABLE

9 13

Un changement radical va produire sur vous l'effet d'une authentique prise de conscience d'où il ressortira un certain détachement dans votre comportement, qui se traduira d'ailleurs sans doute dans les faits par un départ.

Après qu'un changement radical se sera produit, il vous faudra un certain temps avant de réaliser, de réagir et de sortir de votre stoïcisme apparent, pour enfin vous décider à vous détacher, à vous éloigner ou à partir définitivement.

Après qu'un changement radical et fatal se sera produit, vous pourrez faire des révélations, dire ce que vous avez à dire, comprendre exactement de quoi il retourne et trouver les moyens de vous en sortir définitivement.

Dès qu'un changement radical se produira, qu'une situation trouvera sa conclusion logique et fatale, ce qui ne saurait tarder, il ne faudra compter que sur vous-même et vous mettre rapidement en quête d'autres solutions ou d'une nouvelle situation, fort, bien sûr, de votre expérience et de ce qui vous appartient.

Soit vous risquez de vous retrouver sans ressources et vous aurez alors besoin de chercher et de trouver de l'aide, soit un changement radical et très profitable de votre situation vous rendra plus libre financièrement parlant.

9 | 14

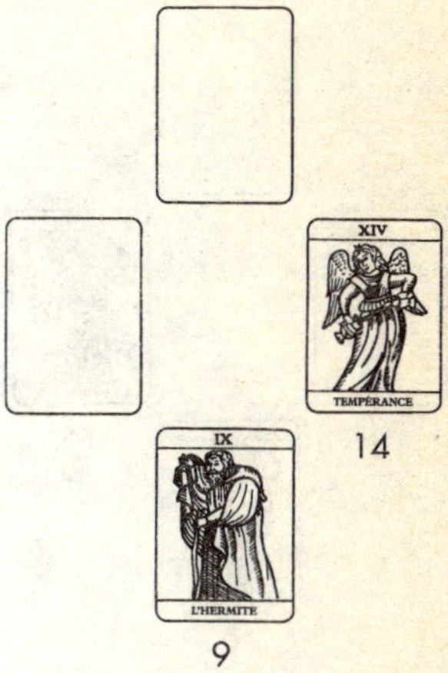

Après une saine estimation de vos possibilités ou un bilan de santé, vous adopterez l'attitude la plus sage, la plus réfléchie, la plus responsable, celle qui vous permettra de trouver ou de retrouver la pleine possession de vos moyens.

De franches explications, des compromis opportuns vous permettront de savoir précisement de quoi il retourne, de comprendre où vous en êtes et de trouver les solutions raisonnables qui s'imposent.

Si des discussions, des arrangements, des compromis vous étaient proposés, vous auriez tort de ne pas les considérer avec l'attention qu'ils réclament puisque, quoi qu'il arrive, vous ne serez pas dupe, vous resterez prudent et très conscient de votre devoir et de vos responsabilités.

Des discussions franches, des échanges de vue très ouverts vous permettront de trouver des solutions ou des accords qui rendront votre situation plus fiable et qui iront dans le sens de vos objectifs à long terme et de vos entreprises de longue haleine.

Vous allez pouvoir étudier de près et à fond votre situation, et trouver les solutions qui s'imposent. Mais avant cela, il vous faudra sans doute accepter des compromis ou réaliser quelques transactions opportunes.

ÉVOLUTION PROBABLE

9 | 15

Vous allez connaître des tentations et il n'est pas sûr que vous sachiez y résister. Mais ce sera à vous seul de décider de l'attitude à adopter, ou bien, après une période de trouble ou de surexcitation, vous allez prendre conscience de la nécessité pour vous de faire un choix essentiel en ce qui concerne votre équilibre vital.

Vous risquez d'être plongé dans une situation trouble, passionnelle, excessive, et vous réaliserez alors qu'il ne suffit pas toujours d'être prudent ou raisonnable pour savoir choisir et se décider comme il conviendrait peut-être de le faire.

Vous ne serez pas dupe du climat trouble, excessif, passionnel ou du désordre qui pourrait régner dans votre milieu familial. Il vous faudra donc faire des efforts de concentration et de prudence pour mener à bien les sages décisions, les bonnes résolutions que vous allez prendre.

Une perspective très profitable va vous inciter à prendre de sages décisions, à faire des choix précis, essentiels, en vue peut-être de trouver un accord intéressant ou une solution avantageuse ponctuellement et à long terme.

Vous prendrez sans doute de sages résolutions en ce qui concerne votre situation et vous aurez raison d'agir ainsi. En effet, en la circonstance, il vaut mieux pour vous ne pas surestimer vos moyens et avoir des vues à long terme.

ÉVOLUTION PROBABLE

9 16

À la suite d'une crise de santé, d'un accident ou d'un bouleversement dans votre existence, qui vous aura mis en état de choc, vous serez résolu à tirer les leçons de cette expérience difficile et, à l'avenir, à faire preuve de prudence.

À la suite d'une brusque remise en question, d'un bouleversement inévitable ou d'une crise nécessaire dans votre vie affective, vous tirerez les conclusions qui s'imposent et, fort de cette expérience, vous vous tournerez résolument vers l'avenir.

Une crise, un bouleversement ou une brusque remise en question, va vous inciter à réfléchir sereinement sur votre situation et à imposer fermement votre volonté pour arriver à vos fins.

Un bouleversement, une crise ou une brusque remise en question dans votre situation, vous permettra, au bout du compte, d'atteindre vos objectifs et de pouvoir agir à long terme. Mais il ne faudra pas reculer devant l'effort.

$ À la suite d'un bouleversement ou d'une brusque remise en question, vous serez amené à réfléchir très sérieusement sur votre situation et à trouver activement des solutions à long terme.

ÉVOLUTION PROBABLE

9 17

Vous savez toujours être réceptif et attentif à ce qui se passe en vous et autour de vous, vous n'aurez donc aucun mal à trouver votre équilibre et à puiser sans excès dans vos ressources vitales.

Des circonstances bénéfiques répondant à vos espérances ou des sentiments naissants mais profonds vous permettront de trouver votre équilibre affectif. Mais peut-être auriez-vous intérêt à vous livrer, à vous abandonner un peu plus que vous ne le faites. L'amour ne se mesure pas toujours.

Des circonstances nouvelles et bénéfiques vous permettront de trouver l'équilibre que vous recherchez et de pouvoir vous abandonner avec plus de mesure, de discrétion et de sagesse à votre extrême réceptivité.

Des circonstances nouvelles et bénéfiques vous permettront de trouver des solutions originales mais rigoureuses, après avoir sérieusement étudié tous les éléments en cause et mûrement réfléchi à la question.

$ Des circonstances nouvelles et bénéfiques favoriseront vos recherches en vue de trouver un équilibre financier à long terme.

9 18

Après avoir connu des problèmes de santé, vous deviendrez plus conscient de la nécessité pour vous d'adopter une attitude plus raisonnable, plus sérieuse à tout point de vue, même si, pour ce faire, vous serez contraint à vous isoler quelque peu et à être très patient.

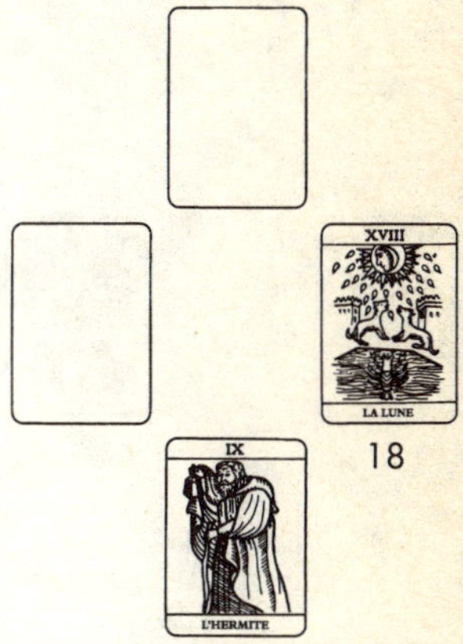

18
9

Que vous le vouliez ou non, vous finirez par ne plus être dupe de ce qui ne va pas dans votre situation affective, et vos angoisses ou vos faiblesses n'y changeront rien. Il va donc être temps pour vous, si vous souhaitez vous en sortir, de prendre conscience de vos erreurs et d'en tirer des leçons pour l'avenir.

Vous allez découvrir tout ce qui ne va pas chez vous, mais vous vous sentirez trop isolé ou trop seul pour agir ou réagir comme il le faudrait. Et pourtant, il serait temps que vous trouviez des solutions réalistes à vos problèmes.

Vous allez connaître une déception dans votre travail ou bien vous allez réaliser que vous avez fait une erreur. Quoi qu'il en soit, vous allez vous retrouver isolé et vous ne pourrez alors compter que sur vous-même pour résoudre vos problèmes et poursuivre ce que vous avez entrepris.

$ Vous allez connaître des difficultés financières ou vous allez vous rendre compte que vous avez commis des erreurs. Quoi qu'il en soit, il ne faudra compter que sur vous-même pour vous sortir de cette situation.

ÉVOLUTION PROBABLE

9 19

Une situation heureuse et lumineuse vous permettra de trouver sereinement les éléments utiles à votre évolution lente mais constante.

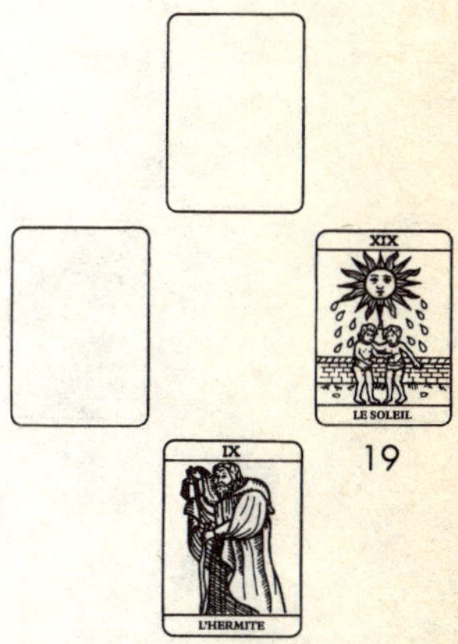

19
9

Une union sincère, une relation privilégiée ou une grande joie affective, vous permettra de trouver toutes les solutions pour faire évoluer votre situation ponctuellement et à long terme.

Une situation familiale, semble-t-il très heureuse, ou un environnement très positif, vous incitera à la prudence, à la réflexion dans le souci de préserver ce que vous pourrez alors considérer comme un bien précieux.

Un succès personnel, une réussite ou un très bon accord va vous permettre de pouvoir très clairement définir vos objectifs à court et à long terme, et ainsi de réaliser de bons changements ou une sérieuse évolution de votre situation.

$ Une situation claire et positive à tout point de vue vous permettra de trouver des solutions, ou de prendre très précisément des dispositions utiles à l'évolution lente mais constante de vos moyens.

ÉVOLUTION PROBABLE

9 | 20

À la suite d'un changement, d'un renouveau, ou d'une guérison si vous avez été malade, vous prendrez sûrement les dispositions qui vous sembleront indispensables à la quête d'une authentique maîtrise de soi.

Un renouveau, une reconsidération, un changement appréciable vous permettra de trouver les moyens de dominer heureusement sereinement et pour longtemps votre situation.

À la suite d'un changement, d'un renouveau vous allez pouvoir prendre des dispositions pour dominer votre situation, trouver les moyens d'agir concrètement, et démontrer ainsi votre maîtrise de vous-même et votre force de caractère.

Un renouveau, un changement ou une proposition qui vous serait faite dans ce sens, et pour laquelle vous prendrez le temps de la réflexion avant d'y répondre fermement et concrètement, vous permettra de rendre votre position plus sûre, de réaliser une expansion et favorisera la poursuite de vos objectifs personnels.

$ Un renouveau ou un changement d'appréciation ou de situation vous permettra de trouver les plus sûrs moyens de gérer prudemment votre avoir, vos biens, vos capitaux dans la perspective d'une expansion à long terme.

ÉVOLUTION PROBABLE

9 | 21

Vous êtes dans une période plutôt épanouissante, mais cela ne vous empêchera pas d'être prudent ni de vous fier quoi qu'il arrive à votre instinct, à votre autodéfense naturelle.

Vous allez vous apercevoir ou réaliser qu'une personne éprouve pour vous des sentiments sincères, authentiques, profonds et ce sera en quelque sorte une révélation, ou bien une certaine plénitude dans votre vie affective vous permettra de vous appuyer sur le temps pour vous accomplir en ce domaine.

Une situation très épanouissante dans son ensemble vous permettra de trouver les moyens d'agir pour produire ou matérialiser tout ce que vous souhaitez.

L'élargissement de vos moyens d'investigation et d'action, ou l'expansion naturelle de votre situation vous permettra d'agir avec prudence et réalisme pour matérialiser ou produire très précisement vos trouvailles, vos découvertes ou pour atteindre vos objectifs.

$ Pour pouvoir mesurer à sa juste valeur votre situation, la contrôler sereinement pour pouvoir atteindre patiemment vos objectifs, vous saurez faire preuve de prudence, de réalisme et d'obstination.

ÉVOLUTION PROBABLE

9 22

Vous allez être amené à découvrir, à apprendre ou à comprendre quelque chose d'essentiel moralement ou physiquement qui vous concerne.

L'arrivée ou le départ de quelqu'un va vous permettre de prendre conscience, de vous révéler à vous-même des choses essentielles que vous serez seul à pouvoir découvrir, à pouvoir comprendre même si, justement, pour cela il faut que vous soyez seul.

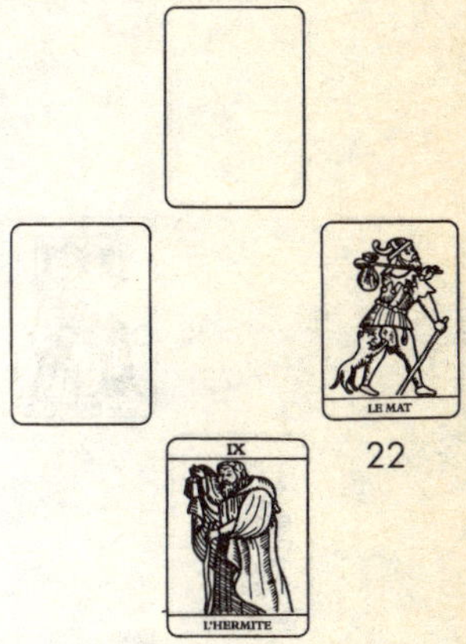

22

9

L'arrivée ou le départ d'une personne de votre entourage vous fera réfléchir plus sérieusement à votre situation, ou bien, après une période de transition quelque peu agitée, vous trouverez exactement ce que vous recherchiez, ou encore vous allez partir pour vous retrouver seul.

Il vous faudra vous déplacer pour trouver ce que vous recherchez, ou bien une situation qui change d'orientation ou de lieu d'activités va vous contraindre à un certain isolement, mais aussi à faire appel à toute votre expérience pour trouver des solutions précises et réalistes.

Après avoir fait certaines démarches ou opéré des mouvements d'argent, vous serez pleinement conscient de l'état actuel de vos finances et vous trouverez alors les solutions réalistes qui s'imposent.

ÉVOLUTION PROBABLE

10 1

Vous avez la possibilité de prendre des initiatives ou d'agir pour profiter au mieux de votre énergie vitale.

Si c'est à une personne que vous pensez, sachez que malgré sa jeunesse ou sa situation encore incertaine, elle est en pleine possession de ses moyens, et qu'ainsi elle sait très bien ce qu'elle veut et où elle va. Sinon vous serez en mesure de contrôler l'évolution de votre situation pour réaliser un projet qui vous tient à cœur.

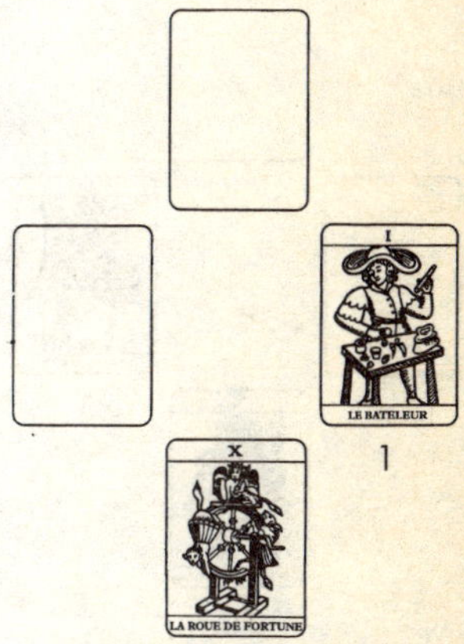

1

10

Une initiative ou une décision va être prise, et elle fera évoluer à coup sûr votre situation d'une manière positive et expansive.

Vos initiatives, vos décisions, votre habileté dans le travail feront rapidement évoluer et se développer votre situation dans un sens tout à fait favorable, et vous aurez la totale maîtrise de cette évolution.

Votre esprit d'initiative, votre habileté et vos talents vont vous permettre de faire évoluer très rapidement votre situation, de l'orienter d'une manière plus efficace, de la rendre plus solide, plus fiable à long terme.

ÉVOLUTION PROBABLE

10 2

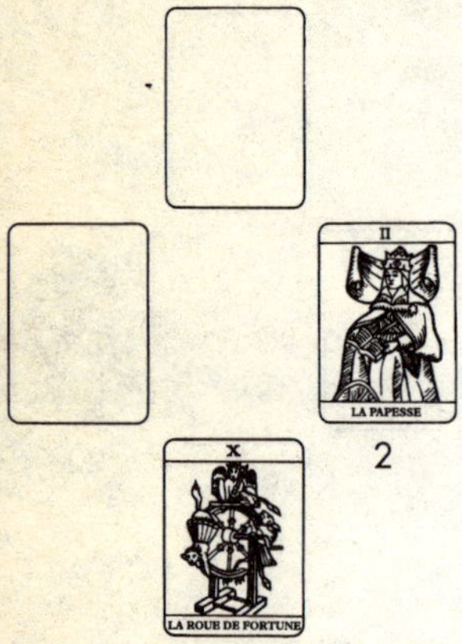

2

10

Les sages précautions, l'attente patiente et la réserve ne seront pas suffisamment efficaces en la circonstance, et vous risquez de voir votre état dégénérer si vous ne réagissez pas plus fermement.

Si c'est à une personne que vous pensez, sachez que sa réserve, son mutisme ou son inertie auront pour conséquence un arrêt dans l'évolution de sa situation. Sinon votre attente ne sera pas vraiment récompensée et votre situation sera arrêtée, bloquée dans son évolution.

La réserve, les non-dits, le mutisme ou le renoncement ont ou auront pour conséquence un arrêt dans l'évolution de votre situation. Vous risquez alors de vous retrouver en état de faiblesse, pris dans un engrenage qui ne sera pas forcément celui auquel vous pensiez.

Vous aurez affaire à des éléments qui ne seront pas forcément prudents à bon escient, qui feront preuve de réserve exagérée ou d'attentisme, et qui risquent ainsi de vous bloquer, de vous freiner dans votre évolution ou dans le développement naturel de votre situation.

Il y a peut-être des choses que vous ne parviendrez pas à savoir qui auront pour conséquence un arrêt dans l'évolution de votre situation.

ÉVOLUTION PROBABLE

10 3

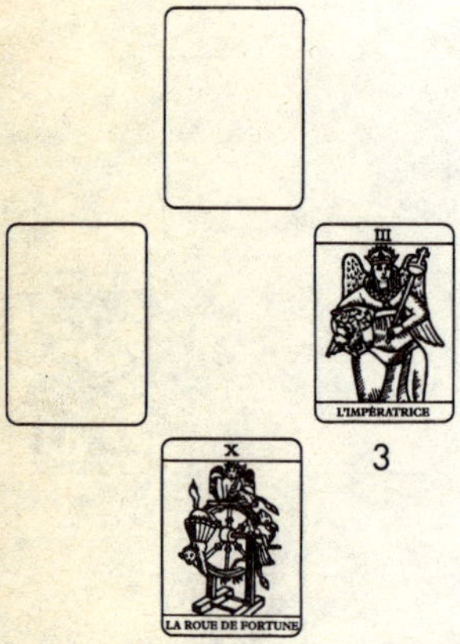

3

10

Fiez-vous à votre instinct et comportez-vous de telle sorte que tout ce qui serait susceptible de vous nuire s'élimine naturellement et qu'ainsi vous puissiez profiter pleinement de votre bien-être vital.

Votre situation évoluera de telle sorte qu'il faut vous attendre à un changement radical dans votre vie sentimentale. Si c'est à une personne que vous pensez, dites-vous qu'elle sera sans doute la cause de ce changement ou bien qu'elle va connaître, elle-même, une transformation profonde de sa situation.

Une personne de votre entourage sera sans doute l'instigatrice d'un changement très profitable, ou bien c'est votre attitude compréhensive, intelligente et généreuse qui favorisera l'évolution de votre situation actuelle.

À la suite d'une réalisation profitable et bénéfique, votre situation évoluera d'une manière très positive, et entraînera sans doute un changement radical et fécond.

Vous allez pouvoir profiter de circonstances très avantageuses qui favoriseront des changements évolutifs et bénéfiques dans votre situation.

ÉVOLUTION PROBABLE

10 | 4

Les conseils pratiques dont vous bénéficiez ou les certitudes que vous obtiendrez vous permettront d'évoluer avec plus de souplesse en vous adaptant plus aisément aux circonstances et à votre bien-être naturel.

Malgré vos certitudes et vos convictions ou celles de la personne à laquelle vous pensez, votre situation évoluera de telle sorte qu'il faudra alors savoir vous adapter aux circonstances et faire confiance aux événements en cours.

Quelles que soient vos certitudes quant à l'évolution de votre situation, il vous faudra encore trouver des arrangements ou des compromis opportuns qui permettront à celle-ci de mieux s'adapter aux circonstances et qui favoriseront le déroulement des événements en cours.

Vous bénéficierez des conseils ou d'appuis qui vous permettront de trouver les arrangements et les compromis nécessaires à l'évolution de votre situation.

Vous avez besoin de conseils pratiques ou d'obtenir des certitudes pour faire évoluer votre situation opportunément.

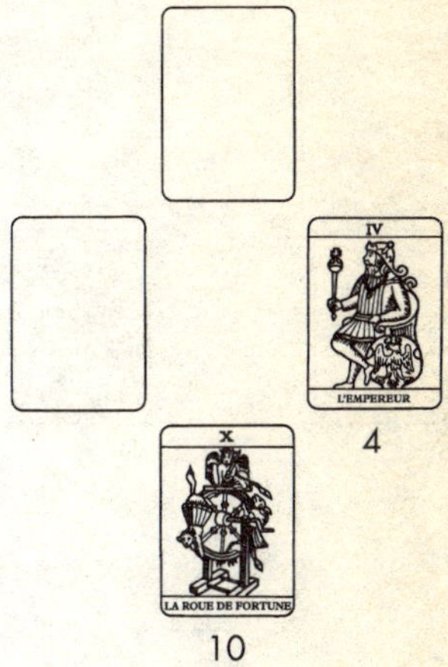

ÉVOLUTION PROBABLE

10 | 5

Vous allez sans doute devoir adopter des solutions extrêmes et urgentes pour empêcher que votre état ne dégénère. Sinon prenez garde à ce que vos responsabilités ne vous entraînent à des débordements, à des excès dangereux pour votre équilibre vital !

Malgré ce que l'on vous conseillera ou ce que l'on vous dictera de faire, vous laisserez sans doute évoluer votre situation pour satisfaire avant tout vos désirs et sans vraiment vous préoccuper des conséquences que cela pourrait entraîner.

Malgré les règles ou les commandements qui lui auront été imposés, votre situation risque de connaître des revirements ou une évolution désordonnée mais avantageuse.

Un personnage important ou un accord officiel favorisera l'évolution ponctuelle, rapide et très avantageuse de votre situation.

Des accords importants et officiels vous permettront de bénéficier très rapidement de réels avantages.

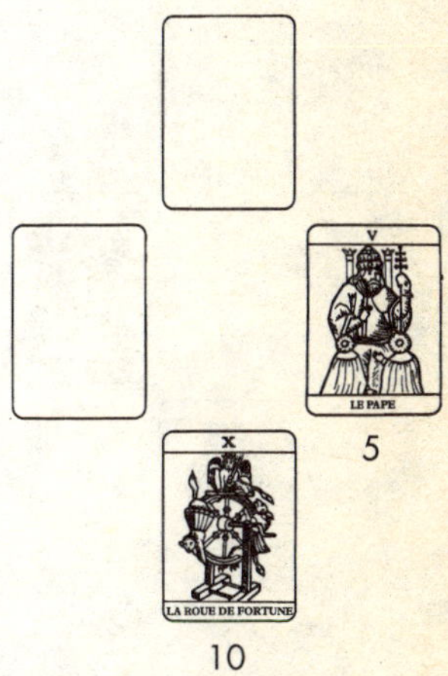

ÉVOLUTION PROBABLE

10 | 6

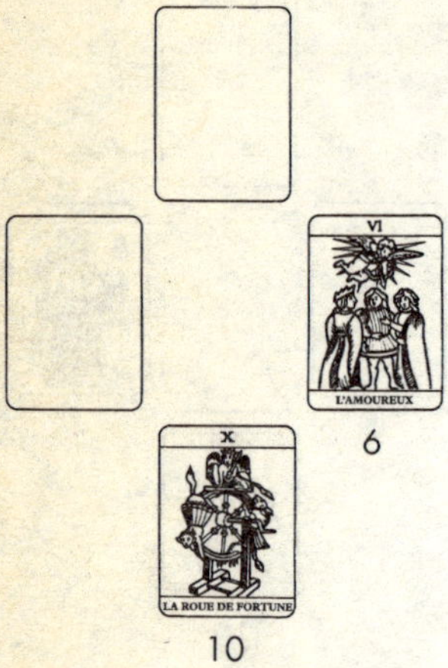

Vous allez devoir faire un choix ou prendre très rapidement une décision qui vous permettra de vous libérer brusquement de ce qui vous entrave, vous gêne ou vous rend mal à l'aise.

Un choix, ou une décision, permettra à votre situation affective de se débloquer brusquement et d'évoluer très rapidement.

Un choix ou une décision aura pour conséquence un brusque changement dans votre situation qui sera positif par son côté libérateur, mais difficile par son aspect déconcertant et par les remises en question qu'il suscitera.

Un accord, un choix ou une décision brusque provoquera un bouleversement lequel sera pour vous libérateur et profitable à l'évolution de votre situation.

Les décisions qui vont être prises ou les choix qui vont être faits favoriseront l'évolution brusque de votre situation à condition que celles-ci soient prises ou que ceux-là soient faits très rapidement.

ÉVOLUTION PROBABLE

10 | 7

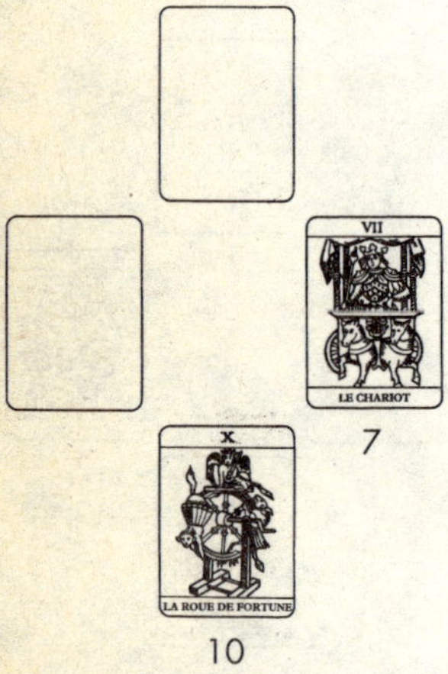

Vos efforts seront pleinement récompensés, vous pourrez alors faire une sorte de retour aux sources et vous régénérer pleinement. Si vous projetez un voyage, soyez sûr qu'il vous fera le plus grand bien.

Si vous projetez de faire un voyage, il vous donnera entière satisfaction. Sinon tous vos efforts et tous vos progrès vous permettront d'accéder à une certaine plénitude affective, et feront à coup sûr évoluer votre situation vers quelque chose de neuf et d'heureux.

Vous allez pouvoir déployer vos efforts, lutter et agir pour faire rapidement progresser votre situation, et vous rencontrerez alors des circonstances favorables à son évolution et à l'avènement de quelque chose de neuf et d'heureux.

Vous pourrez suivre votre voie, atteindre facilement vos objectifs et des circonstances tout à fait favorables permettront à votre situation d'évoluer selon vos espérances et vos aspirations. Ainsi tous vos efforts seront largement récompensés.

Peut-être recevrez-vous une excellente nouvelle en ce qui concerne vos ressources ou vos finances. Sinon des circonstances très favorables vous permettront de voir tous vos efforts récompensés et de faire évoluer positivement votre situation.

10 | 8

Malgré la rigueur et la discipline que l'on vous aura prescrites ou que vous vous serez imposé, vous ne pourrez éviter que le trouble et l'instabilité de votre vitalité ne l'emportent, dont les causes résident sans doute dans votre réelle fatigue physique et morale.

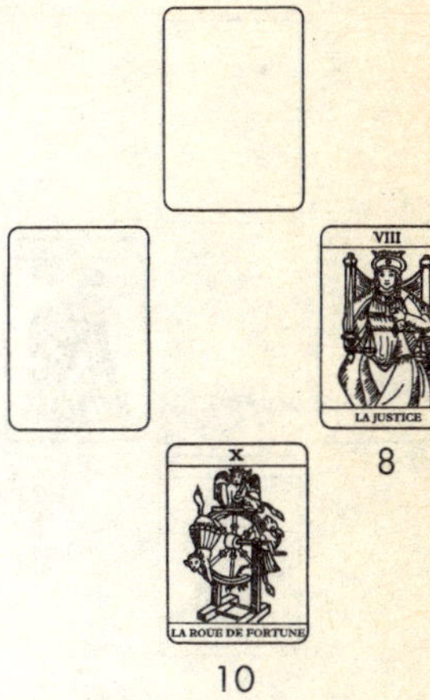

La rigueur, la sévérité et la discipline n'empêcheront pas votre situation de dégénérer vers le trouble et la confusion, et ainsi de vous entraîner malgré vous à connaître des désillusions puisque, contrairement aux apparences, les problèmes n'auront pas été résolus.

Si vous comptez sur une décision de justice, elle ne correspondra sans doute pas à ce que vous souhaitez et vous allez être déçu. Sinon, malgré les règles qui sont imposées à votre situation, elle n'en évoluera pas moins vers le désordre et dans la confusion.

Si vous comptez sur une décision de justice, elle vous décevra, et malgré tout ce qui aura été fait de strict et de rigoureux, il sera difficile de ne pas voir votre situation évoluer dans la confusion ou retardée par des problèmes, des apparences trompeuses ou des erreurs.

Vous ne pourrez pas vous reposer entièrement sur l'équilibre de votre situation, car celui-ci s'avérera précaire ou trompeur. Attendez-vous donc à connaître des difficultés ou des retards ennuyeux dans l'évolution de votre situation.

ÉVOLUTION PROBABLE

10 | 9

Une incitation à la prudence ou une révélation sera pour vous un facteur d'évolution très positif.

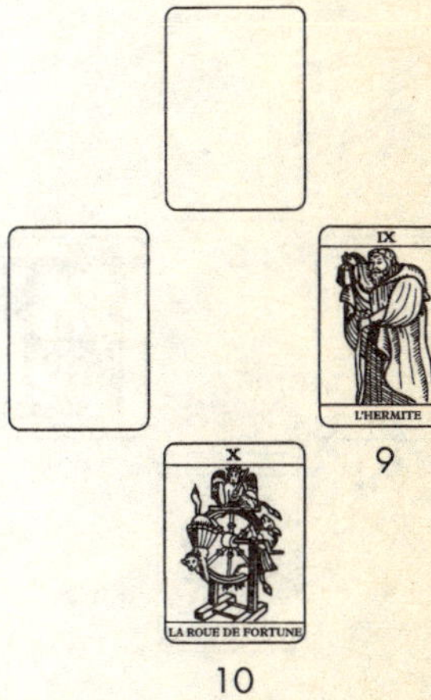

Votre situation évoluera dans le sens de vos recherches ou de votre quête personnelle qui est celle de trouver, ou de vivre, une union sincère, des sentiments partagés, et ce qui arrivera alors sera vraiment providentiel et vous comblera de bonheur.

Vous allez trouver très rapidement l'accord, l'harmonie, le bonheur familial que vous recherchiez, car votre situation évolue déjà dans ce sens, ou bien à la suite d'une révélation ou d'une découverte personnelle, vous connaîtrez une grande joie.

Une découverte personnelle ou une révélation fera évoluer votre situation d'une manière très positive, ou sera pour vous un facteur de succès de joie et de satisfaction personnelle, ou bien, après mûre réflexion et étude approfondie de la question, vous trouverez l'accord ou l'association que vous recherchiez.

Après avoir fait preuve de prudence et de réflexion vous laisserez votre situation suivre le cours de son évolution, ponctuellement et à long terme, dans un sens très positif.

ÉVOLUTION PROBABLE

10 11

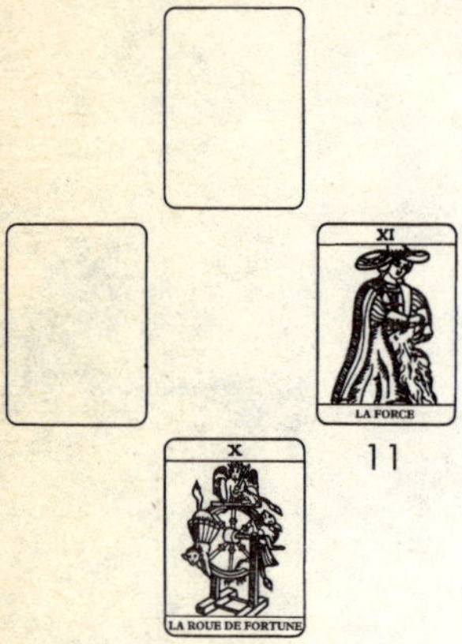

La maîtrise de votre énergie vitale vous permettra d'accélérer le processus de votre évolution personnelle et de vous épanouir pleinement.

La confiance que vous avez en votre situation favorisera son évolution naturelle, vous permettra de vous abandonner à son développement et vous apportera ainsi une certaine plénitude affective.

Votre situation familiale pourrait bien connaître une expansion qui favoriserait à court et à long terme son épanouissement et l'élargissement de son horizon social ou géographique.

En maintenant sereinement mais fermement vos positions et ainsi, en dominant les circonstances et le déroulement logique des événements ou des actions en cours, vous réussirez à faire évoluer considérablement votre situation.

En vous assurant de la fiabilité de votre situation et de votre capacité à dominer les circonstances, vous parviendrez aisément à contrôler son évolution et son expansion.

ÉVOLUTION PROBABLE

10 12

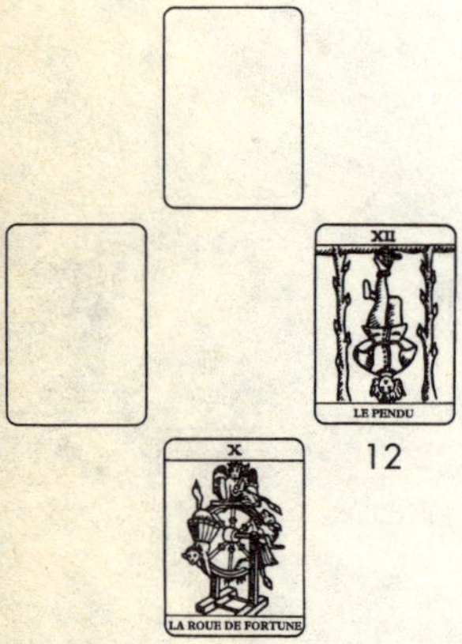

Après une période de grande faiblesse ou d'immobilisation, vous allez pouvoir rapidement repartir du bon pied, ou bien vous serez obligé de partir quelque temps pour vous reposer, vous détendre, vous refaire une santé.

Vous ferez tout pour vous sortir rapidement d'une situation contraignante. Si c'est à une personne que vous pensez, sachez qu'elle sera contrainte par les circonstances à partir ou à revenir en toute hâte.

Une personne de votre entourage sera sans doute contrainte à partir ou à revenir précipitamment ou bien votre situation, quoique figée depuis un certain temps, trouvera subitement une issue. Mais il faudra prendre garde à ne pas répéter les mêmes erreurs.

La seule façon de vous sortir de cette situation figée ou de vous libérer de vos contraintes sera finalement de partir, de vous en arracher brusquement et sans regret, ou bien l'arrivée d'une personne, un voyage ou un déplacement débloquera sans doute votre situation.

Prenez garde à ne pas réitérer les erreurs déjà commises par vous ou par votre entourage, si vous voulez voir votre situation évoluer rapidement.

10 13

À la suite d'un changement radical, de l'élimination pure et simple de ce qui vous troublait ou de ce qui nuisait à votre équilibre vital, vous vous comporterez moralement et physiquement d'une manière plus raisonnable.

À la suite d'un changement radical, d'une désillusion ou d'une rupture, votre situation évoluera plus raisonnablement.

Un changement radical favorisera l'évolution de votre situation qui s'orientera alors vers une plus grande stabilité.

Un changement radical, l'arrêt ou le rejet d'une situation ou le profit que vous aurez tiré d'une opération fera évoluer votre situation dans un sens progressiste et fiable.

Vous tirerez sans doute profit d'un changement, de l'arrêt ou de la fin d'une situation en comprenant que pour progresser, il faut savoir s'attacher ou tenir compte de son devoir et de ses responsabilités.

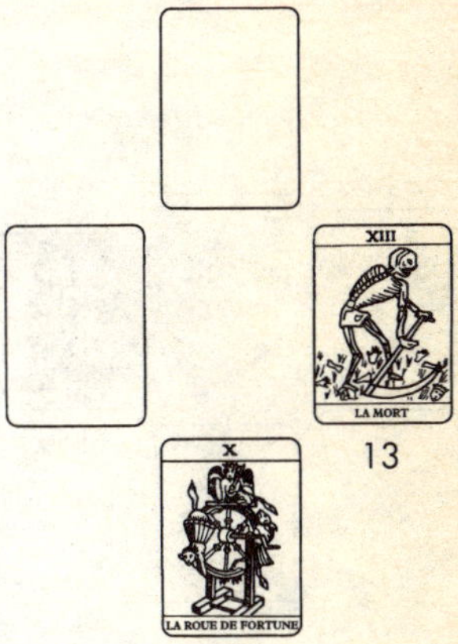

13

10

ÉVOLUTION PROBABLE

10 14

Vous saurez toujours vous adapter aux circonstances et vous régénérer avec aisance et souplesse, mais vous n'en resterez pas moins instable et un certain laisser-aller risque alors de vous plonger dans l'insécurité.

Des arrangements, des compromis opportuns seront trouvés aisément et votre situation pourra ainsi évoluer. Et pourtant, un doute subsistera puisque, tôt ou tard, il faudra faire un choix ou prendre une décision. Sinon votre situation restera instable et insécurisante.

Votre situation évoluera facilement en s'appuyant sur les relations priviligiées qui règnent dans votre milieu familial et sur votre faculté d'adaptation aux circonstances les plus diverses.

Des compromis, des arrangements seront trouvés aisément et ils favoriseront les choix, les décisions ou les accords utiles à l'évolution de votre situation.

Des compromis, des arrangements opportuns ou des transactions favoriseront l'évolution de votre situation ainsi vos doutes s'aplaniront et votre irrésolution se dissipera.

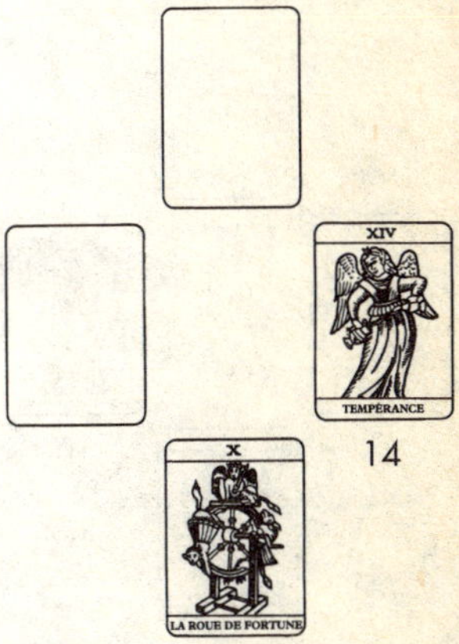

14

10

ÉVOLUTION PROBABLE

10 15

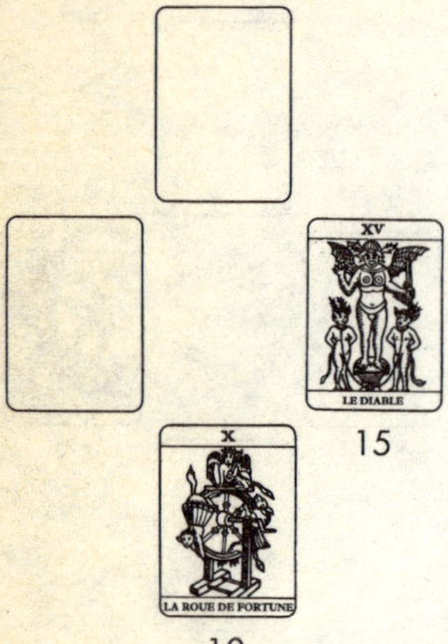

15

10

Vous savez toujours quoi qu'il arrive, par vos efforts et votre volonté, vous rendre maître de votre énergie sans doute un peu désordonnée ou excessive, mais en tout cas très efficace et utile à votre évolution.

Même si c'est la passion qui règne dans votre situation actuellement, cela ne vous empêchera pas de tout mettre en oeuvre pour satisfaire au plus tôt vos désirs.

Vous allez pouvoir réaliser très rapidement vos désirs, et faire évoluer concrètement votre situation dans un sens progressiste et positif.

Vous parviendrez à réaliser concrètement et rapidement ce que vous désirez, et les avantages que vous tirerez de cette situation vous permettront de faire un bond en avant, à condition toutefois de ne pas relâcher vos efforts et de garder la mainmise sur les événements en cours.

Vous allez très rapidement pouvoir faire progresser votre situation et lui donner le coup de pouce nécessaire à une évolution beaucoup plus remarquable et durable.

ÉVOLUTION PROBABLE

10 16

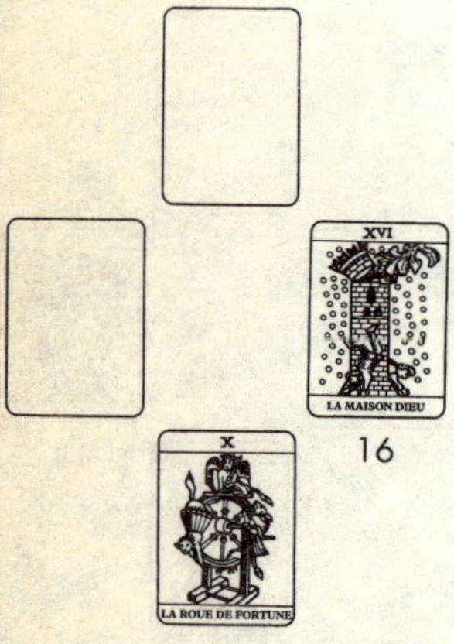

16

10

À la suite d'un choc physique ou moral, d'un accident de santé ou autre, il faudra vous soumettre à une sérieuse discipline pour pouvoir, avec le temps, retrouver votre équilibre.

Vous allez subir un choc, connaître une situation de rupture qui sera jugée et tranchée comme il se doit.

Vous allez connaître un choc, un bouleversement, une brusque remise en question de votre situation, mais avec le temps, tout rentrera dans l'ordre.

Malgré les bouleversements ou les remises en question que pourrait connaître votre situation, attendez-vous tout de même à un brusque revirement qui lui permettra finalement de trouver ou de retrouver son ordre, sa discipline, son équilibre.

Après une période bouleversante et déstabilisante, votre situation rentrera dans l'ordre même si, pour un temps, une certaine rigueur limitera encore son évolution.

10 17

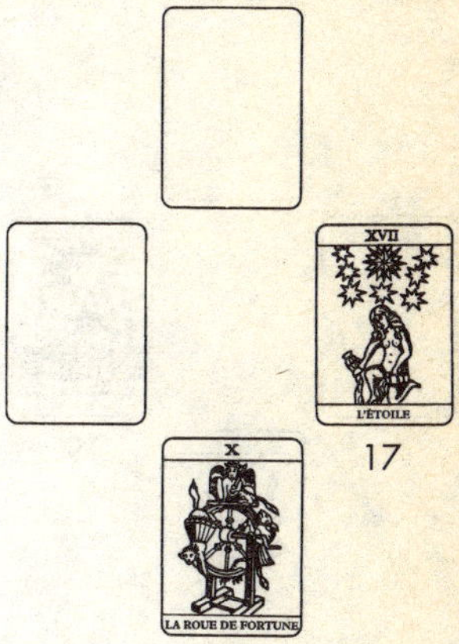

17

10

Des circonstances très bénéfiques favoriseront votre évolution psychologique et vitale.

Des sentiments nouveaux, ou une relation qui vient de naître mais qui est riche en promesses, feront ou fera évoluer votre situation doucement mais sûrement en répondant à coup sur à vos aspirations et à vos espérances.

Des circonstances nouvelles et bénéfiques permettront à votre situation d'évoluer dans un sens très sûr et positif, et vous allez le découvrir sous peu.

Des circonstances nouvelles et très bénéfiques vous permettront de faire évoluer à coup sûr et durablement votre situation.

Vous savez très précisément pourquoi et comment faire intervenir des éléments nouveaux et bénéfiques à l'évolution ponctuelle et à long terme de votre situation.

ÉVOLUTION PROBABLE

10 18

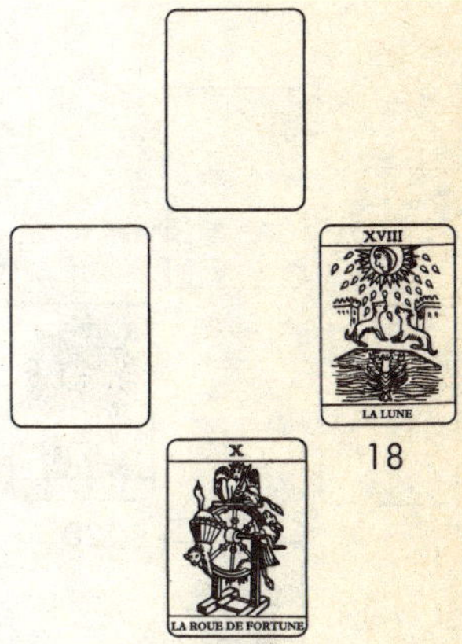

18

10

Malgré vos problèmes de santé, votre état de faiblesse physique et morale ou vos angoisses à propos de la maladie, vous devriez tout de même vous sortir assez facilement de vos troubles et de vos inquiétudes.

Vous allez être confronté à une situation difficile et, de fait, son évolution bonne ou mauvaise, risque d'être de toute façon déconcertante et insécurisante.

Malgré les retards, les vicissitudes, les conflits, votre situation finira par évoluer dans le sens qui doit être le sien, même si cette évolution ne sera pas encore vraiment stable et sécurisante.

Il règnera un climat désastreux dans votre travail, ou bien vous allez être confronté à des problèmes, à des vicissitudes, à des déceptions tels que l'évolution de votre situation s'en trouvera ralentie ou que, justement, elle n'évoluera peut-être pas dans le sens que vous pensiez.

Des problèmes, des retards, des déceptions vont ralentir l'évolution de votre situation qui suivra pourtant son cours normal sans que vous puissiez pour autant être sûr de sa fiabilité.

ÉVOLUTION PROBABLE

10 | 19

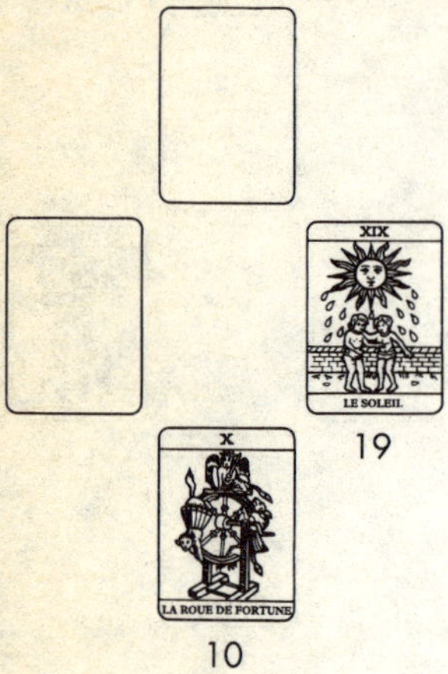

Des circonstances heureuses et positives vous permettront d'avoir la maîtrise tranquille et profonde de votre évolution physique et morale.

Vous allez connaître de grandes joies, de grandes satisfactions dans votre vie affective et vous aurez la certitude que vos sentiments sont partagés, ce qui, bien sûr, vous assurera de l'évolution positive de votre situation.

Vous allez éprouver bonheur et joie au sein de votre milieu familial et ainsi vous pourrez faire évoluer votre situation comme vous l'entendez en toute confiance.

Un accord, une association, un succès ou une réussite favorisera l'évolution ferme, positive et durable de votre situation.

Un accord ou un succès favorisera l'évolution et l'expansion de votre situation, ponctuellement et à long terme.

ÉVOLUTION PROBABLE

10 | 20

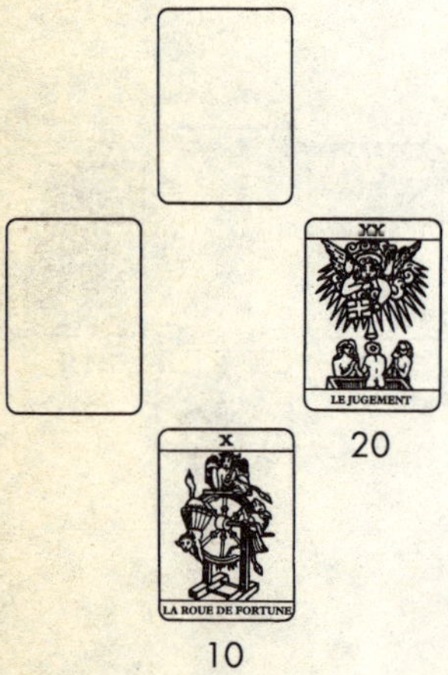

Si vous avez été malade, vous retrouverez bientôt tous vos moyens, ou bien après un certain retour à la normale, vous saurez vous comporter d'une manière plus instinctive et plus saine.

Vous allez connaître un renouveau dans votre vie sentimentale qui aura pour cause soit une réconciliation, soit une rencontre, mais qui, de toute façon, fera évoluer votre situation.

Une proposition, un changement ou un renouveau quelconque interviendra très prochainement dans votre situation et la fera évoluer d'une façon profitable.

Une proposition, un changement ou un renouveau quelconque se produira très prochainement et fera évoluer votre situation d'une manière profitable à condition, bien sûr, que vous sachiez intelligemment saisir cette occasion.

Un changement ou un renouveau quelconque sera nécessaire à l'évolution profitable, intelligente et matérielle de votre situation : acceptez les propositions qui vous seraient faites en ce sens.

10 | 21

Votre réceptivité, votre disponibilité et votre expansivité naturelles vous assurent d'une évolution constante et du contrôle intelligent et constructif de votre vitalité.

L'accomplissement de tous vos vœux sur le plan sentimental permettra à votre situation d'évoluer d'une façon constante et constructive.

L'ouverture sur des horizons nouveaux, ou le rassemblement de tous les éléments qui forment votre famille, favoriseront l'évolution de votre situation, et vous assureront de la protection et du soutien de vos proches.

Vous allez bientôt avoir l'assurance d'une réussite concrète dans votre travail qui vous permettra alors de diriger l'évolution et l'expansion de votre situation comme vous l'entendez et comme vous le souhaitez.

Vous allez avoir de grandes satisfactions ou de grandes possibilités qui vous permettront de contrôler intelligemment et d'une manière constructive l'évolution de votre situation.

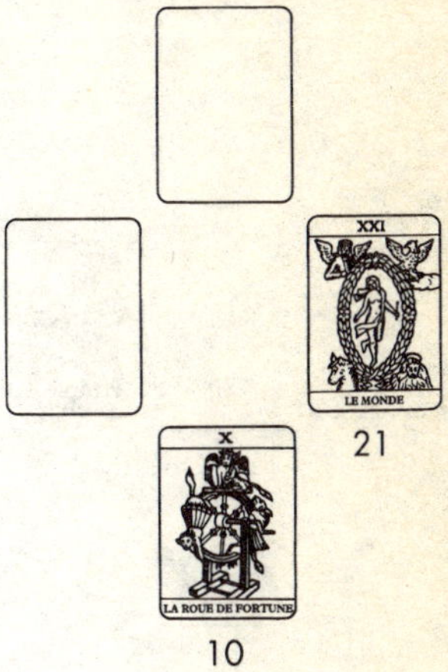

ÉVOLUTION PROBABLE

10 | 22

Un brusque départ ou un voyage que vous allez entreprendre favorisera sans doute votre évolution.

Une rencontre, le départ ou l'arrivée d'une personne qui vous est chère, fera rapidement évoluer votre situation.

Le départ ou l'arrivée d'une personne, une démarche ou peut-être un déménagement, fera très rapidement évoluer votre situation, laquelle restera cependant quelque peu instable.

Le départ ou l'arrivée d'une personne, un changement ou un revirement soudain, ou une mission que vous aurez à accomplir, favorisera l'évolution très rapide de votre situation.

À la suite d'une démarche, d'un mouvement de vos avoirs ou de vos capitaux, votre situation évoluera très rapidement, mais son équilibre restera précaire.

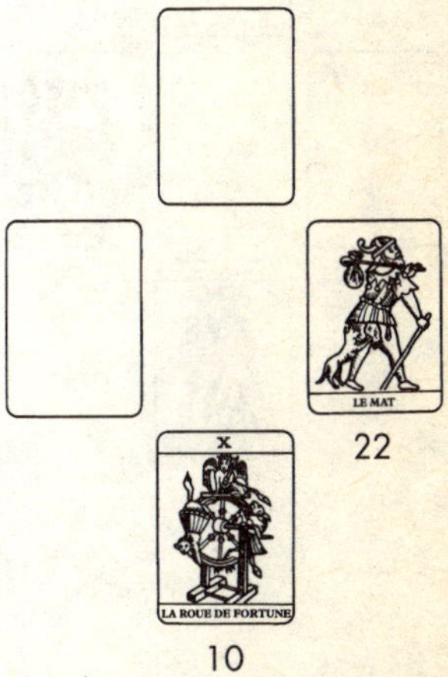

ÉVOLUTION PROBABLE

11 | 1

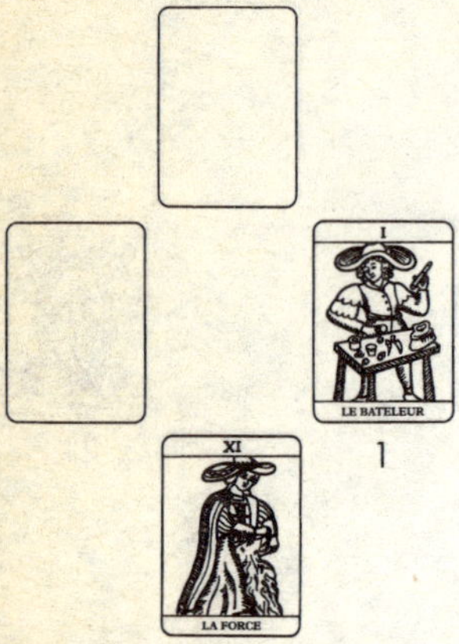

1

11

Vous vous maintiendrez en bonne forme mais sans plus, car vous aurez toujours l'impression d'être limité ou empêché dans l'expression de votre énergie.

Si c'est à une personne que vous pensez, sachez qu'elle met de la bonne volonté à se rendre plus autonome, mais que sa situation ne lui permet pas encore de l'être. Sinon, malgré les initiatives prises pour vous libérer d'une situation, vous comprendrez que c'est en vous en rendant maître que vous vous en affranchirez.

Des initiatives seront prises qui vous permettront de vous rendre maître de votre situation même si celle-ci demeure un peu contraignante, un peu figée.

Malgré les projets qui auront été faits, les initiatives qui auront été prises et l'habileté déployée à les réaliser, votre situation restera un peu figée et vous n'aurez d'autre choix que celui de vous contenter d'en rester maître.

C'est par votre travail, votre habileté et votre esprit d'initiative que vous parviendrez à vous rendre maître de votre situation, même si celle-ci vous semble encore un peu limitée dans son expansion.

ÉVOLUTION PROBABLE

11 | 2

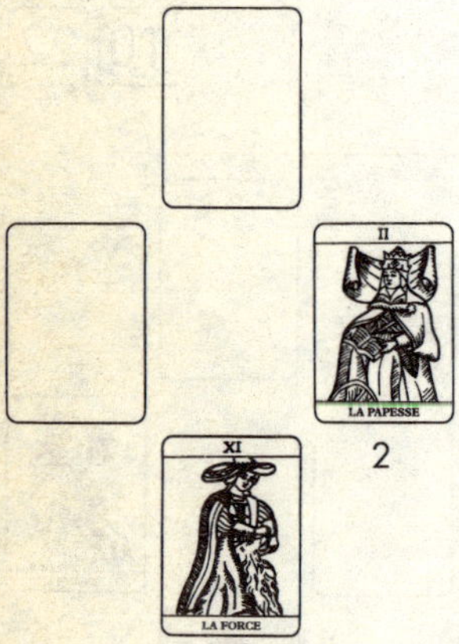

2

11

Vous saurez faire preuve de prudence, de discrétion et de sagesse pour décider par vous-même des changements qui vous seraient bénéfiques et vous les imposer, si nécessaire.

Malgré votre volonté de préserver une situation, la force tranquille et la sagesse que vous démontrerez en retardant l'échéance, il n'est pas sûr que vous parviendrez à empêcher qu'un changement radical ne se produise dans votre vie affective.

Vous prendrez votre temps et vous vous comporterez avec beaucoup de discrétion et de prudence pour finalement décider de réaliser un changement radical dans votre situation en en prenant toute la responsabilité.

Après une période d'inertie, d'attente, d'analyse détaillée des éléments en cause, vous pourrez vous rendre maître des changements qui seront utiles et profitables à l'expansion de votre situation, même si ceux-ci risquent de vous paraître déconcertants.

Il faudra étudier la question prudemment et dans les détails, moyennant quoi vous pourrez sans doute acquérir une certaine expansion à condition de vous rendre maître des changements qui seraient utiles et profitables à votre situation.

11 3

Vous parviendrez aisément à vous adapter aux circonstances en les dominant avec subtilité et en douceur. Vous bénéficierez alors d'une vitalité, stable et réceptive.

Si c'est à une personne que vous pensez, sachez que ses sentiments sont sincères et que sa compréhension, son intelligence instinctive et sa force morale vous assurent de connaître auprès d'elle un réel épanouissement. Sinon votre situation affective est satisfaisante et tout conspire à des échanges harmonieux et stables.

Vous pourrez aisément obtenir ce que vous voudrez en trouvant les arrangements et les compromis opportuns, en faisant preuve de compréhension, de force morale et de sincérité.

Vous allez pouvoir vous assurer de la fiabilité de votre situation et agir pour trouver des arrangements, des compromis qui seraient utiles à son expansion.

Vous serez en mesure de maîtriser pleinement votre situation, de réaliser des transactions opportunes, de faire des opérations intéressantes et de parvenir à une certaine réussite financière.

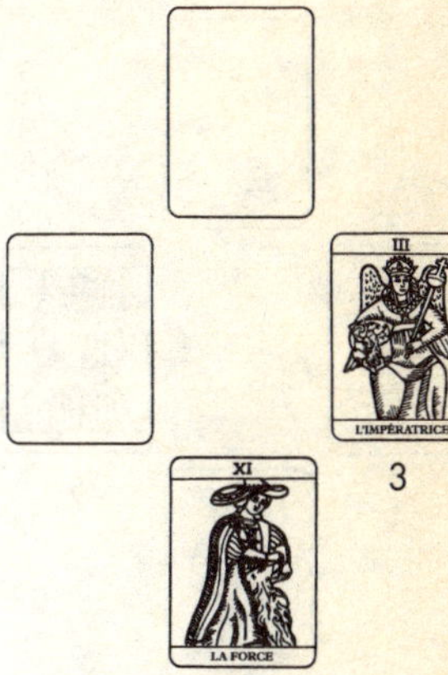

3

11

ÉVOLUTION PROBABLE

11 4

Vous serez tout à fait en mesure de maîtriser votre énergie et votre vitalité très intenses sans que celles-ci risquent peu ou prou de vous conduire à des débordements ou des excès.

Si c'est à une personne que vous pensez, sachez que rien ne semble pouvoir résister à son comportement exclusif, à son attitude autoritaire ; sinon c'est par la douceur et l'intelligence que vous parviendrez à contenir vos débordements, que vous domestiquerez vos passions et que vous maîtriserez votre situation affective.

Vous allez avoir la certitude de pouvoir obtenir ce que vous désirez ou bien si vous avez affaire à un personnage autoritaire et inflexible, vous l'amadouerez par la douceur et ainsi vous finirez par le rendre à votre cause.

Vous aurez sans doute à faire face à des éléments très rigides, très déterminés et très fermes dans leur position. Mais vous parviendrez au succès en sachant dominer cette situation, grâce à la confiance que vous avez en vous-même ; les oppositions se transformeront alors en protections, en acquisitions et en expansion.

Vous parviendrez aisément à maîtriser votre situation, qui s'avère plutôt avantageuse, ou à vous donner les moyens de réaliser concrètement une expansion.

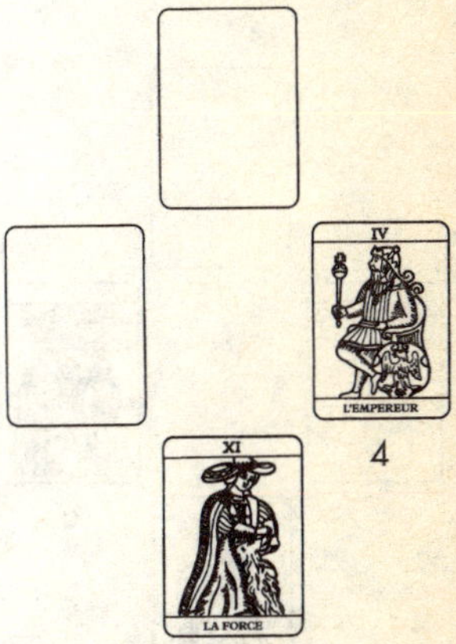

4

11

ÉVOLUTION PROBABLE

11 | 5

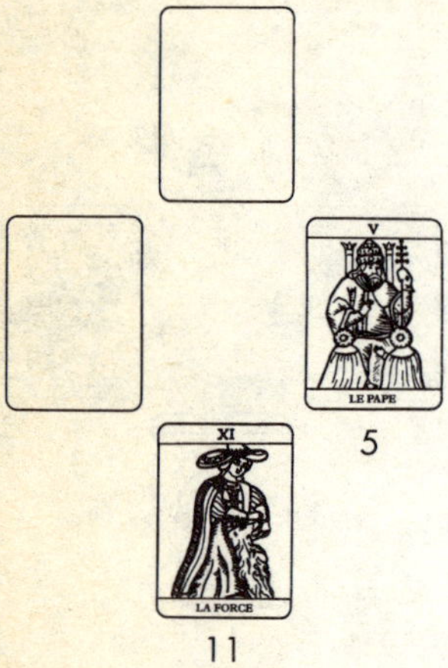

Même si un choc ou un bouleversement quelconque est utile au maintien ou à la sauvegarde de votre bien-être vital, vous en accepterez l'augure et vous en contrôlerez très bien les conséquences, les effets finalement positifs et libérateurs.

Votre force morale, votre probité et votre fidélité à vos engagements vous permettent de contrôler, ou de tirer parti des chocs ou des bouleversements qui pourraient intervenir dans votre vie affective pour finalement faire progresser votre situation.

Vous savez très bien grâce à votre probité, à votre intégrité, contenir, maîtriser les chocs ou les bouleversements qui pourraient se manifester dans votre situation familiale.

Vous allez obtenir l'approbation ou l'autorisation dont vous avez besoin pour diriger et contrôler un bouleversement, une remise en cause qui s'inscrirait dans le cadre de l'expansion naturelle de votre situation.

$ Vous saurez maîtriser les bouleversements ou les événements imprévisibles qui pourraient se manifester prochainement et ainsi préserver votre situation des risques de déstabilisation qu'elle pourrait connaître.

ÉVOLUTION PROBABLE

11 | 6

Vous ne serez pas dans l'embarras pour prendre les résolutions utiles à votre bien-être, puisque vous savez que vous pourrez toujours compter sur votre vitalité pleine de ressources.

Si c'est à une personne que vous pensez, soyez assuré de l'authenticité et de la pureté de ses sentiments. Sinon vous pourrez avoir une entière confiance en votre situation et vous pourrez ainsi voir vos espoirs devenir réalité.

Vous serez sans doute amené à faire des choix ou à trouver un accord qui vous donnera plus d'emprise sur votre situation, et vous permettra d'avoir une entière confiance en elle.

Un accord vous permettra sans doute de vous rendre maître de votre situation et des circonstances d'ailleurs très favorables qui s'offrent à vous. Vous pourrez aussi faire des innovations ou réaliser une expansion.

$ Un accord vous permettra sans doute de vous assurer de la fiabilité de vos ressources ou de vous rendre maître de circonstances favorables à l'expansion de votre situation.

11 | 7

Vous surmonterez aisément vos angoisses et vous triompherez facilement de vos problèmes de santé. Il vous suffira simplement de ne pas reculer devant l'effort et de ne pas relâcher votre emprise.

Il vous faudra sans doute lutter et faire des efforts pour pouvoir triompher des problèmes, des difficultés, des obstacles qui vous empêchent de dominer pleinement votre situation. Mais vous avez tous les éléments en main et toutes les ressources nécessaires pour y parvenir.

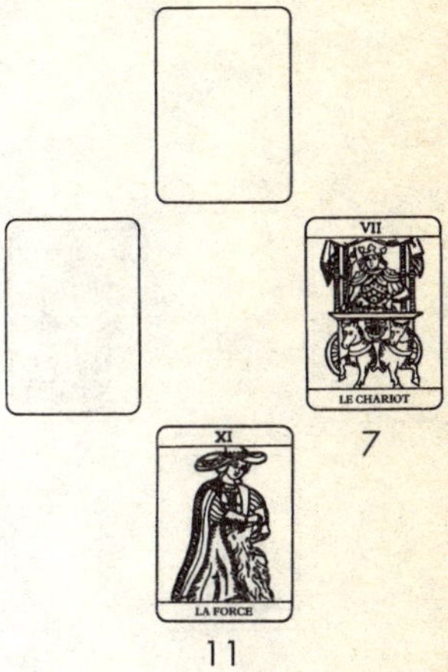

Malgré les retards, les obstacles ou les difficultés que vous pourriez rencontrer, rien ne vous empêchera de parvenir à vos fins si vous ne relâchez pas vos efforts et que vous avez réellement la volonté d'aller jusqu'au bout.

Vous rencontrerez des difficultés, des obstacles et l'expansion de votre situation sera sans doute retardée. Néanmoins, si vous ne relâchez pas vos efforts et que vous persistez quoi qu'il arrive à exercer votre emprise sur les événements, vous parviendrez à imposer votre volonté de progrès.

Vous parviendrez sans aucun doute à triompher de toutes vos difficultés et vous pourrez ainsi conduire votre situation sur la voie du progrès.

ÉVOLUTION PROBABLE

11 | 8

Même si une certaine rigueur vous est imposée, elle ne pourra qu'être favorable à votre équilibre et elle vous permettra d'exercer une plus belle emprise sur vous-même.

Vous aurez sans aucun doute le privilège et le bonheur de réaliser une union sincère et équilibrée. Et si c'est déjà fait, vous pouvez être assuré de l'authenticité, de la solidité et de la réussite de cette union.

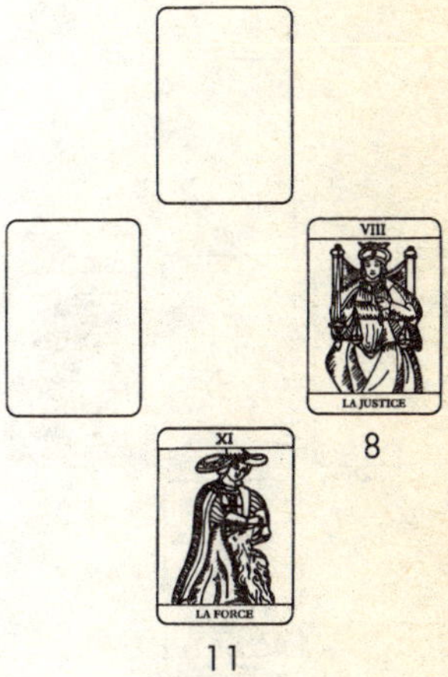

Même si une certaine rigueur et des règles très strictes président à votre situation, dites-vous bien que ce sont elles qui lui permettront de connaître une expansion très satisfaisante, et vous assureront de la concorde et du bonheur qui règneront certainement au sein de votre famille.

Vous allez pouvoir réaliser dans les normes un accord ou une association très avantageuse qui favorisera l'expansion de votre situation et de votre réussite. Si vous comptez sur une décision de justice, elle vous donnera entière satisfaction.

Même si votre situation est soumise à une certaine rigueur, ou qu'elle doit se conformer à des règles très strictes, vous parviendrez sans aucun doute à une belle réussite sur le plan financier.

ÉVOLUTION PROBABLE

11 | 9

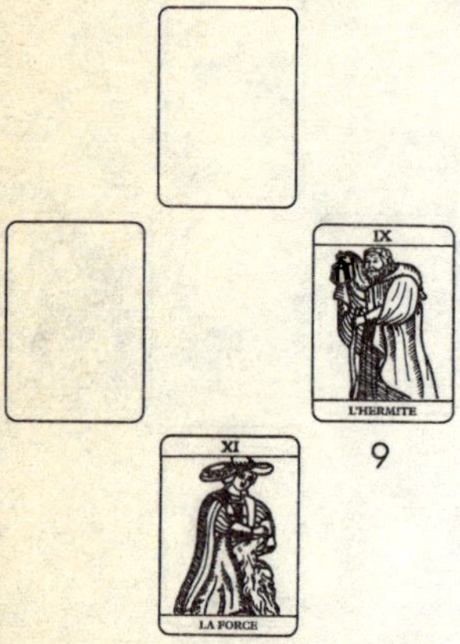

11

Une incitation à la prudence, une prise de conscience ou une découverte personnelle vous permettra de vous renouveler, de vous remettre en question ou de vous rendre maître des changements qui pourraient intervenir dans votre vie.

Vous allez découvrir quelque chose, ou prendre conscience d'un élément important, qui vous incitera à reconsidérer, à renouveler ou à entreprendre un changement dans votre situation en ayant alors la conviction qu'il est sage d'agir ainsi. Et vous aurez sans doute raison !

Vous allez comprendre qu'il est sage et nécessaire de renouveler, de reconsidérer votre situation ou d'opérer quelques changements dont vous saurez d'ailleurs vous rendre maître.

Vous allez sans doute être confronté à la perspective d'un changement ou d'un renouvellement de votre situation, mais vous n'agirez concrètement que lorsque vous serez sûr de vous et des propositions fermes qui vous seront faites.

Vous allez pouvoir vous assurer ou vous rendre maître d'un changement, d'un renouveau ou d'une reconsidération de votre situation qui vous aura été révélé ou très sagement conseillé.

ÉVOLUTION PROBABLE

11 | 10

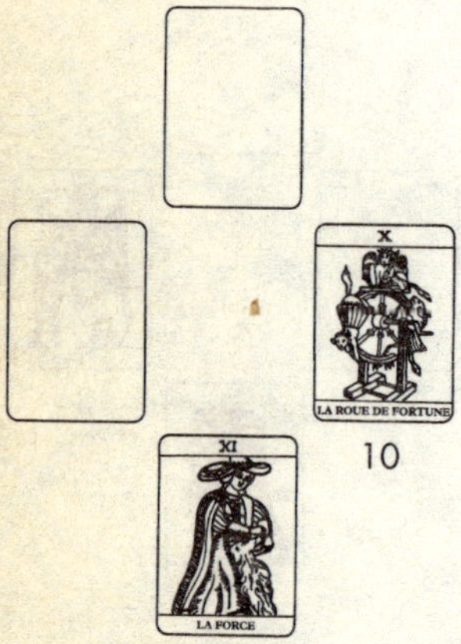

11

Vous allez connaître une évolution positive qui vous permettra d'être en pleine possession de vos moyens et de vous épanouir.

Votre situation va connaître une évolution heureuse ou des changements très positifs qui vous permettront d'accomplir vos vœux les plus chers et de ressentir une certaine plénitude sur le plan sentimental.

Vous serez maître et responsable de tous les changements bénéfiques, de toutes les possibilités avantageuses qui permettront à votre situation d'évoluer dans son ensemble et de s'épanouir pleinement.

Votre situation évoluera de telle sorte que vous serez en mesure de pouvoir réaliser une expansion importante et que vous pourrez contrôler, ou décider librement de toutes les possibilités qui vous seront offertes, d'élargir vos horizons, d'accomplir tout ce que vos moyens et vos compétences vous permettront de souhaiter et de projeter.

Votre situation évoluera de telle sorte que vous aurez, à n'en pas douter, plus de moyens et de possibilités à votre disposition.

11 12

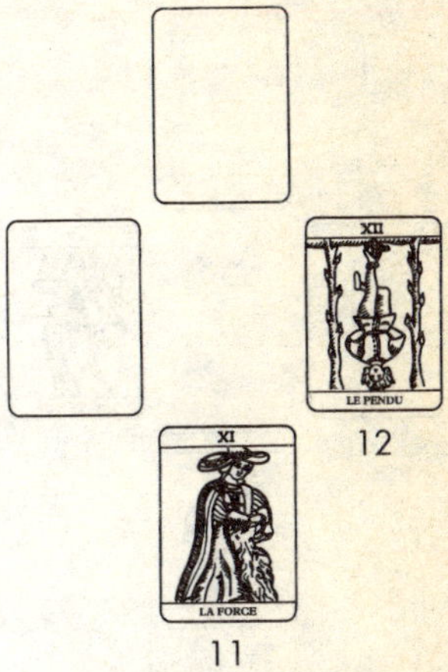

Vous avez l'énergie et la force vitale nécessaires pour assumer vos contraintes, vos responsabilités et vos obligations matérielles et morales.

Vous pourrez vous abandonner et avoir une confiance totale en votre situation qui s'avérera très fiable et très solide.

Vous serez sans doute dépendant de circonstances ou de situations contraignantes, mais vous saurez assumer vos responsabilités, triompher de vos obligations ou vous libérer de vos servitudes.

Pour vous libérer des contraintes, pour dépasser les limites qu'occasionne votre situation, vous serez amené à faire preuve d'une probité et d'une intégrité à toute épreuve qui vous permettront de dominer les circonstances et d'assurer votre position.

Vous aurez sans doute des obligations morales et matérielles assez lourdes à assumer, mais vous saurez y faire face et ainsi votre situation, quoique limitée dans son expansion, n'en demeurera pas moins stable.

ÉVOLUTION PROBABLE

11 13

Après un changement important ou la fin d'une situation, vous parviendrez à surmonter vos épreuves, à maintenir et à préserver votre équilibre vital.

Vous allez connaître ou subir un changement radical dans votre vie sentimentale, qui vous rendra plus sûr de vos choix, de vos décisions et de vos relations, et qui vous permettra ainsi de triompher de vos épreuves.

À la suite d'un changement radical, de l'arrêt ou de la fin d'une situation, vous serez plus sûr de vos choix et de vos décisions et vous saurez ainsi surmonter cette période éprouvante.

La fin ou la conclusion logique d'une situation ou un changement radical vous rendra sûr de vos choix, de vos décisions et vous permettra de renflouer votre position et vos accords éventuels.

La fin d'une situation, un changement radical ou un profit quelconque renforcera votre position et vous rendra maître de vos choix, de vos décisions et de vos accords éventuels.

ÉVOLUTION PROBABLE

11 14

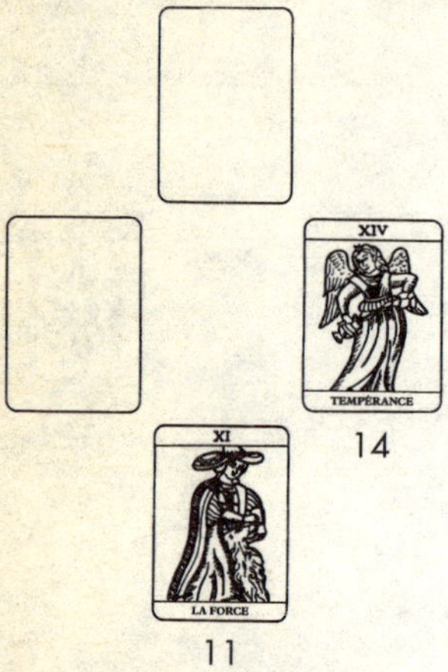

Votre faculté d'adaptation, votre disponibilité et votre souplesse naturelle vous permettent finalement d'exercer une réelle emprise sur vous-même, d'être maître de votre volonté et de vos efforts, et de réussir tout ce que vous entreprendrez.

Des arrangements, des compromis opportuns vous permettront d'imposer votre volonté en douceur mais avec assurance et ainsi d'arriver à vos fins, puisque, quoi qu'il arrive et quelle que soit votre souplesse, vous ne lâcherez jamais prise tant que vous n'aurez pas abouti.

Des arrangements et des compromis vous donneront finalement plus d'emprise sur votre situation, et vous permettront de réaliser une expansion, un progrès ou de parvenir à vos fins.

Vous allez trouver des arrangements opportuns, des compromis intelligents qui vous permettront d'aboutir dans vos entreprises, de faire progresser votre situation, d'imposer doucement mais sûrement votre volonté pour finalement arriver à vos fins.

Des transactions opportunes ou des compromis intelligents vous permettront de faire avancer votre situation dans le bon sens et d'atteindre vos objectifs financiers avec succès.

ÉVOLUTION PROBABLE

11 15

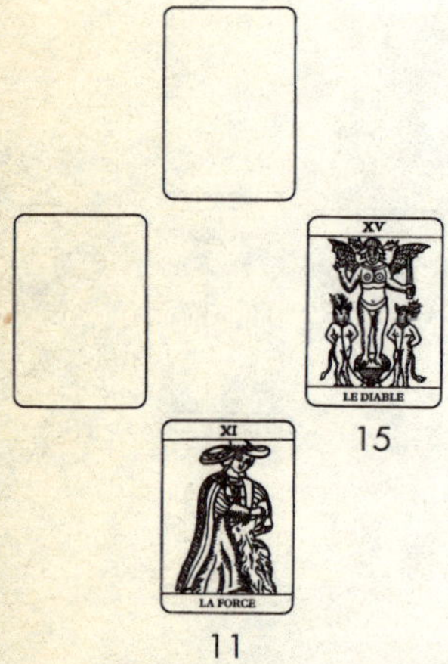

Même s'il vous arrive parfois de vous laisser aller à certains débordements ou à des excès, vous saurez, quoi qu'il arrive, préserver et maintenir votre équilibre avant toute chose et vous imposer une discipline si cela s'avérait nécessaire.

Pour faire face à une situation passionnelle ou excessive, vous adopterez finalement une attitude énergique, rigoureuse qui vous permettra de calmer les cœurs et les esprits. Ainsi donc, la force morale triomphera.

Un certain désordre s'instaurant ou régnant autour de vous, vous serez sans doute amené à adopter un comportement ferme et rigoureux pour préserver et maintenir l'équilibre de votre situation.

Vous allez sans doute pouvoir réaliser vos désirs et vos ambitions, et cela renflouera l'équilibre de votre situation et la fiabilité de votre position, mais il faudra, quoi qu'il arrive, respecter des règles, des normes ou des lois.

Vous vous imposerez sans doute des règles très strictes pour maintenir l'équilibre de votre situation ou parvenir à une expansion financière.

11 16

Des circonstances bouleversantes, éprouvantes et imprévisibles vous forceront à adopter un comportement prudent sage et réfléchi pour y faire face et les surmonter.

Vous devez faire appel à toute votre force morale, à votre expérience et à votre savoir faire pour dominer l'épreuve ou endiguer le bouleversement qui ne manquera sans doute pas de se manifester dans votre vie privée.

Vous allez devoir faire face à une situation bouleversante et déconcertante mais votre expérience, votre lucidité et votre force morale, vous permettront de ne pas perdre pied, et vous parviendrez ainsi à dominer les événements.

Une crise, une remise en question ou un bouleversement salutaire, vous permettra finalement d'avoir plus d'emprise sur votre situation en vous appuyant sur l'expérience.

Malgré les bouleversements imprévisibles et inévitables que pourrait connaître votre situation, vous parviendrez finalement à dominer les circonstances et les événements et à rendre votre position plus stable.

ÉVOLUTION PROBABLE

11 17

Votre nature réceptive et pleine de ressources vous permettra de vous épanouir et d'évoluer comme vous l'entendez.

Tout conspirera à la réalisation de vos espérances et de vos aspirations, et ainsi vous pourrez disposer librement de l'évolution positive et heureuse de votre situation.

Des circonstances très favorables vous permettront d'obtenir ce que vous espérez et de faire évoluer votre situation comme vous le souhaiterez.

Un heureux concours de circonstances vous permettra de vous rendre maître de l'évolution ou de l'expansion naturelle de votre situation, et de profiter ainsi de ces événements propices aux créations, aux innovations, aux réalisations d'idées neuves et originales.

Des circonstances très favorables vous donneront la possibilité de diriger ou de contrôler parfaitement l'évolution de votre situation et d'obtenir ce que vous espérez.

ÉVOLUTION PROBABLE

11 18

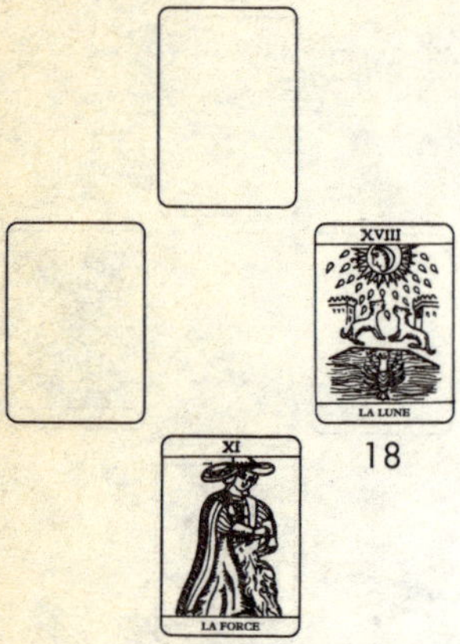

18
11

Si vous avez traversé une période de fatigue, de lassitude, de trouble ou de problèmes plus graves sur le plan santé, vous parviendrez facilement à récupérer grâce à votre énergie physique et morale pleine de ressources.

Vous parviendrez à résoudre vos problèmes ou à surmonter vos épreuves dans votre vie privée en restant tranquillement mais fermement sur vos positions, en faisant preuve d'une force morale inébranlable et en ayant pleinement confiance en vous.

Après une période de troubles, de fausse sécurité, d'inquiétude ou malgré les conflits, les problèmes et les déceptions, vous parviendrez à reprendre pleinement en main votre situation, et à exercer positivement votre influence sur les circonstances et sur votre entourage.

Après une période confuse, incertaine ou malgré les retards, les vicissitudes, les incompréhensions, vous réussirez à vous rendre maître de la situation et à aboutir.

$ Après une période d'inquiétude, difficile, éprouvante, vous saurez vous rendre maître de la situation et vous réussirez à obtenir ce que vous voulez.

ÉVOLUTION PROBABLE

11 19

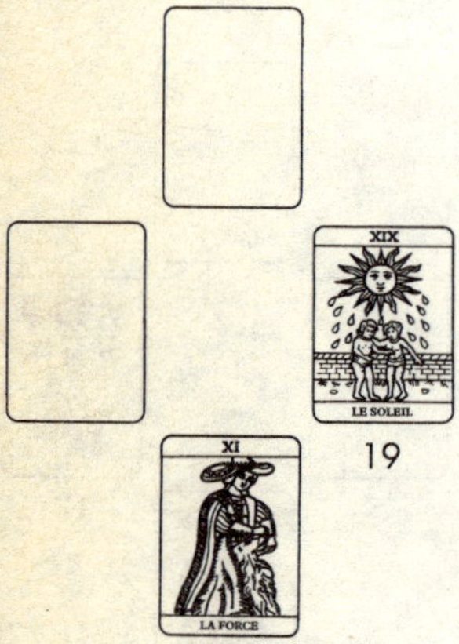

19
11

Votre énergie rayonnante et votre vitalité pleine de ressources vous permettront d'exercer une emprise douce mais réelle sur vous même, et de pouvoir ainsi profiter pleinement de votre bien-être.

Vous allez connaître de grandes joies dans votre vie sentimentale, et vous pourrez agir en toute confiance et en toute liberté pour réaliser ou obtenir ce que vous voulez.

Vous obtiendrez entière satisfaction dans tout ce que vous entreprenez ou réalisez au sein de votre milieu familial et qui serait susceptible de renforcer sa stabilité, sa richesse ou de favoriser son expansion naturelle.

Une association avantageuse, un accord parfait et profitable ou une réussite totale dans votre travail, renforcera votre liberté d'action, et favorisera vos entreprises concrètes et expansives.

$ Votre situation financière vous donnera entière satisfaction et vous permettra d'agir librement et de jouir pleinement de vos moyens.

11 | 20

Une reconsidération, un renouvellement ou un changement d'appréciation vous rendra plus sûr de vous, plus confiant en vos moyens, plus solide à tout point de vue.

Un changement ou un renouvellement rendra votre situation plus sûre et lui permettra de mieux s'adapter aux circonstances tout en préservant son intégrité et ses prérogatives.

Un changement ou un renouvellement vous assurera de la solidité et de la fiabilité de votre situation familiale, et vous permettra d'agir librement et concrètement.

Un changement appréciable, un renouvellement ou une proposition concrète vous permettra d'agir d'une manière constructive en vous assurant de certaines protections, en vous donnant une entière liberté d'action, et en renforçant ainsi votre position et vos prérogatives.

$ Un changement appréciable ou un renouvellement vous assurera de la fiabilité et de la solidité de votre situation financière.

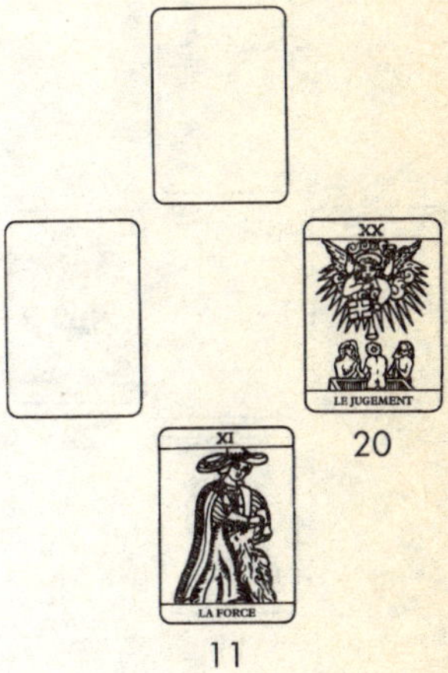

ÉVOLUTION PROBABLE

11 | 21

Vous allez connaître une période très épanouissante à beaucoup de points de vue et cela vous rendra plus stable, plus solide, plus confiant que jamais.

Vous allez connaître une période de plein épanouissement dans votre vie sentimentale qui vous assurera, si besoin était, de l'authenticité de vos relations affectives et de la stabilité de votre situation.

Votre situation familiale s'épanouira pleinement en élargissant son horizon naturel, en se trouvant renforcée dans sa stabilité et dans son intégrité.

L'élargissement de votre horizon social et professionnel ou le rassemblement de toutes vos possibilités se concrétisera par la conclusion d'un accord ou la réalisation d'un contrat qui rendra votre situation plus solide, qui vous donnera plus de responsabilités mais aussi plus de pouvoir décisionnaire.

$ Vous aurez de grandes possibilités financières à votre portée, et il ne tiendra qu'à vous d'agir avec force morale et un certain sens du devoir pour profiter ainsi pleinement et rendre votre situation plus stable et plus fiable.

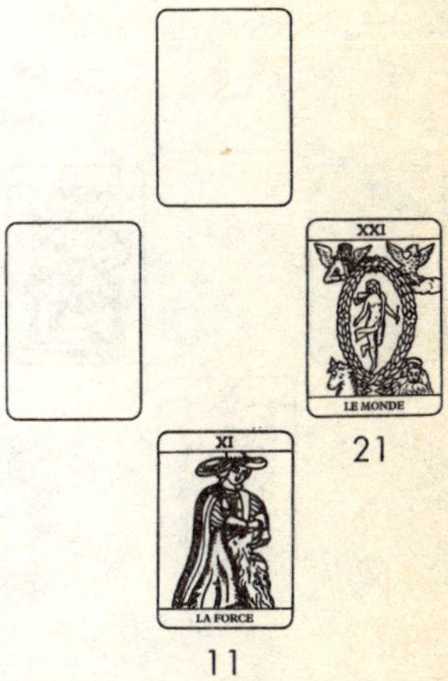

ÉVOLUTION PROBABLE

11 22

Vous allez pouvoir partir, voyager ou agir librement pour renforcer votre énergie et profiter pleinement de votre bien-être vital.

À la suite d'une rencontre, d'un voyage ou d'une période de transition et d'incertitude, votre situation affective sera plus stable, et vous vous sentirez sûr de vous et confiant en votre vie sentimentale.

Un voyage, un déménagement, l'arrivée ou le départ d'une personne de votre entourage, rendra votre situation familiale plus fiable et plus solide moralement et concrètement.

L'arrivée ou le départ d'une personne, une démarche ou un voyage renforcera votre position, consolidera votre situation et vous permettra de réussir pleinement dans vos entreprises.

$ L'arrivée ou le départ d'une personne, une démarche ou un voyage, renforcera votre position et vous assurera de la solidité de votre situation financière.

ÉVOLUTION PROBABLE

12 1

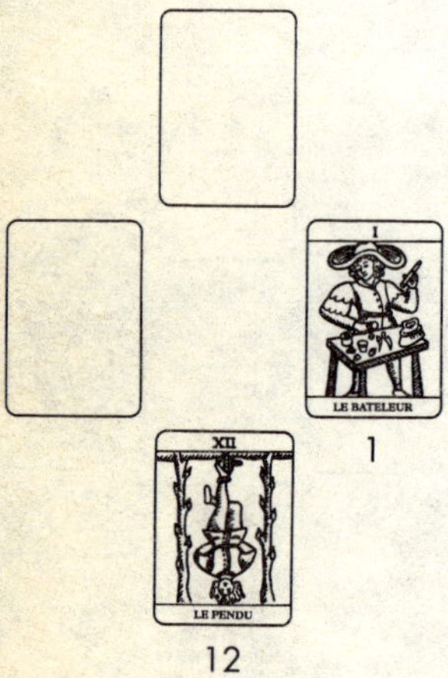

Vous serez contraint à prendre des initiatives habiles et à déployer toute votre volonté, toute votre énergie active pour vous sortir définitivement d'un état de faiblesse physique et morale.

Malgré vos initiatives, ou à cause d'elles, une situation figée ou une relation affective sans issue trouvera d'elle-même sa conclusion logique et fatale.

Une initiative prise au sein de votre milieu familial, ou un projet, n'aboutira certainement pas ou bien une situation sans issue trouvera sa conclusion logique et fatale ou elle vous contraindra à faire un sacrifice.

Vos initiatives ou vos projets n'aboutiront que si vous acceptez de faire des sacrifices dont finalement vous tirerez un certain bénéfice parce qu'ils conduiront votre situation à sa conclusion logique.

$ Votre esprit d'initiative et votre habileté vous permettront sans doute de tirer profit d'une situation pourtant contraignante ou limitée dans ses possibilités à condition, toutefois, de savoir faire des sacrifices.

ÉVOLUTION PROBABLE

12 | 2

À ne rien faire, à ne rien dire ou à trop attendre, vous risquez de vous retrouver dans un état de faiblesse physique et morale contre lequel vous aurez du mal à réagir.

Si vous ne réagissez pas et si vous ne sortez pas de votre réserve, vous serez contraint à faire des concessions ou des sacrifices qui ne seront pas forcément les bons, ou à vous accommoder d'une situation affective insatisfaisante.

Si vous ne vous décidez pas à dire ce que vous pensez ou ce que vous savez, votre situation sera contrainte de s'adapter aux circonstances, de s'accommoder d'arrangements ou de compromis plus ou moins bons, contre lesquels vous ne pourrez rien faire.

On aura ou vous aurez sans doute trop attendu. Il aurait sans doute fallu agir ou réagir plus promptement. Quoi qu'il en soit, vous allez vous retrouver dans une situation contraignante et limitée dans ses possibilités, qui n'aura d'autre choix que celui de s'adapter aux circonstances et de s'abandonner aux courants des choses.

Vous serez contraint à agir avec prudence, ou à faire preuve de réserve ou d'économie pour préserver la stabilité précaire de votre situation.

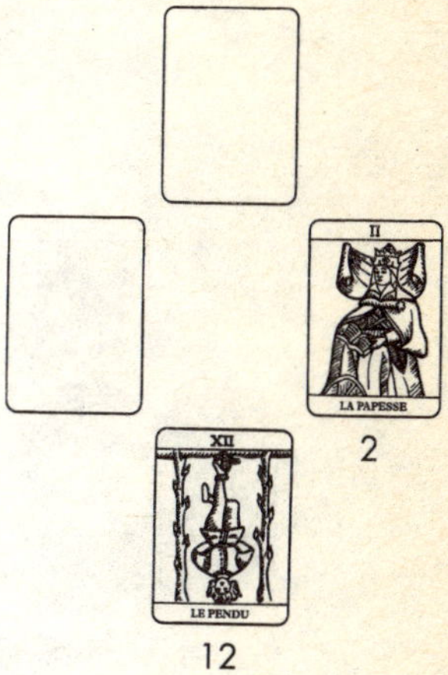

ÉVOLUTION PROBABLE

12 | 3

Vous auriez un fâcheux penchant à vouloir assouvir vos désirs et vos ambitions à tout prix et, pour ce faire, à gaspiller votre énergie, à vous rendre victime d'un état de surexcitation contre lequel vous risquez de ne pouvoir réagir, que cela ne serait pas autrement surprenant.

Vous risquez fort de devenir l'esclave de vos sentiments passionnels et de vous retrouver dans une situation de dépendance où vous serez alors prisonnier de vos désirs et de vos insatisfactions affectives.

Malgré votre compréhension ou l'intelligence et la générosité d'une personne de votre entourage, vous ne pourrez éviter qu'une colère éclate ou qu'un certain désordre, une division, des dissensions règnent dans votre milieu familial.

Des actions intelligentes et fécondes, des réalisations profitables vous permettront sans doute de vous sortir brutalement d'une situation limitée dans ses possibilités et de savoir profiter de ces contraintes pour réaliser vos ambitions.

Vous pourrez sans doute agir intelligemment pour vous enrichir, mais vous ne serez sans doute jamais réellement satisfait de vos acquisitions et de vos moyens.

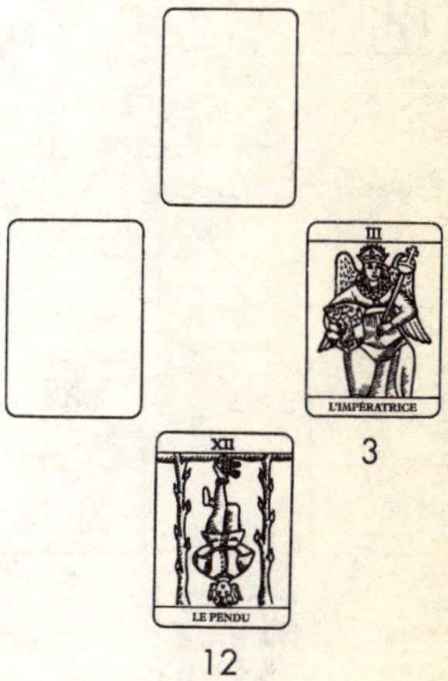

ÉVOLUTION PROBABLE

12 | 4

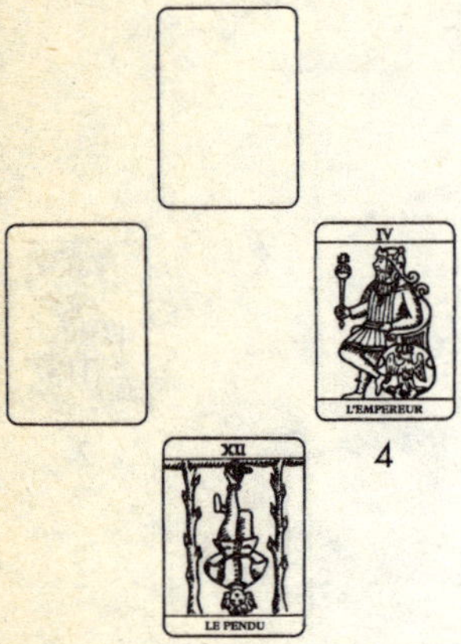

12

Vous allez pouvoir très rapidement vous sortir de cet état de faiblesse physique et morale qui vous empêchait d'agir ou de réagir depuis quelque temps.

Vous allez brusquement pouvoir retrouver votre autonomie et votre liberté mais comme vous n'aurez pas le choix, il n'est pas dit que cela ne vous fasse pas l'effet d'un choc.

Votre situation familiale va subir un choc ou connaître un bouleversement qui la libérera sans doute de ses contraintes et de ses limites, même si celui-ci ou celui-là semblera déconcertant, voire dévastateur dans l'effet qu'il produira.

En cas de conflits ou d'insatisfactions dans votre travail, sachez que des oppositions catégoriques risqueraient de vous faire perdre votre situation. Sinon vous pouvez avoir la certitude que votre situation, figée ou limitée, se débloquera brusquement et vous délivrera de ses entraves.

$ Vous pourrez très fermement et très concrètement vous délivrer de tout ce qui paralyse votre situation financière, à condition de ne pas craindre les sacrifices, les bouleversements ou les remises en question salutaires.

ÉVOLUTION PROBABLE

12 | 5

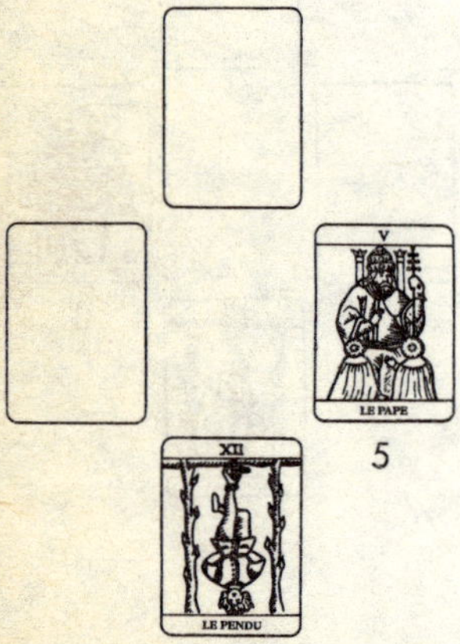

12

Vous serez sans doute contraint à vous reposer, à vous détendre, à puiser dans vos ressources pour vous remettre d'aplomb et retrouver votre forme.

Vous pourrez en toute confiance vous abandonner à une situation qui se redressera d'elle-même ou qui évoluera spontanément et naturellement d'une manière très heureuse en vous donnant les moyens de renouveler vos relations affectives.

Vous aurez sans doute l'occasion de pouvoir vous dévouer, ou de pouvoir vous consacrer à des circonstances nouvelles et heureuses, à l'avènement ou à la réalisation de quelque chose de neuf dans votre milieu familial.

Il faudra vous soumettre à la nécessité d'une mutation, d'une création ou d'une réalisation nouvelle qui sera un facteur de redressement, d'évolution et de progression de votre situation.

$ Vous serez sans doute dans l'obligation de faire un sacrifice ou de faire attention pour pouvoir réaliser vos espoirs, obtenir quelque chose de neuf ou, tout simplement, redresser votre situation.

12 6

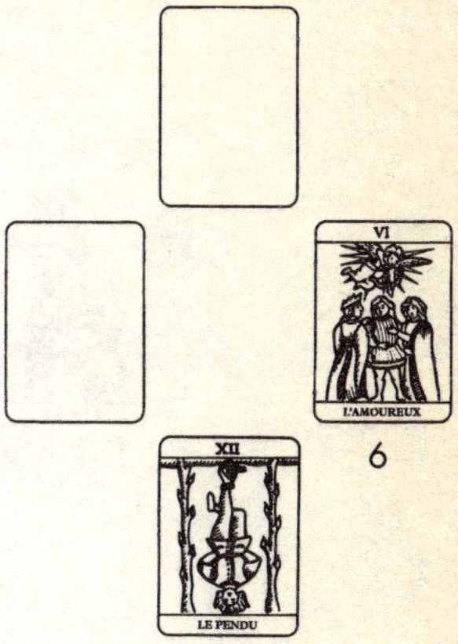

6

12

Vous risquez fort d'être la victime d'une maladie contagieuse ou d'un problème de santé suffisamment grave pour qu'un temps il vous contraigne à cesser toute activité ; s'il en est encore temps, sachez prendre des résolutions pour vous prémunir contre un tel risque.

Vos sentiments ne seront sans doute pas payés de retour, et vous allez connaître des problèmes sous forme de trahisons, de déceptions dans votre vie affective contre lesquels vous ne pourrez pas faire grand-chose.

Vous risquez de vous retrouver dans une situation très pénible ou vous serez victime des mauvaises relations qui vous entourent. Quoi qu'il en soit, vous allez être déçu et contraint à reconnaître vos erreurs, sans pouvoir faire grand chose pour que cela s'arrange.

Soit vous ne parviendrez pas à trouver un accord, soit il vous sera déconseillé de le passer. Dans tous les cas, vous serez déçu et victime d'une situation difficile, incertaine, que toutes sortes de contraintes, de vicissitudes et de retards paralysent. Ainsi donc vos choix, vos décisions et vos accords n'aboutiront pas.

Vous risquez de faire de mauvais choix de prendre des décisions erronées ou de passer des accords qui n'aboutiront pas, qui paralyseront votre situation ou qui seront très décevants. S'il en est encore temps, sachez donc vous abstenir.

ÉVOLUTION PROBABLE

12 7

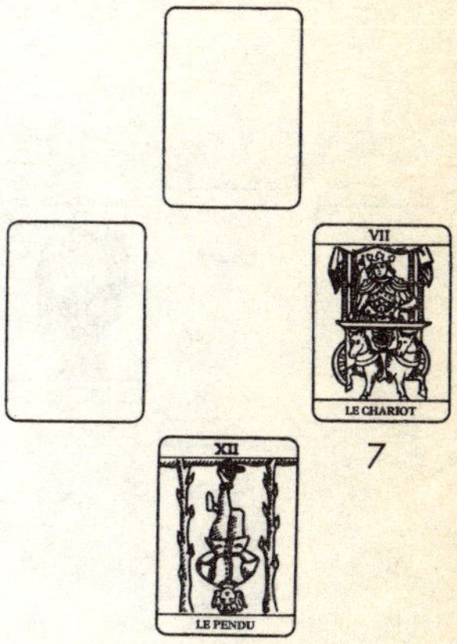

7

12

Vous allez pouvoir profiter pleinement d'une période de détente et de repos, d'un voyage d'agrément ou d'une villégiature qui vous permettra de vous libérer de vos contraintes et de retrouver votre forme.

Attendez-vous à recevoir une excellente nouvelle sur le plan sentimental ou à voir très prochainement votre situation affective se libérer et vous permettre ainsi de retrouver ou de vous abandonner à une union sincère, à des relations profondes et partagées.

Vos efforts seront payants et ce sont eux qui vous confirmeront que l'attente, le renoncement ou un certain dévouement n'aura pas été vain puisque, malgré les contraintes et les empêchements, vous parviendrez finalement à rendre votre situation claire, heureuse, épanouie.

Vous triompherez à coup sûr de vos entraves ou des obstacles qui pourraient se dresser sur votre route, si vous savez faire les bonnes concessions, si vous vous pliez à une clarification constante de votre situation, si enfin vous ne relâchez jamais vos efforts.

Vous allez pouvoir triompher de vos entraves, des empêchements ou des obstacles qui limiteraient la progression de votre situation et, ainsi, malgré tout, parvenir à vos fins.

ÉVOLUTION PROBABLE

12 | 8

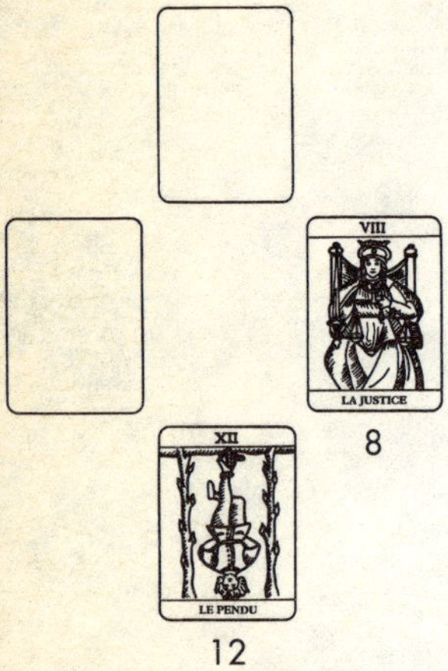

Vous allez être contraint à vous plier à une discipline, à une rigueur, à une hygiène de vie pour pouvoir vous rétablir et retrouver votre équilibre vital.

Pour pouvoir retrouver un certain équilibre, vous serez contraint à faire amende honorable, à accepter un changement ou un retour à la normale dans votre situation affective.

L'équilibre de votre situation familiale, ou l'ordre qui y règne, vous imposera de faire amende honorable, de vous soumettre à un certain retour à la normale, de vous plier à un changement finalement appréciable.

Une décision de justice vous autorisera à trouver une solution ou une issue à une situation paralysée depuis quelque temps ou qui ne pouvait pas poursuivre son évolution normale.

Les lois et les règles auxquelles vous êtes obligé de vous plier vous forceront à changer d'appréciation et à revenir à une certaine normalité pour pouvoir redresser votre situation.

ÉVOLUTION PROBABLE

12 | 9

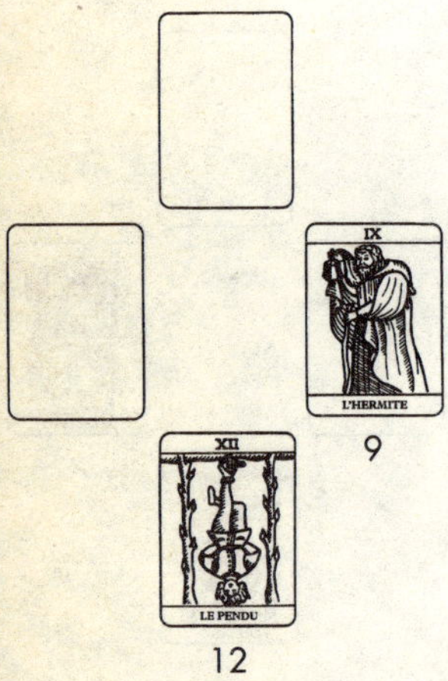

Vous découvrirez, avec le temps, que la sagesse est dans l'acceptation de ses propres limites, que c'est la seule façon de pouvoir, sinon les dépasser, du moins se trouver en pleine possession de ses moyens.

Vous allez prendre conscience de la nécessité qu'il y aurait à faire un sacrifice dans votre vie sentimentale, à vous abandonner à des circonstances et à une situation qui seraient finalement très épanouissantes si vous lâchiez prise et si vous laissiez faire les choses !

Vous allez découvrir, ou on vous révélera qu'il est nécessaire de faire un sacrifice, d'abandonner quelque chose ou tout simplement de laisser faire les choses pour obtenir pleinement ce que vous voulez.

Vous allez vous rendre compte à quel point il est heureux parfois de savoir perdre ou de laisser faire, car c'est ainsi que votre situation basculera, dépassera ses limites et vous donnera la possibilité de trouver exactement tout ce que vous recherchiez.

Vous trouverez ou l'on vous indiquera des solutions idéales qui permettront à votre situation de se rétablir et d'élargir ses possibilités.

12 | 10

Votre état évoluera de telle sorte que vous serez très rapidement en mesure de vous en sortir, mais évitez tout de même les actes irréfléchis et les départs prématurés.

Votre situation évoluera de telle sorte que vous vous sentirez contraint et forcé à partir. Assurez-vous tout de même, dans ce cas, que ce départ est justifié et si vous vous décidez vraiment à tourner une page de votre vie, prenez garde, plus tard, à ne pas retomber dans le même piège.

Malgré l'évolution de votre situation, c'est contraint et forcé que vous allez devoir partir, mais vous n'aurez sans doute pas d'autre solution pour vous libérer de vos contraintes et de vos dépendances.

Malgré l'espoir que vous aurez de voir évoluer et se débloquer votre situation, vous serez finalement contraint et forcé à l'abandonner, à partir à l'aventure et à tourner ainsi une page de votre vie professionnelle.

Pour vous dégager d'une situation contraignante et limitée, il vous faudra trouver de l'aide ou rechercher d'autres moyens pour vous en sortir et repartir à zéro.

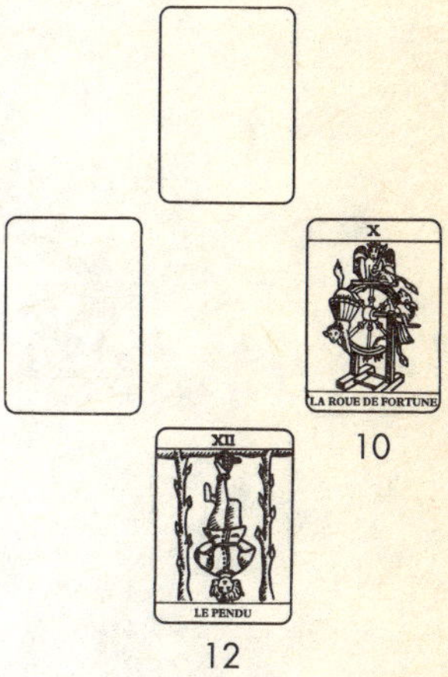

ÉVOLUTION PROBABLE

12 | 11

Malgré votre force de caractère et votre énergie physique, il vous faudra un temps accepter des contraintes, des limites que vous imposent vos obligations ou qui seront nécessaires à la préservation de votre équilibre et de votre bien-être vital.

Si c'est à une personne que vous pensez, sachez qu'elle vous sera entièrement dévouée. Sinon vous vous retrouverez sans doute dans une situation quelque peu contraignante, mais, paradoxalement, c'est en assumant vos responsabilités et en respectant vos engagements que vous conquerrez votre indépendance.

Vous dominerez votre situation d'une manière subtile en vous dévouant à la cause de votre situation et en assurant vos charges, vos obligations et vos responsabilités familiales.

Vous serez tenu par des règles, par des charges et par des responsabilités professionnelles qui ne vous laisseront pas beaucoup de libre arbitre, mais que vous pourrez toutefois dominer en exerçant un certain pouvoir moral et en faisant preuve d'une réelle force de caractère.

Vous serez en mesure de respecter vos engagements, et d'assumer vos charges et vos obligations professionnelles.

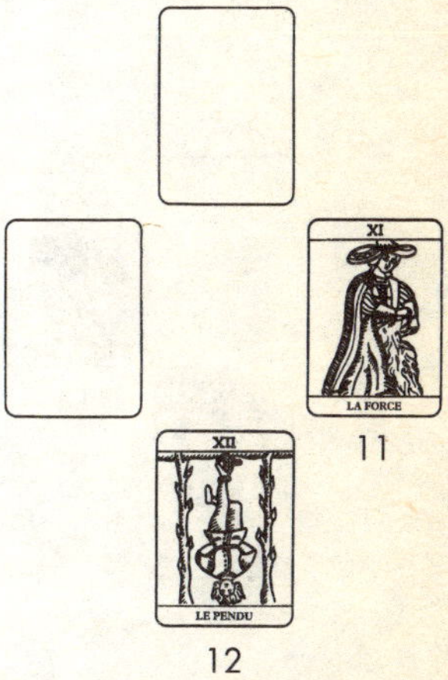

ÉVOLUTION PROBABLE

12 13

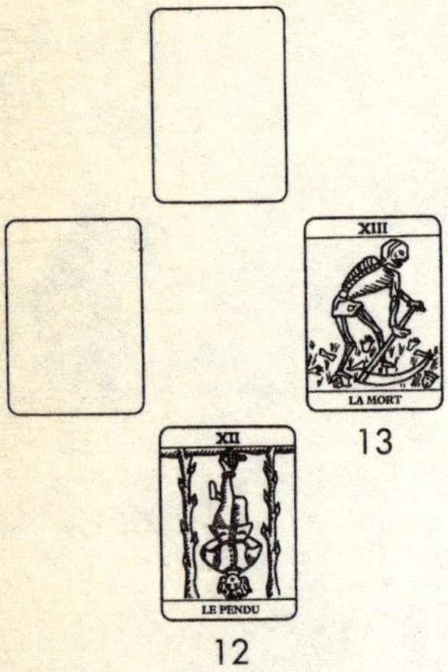

Un changement radical dans votre existence, la fin d'une période de votre vie ou d'une situation vous permettra de triompher de tout ce qui vous entrave, de vous rétablir pleinement, de vous retrouver en pleine possession de vos moyens.

La fin d'une situation, d'une révélation ou d'un changement radical dans votre vie sentimentale vous permettra de triompher de vos contraintes, de vos insatisfactions et d'agir pour retrouver votre indépendance.

Un changement radical ou une conclusion fatale vous donnera l'occasion d'agir pour redresser votre situation ou de faire des efforts utiles à la conquête de votre autonomie.

Pour assainir et redresser votre situation, pour vaincre les obstacles qui se dresseraient sur votre route et pour pouvoir atteindre vos objectifs, vous serez contraint à provoquer ou à subir un changement radical.

L'arrêt d'une source de revenus vous contraindra à faire des efforts pour redresser votre situation ou bien un profit quelconque vous permettra d'agir pour retrouver votre indépendance financière.

ÉVOLUTION PROBABLE

12 14

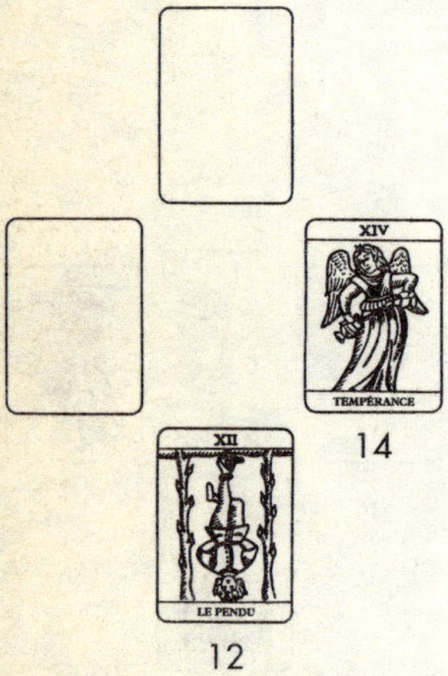

Vous n'aurez d'autre choix que celui de vous adapter et de vous accommoder des circonstances ou des arrangements qui vous seront imposés, même si votre équilibre reste précaire et même si vous ne vous sentez pas encore au mieux de votre forme.

Les arrangements ou les compromis qui auront été trouvés ne vous décrisperont pas vraiment et l'équilibre de votre situation restera précaire et contraignant.

Vous allez être dans l'obligation de trouver des arrangements ou des compromis opportuns pour préserver l'équilibre de votre situation lequel d'ailleurs ne vous semblera pas très satisfaisant pour autant parce qu'il vous contraindra à une rigueur et à une discipline quelque peu frustrantes.

Les négociations en cours, les compromis, ou les arrangements qui auront été trouvés, ne suffiront certainement pas à libérer votre situation qui se maintiendra donc dans un équilibre précaire, contraint et forcé.

Les transactions, les négociations en cours ou les arrangements qui auront été trouvés vous permettront sans doute de préserver l'équilibre de votre situation, mais celui-ci restera précaire et vos moyens seront encore limités.

12 | 15

Vos excès, vos débordements, votre constante surexcitation vous conduiront à un état de faiblesse physique et morale, et vous contraindront à cesser toute activité, à vous isoler et à vous reposer.

Des relations passionnelles et excessives vous plongeront sans doute dans une situation sans issue, dans un certain isolement et il ne sera pas suffisant d'en prendre conscience pour en sortir, encore faudra-t-il savoir en tirer les leçons et prendre le recul nécessaire.

À part ne pas être dupe et prendre votre mal en patience, vous ne pourrez pas faire grand-chose pour résister à une situation fâcheuse, désordonnée, excessive.

À force de vouloir à tout prix arriver à vos fins, vous risquez fort de vous retrouver bloqué, paralysé, isolé dans une situation où vous n'aurez d'autre choix que celui de prendre votre mal en patience ou de renoncer.

Vos ambitions démesurées ou vos désirs exagérés d'augmenter à tout prix votre avoir seront sans doute déçus, et vous vous verrez alors contraint à faire un pas en arrière et à trouver des solutions plus raisonnables et plus réalistes.

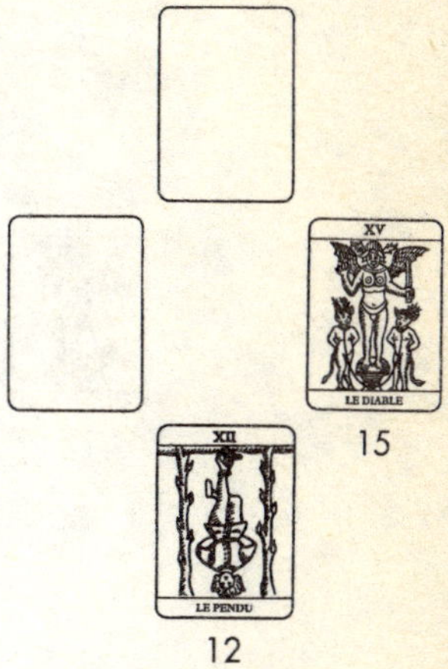

ÉVOLUTION PROBABLE

12 | 16

À la suite d'un accident, d'un choc physique ou moral, vous aurez besoin de repos pour vous refaire une santé et vous remettre de ces circonstances bouleversantes.

Vous allez connaître ou subir un bouleversement, une crise, une remise en question ou une rupture dans votre vie sentimentale et il vous faudra un certain temps avant de vous en remettre.

Il y aura un bouleversement, une crise ou une brusque remise en question dans votre situation familiale, et vous en subirez sans doute les conséquences sans pouvoir faire autre chose que d'attendre que l'orage se calme.

Il va y avoir des bouleversements, une crise ou une brusque remise en question dans votre situation dont vous allez subir les conséquences, mais qui vous contraindra à trouver ou à retrouver votre autonomie et, dans ce sens, pour vous, ce sera un mal pour un bien.

Vous allez subir les conséquences d'une crise financière dont vous aurez du mal à vous remettre. Il vous faudra alors accepter des contraintes et renoncer à certaines prérogatives pour pouvoir redresser votre situation.

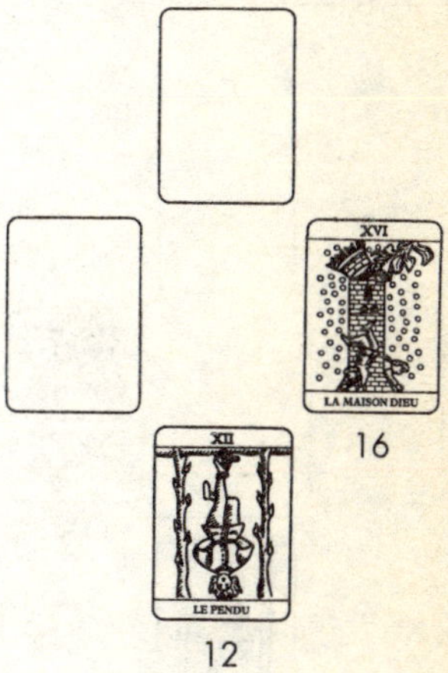

ÉVOLUTION PROBABLE

12 17

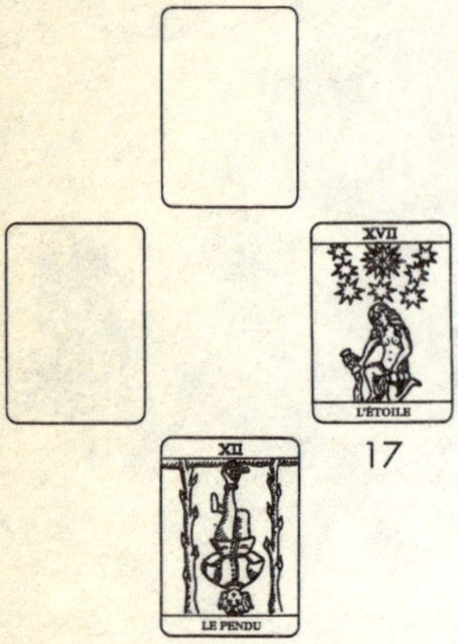

17

12

Quels que soient vos épreuves ou vos soucis de santé, votre énergie pleine de ressources et votre force morale vous permettront de les résoudre facilement et de pouvoir ainsi profiter pleinement de votre bien-être vital.

Vous pourrez en toute confiance vous abandonner et vous dévouer à la cause de vos relations sentimentales, et vous assurer ainsi de la solidité de votre situation affective.

Des circonstances nouvelles et heureuses vous rendront plus confiant que jamais en votre situation familiale et vous inciteront à vous dévouer entièrement à sa cause en la dominant subtilement de cette façon.

Des circonstances nouvelles et favorables vous permettront de redresser votre situation, voire de lui donner une force, un pouvoir, une réussite qu'elle n'a sans doute jamais eus jusqu'alors et que rien ne laissait présager.

Des circonstances favorables ou de nouvelles ressources financières vous permettront de redresser votre situation et de reconquérir votre liberté d'action.

ÉVOLUTION PROBABLE

12 18

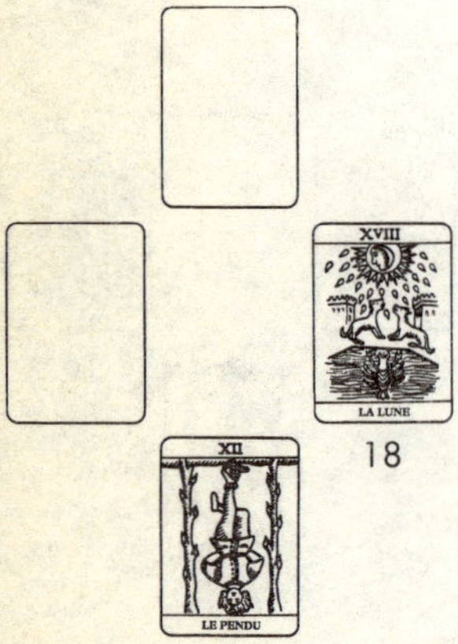

18

12

Vous allez sans doute tomber malade. Votre état nécessitera alors un repos complet, d'agir positivement et de vous comporter très sainement pour pouvoir vous rétablir dans les meilleurs délais.

Si c'est à une personne que vous pensez, sachez qu'elle sera déçue, blessée et qu'elle se retrouvera dans une situation sans issue. Sinon vous allez connaître une déception sentimentale et vous ne pourrez rien faire d'autre que vous rendre à l'évidence.

Vous avez des problèmes dans votre situation familiale contre lesquels vous aurez du mal à réagir sainement, ou vous risquez d'être victime de la jalousie, de l'hypocrisie ou de la médisance d'une personne de votre entourage.

Des problèmes, des retards, des obstacles ou des erreurs vont vous contraindre à abandonner une situation stérile ou qui ne tient pas ses promesses.

Des erreurs, des retards, des dettes ou des manque à gagner vous contraindront à assainir votre situation et vous limiteront certainement dans vos possibilités financières.

ÉVOLUTION PROBABLE

12 19

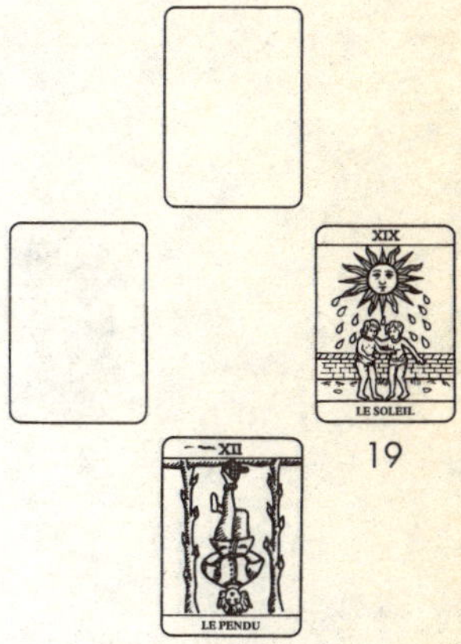

19
12

Vous allez pouvoir en toute quiétude et sans aucun doute possible vous abandonner à votre bien-être vital.

Quand bien même vous vous sentiriez quelque peu dépendant d'une relation d'ailleurs heureuse, on ne peut pas dire que ce serait là le pire esclavage ou enchaînement qui soit, d'autant plus que, sans en avoir l'air, vous savez bien au fond que vous dominerez toujours la situation.

Quoique heureuse et privilégiée à bien des égards, votre situation familiale devra toujours se plier à votre autorité ou se soumettre aux ordres d'une personne de votre entourage qui régente tout chez vous.

Malgré la réalisation d'une association, un succès réel ou une clarification de votre situation, vous serez encore contraint à un travail laborieux pour vous assurer de votre réussite.

Malgré une clarification ou une certaine réussite dans votre situation financière, il vous faudra trouver encore un certain ordre constructif et intelligent pour faire autorité en la matière.

ÉVOLUTION PROBABLE

12 20

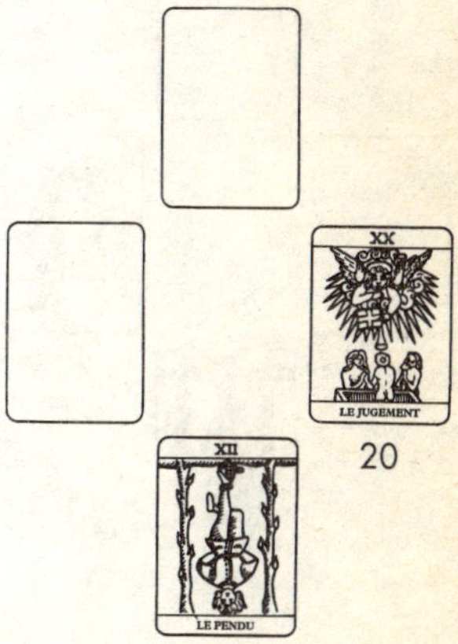

20
12

Malgré un rétablissement ou un certain retour à la normale, vous serez encore contraint à vous soumettre à des contrôles réguliers ou à suivre un traitement pour pouvoir vous assurer d'une guérison totale.

Un renouveau, ou un changement, dans votre vie sentimentale va sans doute vous contraindre à devoir assumer plus de responsabilités et ainsi à renoncer à certaines choses.

Un changement ne vous apportera sans doute pas le renouveau que vous escomptiez, et vous serez encore contraint à assumer des obligations et des responsabilités qui ne vous laisseront pas beaucoup de liberté d'action.

Un renouveau ou un changement dans votre situation professionnelle va finalement vous contraindre à devoir assumer plus de responsabilités, vous astreindre à certaines obligations et ne vous laissera pas beaucoup de liberté d'action.

Malgré un changement ou un renouveau probable, vous ne parviendrez pas à vous libérer de certaines obligations matérielles et morales, et il vous faudra encore assumer toutes vos responsabilités.

ÉVOLUTION PROBABLE

12 | 21

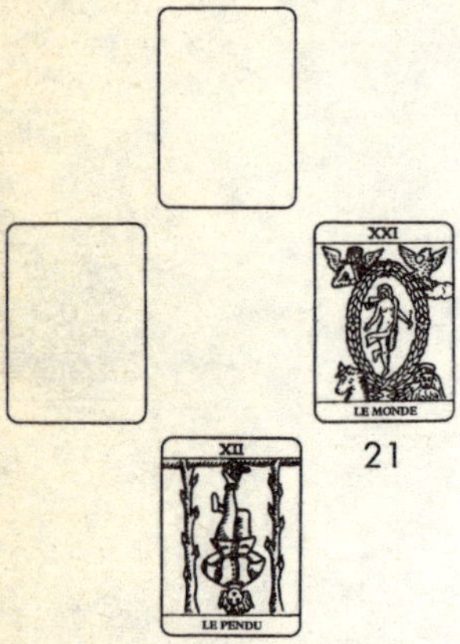

21

12

Malgré votre volonté de vous épanouir et de vous réaliser pleinement, vous aurez encore beaucoup de mal à faire les choix ou à prendre les résolutions qui s'imposent à vous, et vous resterez ainsi vulnérable et influençable.

Malgré une situation affective qui semblera très épanouie et riche en possibilités, vous n'en serez pas moins conduit à faire des concessions, à faire des choix difficiles, voire à renoncer à certaines de vos relations.

L'épanouissement de votre situation familiale ou son expansion dépendra d'un choix décisif qu'elle vous contraindra à faire ou qui sera imposé, ou d'un accord qu'il faudra absolument trouver.

De vastes possibilités utiles à l'expansion de votre situation professionnelle vous contraindront à trouver et à passer des accords importants, à faire des choix essentiels, à prendre des résolutions déterminantes.

$ L'expansion de votre situation financière nécessitera que vous vous imposiez des choix décisifs ou que vous vous déterminiez à trouver des accords essentiels.

ÉVOLUTION PROBABLE

12 | 22

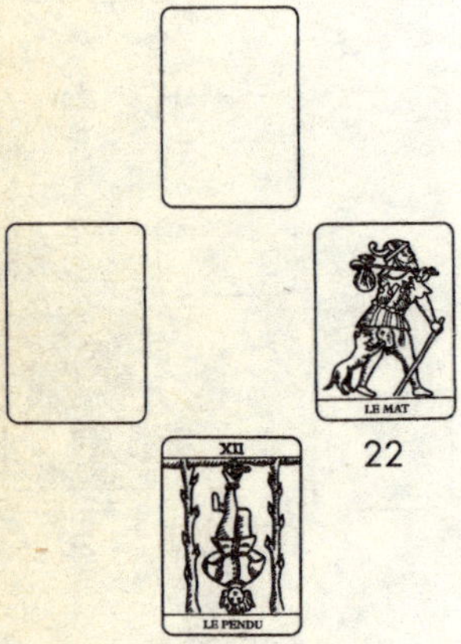

22

12

Vous allez être contraint au repos intégral, à une cure de santé et à ne rien pouvoir faire d'autre pendant un certain temps que de prendre votre mal en patience.

Le départ ou l'arrivée d'une personne ne changera rien à votre situation, sinon que vous resterez seul et sans rien pouvoir faire, ou bien vous ne pourrez pas partir car votre départ ne serait rien d'autre qu'une fuite qui ne résoudrait en aucun cas votre problème.

Un voyage ne se fera pas, non plus que le départ ou l'arrivée d'une personne de votre entourage. À moins qu'un changement, ou un départ, ne vous contraigne à rester seul chez vous. Pour le reste et pour le moment vous n'aurez rien à attendre de votre situation familiale.

Malgré vos démarches et vos recherches, vous ne parviendrez pas encore à faire évoluer votre situation et à vous libérer de vos contraintes. Acceptez-en l'augure mais ne vous découragez pas pour autant.

$ Vos recherches et vos démarches risquent de s'avérer vaines. Vous serez donc contraint à vous contenter d'une situation financière restreinte et précaire. Résignez-vous à cela, mais ne désespérez pas de trouver une issue favorable.

ÉVOLUTION PROBABLE

13 | 1

Votre caractère accommodant et votre esprit d'initiative vont vous permettre de vous retrouver en pleine forme et de pouvoir profiter au mieux de votre souplesse naturelle.

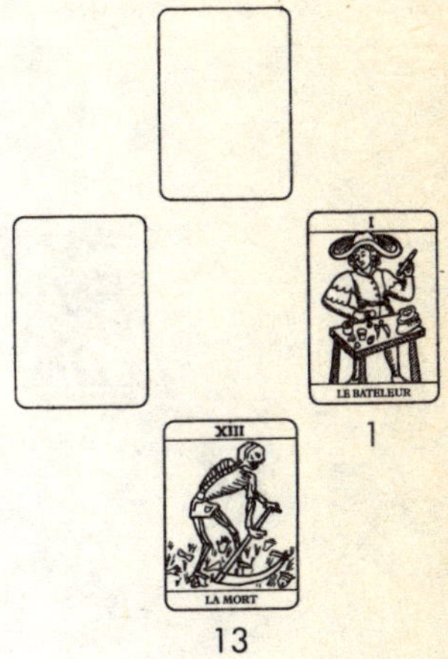

Une initiative résolutive sera prise dans votre vie sentimentale et mettra fin aux tergiversations, aux accommodements ou aux compromis opportuns ou non.

Une initiative ou une décision résolutive rendra sans doute toute discussion vaine, tout arrangement ou tout compromis inutile puisqu'elle mettra un terme à une situation, ou qu'elle produira un changement radical.

Une initiative ou une décision vous permettra de profiter d'arrangements ou de compromis qui faciliteront la réalisation de vos projets ou qui vous conduiront à un changement radical, à une évolution importante de votre situation.

Une initiative, une décision ou un projet en cours de réalisation vous permettra de tirer profit de certaines transactions et de connaître une évolution importante dans votre situation financière.

ÉVOLUTION PROBABLE

13 | 2

Vous serez sans doute obligé d'utiliser les grands moyens pour éliminer radicalement ce qui serait nuisible ou contraire à votre équilibre vital. Et même si vous ne vous l'avouez pas vraiment ou qu'on ne vous l'a pas encore révélé, vous savez bien qu'il faudra en passer par là.

Malgré votre réserve, votre inertie apparente, vous savez bien, au fond, qu'un changement radical sera inévitable et qu'il faudra mettre fin à une situation trouble.

Même si vous ne dites rien et que vous n'en faites pas plus, vous n'en pensez pas moins, et vous trouverez plus sage de mettre un terme à une situation ou d'accepter qu'un changement radical, auquel d'ailleurs vous vous attendiez, se produise.

Un changement auquel vous vous attendiez et auquel vous vous prépariez dans l'ombre ou qui ne vous a pas encore été révélé va se produire fatalement, et une situation trouvera ainsi sa conclusion logique.

Quoique cela ne vous ait pas encore été révélé vous allez sans doute pouvoir tirer profit de la conclusion d'une affaire ou bien, malgré votre réserve, vous ne pourrez éviter qu'un changement radical ne se produise dans votre situation.

ÉVOLUTION PROBABLE

13 | 3

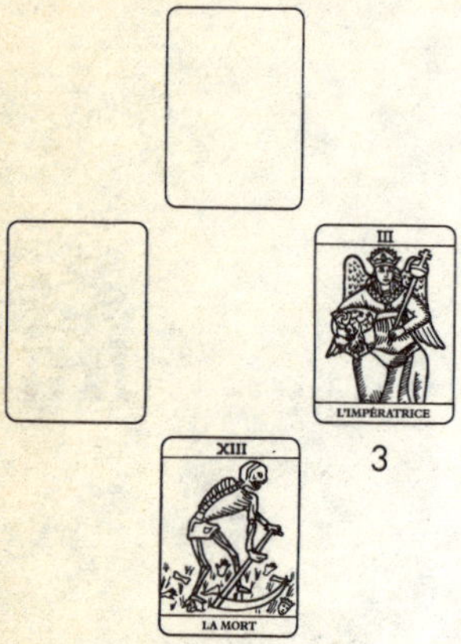

3

13

La préservation ou le rétablissement de votre bien-être vital nécessitera sans doute qu'une intervention brusque et radicale se produise pour éliminer tout ce qui serait nuisible ou contraire à votre santé physique et morale.

Un changement radical et définitif se produira dans votre vie affective, et vous n'y pourrez rien sinon reconnaître qu'il devait en être ainsi.

Il va y avoir un changement radical et brusque dans votre situation familiale et cela vous permettra sans doute de liquider ce qui aurait pu la mettre en danger et de tourner une page de votre vie.

Un changement radical se produira fatalement dans votre situation professionnelle. Attendez-vous à ce qu'il soit brusque et violent dans ses manifestations, et à ce qu'il remettre beaucoup de choses en question pour vous.

Un changement radical se produira fatalement dans votre situation financière : au positif, il sera libérateur et salutaire, mais au négatif, c'est une faillite qui vous attend...

ÉVOLUTION PROBABLE

13 | 4

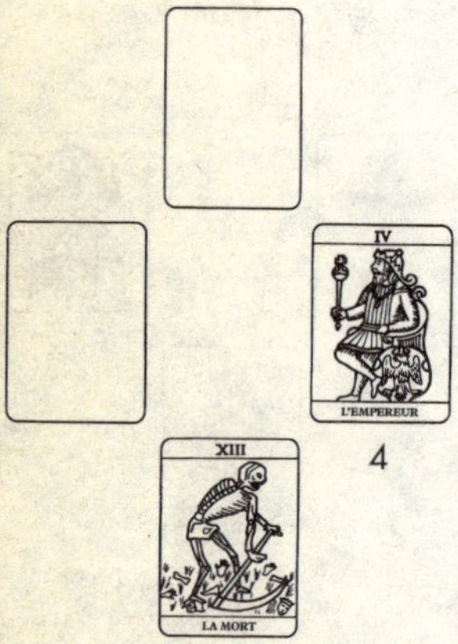

4

13

Vous pourrez avec beaucoup d'assurance et de fermeté opérer les changements que vous jugerez nécessaires dans votre existence et qui vous permettront ainsi de pouvoir profiter pleinement de votre réceptivité et de votre bien-être vital.

Vous serez sans doute obligé de mettre fin à une relation ou de vous détacher de certains de vos sentiments. Même si cela pourra vous sembler dur et difficile, ce changement radical dans votre vie affective risque de s'imposer à vous comme une espèce de fatalité.

Vous serez sans doute contraint à abandonner vos espoirs ou vos désirs, à réaliser quelque chose de neuf, parce que des membres de votre famille ou des circonstances s'y opposeront.

Votre travail constructif et intelligent va vous permettre de tirer profit d'une création, d'idées originales ou de certaines innovations, même si cela nécessite un changement radical et quelques investissements.

Des éléments ou des circonstances contraires risquent de vous priver de certaines de vos ressources, à moins que vous ne puissiez investir et tirer profit d'une création ou d'une idée originale.

13 | 5

Vous serez sans doute amené à faire appel à un médecin ou à un spécialiste qui vous donnera les moyens d'éliminer radicalement vos troubles ou vos problèmes de santé et de dissiper ainsi vos inquiétudes.

Vous n'aurez d'autre choix que celui d'éliminer radicalement tous les problèmes, tous les conflits, les déceptions, les non-dits et les malentendus, bref tout ce qui ne va pas dans votre vie affective.

Vous n'aurez d'autre choix que celui de mettre un terme aux conflits, aux troubles, aux problèmes qui se manifesteraient dans votre situation familiale et d'assainir ainsi radicalement le terrain.

Il sera décidé d'éliminer radicalement tout ce qu'il pourrait y avoir de négatif et de mauvais dans votre situation, et vous serez bien obligé d'admettre qu'en la circonstance, il n'y avait pas d'autre solution.

Il vous sera commandé ou recommandé d'assainir votre situation financière ou d'opérer un changement radical pour éliminer tout ce qui aurait été susceptible de lui nuire ou de remettre en cause sa fiabilité.

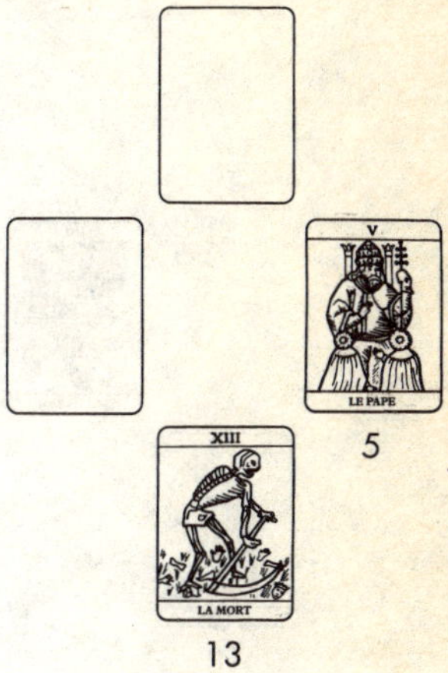

ÉVOLUTION PROBABLE

13 | 6

À la suite d'un choix judicieux, vous allez pouvoir connaître un changement radical et clair, et vous trouver ainsi en plein accord avec vous-même et avec votre environnement.

Un choix affectif, un accord ou une union se réalisera certainement dans les meilleures conditions, et vous fera ainsi connaître un changement radical et heureux dans votre vie sentimentale et dans votre existence.

Un accord ou une union va provoquer un changement radical, important et heureux dans votre vie familiale.

Un choix judicieux, un accord ou une association trouvera sa conclusion logique, produira un changement radical dans votre situation et s'avérera donc très profitable à beaucoup de points de vue.

Vous allez pouvoir tirer profit d'un choix ou d'un accord qui produira un changement appréciable et important dans votre situation.

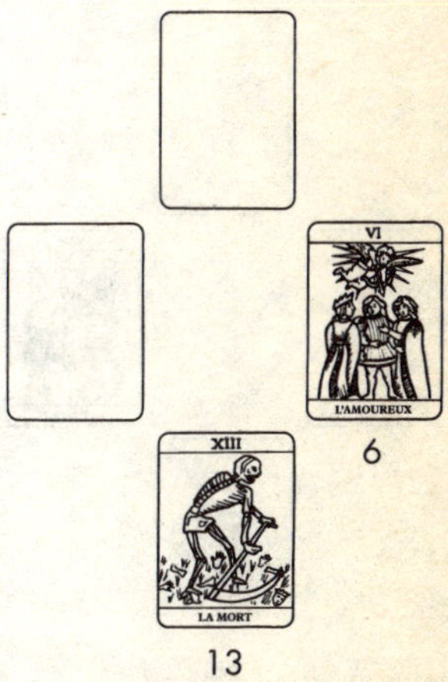

ÉVOLUTION PROBABLE

13 7

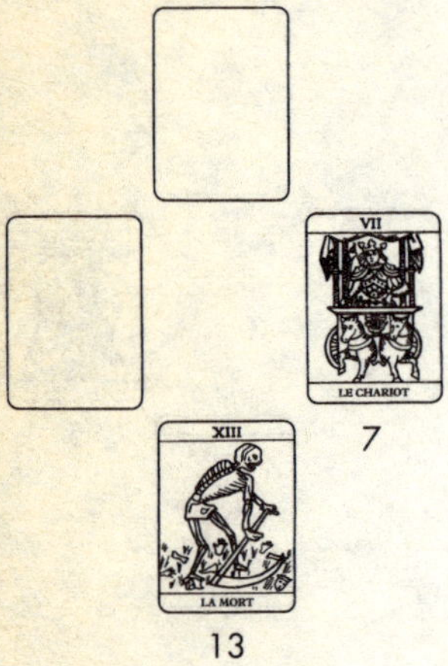

Vos efforts seront finalement payants puisqu'ils aboutiront à un changement radical, qui aura sur vous l'effet d'une véritable renaissance.

Vous allez pouvoir agir pour réaliser des changements et des renouvellements souhaitables et importants dans votre situation affective.

Votre situation familiale évoluera à coup sûr d'une manière progressive, et connaîtra finalement des renouvellements et des changements importants.

Vous allez pouvoir profiter d'une proposition intéressante qui vous sera faite dans un souci de progrès, ou pouvoir agir avec succès pour générer des changements et des renouvellements importants dans votre situation professionnelle.

Un succès dans vos affaires remporté de haute lutte ou le profit tiré de la conclusion heureuse d'une transaction vous permettra de renouveler votre situation ou d'y apporter un changement important.

ÉVOLUTION PROBABLE

13 8

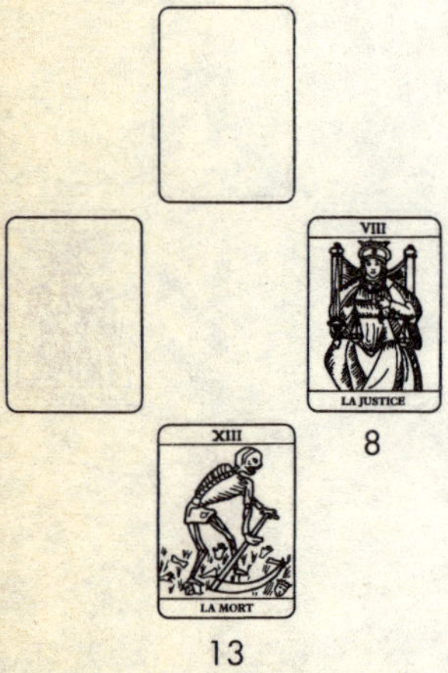

Votre équilibre vital et psychologique vous permettra certainement de profiter pleinement de toutes les possibilités qui vous sont offertes, voire d'opérer un changement intégral et de ce fait important dans votre existence.

Vous allez connaître un changement inévitable et intégral dans votre vie affective qui se révélera en quelque sorte, comme la conclusion fatale et logique d'une situation.

Votre situation familiale bénéficiera du droit de réaliser ou d'obtenir de vastes changements qui lui seront sans doute bénéfiques à beaucoup de points de vue.

Vous serez dans votre droit le plus strict, si vous décidez d'opérer des changements radicaux et d'une certaine ampleur dans votre situation, ou bien une décision de justice mettra fin à une situation et ce changement vous offrira plus de possibilités que celles que vous aviez jusqu'alors.

L'équilibre acquis de votre situation vous permettra, sans doute, d'investir ou de réaliser des profits importants et des changements d'une certaine ampleur.

13 9

Une découverte personnelle ou une incitation à la prudence vous permettra de mettre un terme à vos extravagances, à votre comportement impulsif et instable, et vous fera peut-être ainsi renoncer à un départ précipité, à un voyage prématuré ou inopportun.

Une prise de conscience ou une découverte personnelle vous incitera à refréner vos impulsions et vos actions irréfléchies, ou à renoncer définitivement à un départ ou à un élan injustifié ou sans fondement réel.

Après avoir bien réfléchi à la question ou découvert quelque chose d'important, vous renoncerez finalement à la perspective d'un départ ou d'un déménagement, mais vous n'en opérez pas moins un changement important dans votre situation familiale.

Une découverte personnelle, ou la solution que vous aurez trouvée mettra un terme à vos recherches et vous permettra de réaliser le changement que vous élaboriez secrètement depuis un certain temps.

Vous allez trouver une solution ou une issue logique et réaliste qui mettra fin à vos recherches, et qui vous incitera à renoncer à ce que vous jugerez alors comme étant des entreprises aventureuses ou extravagantes.

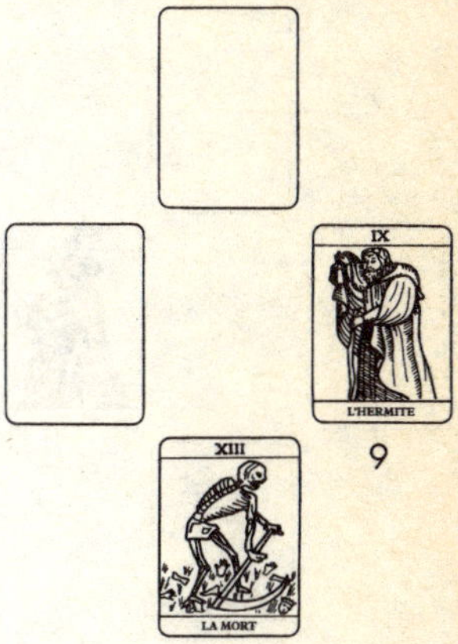

9

13

ÉVOLUTION PROBABLE

13 10

Les choses évolueront de telle sorte qu'il vous faudra bien opérer un changement radical dans votre existence ou dans votre comportement de manière à adopter une attitude plus raisonnable et plus stable.

Votre situation évoluera de telle sorte qu'il vous faudra bien vous plier à la nécessité d'un changement radical qui vous sera sans doute dicté par votre devoir ou par votre conscience.

Votre situation évoluera de telle sorte qu'un changement radical sera inévitable et il sera alors de votre devoir de vous y soumettre ou de le favoriser puisque, après tout il vous conduira sur le chemin du progrès.

Les choses évolueront de telle sorte qu'un changement radical se produira fatalement ou qu'une situation trouvera sa conclusion logique, mais cela favorisera à n'en pas douter la progression de votre situation professionnelle.

Vous allez pouvoir tirer profit de l'évolution des circonstances et favoriser ainsi la progression stable de votre situation, même s'il faut pour ce faire opérer un changement important.

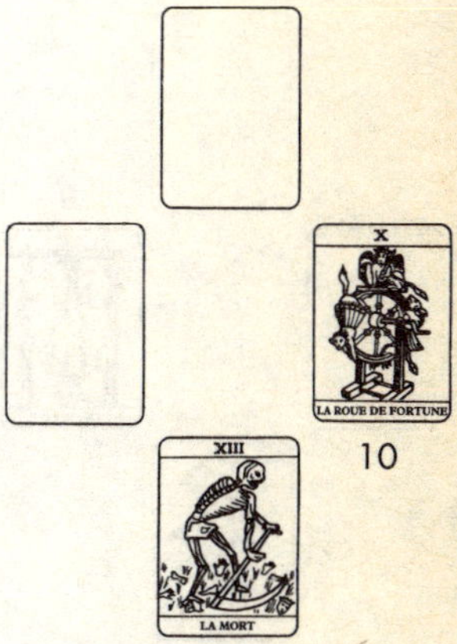

10

13

ÉVOLUTION PROBABLE

13 | 11

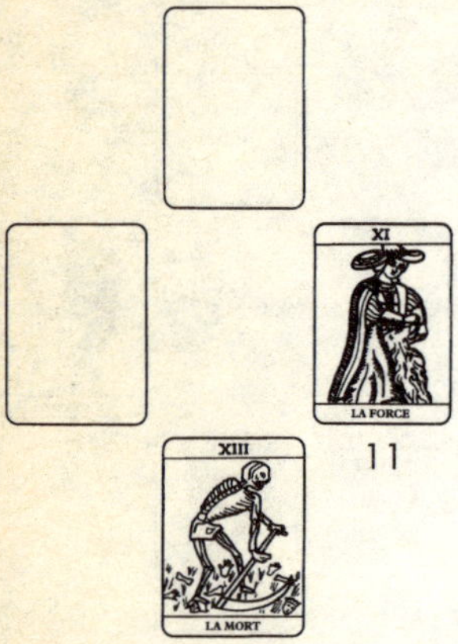

11

13

Vous saurez sans doute avec force et détermination mettre fin à votre indécision, à vos irrésolutions, et opérer un changement radical et important dans votre existence et dans votre comportement si cela s'avérait nécessaire.

Malgré votre force morale et la domination heureuse que vous exercez sur votre situation, il faudra vous résoudre à prendre des décisions importantes, à faire des choix affectifs essentiels et à réaliser ainsi un changement radical dans votre vie sentimentale.

La domination heureuse que vous exercez sur votre situation et sur les circonstances vous conduira fatalement à faire des choix définitifs, à prendre des décisions essentielles, à mettre fin à l'irrésolution ambiante et à opérer ainsi un changement radical.

La domination heureuse que vous exercez sur votre situation favorisera la conclusion de vos accords, la résolution de vos affaires, les choix essentiels et les changements radicaux que vous auriez l'intention de faire.

La domination heureuse que vous exercez sur votre situation vous permettra de chasser toutes les irrésolutions, de conclure des accords avantageux ou d'opérer un changement radical et profitable.

ÉVOLUTION PROBABLE

13 | 12

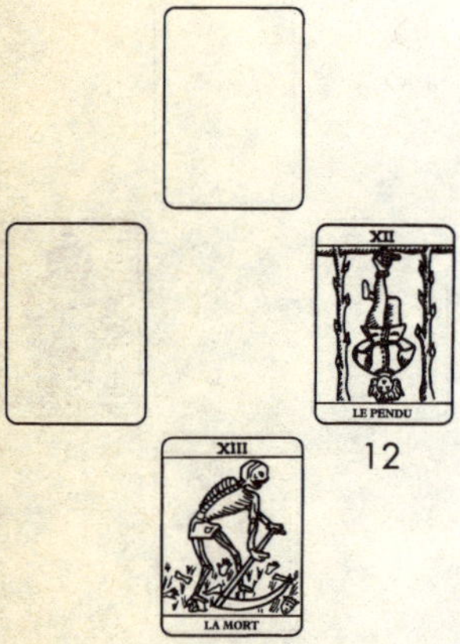

12

13

Un changement radical est en cours et vous pourrez alors vous remettre d'aplomb, retrouver votre libre arbitre, votre énergie active et aller résolument de l'avant.

Un changement radical va vous sortir de cette situation figée, de cette impression d'impuissance et de dépendance que vous ressentiez et de ces contraintes, de ces liens qui vous empêchaient de faire quoi que ce soit.

Un changement radical est en marche et vous ne pourrez rien faire pour l'arrêter. Mais il devrait vous apporter l'issue que vous attendiez, vous libérer de certaines contraintes et ainsi faire évoluer votre situation.

Un changement radical est en marche et vous ne pourrez plus l'arrêter. Mais finalement il vous permettra de surmonter vos obstacles, de triompher de vos contraintes, et d'aboutir à une transformation profonde et profitable de votre situation.

Un changement radical est en marche et vous allez pouvoir vous sentir plus libre de vos moyens, plus entreprenant, plus sûr de la progression de votre situation.

ÉVOLUTION PROBABLE

13 14

En faisant preuve de souplesse, de compréhension et en sachant vous adapter plus opportunément aux circonstances, vous parviendrez à chasser vos doutes et vos inquiétudes, et à trouver le changement que vous recherchiez.

Une saine adaptation aux circonstances, des discussions ou des compromis, vous permettront de trouver l'issue que vous recherchiez, de chasser vos doutes et vos inquiétudes, et de connaître un changement radical dans votre vie sentimentale.

Des compromis intelligents, des arrangements opportuns vous permettront de trouver des solutions mieux adaptées aux circonstances, de lever vos doutes et vos inquiétudes, et de faire des changements utiles et justifiés dans votre situation familiale.

Des négociations, des compromis intelligents et des arrangements opportuns vous permettront de trouver des solutions mieux adaptées aux circonstances, et d'opérer ainsi une transformation profonde et réaliste dans votre situation.

Des négociations ou des transactions vous permettront de trouver des solutions mieux adaptées aux circonstances et d'opérer un changement dans votre situation, qui dissipera vos doutes et vos inquiétudes.

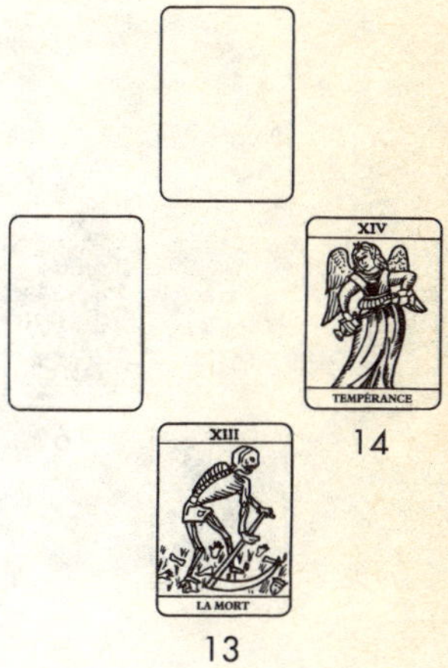

ÉVOLUTION PROBABLE

13 15

Malgré certains excès, un état de surexcitation ou l'utilisation de moyens extrêmes, vous allez connaître un changement rapide et radical dans votre existence ou dans votre comportement.

Des relations passionnelles, excessives ou des désirs impérieux entraîneront fatalement un changement radical, rapide mais incertain dans votre vie sentimentale, et ce ne sera pas forcément celui auquel vous pensez.

Vos désirs vont aboutir très rapidement à leur conclusion logique et fatale mais l'évolution de votre situation, quoique réelle, restera incertaine.

Vous n'aurez pas de repos tant que vous ne serez pas parvenu à vos fins. Or tout se conclura logiquement, très rapidement, sans doute d'une manière profitable pour vous et avantageuse pour votre situation, mais cela entraînera bien sûr un changement radical.

Vous allez parvenir à vos fins, réaliser vos désirs, et tirer profit d'un changement ou d'une affaire qui rendra votre situation plus avantageuse.

ÉVOLUTION PROBABLE

13 | 16

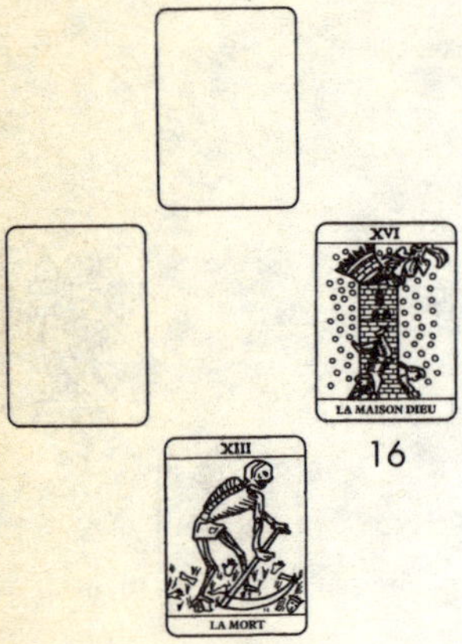
16

13

Prenez garde aux chocs, aux bouleversements, aux accidents de santé ou autres qui vous menacent et qui risqueraient de vous faire perdre vos forces et le contrôle que vous avez sur vous-même et sur les événements.

Vous risquez de connaître un bouleversement, une remise en question totale dans votre vie affective et vous n'aurez ni l'envie ni le courage d'y résister. Ne perdez pas pour autant votre sang-froid ni le contrôle de vous-même face à ces événements déconcertants.

Un bouleversement, une totale remise en question ou un changement fatal et radical risque fort de vous décourager, de vous faire perdre le contrôle que vous pensiez avoir sur votre situation.

Attendez-vous à connaître des bouleversements et des changements radicaux, de profondes remises en question dans votre situation. Vous risquez même de voir tout ce que vous pensiez acquis, basculer et disparaître brusquement. Accrochez-vous et faites face !

$ Attendez-vous à de brusques et profondes remises en question dans votre situation ou à subir des pertes, mais restez maître de vous-même pour ne pas perdre votre acquis et le contrôle des événements.

ÉVOLUTION PROBABLE

13 | 17

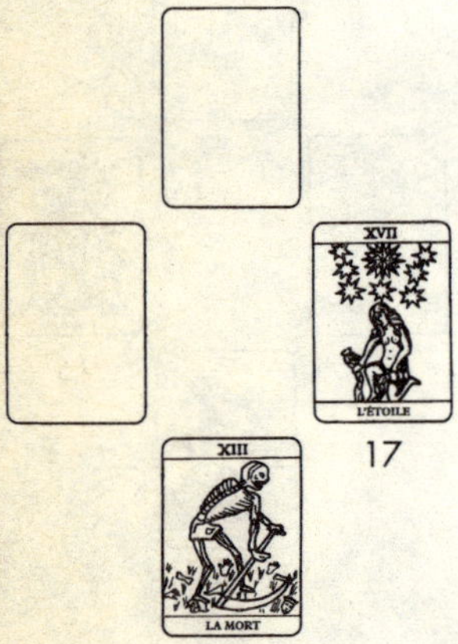
17

13

Votre réceptivité et votre émotivité risquent de vous jouer de mauvais tours, de vous rendre vulnérable et de vous faire perdre ainsi votre confiance en vous-même, votre compréhension instinctive et votre bien-être vital.

Vous risquez de perdre l'affection d'une personne qui vous est chère ou de connaître un changement radical, une transformation profitable et profonde dans votre vie sentimentale.

Des circonstances nouvelles et favorables, des innovations vont apporter un changement radical, une transformation profonde et profitable dans votre situation familiale.

Vous allez sans doute pouvoir tirer profit d'un changement ou de la réalisation d'une idée originale, d'une innovation ou d'une création.

$ Vous allez sans doute bénéficier de circonstances très favorables qui vous permettront de réaliser un changement profitable et de rendre votre situation plus avantageuse.

13 18

Vous allez pouvoir résoudre complètement vos problèmes de santé ou éliminer radicalement et sûrement tout ce qui serait susceptible de nuire à votre bien-être vital.

Une situation affective, négative, confuse, décevante trouvera sûrement sa conclusion logique et fatale, et vous connaîtrez alors, à n'en pas douter, un changement radical dans votre vie sentimentale.

Des problèmes, des conflits, des soucis trouveront une conclusion logique et fatale, et vous pourrez alors vous assurer d'un changement radical dans votre situation familiale.

Les problèmes, les erreurs ou les désillusions qui se sont faits jour dans votre situation trouveront une conclusion logique et fatale, et vous pourrez alors réaliser un changement capital, constructif et intelligent.

Vous parviendrez finalement à résoudre vos problèmes financiers et à vous rendre maître d'un changement capital, constructif et profitable.

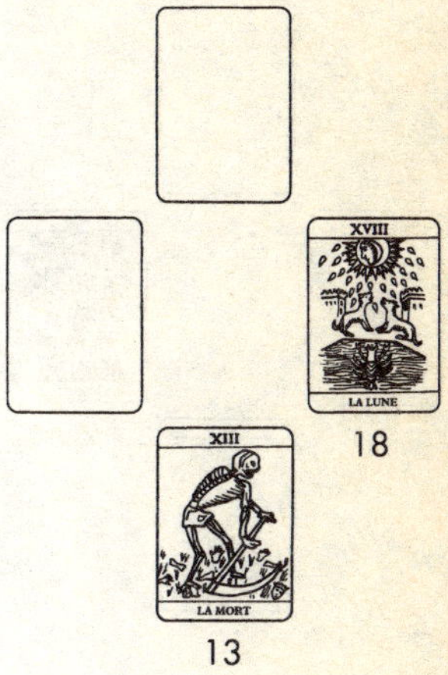

ÉVOLUTION PROBABLE

13 19

Une clarification de votre état de santé vous permettra d'assurer vos responsabilités plus sereinement et de réaliser un changement capital dans votre existence.

Vous allez sans aucun doute connaître de grandes joies sur le plan sentimental ou réaliser une union qui occasionnera beaucoup de changements dans votre existence.

Votre situation familiale va connaître de profondes transformations ou des changements importants qui lui seront très bénéfiques à tout point de vue.

Vous pourrez compter sur l'appui d'un personnage influent, sur un accord positif ou une association très bénéfique pour réaliser de profondes transformations ou des changements importants et profitables dans votre situation.

De grandes satisfactions sur le plan financier vont vous permettre de clarifier votre situation et de réaliser des changements importants et utiles à son évolution.

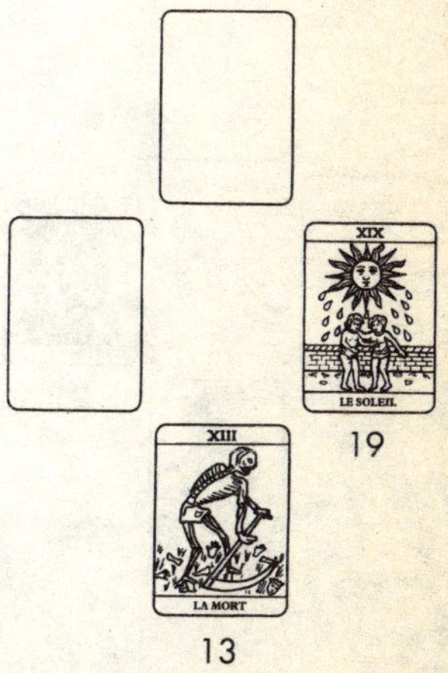

ÉVOLUTION PROBABLE

13 | 20

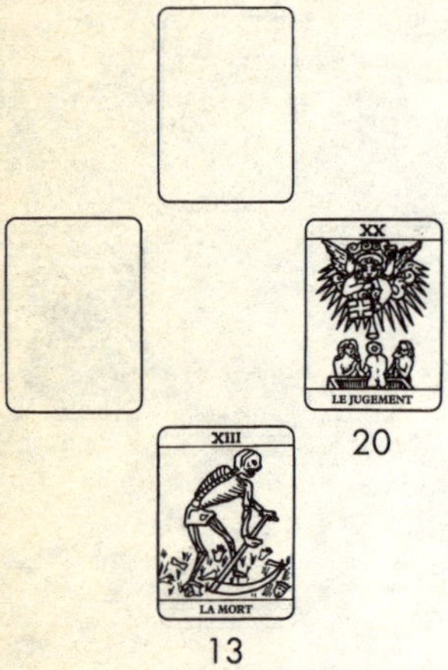

Une guérison ou un certain retour à la normale entraînera un changement radical, une transformation profonde dans votre existence ou dans votre comportement, la fin de vos irrésolutions et des choix essentiels.

Une demande, une proposition, un renouveau quelconque qui se manifestera dans votre vie sentimentale occasionnera des choix définitifs et essentiels, la fin de l'irrésolution, et un changement important et radical dans vos relations.

Votre situation familiale va sans doute se trouver confrontée à plusieurs alternatives de changement ou de renouvellement, et il faudra donc savoir faire des choix importants, prendre des décisions radicales pour que de telles transformations puissent se produire.

On vous fera sans doute des propositions et vous aurez ainsi plusieurs alternatives de changement et de renouvellement de votre situation. Vous allez donc devoir faire des choix essentiels, prendre des décisions importantes et réaliser ainsi de profondes transformations.

$ Suite à des propositions ou à des changements importants, vous serez amené à faire des choix décisifs pour pouvoir aboutir à un accord essentiel ou renouveler votre situation.

ÉVOLUTION PROBABLE

13 | 21

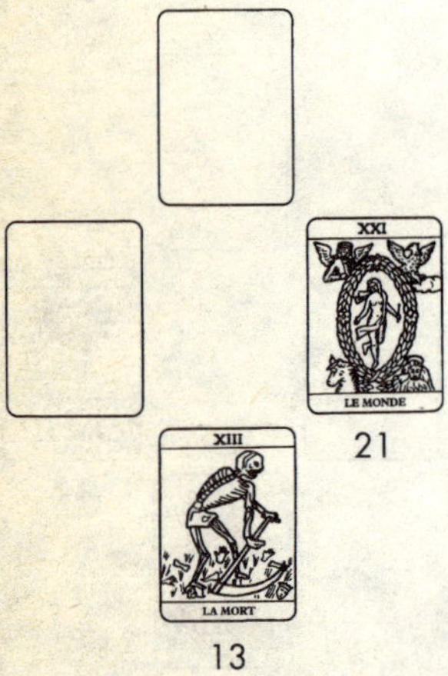

Un changement radical dans votre existence est en marche et il vous permettra de pouvoir profiter en toute liberté de votre énergie active, de votre nature entreprenante et généreuse.

Un changement radical est en marche et vous pourrez alors agir librement pour parvenir à vos fins et obtenir tout ce que vous désirez dans votre vie affective.

Un changement important est en marche et ne doutez pas qu'il s'accomplisse selon vos vœux, et qu'il soit ainsi porteur d'un tournant radical et de l'expansion de votre situation familiale.

Un changement très important est en marche et il sera sans aucun doute porteur de succès et d'expansion pour votre situation, mais ne relâchez pas vos efforts si vous voulez aboutir et conclure rapidement.

$ Vos efforts seront certainement récompensés et vous parviendrez à tirer un profit conséquent d'une affaire ou d'une transaction, ou à faire bénéficier votre situation d'une expansion remarquable.

ÉVOLUTION PROBABLE

13 22

À la suite d'un départ, d'un voyage ou d'une recherche quelconque, vous allez connaître un changement radical et important dans votre existence. Mais attention à ne pas commettre d'erreurs, d'imprudences, à ne pas prendre des risques inutiles !

Vous allez partir, vous arracher à votre passé, tourner une page de votre vie et connaître un changement radical, un tournant important dans votre vie sentimentale.

Vous allez partir, déménager, tourner une page de votre vie, quitter peut-être votre foyer ou votre famille, et cela sera un véritable tournant, un changement radical dans votre existence.

Vous allez brusquement vous mettre en quête de nouvelles possibilités, abandonner votre situation et connaître à coup sûr un changement radical et des transformations importantes dans votre vie professionnelle.

$ Vous devriez très rapidement conclure ou aboutir dans vos recherches et connaître un changement radical dans votre situation financière.

ÉVOLUTION PROBABLE

14 1

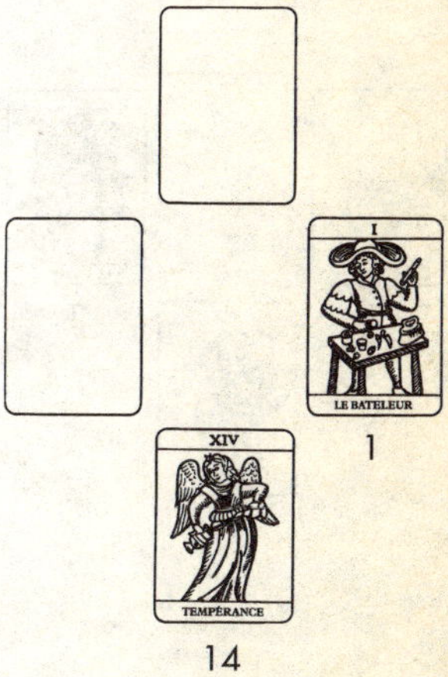

Votre esprit d'initiative et votre énergie active vous permettront de savoir vous adapter à des circonstances extrêmes, mais ne confondez pas souplesse et laisser-aller !

Les compromis ou les arrangements qui seront trouvés, ou les initiatives qui seront prises, le seront, en fait, dans le souci de préserver sa tranquillité à tout prix ou d'arriver à ses fins par n'importe quel moyen.

Pour pouvoir faire aboutir vos projets en ce qui concerne votre situation familiale, il vous faudra argumenter, faire appel à tout votre pouvoir de conviction et trouver sans doute des compromis difficiles mais nécessaires.

Des négociations ardentes, des arrangements opportuns et des compromis difficiles mais nécessaires vous permettront de faire aboutir vos projets et d'arriver à vos fins.

$ Vous allez pouvoir réaliser des transactions avantageuses, négocier ardemment une affaire profitable ou trouver des compromis difficiles mais nécessaires à votre situation financière.

ÉVOLUTION PROBABLE

14 | 2

Ne confondez pas stabilité, réserve et attente stérile ou irrésolution. Sinon vous risqueriez de vous laisser entraîner dans une situation dangereuse pour votre équilibre vital, ou d'être victime d'un accident ou d'une crise de santé.

La sagesse serait de trouver des arrangements opportuns et des compromis intelligents qui décrisperaient et débloqueraient votre situation affective, mais l'affaire est délicate et vous risquez de dévier vers la crise.

Vous finirez par sortir de votre réserve, par dire ce que vous pensez et cela décrispera l'atmosphère, débloquera votre situation et permettra de trouver alors des compromis salutaires et des arrangements libérateurs.

Après une période d'attente, d'arrêt et de réserve, une situation se débloquera ou se décrispera brusquement à la suite de négociations, de compromis et d'arrangements opportuns et salutaires.

Après une période d'économie, de sagesse et de stabilité sur le plan financier, vous bouleverserez sans aucun doute votre situation en trouvant de nouveaux arrangements, en faisant des transactions ou des opérations opportunes.

ÉVOLUTION PROBABLE

14 | 3

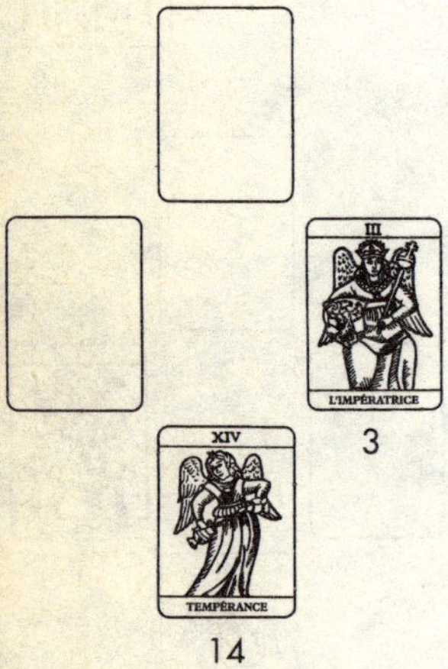

Votre comportement sain et votre bonne vitalité vous assurent de pouvoir trouver avec bonheur les accommodements nécessaires à votre tranquillité ou de vous arranger au mieux avec vous-même, chaque fois qu'il est utile de faire peau neuve.

Vous pourrez vous abandonner pleinement aux sentiments que vous éprouvez et que l'on éprouve à votre égard, à des moments priviligiés qu'il vous sera donné de vivre et aux circonstances nouvelles et très heureuses que vous allez certainement connaître.

Votre intelligence instinctive et votre attitude généreuse, ou celles d'une personne qui vous est proche, vous assurent de pouvoir vous adapter aisément, et de vous abandonner pleinement aux circonstances nouvelles et très heureuses qui ne vont pas manquer d'apparaître dans votre vie familiale.

Vous trouverez tous les arrangements et tous les compromis utiles et favorables à votre productivité, à vos créations, ou à la matérialisation de vos espoirs ou de vos aspirations professionnelles.

Une situation saine et avantageuse vous autorisera à réaliser des opérations ou des transactions nouvelles, ou à trouver des arrangements opportuns pour utiliser au mieux vos ressources et les améliorer.

ÉVOLUTION PROBABLE

14 | 4

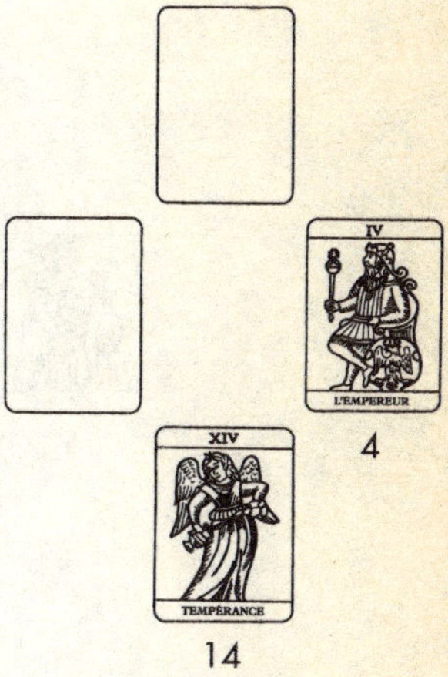

Malgré les conseils pratiques qui vous auront été prodigués ou les avertissements qui vous auront été donnés, vous aurez encore trop tendance à laisser faire les choses, à vous accommoder de ce qui ne va pas et ainsi votre état ne s'améliorera pas.

Vous ne parviendrez pas à trouver des compromis ou bien, vous vous accommoderez d'une situation difficile. Pour toutes ces raisons votre vie sentimentale ne sera pas très heureuse dans les temps qui viennent, car vous aurez des comptes à régler.

Vous allez être confronté à l'incompréhension, aux partis pris, ou devoir vous accommoder d'une situation trouble, fausse, conflictuelle en recherchant des arrangements ou des compromis qui ne seront sans doute pas faciles à trouver.

Vous allez devoir affronter des éléments hostiles ou des oppositions tenaces, et vous serez contraint à vous accommoder d'une situation insatisfaisante, difficile, ou à faire des concessions pénibles et frustrantes.

Vous allez connaître des problèmes, des retards ou des oppositions tenaces à votre volonté de trouver des arrangements ou des compromis utiles à votre situation. Il vous faudra alors accepter des concessions qui ne seront pas forcément bonnes, mais qui vous seront imposées.

ÉVOLUTION PROBABLE

14 | 5

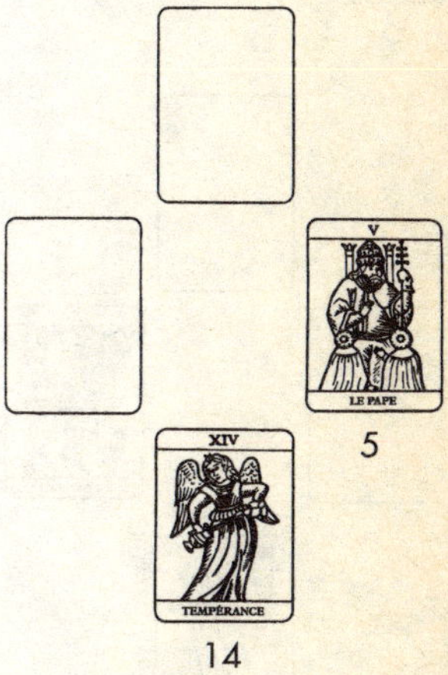

Vous n'aurez aucun mal à trouver les arrangements et les accommodements utiles à l'expression claire de votre vitalité et de votre harmonie intérieure.

Des arrangements seront trouvés qui clarifieront totalement votre situation ou qui vous permettront de réaliser une union sincère et de vivre ainsi une relation empreinte de sentiments profonds et partagés.

L'appui ou l'approbation d'une personne influente de votre entourage familial vous permettra de trouver des arrangements opportuns, clairs et très positifs pour l'évolution de votre situation.

Un personnage important favorisera sûrement les arrangements clairs, opportuns et positifs qui résulteront très certainement de vos négociations lesquelles remporteront ainsi un franc succès et vous donneront beaucoup de satisfactions.

Il vous sera recommandé de trouver des arrangements ou des compromis utiles à une clarification de votre situation et à l'usage de certaines opportunités financières qui vous seraient offertes.

ÉVOLUTION PROBABLE

14 | 6

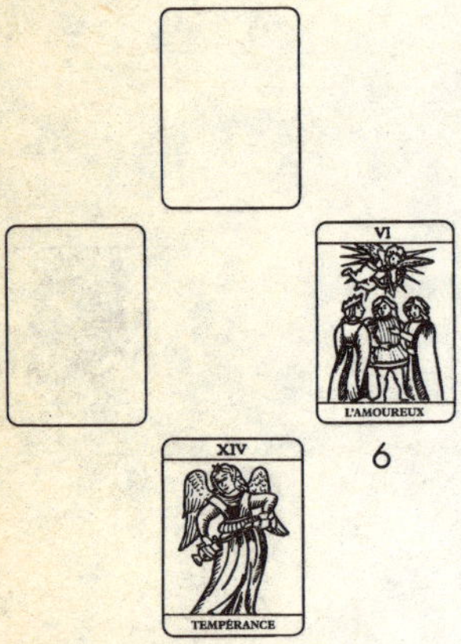

6

14

Des choix et des décisions vous inciteront à reconsidérer opportunément votre équilibre vital et à revenir avec une certaine souplesse sur vos résolutions.

Vos sentiments vous inciteront à reconsidérer opportunément vos choix et vos décisions et à trouver des arrangements ou des compromis susceptibles de renouveler votre situation affective.

Des choix, des décisions ou les relations sereines qui règnent dans votre milieu familial vous permettront de trouver des arrangements pour que tout redevienne comme avant ou pour reconsidérer votre situation sous un jour nouveau.

Des choix ou des accords vous permettent de reconsidérer opportunément votre situation ou de trouver des arrangements et des compromis, qui favoriseront son renouvellement ou son retour à la normale.

Des accords, des choix ou des décisions vous permettront de négocier l'éventuel et opportun renouvellement de votre situation financière.

ÉVOLUTION PROBABLE

14 | 7

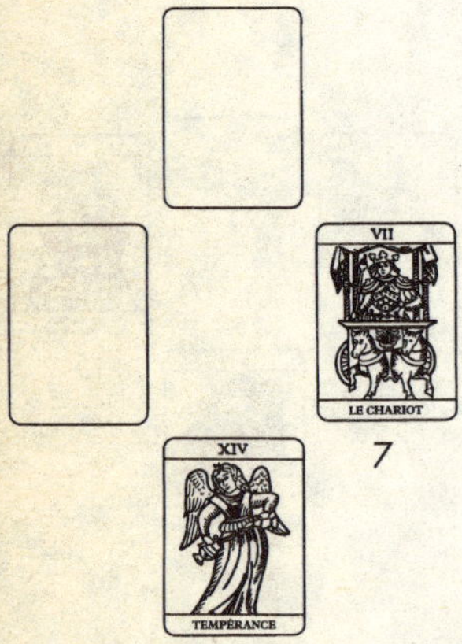

7

14

Si vous projetez de faire un voyage ou de partir en villégiature, sachez que cela ne pourra vous être que bénéfique. Sinon vos efforts vous permettront d'acquérir une vitalité souple et sereine, capable du plus bel épanouissement.

Vos efforts seront récompensés et vous pourrez alors en toute confiance vous abandonner à l'accomplissement de tous vos vœux affectifs ou trouver des arrangements idéaux pour que tout aille bien.

Grâce aux efforts et à la volonté d'aboutir qui auront été déployés, tous les arrangements et les accommodements seront trouvés pour que votre situation familiale puisse s'épanouir pleinement et que vos vœux en ce sens soient comblés.

Tous les efforts seront mis en œuvre et toutes les bonnes volontés seront employées à trouver des arrangements ou des compromis opportuns et idéaux pour qu'une affaire puisse se réaliser ou qu'une situation trouve une sereine expansion.

Vous aboutirez finalement aux arrangements et aux compromis qui vous permettront de négocier avec succès l'expansion probable de votre situation financière.

14 | 8

En vous pliant à certaines règles, vous parviendrez à trouver les arrangements ou les accommodements qui vous permettront de partir ou de voyager si vous le souhaitez, ou de vous adapter avec plus de souplesse aux circonstances.

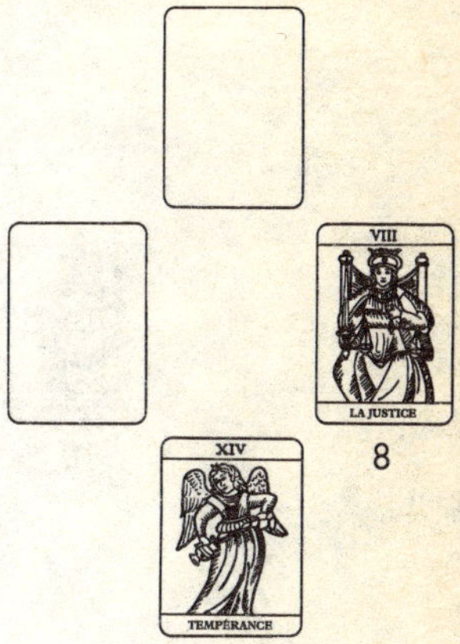

8
14

Ce qui est juste et normal reprendra ses droits, et ainsi des arrangements et des compromis seront trouvés, qui vous permettront de partir librement ou de céder à vos élans, ou à une personne de venir ou de revenir vers vous.

Quels que soient les jugements sévères ou les règles qui seraient en cause, vous saurez finalement trouver des accommodements et des compromis opportuns et libérateurs.

L'ordre et la discipline vous contraindront à faire des efforts, à trouver des arrangements opportuns et salutaires. Si vous attendez une décision de justice, dites-vous qu'il sera plutôt question d'un compromis et que celui-ci entraînera votre départ ou celui d'une personne de votre entourage professionnel.

L'équilibre de vos finances ou vos économies vous permettront de réaliser des opérations ou des transactions opportunes, ou tout simplement de faire un voyage ou un transfert de fonds.

ÉVOLUTION PROBABLE

14 | 9

Vous découvrirez qu'il est finalement plus raisonnable, plus sage et plus prudent de s'accommoder de certaines restrictions, quand on veut préserver sa stabilité et son bien-être vital. Vous trouverez donc pour ce faire toutes les solutions adéquates.

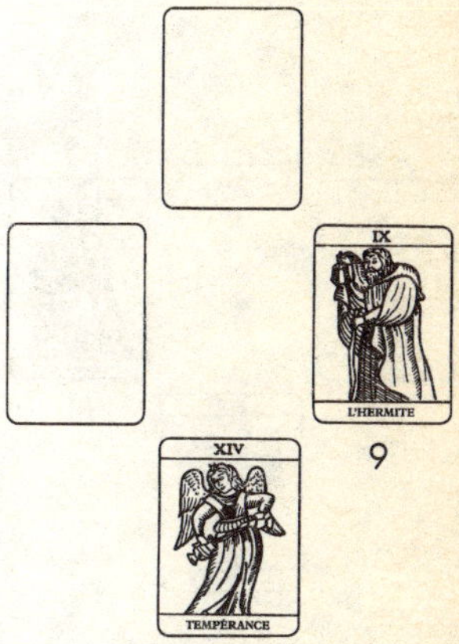

9
14

Après mûre réflexion et de sages précautions, vous trouverez finalement les arrangements nécessaires à la stabilité de votre situation ou l'appui et les soutiens dont vous auriez besoin pour arriver à vos fins.

Après avoir pris le recul nécessaire et un certain temps pour y réfléchir, vous trouverez finalement les arrangements et les compromis utiles à la stabilité de votre situation familiale.

Après une période de doutes et de réflexion, des arrangements et des compromis utiles et opportuns seront trouvés, et vous aurez le privilège de constater qu'une personne influente vous accorde sa confiance et son soutien.

Après mûre réflexion et une étude approfondie de la question, vous trouverez finalement les arrangements et les compromis utiles et nécessaires à la stabilité et à la fiabilité de votre situation.

ÉVOLUTION PROBABLE

14 | 10

L'évolution de votre situation et des circonstances vous décideront à vous arranger au mieux d'un équilibre vital précaire et instable mais pas mauvais du tout !

Vous aurez tendance à vous laisser guider et influencer par vos sentiments et ainsi, quelle que soit l'évolution de votre situation, vous êtes prêt à trouver tous les accommodements utiles à la préservation et à la tranquillité de votre vie affective.

Malgré l'évolution de votre situation et des circonstances, vous resterez quelque peu irrésolu, et vous vous laisserez donc guider par les choix et les décisions de vos proches en vous en accommodant très bien.

Votre situation évoluera de telle sorte qu'il deviendra nécessaire de trouver des compromis et de vous accommoder de certains choix et de certains accords qui ne seront d'ailleurs pas mauvais.

$ L'évolution de votre situation et des circonstances aidant, vous vous accommoderez aisément de certains accords, ou de compromis qu'il faudra alors trouver ou de choix qu'il sera utile de faire.

ÉVOLUTION PROBABLE

14 | 11

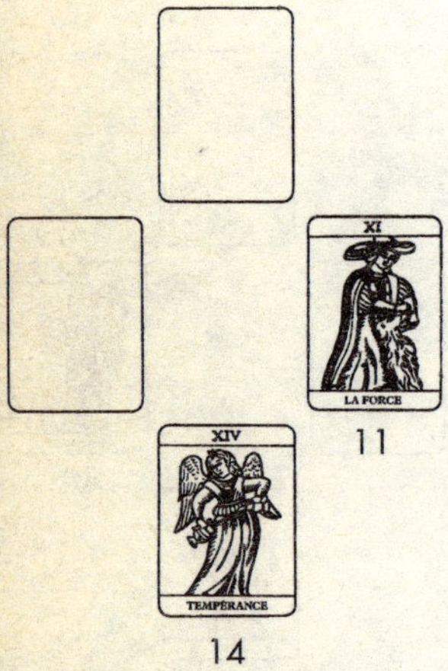

Votre emprise simple et naturelle sur vous-même et sur les événements vous donnera toujours les moyens de faire les efforts qu'il vous serait utile ou opportun de faire, ou de vous adapter aux circonstances pour savoir mieux en triompher.

En ne relâchant pas votre emprise sur les événements, vous parviendrez à trouver avec succès et bonheur les arrangements et les compromis opportuns et utiles à l'évolution de votre situation affective.

En vous accommodant de certains événements ou en faisant l'effort de vous adapter aux circonstances, vous parviendrez finalement à influencer les choses avec subtilité et assurance, et à dominer ainsi la situation.

Vous serez maître des arrangements, des compromis qu'il serait utile de trouver, et vous aboutirez ainsi dans vos négociations en restant fermement sur vos positions, mais en sachant tout de même vous adapter avec souplesse et opportunité aux circonstances.

$ Vous pourrez en toute confiance trouver des compromis, négocier ou réaliser avec succès des transactions opportunes, car vos efforts seront récompensés.

ÉVOLUTION PROBABLE

14 | 12

Vous retrouverez votre équilibre vital en acceptant de vous soumettre à une certaine discipline, à un traitement sérieux ou à un régime très strict.

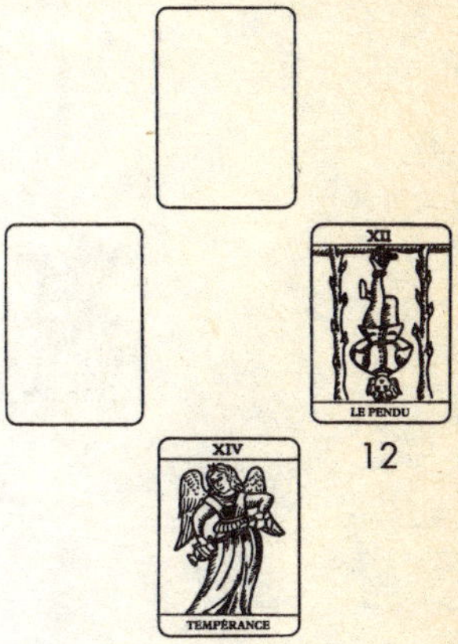

12

14

Contraint et forcé, vous trouverez de justes compromis et des arrangements équitables, et vous vous y plierez pour préserver votre équilibre et votre tranquillité.

De justes compromis et des arrangements équitables seront trouvés pour que tout rentre dans l'ordre dans votre situation familiale, et vous serez bien obligé de vous en accommoder.

De justes compromis et des arrangements équitables seront trouvés pour que tout rentre dans l'ordre, et vous serez bien obligé de vous en accommoder et de vous soumettre aux jugements qui seront rendus ou aux décisions qui seront prises à cet effet.

De justes compromis et des arrangements équitables seront trouvés pour que votre situation puisse retrouver un certain équilibre. Mais il faudra accepter de faire des économies ou certaines restrictions.

ÉVOLUTION PROBABLE

14 | 13

Vous serez bien obligé de vous arranger avec vous-même, de trouver des solutions opportunes pour faire face à un changement radical, ou pour vous adapter à la nécessité d'une transformation profonde dans votre comportement ou dans votre vie.

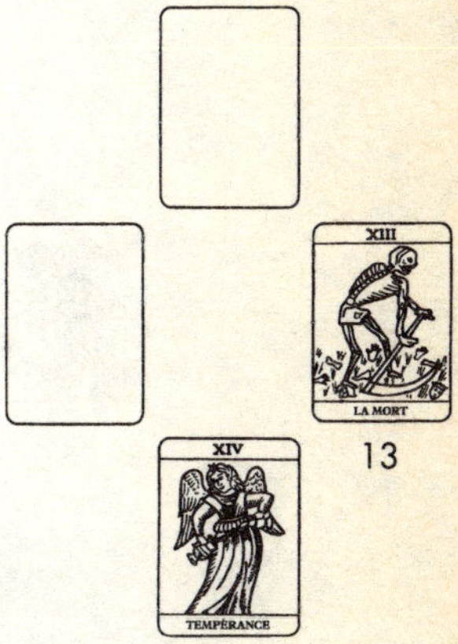

13

14

Un changement radical dans votre vie sentimentale vous incitera à trouver des compromis raisonnables, des solutions opportunes ou vous contraindra à vous y faire et à accepter de prendre un certain recul.

Après un changement radical dans votre situation familiale, il faudra trouver des solutions opportunes, des arrangements prudents, des compromis raisonnables et prendre des dispositions accommodantes.

En trouvant des arrangements, des compromis raisonnables ou des solutions opportunes, vous vous accommoderez finalement très bien d'un changement radical qui ne manquera pas de se produire dans votre situation.

Un changement radical, la conclusion d'une affaire ou d'une transaction vous incitera à trouver des arrangements prudents, des compromis raisonnables et des solutions opportunes.

ÉVOLUTION PROBABLE

14 | 15

Malgré un tempérament un peu excessif et quelque peu porté aux abus, vous saurez toujours vous reprendre, vous ressaisir au bon moment, avec souplesse et assurance.

Des compromis et des arrangements dont vous serez sans doute l'instigateur vous permettront de canaliser et de contrôler les passions, les influences fâcheuses ou les sentiments excessifs qui pourraient bien se manifester dans votre vie affective.

Vous parviendrez à des compromis pour obtenir ce que vous voulez ou pour imposer votre volonté de manière que tout s'arrange et s'agence selon vos désirs.

Vous parviendrez finalement à obtenir ce que vous voulez, et vous trouverez donc les compromis qui vous permettront de satisfaire vos ambitions en vous rendant maître des négociations utiles à cet effet.

Vous serez maître des négociations, des arrangements, et des compromis opportuns et utiles à l'expansion de votre situation ou à la satisfaction de vos désirs ou de vos ambitions.

ÉVOLUTION PROBABLE

14 | 16

Après avoir subi un choc physique ou moral ou à la suite d'un bouleversement, vous serez amené à prendre des dispositions opportunes, saines et utiles à votre bien-être vital.

À la suite d'un choc ou d'une remise en question dans votre vie sentimentale, votre compréhension naturelle et instinctive des choses vous incitera à prendre des dispositions accommodantes, opportunes et intelligentes pour que tout puisse s'arranger.

À la suite d'une remise en question bouleversante mais sans doute salutaire dans votre vie familiale, vous serez amené à prendre des dispositions accommodantes, opportunes et intelligentes pour que tout s'arrange.

À la suite d'une remise en question ou d'un bouleversement inévitable qui se serait produit dans votre situation, vous prendrez des dispositions accommodantes, opportunes et intelligentes pour que tout s'arrange.

À la suite d'une remise en question brutale ou d'un bouleversement inévitable dans votre situation, vous serez amené à prendre des dispositions opportunes et à trouver des compromis intelligents pour que tout puisse s'arranger.

14 | 17

Vous n'avez aucun problème pour vous adapter avec souplesse et assurance aux circonstances les plus diverses en sachant quoi qu'il arrive, préserver votre indépendance, votre tranquillité et votre bien-être vital.

Vous allez pouvoir vous assurer de la sincérité des sentiments que l'on éprouve à votre égard ou vous abandonner à une vie affective sans nuages.

À la suite de circonstances nouvelles et très favorables, vous serez amené à prendre des dispositions ou à trouver des compromis constructifs et intelligents qui leur seront mieux adaptés.

À la suite de circonstances nouvelles et très favorables, vos négociations obtiendront un franc succès, et vous trouverez ainsi des compromis ou des arrangements constructifs qui seront utiles à votre situation.

Vos ressources saines et régulières vous autorisent à faire circuler votre argent comme vous l'entendez, en vous rendant sûr de vos opportunités et de vos prérogatives.

ÉVOLUTION PROBABLE

14 | 18

Il sera sans doute nécessaire de vous soumettre au diagnostic ou de vous ranger à l'avis d'un médecin, d'être raisonnable pendant quelque temps et d'accepter de vous soigner.

Votre sens des responsabilités et votre conscience vous dicteront de trouver des arrangements ou des compromis raisonnables, ou de vous accommoder par devoir d'une situation qui est loin d'être satisfaisante.

Vous trouverez sans doute des compromis ou des arrangements raisonnables et votre pouvoir moral finira par prendre le dessus des conflits ou des difficultés qui pourraient bien apparaître dans votre situation familiale.

Pour résoudre ou résorber vos difficultés professionnelles, il vous faudra impérativement prendre des dispositions raisonnables ou trouver des arrangements et des compromis qui vous seront dictés par votre devoir et votre pouvoir moral.

Des difficultés financières vous contraindront, pour les résoudre ou les résorber, à trouver des compromis intelligents, raisonnables et opportuns qui vous seront dictés par votre devoir.

ÉVOLUTION PROBABLE

14 19

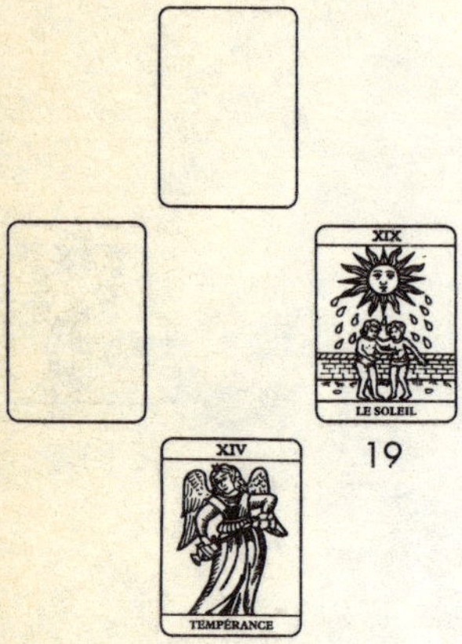

19

14

Vous ferez toujours tout pour vous sentir en parfait accord avec vous-même et avec ceux qui vous entourent, pour préserver votre équilibre vital et profiter sereinement des joies de la vie.

La réussite d'une relation amoureuse ou d'une union sincère vous assure de pouvoir vous y abandonner pleinement, de vous laisser aller et de profiter ainsi de ces instants priviligiés qu'il vous sera donné de vivre.

Vous ferez tout ou tout sera mis en œuvre pour que la joie et la concorde puissent régner dans votre famille, et vous pourrez vous abandonner ainsi avec bonheur à ces moments priviligiés que vous connaîtrez avec vos proches.

Tous les éléments seront réunis pour que soient clairement trouvés les arrangements et les compromis utiles à la réalisation de vos accords ou à la résolution de vos choix opportuns.

Une clarification de votre situation favorisera les arrangements qui seraient trouvés en vue d'un accord ou de choix opportuns relatifs à une saine et profitable circulation de votre avoir.

ÉVOLUTION PROBABLE

14 20

20

14

Après un certain retour à la normale ou un rétablissement, vous devrez encore faire quelques efforts, prendre les choses en main, éviter de vous laisser aller si vous voulez vraiment retrouver votre dynamisme et votre énergie vitale.

Un changement de situation ou d'appréciation dans votre vie affective vous incitera à trouver des arrangements et des compromis dynamiques et opportuns de manière à pouvoir reprendre les choses en main et à pouvoir aller de l'avant.

Un changement ou un renouvellement dans votre situation familiale vous incitera à trouver des arrangements et des compromis utiles et dynamiques et à profiter ainsi de cette opportunité comme d'un tremplin pour atteindre vos objectifs.

À la suite d'un renouvellement ou d'un changement appréciable dans votre situation vous pourrez trouver des arrangements et des compromis dynamiques et opportuns, et ainsi triompher dans vos négociations et dans votre volonté de progrès.

Un changement de situation ou d'appréciation favorisera une transaction, vos mouvements d'argent et vos efforts pour aboutir à des arrangements ou à des compromis dynamiques et opportuns sur le plan financier.

ÉVOLUTION PROBABLE

14 21

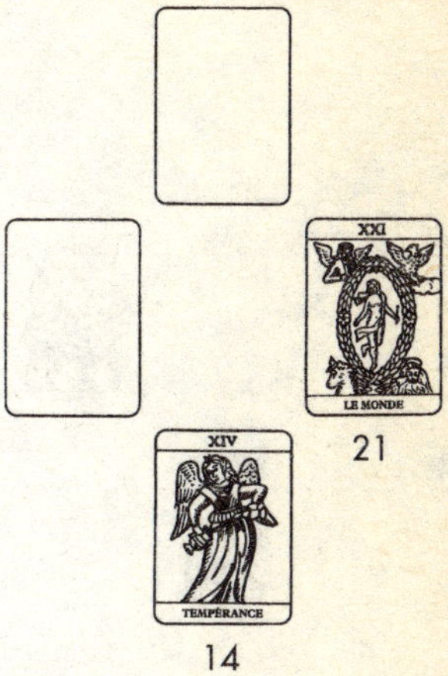

Des circonstances très priviligiées, une période de calme, de repos, de tranquillité et de plénitude morale vous permettront de vous régénérer et de tout faire pour préserver votre bien-être vital.

Vous allez connaître une certaine période de plénitude sur le plan affectif, et vous trouverez alors tous les accommodements possibles pour vous assurer une situation saine, sereine et des sentiments équilibrés.

Une situation familiale épanouie, généreuse permettra que des arrangements équitables et de justes compromis soient trouvés pour que vous puissiez ainsi assurer son équilibre et sa tranquillité.

Tous les éléments seront réunis pour que l'ordre et la rigueur soient de règle dans vos négociations, et qu'ainsi celles-ci puissent aboutir à des changements équitables, à de justes compromis utiles à l'expansion de votre situation.

De grandes possibilités vous seront offertes mais il faudra vous plier à des arrangements rigoureux, à de stricts compromis pour éviter de vous laisser aller à des considérations au-dessus de vos moyens.

ÉVOLUTION PROBABLE

14 22

Un voyage ou un déplacement vous apportera sinon une certaine sérénité, du moins la détente et la tranquillité que vous recherchez.

À la suite d'une rencontre ou d'une situation qui se précipite vous serez sans doute amené à peser le pour et le contre, mais vous serez surtout tenté de laisser les choses suivre leur cours et de ne rien faire pour les empêcher.

Vous serez bien obligé de vous adapter aux allées et venues qui règneront dans votre vie familiale, au départ, à l'arrivée, au déplacement, ou au déménagement prévu ou imprévu.

Le départ ou l'arrivée d'une personne facilitera sans aucun doute la résolution de vos négociations, ou un déplacement permettra à votre situation de se trouver mieux adaptée aux circonstances.

Prenez garde à ne pas trop laisser aller les choses sans réagir, à ne pas céder systématiquement à vos coups de tête ou à vos impulsions irraisonnées en matière d'argent, même si rentrées et sorties s'équilibrent bien.

ÉVOLUTION PROBABLE

15 | 1

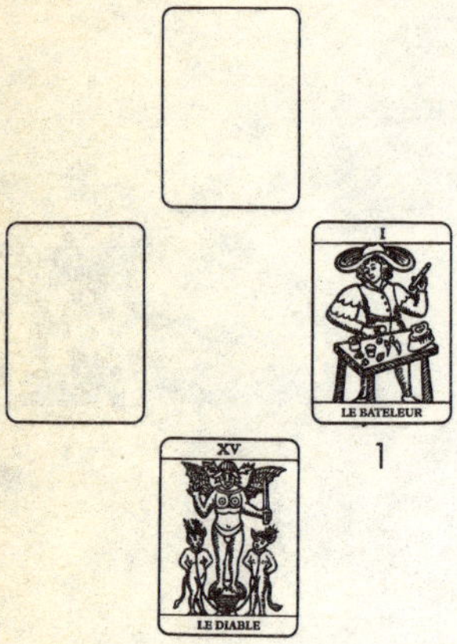

1

15

Réfléchissez bien avant d'agir ou de prendre des initiatives qui pourraient vous conduire à prendre des risques disproportionnés ou dangereux pour vous. En cas de maladie, il faudra employer les grands moyens pour vous en sortir.

Si c'est à une personne que vous pensez, sachez qu'elle n'est pas digne de confiance, car son unique préoccupation consiste à satisfaire ses désirs. Sinon prenez garde à vos initiatives impulsives et violentes qui risqueraient de vous faire commettre des erreurs irréparables.

Des initiatives brusques et violentes bouleverseront votre vie familiale et tout cela n'ira pas sans casse. Mais peut-être après tout faudra-t-il en arriver là pour que cessent les troubles et le désordre.

Des initiatives prématurées, trop ambitieuses, inopportunes ou des activités désordonnées ou illicites risquent de vous faire perdre votre situation.

$ Des initiatives prématurées, irréfléchies, illicites, trop ambitieuses ou au-dessus de vos moyens risquent de tout vous faire perdre.

ÉVOLUTION PROBABLE

15 | 2

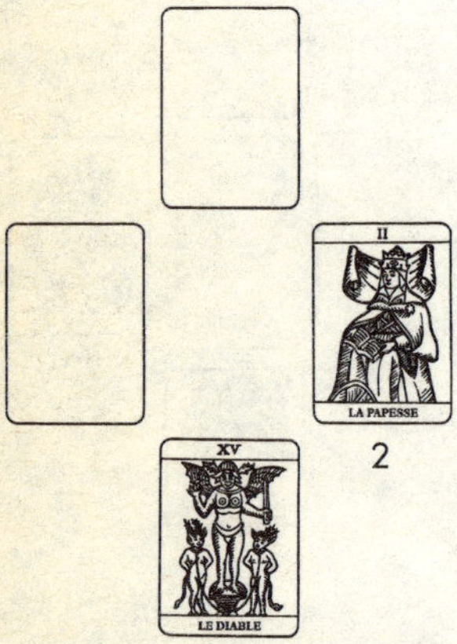

2

15

Malgré votre réserve et votre stabilité vous saurez, en cas de besoin, puiser dans vos ressources et dépenser ainsi votre énergie pour accomplir vos désirs ou pour faire peau neuve.

Après une période d'attente, de réserve, vous succomberez à la tentation de vos sentiments passionnés et vous ferez tout pour accomplir vos désirs. Si c'est à une personne que vous pensez, sachez que malgré sa réserve, c'est une nature passionnée.

Vos désirs inavoués ou vos espoirs secrets de neuf, de nouveauté s'accompliront très rapidement et ils iront au-delà de vos espérances.

Après une période d'attente, d'étude, de réserve, de réflexion, vous parviendrez à réaliser vos désirs d'innovation, vos idées originales, à tirer profit d'une création ou d'une invention et les résultats iront au-delà de vos espérances.

$ Après une période d'attente, de réserve ou d'économie, vous pourrez jouir pleinement de vos fonds et de vos finances, satisfaire vos désirs et vos espérances.

15 | 3

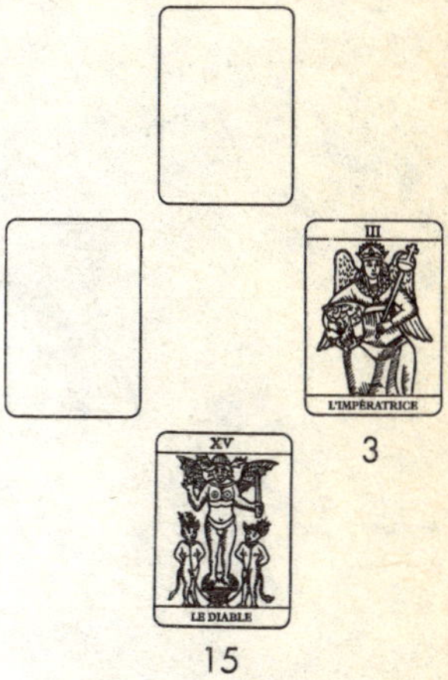

Malgré votre vitalité saine et généreuse, attendez-vous à être victime d'une crise aiguë de santé dont la cause se trouvera sans doute dans vos excès, dans votre fatigue, dans vos tensions accumulées ou dans un état de surexcitation et de faiblesse générale.

Malgré vos sentiments, vous ne pourrez éviter qu'une crise passionnelle n'éclate dans votre vie affective et vous risquez alors d'être victime d'amères désillusions mais aussi d'être en proie à des réactions violentes. Prudence donc!

Vous aurez du mal à tenir le choc devant les problèmes, les passions qui ne vont pas manquer d'éclater dans votre vie familiale et qui entraîneront sans doute des déceptions, un climat trouble et malsain.

Vous risqueriez de gâcher une situation qui se présenterait plutôt bien en voulant obtenir d'elle plus qu'elle ne pourra vous offrir, épuiser toutes ses ressources et la conduire au désordre et à la confusion.

Votre situation matérielle se présenterait plutôt bien si des considérations abusives, des largesses ou des dépenses inconsidérées et excessives ne risquaient de l'entraîner vers le chaos.

15 | 4

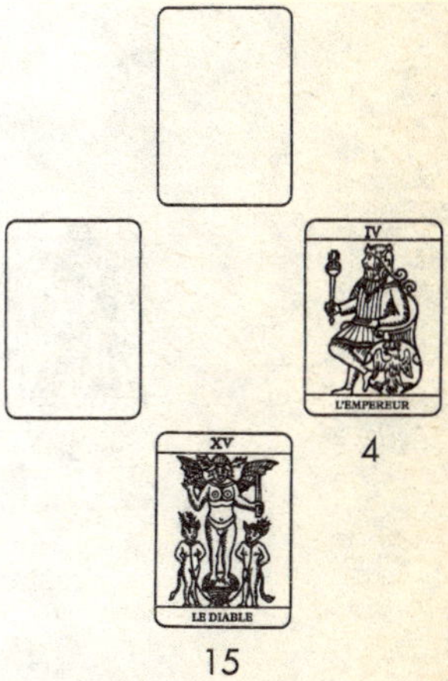

Vous saurez vous protéger et vous dominer de telle sorte que vous pourrez faire usage d'une énergie vitale intense et rayonnante sans sombrer dans l'excès ou dans la surexcitation.

Quels que soient les éléments qui pourraient s'opposer à vous ou vous résister, rien semble-t-il, ne pourra arrêter votre volonté irrépressible de satisfaire vos désirs, vos sentiments et de dominer votre vie affective.

Vous pourrez exercer votre autorité et votre comportement protecteur dans votre situation familiale ou bien il vous faudra compter avec l'appui et les conseils d'une personne intelligente et constructive de votre entourage qui vous aidera à satisfaire vos désirs.

Vous obtiendrez les assurances, les appuis et les certitudes dont vous auriez besoin pour satisfaire vos désirs et vos ambitions, réaliser un accord profitable ou une association avantageuse, obtenir le succès dans vos entreprises.

Vous obtiendrez les assurances, les certitudes, les appuis ou les conseils dont vous auriez besoin pour pouvoir obtenir et réaliser avec succès ce que vous désirez sur le plan financier.

ÉVOLUTION PROBABLE

15 | 5

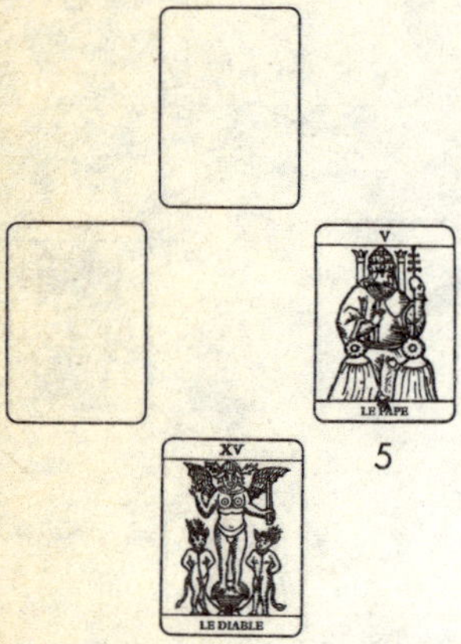

5
15

On vous dictera ou l'on vous conseillera à juste raison d'utiliser les grands moyens pour vous rétablir complétement et retrouver votre état normal.

Vous vous verrez dans l'obligation de tout faire pour changer de situation ou d'appréciation en ce qui concerne votre vie affective, quand bien même les moyens employés pour ce faire seraient excessifs ou disproportionnés aux éléments en cause.

Il faudra utiliser les grands moyens ou tout faire pour parvenir à changer, renouveler, reconsidérer utilement votre situation familiale, ou lui permettre de retrouver son ordre et son équilibre.

Vous parviendrez à satisfaire vos désirs et vos ambitions, à opérer un changement ou un renouveau avantageux dans votre situation, en vous rendant juridiquement irréprochable surtout si les moyens employés pour ce faire sont un peu abusifs.

$ Vous allez très certainement pouvoir tirer profit ou avantage du renflouement d'une affaire ou d'une reconsidération importante de votre situation financière, mais vous aurez besoin pour ce faire d'un encadrement juridique irréprochable.

ÉVOLUTION PROBABLE

15 | 6

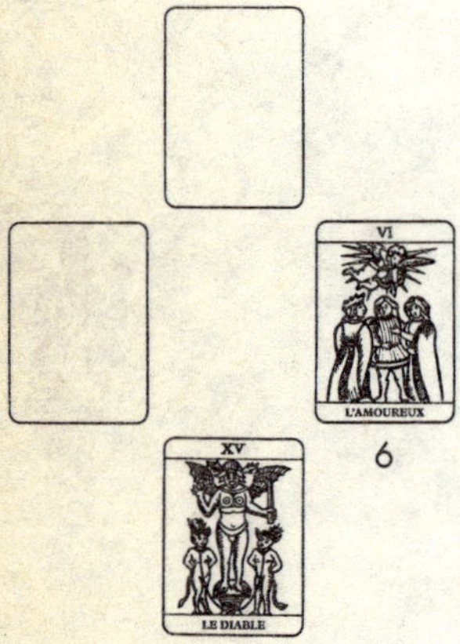

6
15

Il vous sera sans doute nécessaire de faire des choix, ou de faire preuve de détermination pour pouvoir profiter pleinement de votre intense vitalité en évitant de vous laisser aller au désordre ou à la dispersion de votre énergie physique et morale.

Un choix, une relation privilégiée ou une union vous permettra d'accomplir vos désirs et de pouvoir pleinement vous abandonner à vos sentiments passionnés.

Des choix capitaux s'imposeront à votre situation familiale et favoriseront sans aucun doute son épanouissement ou son expansion.

À la suite d'un choix capital, d'une association avantageuse ou d'un accord fructueux, vous serez pleinement en mesure d'accomplir vos ambitions, vos désirs et votre volonté d'expansion.

$ Des accords fructueux ou des choix judicieux vous permettront de réaliser des bénéfices importants et d'entrevoir une expansion globale et conséquente de votre situation financière.

ÉVOLUTION PROBABLE

15 | 7

Malgré une très nette volonté de vous dominer, vous pourriez bien commettre des erreurs, ou prendre des risques inutiles par imprudence, impatience, impulsivité ou par un débordement d'énergie, une surexcitation ou une agitation désordonnée.

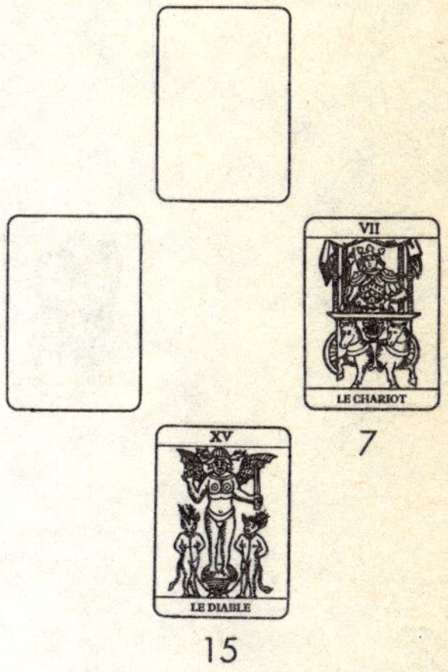

Vous n'aurez de cesse tant que vous ne serez pas arrivé à vos fins, tant que vous n'aurez pas imposé votre volonté ou satisfait vos désirs! Ce sera donc à vous de déterminer si ce que vous désirez alors est justifié ou si ce ne seront que des exigences sans fondement.

Vous allez très rapidement pouvoir parvenir à vos fins, partir ou déménager comme vous le désirez, mais le départ ou le changement en question risque de se produire plus tôt que prévu ou d'une manière brutale et désordonnée.

En maintenant fermement les rênes de votre situation et en poursuivant coûte que coûte votre ligne d'action et les objectifs que vous vous êtes fixé, vous obtiendrez très rapidement ce que vous désirez, mais il faut vous attendre à une précipitation des événements.

Vous devriez pouvoir entreprendre des actions favorables à une évolution très rapide si ce n'est précipitée de votre situation, facilitant ou accélérant certains mouvements d'argent.

ÉVOLUTION PROBABLE

15 | 8

Vous serez sans doute dans l'obligation d'avoir recours à des moyens stricts et sévères pour corriger vos faiblesses, calmer vos troubles ou votre surexcitation, vous rendre plus conscient et plus sûr d'une vitalité intense mais souvent désordonnée ou dispersée.

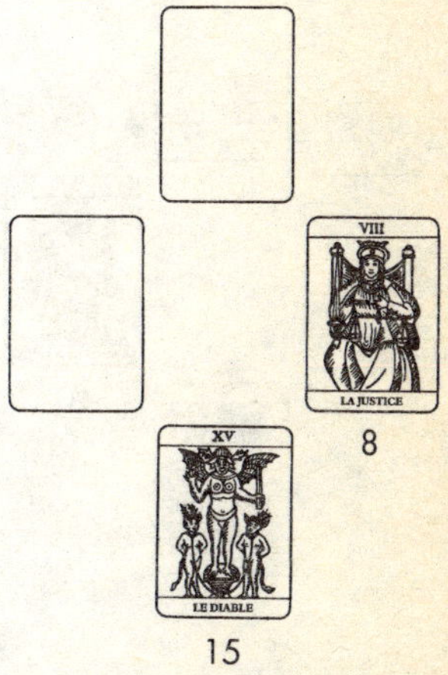

Des éléments stricts, rigoureux vous contraindront sans doute à corriger vos faiblesses, à vous rendre plus raisonnable et plus responsable dans le vécu de vos relations affectives.

Des éléments stricts, rigoureux vous permettront de canaliser très justement les passions ou les troubles qui pourraient apparaître dans votre situation familiale ou de réaliser les projets ambitieux utiles à son équilibre, à sa stabilité.

En cas d'un recours en justice, soit vous serez victime d'une personne qui ne reculera devant aucun moyen pour parvenir à ses fins, soit vous aurez le soutien d'un personnage influent. Sinon, vous parviendrez à réaliser vos ambitions en restant rigoureux et raisonnable.

Des éléments stricts, rigoureux vous inciteront à une gestion plus raisonnable ou mieux organisée de votre situation financière de manière à pouvoir satisfaire vos ambitions.

ÉVOLUTION PROBABLE

15 | 9

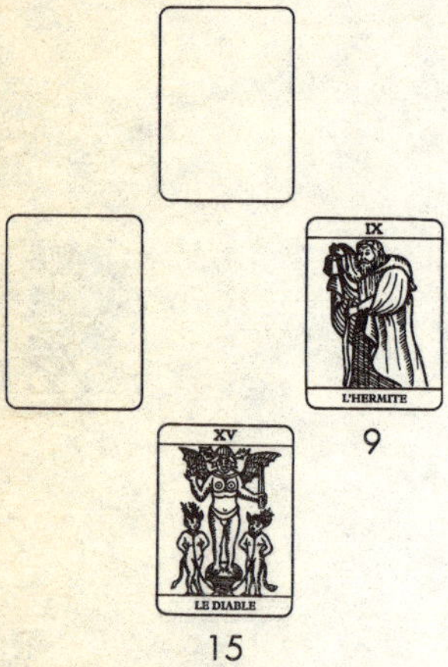

Malgré une certaine prudence, les révélations qui vous auront été faites ou que vous vous serez fait à vous-même, vous prendrez sans doute des décisions extrêmes, vous ferez des choix ultimes ou bien vous serez tenté par des aventures ou par des expériences douteuses.

Vous allez découvrir les sentiments passionnés, excessifs que vous suscitez malgré vous ou que vous provoquez, ou bien vous allez comprendre à quel point votre vie affective est dissolue et sans autre motivation que celle d'assouvir vos désirs.

Malgré votre prudence et le recul que vous aurez su prendre, vous serez amené à trouver des solutions extrêmes, à faire des choix excessifs ou à prendre des décisions abusives pour pouvoir arriver à vos fins.

Des éléments qui vous seront révélés ou dont vous aurez pris connaissance vous permettront de trouver un accord avantageux, ou de faire des choix ambitieux.

Il vous faudra un temps de réflexion pour prendre connaissance ou trouver les éléments qui vous permettront de tirer profit d'un accord, d'un choix ou d'une décision sur le plan financier.

ÉVOLUTION PROBABLE

15 | 10

Votre évolution physique et morale suivant une courbe ascendante, vous ressentirez sans doute un trop-plein d'énergie que vous aurez alors envie et besoin de dépenser dans l'action.

Les choses évoluent de telle sorte que rien ne vous empêchera de satisfaire vos désirs ou d'obtenir très rapidement ce que vous voulez dans votre vie sentimentale.

Vous allez très rapidement pouvoir agir pour obtenir tout ce que vous désirez sur le plan familial, l'évolution des circonstances ou des éléments propices à cet effet suivant une courbe ascendante et positive.

L'évolution des circonstances et des éléments en cause est à ce point positive et dynamique que vous serez très rapidement en mesure de faire un bond en avant, d'imposer votre volonté, de satisfaire vos ambitions bref, d'obtenir tout ce que vous désirez !

L'évolution des circonstances ou des éléments en cause vous rendra plus battant, plus entreprenant que jamais pour atteindre vos objectifs ou satisfaire vos ambitions sur le plan financier.

ÉVOLUTION PROBABLE

15 | 11

Vous faites preuve d'une telle maîtrise de vous-même que vous saurez ainsi éviter les risques de débordement ou les tentations dangereuses en vous imposant une discipline peut-être un peu dure mais utile au maintien de votre équilibre vital.

Votre force morale vous rendra confiant et vous permettra ainsi de domestiquer vos passions, de dominer vos impulsions et d'équilibrer votre vie sentimentale.

En démontrant une force morale et une rigueur à toute épreuve, vous parviendrez aisément à chasser les troubles, à modérer les excès, à calmer les dissensions qui pourraient se manifester dans votre situation familiale.

Vous aurez une telle volonté de réussite et vous dominerez si bien la situation que rien ne vous empêchera d'obtenir ce que vous désirez pourvu que vous sachiez vous soumettre à une discipline et à une certaine rigueur.

En dominant tous les éléments en cause, en vous assurant du concours de la loi ou en respectant une certaine discipline, vous obtiendrez tout ce que vous désirez sur le plan financier.

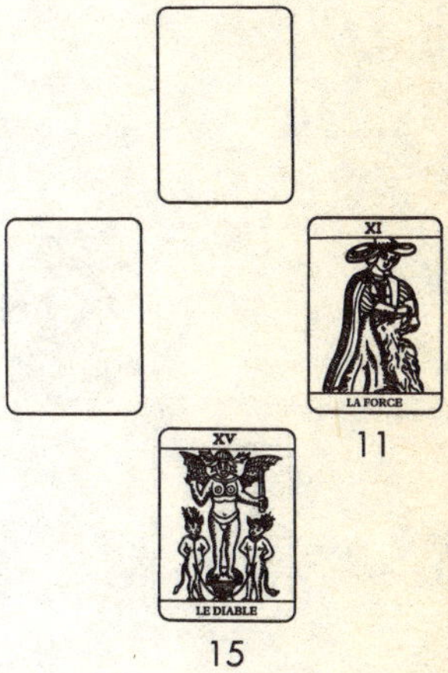

ÉVOLUTION PROBABLE

15 | 12

Vous rechercherez tous les moyens possibles pour vous sortir à tout prix d'une situation difficile, d'un état de faiblesse physique et morale, mais peut-être alors aurez-vous tendance à vouloir en faire trop, à vouloir aller trop vite ou à adopter des solutions extrêmes.

Pour vous sortir d'une situation difficile, figée, sans issue vous aurez tendance à trouver des solutions excessives, des moyens extrêmes qui ne vous permettront certainement pas d'atteindre le but recherché. Alors soyez sur vos gardes.

Vous trouverez toutes sortes de solutions ou de moyens extrêmes et douteux pour vous sortir d'une situation difficile, figée, ambiguë, mais aucune d'entre elles ou aucun d'entre eux ne pourra résoudre votre problème. Alors calmez-vous et soyez prudent.

Vous ferez tout pour vous sortir d'une situation difficile, figée, sans issue et si vous adoptez finalement pour ce faire des moyens extrêmes ce sera après mûre réflexion et en connaissance de cause.

Malgré une situation financière difficile, figée ou contraignante, vous serez tenté par des solutions, des perspectives ou des aventures disproportionnées ou au-dessus de vos moyens. Vous aurez donc intérêt à faire preuve de prudence.

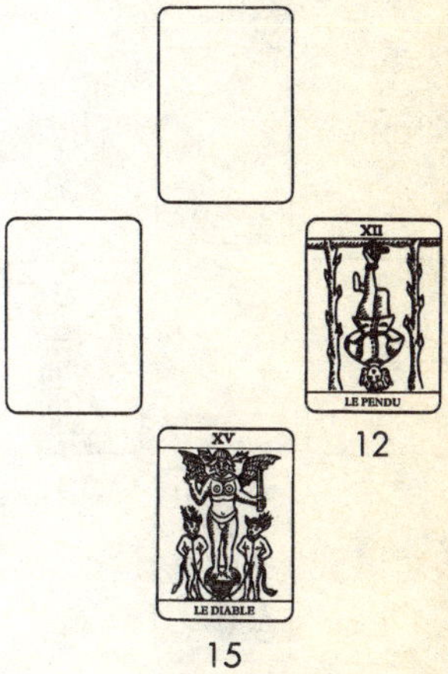

ÉVOLUTION PROBABLE

15 13

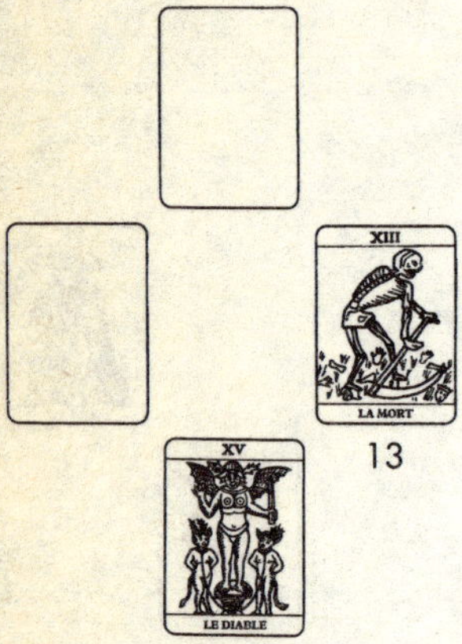

13

15

Malgré un changement radical ou la fin d'un problème de santé, vous resterez dans un état trouble, en proie à vos faiblesses, victime de vos excès. L'évolution de votre état de santé sera ainsi très incertaine.

À la suite d'un changement radical, d'une rupture ou de la fin d'une situation, votre vie sentimentale évoluera d'une manière très incertaine et vous aurez tendance à vivre au jour le jour.

À la suite d'un changement radical, d'une transformation ou de la fin d'une situation, votre vie familiale aura tendance à évoluer dans le trouble, la confusion, le désordre et l'incertitude.

À la suite d'un changement radical, d'une transformation profonde dans votre situation, vous allez pouvoir obtenir ce que vous désirez, même si les événements qui se produiront alors auront un caractère déconcertant, excessif ou incertain.

$ Vous allez pouvoir tirer profit à bref délai d'un changement radical, de la fin d'une situation, ou bien l'arrêt d'une source de revenus pourrait semer le désordre ou la panique dans vos finances.

ÉVOLUTION PROBABLE

15 14

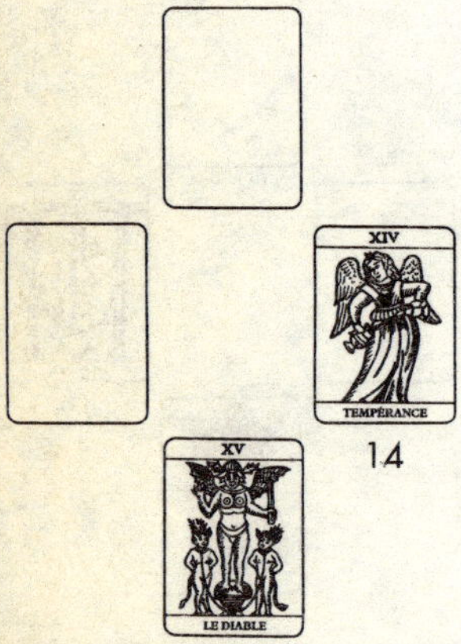

14

15

En sachant vous adapter aux circonstances, trouver un juste milieu et les accommodements utiles à votre bien-être, vous parviendrez à tempérer votre intense vitalité, à modérer vos excès, à vous rendre confiant et maître de vos moyens.

Vous trouverez un arrangement, un compromis ou une certaine sérénité dans vos relations affectives, qui vous permettra de tempérer vos passions et vos désirs.

Vous trouverez des arrangements, des compromis et des accommodements dans votre situation familiale, et les excès, le désordre ou les abus qui pourraient s'y produire seront ainsi tempérés ou résorbés.

Des négociations ardentes et des compromis sans concession vous permettront d'obtenir exactement ce que vous désirez, de tempérer une situation quelque peu excessive ou désordonnée et de vous en rendre maître concrètement.

$ Vous trouverez des arrangements, des compromis ou vous ferez des transactions opportunes qui vous permettront de profiter plus sûrement de votre situation financière.

15 16

Une crise ou un accident de santé vous contraindra sans doute à utiliser les grands moyens, à guérir le mal par le mal, à faire preuve d'une certaine dureté vis à vis de vous-même pour corriger vos abus, vos excès, vos faiblesses.

Vous réagirez sans doute d'une manière excessive, abusive face à une situation de crise ou de rupture et vous vous trouverez confronté à des oppositions tenaces. Sachez donc dès à présent vous prévenir de ces troubles dans votre vie sentimentale.

Une crise ou un brusque bouleversement plongera votre situation familiale dans le trouble et vous devrez alors compter avec des oppositions tenaces, des divisions, des dissensions ou de violents désaccords.

Un bouleversement, une crise ou une brusque et inévitable remise en question jettera sans doute le discrédit sur vous ou sur votre situation. Vous serez alors confronté à des oppositions tenaces et plongé dans une situation trouble, incohérente.

Un bouleversement ou une brusque et inévitable remise en question de votre situation financière pourrait soit vous causer beaucoup d'ennuis, vous confronter à des oppositions tenaces, soit vous permettre d'en tirer un profit conséquent, un bénéfice très important.

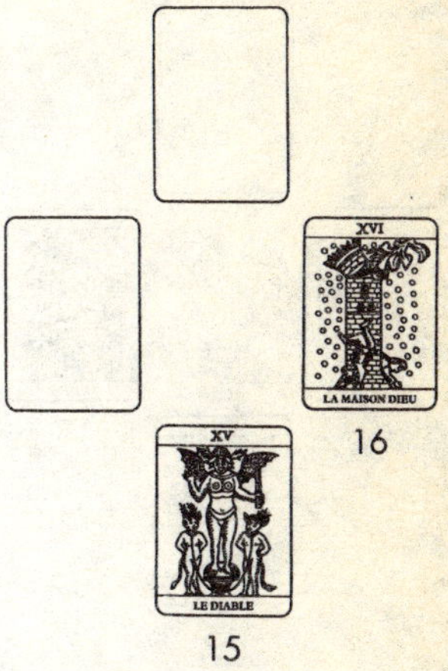

ÉVOLUTION PROBABLE

15 17

En étant réceptif et attentif aux circonstances et à ce qui se passe en vous, vous saurez éviter les abus, les excès ou résister aux tentations que vous pourriez connaître et qui seraient susceptibles de perturber votre équilibre vital et moral.

Une certaine plénitude sentimentale, ou une réceptivité peut-être trop intense, vous conduirait sans aucun doute à vivre vos relations affectives d'une manière excessive, absolue, passionnelle si vous n'aviez la ressource d'un réel sens moral.

L'appui, le soutien de votre famille ou d'une personne de votre entourage, favorisera la réalisation de vos désirs ou l'avènement de quelque chose de neuf qui vous tient à cœur et que vous espériez bien voir s'accomplir.

Des circonstances favorables ou des appuis importants vous permettront d'obtenir ce que vous désirez, de réaliser quelque chose de neuf, d'important et d'avantageux dans votre situation.

Vos ressources personnelles ou des soutiens financiers vous permettront de réaliser vos projets, vos désirs, vos ambitions lesquels s'avéreront d'ailleurs très profitables.

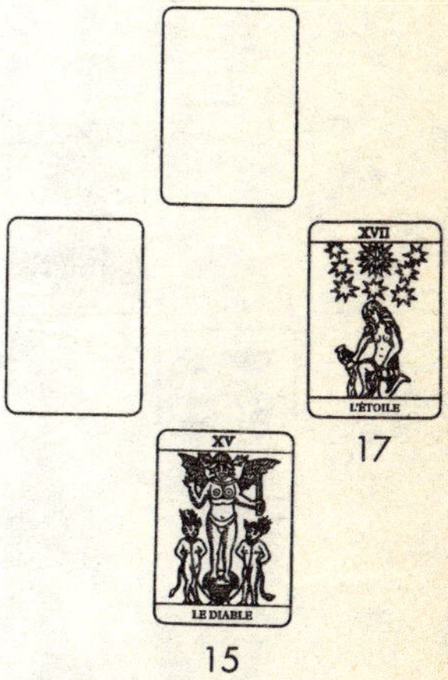

ÉVOLUTION PROBABLE

15 18

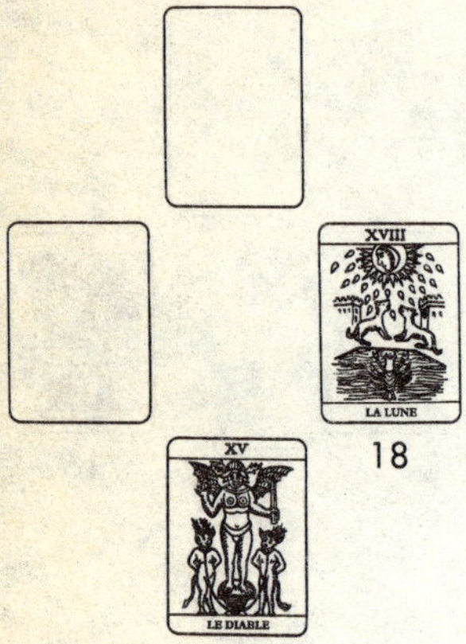

18

15

Pour vous sortir absolument d'une maladie ou d'un état de faiblesse, vous ferez sans doute des choix extrêmes, difficiles ou vous prendrez des résolutions brutales dont le choc en retour ne se fera pas attendre.

Une vie amoureuse décevante, une situation pénible ou une désillusion d'ordre affectif vous conduira à vivre d'une manière un peu dissolue, à vous laisser guider par vos désirs plus que par vos sentiments.

Des déceptions, des désillusions, des erreurs ou des difficultés d'ordre familial vous conduiront à réagir d'une manière violente et brutale pour satisfaire malgré tout et à tout prix vos désirs.

Malgré les retards, les déceptions, les difficultés que vous rencontrerez, votre désir ardent et votre volonté absolue de trouver un accord ou de prendre des résolutions déterminantes ne s'altéreront pas et c'est pourquoi, d'une manière ou d'une autre, vous parviendrez à vos fins.

$ Vos désirs et vos ambitions, vos choix et vos décisions sur le plan financier n'en seront qu'exaltés ou renforcés par les retards, les déceptions ou les difficultés que vous rencontrerez.

ÉVOLUTION PROBABLE

15 19

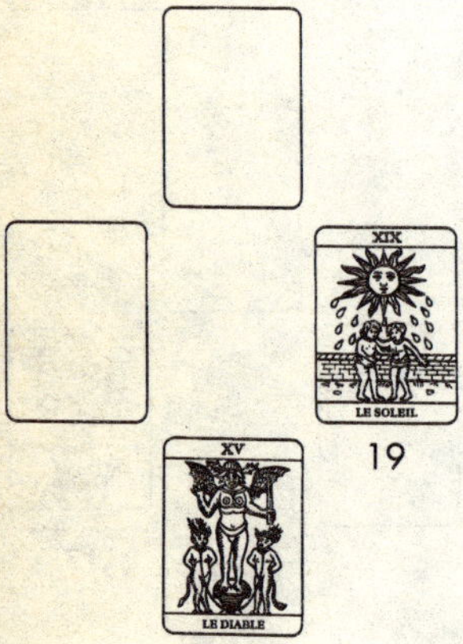

19

15

Rien ne fera obstacle à votre volonté de vous imposer physiquement et moralement, à votre désir de dépenser sans compter votre intense énergie vitale dans l'action, dans la lutte ou dans l'effort.

Une grande joie affective occasionnée par une relation privilégiée ou une union sincère vous rendra plus impatient, plus excité que jamais à l'idée de pouvoir obtenir tout ce que vous désirez dans votre vie sentimentale sans que rien n'y fasse obstacle.

Une grande joie en rapport avec votre vie familiale vous permettra d'aller résolument de l'avant, de faire progresser votre situation, de satisfaire vos désirs ou de parvenir à vos fins.

Une association ou une clarification positive de votre situation favorisera votre volonté de progrès, votre esprit d'entreprise et vous permettra d'obtenir des résultats concrets et avantageux.

$ Le support d'une association ou une clarification de votre situation financière vous donnera carte blanche pour obtenir ce que vous désirez et réaliser des progrès avantageux.

ÉVOLUTION PROBABLE

15 | 20

À la suite d'une guérison ou d'une reconsidération de votre état de santé, vous vous contraindrez à une sérieuse modération et vous ferez tout pour vous assurer d'un équilibre vital plus sûr et plus normal.

À la suite d'un renouveau, d'un changement dans votre vie sentimentale, vous vous contraindrez à adopter une attitude plus juste, plus normale, plus équilibrée et vous refrénerez ainsi votre comportement passionnel, excessif, instable.

Un renouveau, un changement dans votre situation familiale ou un certain retour à la normale permettra d'imposer une discipline, une rigueur et de contrôler ainsi très justement les troubles ou les désordres qui pourraient encore se manifester.

À la suite d'un renouveau, d'une réhabilitation ou d'un réajustement de votre situation, les divisions, les désaccords seront jugés d'une manière impartiale ou seront soumis à une discipline, à des règles strictes et rigoureuses.

À la suite d'un renouveau, d'un changement appréciable ou du renflouement d'une affaire, vous vous contraindrez sans doute à refréner vos dépenses et vous vous imposerez une certaine discipline sur le plan financier.

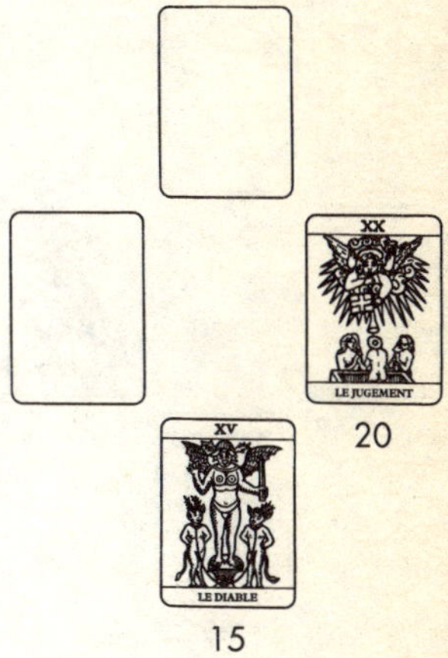

ÉVOLUTION PROBABLE

15 | 21

Vous allez connaître une période très épanouissante tant sur le plan moral que physique qui vous donnera l'occasion de pouvoir profiter pleinement de votre bien-être vital, de votre énergie intense en faisant preuve toutefois de modération et de prudence.

Vous allez connaître une période très épanouissante, très riche sur le plan affectif mais vous ne serez pas dupe des tentations qui seront les vôtres de vivre vos relations sur un mode passionnel, d'une manière dissolue et instable.

Votre situation familiale va connaître une période riche en perspectives épanouissantes, mais vous aurez alors à faire preuve de vigilance et de modération pour que tout cela ne cède pas à la tentation du désordre et de la dissolution.

Votre situation va connaître une période riche en perspectives d'expansion, mais vous aurez alors à faire preuve de prudence, de modération, de circonspection pour ne pas gâcher vos chances par impatience, imprudence ou avidité.

Vous allez avoir de grandes possibilités financières à votre portée ou à votre disposition, mais vous aurez à faire preuve de vigilance et de circonspection pour ne pas céder aux tentations de dépenses excessives ou de dissipation inconsidérée de vos gains.

ÉVOLUTION PROBABLE

15 | 22

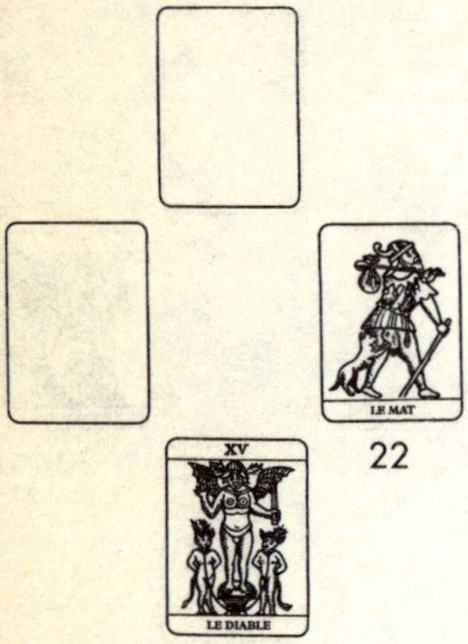

22

15

Rien ni personne ne pourra vous empêcher de satisfaire vos désirs, de faire ce que vous avez décidé de faire au mépris des précautions les plus élémentaires en abusant ainsi, à vos risques et périls, de votre intense énergie vitale.

Départ, arrivée, rencontres, impulsions, désirs, extravagances, séduction, intempérances, tel sera le lot de votre vie affective en laquelle il ne restera alors plus beaucoup de place pour l'amour.

À la suite d'un départ, d'un déménagement ou d'un brusque événement, votre situation familiale pourrait bien connaître une période de troubles, d'excitation, de désordre qu'il sera bien difficile d'endiguer.

À la suite d'un départ, d'un voyage ou d'un brusque événement en rapport avec votre situation professionnelle, celle-ci pourrait bien connaître une période de troubles, en laquelle vous seriez en proie à une vive excitation, à une extrême impatience.

À la suite d'une démarche, d'un voyage ou d'un brusque événement en rapport avec votre situation, vous pourrez satisfaire vos désirs et vos ambitions sur le plan financier, mais vous serez tenté de commettre quelques erreurs ou quelques extravagances.

ÉVOLUTION PROBABLE

16 | 1

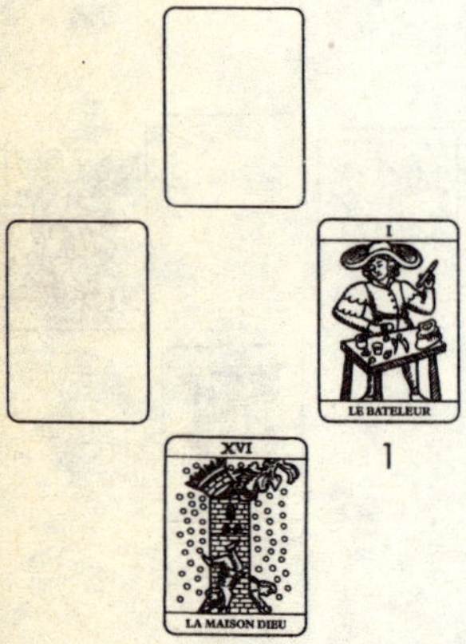

1

16

Vous pourriez bien être victime d'une crise ou d'un accident de santé qui bouleverserait un temps votre vitalité, vous couperait de vos ressources mais dont l'avantage serait de vous forcer à faire peau neuve.

Vous allez connaître un bouleversement, une crise salutaire ou une brusque remise en question dans votre vie sentimentale, qui se produira sans doute de votre propre initiative, mais dont les conséquences iront au-delà de ce que vous aviez prévu ou imaginé.

Vous pourrez sans doute brusquement réaliser vos projets, prendre des initiatives novatrices qui bouleverseront votre situation d'une manière salutaire et positive.

Des projets seront, sans doute, subitement remis en question d'une manière salutaire et libératrice ou bien des circonstances exceptionnelles et bouleversantes vous permettront de faire quelque chose de neuf, d'original, d'inédit.

Un bouleversement ou une crise remettra sans doute en cause vos projets financiers ou vos ressources mais, paradoxalement, tout cela tournera sans doute à votre avantage.

16 | 2

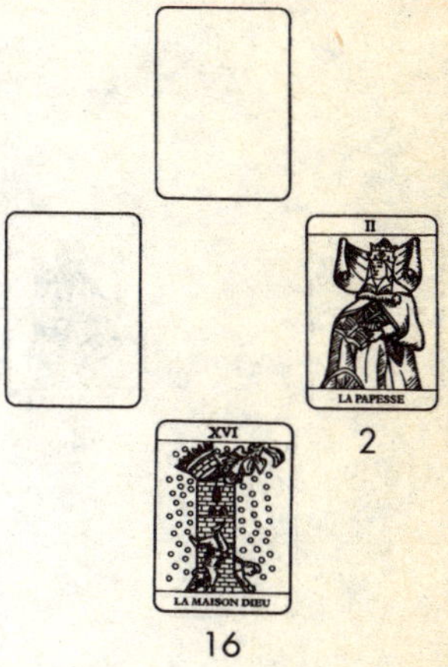

Sans doute saurez vous faire preuve de beaucoup de sang froid et d'endurance pour subir une crise salutaire, inévitable, une brusque aggravation de votre état qui vous délivrera d'une maladie ou d'un problème de santé chronique.

Une brusque remise en cause ou une crise salutaire à laquelle vous vous attendiez va se produire sous peu dans votre vie sentimentale et elle vous fera sans doute l'effet d'un orage libérateur qui détendra l'atmosphère et vous soulagera d'un grand poids.

Une personne de votre entourage sera, ou vous serez vous-même, l'instigateur d'un bouleversement, d'une crise salutaire ou d'un dénouement brutal qui libérera votre vie familiale des difficultés, des problèmes, des soucis qui l'accablaient.

Une brusque remise en cause ou une crise salutaire à laquelle vous vous attendiez ou dont vous êtes peut-être l'instigateur va se produire dans votre situation et va vous permettre de l'assainir, de la faire sortir de son inertie, d'éliminer les éléments troubles, inutiles, nuisibles.

$ Une brusque remise en cause ou une crise salutaire à laquelle vous vous attendez ou dont vous êtes peut-être l'instigateur va vous permettre d'épurer vos comptes, d'assainir vos finances, de rectifier vos erreurs et d'éliminer le superflu.

ÉVOLUTION PROBABLE

16 | 3

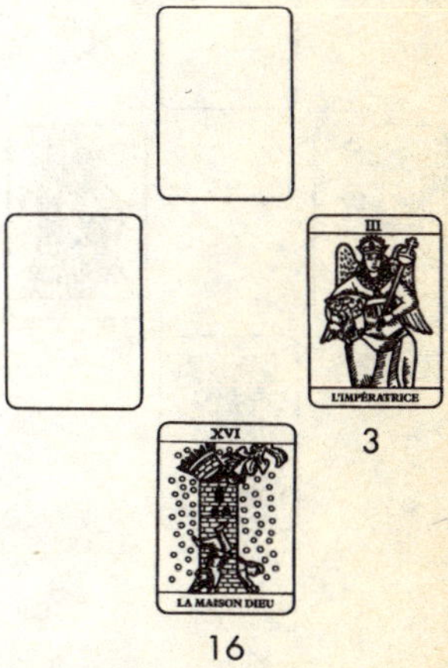

Vous serez sans doute amené à agir d'une manière intelligente et féconde pour assainir et clarifier votre état de santé en vous délivrant ainsi de tout ce qui serait susceptible de nuire à votre bien-être vital.

Vous serez amené à agir d'une manière intelligente et féconde pour clarifier votre vie sentimentale et donner libre cours à votre volonté d'union. Si c'est à une personne que vous pensez, sachez qu'elle va subitement et clairement exprimer ses sentiments.

Une personne intelligente et compréhensive de votre entourage sera sans doute à l'origine d'un revirement soudain, d'un bouleversement, d'une clarification qui procurera beaucoup de joie et de satisfaction à votre famille.

Des actions intelligentes, constructives et profitables clarifieront votre situation professionnelle laquelle connaîtra alors un revirement salutaire et positif à tout point de vue.

$ Des actions intelligentes, constructives et profitables clarifieront votre situation financière laquelle connaîtra alors un revirement salutaire et positif à tout point de vue.

ÉVOLUTION PROBABLE

16 | 4

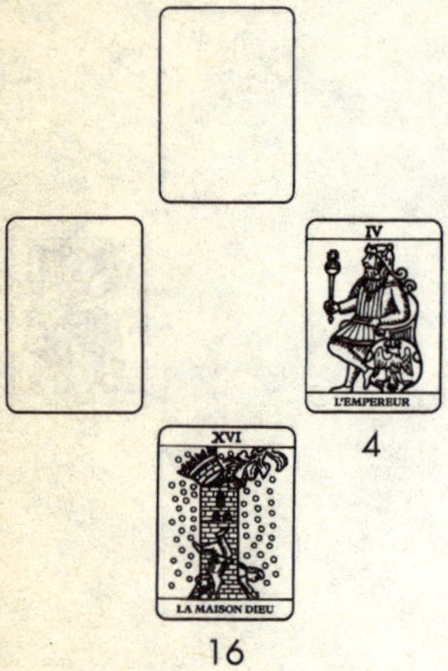

Il vous sera dicté ou conseillé de reconsidérer totalement vos certitudes concernant votre santé ou votre comportement. En cas de maladie, vous connaîtrez un rétablissement spectaculaire.

Il vous sera dicté ou conseillé de vous remettre en question, d'accepter qu'un bouleversement, une reconsidération totale soient nécessaire sur le plan affectif, de faire amende honorable ou de pardonner si besoin est.

Vous pouvez être sûr qu'un bouleversement ou qu'une brusque remise en question interviendra dans votre vie familiale, mais vous pouvez également croire qu'il ou qu'elle est nécessaire, salutaire et porteur d'un renouveau souhaitable plutôt qu'inéluctable.

Un bouleversement important va se produire dans votre situation professionnelle, mais il sera porteur d'un renouveau, nécessaire au renflouement d'une affaire ou utile à des changements, à des reconsidérations salutaires.

Vous allez très certainement devoir remettre en question votre situation, l'assainir, la clarifier d'une manière salutaire ou, par la force des choses, reconsidérer, revoir toute votre stratégie financière.

ÉVOLUTION PROBABLE

16 | 5

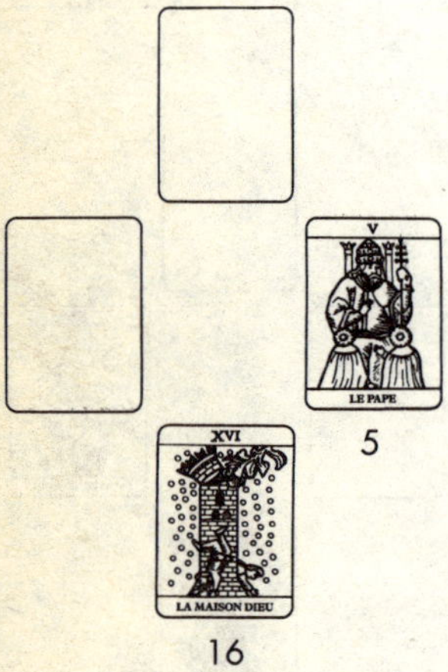

En suivant ce que vous dicte de faire votre conscience ou votre devoir, vous pourriez bien accéder à une brusque et bouleversante prise de conscience qui vous permettrait de mesurer alors tous les moyens potentiels dont vous disposez et d'en profiter pleinement.

Vous allez connaître des bouleversements importants, des changements salutaires et intégraux dans votre vie sentimentale, qui correspondront sans aucun doute à ce que vous souhaitez, qui combleront vos vœux et vos espoirs.

Vous aurez l'appui ou l'approbation d'une personne de votre entourage ou le soutien de vos proches pour opérer des bouleversements importants, des changements salutaires qui permettront à votre situation familiale de s'épanouir pleinement.

Vous aurez l'approbation ou l'appui d'un personnage influent pour opérer des bouleversements importants, des changements salutaires qui permettront à votre situation familiale de s'épanouir pleinement.

Vous allez brusquement pouvoir réaliser de grandes choses sur le plan financier, mais vous aurez besoin pour ce faire de l'approbation ou de l'appui d'un personnage influent et compétent en la matière.

ÉVOLUTION PROBABLE

16 | 6

Une crise ou un accident de santé pourrait bien remettre en cause vos projets de voyage, ou bien vous allez prendre la résolution de partir brusquement pour des raisons de santé.

Soit vous allez prendre la brusque décision de partir pour rejoindre la personne de vos pensées, soit vous allez faire une rencontre bouleversante, inattendue, soit enfin vous allez provoquer ou vous serez victime d'une crise sentimentale. Mais dans tous les cas votre vie affective traversera une période mouvementée.

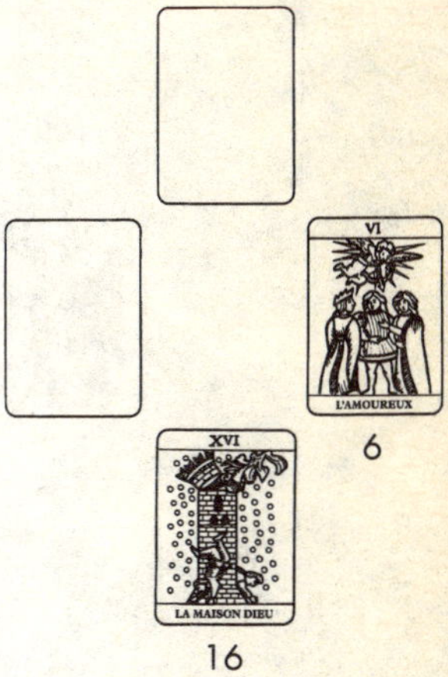

Votre situation familiale va subir des transformations importantes, connaître des bouleversements salutaires et de brusques remises en question qui seront très certainement décidés d'un commun accord par tous les membres de votre famille.

À la suite d'un accord salutaire, d'un choix judicieux et difficile ou d'une résolution décisive, votre situation va subir des transformations importantes, connaître des bouleversements ou bien vous vous sentirez libre d'agir comme vous l'entendez.

À la suite d'un accord ou à cause d'un désaccord, votre situation financière va connaître des bouleversements ou de brusques remises en question qui seront sans doute déconcertantes mais salutaires !

ÉVOLUTION PROBABLE

16 | 7

Des aides, des conseils ou des appuis vous permettront de faire des efforts utiles et salutaires, lesquels vous délivreront alors brusquement et radicalement de vos problèmes.

Vos efforts porteront leurs fruits et un bouleversement salutaire, une brusque remise en question se produira donc dans votre vie sentimentale et vous délivrera alors de vos soucis, de vos problèmes, de vos conflits.

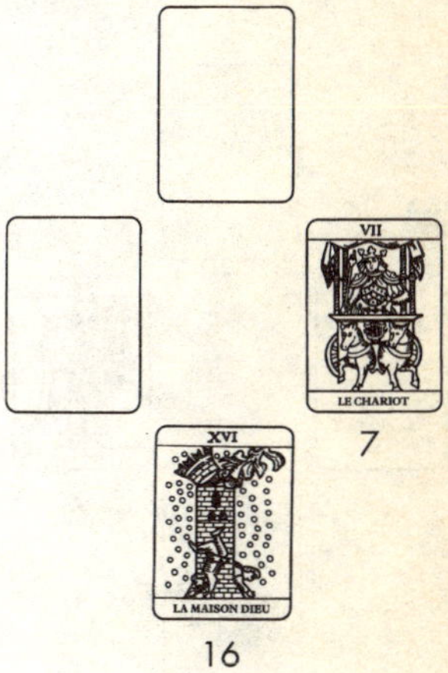

Les actions en cours ou les efforts qui sont faits provoqueront un bouleversement, une brusque remise en question qui sera certainement salutaire à votre situation familiale, et qui vous soulagera moralement et matériellement de certaines obligations.

Les luttes ou les actions en cours aboutiront à un brusque bouleversement dans votre situation, lequel vous déchargera de certaines responsabilités, vous permettant ainsi de progresser avec l'appui materiel et moral dont vous aurez alors besoin.

Vous pouvez agir pour opérer une remise en question salutaire et pour assainir ainsi votre situation financière en l'allégeant de certaines charges qui freinaient sa progression.

ÉVOLUTION PROBABLE

16 | 8

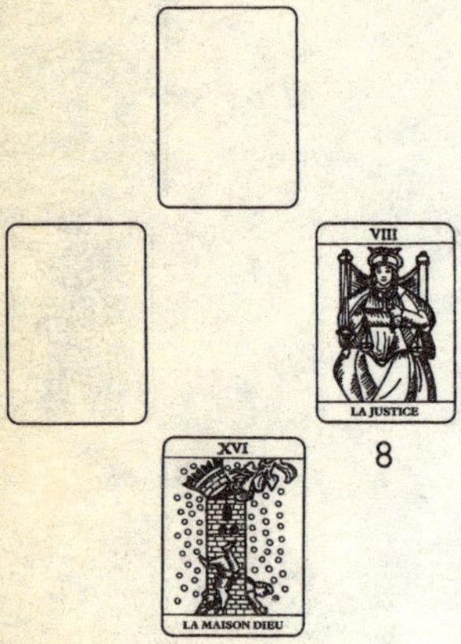

8

16

Malgré votre bon équilibre, vous ne pourrez sans doute pas éviter d'être victime d'un choc ou d'un accident de santé qui vous contraindra alors à prendre très rapidement des résolutions importantes, à faire des choix décisifs et salutaires.

Une décision de justice tranchera sans aucun doute d'une manière impartiale, sévère mais salutaire les désaccords qui se produiront dans votre vie sentimentale en vous confrontant à des choix difficiles, bouleversants mais nécessaires.

De brusques remises en question, des désaccords ou des conflits pourraient bien bouleverser l'équilibre de votre situation familiale. Il ne faudra alors pas hésiter à trancher radicalement d'une manière impartiale, sévère et juste.

Une décision de justice tranchera sans aucun doute d'une manière impartiale sévère mais salutaire les désaccords, les conflits bouleversants, les brusques remises en question qui ne manqueront pas de se produire dans votre situation.

Vous serez sans doute contraint à remettre en cause vos choix, vos décisions, vos options sur le plan financier, à assainir brusquement votre situation pour préserver son équilibre.

ÉVOLUTION PROBABLE

16 | 9

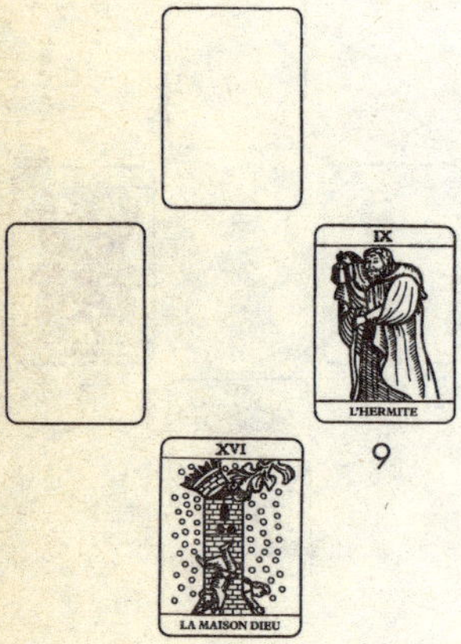

9

16

Votre prudence, votre vigilance et votre experience vous permettront d'avoir le bon réflexe au bon moment et d'éviter ainsi une crise de santé, un accident ou de vous détourner résolument des aventures dangereuses.

Vous allez réaliser qu'il est nécessaire, salutaire qu'un bouleversement, qu'une brusque remise en question se produise dans votre vie sentimentale le plus rapidement possible.

Après mûre réflexion vous comprendrez, vous réaliserez qu'il est nécessaire, utile, salutaire qu'un bouleversement se produise dans votre situation familiale le plus rapidement possible.

Après mûre réflexion vous réaliserez qu'il est nécéssaire, utile, salutaire qu'un bouleversement se produise dans votre situation le plus rapidement possible pour que vous puissiez triompher des problèmes qui se poseraient à vous ou que vous puissiez réaliser un réel progrès.

Après mûre réflexion, vous réaliserez qu'il est nécessaire, utile, salutaire d'assainir votre situation financière, de la remettre en question, de bouleverser certaines choses pour qu'elle progresse.

16 10

Vous risquez d'être entraîné malgré vous dans une crise morale, dans des bouleversements qui perturberont sérieusement votre équilibre, le gêneront, le troubleront, mais ne le remettront pas en question d'une manière fondamentale.

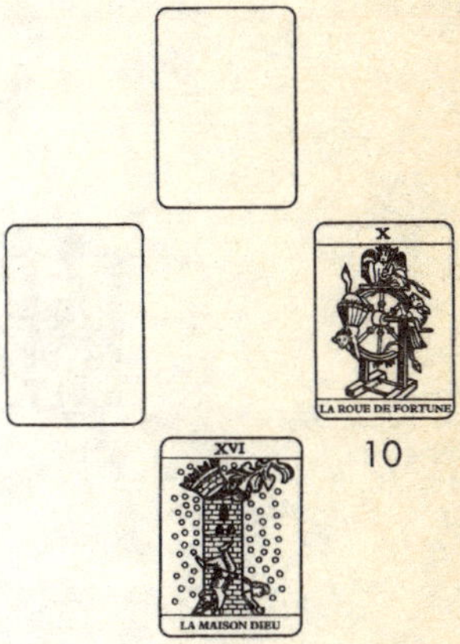

10

16

Il faudra bien qu'un bouleversement se produise, qu'un conflit ou qu'une crise éclate dans votre vie sentimentale pour que les problèmes ou les conflits latents soient enfin jugés et tranchés comme il se doit.

Il faudra bien qu'un bouleversement ou qu'une remise en question se produise, que tout soit brusquement mis sens dessus-dessous dans votre situation familiale pour que celle-ci puisse faire valoir son ordre, son équilibre et ses droits.

Il faudra bien qu'un bouleversement ou qu'une remise en question se produise dans votre situation de manière à ce que vous puissiez faire valoir vos droits et de telle sorte que les problèmes ou les conflits en suspens soient clairement tranchés.

Il faudra bien qu'un bouleversement ou qu'une remise en question se produise dans votre situation financière de manière à ce que vous puissiez vous garantir de vos droits, de votre avoir et qu'ainsi tout rentre dans l'ordre.

ÉVOLUTION PROBABLE

16 11

C'est avec courage, détermination, énergie que vous provoquez une crise salutaire, ou que vous opérez des bouleversements dans votre existence ou dans votre comportement de manière à vous rendre plus prudent et plus conscient des réalités.

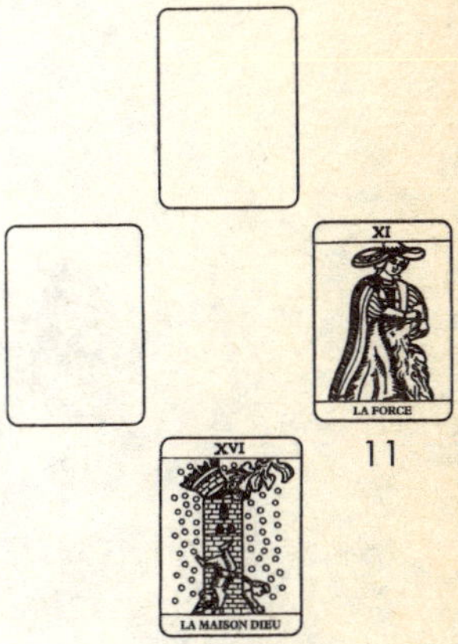

11

16

Malgré votre force morale, votre volonté sérieuse de dominer la situation, vous ne pouvez empêcher qu'une remise en question profonde, essentielle ne se produise dans votre vie affective, laquelle sera sans doute salutaire et utile à votre évolution personnelle.

Vous finirez par comprendre, par réaliser que les bouleversements ou les remises en question qui ne manqueront pas de se produire dans votre situation familiale seront, tout compte fait, utiles, salutaires et positifs !

Ne perdez pas votre sang-froid, restez calme, lucide, réaliste, maintenez fermement vos prérogatives et vous parviendrez à tirer profit des bouleversements salutaires qui ne manqueront pas de se produire dans votre situation.

Acceptez calmement les bouleversements qui pourraient se produire dans votre situation financière, et sachez en tirer les leçons qui s'imposent ponctuellement et à plus long terme.

ÉVOLUTION PROBABLE

16 | 12

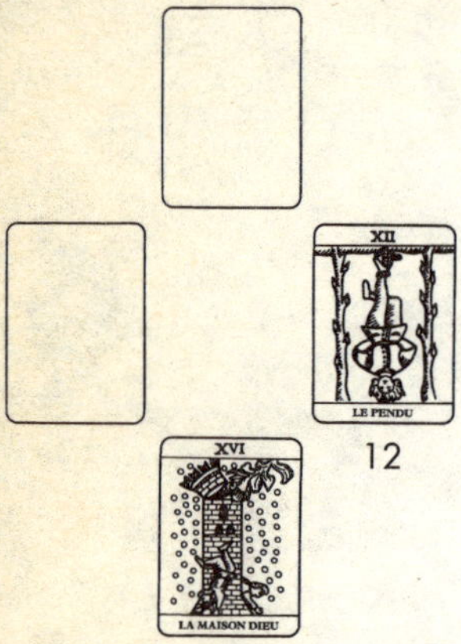

12

16

En cas de maladie, vous allez connaître un rétablissement spectaculaire. Sinon vous allez subir un choc physique ou moral qui va vous faire l'effet d'une prise de conscience et qui va vous permettre d'évoluer très rapidement.

Une situation qui vous rend trop dépendant ou qui vous contrarie à tout point de vue sera brusquement remise en question d'une manière spectaculaire, salutaire et libératrice.

Votre situation familiale va connaître des bouleversements, de brusques remises en question qui lui permettront d'évoluer rapidement en se libérant de ses contraintes.

Une situation figée, bloquée va se résoudre d'une manière spectaculaire, bouleversante mais salutaire, se donnant ainsi les moyens de se libérer brusquement de ses contraintes, de ses entraves et d'évoluer rapidement dans un sens positif.

$ Des bouleversements salutaires vont permettre à votre situation financière de se débloquer d'une manière spectaculaire, et d'évoluer très rapidement dans un sens positif et libérateur.

ÉVOLUTION PROBABLE

16 | 13

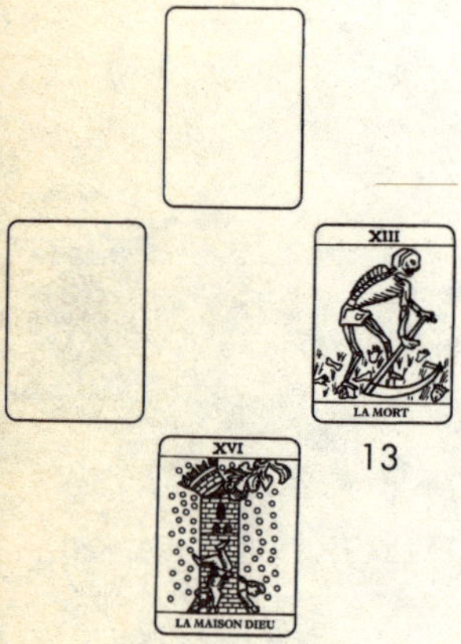

13

16

À la suite d'un changement radical, vous vous sentirez prêt à faire face avec force et courage aux bouleversements qui pourraient encore se produire dans votre existence de manière à ce qu'ils vous délivrent définitivement de vos problèmes.

À la suite d'un changement radical, définitif, dans votre vie sentimentale vous aurez encore la force, le courage et la volonté de faire face aux bouleversements utiles et salutaires qui ne manqueront pas de se produire.

À la suite d'un changement radical, définitif dans votre vie familiale, vous trouverez encore la force et le courage de faire face aux bouleversements inévitables et salutaires qui s'ensuivront.

À la suite d'un changement radical, d'un profit important ou de la fin d'une situation, il se produira des bouleversements importants et salutaires dans votre vie professionnelle, lesquels vous permettront de reconquérir une certaine liberté d'action.

$ À la suite d'un changement radical, d'un profit important ou de la conclusion logique d'une affaire, il se produira des bouleversements importants et salutaires dans votre situation financière qui vous permettront de retrouver votre liberté d'action.

16 14

Vous accepterez sans doute avec souplesse et soumission les bouleversements ou les brusques remises en question utiles à votre délivrance et au développement serein, fécond de votre bien-être vital.

Vous trouverez sans aucun doute les arrangements, les compromis intelligents que vous souhaitez et vous vous sentirez ainsi délivré, et libre d'agir selon vos sentiments et vos désirs.

Les arrangements, les compromis opportuns et intelligents qui seront trouvés auront sans doute pour conséquences des bouleversements salutaires et profitables dans votre situation familiale dont vous ne pourrez alors que vous féliciter.

Des négociations fécondes vous permettront de tirer avantage des bouleversements qui s'ensuivront et de réaliser ainsi une bonne affaire.

Des négociations fécondes ou des transactions opportunes vous permettront de décrisper ou de débloquer votre situation financière d'une manière salutaire et avantageuse.

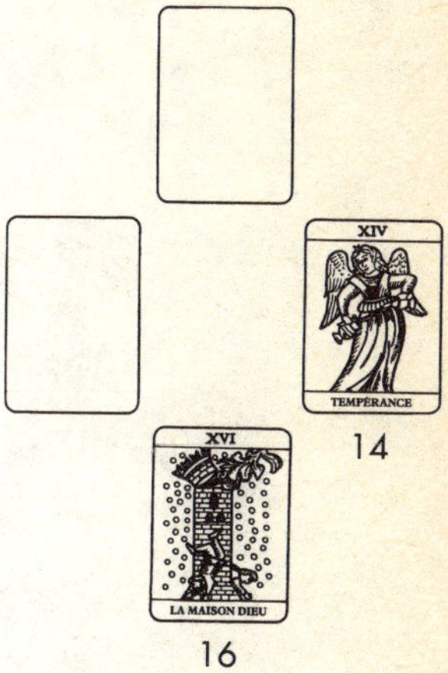

ÉVOLUTION PROBABLE

16 15

Vos excès, vos intempérances ou vos imprudences seront sans doute responsables des chocs physiques et moraux dont vous risquez fort d'être victime si, dès à présent vous ne vous imposez pas une sérieuse discipline !

Des situations ou des relations troubles, passionnelles, excessives ne pourront évoluer que vers un dénouement violent mais salutaire lequel provoquera un bouleversement, une brusque remise en question dans votre vie sentimentale.

Vous pourrez brusquement et à coup sûr réaliser vos désirs ou bien les problèmes, les dissensions, les divisions, à l'intérieur de votre milieu familial, se résoudront brutalement sous l'effet d'un orage libérateur.

Sans doute un personnage autoritaire et ambitieux vous ouvrira-t-il les portes pour que vous puissiez réaliser très rapidement vos desseins ou vos désirs, lesquels évidemment serviront les siens.

Sûr de vos prérogatives, de vos ambitions et de votre pouvoir, vous ferez tout pour débloquer rapidement votre situation financière. Toutefois, n'abusez pas de vos moyens ou de votre autorité en la matière et restez dans la légalité.

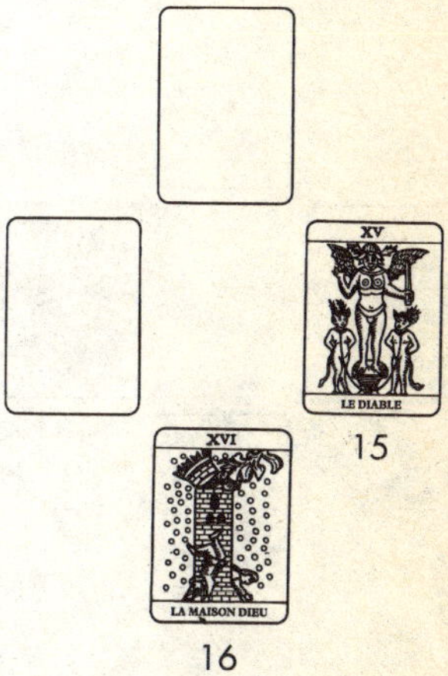

ÉVOLUTION PROBABLE

16 | 17

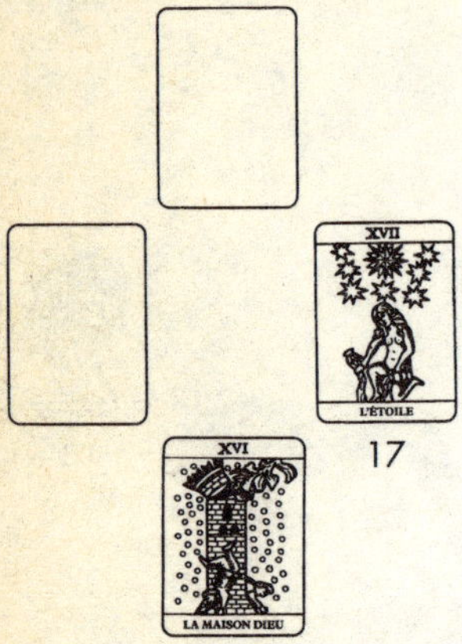

17

16

Votre réceptivité et vos ressources naturelles vous permettront de faire des choix décisifs, de créer des bouleversements utiles à votre équilibre et à votre bien-être vital.

Vos espoirs et vos sentiments seront sans doute déçus, vos choix affectifs remis en question par des bouleversements inévitables, mais des circonstances nouvelles et favorables vous autoriseront à croire que tout cela est un mal pour un bien.

Vos espoirs seront sans doute déçus, vos choix, vos décisions remis en question par des bouleversements imprévisibles et inévitables dans votre vie familiale, lesquels s'avéreront d'ailleurs et finalement positifs.

Vos espoirs de trouver un accord ou de réaliser quelque chose de neuf seront sans doute remis en question par des bouleversements imprévisibles et inévitables ou des circonstances très favorables qui les rendront inutiles.

Des bouleversements imprévisibles ou des circonstances nouvelles, et sans doute favorables, rendront vos espoirs et vos accords éventuels, vains et sans effet.

ÉVOLUTION PROBABLE

16 | 18

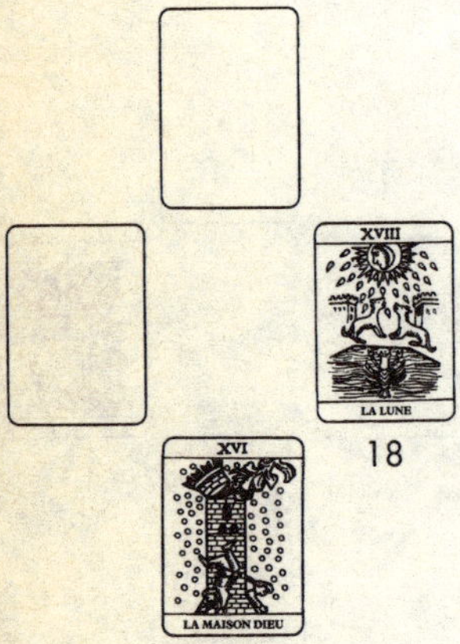

18

16

Vous allez pouvoir vous sortir de vos problèmes de santé chroniques ou passagers en brusquant les choses, en provoquant peut-être une crise salutaire et, si besoin est, en vous faisant violence.

Une situation ou une relation trouble, décevante, illusoire se résoudra d'une manière brusque et salutaire par une rupture, par un départ, par une crise pénible mais nécessaire.

Une situation inextricable, difficile, conflictuelle, se dénouera brusquement, et votre vie familiale sera ainsi bouleversée, remise en question mais totalement libérée de ses problèmes.

Un bouleversement libérateur va se produire dans votre situation et vous permettre de triompher des difficultés, des obstacles, des problèmes que vous avez certainement rencontrés ces derniers temps.

Un bouleversement salutaire va se produire et vous permettre de triompher des difficultés financières que vous avez certainement rencontrées ces derniers temps.

16 | 19

Même si votre équilibre vital se trouvait quelque peu perturbé par un malaise ou une brusque mais brève crise de santé, ce serait un moindre mal, puisqu'ainsi votre organisme s'en trouverait assaini.

Une clarification sera sans doute utile et bénéfique à vos relations affectives. Elle vous permettra, à juste raison, de remettre certaines choses en question, de provoquer des bouleversements, des changements indispensables et salutaires.

Une clarification utile et bénéfique ou un événement heureux sera sans doute la cause des bouleversements ou des remises en question qui se produiront dans votre vie familiale.

Une association, un accord ou une clarification sera sans doute la cause ou l'instrument des bouleversements ou des remises en question utiles, salutaires et bénéfiques qui se produiront dans votre situation.

Une clarification utile et bénéfique, un accord avantageux ou un événement heureux, bouleversera votre situation financière et lui permettra de trouver un équilibre.

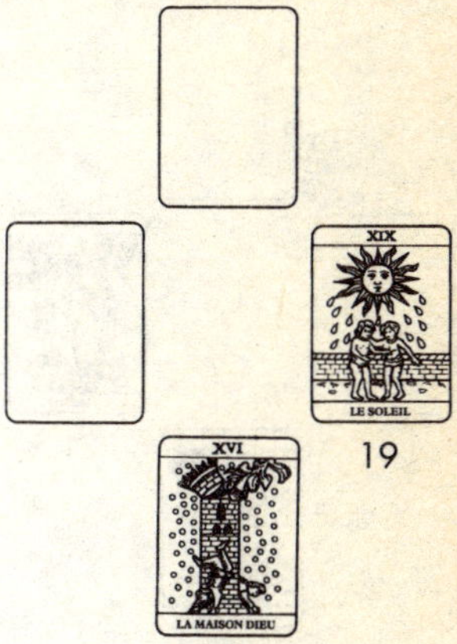

19

16

ÉVOLUTION PROBABLE

16 | 20

Vous allez trouver brusquement et par vous-même, à force de patience, de prudence et de réflexion, les moyens de vous rétablir totalement.

Après une reconsidération, un changement d'appréciation ou un renouveau qui se produira dans votre vie affective, celle-ci connaîtra des bouleversements utiles et salutaires qui chasseront les doutes, les inquiétudes qui pourraient encore subsister.

Après que se sera produit un changement ou un renouveau quelconque concernant votre situation familiale, celle-ci connaîtra sans doute des bouleversements utiles et salutaires qui se dérouleront selon vos prévisions.

À la suite d'un changement de situation ou d'appréciation, d'une proposition ou d'un renouveau quelconque, des bouleversements utiles et salutaires se produiront, et auront les conséquences que vous aviez prévues.

À la suite d'un changement d'appréciation, d'une proposition ou d'un renouveau quelconque, des bouleversements utiles et salutaires se produiront dans votre situation financière, chassant ainsi vos doutes et vos inquiétudes.

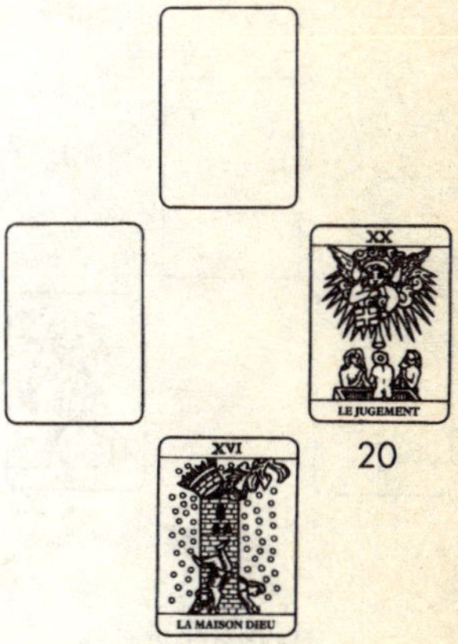

20

16

ÉVOLUTION PROBABLE

16 | 21

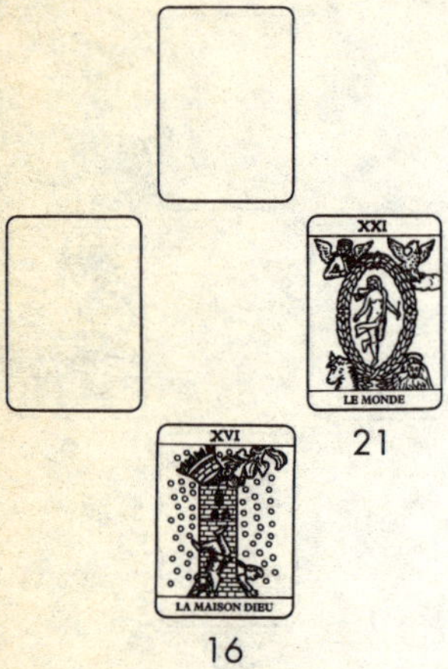

Votre nature épanouie, votre ouverture sur les autres et sur le monde vous permettront de brusquer les événements, et d'évoluer rapidement dans le sens qui est le vôtre.

Vos relations affectives heureuses et épanouies favoriseront les bouleversements salutaires, l'évolution brusque et rapide des événements qui concourent à votre bonheur.

Votre situation familiale va pouvoir s'épanouir et se réaliser pleinement, mais il faudra pour cela qu'elle connaisse ou qu'elle subisse des bouleversements importants.

Votre situation va pouvoir connaître une expansion conséquente qui vous permettra sans doute de brusquer les événements libérateurs ou les bouleversements salutaires qui pourraient alors s'ensuivre.

Vous aurez de grandes possibilités à votre portée ou la perspective de réaliser une expansion et ceci vous permettra de débloquer et de faire évoluer très rapidement votre situation.

ÉVOLUTION PROBABLE

16 | 22

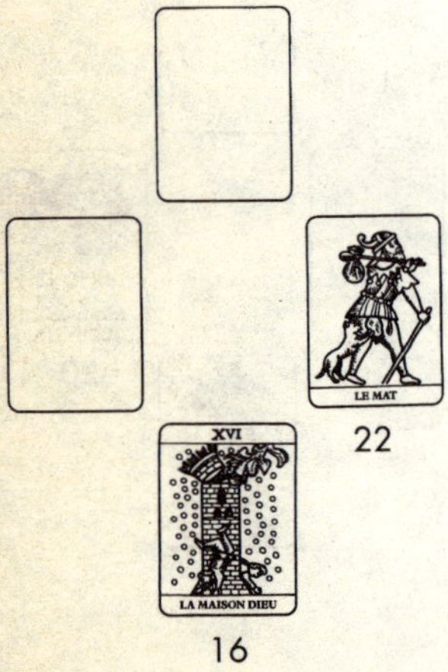

Votre comportement instable, extravagant, pourrait bien vous faire commettre des erreurs, vous faire prendre des risques inutiles ou vous faire agir d'une manière dangereuse. Redoublez donc de prudence ou calmez-vous.

Le départ ou l'arrivée d'une personne va provoquer un bouleversement, une brusque remise en question de votre situation affective, d'où il s'ensuivra sans doute votre propre départ.

Après une période de quête, d'errance, d'incertitude ou à la suite d'une décision brusque prise sur un coup de tête, votre situation familiale va connaître des bouleversements importants.

Le départ ou l'arrivée d'une personne, un voyage ou une démarche aura pour conséquence des bouleversements importants dans votre situation qui vous libéreront de toute entrave et qui vous pousseront à partir à votre tour.

Une sortie ou une rentrée d'argent soudaine aura pour conséquence immédiate un bouleversement déstabilisateur dans le premier cas ou libérateur dans le second cas.

ÉVOLUTION PROBABLE

17 | 1

Une initiative utile ou un traitement opportun et habile vous permettra de vous régénérer, de faire peau neuve en quelque sorte, mais cela ne se fera pas sans mal.

Malgré des circonstances qui semblaient plutôt favorables, vous risquez de connaître quelque amère désillusion ou de faire fausse route sur le plan affectif, et ce par excès de sensibilité ou de sentimentalisme.

Les initiatives qui seront prises dans votre situation familiale et qui vont dans le sens d'une innovation, d'une création, d'une naissance, auront du mal à se concrétiser, à moins de s'y consacrer pleinement et sans relâche.

Une idée originale, une initiative novatrice, une création ou la naissance d'une situation, d'une affaire, d'une société aura du mal à se concevoir, à se concrétiser. Elle exigera donc beaucoup d'efforts, d'habileté et d'énergie pour pouvoir se réaliser.

Vous aurez du mal à vous créer de nouvelles ressources, à moins de faire preuve d'une extrême habileté et de ne pas reculer devant l'effort et le travail.

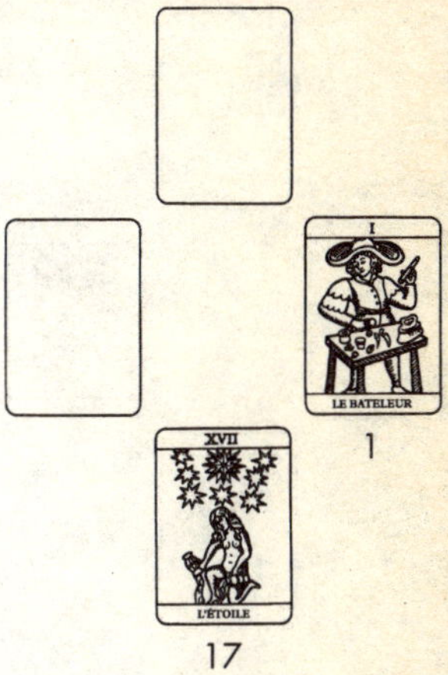

ÉVOLUTION PROBABLE

17 | 2

Votre attente et votre sagesse seront récompensées, et vous pourrez parfaitement jouir de vos ressources naturelles et d'une santé saine et rayonnante.

Votre attente et vos vœux seront pleinement récompensés et vous connaîtrez alors une véritable félicité, un réel bonheur dans votre vie sentimentale.

Votre attente et vos vœux les plus chers concernant votre vie familiale vont être pleinement récompensés, et vous allez ainsi éprouver de grandes joies auprès de vos proches.

Bien que tous les éléments en cause ne vous soient pas encore révélés, vous pouvez avoir l'assurance que vos projets de création, d'innovation, d'association, de naissance d'une société, vont pleinement se réaliser selon vos vœux et vos espérances.

Le comportement économe et avisé dont vous aurez su faire preuve vous permettra de jouir pleinement de vos ressources et de profiter des circonstances très bénéfiques qui vous seront offertes.

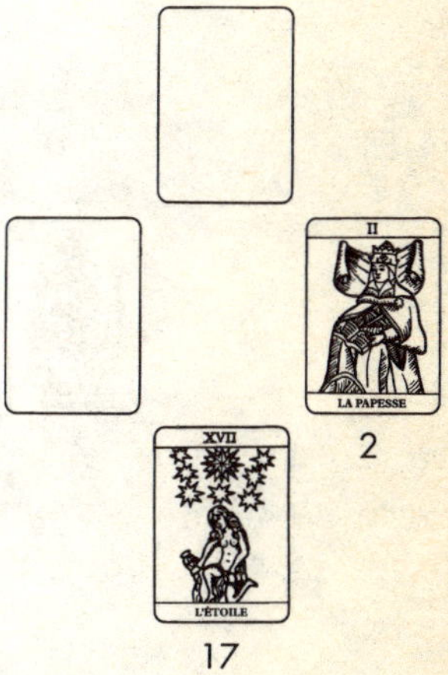

ÉVOLUTION PROBABLE

17 3

Votre nature saine, instinctive, généreuse, vous donnera l'occasion de jouir au mieux de vos ressources naturelles, riches et fécondes et de pouvoir ainsi créer ou réaliser tout ce qui vous tient à cœur.

Si c'est à une personne que vous pensez, ne doutez ni de la générosité de ses sentiments ni de sa volonté de produire, de réaliser quelque chose de neuf dans sa vie. Sinon, vos vœux et vos espérances seront comblés, et ils susciteront un véritable renouveau dans votre vie.

Il va se produire quelque chose de neuf, d'agréable et d'heureux dans votre vie familiale, qui apportera des changements et des renouvellements concrets et bénéfiques.

Des circonstances bénéfiques favoriseront la matérialisation d'une création, d'une innovation, le renflouement d'une affaire, l'expansion d'une société naissante ce qui aura pour conséquence le renouvellement appréciable et profitable de votre situation.

$ Vous aurez les atouts et les moyens nécessaires pour agir d'une manière productive et intelligente, et ainsi renouveler vos ressources tout en en profitant pleinement et sereinement.

ÉVOLUTION PROBABLE

17 4

Vous allez vivre une période très épanouissante où vous bénéficierez d'une santé florissante laquelle vous permettra de profiter pleinement de vos excellentes ressources naturelles et de votre bien-être vital.

Vous allez pouvoir agir d'une manière constructive et intelligente pour que vos vœux les plus chers puissent se réaliser et que votre vie sentimentale s'épanouisse pleinement.

Vous allez pouvoir agir d'une manière constructive et intelligente pour que vos vœux et vos espérances puissent se concrétiser, et qu'ainsi votre vie familiale s'épanouisse pleinement.

Des appuis solides ou des actions constructives et intelligentes favoriseront la concrétisation de vos projets d'expansion, de création, d'innovation, qui seront susceptibles d'élargir votre champ d'action et de vous ouvrir des horizons nouveaux.

$ Vous allez pouvoir agir d'une manière constructive et intelligente pour réaliser une expansion financière conséquente qui sera favorisée par les circonstances et par des appuis solides.

17 | 5

Il vous sera sans doute conseillé ou recommandé de faire un voyage d'agrément pour vous détendre, faire un retour sur vous-même, et pouvoir ainsi retrouver vos ressources et vos qualités naturelles sans lesquelles vous ne pouvez progresser.

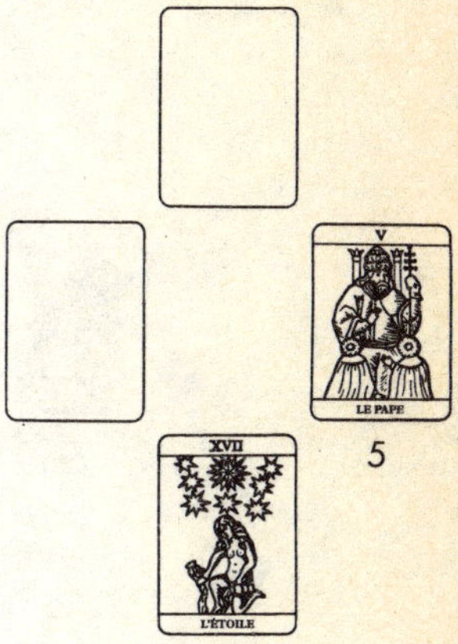

5

17

Peut-être allez vous faire un voyage d'agrément ou une promenade sentimentale, ou bien la personne à laquelle vous pensez est sans doute en route pour vous rejoindre.

Vous obtiendrez l'appui ou l'approbation dont vous auriez besoin pour réaliser rapidement quelque chose de neuf, une aspiration personnelle, ou pour que se produise un déménagement ou un événement heureux dans votre vie familiale.

Vous obtiendrez le soutien et l'approbation dont vous auriez besoin pour entreprendre des démarches à propos d'une innovation, d'une création, ou de la réalisation d'une idée originale ou d'une aspiration personnelle.

Vous obtiendrez le soutien, l'approbation, les conseils dont vous aurez besoin pour pouvoir vous mettre rapidement en quête de nouvelles ressources, utiles à la stabilité de votre situation financière.

ÉVOLUTION PROBABLE

17 | 6

Vous avez à faire des choix judicieux et délicats pour pouvoir profiter au mieux mais raisonnablement, d'une manière plus stable et plus sereine, de vos ressources naturelles.

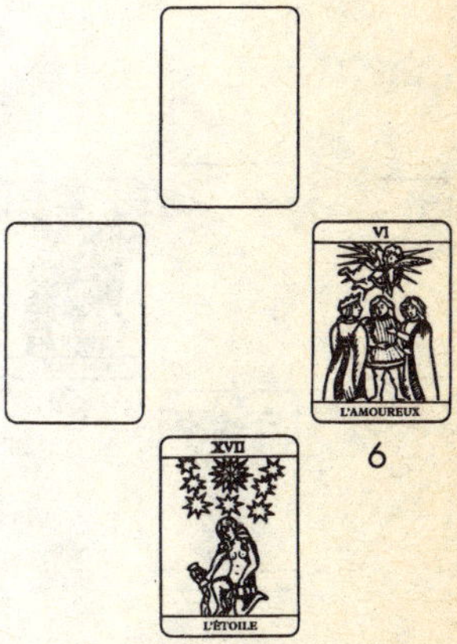

6

17

Vos relations affectives vont pouvoir se stabiliser selon vos vœux et vos espérances.

À la suite d'un accord qui répond à vos vœux ou d'une concertation délicate mais décisive, vous pouvez réaliser quelque chose de neuf, créer ou innover dans votre situation familiale avec l'approbation des personnes concernées.

Un accord, un contrat ou une association, favorisera l'avènement de quelque chose de neuf, une création, une innovation, la naissance d'une société, la concrétisation d'une idée originale ou d'une aspiration personnelle.

À la suite d'un choix judicieux, d'un accord profitable ou d'un contrat avantageux, vous pourrez profiter de vos ressources d'une manière plus stable et plus responsable.

ÉVOLUTION PROBABLE

17 | 7

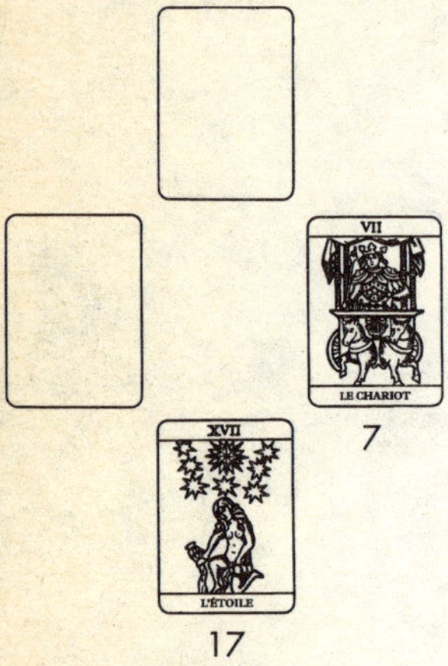

En ne relâchant ni vos efforts ni votre volonté, vous parviendrez peu à peu à mieux équilibrer vos ressources naturelles, à faire des choix judicieux, à prendre des résolutions inspirées et utiles à votre bien-être vital.

Doucement mais sûrement, vous parviendrez à vos fins et vous connaîtrez alors une certaine plénitude affective qui vous permettra de faire des choix inspirés et de trouver un accord parfait.

Vous allez recevoir une bonne nouvelle en rapport avec votre vie familiale ou bien vous pourrez faire des choix inspirés, prendre de nouvelles résolutions et réaliser ainsi quelque chose de neuf chez vous.

Vous obtiendrez le succès que vous espérez ou les bonnes nouvelles que vous escomptez recevoir pour que se produise quelque chose de neuf dans votre situation qui sera alors confirmée dans sa réalisation par des accords ou des choix bien inspirés.

Vous obtiendrez le succès que vous espérez, ou vous recevrez les bonnes nouvelles que vous attendez concernant votre situation financière et qui favoriseront les choix ou les accords auxquels vous pensez.

ÉVOLUTION PROBABLE

17 | 8

En vous imposant une discipline, une rigueur, vous parviendrez à un bon équilibre vital, et vous pourrez alors profiter au mieux de vos ressources naturelles et de votre bien-être.

L'équilibre de votre situation affective vous assurera de la nature profonde de vos sentiments et vous permettra d'agir pour réaliser vos vœux les plus chers.

L'équilibre de votre situation familiale vous autorisera à agir en toute confiance et en toute liberté pour réaliser quelque chose de neuf, ou faire aboutir vos idées personnelles, vos aspirations ou vos vœux les plus chers.

L'équilibre de votre situation ou les règles et la rigueur auxquelles vous saurez vous soumettre favoriseront le succès de ce que vous entreprendrez ou réaliserez de neuf, d'inédit, d'original.

L'équilibre de votre situation financière ou la rigueur à laquelle vous saurez heureusement vous soumettre favorisera l'aboutissement de vos efforts pour améliorer vos ressources.

17 9

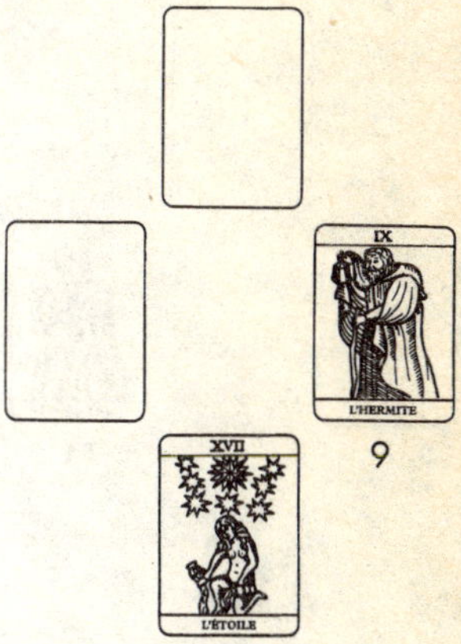

9

17

Une prise de conscience, une découverte personnelle vous incitera à faire un retour aux sources ou en vous-même afin d'y puiser, d'y trouver un équilibre subtil, profond et solide.

À force de patience, de sagesse et de prévoyance, vous finirez par connaître une intense harmonie affective et relationnelle qui est d'ailleurs la condition sine qua non de votre vie sentimentale.

À force de vigilance, de ténacité et de prévoyance, vous finirez par trouver l'équilibre et l'harmonie qui doivent être les bases mêmes de votre vie familiale.

Vous découvrirez un élément nouveau qui servira l'équilibre de votre situation, ou bien à la suite d'une investigation ou après mûre réflexion, vous pourrez réaliser quelque chose de neuf, créer ou innover dans la plus stricte légalité.

Vous découvrirez un élément nouveau ou vous aurez les moyens d'acquérir de nouvelles ressources et cela, bien sûr, servira l'équilibre de votre situation financière.

ÉVOLUTION PROBABLE

17 10

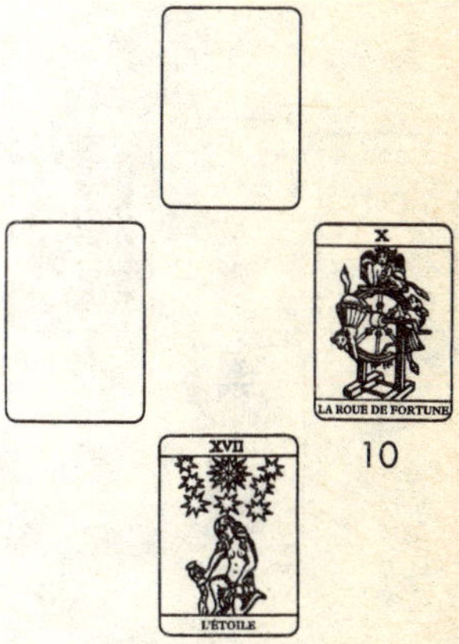

10

17

Votre évolution personnelle, ou l'évolution des circonstances, vous permettra de mesurer très clairement et très précisement la richesse de vos ressources vitales et d'acquérir ainsi une certaine paix.

L'évolution favorable des circonstances ou l'évolution de vos relations affectives vous permettra d'évaluer la profondeur, la richesse de vos sentiments, de les rendre plus mûrs, plus concrets et de réaliser ainsi vos vœux les plus chers.

L'évolution favorable des circonstances ou de votre situation familiale vous permettra d'entreprendre des transformations lentes et profondes, de trouver des solutions originales ou de réaliser patiemment mais sûrement quelque chose de neuf.

L'évolution favorable des circonstances ou de votre situation vous permettra de trouver des solutions originales ou de réaliser quelque chose de neuf, d'inédit qui correspondrait très précisément à vos vœux et à vos aspirations.

L'évolution favorable des circonstances ou de votre situation financière vous permettra d'évaluer très précisément vos ressources actuelles et les nouvelles ressources qui pourraient s'offrir à vous.

ÉVOLUTION PROBABLE

17 11

En dominant sereinement, en confiance mais énergiquement, les circonstances actuelles ou les éléments dont vous disposez, vous parviendrez à poursuivre votre évolution dans le sens que vous souhaitez et qui est le vôtre.

En dominant sereinement, en confiance mais énergiquement, les circonstances actuelles et en vous rendant sûr de vos sentiments et de vos relations, vous pourrez aisement réaliser vos vœux les plus chers.

Vous n'aurez pas à douter de la fiabilité, de la solidité de votre situation familiale que des circonstances très bénéfiques et heureuses feront évoluer de telle sorte que vos vœux les plus chers pourront facilement se réaliser.

Maintenez très fermement et en confiance vos positions et vos prérogatives, car des circonstances bénéfiques et avantageuses vont vous permettre de réaliser quelque chose de neuf, d'exploiter des idées originales, de développer votre situation.

Maintenez très fermement votre acquis ou vos bénéfices, car des circonstances très favorables et avantageuses vont vous permettre d'exploiter pleinement vos ressources, et de faire évoluer ainsi votre situation financière.

ÉVOLUTION PROBABLE

17 12

Vos ressources vitales, votre force morale, votre énergie et votre confiance en vous-même sont telles qu'elles vous permettront de triompher haut la main de vos épreuves, de vous libérer de vos contraintes et de vous régénérer pleinement.

Malgré une sensation de dépendance et un certain abandon aux circonstances qui sont en cause, vous ne pourrez que vous féliciter de votre confiance en les événements, en vos sentiments et vous pourrez ainsi réaliser vos vœux les plus chers.

En vous abandonnant aux circonstances qui, malgré quelques contraintes, n'en sont pas moins favorables, et en sachant dominer la situation de l'intérieur avec force et douceur, vous parviendrez à réaliser vos vœux ou quelque chose de neuf dans votre situation familiale.

Vous n'aurez d'autre choix que celui de la confiance en les circonstances nouvelles et avantageuses qui s'offriront à vous et qui vous donneront d' ailleurs la possibilité de réaliser, d'acquérir ou de conquérir quelque chose de neuf.

Vous parviendrez à vous libérer de vos contraintes, à acquérir une nouvelle autonomie financière en faisant preuve de courage, d'audace et en vous créant ainsi de nouvelles ressources.

17 | 13

À la suite d'un changement radical dans votre vie ou dans votre comportement, de la fin d'un problème ou d'une maladie, vous adopterez une attitude plus saine et vous vous fierez alors beaucoup plus à votre instinct de nature.

À la suite d'un changement radical, d'un véritable tournant dans votre existence, vous connaîtrez une réelle plénitude sur le plan sentimental et vous pourrez réaliser vos vœux les plus chers.

À la suite d'un changement radical, de la fin d'une situation, d'une page qui se tourne, vous pourrez agir pour créer, innover, apporter quelque chose de neuf et d'heureux dans votre vie familiale.

À la suite d'un changement radical, de la conclusion logique et fatale d'une affaire ou d'une situation, vous pourrez créer, innover tout à loisir, réaliser quelque chose de neuf, de productif et d'avantageux.

À la suite d'un changement radical, de la conclusion logique et avantageuse d'une affaire, vous allez pouvoir tirer profit de circonstances nouvelles ou réaliser quelque chose de neuf et de bénéfique concernant votre situation financière.

ÉVOLUTION PROBABLE

17 | 14

Vous trouverez aisément tous les accommodements utiles à la préservation de vos ressources vitales. En sachant vous plier avec souplesse aux circonstances, vous réussirez à coup sûr à faire peau neuve, à vous régénérer, à trouver une certaine sérénité.

Les accommodements et les arrangements utiles à la réalisation de vos espérances seront aisément trouvés, et vous vous sentirez alors apte à vous abandonner pleinement à vos sentiments et à concrétiser vos vœux les plus chers.

Les arrangements et les compromis utiles à la réalisation de vos espérances, ou à la concrétisation de quelque chose de neuf concernant votre vie familiale, seront aisément trouvés et vous vous sentirez alors soulagé, heureux, ravi.

Il ressortira de vos négociations que vous aurez plein pouvoir pour réaliser, concrétiser vos aspirations, une idée originale, une création ou une innovation en rapport avec votre situation professionnelle.

Des négociations opportunes ou d'habiles transactions vous permettront d'acquérir à coup sûr de nouvelles ressources, ou d'obtenir un succès confortable en ce qui concerne votre situation financière.

ÉVOLUTION PROBABLE

17 | 15

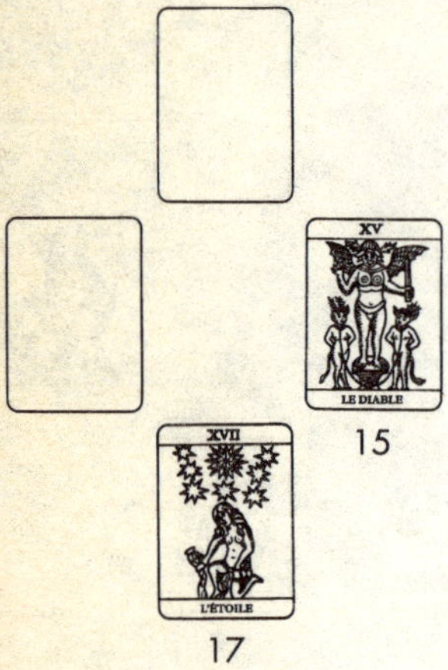

Peut-être serez-vous dans l'obligation d'utiliser les grands moyens pour vous refaire une santé ou bien après une période d'excès, de dispersion de votre énergie, il sera nécessaire de vous reposer, de vous détendre, de vous laisser un peu aller.

Malgré des relations passionnées ou quelque peu excessives, vous allez pouvoir vous abandonner à vos sentiments et trouver une certaine paix sur le plan affectif.

Des circonstances tout à fait favorables et des soutiens privilégiés vous permettent de réaliser vos désirs, vos espérances et vos aspirations concernant votre foyer ou votre vie familiale.

Un personnage influent et des circonstances tout à fait privilégiées favorisent la réalisation de vos ambitions, de vos espérances concernant une situation nouvelle, une création, une idée originale ou une innovation quelconque.

Des opérations très lucratives ou une amélioration conséquente de votre situation financière vous autorisent à jouir pleinement et sereinement de vos ressources.

ÉVOLUTION PROBABLE

17 | 16

À la suite d'un choc moral ou physique, ou d'une brusque mais brève crise de santé, vous serez amené à prendre de saines résolutions, à faire des choix judicieux et inspirés pour retrouver une certaine paix.

À la suite d'un choc affectif, d'un coup de foudre ou d'un bouleversement imprévisible mais inévitable, vous serez amené à faire des choix judicieux, inspirés qui vous seront dictés par vos sentiments.

À la suite d'un bouleversement dans votre vie familiale, vous pourrez faire des choix inspirés, prendre de nouvelles résolutions ou trouver les accords utiles à l'éclosion de quelque chose de neuf et d'heureux.

Un bouleversement ou une brusque remise en question vous permettra de trouver l'accord que vous espériez réaliser, de faire des choix inspirés, novateurs, ou de pouvoir faire naître une situation nouvelle.

Un bouleversement ou une brusque remise en question qui débloquera sans doute votre situation financière, vous permettra de trouver de nouveaux accords ou de profiter plus librement de vos ressources.

17 18

Après avoir connu quelques problèmes de santé, traversé une période difficile et insécurisante, vous trouverez un équilibre plus sain, plus serein, qui vous permettra de jouir de vos ressources naturelles.

Après avoir traversé une période confuse, trouble, angoissante, décevante ou insécurisante, vous allez trouver un équilibre plus serein dans votre vie affective, et éprouver des sentiments profonds et légitimes.

La rigueur, l'amour et l'équité seront plus forts que les troubles, les difficultés ou les conflits qui pourraient obscurcir le climat serein de votre vie familiale et ainsi tout rentrera dans l'ordre.

Le jugement qui sera rendu vous sera sans doute favorable. Il résoudra ainsi les problèmes que vous aurez rencontrés dans votre situation en vous offrant, qui plus est, des circonstances, des perspectives nouvelles.

Après avoir rencontré quelques difficultés financières, vous parviendrez à équilibrer vos ressources, vos rentrées et vos sorties d'argent, et à vous assurer ainsi une situation financière plus saine et plus sereine.

ÉVOLUTION PROBABLE

17 19

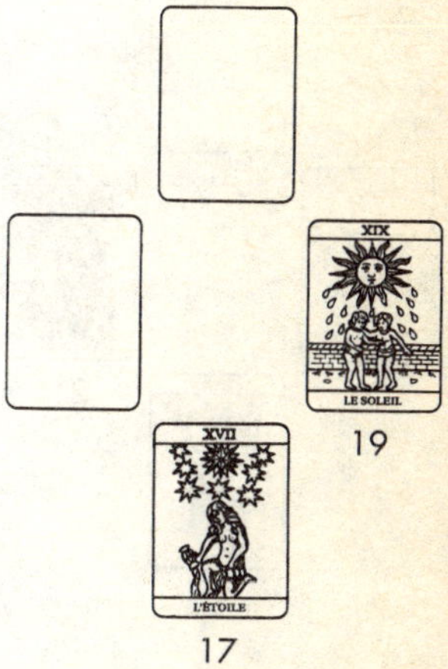

Une saine clarification vous permettra de savoir très exactement ou vous en êtes tant sur le plan psychologique que sur le plan vital, et de pouvoir ainsi profiter sereinement de vos ressources naturelles.

Des sentiments partagés, des relations privilégiées, ou une union sincère, vont, ou va naître, en répondant très précisément à ce que vous recherchiez, à ce que vous espériez depuis longtemps.

Une clarification ou une grande joie qu'il vous sera donné de connaître sera pour vous l'occasion de découvrir ou de révéler un fait nouveau, ou des circonstances favorables à la naissance ou à l'avénement d'une situation nouvelle.

Une association, un succès ou une clarification vous permettra de découvrir ou de révéler un fait ou un élément nouveau, d'innover, de poursuivre vos recherches et vos investigations pour trouver quelque chose de neuf, d'inédit, d'original.

Une clarification ou une grande satisfaction sur le plan financier vous permettra de trouver des solutions nouvelles ou de nouvelles ressources qui seront évidemment très bénéfiques à votre situation.

ÉVOLUTION PROBABLE

17 | 20

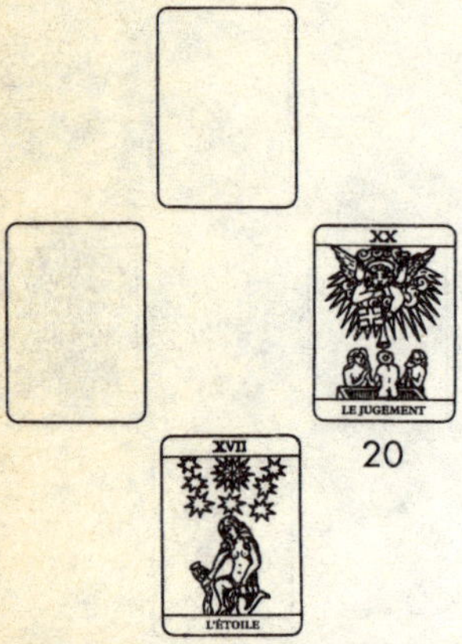

20

17

À la suite d'un changement, d'un renouveau ou d'une guérison, vous vous sentirez plus sain et plus serein moralement et physiquement, et vous aurez l'occasion de voir votre état de santé évoluer d'une manière très positive.

À la suite d'un changement ou d'un renouveau, des circonstances très bénéfiques feront évoluer votre vie affective d'une manière très positive.

Un changement ou un renouveau se produira dans votre vie familiale et lui procurera quelque chose de neuf, d'heureux qui favorisera son évolution.

Une proposition, un changement ou un renouveau vous permettra d'entreprendre ou de réaliser quelque chose de neuf, d'original, d'inédit ou de bénéficier de circonstances très favorables à l'évolution de votre situation.

Une proposition qui vous sera faite, un changement ou un renouveau favorisera l'évolution de vos ressources, et vous donnera l'occasion de bénéficier de circonstances très favorables.

ÉVOLUTION PROBABLE

17 | 21

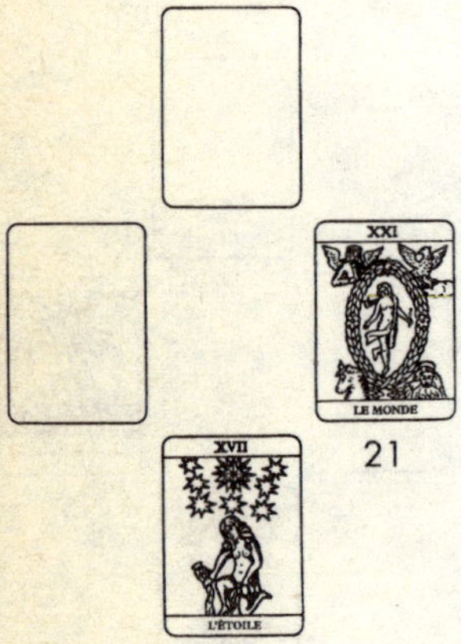

21

17

Vous avez de grandes possibilités au plan physique et moral, et vous saurez sans doute vous rendre maître de vos ressources vitales naturelles pour pouvoir en profiter pleinement et vous épanouir comme vous le souhaitez.

Vos vœux les plus chers sur le plan affectif seront comblés et vous pourrez ainsi, sûr de vos sentiments, confiant en votre situation et maître de vos émotions, réaliser toutes vos espérances et vous sentir heureux, épanoui, ravi.

Des perspectives d'expansion ou des possibilités nouvelles qui s'offriront à votre situation familiale, vous permettront de bénéficier de circonstances très bénéfiques dont vous saurez alors profiter pour obtenir ou réaliser quelque chose de neuf et d'heureux.

L'expansion de votre situation qui s'ouvre à de nouvelles possibilités et à de nouveaux horizons, vous permettra d'acquérir, de conquérir ou de réaliser quelque chose de neuf, d'inédit, d'original, qui a toutes les chances de réussir !

L'expansion de votre situation financière ou un bon usage de votre capital, vous permettra sans doute d'acquérir de nouvelles ressources ou de bénéficier de circonstances favorables à leur développement.

ÉVOLUTION PROBABLE

17 | 22

Vous aurez sans doute l'occasion de faire un voyage d'agrément ou de partir subitement pour réaliser quelque chose de neuf dans votre vie, et cela vous fera le plus grand bien physiquement et moralement.

À la suite d'un voyage, d'une rencontre, du départ ou de l'arrivée d'une personne, vous allez partir subitement pour réaliser quelque chose de neuf et d'heureux en rapport avec votre vie affective.

À la suite du départ ou de l'arrivée d'une personne de votre entourage, ou d'une démarche que vous auriez entreprise, vous allez pouvoir déménager rapidement ou réaliser quelque chose de neuf en rapport avec votre vie familiale.

À la suite du départ ou de l'arrivée d'une personne de votre entourage professionnel, ou de démarches que vous auriez entreprises, vous allez pouvoir réaliser rapidement quelque chose de neuf en rapport avec votre situation.

$ Vos démarches ou vos déplacements porteront leurs fruits et vous bénéficierez alors de nouvelles ressources qui vous permettront d'entreprendre quelque chose de neuf concernant votre situation ou de réaliser vos espérances financières.

ÉVOLUTION PROBABLE

18 | 1

Des initiatives habiles et utiles, un traitement efficace et une saine volonté de vous en sortir vous permettront de résoudre vos problèmes, de clarifier et d'assainir votre état de santé.

Des initiatives heureuses, lumineuses et habiles clarifieront votre vie affective, et malgré les retards ou les obstacles que vous rencontrerez, vos projets finiront par se réaliser et vous connaîtrez alors de grandes joies sur le plan sentimental.

Les initiatives et les projets concernant votre situation familiale auront du mal à voir le jour, mais ils y parviendront finalement malgré les retards, les obstacles et les difficultés que vous rencontrerez.

Des initiatives originales et astucieuses, des projets intéressants finiront par voir le jour malgré les obstacles et les déceptions que vous rencontrerez, les doutes et les inquiétudes que vous éprouverez et les pièges qui vous seront tendus.

$ Votre esprit d'initiative, votre perspicacité et votre habilité triompheront des difficultés financières que vous pourriez rencontrer, et, malgré les retards ou les obstacles, vos projets finiront par se réaliser.

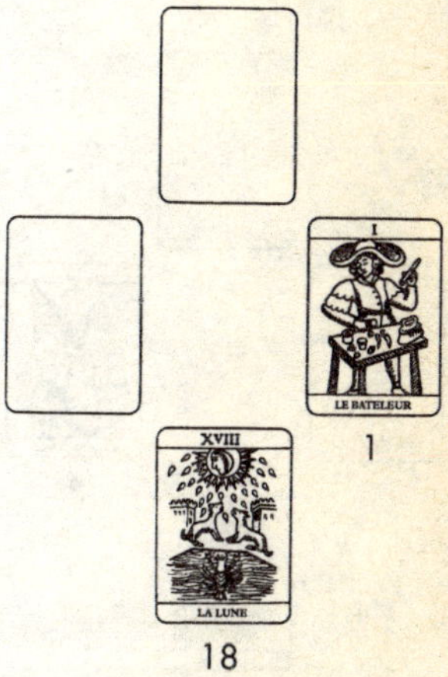

ÉVOLUTION PROBABLE

18 | 2

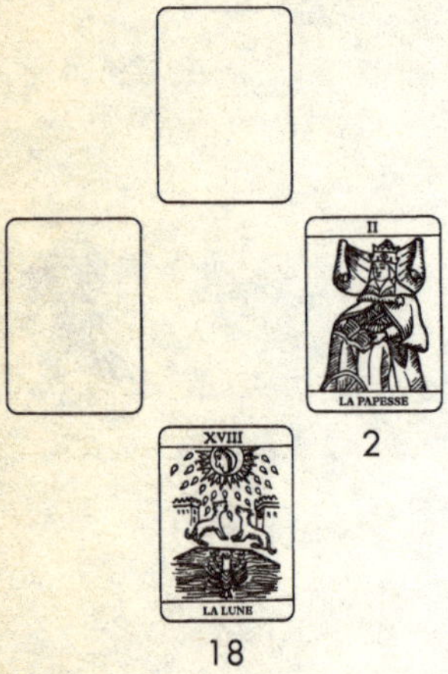

Il vous faudra être patient, attentif et réservé pour pouvoir vous rétablir, et parvenir doucement mais sûrement à une totale guérison.

Quoique vous n'en laissiez rien paraître ou que vous ne veuilliez pas vous l'avouer, une déception ou une désillusion d'ordre affectif vous contraindra à renouveler, à changer votre situation ou vos sentiments.

Les difficultés et les problèmes que vous rencontrerez dans votre vie familiale se résoudront d'eux-mêmes comme vous l'attendiez grâce à un renouvellement ou à un changement logique et nécessaire.

Quand bien même vous ne seriez pas au courant, soyez assuré qu'un renouvellement ou un changement va se produire dans votre situation, sans qu'il vous soit nécessaire d'intervenir et il se fera selon vos prévisions !

Même si vous n'étiez pas encore au courant, le changement que vous attendez va bientôt se produire. Il résoudra vos problèmes et rétablira alors votre situation financière.

ÉVOLUTION PROBABLE

18 | 3

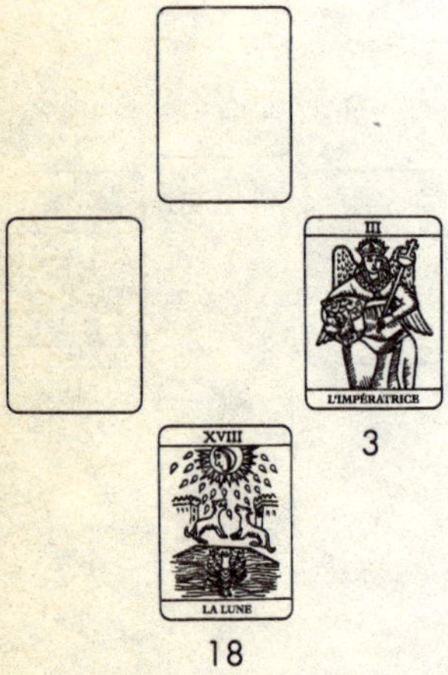

Fiez-vous à votre intelligence et à votre instinct pour résorber vos problèmes ou vos inquiétudes concernant votre santé, et si vous vous sentez dépressif, servez-vous de cette "déprime" comme d'un tremplin pour vous épanouir plus pleinement.

Les obstacles, les difficultés que vous rencontrerez ou les angoisses, les inquiétudes que vous éprouverez n'empêcheront pas votre vie sentimentale de s'épanouir pleinement ni vos actions d'aboutir.

Les difficultés ou les problèmes qui se poseront, ne feront que retarder l'épanouissement naturel de votre situation familiale, mais ne l'empêcheront pas.

Les obstacles et les difficultés que vous rencontrerez n'empêcheront pas vos actions d'être fécondes et d'aboutir à l'expansion dont votre situation a besoin pour résoudre ses problèmes.

Les obstacles que vous rencontrerez n'empêcheront pas vos actions d'être fructueuses et d'aboutir à l'expansion dont votre situation financière a besoin pour résoudre ses problèmes et ses difficultés.

18 | 4

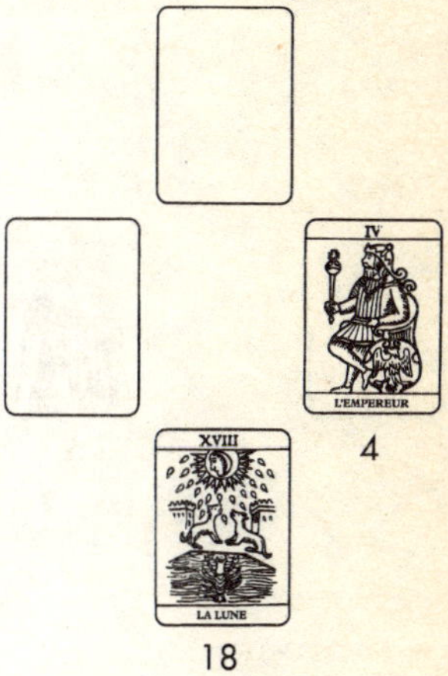

Si vous tentiez de fuir ou d'échapper à vos problèmes de santé sans les prendre au sérieux, vous pourriez bien en subir rapidement les conséquences. Recherchez donc l'aide, l'appui ou les conseils dont vous avez besoin pour vous en sortir.

Malgré les conseils pratiques et intelligents qui vous seront prodigués, vous serez tout de même tenté de commettre les mêmes erreurs, de faire fausse route, de fuir vos problèmes plutôt que de les prendre de front. Ne vous obstinez pas et réfléchissez bien avant d'agir.

Si vous ne tenez pas compte des conseils pratiques et intelligents qui vous seront prodigués, vous partirez en emportant vos problèmes avec vous et rien ne sera résolu. Réfléchissez bien avant d'agir et ne partez que si vous n'avez plus d'autre solution.

Malgré les conseils pratiques qui vous seront prodigués, vous tenterez d'échapper à vos problèmes et rien ne sera résolu, ou bien vous rencontrerez de telles oppositions que vous n'aurez d'autre choix que celui de vous détacher promptement de cette situation.

Fiez-vous aux conseils qui vous seront prodigués, et ne tardez pas à vous sortir d'une situation financière trouble et malsaine en évitant, à l'avenir, de reproduire les mêmes erreurs.

ÉVOLUTION PROBABLE

18 | 5

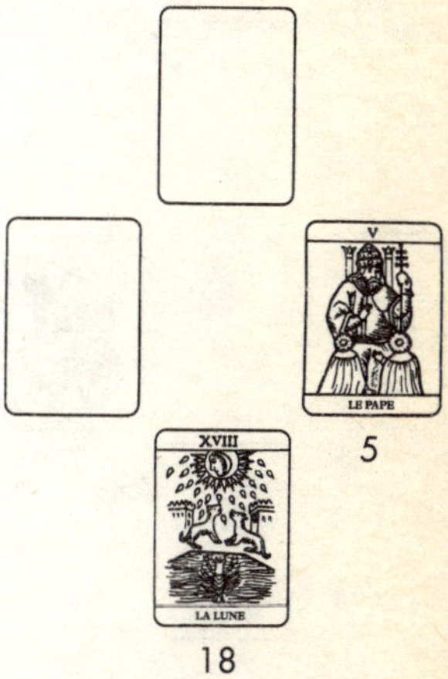

Vos obligations et vos charges matérielles et morales seront sans doute à l'origine des troubles ou de la fatigue que vous ne manquerez pas de ressentir. Surveillez donc votre santé et consultez un médecin si nécessaire.

Malgré l'apparente fiabilité de votre situation affective, vous ne pourrez éviter que surgissent des difficultés, et vous serez alors victime d'une amère désillusion qu'il vous faudra juger en conscience et avec une totale intégrité.

Vous pourrez vous fier ou vous appuyer sur le jugement le soutien et les conseils d'une personne intègre et moralement irréprochable de votre entourage, qui vous aidera à résoudre les problèmes qui se poseront au sein de la famille.

Il vous faudra supporter de lourdes charges et sans doute assurer des obligations suplémentaires, mais c'est de cette manière que vous réussirez à surmonter les obstacles, à résorber les difficultés, à résoudre les problèmes.

Vous aurez sans doute de lourdes charges et des obligations supplémentaires à supporter et, conscient de vos responsabilités, vous les assumerez ; mais on ne peut pas dire que cela vous fera plaisir.

ÉVOLUTION PROBABLE

18 | 6

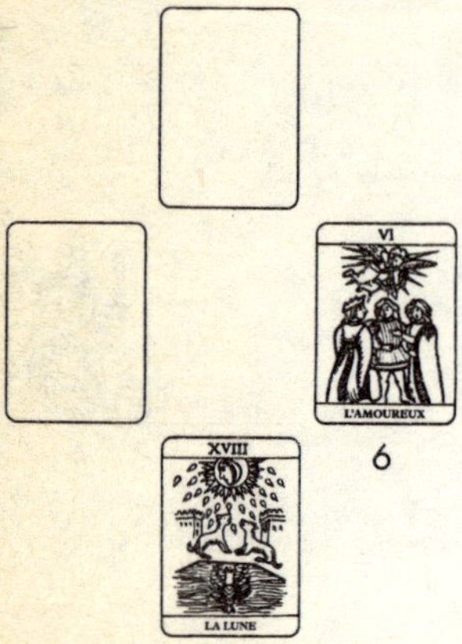

6

18

Malgré le libre arbitre dont vous disposez sur le plan de votre santé, vous serez tenté de faire des choix douteux, de faire fausse route et de vous rendre bêtement malade.

Vous éprouverez quelques difficultés à trouver l'accord sentimental que vous recherchez, et si vous n'y prenez garde, si vous vous laissez influencer ou si vous restez trop irrésolu, vous serez sans doute déçu.

Vous aurez sans doute l'illusion d'avoir trouvé un accord ou d'avoir fait le bon choix, mais vous vous rendrez compte que c'était un piège ou une erreur de votre part, que vous avez fait fausse route et qu'ainsi rien n'est résolu.

Si vous souhaitez trouver un accord, vous serez déçu. Et si vous avez tout de même l'occasion de le réaliser, il faudra vous méfier, car il n'est pas impossible que vous fassiez fausse route ou qu'un piège ne vous soit tendu.

Les accords qui seront trouvés ou les choix qui seront faits ne vous permettront pas de résoudre vos problèmes financiers. Il vous faudrait plus de détermination pour surmonter cette épreuve.

ÉVOLUTION PROBABLE

18 | 7

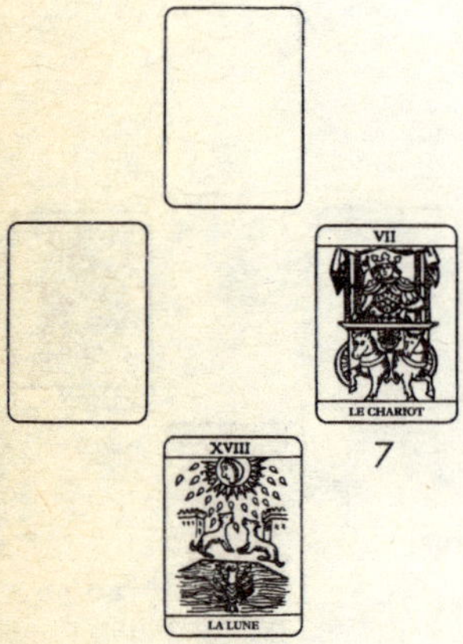

7

18

Ne relâchez pas vos efforts, et malgré les obstacles ou les difficultés que vous rencontrerez, vous parviendrez finalement à triompher de tous vos problèmes de santé.

Malgré les difficultés que vous rencontrerez, les conflits qui apparaîtront ou les déceptions que vous pourrez éprouver dans votre vie affective, vous parviendrez à triompher de tous vos problèmes. Alors ne vous découragez pas !

Malgré les difficultés que vous rencontrerez, les mauvaises nouvelles que vous recevrez et les déceptions que vous éprouverez, vous parviendrez à triompher de tous les problèmes qui se poseront à votre vie familiale. Alors ne vous découragez surtout pas.

Ce sera long, difficile, laborieux, souvent décourageant parfois même insurmontable et pourtant vous parviendrez sûrement à triompher de tous les obstacles qui se dresseront sur votre route et vous obtiendrez alors un succès bien mérité.

Malgré les difficultés que vous rencontrerez et les nouvelles décevantes que vous recevrez, vous parviendrez finalement à triompher des obstacles et à résoudre les problèmes financiers qui se poseront à vous.

ÉVOLUTION PROBABLE

18 | 8

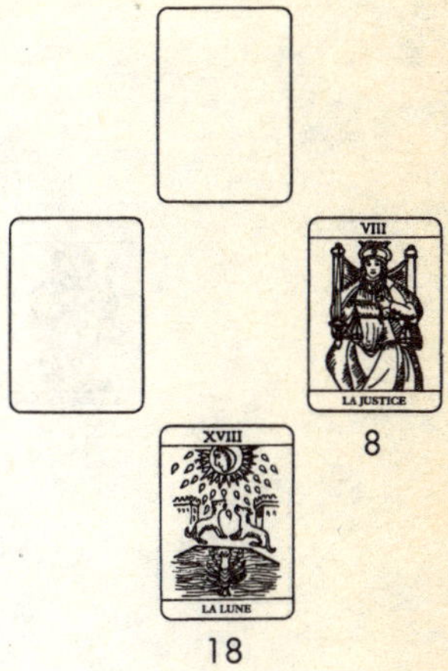

Votre équilibre vital sera sans doute troublé par des problèmes de santé sans gravité, qu'il faudra toutefois traiter avec rigueur et discipline pour éviter qu'ils ne dégénèrent.

L'équilibre de votre vie affective sera sans doute troublé par des problèmes sans fondement, par des conflits injustes, par des malentendus qu'il faudra traiter avec rigueur et discipline pour éviter qu'ils ne dégénèrent.

L'équilibre de votre vie familiale sera sans doute troublé par des problèmes, par des conflits qu'il faudra traiter avec rigueur, équité, impartialité, pour éviter qu'ils ne dégénèrent ou que des injustices ne soient commises.

Seule l'application stricte des lois ou des règles de justice pourront endiguer ou résoudre les problèmes, les difficultés, les conflits, les désaccords auxquels vous devez faire face dans votre situation.

Il faudra que votre situation financière se soumette à la rigueur de la loi, à des règles strictes, à une discipline si elle veut pouvoir résoudre ses problèmes et trouver une certaine ligne de conduite.

ÉVOLUTION PROBABLE

18 | 9

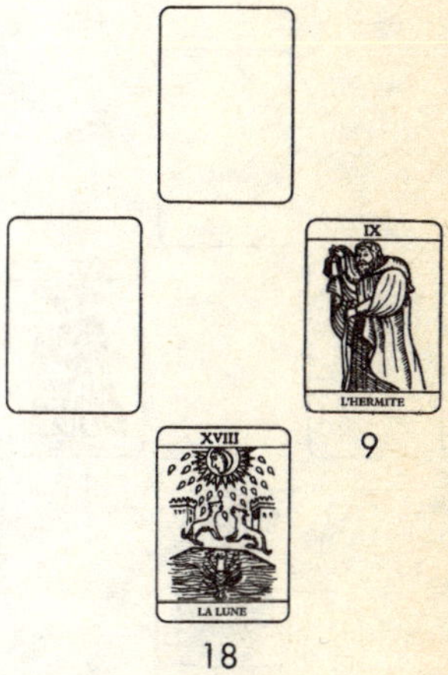

Vous allez sans doute découvrir que vos problèmes de santé sont plus difficiles ou plus longs à résoudre que vous ne l'imaginiez au préalable.

Vous allez découvrir qu'il ne suffit pas d'être conscient des problèmes pour les résoudre et ainsi connaître une déception, une désillusion dans votre vie affective.

La sagesse, la prudence et la clairvoyance ne suffiront sans doute pas à résoudre les problèmes que vous allez découvrir dans votre vie familiale. Il vous faudra donc trouver des solutions pratiques et réalistes.

Tous les problèmes qui pourraient se manifester dans votre situation seront révélés et des solutions pratiques et réalistes seront mises en œuvre pour les résoudre.

Vous serez bien obligé de comprendre et d'admettre ce qui ne va pas financièrement parlant, et de trouver des solutions réalistes pour que, peu à peu, cela change.

ÉVOLUTION PROBABLE

18 10

10

18

Vous passerez par des hauts et des bas avant de connaître finalement de vrais problèmes de santé. Ne laissez pas votre état dégénérer de la sorte et prenez des initiatives énergiques pour vous soigner.

Malgré les revirements qui se seront produits dans votre vie affective, il restera encore des points de désaccord, des problèmes à résoudre, des complications et des troubles à éclaircir, mais tout devrait pouvoir s'arranger.

Votre vie familiale sera troublée ou freinée dans son évolution par des problèmes, des conflits, des difficultés qui nécessitent qu'un revirement se produise le plus rapidement possible.

Malgré l'évolution et les revirements qui se seront produits, il restera encore des problèmes à résoudre. Ne vous faites donc pas trop d'illusions, car il vous faudra encore agir pour vous sortir de cette situation instable et incertaine.

L'évolution logique de votre situation sera troublée par des problèmes, des obstacles ou des erreurs que vous avez commises. Il vous faudra donc agir pour sortir de cette situation instable et incertaine.

ÉVOLUTION PROBABLE

18 11

11

18

Vous saurez braver les problèmes de santé que vous pourriez rencontrer grâce à votre courage, à votre bonne énergie vitale et à votre force de caractère, peu commune.

Vous parviendrez à dominer vos problèmes, à surmonter vos difficultés et vos déceptions avec courage, force et détermination, et vous vous sentirez ainsi plus sûr de vous, de vos sentiments et de votre vie affective en générale.

Les problèmes ou les difficultés qui apparaîtront sans doute dans votre vie familiale ne résisteront pas à votre volonté de les résoudre, de les surmonter, de les vaincre avec courage, force et générosité.

Vous aurez de sérieux problèmes à résoudre et des difficultés importantes à surmonter pour réussir dans vos entreprises, mais vous parviendrez à dominer la situation avec force, courage et détermination.

Vous parviendrez à surmonter les problèmes qui se poseront à vous et à surmonter les difficultés que vous rencontrez sur le plan financier avec beaucoup d'assurance et de détermination.

18 12

Ce sera long, pénible et difficile avant d'arriver à vous sortir de cet état de santé insatisfaisant, d'une maladie ou d'un problème qui dure déjà depuis un certain temps, mais vous pouvez y parvenir.

Vous pourriez bien être victime d'une déception ou d'une désillusion d'ordre affectif, vous aurez alors du mal à vous en remettre et à vous en sortir. Mais vous serez bien obligé d'admettre que vous vous êtes trompé.

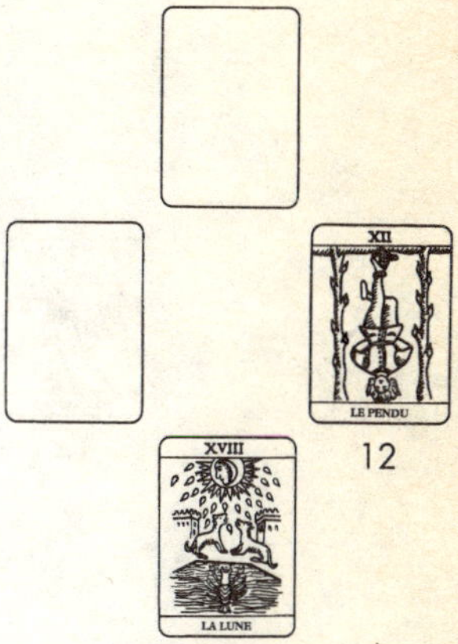

12

18

Vous pourriez bien être victime d'une déception, d'un conflit, d'une erreur que vous avez commise, d'une calomnie ou d'une situation familiale incertaine. Il vous faudra du temps pour vous en remettre ou pour en sortir.

Vous ne pourrez pas faire grand-chose pour vous sortir de vos difficultés, tant que vous n'aurez pas admis vos propres erreurs et que vous n'aurez pas compris que vous êtes dans une situation confuse et incertaine.

$ Vous ne pourrez pas faire grand-chose pour vous sortir de vos difficultés financières, tant que vous n'aurez pas admis vos erreurs et compris que votre situation n'est pas incertaine.

ÉVOLUTION PROBABLE

18 13

Malgré le changement total qui se sera produit, il vous restera encore des problèmes de santé à résoudre ; ou alors l'arrêt d'une fonction vitale pourrait bien vous occasionner de sérieux problèmes, sachez dès à présent vous prémunir contre de tels risques.

La fin d'une relation ou un changement radical qui se sera produit dans votre vie affective vous décevra sans doute, vous plongera dans la tristesse et ne vous laissera pas beaucoup d'espoir.

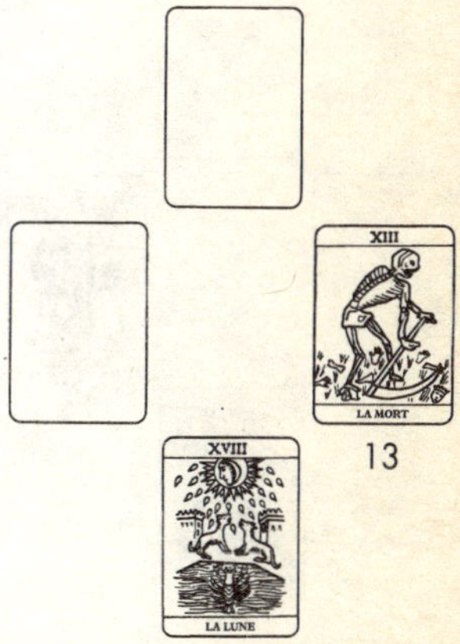

13

18

Le changement radical qui se sera produit n'aura sans doute pas l'effet positif que vous espériez, car il restera encore des problèmes à résoudre, des difficultés matérielles à surmonter et des oppositions à affronter.

L'arrêt ou la fin d'une situation, ou un changement radical qui se sera produit dans votre situation occasionnera des problèmes, des difficultés et des oppositions qu'il faudra affronter avec autorité.

$ L'arrêt de vos ressources, une échéance ou la fin d'une situation pourrait bien occasionner des problèmes, des difficultés, et vous plonger dans l'insécurité sur le plan financier ; sachez dès à présent vous prémunir contre de tels risques.

ÉVOLUTION PROBABLE

18 | 14

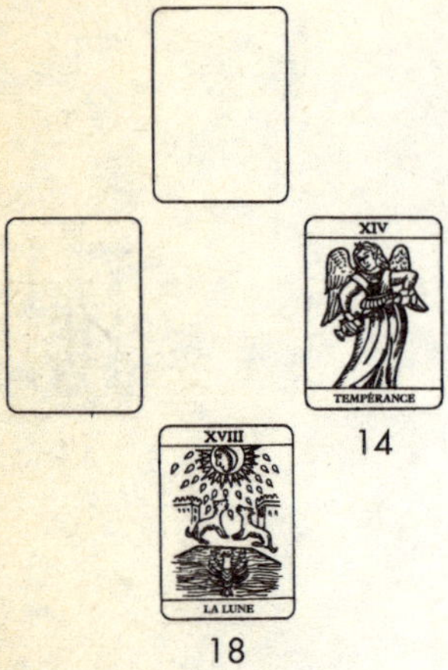

Ne confondez pas souplesse, accommodement et laisser-aller, car vous risqueriez alors de voir votre état de santé se dégrader et vos problèmes dégénérer.

Ne confondez pas compromis intelligents et concessions nuisibles, souplesse et laisser-aller, car vous pourriez bien connaître alors des déceptions, des difficultés, éprouver d'amères désillusions ou commettre de graves erreurs dans votre vie sentimentale.

Les arrangements qui seront trouvés et les conciliations qui seront faites ne suffiront pas à résoudre les problèmes et les difficultés que vous rencontrerez dans votre vie familiale. Ne faites donc pas de concessions inutiles ou nuisibles !

Les compromis ou les concessions que vous seriez tenté de faire ne serviront à rien et vos négociations n'aboutiront pas. Il vous faudra donc assumer pleinement vos responsabilités, et admettre vos erreurs si vous en avez commises.

$ Vous n'obtiendrez pas la rétribution sur laquelle vous comptez, ou bien vous ne parviendrez pas à trouver les arrangements ou les compromis qui vous auraient permis de surmonter vos difficultés financières. Reconsidérez donc le problème sur d'autres bases.

ÉVOLUTION PROBABLE

18 | 15

Si vous continuez à vous laisser-aller à vos excès et à vos débordements, et que vous ne résistez pas plus aux tentations dangereuses, vous aurez, à coup sûr, à subir une grave épreuve de santé !

Une situation affective trouble, excessive, passionnelle vous conduira à subir des déceptions, à connaître des désillusions, à vivre des relations fausses ou insatisfaisantes, et se soldera finalement par un désaccord.

Le trouble, la surexcitation ou la division qui règne dans votre vie familiale conduira celle-ci aux désaccords, aux conflits, à l'indécision et à l'insécurité.

Le trouble, la surexcitation ou le désordre qui règnera et les divisions qui apparaîtront alors ne vous permettront pas de trouver ou de réaliser un accord, mais vous conduiront au contraire à comprendre que vous avez fait fausse route.

$ Vos désirs d'assouvir à tout prix vos besoins et vos ambitions pourraient bien vous conduire à faire des choix dangereux, à réaliser des accords douteux et à connaître finalement des déceptions et de sérieuses difficultés sur le plan financier.

18 | 16

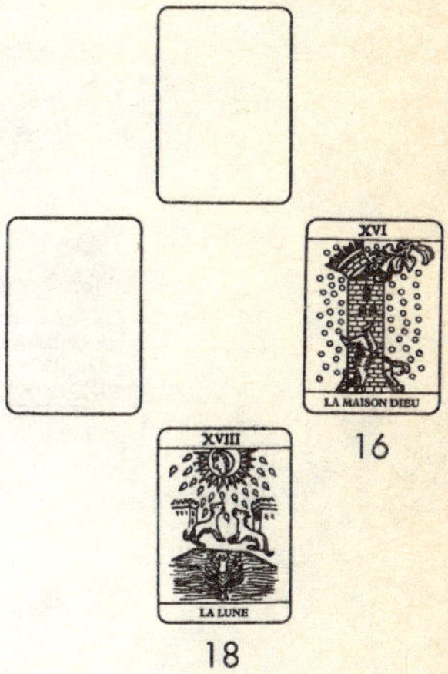

Un accident ou une crise de santé pourrait bien vous mettre en difficulté pendant quelque temps, mais vous vous en tirerez très bien.

Une crise, un bouleversement ou une rupture dans votre vie affective, va certainement vous perturber physiquement et moralement, et vous decevoir profondément. Mais vous saurez vous tirer de ce mauvais pas et vous vous en remettrez.

À la suite d'un bouleversement, d'une crise ou d'une remise en question dans votre vie familiale, vous aurez des problèmes et des conflits à résoudre, des obstacles et des difficultés à surmonter, mais vous y parviendrez.

À la suite d'un bouleversement, d'une crise ou d'une brusque remise en question, il faudra lutter avec courage et détermination pour résoudre les problèmes et les conflits qui apparaîtront, pour triompher des obstacles et des difficultés que vous rencontrerez alors.

À la suite d'un bouleversement, d'une crise ou d'une brusque remise en question, vous aurez des problèmes et des soucis d'argent à résoudre, des obstacles et des difficultés à surmonter sur le plan financier ; mais vous triompherez, soyez-en assuré.

ÉVOLUTION PROBABLE

18 | 17

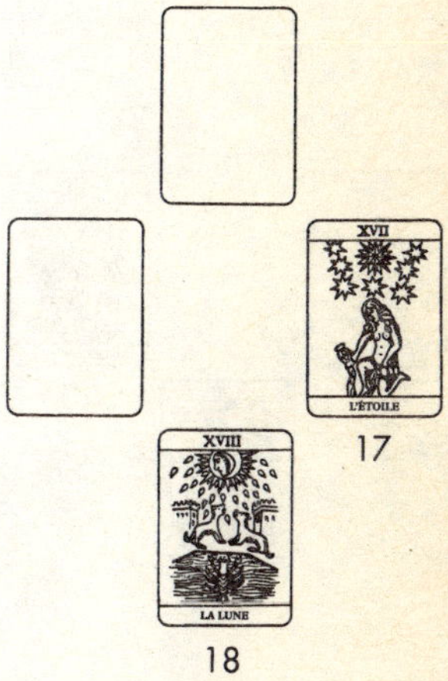

Vos ressources vitales seront certainement perturbées par des problèmes de santé sans gravité, mais qu'il faudra tout de même considérer avec rigueur et sérieux pour ne pas que votre équilibre soit atteint.

Vos espérances et vos amours seront sans doute déçues, et il faudra alors faire preuve de rigueur et de discipline pour surmonter vos angoisses, oublier vos désillusions, et résoudre les difficultés et les problèmes auxquels vous serez confronté.

Vos espérances et vos aspirations concernant votre vie familiale auront du mal à se réaliser. Mais si vous faites preuve de rigueur et de discipline vous parviendrez néanmoins à surmonter les difficultés que vous rencontrerez.

Vous éprouverez sans aucun doute des difficultés à réaliser quelque chose de neuf, vos espérances ou vos aspirations et il vous faudra alors compter avec la rigueur de la loi ou une certaine discipline, car l'équilibre de votre situation pourrait bien être troublé.

Vos espérances sur le plan financier auront du mal à se réaliser car vous serez confronté à des difficultés, à des obstacles qu'il vous faudra résoudre avec rigueur et discipline.

ÉVOLUTION PROBABLE

18 19

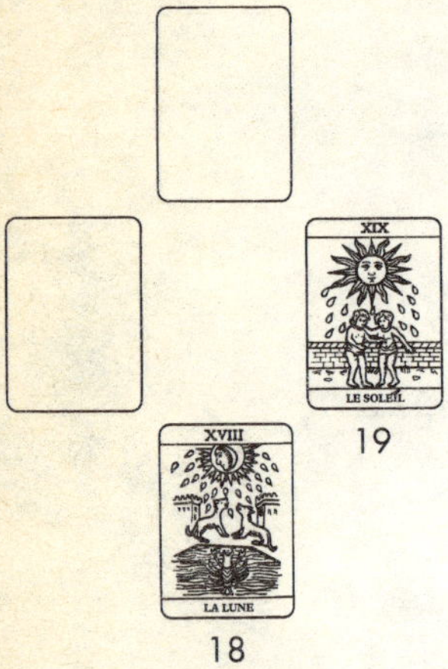

Une saine clarification de votre état de santé vous permettra de résoudre aisément vos problèmes et de retrouver peu à peu votre vitalité.

Une relation privilégiée, une union sincère, un sentiment partagé vous aidera certainement à résoudre les problèmes, à surmonter les difficultés que vous rencontrez et à faire évoluer votre situation d'une manière très positive.

Une saine clarification ou une grande joie vous permettra de résoudre les problèmes, de surmonter les difficultés que vous rencontrerez dans votre vie familiale, laquelle évoluera alors d'une manière positive.

Une saine clarification ou la réalisation d'une association vous permettra de résoudre les problèmes, de surmonter les obstacles et les difficultés que vous rencontrerez et de faire évoluer votre situation d'une manière favorable.

Une saine clarification ou quelque chose d'heureux concernant vos finances vous permettra de résoudre vos problèmes et de faire évoluer votre situation d'une manière positive, malgré les difficultés, les obstacles ou les retards possibles.

ÉVOLUTION PROBABLE

18 20

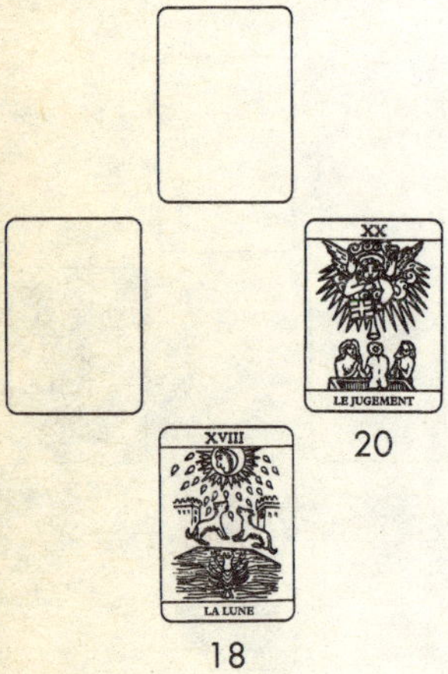

Malgré un rétablissement ou un certain renouveau, vous aurez encore des difficultés à surmonter ; toutefois, vous aurez la situation bien en main et vous y parviendrez.

Malgré un certain renouveau ou un changement appréciable dans votre vie sentimentale, il restera encore des problèmes à résoudre, des difficultés à surmonter, des angoisses et des craintes à dominer, mais vous y parviendrez sans doute.

Un renouveau ou un changement dans votre vie familiale vous décevra, ou bien vous permettra de prendre les difficultés ou les problèmes en main de manière à les surmonter ou à les résoudre.

Soit vous serez déçu par une proposition, mais vous surmonterez votre désillusion, soit un changement ou un renouveau vous permettra de résoudre certains problèmes ou de surmonter les difficultés et les obstacles que vous rencontrerez.

Malgré un renouveau ou un certain rétablissement de votre situation, vous aurez encore des difficultés à surmonter et des problèmes à résoudre, mais vous y parviendrez aisément.

18 21

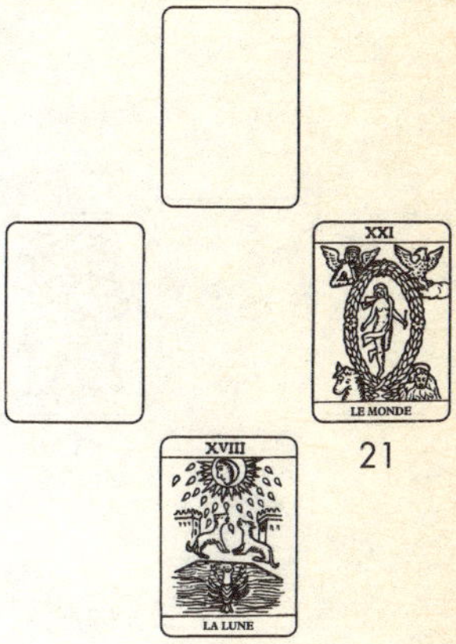

21
18

Malgré les grandes possibilités qui sont les vôtres, vous aurez à subir certaines épreuves de santé et si vous souhaitez que cela aille mieux, il faudra bien en passer par là pour vous débarrasser de tout ce qui ne va pas.

Ayant bien considéré la situation dans son ensemble, vous ne pourrez faire autrement que de vous rendre à l'évidence de ce qui ne va pas dans votre vie sentimentale, l'accepter comme tel et reconnaître vos erreurs.

Votre situation familiale ne pourra pas accéder aux possibilités d'expansion qui lui seront offertes, empêchée par des problèmes et des contraintes, à moins d'accepter de faire certains sacrifices difficiles mais salutaires.

Les possibilités d'expansion qui vous seront offertes ne vous apporteront pas entière satisfaction ou bien, malgré son riche potentiel, vous serez contraint à sacrifier ou à perdre une situation qui vous aura déçu.

Malgré les possibilités qui sont à votre portée ou les rêves d'expansion que vous faites, vous aurez des difficultés à affronter, des charges à supporter, des obligations à assumer et des sacrifices à faire sur le plan financier.

18 22

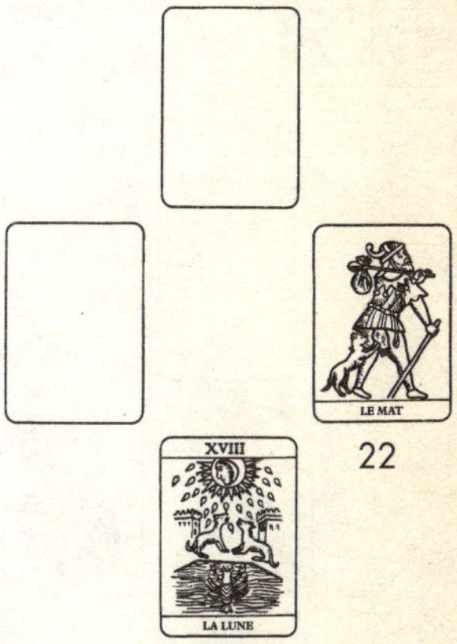

22
18

Vous subirez les conséquences des erreurs ou des folies que vous aurez faites en ce qui concerne votre santé, soit en vous comportant d'une manière excessive et irresponsable, soit en ayant pris vos problèmes à la légère. À bon entendeur...

Vous ne pourrez pas échapper à vos problèmes, à vos erreurs, à votre inconscience et c'est pourquoi vous serez déçu sentimentalement parlant, quels que soient vos élans et vos bonnes intentions. Ou bien le départ d'une personne vous attristera.

Le départ ou l'arrivée d'une personne de votre entourage vous posera sans doute des problèmes ou bien un déplacement, une démarche ou un déménagement pourrait bien vous décevoir ou vous causer des désagréments.

Vos démarches n'aboutiront pas ou bien le départ ou l'arrivée d'une personne vous causera des ennuis ou encore vous ne pourrez pas échapper aux problèmes, aux difficultés, aux conflits qui se révèleront dans votre situation. Ne répétez pas les mêmes erreurs et évitez les coups de tête.

Vos démarches n'aboutiront pas et si vous persistez dans vos erreurs, votre situation financière ne s'améliorera pas. Soyez donc plus réaliste !

ÉVOLUTION PROBABLE

19 1

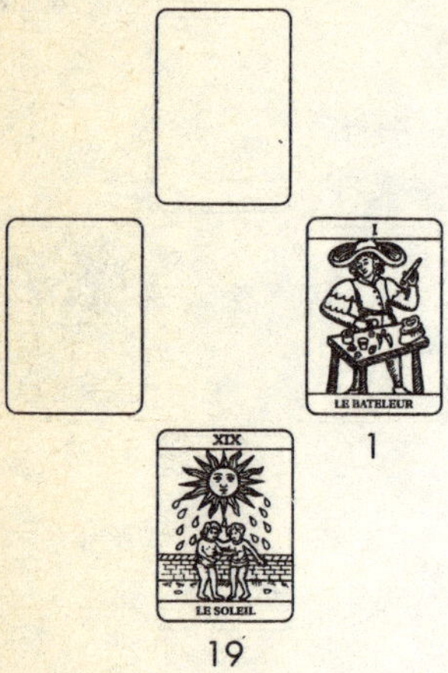

Vos heureuses initiatives vous permettront de clarifier votre état de santé et de bénéficier d'une forme rayonnante, de vous sentir comme neuf, disponible et dynamique.

Les initiatives qui seront prises en ce qui concerne votre vie affective vous donneront entière satisfaction et susciteront un renouveau heureux, une grande joie ou l'avènement de quelque chose de neuf qui vous tient à cœur.

Les initiatives qui seront prises susciteront de grandes joies chez vous, en même temps qu'elles engendreront une saine clarification et un renouvellement heureux dans votre situation familiale.

Les initiatives qui seront prises en rapport avec votre situation, ont toutes les chances d'aboutir et de susciter ainsi un renouveau positif, une saine clarification ou un changement bénéfique.

$ Les initiatives qui seront prises en ce qui concerne votre situation financière aboutiront à quelque chose d'heureux et de positif, susciteront un renouveau positif, un changement bénéfique.

ÉVOLUTION PROBABLE

19 2

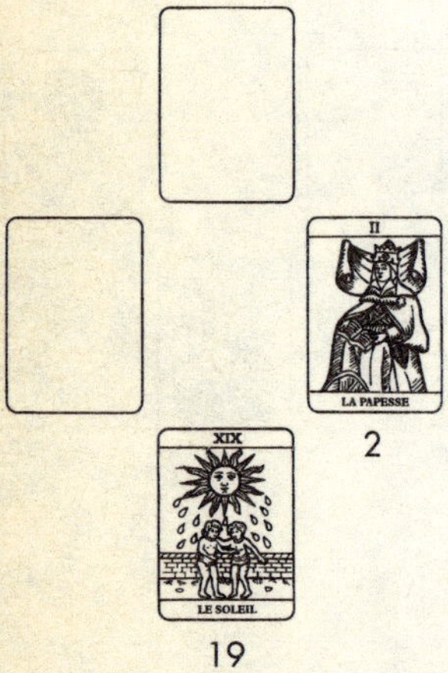

Votre réserve, votre stabilité et votre modération vous permettront de bénéficier d'une forme rayonnante et de vous sentir en parfait accord avec votre nature, en pleine possession de vos moyens.

Votre attente n'aura pas été vaine, vous allez, en effet, éprouver une grande joie dans votre vie sentimentale, vivre une relation privilégiée et réaliser une union profonde, solide et sincère.

Une personne de votre entourage vous assurera de son soutien inconditionnel, vous fera éprouver de grandes joies ou vous permettra de réaliser tout ce que vous souhaitez d'heureux pour votre vie familiale.

Vous allez connaître une véritable réussite financière à laquelle vous vous prépariez peut-être ou que vous attendiez sans trop y croire.

$ Vous allez connaître une véritable réussite financière à laquelle vous vous prépariez peut-être ou que vous attendiez sans trop y croire.

19 | 3

Votre saine énergie vitale et votre réel bien-être vous autoriseront à bouger, à voyager, à vous dépenser comme vous l'entendez, à profiter pleinement de votre forme et à prendre du bon temps.

Vous allez prochainement faire une rencontre très importante ou bien la personne à laquelle vous pensez est en route pour vous retrouver, à moins que ce ne soit vous qui alliez la rejoindre. Quoiqu'il en soit, ça bouge dans votre vie sentimentale.

Vos actions s'avéreront positives et fécondes, tant et si bien que vous pourrez entreprendre le voyage auquel vous pensez, déménager dans les meilleures conditions possibles, accomplir quelque chose d'heureux dans votre situation familiale.

Les actions qui seront entreprises s'avèreront fructueuses et rentables, et vous pourrez donc matérialiser un accord ou une association, obtenir une totale clarification, et vous sentir libre d'agir et d'orienter votre situation comme vous l'entendez.

Les actions qui auront été entreprises pour clarifier votre situation ou la rendre plus prospère s'avéreront fructueuses et vous pourrez alors jouir de votre capital comme vous l'entendez.

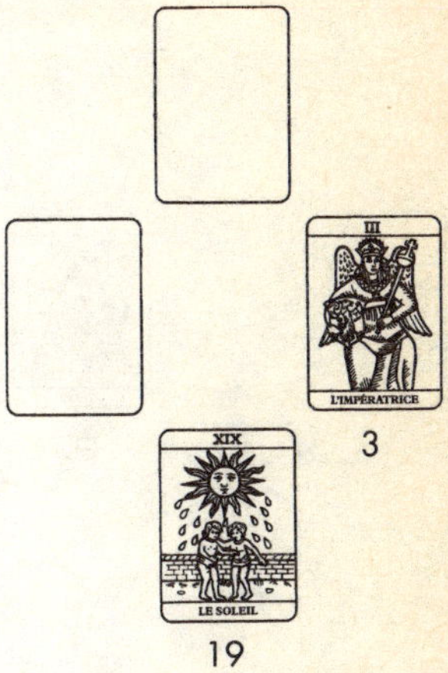

ÉVOLUTION PROBABLE

19 | 4

Les conseils qui vous auront été prodigués et que vous aurez pu suivre vous auront permis de clarifier votre état de santé et de vous sentir pleinement responsable de votre bien-être vital.

Vous obtiendrez l'accord ou l'appui dont vous aurez besoin pour fonder une union, pour stabiliser votre situation affective et connaître ainsi un grand bonheur sur le plan sentimental.

Vous pourrez travailler et agir d'une manière constructive et intelligente pour réaliser quelque chose d'heureux et de positif dans votre situation familiale qui vous donnera sans aucun doute entière satisfaction.

Vous aurez les assurances et les appuis nécessaires pour réaliser un accord, concrétiser une association ou obtenir quelque chose de très positif et de très satisfaisant dans votre situation.

Vous pourrez agir et travailler d'une manière constructive et intelligente, et obtenir des résultats très satisfaisants sur le plan financier.

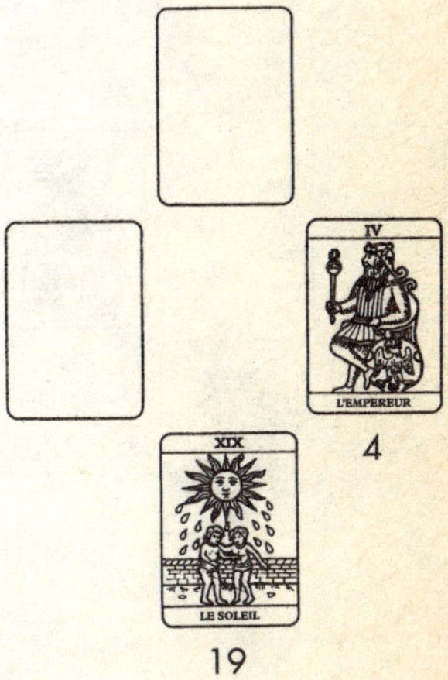

ÉVOLUTION PROBABLE

19 | 5

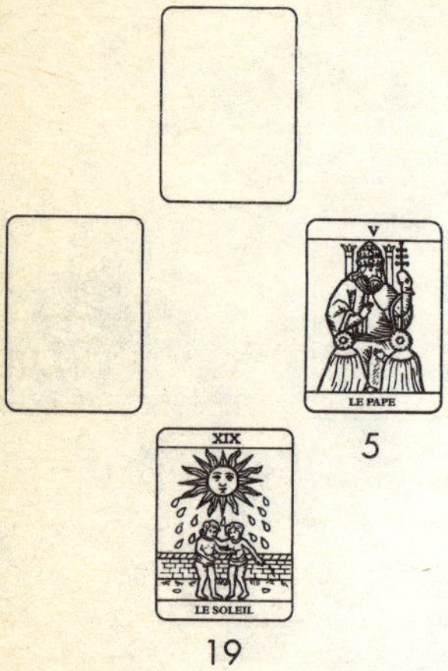

Vous aurez beau bénéficier d'une santé rayonnante et d'un excellent bien-être vital, vous n'en aurez pas moins des choix importants à faire pour vous assurer d'un équilibre bâti sur des bases plus solides.

Vous obtiendrez les accords, les appuis et les soutiens dont vous aurez peut-être besoin pour fonder une union sincère et solide ou, du moins, pour vivre les relations sentimentales auxquelles vous aspirez en toute quiétude.

Il vous sera sans doute utile ou nécessaire de faire une clarification dans votre vie familiale de manière à trouver le meilleur accord possible, et à pouvoir faire des choix positifs et heureux dont tout le monde se réjouira.

Vous obtiendrez l'appui, l'approbation ou le soutien dont vous aurez besoin pour réaliser un accord très bénéfique, pour fonder une excellente association ou pour faire des choix positifs et très favorables à votre situation.

$ Vous obtiendrez un accord, un appui ou un contrat qui sera très favorable à vos finances et vous permettra de faire de très bons choix.

ÉVOLUTION PROBABLE

19 | 6

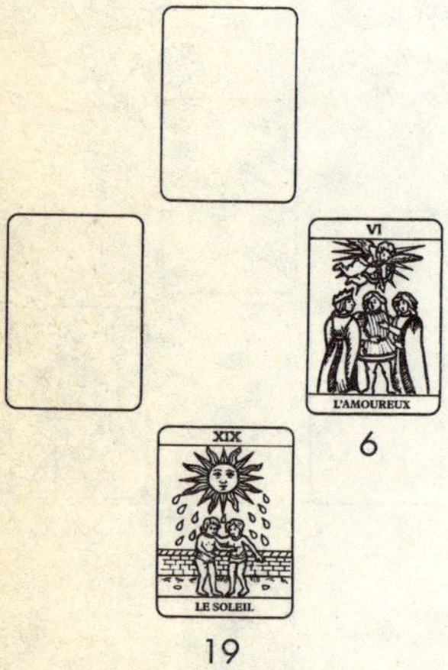

Les choix que vous ferez et les dispositions que vous adopterez seront très favorables à votre santé et vous permettront de bénéficier d'une forme rayonnante, d'un excellent dynamisme et d'une énergie saine que vous dépenserez à bon escient.

Les choix que vous ferez, les dispositions que vous adopterez et les décisions que vous prendrez dans votre vie sentimentale seront très positifs à tout point de vue, et vous permettront d'aboutir à des résultats heureux et pleinement satisfaisants.

Les choix qui seront faits, les dispositions qui seront adoptées, les accords qui seront trouvés s'avéreront très positifs, et ils susciteront joie, bonheur et succès dans votre vie familiale.

Des accords, des choix, des décisions favoriseront la progression et l'évolution de votre situation et vous permettront d'aboutir dans vos entreprises, d'atteindre vos objectifs et d'obtenir un franc succès à la force du poignet.

$ Des choix, des accords, des décisions susciteront une clarification dynamique et très positive, et vous permettront d'atteindre très rapidement vos objectifs financiers avec succès.

19 | 7

Vos efforts seront payants et vous permettront de trouver et de disposer d'une vitalité rayonnante, d'un excellent dynamisme qui reposera alors sur des bases solides, sur un équilibre clair et profond.

Poursuivez vos efforts, et allez jusqu'au bout, car vous parviendrez sans aucun doute à vivre des relations affectives heureuses et stables, à éprouver des sentiments sincères équilibrés et totalement réciproques.

Les efforts qui auront été faits et les actions qui auront été entreprises produiront, sans aucun doute, l'effet voulu et atteindront le but fixé, à savoir celui de clarifier votre situation et de disposer d'une vie familiale heureuse et équilibrée.

Les efforts qui auront été faits et les actions qui auront été entreprises vous permettront d'obtenir la clarification que vous souhaitez, ce qui devrait vous revenir de droit, et d'atteindre ainsi les buts que vous vous étiez fixé avec succès.

Les efforts faits et les actions entreprises vous permettront de faire une clarification juste et impartiale de votre situation et d'obtenir ce qui, de droit, devait vous revenir.

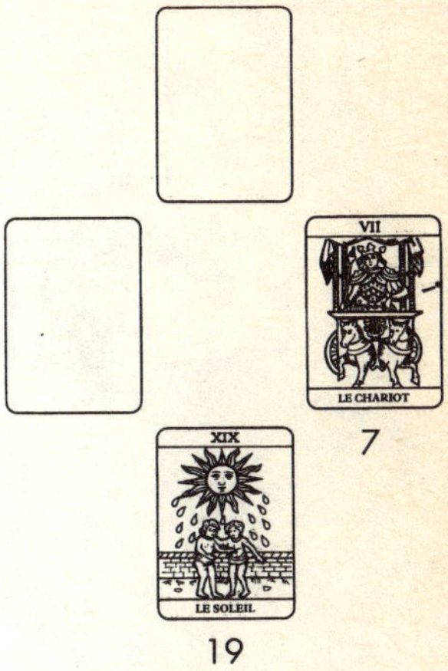

ÉVOLUTION PROBABLE

19 | 8

Vous serez sans doute contraint à vous plier à une certaine discipline de manière à pouvoir clarifier votre état de santé, à savoir très exactement où vous en êtes.

La rigueur et la discipline auxquelles vous devrez vous soumettre vous imposeront de prendre conscience de la nature réelle de vos sentiments, de vos relations affectives et vous aideront ainsi à clarifier votre situation.

La rigueur, la discipline, les jugements auxquels il faudra bien vous soumettre donneront un éclairage utile et salutaire à votre vie familiale, qui s'en trouvera ainsi plus unie, plus sereine.

La rigueur, la discipline, les jugements auxquels il faudra bien vous soumettre produiront une clarification positive dans votre situation et vous permettront d'évaluer très précisément les avantages dont vous pourrez alors disposer.

La rigueur et la discipline auxquelles vous serez sans doute contraint de vous plier favoriseront la clarification de votre situation financière, et vous permettront de savoir très précisément quels sont les moyens dont vous disposez.

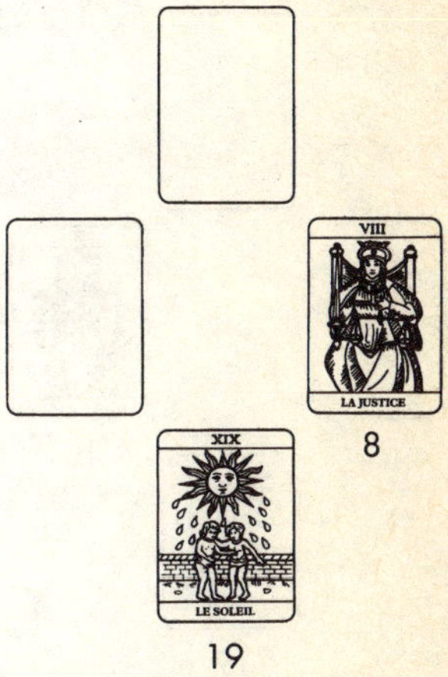

ÉVOLUTION PROBABLE

19 | 9

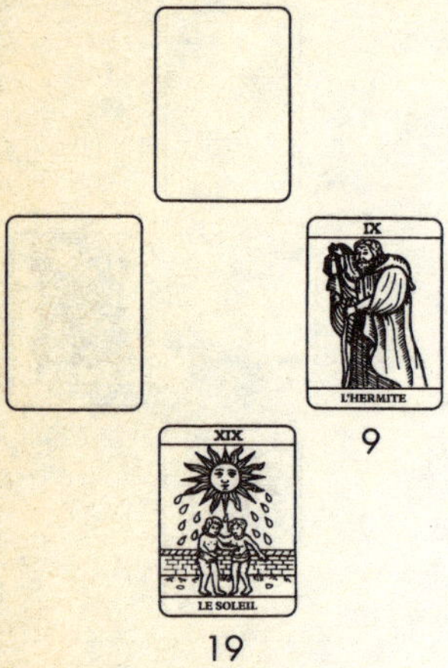

Une prise de conscience, une révélation ou la prudence et la modération dont vous saurez faire preuve vous permettront d'évoluer physiquement et psychologiquement d'une manière claire et positive.

Vous serez amené à découvrir ou à prendre conscience de quelque chose d'essentiel qui favorisera l'évolution heureuse et positive de vos relations affectives et de votre vie sentimentale.

Vous serez amené à découvrir quelque chose d'essentiel ou à constater un fait ou un point important qui favorisera sans aucun doute l'évolution heureuse de votre vie familiale.

Vos vues à long terme, vos évaluations prudentes et réfléchies s'avéreront exactes, et votre situation évoluera ainsi d'une manière très positive selon vos prévisions et dans le sens que vous aurez défini.

$ Vos vues à long terme et vos évaluations prudentes s'avéreront exactes et votre situation financière évoluera ainsi selon vos prévisions et d'une manière très favorable.

ÉVOLUTION PROBABLE

19 | 10

Vous évoluerez d'une manière très positive et vous bénéficierez alors d'une vitalité forte, saine et rayonnante, d'une totale maîtrise de vous-même.

Votre vie sentimentale évoluera d'une manière très positive. Vous entretiendrez alors des relations affectives fortes, profondes, heureuses ou vous réaliserez une union solide et authentique.

Votre vie familiale évoluera d'une manière très positive et vous entretiendrez alors des relations harmonieuses, fortes, authentiques qui susciteront joie, bonheur, et favoriseront la réussite de vos entreprises.

L'évolution des circonstances sera favorable aux accords, aux associations,aux événements positifs et heureux qui se produiront alors dans votre situation, et que vous aurez obtenus avec force, souplesse et détermination.

$ L'évolution favorable des circonstances apportera quelque chose d'heureux et de positif qui vous permettra de maîtriser et d'exploiter au mieux tous les avantages de votre situation.

ÉVOLUTION PROBABLE

19 11

L'excellente maîtrise que vous exercez sur vous-même vous permettra de disposer d'une vitalité forte, saine et généreuse.

Votre confiance en vous-même, l'authenticité de vos sentiments et la domination subtile mais forte que vous exercez sur votre situation favoriseront, n'en doutez pas, vos relations affectives sincères, profondes et généreuses.

La domination subtile mais forte que vous exercez sur votre vie familiale vous permettra d'entretenir des relations sincères et généreuses avec vos proches, et d'obtenir tout ce que vous désirez et qui serait susceptible de l'avantager.

Vous parviendrez à obtenir ce que vous désirez, à contrôler les événements et les opérations qui seraient favorables à la matérialisation d'un accord, d'une association ou d'une affaire rentable et profitable à votre situation.

Vous parviendrez à obtenir ce que vous désirez sur le plan financier, et une bonne maîtrise de votre situation vous permettra de profiter pleinement de vos avantages et de vos biens.

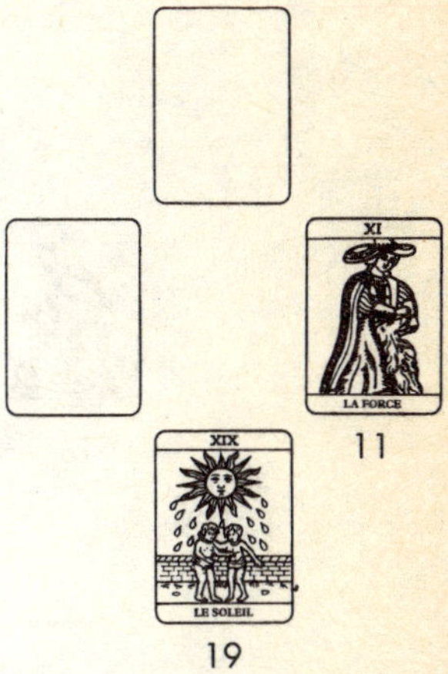

ÉVOLUTION PROBABLE

19 12

En étant conscient de vos limites et en vous pliant intelligemment aux conseils qui vous sont prodigués, vous vous assurerez un bien-être rayonnant et une vitalité saine dont vous pourrez alors faire le meilleur usage.

Malgré les contraintes, les obligations, les obstacles auxquels vous devrez faire face, vous parviendrez à clarifier votre vie sentimentale, à vivre une relation privilégiée ou à réaliser une union sincère et solide.

Malgré les contraintes et les obligations que vous aurez à supporter, les obstacles et les difficultés que vous aurez à surmonter, vous parviendrez à réaliser, à concrétiser avec succès vos projets ou vos désirs concernant votre situation familiale.

Vous parviendrez à vous libérer des contraintes et des éléments qui feront obstacle à l'évolution de votre situation et vous obtiendrez des résultats très positifs.

Malgré les contraintes, les charges et les obligations que vous aurez à assumer et qui limiteront ainsi l'évolution de votre situation financière, vous obtiendrez quand même des résultats très positifs.

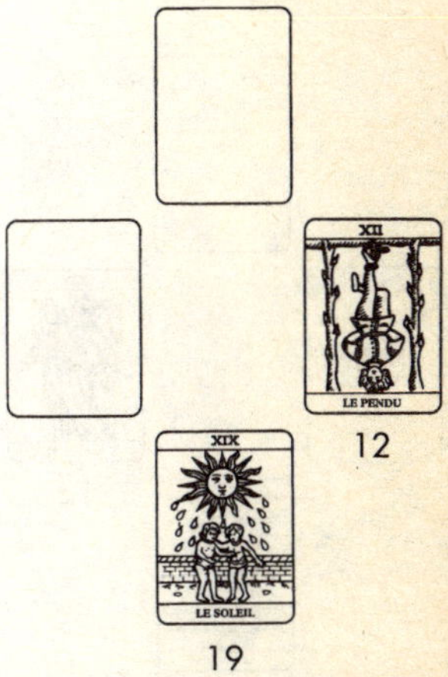

ÉVOLUTION PROBABLE

19 | 13

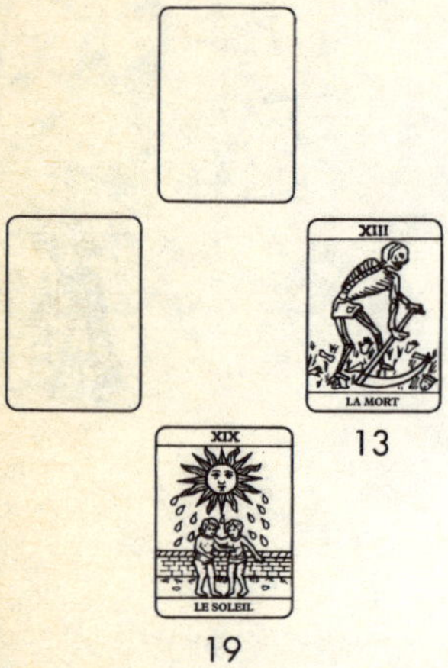

À la suite d'un changement radical dont les causes peuvent être diverses, vous bénéficierez d'une vitalité rayonnante dont vous saurez alors raisonnablement et sainement faire usage.

À la suite d'un changement radical, un événement heureux se produira dans votre vie sentimentale ou bien vous réaliserez une union sincère, profonde et sérieuse.

À la suite d'un changement radical, un événement heureux et positif se produira chez vous, suscitant joie et bonheur dans votre famille.

Un changement radical vous permettra de récolter ce que vous avez semé, d'obtenir ainsi des résultats positifs, de concrétiser une association ou de trouver un accord avec un personnage influent.

$ Un changement radical, ou la conclusion logique d'une situation ou d'une affaire profitable vous assurera d'obtenir des résultats positifs sur le plan financier.

ÉVOLUTION PROBABLE

19 | 14

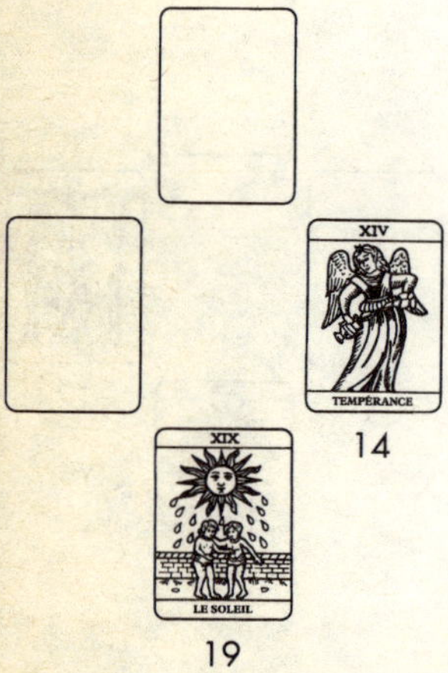

En sachant vous adapter aux circonstances avec souplesse et abandon, vous bénéficierez d'une forme rayonnante qui favorisera des choix clairs, opportuns, judicieux concernant votre santé, et la quête de votre équilibre vital et moral.

Les arrangements ou les accommodements utiles à la réalisation d'une union ou à l'avènement d'une relation amoureuse authentique et basée sur de réelles affinités seront aisément trouvés et vous donneront entière satisfaction.

Les arrangements et les accommodements qui seront trouvés permettront à un événement heureux de se produire dans votre vie familiale, lequel suscitera joie et bonheur.

De vos négociations jaillira une clarification très positive qui favorisera le succès de vos choix, de vos accords ; de vos contrats ou de vos associations.

$ Les arrangements et les compromis opportuns qui seront trouvés favoriseront le succès de vos accords ou de vos choix clairs et judicieux, en rapport avec votre situation financière.

ÉVOLUTION PROBABLE

19 15

Vous allez bénéficier d'une vitalité et d'une forme physique rayonnante qui vous autoriseront à agir comme vous l'entendrez ou à entreprendre ce que vous voudrez.

Vous aurez le feu vert et le vent en poupe pour pouvoir accomplir et réaliser pleinement tous vos désirs concernant votre vie sentimentale.

Vous allez pouvoir agir d'une manière très positive et efficace pour clarifier votre situation familiale, atteindre votre but et obtenir tout ce que vous désirez.

Vous allez pouvoir bénéficier d'une situation très avantageuse qui vous permettra d'atteindre vos objectifs et de réaliser vos ambitions avec succès.

Vous allez pouvoir bénéficier d'une situation très avantageuse qui vous permettra de profiter de votre argent, d'atteindre vos objectifs et de réaliser vos ambitions financières avec succès.

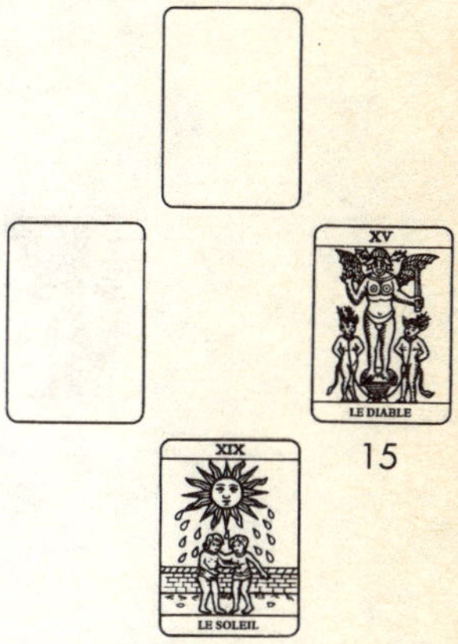

15

19

ÉVOLUTION PROBABLE

19 16

À la suite d'un bouleversement, d'un choc physique et moral ou d'une brusque remise en cause de votre bien-être vital, vous serez sans doute amené à clarifier votre état de santé, à vous comporter d'une manière plus saine et plus équilibrée, et ce pour votre plus grand bien.

Un bouleversement ou une remise en cause clarifiera votre vie sentimentale, vous soulagera et vous permettra d'avoir des relations plus équilibrées, plus claires, plus authentiques.

Un bouleversement ou une brusque remise en question clarifiera votre situation familiale et lui permettra de s'assurer un équilibre clair et serein.

Un bouleversement, une remise en question sera le moteur d'une clarification rigoureuse et efficace de votre situation laquelle ne s'en portera que mieux, ou le détonateur qui permettra à un événement positif de se produire et de vous donner entière satisfaction !

Un bouleversement ou une remise en cause vous permettra de clarifier votre situation financière laquelle s'en trouvera ainsi plus saine, plus équilibrée, plus sûre.

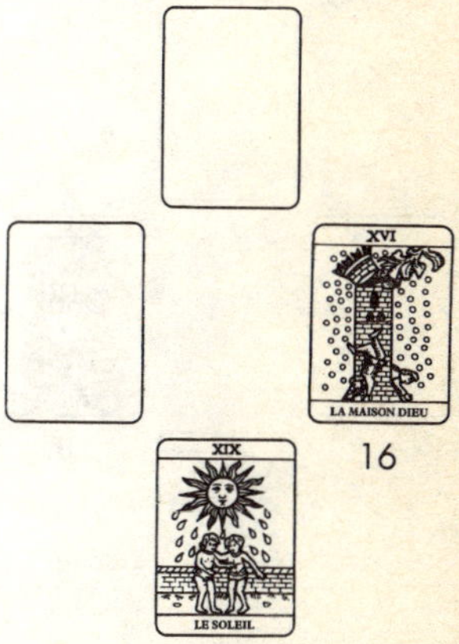

16

19

ÉVOLUTION PROBABLE

19 | 17

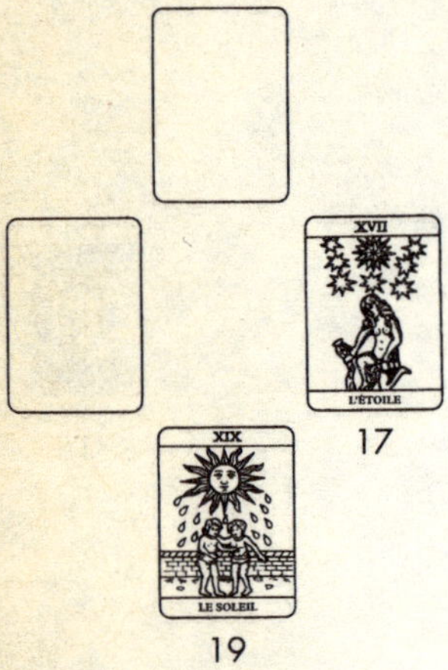

Vos ressources vitales riches, saines et profondes vous permettront de clarifier votre état de santé, et de retrouver une forme physique et morale rayonnante.

Vous allez pouvoir satisfaire pleinement et très exactement vos espérances les plus profondes et vos vœux les plus secrets, éprouver ainsi des sentiments sincères, partagés et de grandes joies sur le plan affectif.

Un événement heureux qui va se produire dans votre vie familiale ou qui vous sera bientôt révélé, répondra aux vœux que vous appeliez depuis déjà un certain temps et vous comblera de joie et de bonheur.

Une création, une idée neuve ou originale, quelque chose d'inédit ou la naissance d'une situation vous donnera entière satisfaction et vous permettra de trouver ou d'obtenir très exactement ce que vous recherchiez.

Votre situation financière vous réservera très certainement d'heureuses surprises que vous ne tarderez pas à découvrir ou qui vous seront bientôt révélées.

ÉVOLUTION PROBABLE

19 | 18

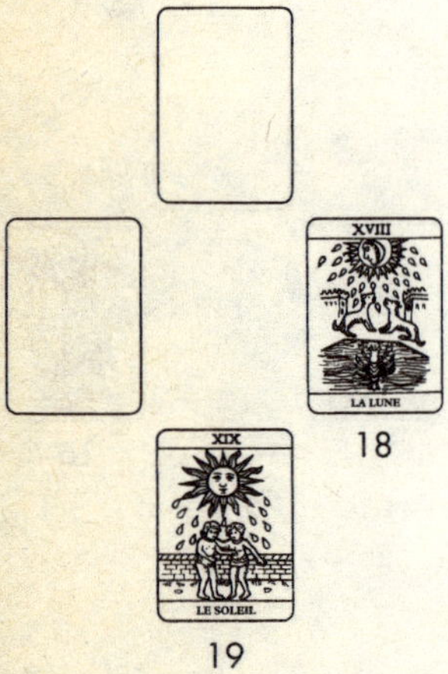

Quels que soient les symptômes qui pourraient apparaître ou les problèmes de santé que vous pourriez connaître, vous n'aurez pas d'inquiétude à avoir, car ils n'auront aucun caractère de gravité et, qui plus est, votre vitalité rayonnante les résorbera très vite.

Malgré les retards, les difficultés, les problèmes que vous rencontrerez, les déceptions que vous ressentirez ou les conflits auxquels vous aurez à faire face, votre vie sentimentale évoluera d'une manière très positive et très heureuse.

Les problèmes et les difficultés qui apparaîtront, les conflits qui se produiront ou les retards et les obstacles qui se manifesteront n'empêcheront pas votre situation familiale d'évoluer finalement d'une manière très positive et très heureuse.

Malgré les problèmes, les obstacles et les difficultés en tout genre que vous aurez à surmonter, votre situation évoluera d'une manière très positive, claire et bénéfique.

Les difficultés que vous rencontrerez n'entameront pas l'évolution claire et positive de votre situation financière.

19 | 20

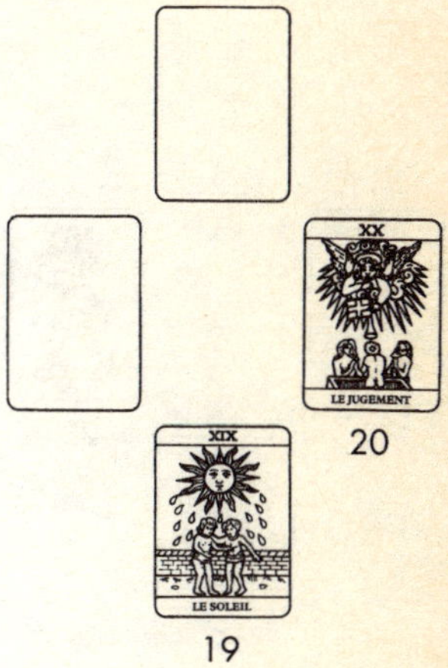

Quels que soient vos ennuis de santé, vos contraintes ou vos faiblesses, vous parviendrez à clarifier votre état et à vous rétablir pleinement.

Un changement ou un renouveau favorisera le rétablissement d'une situation heureuse, le retour à des relations normales, à des sentiments sincères et partagés auxquels vous pourrez alors vous abandonner totalement.

Un changement ou un renouveau suscitera une clarification positive de votre vie familiale et vous ramènera à une situation plus normale, à des relations plus saines, plus harmonieuses.

Un renouveau, une proposition ou un changement favorable suscitera une clarification positive, un rétablissement de votre situation ou un événement bénéfique dont vous ne pourrez que vous féliciter.

Votre situation financière pourra bénéficier d'un renouveau ou d'un changement très positif qui vous permettra de la clarifier, de vous libérer de certaines contraintes ou de certaines charges qui freinaient son évolution.

ÉVOLUTION PROBABLE

19 | 21

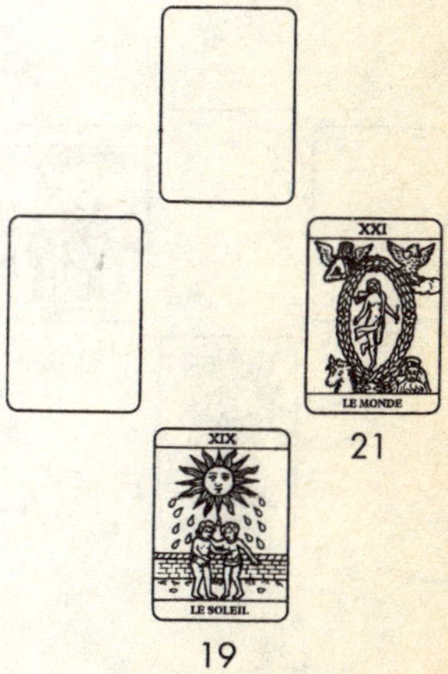

Les possibilités qui vous seront offertes ou les moyens dont vous disposerez, vous permettront de vous assurer une vitalité saine et rayonnante que vous saurez utiliser intelligemment et concrètement.

Vous allez éprouver de grandes joies, connaître de grandes satisfactions dans votre vie sentimentale, et rien ne s'opposera à votre bonheur.

Vous allez éprouver de grandes joies, pouvoir réaliser de grandes choses dans votre vie familiale et vous pourrez alors imposer clairement votre volonté et obtenir ce que vous voudrez en ayant l'assurance du succès.

L'expansion de votre situation vous permettra d'imposer très clairement vos volontés, de réaliser ce que vous voudrez avec l'assurance d'obtenir des résultats très positifs et un total succès.

Les possibilités d'expansion qui vous seront offertes vous assureront d'une situation financière très positive dont vous pourrez profiter pleinement.

ÉVOLUTION PROBABLE

19 22

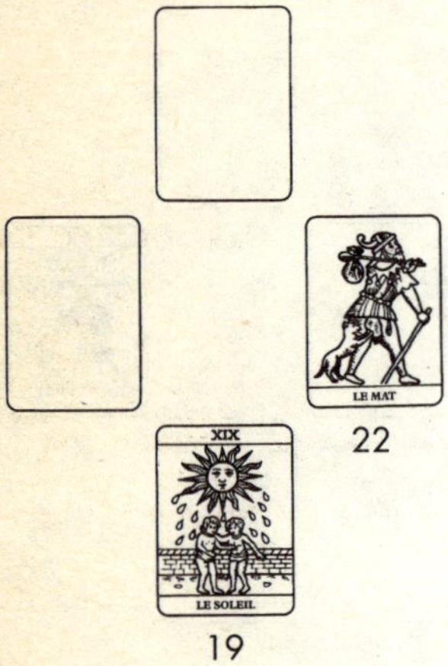

Vos actions, vos voyages, vos déplacements vous permettront de jouir pleinement de votre vitalité et de votre forme rayonnantes, de dépenser sainement et positivement votre énergie.

Rien ne s'opposera à vos élans du cœur, à vos entreprises enthousiastes qui vous apporteront du reste en retour de grandes satisfactions et vous feront éprouver de grandes joies dans votre vie sentimentale.

Les voyages, les déplacements ou les bouleversements qui pourraient se produire dans votre vie familiale ne vous apporteront que des satisfactions.

Vos démarches et vos recherches seront fructueuses, et vous permettront donc d'obtenir de grandes satisfactions personnelles et professionnelles.

À la suite d'un voyage d'affaires ou d'une démarche très fructueuse, vous pourrez vous féliciter des avantages que vous aurez su en tirer et bénéficier ainsi d'une situation financière très positive.

ÉVOLUTION PROBABLE

20 1

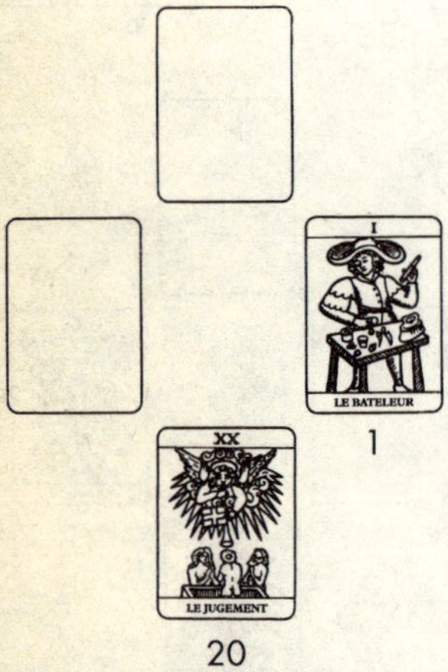

Une initiative habile et opportune vous permettra de vous rétablir pleinement ou de vous renouveler totalement pour mieux vous épanouir et jouir de votre riche potentiel vital.

Des initiatives heureuses et habiles favoriseront l'avènement d'un renouveau important, d'un changement essentiel qui sera un facteur d'épanouissement pour votre vie sentimentale.

Des initiatives habiles et heureuses susciteront un renouveau, un changement ou un développement important dans votre situation familiale, ou bien un enfant ou une jeune personne va pouvoir s'affirmer, s'épanouir pleinement.

D'habiles initiatives favoriseront le renouvellement et le développement de votre situation dont le champ d'action et l'horizon s'élargiront alors considérablement.

Des initiatives habiles et opportunes favoriseront le renouvellement et le développement de votre situation financière dont les possibilités seront alors plus grandes.

20 | 2

La sagesse, la stabilité et la patience vous permettront finalement de vous rétablir plus tôt que prévu ou de vous renouveler physiquement et moralement, plus rapidement que vous ne le pensiez.

Votre attente patiente, réservée, sage, vous aura finalement permis de connaître un renouvellement, un changement libérateur dans votre vie sentimentale.

Le changement libérateur ou le renouveau que vous attendiez, ou que vous élaboriez secrètement, se produira sans doute plus rapidement que prévu.

Le changement libérateur, la proposition nouvelle ou le retour à la normale que vous attendiez, ou sur lequel vous comptiez, se manifestera sans doute plus rapidement que vous l'escomptiez.

Le changement libérateur ou le retour à la normale auquel vous vous attendiez ou sur lequel vous comptiez sans trop oser en parler ou y croire, se manifestera sans doute plus rapidement que prévu.

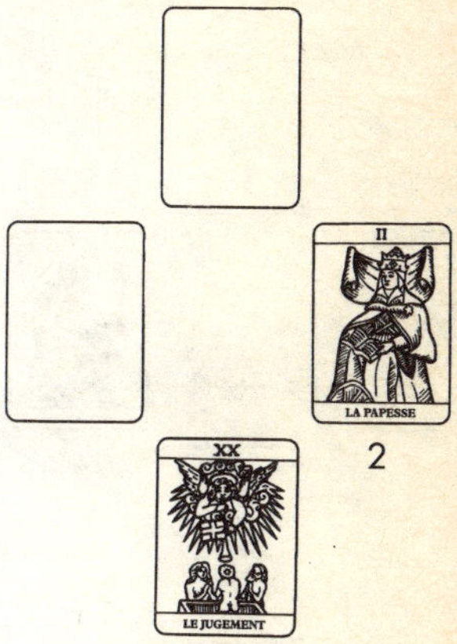

2

20

ÉVOLUTION PROBABLE

20 | 3

C'est par souci de préserver et de profiter au mieux de votre bien-être vital que vous vous rétablirez ou que vous modifierez votre comportement en adoptant une attitude plus raisonnable et plus responsable.

Si c'est à une personne que vous pensez, sachez qu'elle sera à l'origine d'un renouveau ou d'un changement appréciable dans votre vie affective. Sinon vos actions intelligentes et généreuses produiront le renouvellement de votre vie sentimentale.

Des actions intelligentes, généreuses et fécondes aboutissent à un renouveau ou à un changement appréciable et utile dans votre situation familiale qui recevra sans doute l'approbation d'un proche, ou qui aura son soutien.

Des actions intelligentes et fécondes susciteront un renouveau, des changements ou des propositions qui émaneront d'un personnage influent, qui bénéficieront de son soutien ou qui auront son approbation.

Des actions intelligentes et fécondes produiront le renouvellement nécessaires et raisonnable qui s'imposait à votre situation financière.

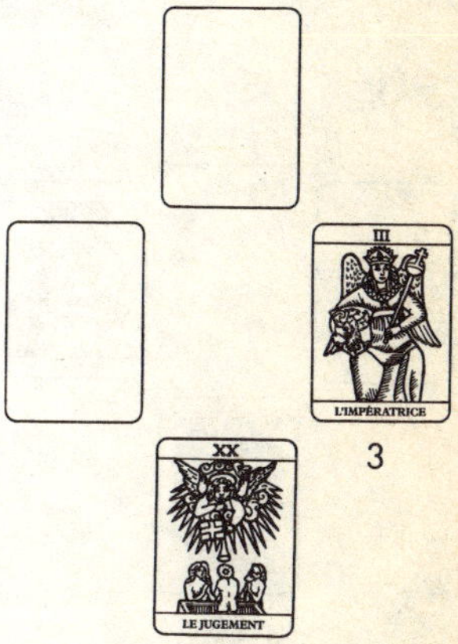

3

20

ÉVOLUTION PROBABLE

20 | 4

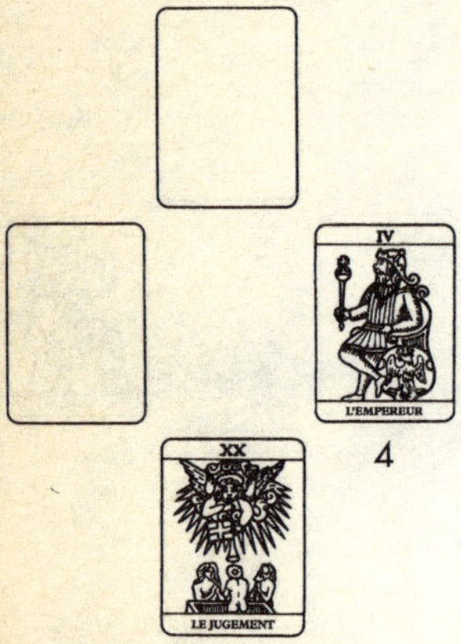

4

20

Les conseils constructifs qui vous seront prodigués ou les éléments qui vous seront imposés vous permettront de vous rétablir, de reconsidérer utilement vos choix, vos décisions et de renouveler votre équilibre vital.

Si vous pensez à une personne, soyez sûr qu'elle sera à l'origine d'un renouveau ou d'un changement dans votre vie affective. Sinon vous pourrez agir d'une manière constructive pour qu'un changement heureux se produise dans votre vie sentimentale.

Une personne de votre entourage ou des éléments constructifs sera ou seront à l'origine d'un renouveau, d'un changement positif, lequel vous incitera à reconsidérer vos choix et vos décisions utilement.

Des éléments positifs et concrets vous permettront de reconsidérer utilement vos choix, vos décisions, vos accords et de renouveler ainsi votre situation dans un sens favorable.

$ Les bons conseils qui vous seront prodigués ou des éléments positifs et concrets vous permettront de reconsidérer utilement vos choix, vos accords, vos décisions, et de renouveler ainsi votre situation financière.

ÉVOLUTION PROBABLE

20 | 5

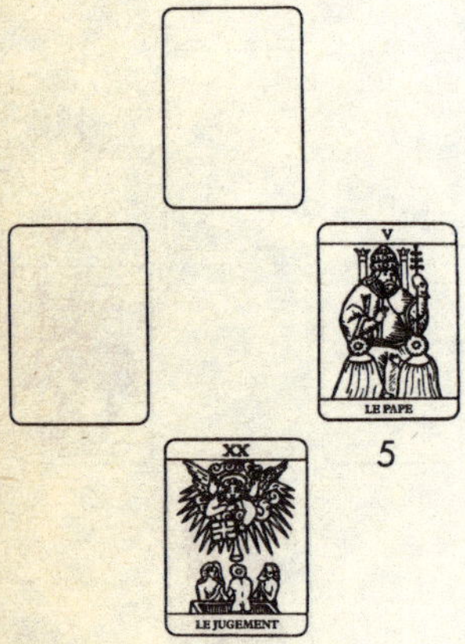

5

20

Vous aurez à votre disposition tous les éléments utiles à un prompt rétablissement, à la résolution dynamique de vos problèmes, à un changement très positif et à une nette amélioration de votre état de santé.

Des éléments stables et sérieux favoriseront le développement heureux de votre vie sentimentale qui se renouvellera ou qui connaîtra des changements dynamiques et positifs.

Votre situation familiale va connaître des changements dynamiques et bénéfiques qui s'appuieront sur des éléments stables et sérieux ou qui auront la bénédiction d'une personne de votre entourage et dont le soutien sera nécessaire en la circonstance.

Un personnage influent ou des éléments stables et sérieux favoriseront le renouvellement et le développement dynamique de votre situation, laquelle connaîtra alors des changements très bénéfiques.

$ Des éléments fiables et sérieux favoriseront le renouvellement et l'amélioration de votre situation financière et vous permettront sans doute d'atteindre vos objectifs pourvu que vous ne relâchiez pas vos efforts.

ÉVOLUTION PROBABLE

20 | 6

Les choix que vous serez amené à faire, ou les décisions que vous prendrez, favoriseront le renouvellement de votre équilibre ou vous permettront justement de retrouver cet équilibre.

Le choix que vous serez amené à faire, ou le libre arbitre dont vous disposerez sur le plan affectif, vous incitera à reconsidérer ou à renouveler votre situation avec rigueur et impartialité.

Les choix que vous serez amené à faire ou les décisions qui seront prises conduiront sans doute à un changement, à un renouveau dans votre vie familiale, et lui permettront de retrouver son ordre et son équilibre.

Les choix que vous serez amené à faire, ou l'accord qui sera trouvé, renouvellera ou améliorera votre situation en lui donnant, qui plus est, les moyens de retrouver l'équilibre et la rigueur qui lui faisaient défaut jusqu'alors.

Le choix que vous serez amené à faire ou l'accord qui sera conclu renouvellera ou améliorera votre situation financière et lui permettra de retrouver l'équilibre qui lui faisait défaut.

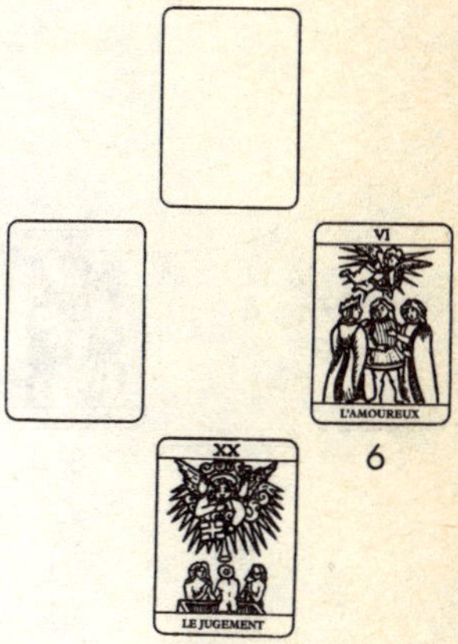

6
20

ÉVOLUTION PROBABLE

20 | 7

Les efforts que vous aurez su faire vous permettront de réaliser ou d'obtenir le changement, le renouvellement profond ou le rétablissement que vous attendiez, et d'en tirer les leçons qui s'imposeront alors à vous.

Les efforts qui seront faits ou les événements en cours conduiront au changement ou au renouvellement de votre vie sentimentale qui répondra très exactement à ce que vous recherchiez ou à ce que vous attendiez.

Les efforts qui seront faits ou les événements en cours conduiront à un renouveau, à une amélioration de votre vie familiale ou à un changement dont vous allez bientôt apprendre la nouvelle ou mesurer l'importance.

Les efforts que vous avez su faire, ou les succès que vous aurez obtenus, vous conduiront à renouveler ou à changer votre situation, à obtenir les propositions ou les améliorations que vous souhaitiez et ainsi à atteindre les buts que vous vous serez fixé.

Vous allez bientôt apprendre la nouvelle d'un changement ou d'une amélioration qui se sera produite dans votre situation et qui constituera non seulement une heureuse découverte mais aussi un véritable renouveau sur le plan financier.

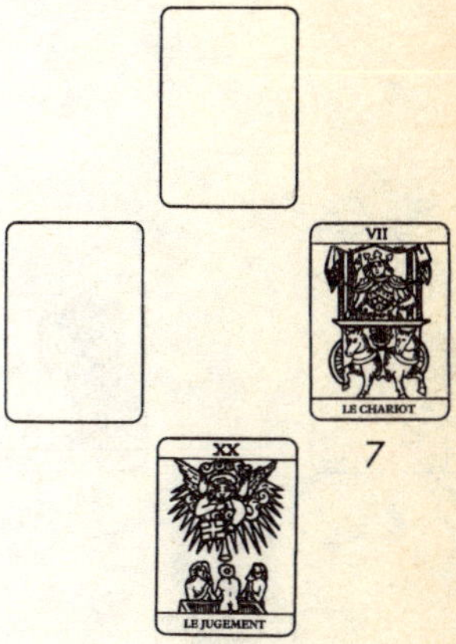

7
20

ÉVOLUTION PROBABLE

20 | 8

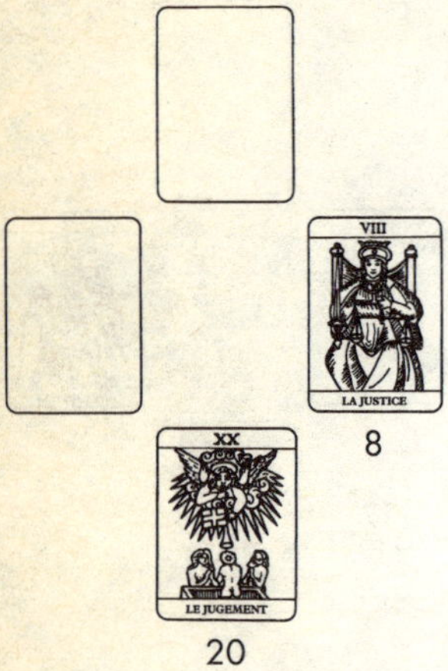

En vous imposant un équilibre, une discipline et en vous soumettant à des règles, à une rigueur, vous parviendrez à un changement ou à un rétablissement rapide.

La rigueur qui lui sera imposée, le jugement impartial, sévère mais juste, qui sera prononcé ou une situation stable et équilibrée conduira votre vie sentimentale à se renouveler et à évoluer d'une manière très favorable.

L'équilibre de votre situation familiale, sa stabilité, et son sens aigu de ce qui est juste et qui doit revenir de droit à chacun selon son rôle et ses mérites, devraient lui permettre de se renouveler et d'évoluer d'une manière très positive.

L'équilibre de votre situation ou les éléments rigoureux, sévères mais justes, auxquels vous aurez affaire vous permettront d'obtenir un renouvellement et une évolution rapides et bénéfiques sur le plan professionnel.

$ L'équilibre de votre situation ou la rigueur et la discipline que vous vous êtes imposé susciteront sans doute un changement, un renouveau, une amélioration rapides et bénéfiques de vos finances.

ÉVOLUTION PROBABLE

20 | 9

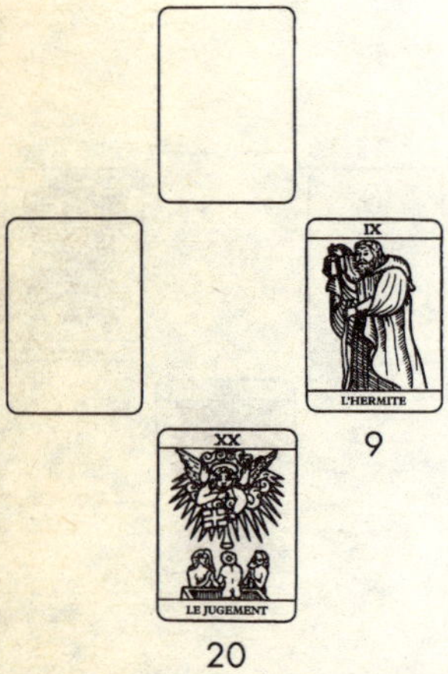

Une prise de conscience, une découverte personnelle ou un élément qui vous sera révélé, vous conduira à un changement important sur le plan de la santé et vous permettra de retrouver votre liberté d'action.

Ce qui vous sera révélé ou mis en lumière conduira votre vie sentimentale à un changement important, à un renouvellement que vous maîtriserez avec calme et bonheur pour vous assurer de sa réussite.

La prudence et la sagesse dont on fera preuve, ou les éléments qui vous seront révélés, favoriseront la réalisation concrète et solide d'un changement ou d'un renouveau qui ne pourra qu'être bénéfique à votre situation familiale.

La prudence et le réalisme dont on fera preuve, ou les éléments qui vous seront révélés, favoriseront finalement la réussite du changement ou du renouveau concret et positif qui se produira dans votre situation.

$ La prudence, la sagesse, le réalisme dont on fera preuve, ou les éléments qui vous seront révélés favoriseront, n'en doutez pas, la réussite du changement ou du renouveau dont votre situation financière a besoin.

ÉVOLUTION PROBABLE

20 | 10

L'évolution qui est en cours vous conduit tout naturellement à un changement qui vous permettra de retrouver ou de profiter à nouveau sainement de votre bien-être vital.

Des changements, des revirements ou des événements en cours d'évolution vont susciter un renouveau positif et fécond dans votre vie sentimentale.

Les changements ou les événements qui sont en cours conduiront votre situation familiale à connaître un renouveau très profitable à tout point de vue.

L'évolution qui se produit actuellement devrait conduire votre situation à connaître un renouveau fécond ou des changements très profitables.

L'évolution qui se produit actuellement devrait vous permettre d'obtenir une amélioration intéressante ou un changement très profitable dans votre situation financière.

ÉVOLUTION PROBABLE

20 | 11

Votre confiance en vous-même et votre maîtrise des événements vous assurent qu'un changement positif se produira pour vous sur le plan de votre santé ou de votre bien-être vital.

Sûr de vous-même, de votre situation, de vos sentiments et confiant en les événements, vous parviendrez à obtenir le renouveau ou le changement dont votre vie sentimentale a besoin.

Par votre courage, votre force morale et votre confiance en vous-même et en les événements dont, d'ailleurs, vous vous rendrez maître, vous parviendrez à obtenir le changement ou le renouveau dont votre situation familiale a sans doute besoin.

Sûr de vous-même, de vos prérogatives, de votre position, et de l'évolution des événements et des circonstances dont vous vous rendrez maître, vous parviendrez à obtenir ou à réaliser un renouveau, un changement constructif qui favorisera le succès de vos entreprises.

Vous avez votre situation financière bien en main, c'est pourquoi vous n'avez pas à douter qu'un renouveau, qu'un changement ou qu'une amélioration ne se produise sous peu.

ÉVOLUTION PROBABLE

20 | 12

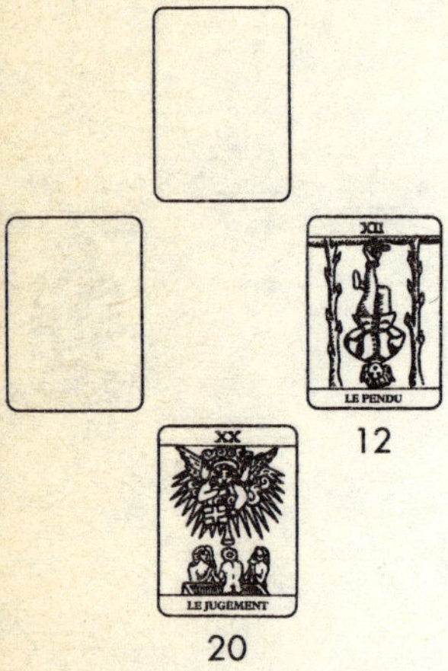

En vous assurant la protection et les conseils éclairés d'un médecin ou d'une personne compétente, vous allez pouvoir vous rétablir complètement.

Quels que soient vos contraintes ou les éléments qui font obstacle à l'évolution de votre vie sentimentale, vous pouvez être sûr qu'un renouveau ou qu'un changement va se produire bientôt et qu'il sera libérateur.

Quels que soient les éléments qui font obstacles ou qui gènent l'évolution de votre situation familiale, ils ne résisteront pas au renouveau ou au changement qui se produira bientôt et qui lui est destiné.

Quels que soient les éléments qui font obstacles ou qui retardent l'évolution de votre situation, ils seront balayés par un renouveau, par un changement libérateur soutenu, approuvé ou suscité sans doute par un personnage influent.

$ Les obstacles et les obligations que vous devez assumer ne vous permettent pas de jouir de votre situation financière selon votre bon plaisir, mais un renouveau ou un changement libérateur va bientôt se produire.

ÉVOLUTION PROBABLE

20 | 13

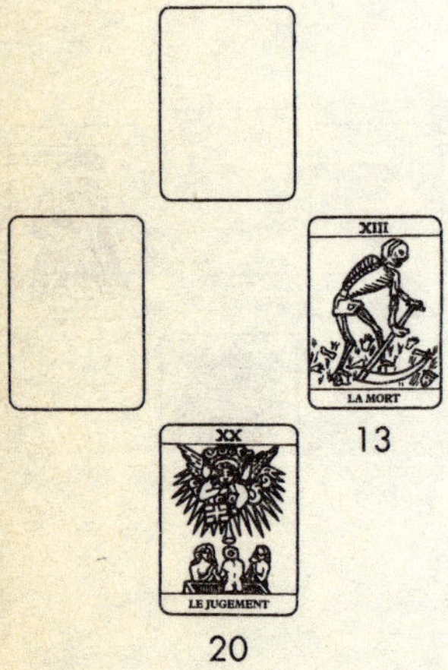

À la suite d'un changement radical ou après avoir résolu définitivement vos problèmes de santé, vous allez pouvoir connaître un véritable renouveau et retrouver, peu à peu, votre équilibre vital.

La fin d'un problème ou d'un conflit d'ordre affectif vous permettra de vous réconcilier, ou bien à la suite d'un changement radical dans votre vie sentimentale, un renouveau se produira et vous aurez alors un choix important à faire.

À la suite d'un changement radical ou de la conclusion logique d'une situation ou d'un problème, votre vie familiale connaîtra une période de renouveau, d'accord et de libre arbitre.

À la suite d'un changement radical, ou de la conclusion logique d'une situation ou d'une affaire, vos accords et vos choix se renouvelleront d'une manière très positive.

$ À la suite d'un changement radical, ou de la conclusion logique d'une affaire, vous allez pouvoir renouveler vos choix, vos décisions, vos accords, vous renflouer et améliorer votre situation financière.

20 | 14

Les accommodements que vous aurez trouvés ou les efforts intelligents que vous aurez su faire vous permettront de vous rétablir si vous êtes malade, de vous régénérer, de renouveler votre dynamisme.

Les arrangements qui seront trouvés ou les efforts intelligents qui seront faits, favoriseront le renouvellement de votre vie sentimentale et vous permettront d'obtenir un changement heureux, un renouveau dynamique sur le plan affectif.

Des arrangements opportuns seront trouvés et des efforts intelligents seront faits de part et d'autre, de manière à ce qu'un changement heureux se produise rapidement dans votre situation familiale.

Des négociations fructueuses, des efforts intelligents et des arrangements opportuns seront à l'origine d'un renouveau dynamique, d'un changement heureux qui ne manquera pas de se produire dans votre situation.

$ Des négociations et des transactions fructueuses, des efforts intelligents et des arrangements opportuns seront sans doute à l'origine de l'amélioration de votre situation financière et du succès de ce véritable renouveau.

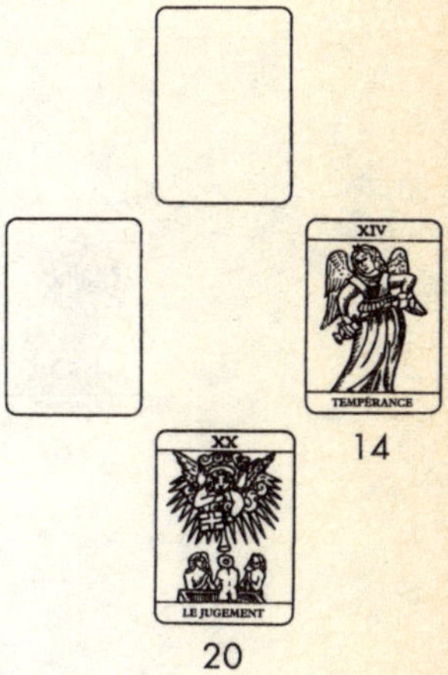

ÉVOLUTION PROBABLE

20 | 15

Après avoir traversé une période d'excitation, de désordre, de troubles sur le plan de votre santé, due à des excès ou au gaspillage de votre énergie un changement se produira et vous pourrez ainsi retrouver votre équilibre.

Après une période d'excès, de troubles et de passions sur le plan affectif, un changement se produira, et vous retrouverez ainsi un certain équilibre dans votre vie sentimentale.

Après une période d'excitation, de troubles et de désordre, tout rentrera dans l'ordre, et votre situation familiale retrouvera son calme et son équilibre.

Les troubles, les excès et le désordre qui perturbent votre situation seront traités et jugés comme il se doit, et tout rentrera dans l'ordre, mais pour ce faire, il faudra sans doute en référer à la justice ou avoir recours à la loi.

$ Les avantages certains dont vous pouvez bénéficier inaugurent une période de renouveau sur le plan financier et un retour à une situation équilibrée.

ÉVOLUTION PROBABLE

20 16

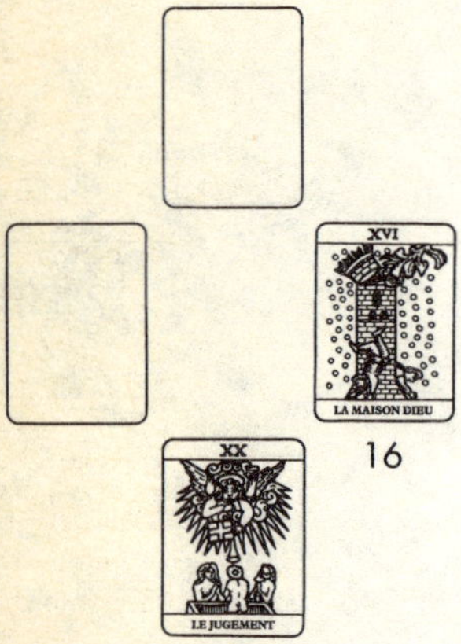

16

20

Un bouleversement salutaire, ou une remise en question brutale, vous fera finalement bénéficier d'un renouveau, d'un changement libérateur, d'une véritable délivrance sur le plan physique et moral.

Un bouleversement ou une brusque remise en question dans votre vie sentimentale aura pour conséquence un changement libérateur, un renouveau salutaire et bénéfique dont vous mesurerez très exactement l'importance.

À la suite d'un bouleversement ou d'une brusque remise en question, votre situation connaîtra un véritable renouveau, un changement libérateur dont vous mesurerez toute l'importance et l'utilité.

Après que se soient produits des bouleversements ou de brusques remises en question, votre situation connaîtra une période de renouveau salutaire, de changement libérateur que vous apprécierez à sa juste valeur.

Après une période de bouleversements, de remises en question salutaires mais déstabilisatrices, votre situation connaîtra un renouveau, un changement libérateur que vous saurez apprécier à sa juste valeur.

ÉVOLUTION PROBABLE

20 17

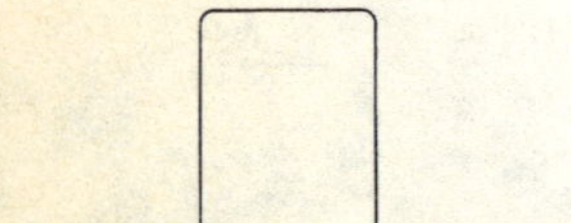

17

20

Vous bénéficiez d'excellentes ressources vitales et de circonstances tout à fait favorables qui devraient produire en vous un véritable renouveau, tant sur le plan physique que moral.

Quelque chose de neuf, un événement heureux qui se produit et des circonstances favorables à la réalisation de vos vœux, de vos espérances provoqueront un véritable renouveau, un changement positif dans votre vie sentimentale.

Des circonstances bénéfiques et des événements heureux favorisent le renouveau, le changement de votre situation familiale qui subira alors de profondes transformations, des mutations rapides et importantes.

Un heureux concours de circonstances, une innovation, une création ou quelque chose de neuf et d'inédit devrait produire un véritable renouveau, un revirement important et positif dans votre situation.

De nouvelles ressources ou des circonstances très heureuses devraient pouvoir vous permettre de renflouer vos finances, et de parvenir à un changement de situation très positif.

ÉVOLUTION PROBABLE

20 | 18

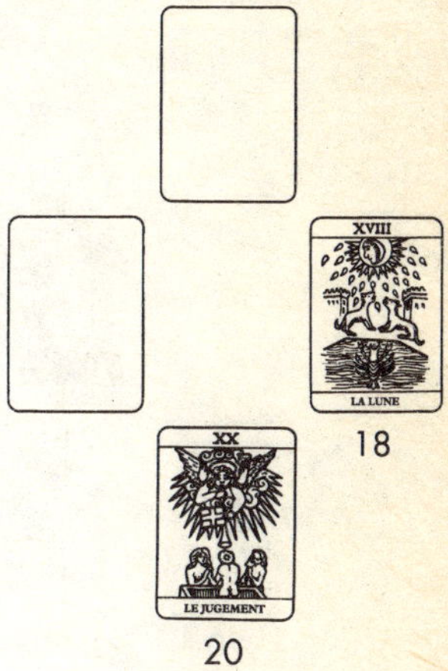

Quels que soient vos problèmes de santé, vous vous en sortirez très bien, vous vous rétablirez très rapidement et vous retrouverez pleinement la maîtrise de vous-même, votre énergie physique et morale.

Les problèmes que vous rencontrez, les conflits qui se manifestent ou les déceptions que vous connaissez dans votre vie sentimentale trouveront une juste résolution, et vous aurez alors bien en main le changement ou le renouveau qui se produira.

Les obstacles ou les difficultés que vous rencontrerez seront résolus avec force et courage, et ils auront finalement permis à votre situation familiale de se renouveler, de connaître des changements positifs.

Malgré les retards, les obstacles, les difficultés qui apparaîtront, un renouveau positif, un changement heureux et réussi se produira, et vous pourrez alors avoir à nouveau la situation bien en main.

Malgré les retards et les difficultés que vous rencontrerez, les désillusions que vous connaîtrez, un changement heureux se produira dans votre situation financière que vous aurez alors de nouveau bien en main.

ÉVOLUTION PROBABLE

20 | 19

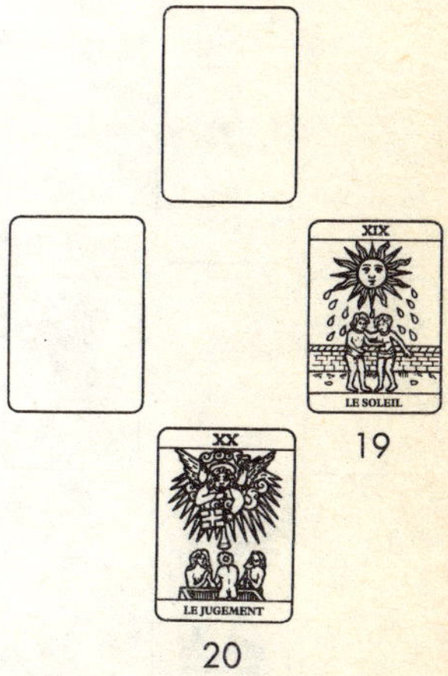

Des éléments positifs et heureux vont favoriser un véritable renouveau pour vous sur le plan santé, votre complet rétablissement si vous êtes malade ou un changement libérateur.

Les relations heureuses et privilégiées que vous entretenez susciteront un véritable renouveau, un changement libérateur dans votre vie sentimentale.

Des éléments heureux, positifs et des relations sincères, privilégiées favoriseront le renouveau, le changement libérateur qui se produira dans votre situation familiale.

Une association, une clarification ou un succès personnel suscitera un changement libérateur, un renouveau ou la réhabilitation totale d'une situation.

Une clarification ou un événement positif concernant vos finances suscitera un changement libérateur ou rétablira complètement votre situation.

ÉVOLUTION PROBABLE

20 | 21

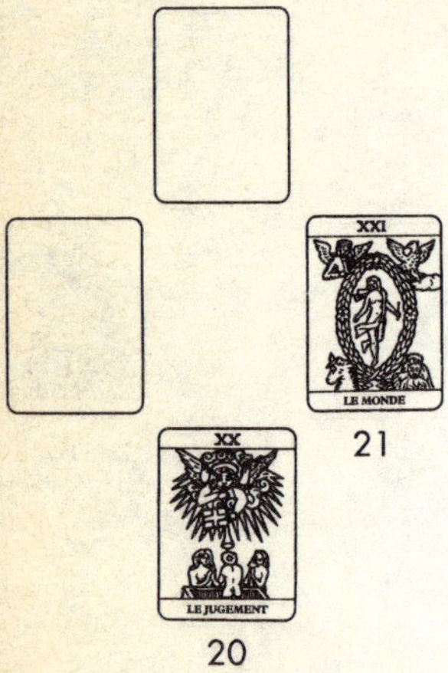

Les grandes possibilités dont vous disposez et l'ouverture d'esprit dont vous faites preuve vous permettront de vous renouveler, de vous régénérer complètement.

Des éléments prometteurs et riches en possibilités s'offriront à vous, répondant ainsi à vos vœux et susciteront un véritable renouveau, un changement dans votre vie sentimentale qui se produira alors dans d'excellentes conditions.

L'expansion de votre situation familiale devrait susciter un véritable renouveau, un changement qui se produira dans d'excellentes conditions avec le soutien d'une personne responsable et moralement irréprochable de votre entourage.

L'expansion de votre situation ou les possibilités qui vous sont offertes favoriseront un véritable renouveau, un changement important sur le plan professionnel qui aura l'approbation ou le soutien d'un personnage influent.

L'expansion de votre situation financière constituera pour vous un véritable renouveau, un changement que vous réaliserez dans d'excellentes conditions, en étant très conscient des possibilités qui vous sont offertes et de vos responsabilités.

ÉVOLUTION PROBABLE

20 | 22

Après une période d'errance, d'agitation et d'incertitudes ou à la suite d'un voyage d'agrément, vous connaîtrez un véritable renouveau, un changement, ou le complet rétablissement de votre équilibre ou de votre bien-être vital.

À la suite d'une rencontre, d'un voyage, du départ ou de l'arrivée d'une personne qui vous est chère, un véritable renouveau, un changement de situation se produira dans votre vie sentimentale.

À la suite d'un déménagement, d'un voyage ou avec le départ ou le retour d'une personne de votre entourage, un véritable renouveau se produira dans votre vie familiale.

À la suite d'une démarche, d'un voyage ou d'un départ, un véritable renouveau ou un changement important se produira, ou bien une situation sera renflouée ou réhabilitée.

Vos démarches et vos recherches seront sans doute fructueuses, et elles susciteront un véritable renouveau dans votre situation financière.

21 | 1

S'il est dans votre intention de réaliser un grand voyage ou d'entreprendre de grandes choses, vous verrez que tout vous encouragera dans cette voie, et que cela favorisera certainement votre épanouissement.

Si ce n'est déjà fait, vous allez connaître une grande plénitude, un grand bohneur dans votre vie affective, et faire ainsi une rencontre au cours d'un voyage, d'un déplacement ou faire la connaissance d'une personne qui vient de loin.

Les initiatives habiles qui seront prises favoriseront un changement important, un déménagement, un grand voyage concernant votre vie familiale ou le départ d'une personne de votre entourage.

Des initiatives habiles favoriseront la réalisation de vos vastes projets et vous permettront de réaliser une expansion importante ou de changer de situation dans des conditions idéales.

Les initiatives habiles qui seront prises favoriseront sans aucun doute l'expansion rapide et dynamique de votre situation financière, mais susciteront aussi quelques bouleversements indispensables en la circonstance.

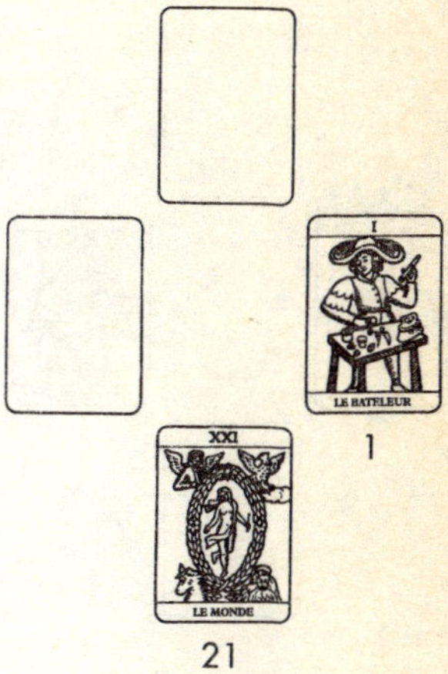

ÉVOLUTION PROBABLE

21 | 2

La réserve et la discrétion dont vous faites preuve ne vous empêcheront pas d'être en pleine possession de vos moyens, d'être très conscient de vos possibilités physiques et morales et de pouvoir ainsi vous épanouir pleinement.

Malgré les réserves, la discrétion, la pudeur dont vous faites preuve ou dont fait preuve la personne qui vous est chère, votre vie sentimentale n'en est pas moins en mesure de s'épanouir totalement.

La discrétion et la sagesse dont vous faites preuve, ou dont fait preuve une personne de votre entourage, favoriseront sans aucun doute l'expansion ou l'épanouissement de votre situation familiale.

Vous n'aurez pas attendu en vain. En effet, vous allez pouvoir élargir le champ de vos activités, accéder à des responsabilités plus importantes ou obtenir un poste dans une société, dans un groupe avec le soutien d'un personnage influent.

La réserve et la stabilité dont vous aurez su faire preuve vous permettront de disposer d'une situation financière privilégiée et fiable d'une manière à la fois responsable et généreuse.

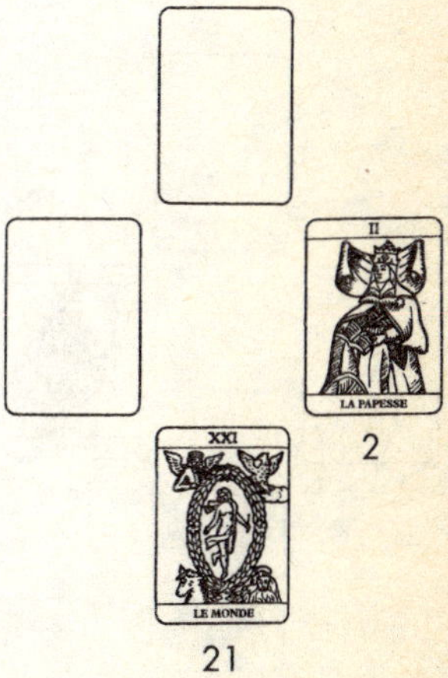

ÉVOLUTION PROBABLE

21 | 3

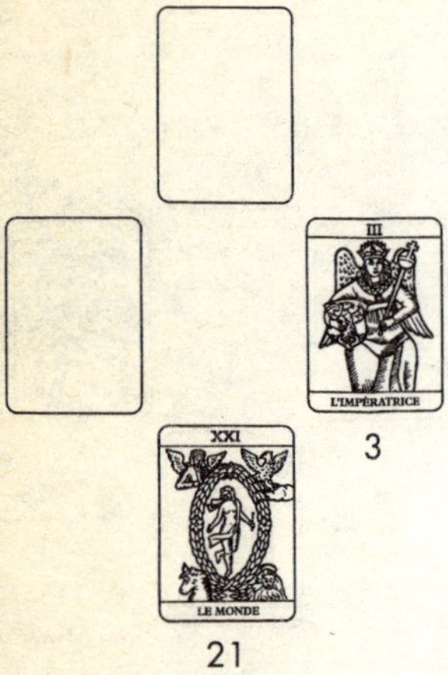

Le bien-être vital dont vous bénéficierez sans doute et votre comportement positif vous permettront de vous épanouir pleinement, et de disposer ainsi librement de vos capacités physiques et morales.

Si c'est à une personne que vous pensez, soyez assuré de ses sentiments profonds, sincères, inaltérables. Sinon des actions fécondes favoriseront l'évolution de vos relations affectives et l'épanouissement de votre vie sentimentale.

Les actions que vous entreprenez ou qui seront faites porteront leurs fruits et favoriseront l'évolution, l'expansion, l'épanouissement de votre situation familiale.

Les actions fructueuses qui seront entreprises et la matérialisation d'une situation profitable devraient favoriser la réalisation d'un accord important et vous ouvrir des horizons nouveaux sur le plan professionnel.

Vous bénéficierez d'une situation financière avantageuse ou vous obtiendrez des résultats très probants et vous pourrez donc profiter pleinement et librement de vos moyens.

ÉVOLUTION PROBABLE

21 | 4

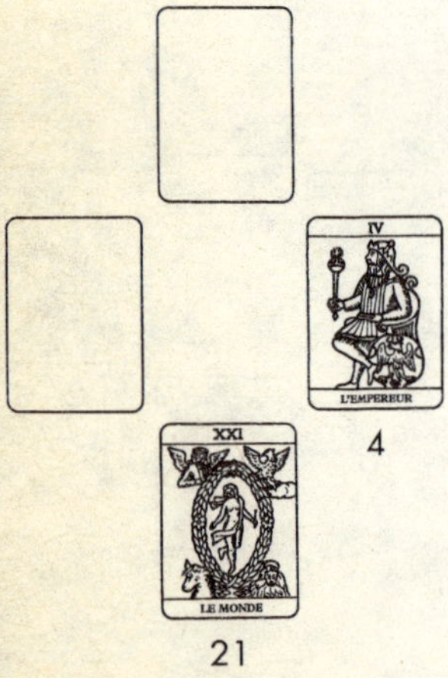

Vous allez être en mesure de pouvoir vous épanouir pleinement et dépenser utilement, concrètement avec dynamisme et enthousiasme votre riche potentiel d'énergie active.

Il en sera fait selon votre volonté ou selon la volonté de la personne qui vous est chère et, de fait, tous les éléments seront réunis pour que votre vie sentimentale puisse s'accomplir et s'épanouir pleinement.

Quels que soient ses intentions, ses objectifs, ses buts, votre situation familiale parviendra à les atteindre, à les réaliser, et elle pourra ainsi évoluer et s'épanouir pleinement.

Vous aurez l'assurance de pouvoir atteindre rapidement vos objectifs et de pouvoir réaliser avec succès une expansion importante dans votre situation.

Vous pourrez atteindre vos objectifs financiers avec succès et profiter pleinement des avantages que vous aurez acquis ou dont vous bénificierez.

ÉVOLUTION PROBA

21

Des éléments sérieux et fiables favoriseront sans doute l'épanouissement de votre bien-être vital qui repose sur un équilibre sûr.

Des éléments sérieux et fiables favoriseront l'évolution stable, équilibrée de votre vie sentimentale et son épanouissement.

Des éléments sérieux et stables favoriseront l'épanouissement ou l'expansion de votre situation familiale, sans que pour autant son ordre et son équilibre soient remis en cause.

En cas de recours à la justice, vous obtiendrez tout ce qui vous revient de droit, sinon un personnnage influent favorisera l'expansion de votre situation, qui se fera alors dans des règles bien définies auxquelles il faudra bien vous soumettre.

Des éléments sérieux et fiables favoriseront l'expansion logique et équilibrée de votre situation financière, et vous permettront d'obtenir tout ce qui de droit doit vous revenir.

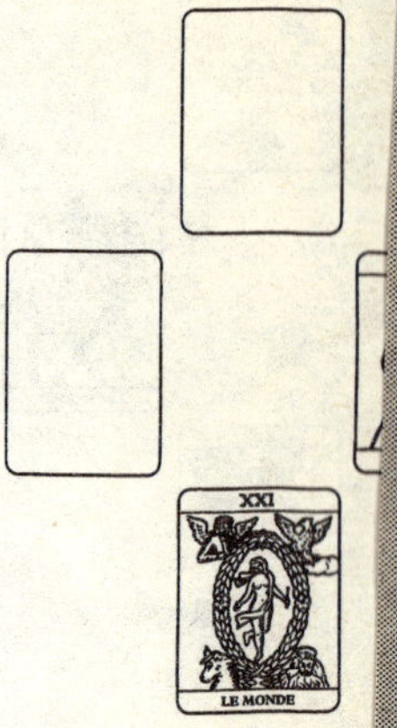

21

ÉVOLUTION PROB

2

Les choix que vous ferez, les résolutions que vous prendrez et le libre arbitre dont vous disposerez pour ce faire faciliteront votre quête d'un épanouissement et d'un bien-être vital, serein et solide.

Vous serez amené à faire des choix importants qui favoriseront l'épanouissement de votre vie sentimentale et vous rendront alors conscient des possibilités heureuses qui vous seront offertes.

Les choix qui seront faits, les décisions qui seront prises ou les accords qui seront trouvés favoriseront l'expansion ou l'épanouissement de votre situation familiale.

Les choix qui seront faits ou les accords qui seront réalisés favoriseront l'expansion de votre situation ou l'accomplissement de vos projets, qui ira alors sans doute au-delà de vos espérances ou de vos prévisions.

Vous serez sans doute amené à faire des choix ou à passer des accords qui favoriseront l'expansion de votre situation laquelle ira d'ailleurs au-delà de vos espérances ou de vos prévisions.

21

ÉVOLUTION PROBABLE

21 | 7

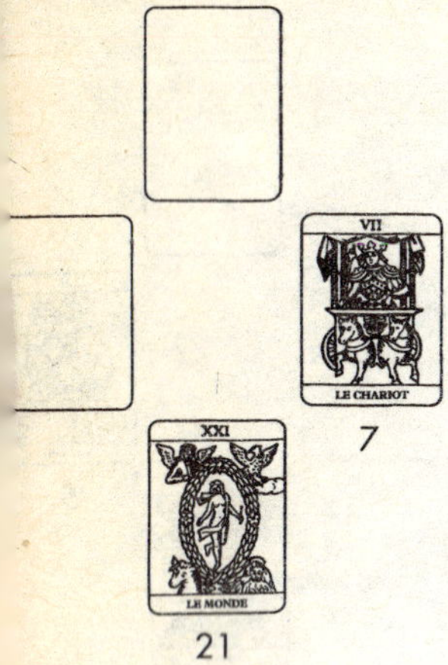

Vos efforts et votre dynamisme vous permettront d'évoluer rapidement et de vous épanouir pleinement. Si vous projetez un voyage d'agrément, soyez sûr qu'il vous fera le plus grand bien !

Les efforts qui seront faits et les événements qui sont en cours favoriseront l'évolution rapide, enthousiaste, dynamique de votre vie sentimentale et son complet épanouissement.

Les efforts qui seront faits ou les changements qui sont en cours de réalisation favoriseront l'évolution, l'expansion de votre situation familiale et son complet épanouisssement.

Les efforts qui seront faits ou les changements qui sont en cours de réalisation aboutiront et favoriseront l'évolution, l'expansion rapide et dynamique de votre situation.

Les efforts qui seront faits et qui aboutiront pleinement vous permettront de bénéficier d'une situation financière avantageuse qui pourra encore évoluer.

VOLUTION PROBABLE

21 | 8

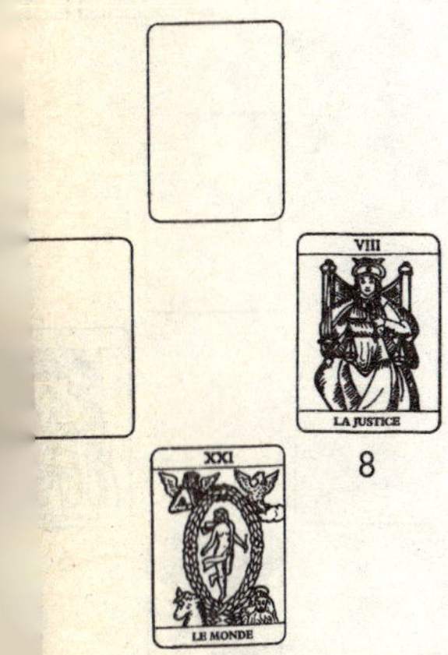

En vous imposant rigueur et discipline, vous serez en pleine possession de vos moyens, et vous maîtriserez sereinement votre équilibre et votre bien-être vital.

Des éléments stables et équilibrés favoriseront l'épanouissement de votre vie sentimentale et votre évolution personnelle, qui se feront sur des bases très sûres très solides et vous permettront alors d'accomplir tous vos vœux.

L'équilibre de votre situation familiale ou la rigueur, la discipline qui lui seront imposées, favoriseront son expansion, son raffermissement, son épanouissement.

Des éléments stricts, rigoureux favoriseront l'expansion de votre situation ou vous permettront de réussir dans vos entreprises, de réaliser vos projets et vos ambitions, en vous appuyant sur des bases très sûres et très solides.

L'équilibre, la stabilité de votre situation financière ou la rigueur, la discipline que vous saurez lui imposer favoriseront son expansion que vous pourrez alors pleinement maîtriser.

21 | 9

La prudence et la sagesse dont vous aurez su faire preuve favoriseront l'épanouissement de votre bien-être vital, dont vous pourrez alors pleinement et sainement profiter.

Vous allez découvrir ou prendre réellement conscience de l'intelligence et de la sincérité de cœur de la personne qui vous est chère et qui favorise l'épanouissement de votre vie sentimentale par son comportement généreux et ses actions positives et fécondes.

Vous trouverez les moyens d'agir d'une manière expansive et féconde ou bien vous réaliserez à quel point l'action et l'influence d'une personne généreuse et compréhensive de votre entourage favorisent l'épanouissement de votre situation familiale.

Les éléments qui vous seront révélés, ou que vous découvrirez, favoriseront vos entreprises ambitieuses, vos actions fructueuses, l'évolution, l'expansion et la richesse de votre situation.

Les éléments qui vous seront révélés ou que vous découvrirez dépasseront de beaucoup vos prévisions et vous pouvez alors obtenir des avantages ou des bénéfices qui vous surprendront agréablement.

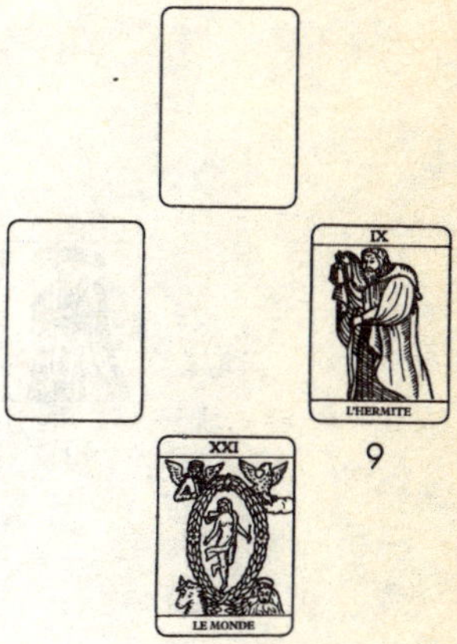

9

21

ÉVOLUTION PROBABLE

21 | 10

Vous allez connaître une évolution rapide et bénéfique de votre bien-être vital qui ira sans doute jusqu'à son plein et dont vous pourrez alors profiter pour vous épanouir selon votre volonté.

Votre vie sentimentale va évoluer de telle sorte qu'elle pourra s'accomplir, s'épanouir pleinement sous l'influence constructive et bénéfique de la personne à laquelle vous pensez ou qui est auprès de vous.

L'évolution rapide et constructive de votre situation familiale lui permettra de s'épanouir pleinement sous l'influence bénéfique, l'autorité, la protection d'une personne de votre entourage ou de vous-même.

L'évolution rapide et constructive qui est en cours vous permettra d'imposer une expansion bénéfique à votre situation, de vous assurer plus de pouvoir et d'élargir le champ de vos activités.

L'évolution des événements devrait vous permettre d'avoir à votre disposition tous les avantages auxquels vous pouvez prétendre et, sûr de vous et de vos prérogatives, de vous rendre maître d'une situation financière expansive.

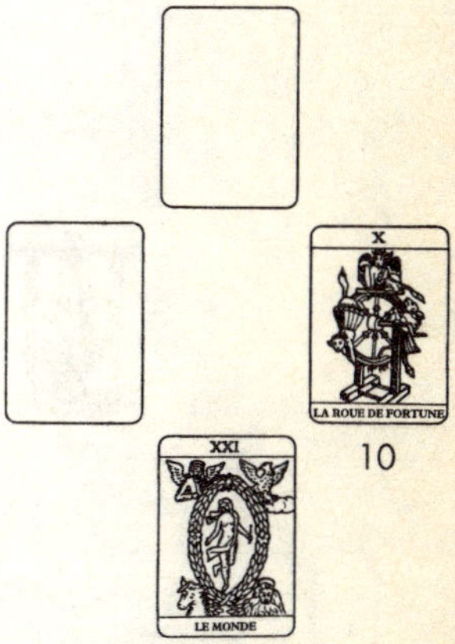

10

21

ÉVOLUTION PROBABLE

21 | 11

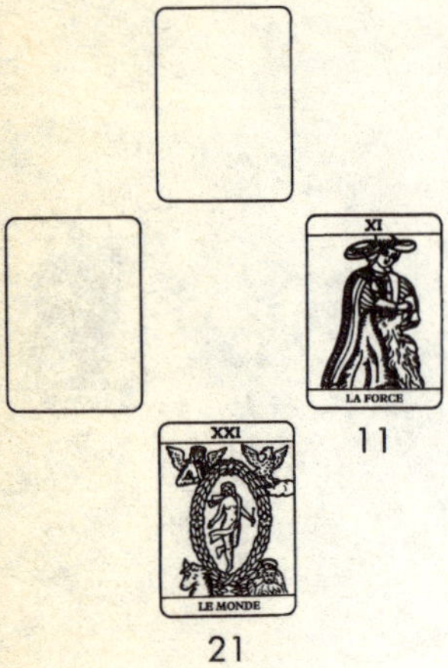

Une domination sereine et heureuse des circonstances et une bonne maîtrise de vos qualités physiques et morales devraient favoriser l'épanouissement de votre bien-être vital et de votre évolution personnelle.

Une domination sereine et heureuse des circonstances vous assure d'obtenir pleinement tout ce que vous souhaitez et de voir ainsi votre vie sentimentale s'épanouir et s'accomplir selon vos vœux.

Une domination tranquille et heureuse des circonstances vous assure d'obtenir avec succès tout ce que vous souhaitez concernant votre situation familiale et de favoriser ainsi son complet épanouissement.

Sûr de vos prérogatives et confiant en votre situation, vous devriez parvenir à obtenir l'expansion ou les soutiens importants que vous souhaitez et à réussir pleinement dans vos entreprises.

$ Sûr de vos prérogatives et confiant en vos moyens, vous pourrez raisonnablement envisager l'expansion de votre situation financière.

ÉVOLUTION PROBABLE

21 | 12

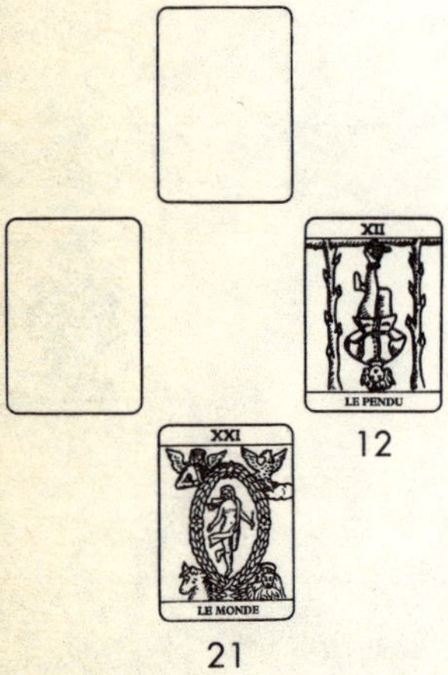

Pour vous sortir d'un état de santé délicat ou d'une sorte d'inertie, il vous faudra prendre des résolutions importantes et sans doute accepter de faire quelques sacrifices utiles en la circonstance.

Malgré les contraintes, les limites ou les insatisfactions que vous pourriez connaître, votre vie sentimentale finira par s'épanouir pleinement.

Malgré les contraintes, les limites, les obstacles que vous pourriez rencontrer ou les sacrifices qu'il vous serait nécessaire de faire, vous aurez tous les éléments utiles à l'expansion, à l'épanouissement de votre situation familiale.

Malgré les contraintes ou les limites qui vous seront imposées ou une situation extérieure inerte ou figée, vous parviendrez à trouver l'accord important que vous souhaitez réaliser, à prendre de grandes décisions et à voir ainsi vos efforts récompensés.

$ Malgré les contraintes ou les limites qui vous seront imposées ou les sacrifices que vous aurez à faire, vous parviendrez finalement à l'expansion de votre situation financière, laquelle favorisera vos choix, vos décisions et vos accords.

ÉVOLUTION PROBABLE

21 | 13

À la suite d'un changement radical ou d'une évolution importante en ce qui concerne votre état physique et moral, vous allez pouvoir vous épanouir pleinement.

À la suite d'un changement radical ou d'une évolution importante qu'a connue votre situation, votre vie sentimentale va pouvoir s'épanouir pleinement.

À la suite d'un changement radical ou d'une évolution importante, d'une transformation que connaît votre situation familiale, celle-ci pourra s'épanouir pleinement et réussir dans toutes ses entreprises expansives.

À la suite d'un changement radical, d'une évolution importante ou de la conclusion logique d'une affaire ou d'une situation, vous allez sans doute pouvoir réussir dans vos entreprises ambitieuses, audacieuses, expansives.

À la suite d'un changement radical, d'une évolution importante ou de la conclusion logique et profitable d'une affaire, votre situation financière va connaître une expansion intéressante.

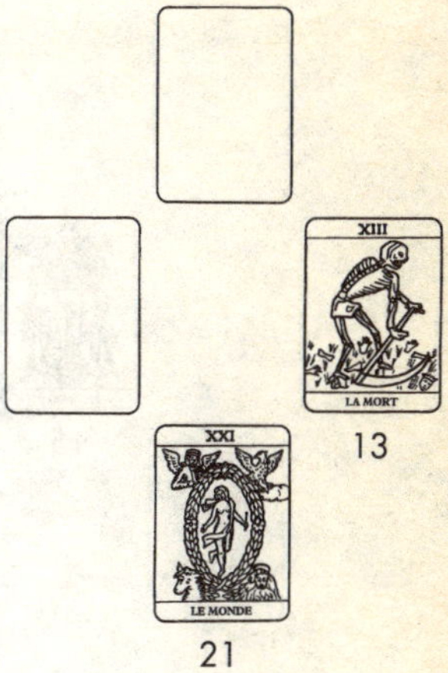

ÉVOLUTION PROBABLE

21 | 14

En faisant preuve d'une saine et souple faculté d'adaptation, vous parviendrez à vous épanouir pleinement, et à évoluer physiquement et moralement d'une manière très équilibrée.

Les accommodements, les arrangements qui seront trouvés, favoriseront le complet épanouissement de votre vie sentimentale qui se produira sur des bases stables, équilibrées et pleinement satisfaisantes.

Les accommodements, les arrangements et les compromis qui seront trouvés favoriseront l'évolution, l'expansion ou l'épanouissement logique, équilibrée de votre situation familiale.

Les négociations en cours, les arrangements ou les compromis qui seront trouvés, favoriseront l'expansion de votre situation ou vous permettront d'obtenir pleinement ce qui doit vous revenir de droit.

Les négociations ou les transactions en cours, les changements ou les compromis qui seront trouvés, favoriseront l'expansion de votre situation, vous permettant d'obtenir pleinement ce qui doit vous revenir de droit.

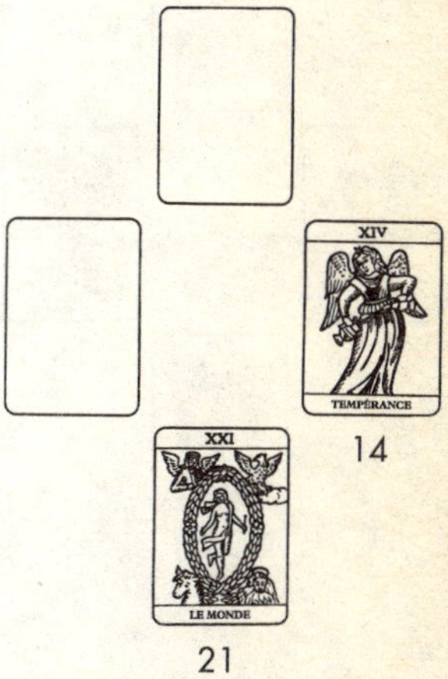

ÉVOLUTION PROBABLE

21 | 15

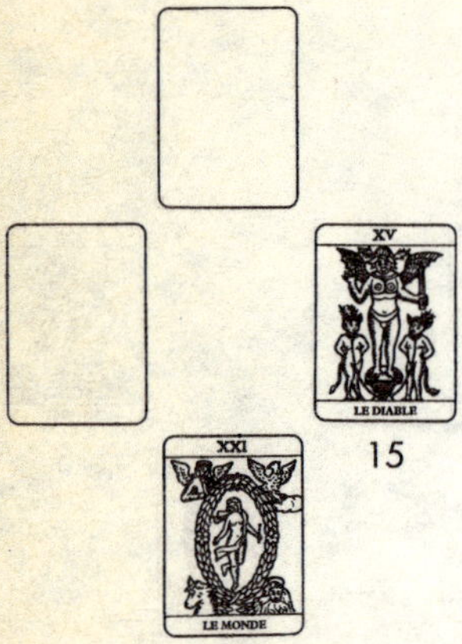

15

21

Malgré les excès que, sans doute, vous aurez faits ou l'état de surexcitation que vous connaîtrez, vous parviendrez finalement à rassembler les éléments et les qualités dont vous disposez, et à vous épanouir pleinement.

Vous obtiendrez pleinement tout ce que vous désirez et tout ce que vous souhaitez dans votre vie sentimentale.

Des éléments positifs vont permettre à votre situation de se développer rapidement, de s'enrichir, de s'épanouir au-delà de vos espérances, de s'accomplir pleinement.

Les résultats que vous obtiendrez iront au-delà de vos prévisions les plus optimistes, vous pourrez ainsi pleinement satisfaire vos ambitions et voir votre situation se développer très sérieusement.

Vous obtiendrez sans doute des résultats très positifs qui iront au-delà de vos prévisions ou de vos espérances et qui vous permettront de bénéficier alors d'une situation financière très avantageuse.

ÉVOLUTION PROBABLE

21 | 16

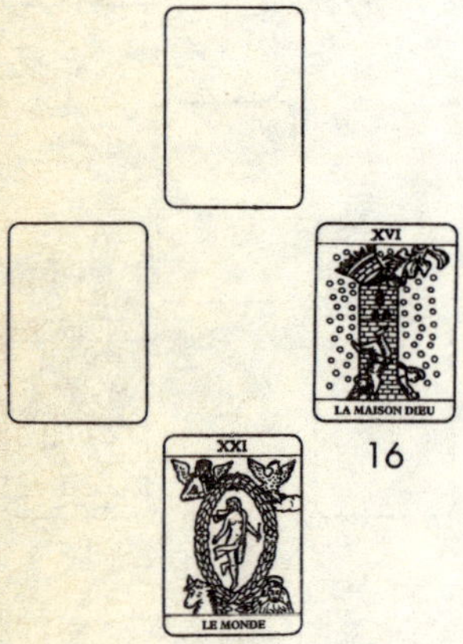

16

21

À la suite d'un choc, d'un bouleversement sans doute libérateur, vous pourrez profiter sainement de votre bien-être vital, poursuivre librement votre évolution personnelle et vous épanouir pleinement.

Un bouleversement important favorisera le complet épanouissement de votre vie sentimentale, et son évolution rapide et bénéfique ira dans le sens de vos vœux et de vos espérances.

Un bouleversement important ou une brusque remise en question favorisera l'évolution ou l'expansion rapide et bénéfique de votre situation familiale et tout pourra alors s'accomplir selon vos souhaits.

Un bouleversement important ou une brusque remise en question favorisera l'évolution ou l'expansion rapide de votre situation, la réalisation de vos ambitions, une réussite totale.

Un bouleversement important ou une brusque remise en question entraînera l'évolution ou l'expansion rapide de votre situation financière, et vous fera donc bénéficier d'avantages non négligeables.

ÉVOLUTION PROBABLE

21 | 17

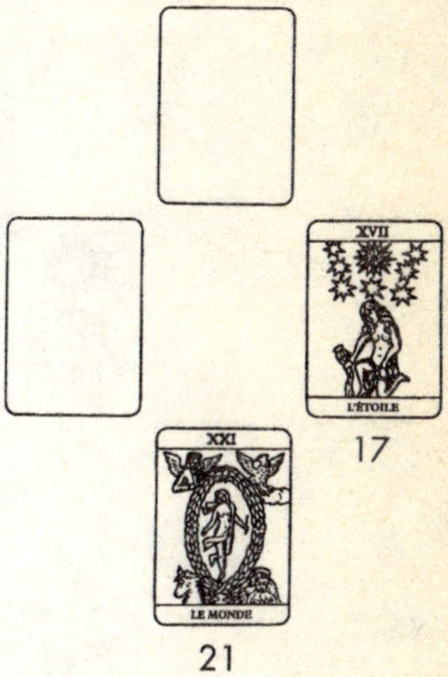

Vous allez être en pleine possession de vos moyens, sûr de vos excelllentes ressources vitales, et vous pourrez ainsi bénéficier et profiter en toute tranquillité de votre bien-être vital et vous épanouir pleinement.

Vos espérances et vos vœux les plus chers en ce qui concerne votre vie sentimentale vont pouvoir s'accomplir et se réaliser pleinement. Vous obtiendrez donc tout ce que vous désirez en ce domaine.

Tout ce que vous pouvez souhaiter d'heureux, de nouveau, de positif concernant votre situation familiale s'accomplira et se réalisera pleinement selon vos vœux. Alors sachez profiter de ces circonstances bénéfiques.

Vous allez bénéficier de circonstances très favorables à la réussite de vos entreprises, de vos actions, de vos innovations, à la réalisation de vos ambitions, à l'expansion de votre situation. Alors sachez en profiter.

Des circonstances très bénéfiques favoriseront l'expansion de votre situation financière et vous autoriseront à jouir pleinement des avantages dont vous disposerez alors.

ÉVOLUTION PROBABLE

21 | 18

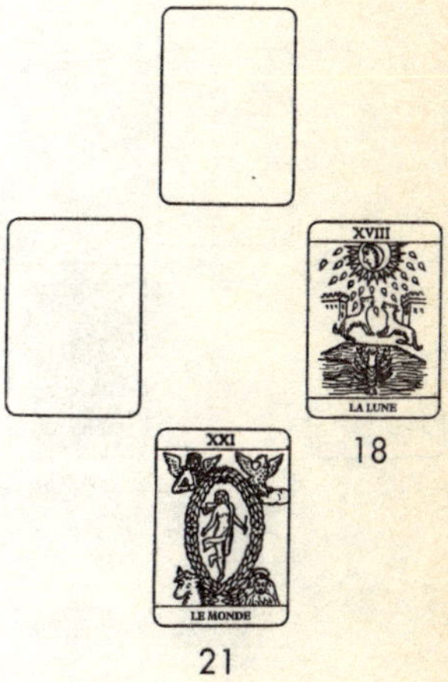

Des malaises passagers ou des problèmes de santé chroniques ne vous permettront pas de vous épanouir pleinement et nuiront à votre bien-être vital. Acceptez de faire les sacrifices ou les concessions qui s'imposent pour retrouver votre forme physique et morale.

Des problèmes, des troubles, des conflits empêcheront votre vie sentimentale de s'épanouir et vous contraindront à faire des concessions difficiles, pénibles mais nécessaires pour que tout puisse s'arranger.

Des problèmes, des difficultés ou des conflits empêcheront votre situation familiale d'évoluer ou de se développer, et vous contraindront à faire des sacrifices pénibles, des concessions difficiles mais nécessaires pour que tout puisse s'arranger.

Des difficultés, des circonstances contrariantes, des retards ou des éléments troubles nuiront à l'évolution ou à l'expansion naturelle de votre situation, et vous contraindront à faire des concessions ou des sacrifices pour que tout puisse rentrer dans l'ordre.

Des difficultés, des retards, des erreurs ou des déceptions nuiront à l'évolution, à l'expansion de votre situation financière et vous contraindront à faire des sacrifices pour que tout puisse s'arranger.

ÉVOLUTION PROBABLE

21 19

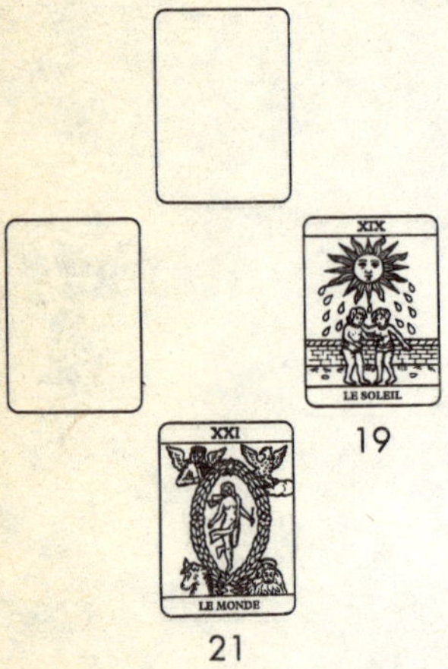

Une saine clarification, si besoin est, vous assure de vous épanouir pleinement et selon votre volonté, de vous trouver en pleine possession de vos moyens, et de pouvoir bénéficier d'une vitalité rayonnante et d'un excellent bien-être.

Vos désirs et vos vœux en ce qui concerne votre vie sentimentale s'accompliront et se réaliseront pleinement. Et la personne qui vous est chère sera, ou vous serez vous-même, le garant de cette réussite.

L'évolution ou l'expansion naturelle de votre situation se présentera sous les meilleurs auspices, et cette réussite sera favorisée par des éléments et des circonstances clairs, positifs généreux, la concorde et le climat heureux, serein, qui régneront dans votre famille.

Vous obtiendrez à coup sûr le succès et une totale réussite dans la réalisation de vos ambitions, de vos accords, de vos associations, dans votre volonté d'expansion et dans tout ce que vous entreprendrez sur le plan professionnel.

$ Votre situation financière va connaître une clarification et une expansion dont vous aurez toutes les assurances et toutes les garanties de pouvoir profiter pleinement.

ÉVOLUTION PROBABLE

21 20

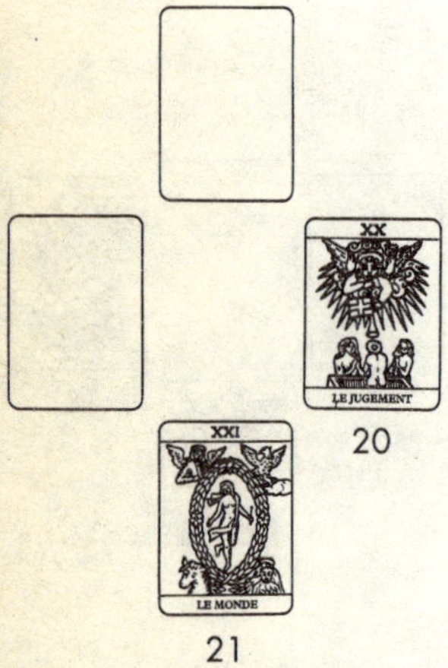

Après un rétablissement ou un changement important sur le plan de votre santé, vous aurez tous les atouts pour vous épanouir pleinement et profiter sainement, raisonnablement de votre bien-être vital.

À la suite d'un changement de situation, d'un renouveau quelconque, votre vie sentimentale va pouvoir s'épanouir pleinement d'une manière stable, et dans des conditions bénéfiques et sérieuses.

Un changement de situation ou un renouveau quelconque favorisera l'expansion ou le développement heureux de votre situation familiale, lequel se fera avec le soutien ou sous la protection d'une personne responsable de votre entourage.

Un changement de situation ou un renouveau quelconque favorisera l'expansion bénéfique, le développement avantageux de votre situation, lequel sera alors soutenu ou vous sera revélé par un personnage influent.

$ Un changement, un renouveau favorisera l'évolution ou l'expansion de votre situation financière qui se produira alors dans des conditions excellentes.

ÉVOLUTION PROBABLE

21 | 22

Si vous projetez de faire un voyage d'agrément, soyez sûr qu'il comblera tous vos vœux et toutes vos espérances, et qu'il vous permettra de profiter pleinement de votre bien-être vital.

À la suite d'un voyage, de l'arrivée ou du retour de la personne à laquelle vous pensez, ou de votre propre départ pour la rejoindre, votre vie sentimentale s'épanouira pleinement.

À la suite d'un voyage, d'un déménagement ou du retour d'un proche, votre situation familiale connaîtra une période d'expansion, de plénitude et de réussite.

À la suite d'un voyage d'affaires, d'une démarche ou d'une période de transition, votre situation va connaître une expansion remarquable et une réussite totale.

$ Un voyage, une démarche ou un mouvement d'argent important favorisera l'évolution bénéfique et l'expansion de votre situation financière.

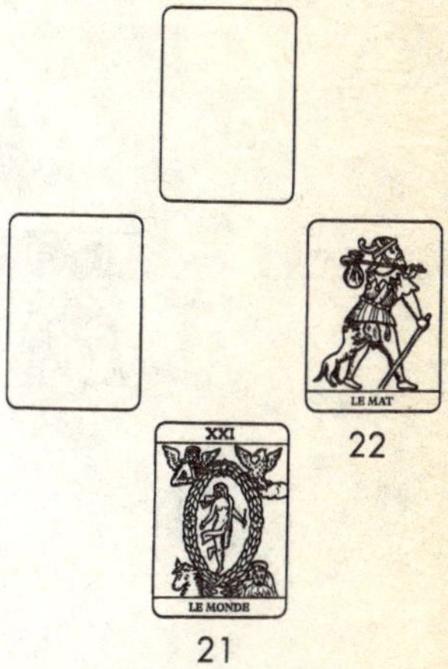

ÉVOLUTION PROBABLE

22 | 1

À la suite d'une initiative personnelle ou sur un coup de tête vous allez décider de partir brusquement. Évitez la dispersion et la précipitation. Si, en revanche, vous voulez faire un voyage de santé, rien ne vous en empêchera.

Si c'est à une personne que vous pensez, sachez qu'elle est en route pour vous rejoindre, ou qu'elle est très impatiente de vous témoigner ses sentiments. Sinon vous allez prendre l'initiative de partir brusquement ou de vous déclarer.

À la suite d'une initiative personnelle, vous allez prendre la décision de partir brusquement de chez vous, de déménager, de changer de vie. A moins que tout ceci ne concerne une jeune personne de votre entourage et n'annonce son départ ou son retour.

À la suite d'une initiative personnelle ou pour répondre à une volonté de changement, vous allez décider de partir brusquement, de changer de lieu de travail ou d'activités, de vous rendre plus libre, plus disponible à toute éventualité.

$ Vous allez prendre de nouvelles initiatives concernant votre situation financière, mais vous aurez sans doute du mal à résister à la tentation des dépenses, des coups de folie, des extravagances.

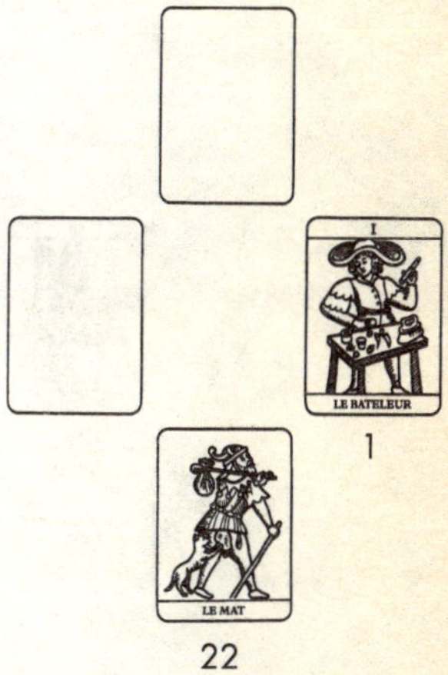

ÉVOLUTION PROBABLE

22 | 2

2

22

Après une période d'attente, de réflexion, de réserve nécessaire à la préservation de votre équilibre et de votre stabilité, vous allez à nouveau pouvoir vous sentir plus libre de vos mouvements, pouvoir dépenser votre dynamisme tout à votre aise.

Vous allez recevoir très rapidememt une nouvelle concernant votre vie sentimentale ou bien un fait, un élément, va vous être rapidement révélé et vous incitera à partir brusquement ou à rejoindre la personne à laquelle vous pensez.

Ce que vous attendez, ce que vous élaborez secrètement va pouvoir subitement se réaliser ou bien un élément, un fait qui va vous être révélé, fera brusquement bouger votre situation familiale ou encore vous allez partir à la suite d'une nouvelle que vous recevrez sous peu.

Après une période d'attente, de réserve , d'élaboration, vous allez pouvoir partir, entreprendre des démarches utiles, brusquer les événements, atteindre rapidement votre but ou réaliser un changement, une transition importante dans votre situation.

Après une période de réserve, d'attente vous pourrez agir plus librement en ce qui concerne votre situation financière, sans que la stabilité de celle-ci ne soit remise en cause.

ÉVOLUTION PROBABLE

22 | 3

3

22

Les actions qui vous seront dictées par votre instinct s'avéreront sans doute profitables à votre bien-être et vous permettront d'en jouir pleinement.

Des actions fécondes et généreuses favoriseront l'évolution rapide de votre situation ou des changements dans votre vie sentimentale, ou bien la personne à laquelle vous pensez est en route pour vous rejoindre ou vous décidez brusquement de partir à sa rencontre.

Les actions fructueuses et positives qui auront été entreprises sans doute par une personne de votre entourage, favoriseront l'évolution de votre situation familiale, un changement, un déménagement très profitable.

Les actions fructueuses qui auront été entreprises ou des éléments très positifs favoriseront l'évolution rapide et profitable de votre situation, la matérialisation de vos projets, de vos idées, laquelle nécessitera cependant démarches et déplacements.

Une situation financière avantageuse vous autorisera à entreprendre des actions fructueuses, des mouvements d'argent profitables, à disposer de vos biens comme vous l'entendez.

22 4

Sûr de vous, de vos actions, de vos décisions vous pouvez bouger, voyager, dépenser votre énergie comme vous l'entendrez, sans craindre de perturber ou de troubler votre bien-être vital.

Sûr de vos décisions et de vos intentions, vous agissez très rapidement et concrètement dans votre vie sentimentale. Si c'est à une personne que vous pensez, sachez qu'elle est en route pour vous rejoindre, que ses sentiments et ses intentions sont clairs.

Des éléments constructifs, solides, positifs ou les conseils avisés et la protection d'une personne de votre entourage favoriseront l'évolution de votre situation familiale, un changement ou un déménagement.

Une situation solide, une position assurée ou un appui important favorisera le succès de vos démarches, de vos déplacements, de vos entreprises constructives, de vos réalisations concrètes.

Des éléments solides, concrets, positifs ou les conseils avisés qui vous seront prodigués favoriseront un changement constructif dans votre situation financière ou le succès de vos démarches, de vos déplacements ou de vos mouvements d'argent.

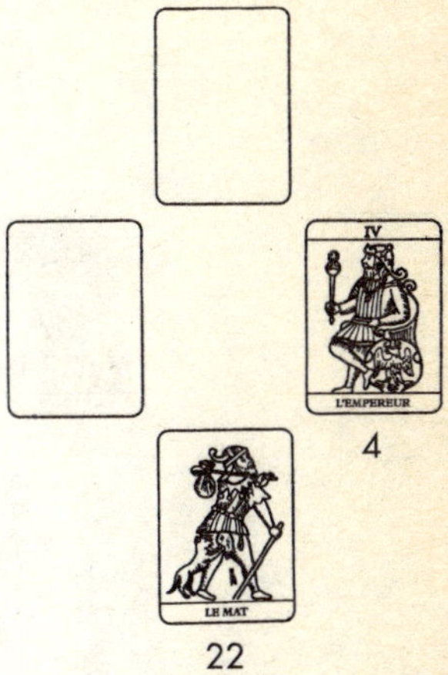

22 5

Vous avez la permission ou le devoir de partir sans doute pour des raisons de santé, ou bien une démarche auprès d'un médecin ou d'un spécialiste vous rassurera totalement.

Si c'est à une personne que vous pensez, sachez qu'elle est en route pour vous rejoindre, et que ses sentiments et ses intentions sont sérieux et fiables, sinon vous allez être dans l'obligation de partir pour rejoindre la personne qui vous est chère et stabiliser ainsi vos relations.

Vous aurez sans doute le devoir de faire un voyage, de vous déplacer ou d'entreprendre une démarche sérieuse concernant votre situation familiale ou bien vous parviendrez à stabiliser celle-ci dans de brefs délais après un changement important.

Vous serez sans doute dans l'obligation de faire un déplacement, un voyage d'affaires, d'entreprendre des recherches ou des démarches qui aboutiront, qui vous permettront donc de bénéficier d'appuis importants et qui vous permettront de stabiliser votre situation.

Des éléments ou des appuis sérieux, fiables et favorables à la stabilisation de votre situation financière, faciliteront vos démarches, vos déplacements ou d'importants mouvements d'argent.

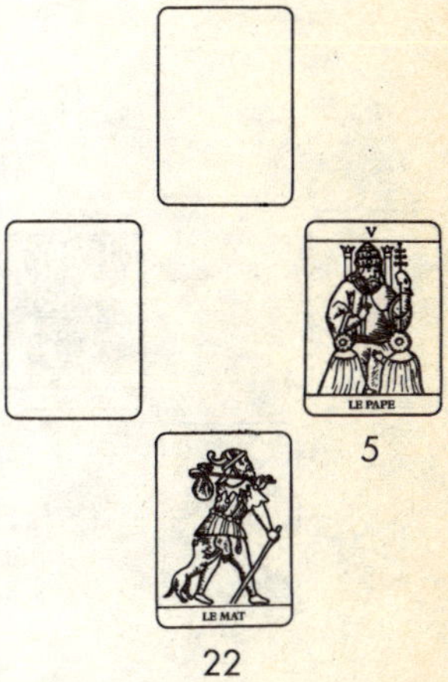

ÉVOLUTION PROBABLE

22 | 6

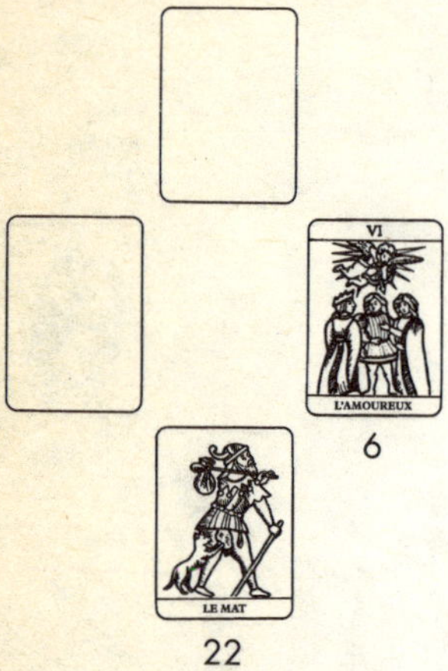

Après une période d'irrésolution, d'instabilité, vous prendrez de brusques décisions, vous ferez très rapidement des choix importants et, toutes affaires cessantes, vous vous mettrez en quête de votre équilibre.

Après une période d'incertitude, d'instabilité et de total libre arbitre en ce qui concerne votre vie sentimentale, vous ferez sans aucun doute des choix importants, et ce dans de très brefs délais.

Après une période d'irrésolution et d'incertitude, un départ, un déménagement ou un brusque changement concernant votre situation familiale sera décidé ou un accord sera rapidement trouvé.

Après une période d'incertitude et d'indécision, un voyage, un déplacement, un déménagement, une démarche ou l'arrivée d'un tiers vous permettra de trouver rapidement un accord, de faire des choix concernant votre situation, de retrouver votre libre arbitre.

$ Après une période d'incertitude et d'indécision, un déplacement ou une démarche vous permettra de retrouver votre libre arbitre sur le plan financier et de faire alors des choix importants, de prendre de brusques résolutions.

ÉVOLUTION PROBABLE

22 | 7

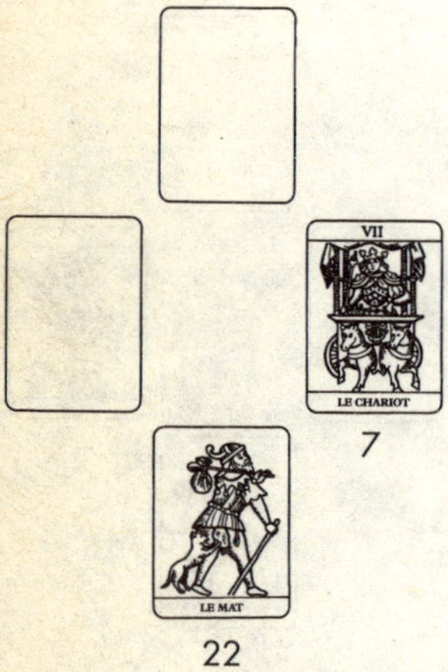

Si vous décidez de faire un voyage d'agrément ou de santé, il vous fera le plus grand bien. Sinon vous vous sentirez capable de faire les efforts nécessaires à la résolution de vos problèmes et vous triompherez rapidement de vos faiblesses.

Vous allez pouvoir parvenir à vos fins et obtenir ou réaliser avec enthousiasme et dynamisme ce que vous voulez dans votre vie sentimentale qui sera alors mouvementée, agitée, mais qui ira dans le bon sens.

Votre situation familiale va connaître une période agitée et mouvementée qui lui permettra d'améliorer ses conditions de vie, de réaliser un déménagement ou de parvenir à atteindre très rapidement les objectifs qu'elle s'était fixée.

Les efforts que vous aurez faits et les événements en cours vous permettront d'atteindre très rapidement vos objectifs, d'améliorer votre situation, d'aller résolument de l'avant avec l'assurance du succès.

$ Une demande fructueuse, un déplacement, un voyage d'affaires ou une brusque rentrée d'argent vous permettra d'atteindre très rapidement vos objectifs financiers et d'améliorer votre situation.

ÉVOLUTION PROBABLE

22 | 8

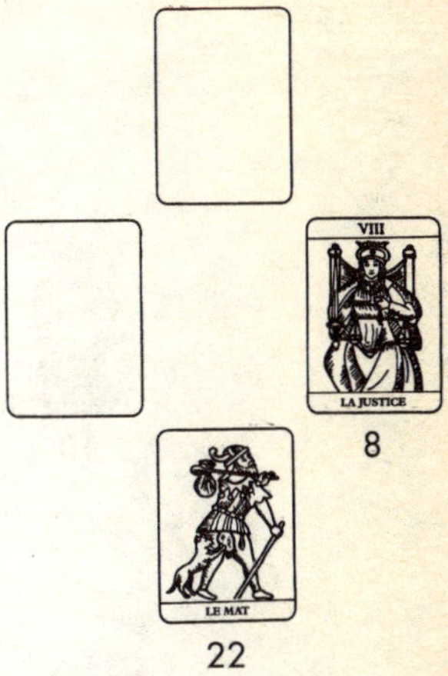

Vous serez sans doute contraint à vous soumettre à une certaine discipline, à une certaine rigueur qui vous forcera alors à trouver très rapidement votre équilibre, à vous assurer une vitalité saine, stable et sereine.

Des éléments stricts, rigoureux, vous contraindront à rechercher très rapidement un équilibre dans votre vie sentimentale, à refréner logiquement, spontanément, naturellement vos élans impulsifs, irréfléchis, votre impatience et votre instabilité.

Des éléments stricts, rigoureux vous contraindront à rechercher très rapidement l'équilibre indispensable à votre vie familiale, à maîtriser votre impulsivité, à corriger votre indiscipline et à vous soumettre aux règles et aux principes qui prévalent chez vous.

Des éléments stricts, rigoureux, vous contraindront sans doute à faire appel à la justice, à avoir recours à la loi pour préserver l'équilibre de votre situation ou obtenir très rapidement gain de cause et ce qui doit vous revenir de droit.

Des éléments stricts, rigoureux, vous contraindront sans doute à refréner vos dépenses irréfléchies, inconsidérées et à rechercher rapidement l'équilibre, la discipline, à faire des économies dont votre situation financière aura besoin.

ÉVOLUTION PROBABLE

22 | 9

À la suite d'une prise de conscience ou bien par prudence, vous allez partir et vous isoler quelque temps pour vous reposer, vous détendre, pour vous remettre utilement en question.

Vous allez découvrir un fait, un élément qui vous incitera à partir brusquement, à vous déclarer, à révéler ce que vous pensez, ce que vous savez, à rectifier vos erreurs ou à éviter d'en commettre.

Vous apprendrez une nouvelle ou vous prendrez connaissance d'un fait ou d'un élément qui vous incitera à considérer le changement de situation ou le déménagement qui serait susceptible de se produire avec prudence, réalisme et circonspection.

Vous appprendrez une nouvelle ou vous prendrez connaissance d'un fait ou d'un élément qui vous incitera à trouver rapidement des solutions réalistes, prudentes et réfléchies pour trouver ce que vous cherchez, faire aboutir vos demandes ou changer de situation.

Vous allez apprendre une nouvelle ou prendre connaissance d'un fait qui vous incitera à la prudence dans vos démarches ou dans vos dépenses, et à trouver des solutions réalistes et utiles à votre situation financière.

ÉVOLUTION PROBABLE

22 10

Vous allez connaître une évolution rapide de votre état général mais vous resterez encore instable, enclin à l'agitation, à une hyperactivité désordonnée, et vous passerez ainsi par des hauts et des bas...

Les circonstances ou les événements en cours favoriseront l'évolution rapide de votre vie sentimentale, un changement de situation, un départ, un retour ou des retrouvailles.

Les circonstances ou les événements en cours favoriseront l'évolution rapide de votre situation familiale, un changement, un déménagement ou un voyage.

Les circonstances ou les événements qui sont en cours favoriseront l'évolution de votre situation, faciliteront vos démarches et vous permettront de trouver des solutions dynamiques et d'aboutir rapidement.

$ Les circonstances et les événements qui sont en cours favoriseront l'évolution rapide de votre situation financière et faciliteront vos démarches ou vos déplacements la concernant.

ÉVOLUTION PROBABLE

22 11

Une domination heureuse des circonstances et une bonne maîtrise de vous-même vous permettront de faire bon usage de votre intense énergie vitale, d'éviter les erreurs, les excès, les imprudences.

Une domination heureuse des circonstances et une situation affective, solide, fiable vous permettront d'obtenir rapidement tout ce que vous désirez dans votre vie sentimentale.

Une domination heureuse des circonstances et une situation familiale forte, solide, fiable, favoriseront le changement, le déménagement, le voyage dont il pourrait bien être question.

Confiant en vous-même, sûr de vos prérogatives, vous parviendrez au changement de situation que vous souhaitez ou à renforcer votre position en faisant aboutir très rapidement vos démarches, vos initiatives, vos recherches.

$ Fort d'une situation financière saine solide, fiable, vous aboutirez dans vos démarches la concernant.

ÉVOLUTION PROBABLE

22 12

12
22

Face au problème que vous rencontrerez sur le plan santé, vous aurez tendance à faire preuve ou à vous comporter avec trop d'impatience et d'impulsivité ; vous risquez ainsi de répéter les mêmes erreurs. Soyez donc plus raisonnable.

Vous cherchez à vous sortir rapidement d'une situation bloquée, insatisfaisante, sans issue, mais vous ne pourrez pas faire grand-chose de positif si ce n'est refréner votre impatience, vos élans impulsifs, vos décisions irréfléchies.

Vous chercherez à changer rapidement de situation, à partir, à déménager, mais vous en serez empêché par des circonstances contraires, des freins et, contraint et forcé, vous y renoncerez ou vous comprendrez que ce serait une folie.

Vous allez être contraint à changer de situation ou bien des freins, des obstacles vous empêcheront de réaliser ce changement et ne favoriseront ni vos démarches, ni vos déplacements concernant votre situation.

Vous ne parviendrez pas à vous sortir des contraintes et des obligations financières que vous aurez à supporter et il ne servirait à rien de vouloir y échapper. En conséquence, évitez les dépenses irréfléchies et les imprudences !

ÉVOLUTION PROBABLE

22 13

13
22

À la suite d'un changement radical qui se sera produit dans votre comportement ou sur le plan de votre santé, vous serez amené à partir brusquement, à tourner une page, à changer de vie peut-être...

La fin d'une situation ou d'une relation vous forcera à partir brusquement sans espoir de retour et sans regret, à tourner ainsi une page de votre vie sentimentale.

La fin d'une situation ou d'une période de votre vie vous incitera à partir brusquement, à changer de mode d'existence, ou bien vous allez faire un voyage ou un déplacement en raison d'un deuil dans votre famille.

La fin d'une situation vous force à partir, à changer de cap, d'activités ou de lieu de travail, ou bien à la suite d'un changement radical ou de la conclusion d'une affaire, vous serez amené à faire des démarches qui s'avéreront très fructueuses.

La conclusion logique d'une affaire profitable vous procurera une rentrée d'argent importante ou bien l'arrêt de vos ressources vous poussera à chercher de l'aide, des appuis, des soutiens financiers.

ÉVOLUTION PROBABLE

22 14

14

22

Les accommodements ou les arrangements qui seront trouvés vous donneront sans doute l'occasion de faire un voyage de santé ou d'agrément qui vous détendra et vous ravigotera.

Les arrangements ou les accommodements qui seront trouvés vous permettront de partir ou de revenir librement, et vous aideront à vous adapter avec plus de souplesse aux circonstances et aux événements en cours dans votre vie sentimentale.

Les arrangements et les compromis qui seront trouvés vous permettront de déménager, de partir ou de revenir chez vous opportunément et dans d'excellentes conditions.

Des négociations vous permettront de trouver très rapidement des arrangements opportuns et utiles à la dynamique de votre situation, laquelle se trouvera ainsi mieux adaptée aux circonstances et aux exigences du moment.

$ Des arrangements ou des compromis vous permettront d'adapter votre situation financière aux circonstances et aux exigences du moment, favoriseront des transactions ou des mouvements d'argent opportuns.

ÉVOLUTION PROBABLE

22 15

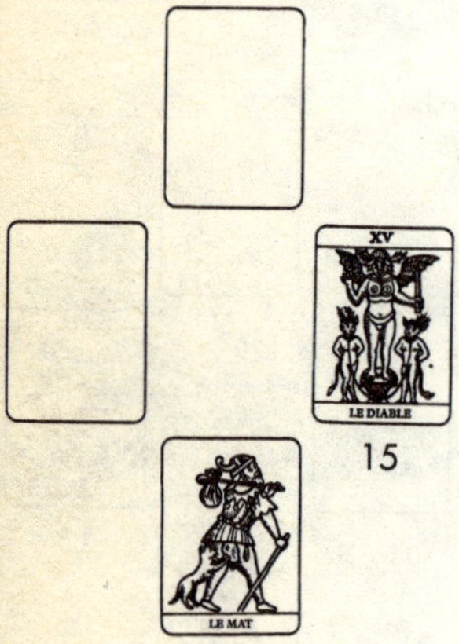

15

22

L'état de surexcitation dans lequel vous serez, pourrait bien vous pousser à commettre des actes irréfléchis, à prendre des risques inutiles par inconscience, mépris du danger, à faire des erreurs sous l'emprise d'une impulsion irraisonnée.

Vous serez sans doute sous l'emprise d'une relation passionnelle où il sera plus question d'impulsions à satisfaire, de désirs à assouvir que de sentiments à éprouver. Songez donc aux conséquences avant d'agir.

Le désordre ambiant ou le climat passionnel qui régnera dans votre vie familiale vous poussera sans doute à partir brusquement, à déménager hâtivement, à aller trop vite ou trop loin dans vos actes. Songez quand même aux conséquences.

Vous n'aurez de cesse tant que vous ne serez pas parvenu à vos fins, tant que vous n'aurez pas abouti, tant que vous n'aurez pas satisfait vos ambitions, vos désirs, vos volontés. Même et surtout si tout risque de se passer très vite, méfiez-vous de votre surexcitation !

$ Vous n'aurez de cesse tant que vous ne serez pas parvenu à atteindre vos objectifs financiers, à satisfaire vos ambitions, vos désirs et vos besoins d'argent. Mais il vous faudra prendre en compte les conséquences très rapides de vos actes.

ÉVOLUTION PROBABLE

22 16

Sous l'emprise d'un choc, d'une impulsion, d'un coup de tête, vous partirez brusquement et vous pourriez bien alors commettre des erreurs regrettables ou des actes irréfléchis. Il vous faudra donc redoubler de prudence.

À la suite d'un bouleversement, d'un choc, d'une rupture ou d'une remise en question qui se produira dans votre vie sentimentale, vous partirez subitement ou la personne en cause s'en ira, vous quittera sur un coup de tête ou sous l'emprise de la colère.

Un bouleversement matériel ou moral qui se produira dans votre vie familiale entraînera un départ précipité, un rapide déménagement ou un brusque changement de situation.

Un bouleversement inévitable et salutaire entraînera un départ subit, un rapide changement ou une brusque remise en question de votre situation.

Un bouleversement ou une remise en question vous poussera à partir précipitamment, à entreprendre des démarches ou un déplacement pour débloquer votre situation. Mais il vous faudra éviter les imprudences financières au risque d'éprouver des pertes.

ÉVOLUTION PROBABLE

22 17

Des circonstances heureuses et bénéfiques vous permettront sans doute de faire un voyage de santé ou d'agrément qui vous ravigotera, et vous fera donc le plus grand bien moralement et physiquement.

Vous allez faire une rencontre qui répondra à vos vœux, à vos espérances, à votre attente, retrouver la personne que vous aimez ou faire un voyage sentimental qui vous comblera de bonheur.

Après une période d'attente, d'espérance, des circonstances heureuses et bénéfiques favoriseront un déménagement, un changement de situation, un voyage en famille ou apporteront quelque chose de neuf et d'agréable à votre vie familiale.

Des circonstances bénéfiques favoriseront le succès de vos démarches, de vos déplacements pour obtenir, produire ou réaliser quelque chose de neuf, une création ou une innovation répondant à vos espérances et à vos aspirations.

Vous allez pouvoir entreprendre des démarches ou faire un voyage pour acquérir de nouvelles ressources ou pour réaliser vos espérances financières.

ÉVOLUTION PROBABLE

22 | 18

Quels que soient vos ennuis de santé, vous allez pouvoir vous en sortir rapidement ; mais si vous êtes convalescent, évitez les départs prématurés et les actions irréfléchies.

Quels que soient les problèmes que vous rencontrerez, les déceptions que vous éprouverez ou les erreurs qui auront été faites, vous vous en sortirez en partant brusquement, ou bien c'est votre partenaire qui s'en ira brutalement et ce sera mieux ainsi.

Des conflits, des difficultés, des soucis vous contraindront à partir brusquement ou vous pousseront à quitter votre foyer ou votre milieu familial brutalement. Ne serait-il pas plus sage de vous demander dès à présent comment vous pourriez en arriver là ?

Des problèmes, des conflits, des difficultés de toutes sortes vous contraindront à partir brusquement, à rechercher très rapidement des solutions favorables ou vous pousseront à changer de situation aussitôt que possible.

Pour sortir de vos difficultés financières, il vous faudra très rapidement rechercher de l'aide, des soutiens ou vous mettre en quête de nouvelles ressources.

ÉVOLUTION PROBABLE

22 | 19

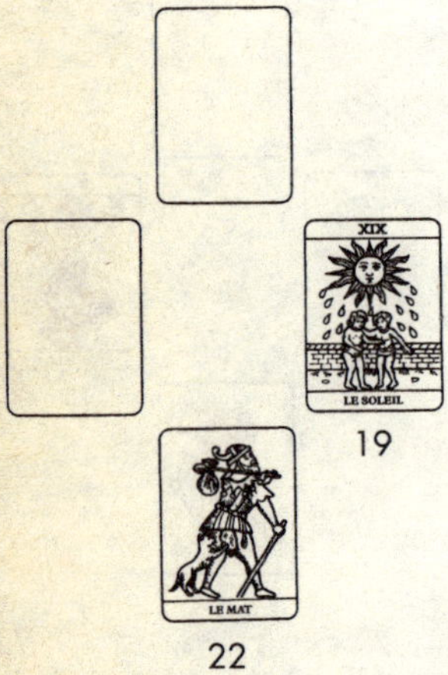

Vous pourrez partir, bouger, voyager, dépenser votre énergie et votre dynamisme sans compter. Vous n'aurez rien à craindre et tout à gagner.

La personne qui vous est chère est en route pour vous rejoindre, ou bien vous allez faire très prochainement un voyage sentimental, ou, enfin, à la suite d'un événement heureux vous allez pouvoir partir ou vous installer avec la personne que vous aimez.

Un événement heureux ou la bonne entente qui règne dans votre foyer favorisera un changement de situation familiale, un déménagement ou un voyage en famille qui vous donnera entière satisfaction.

Un accord, une association ou une clarification vous autorisera à changer rapidement de situation ou à entreprendre des démarches, des déplacements utiles à la bonne marche de vos affaires, à la réussite de vos entreprises.

Un événement heureux concernant vos finances ou une clarification de votre situation vous permettra de profiter de vos avantages ou d'entreprendre des démarches, des déplacements profitables.

EVOLUTION PROBABLE

22 20

Á la suite d'une guérison ou d'un retour à la normale de votre état de santé. Vous allez pouvoir partir en voyage d'agrément ou en convalescence, ou tout simplement, repartir du bon pied.

À la suite d'un renouveau ou d'un retour à la normale dans vos relations affectives, la personne qui vous est chère pourra vous rejoindre rapidement ou vous partirez brusquement pour la retrouver.

À la suite d'un renouveau quelconque, d'un changement de situation familiale ou d'un retour à la normale dans votre foyer, vous allez pouvoir partir comme vous le désirez, déménager ou faire un voyage en famille.

Vous allez pouvoir répondre très rapidement à des propositions qui vous sont faites, ou bien un renouveau va vous permettre de changer de situation, d'entreprendre des actions et des déplacements utiles à la bonne marche de vos affaires.

À la suite d'un renouveau, du renflouement ou du rétablissement de votre situation financière, vous pourrez entreprendre des démarches, faire un voyage d'affaires ou opérer d'utiles mouvements d'argent.

ÉVOLUTION PROBABLE

22 21

Vous serez en pleine possession de vos moyens et vous disposerez d'un excellent bien-être vital qui vous permettront d'entreprendre un grand voyage, de faire de vastes projets et de vous épanouir pleinement.

Tous les éléments seront réunis pour que vous puissiez réaliser vos désirs et vos vœux, retrouver la personne que vous aimez ou faire une rencontre importante et connaître ainsi une vie sentimentale épanouie.

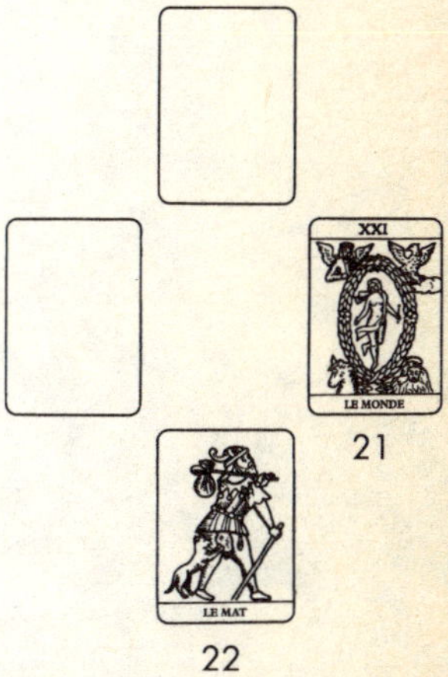

Votre situation familiale s'épanouira dans des conditions idéales et elle pourra ainsi réaliser avec aisance ses projets de déménagement, d'expansion, de grands voyages.

Les grandes possibilités qui vous sont offertes, ou les projets qui sont en cours de réalisation, vont vous permettre de faire un bond en avant, de donner de l'expansion à vos affaires ou de réaliser un changement de situation très bénéfique.

Vous aurez à votre portée de grandes possibilités financières ou vous bénéficierez d'une situation privilégiée qui vous autorisera à en disposer librement, à en jouir généreusement et selon votre bon plaisir.

Bibliographie

Beni L., *Votre destinée par les tarots*, De Vecchi, 1989
Bevilaqua M., *Les tarots à votre portée*, Artefact, 1986
Court de Gebelin A., *Le tarot*, Berg International, 1983
Dicta F., *Le tarot de Marseille*, Mercure de France, 1981
De Veer O., *Les secrets du tarot divinatoire*, Solar, 1986
Hadar K., *Le livre du tarot : la clef de votre évolution*, Courteau L. 1985
Kaplan, *La grande encyclopédie du tarot*, Sand
Lind F., Le tarot, Garancière, 1985
Lionel F., *Le tarot magique*, Rocher, 1980
Simon S., Picard M., *Le langage secret du tarot*, Sand
Simon S., *Le tarot : l'avenir dans les cartes*, Nathan, 1986
Turpaud M.F., *La maîtrise du tarot divinatoire*, Solar, 1987
Ugerin G., *Les tarots de Marseille*, De Vecchi, 1989
Victor J.L., *Le tarot chinois*, Peyret Y., 1987
Vigne P., *Le tarot : connaître son destin*, Encre, 1985
Wirth O., *Le tarot des imagiers du Moyen-Age*, Sand.

Illustrations des cartes de couverture et des 22 arcanes d'après : documents Bibliothèque nationale, *Tarot de Vergnano*, XVIe, Italie et *Henry Dreyfuss Book of Symbols*, Mc Graw-Hill, 1972, D.R..

Les questions que vous posez

Les questions que vous posez

Les questions que vous posez

Les questions que vous posez

Les questions que vous posez

Table des matières

Imprimé en France par Hérissey N° 62246
Dépôt légal N° 6077-09-1993 - Collection N° 29 - Édition N° 06

23/4560/1